梅新林　俞樟华　主编

中國學術編年

南北朝卷

林家骊　撰

华东师范大学出版社

华东师范大学出版社六点分社　策划

全国高等院校古籍整理研究工作委员会重点项目
浙江省人文社科基地浙江师大江南文化研究中心重点项目

顾　问（按姓氏笔画）
甘　阳　朱杰人　朱维铮　刘小枫　刘跃进　安平秋　李学勤　杨　忠
束景南　张涌泉　黄灵庚　常元敬　崔富章　章培恒　詹福瑞

主　编
梅新林　俞樟华

总策划
倪为国

编　委（按姓氏笔画）
王德华　毛　策　叶志衡　包礼祥　宋清秀　邱江宁　陈玉兰　陈年福
陈国灿　林家骊　胡吉省　姚成荣　倪为国　曾礼军

前　言

自 1985 年率先启动《清代学术编年》研究项目以来，经过诸位同仁持续不懈的努力，由清代依次上溯而贯通历代的《中国学术编年》(以下简称《编年》)终于告竣。这是迄今为止学术界首次以编年的形式对中国通代学术发展史的系统梳理，是一部力图站在 21 世纪新的学术制高点上全面综合与总结以往学术成果的集成性之作，同时也是一部兼具研究与检索双重功能的大型工具书。衷心希望《中国学术编年》的出版，能对 21 世纪国学的研究与复兴起到积极的推动作用。

从《清代学术编年》项目启动到《中国学术编年》告竣的 20 余年间，恰与世纪之交以"重写学术史"为主旨的"学术史热"相始终。因此，当我们有幸以编撰《中国学术编年》的方式，积极参与"重写学术史"这一世纪学术大厦的奠基与建设工程之际，在对《中国学术编年》的编纂进行艰苦探索的同时，始终伴随着对"重写学术史"的密切关注以及对如何"重写学术史"的学理思考，值此《中国学术编年》即将出版之际，我们愿意将期间的探索、思考成果撰为《前言》冠于书前，期与学界同仁共享。

一、世纪之交"学术史热"的勃兴与启示

一代有一代之学术，一代亦有一代之学术史，这是因为每个时代都有对学术理念、路向、范式的不同理解，都需要对特定时代的主要学术论题作出新的回答。从这个意义上说，"重写文学史"既是一种即时性学术思潮的反映，又是一项永无止境的学术创新活动。不同时代"重写文学史"的依次链接与推进，即是最终汇合成为学术通史的必要前提。

世纪之交，以"重写文学史"为主旨的"学术史热"再次兴起于中国学术界，这与上个世纪之交的"学术史热"同中有异：同者，都是集中于世纪之交对源远流长的中国学术史进行反思与总结。异者，一是旨在推进中国学术实现从传统向现代的转型；一是旨在通过推进中国现代学术的世界化而建构新的学术体系，因而彼此并非世纪轮回，而应视为世纪跨越。

本次"学术史热"以北京、上海为两大中心，兴起于 20 世纪 80 年代，发端于"重写文学史"，然后逐步推向"重写学术史"。诚然，重写历史，本是学术发展与创新的内在要求，然而在 20 世纪 80 年代，"重写"成为一种学术时尚，普遍被学者所关注与谈论，几乎成为一个世纪性话题，却缘于特定的时代背景。诚如葛兆光先生所言，80 年代以来有一些话题至今仍在不断被提起，其中一个就是"重写"，重写文学史，重写文化史，重写哲学史，当然也有重写思想史。重写是"相当诱人的事情，更是必然的事情"(《连续性:思路、章节及其他——思想史的

写法之四》,《读书》1998年第6期)。其中的"必然",是从最初对一大批遭受不公正对待和评价的作家文人的"学术平反",到对整个中国学术文化的意义重释与价值重估,实际上是伴随改革开放进程的思想解放运动的重要组成部分,故有广泛"重写"之必要与可能。

从"重写文学史"到"重写学术史"之间,本有内在的逻辑关联。"重写文学史"作为"重写学术史"的一个重要组成部分与开路先锋,向思想史、哲学史、文化史等各个层面的不断推进,必然会归结于"重写学术史"。在从"重写文学史"走向"重写学术史"的过程中,同样以北京大学为前沿阵地。早在80年代初,北京大学王瑶先生率先发起了有关文学史的讨论。至1985年,陈平原先生在北京万寿寺召开的中国现代文学创新座谈会上宣读了他与钱理群、黄子平先生酝酿已久的"20世纪中国文学"的基本构想(后发表于《读书》1985年第10期),给重写文学史以重要启发。同年,著名学者唐弢与晓诸先生等就是否可以重写文学史问题开展激烈的争论,由此形成"重写文学史"讨论的第一次高潮。然后至90年代初,陈平原先生率先由"重写文学史"转向"重写学术史"的实践探索,从1991年开始启动《中国现代学术之建立》的写作,主编《学人》杂志,筹划"学术史丛书",到1995年"学术史丛书"由北京大学出版社出版,这是世纪之交"重写学术史"取得阶段性成果的重要标志。而在另一个学术中心上海,先于1988年在《上海文坛》专门开辟"重写文学史"专栏,邀请著名学者陈思和、王晓明先生主持,他们在开栏"宣言"中开宗明义地提出"重写文学史"的学术宗旨,并给予这样的历史定位:"我们现在提出'重写文学史',实际上正是在文学史研究的性质发生改变的时期,是现代文学史作为一门独立的学科逐步走向成熟的时期。"王晓明先生还特意将"重写文学史"溯源于1985年万寿寺座谈会上陈平原等关于"20世纪中国文学的构想","重写文学史"不过是将三年前"郑重拉开的序幕"再一次拉开,这是旨在强调从1985年到1988年"重写文学史"讨论两次高潮的延续性以及京沪两大学术中心的连动性。1996年,在章培恒、陈思和先生的主持下,《复旦学报》也继《上海文坛》之后开辟了"重写文学史"专栏,由此促成了贯通中国古代文学与现代文学的"中国文学古今演变研究"的交叉学科的创立。然后至1997年、1998年连续于上海召开"20世纪的中国学术"、"重写学术史"两次专题学术研讨会,尤其是后一次会议,在全国学术界第一次明确打出"重写学术史"旗号,具有时代标志性意义。此后,以京沪为两大中心,广泛影响全国的"学术史热"迅速升温。除了各种学术会议之外,各地重要刊物也都相继开辟学术史研究专栏,或邀请著名学者举行座谈。当然,最重要的学术成果还是主要体现在学术史著作方面,从分科到综合,从断代到通代,从历时到共时,从个体到群体,以及各种专题性的学术史研究领域,都有广泛涉及,这是来自不同专业领域学者在"重写学术史"旗帜下的新的聚集、新的合作、新的交融,共同创造了世纪之交学术史研究的兴盛局面。期间的代表性学术成果,主要体现在理论反思与实践探索两个层面。

在理论反思方面,集中体现于各种学术会议与专栏讨论文章,比如1997年在上海召开的"20世纪的中国学术"讨论会上,与会学者就"20世纪中国学术"的历史起点与逻辑起点、学术史观与研究方法等发表了各自的意见,并就20世纪中国学术在中西文化与学术的碰撞和融合的背景之下的现代品性与总体特点,以及存在的问题与教训、部分具体学科在20世纪的发展脉络等展开了热烈的讨论(晋荣东《"20世纪的中国学术"讨论会综述》,《学术月刊》1997年第6期)。1998年在上海召开的"重写学术史"研讨会,与会学者重点围绕近年来出版的学术史著质量、现今条件下重写学术史的必要与可能、重写中遇到的问题与难点、学术史著各种写法的得失等进行了广泛的交流与深入的研讨。当然,"重写学术史"的关键是能否建构新的学术史观,其中包括两大核心内容:一是对学术与学术史的重新认知;二是新型学术范式的建立。这在世纪之交的"重写学术史"讨论中也得到了热烈的回应。前者主要围绕"学术史是什么"的问题而展开。陈平原先生主张一种相对开放的泛学术史观,认可中国古代"辨章学术,考镜源流"的传统,更多强调学术史与思想史、文化史的关联(《"学术史丛书"总序》)。李学勤先生则提出把文科和理科、科学与人文放在一起,统一考察的大学术史观,认为"现在通常把自然科学称作'科学',人文社会科学叫做'学术',其实不妥,因为人类的知识本来是一个整体,文理尽管不同,仍有很多交叉贯通之处。尤其是在学术史上,不少人物对科学、人文都有贡献,他们的思想受到两方面的影响;还有一些团体,其活动兼及文理,成员也包括双方的学者。如果生加割裂,就难以窥见种种思潮和动向的全体面貌。"(《研究二十世纪学术文化的一些意见》,《中国文化研究》2000年第1期)

与此同时,也有一些学者着眼于学术史之所以为学术史的学术定位提出自己的思考。1997年在上海召开的"20世纪的中国学术"研讨会上,有学者认为必须明确将其与文化史、思想史以及哲学史等区分开来,把"学术"定位在知识形态上,即学术史主要是客观地研究知识的分类、构成、积累等问题,对知识的结构演变、体系的发展脉络予以发生学意义上的追寻,作出分析、说明、描述、勾勒,以此与文化史、思想史作出分殊,给学术史留出独立的位置,树立自觉的意识与确定的立场(晋荣东《"20世纪的中国学术"讨论会综述》,前揭)。2004年,张立文先生在《中国学术的界说、演替和创新——兼论中国学术史与思想史、哲学史的分殊》一文(《中国人民大学学报》2004年第1期)中,对"学术史是什么"作了如下辨思与界定:

> 学术在传统意义上是指学说和方法,在现代意义上一般是指人文社会科学领域内诸多知识系统和方法系统,以及自然科学领域中的科学学说和方法论。中国学术史面对的不是人对宇宙、社会、人生之道的体贴和名字体系或人对宇宙、社会、人生的事件、生活、行为所思所想的解释体系,而是直面已有的中国哲学家、思想家、学问家、科学家、宗教家、文学家、史学家、经学家等的学说和方法系统,并藉其文本和成果,通过考镜源流、分源别派,历史地呈现其学术延续的血脉和趋势。这便是中国学术史。

这一界定既为学术史确立了相对独立的立场与地位,又贯通了与哲学史、思想史以及人文社会科学与自然科学的关系,富有启示意义。

关于如何建构新的学术范式的问题,李学勤先生陆续发表了系列论文展开探索,然后结集并题为《重写学术史》出版,书中"内容提要"这样写道:"'重写学术史'意味着中国各历史阶段学术思想的演变新加解释和总结。这与我过去说的'重新估价中国古代文明'和'走出疑古时代',其实是相承的。晚清以来的疑古之风,很大程度上是对学术史的怀疑否定,而这种学风本身又是学术史上的现象。只有摆脱疑古的局限,才能对古代文明作出更好的估价。"李学勤先生特别强调20世纪考古发现之于"重写学术史"的重要性,提出要由改写中国文明史、学术史到走出疑古时代,由"二重证据法"到多学科组合。作为国家夏商周断代工程首席科学家、著名考古学家,李学勤先生的以上见解,显然与其考古专业立场密切相关。陈平原先生鉴于近代之前的中国学术史研究多以"人"为中心,以"人"统"学",近代之后一变为以"学"为中心,以"学"统"人",于是倡导建构以"问题"为中心的新的学术范式,他在《中国现代学术之建立》一书的《导论》中指出:"集中讨论'中国现代学术之建立',目的是凸显论者的问题意识。表面上只是接过章、梁的话题往下说,实则颇具自家面目。选择清末民初三十年间的社会与文化,讨论学术转型期诸面相,揭示已实现或被压抑的各种可能性,为重新出发寻找动力及至途径。这就决定了本书不同于通史的面面俱到,而是以问题为中心展开论述。"后来,陈平原先生在《"当代学术"如何成"史"》一文中更加鲜明地表达了他的学术史观:"谈论学术史研究,我倾向于以问题为中心,而不是编写各种通史。"(《云梦学刊》2005年第4期)从以"人"为中心,到以"学"为中心,再到以"问题"为中心,显示了中国学术史研究学术范式的重要进展,体现了新的时代内涵与学术价值。当然,"人"、"学"、"问题"三者本是互为一体,密不可分的,若能将以"问题"为中心与以"人"、"学"为中心的三种范式相互交融,会更为完善。

在实践探索方面,则以李学勤、张立文先生分别主编的《中国学术史》、《中国学术通史》最为引人注目。两书皆为贯通历代、规模宏大的多卷本中国学术通史研究著作。《中国学术史》凡11卷,依次为《先秦卷》(上、下)、《两汉卷》、《三国两晋南北朝卷》(上、下)、《隋唐五代卷》、《宋元卷》(上、下)、《明代卷》、《清代卷》(上、下),自2001年起由江西教育出版社陆续出版。《中国学术通史》凡6卷,依次为《先秦卷》、《秦汉卷》、《魏晋南北朝卷》、《隋唐卷》、《宋元明卷》、《清代卷》,于2005年由人民出版社整体推出。两书的相继出版,一同填补了中国学术史上长期缺少通史研究巨著的空白,代表了世纪之交"重写学术史"的最新进展。至于断代方面,当推陈平原先生《中国现代学术之建立》影响最著,作者在《导论》中这样写道:"晚清那代学者之所以热衷于梳理学术史,从开天辟地一直说到眼皮底下,大概是意识到学术嬗变的契机,希望借'辨章学术,考镜源流'来获得方向感。同样道理,20世纪末的中国学界,重提'学术史研究',很大程度上也是为了解决自身的困惑。因此,首先进入视野的,必然是与其息息相关的'20世纪中国学术'。"要之,从离我们最近的20世纪中国学术入手,更具重点突破、带动全局的重要意义,可以为重新审视、重构中国学术史提供新的逻辑基点。

对于世纪之交"重写文学史"在理论反思与实践探索两个层面的意义与启示,可以引录左鹏军先生在《90年代"学术史热"的人文意义》(《华南师范大学学报》1998年第3期)一文的概括:

第一,它是对长久以来中国传统学术尤其是对近现代以来中国学术道路、学术建树的全面总结,是对鸦片战争以来尤其是新文化运动以来中国文化命运、学术走势的冷静反省,它实际上蕴含着在世纪末对新世纪的新学术状况、新学术高峰的企盼与期待。

第二,它透露出中国人文知识分子在几十年的风风雨雨中走过了曲曲折折的学术道路之后,对自己社会角色、社会地位的重新确认,对自己所从事的学术工作的再次估价,对学术本身的地位、价值,对学术本质的进一步思考和确认,表明一种可贵的学术自觉。

第三,它反映出在整个世界学术走向一体化,中国学术与世界学术的交流日趋频繁的历史背景下,中国人文学者建立起完备系统的学术规范,迅速走上学术规范化、正常化之路的要求,表现出中国学者对中国学术尽快与世界学术潮流全方位接触,确立中国学术在世界学术中的应有地位,与世界学术进展接轨、促进世界学术发展的迫切愿望与文化自信。

第四,它体现出人文科学某些相关学科发展的综合趋势,以避免学科分类过细过专、流于琐碎的局限;在方法论上,要吸收和运用古今中外的一切行之有效的研究方法、现代灵活多样的研究手段,深入开展中国学术的研究,使中国学术史的研究从研究方法、学科划分,到操作规程、科研成果,都达到一个崭新的水平。

第五,近年的学术史研究,对近现代学术史之"另一半",即过去由于种种非学术原因而有意无意被忽略了的、或在一定的政治背景下不准研究的一大批对中国学术作出巨大贡献的学者,给予了必要的关注,这表明在世纪末到来的时候,中国学术界开始对本世纪的学术历史进行整体全面的反思,试图写出尽可能贴近学术史原貌的学术史著作。

应该说,这一概括是比较周全而精辟的。

今天,当我们站在21世纪新的学术制高点上,以比较理性的立场与态度来审视世纪之交的"学术史热"时,那么,就不能仅仅停留于客观的历史追述,而应在进程中发现意义,在成绩中找出局限,然后努力寻求新的突破。无可讳言,"学术史热"既然已从学术崇尚衍为一种社会风潮,那么它必然夹杂着许多非学术化的因素,甚至难免出现学术泡沫。相比之下,"重写学术史"的工作显然艰苦得多,更需要沉思,需要积淀,需要创新。其中最重要的莫过于先进的学术史观与扎实的文献基础的双重支撑。以此衡之,世纪之交的"学术史热"显然还存在着诸多局限。学术既由"学"与"术"所组成,学者,学说也,学理也,因此学术史研究不仅离不开思想,相反,更需要深刻思想的导引与熔铸。学术史观,从某种意义上说即是学术思想的体现和升华,平庸的思想不可能产生深刻的学术史观。李泽厚先生尝论20世纪90年代是一个"思想淡出,学术凸显"的时代,扼要点中了中国学界八、九十年代的整体学术转向。

"重写学术史",实质上是对原有学术史的历史重建,而历史重建的成效,则有赖于历史还原的进展。从历史与逻辑辩证统一的要求衡量,"重写学术史"的历史还原与重建,特别需要在中国学术、中国学术史、中国学术史研究三个具有内在逻辑关联的关键环节上作出新的探索,并取得新的突破。

二、中国"学术":文字考释与意义探源

学术史,顾名思义,是学术发展演变的历史。因此,对中国学术史的历史还原,首先要对"学术"的语言合成与原生意义及其历史流变进行一番考释与探源工作。

何谓"学术"?《辞源》释之为"学问、道术";《辞海》释之为"较为专门、有系统的学问";《汉语大词典》梳理从先秦至清代有关"学术"的不同用法,释为七义:(1)学习治国之术;(2)治国之术;(3)教化;(4)学问、学识;(5)观点、主张、学说;(6)学风;(7)法术、本领。其中(3)(4)(5)(6)(7)皆关乎当今所言"学术"之意义。

从语源学上追溯,"学"与"术"先是分别独立出现,各具不同的语义。然后由分而合,并称为"学术"之名。至近代以来,又逐渐被赋予新的时代意义。略略考察其间的演变历程,有助于更深切、准确地理解"学术"本义及其与现代学术意涵的内在关系。

(一)"学"之释义

许慎《说文解字》曰:"敎,觉悟也。从教、冂。冂,尚矇也。臼声。學,篆文敎省。"许氏以"敎"、"學"为一字,本义为"觉悟"。段玉裁注云:"详古之制字作'敎',从教,主于觉人。秦以来去'攵'作'學',主于自觉。"以此上溯并对照于甲骨文和金文,则"學"字已见于甲骨文而金文中则"學"、"敎"并存:

前三字为甲骨文,后二字为金文。甲骨文"學"字或从乂,或从爻,与上古占卜的爻数有

关。占卜术数是一门高深学问，需要有师教诲，故由"學"字引申，凡一切"教之觉人"皆为"學"，不一定是专指占卜之事。如：

> 丙子卜贞：多子其延學疾（治病），不冓（遘）大雨？（《甲骨文合集》3250）
> 丁酉卜今旦万其學？/于来丁延學？（《小屯南地甲骨》662）

然后从学习行为引申为学习场所，意指学校。如："于大學拜？"（《小屯》60）大学，应为学官名，即是原始的太学，《礼制·王制》曰："小学在公宫南之右，太学在郊。"

以甲骨文为基础，金文又增加了意为小孩的形符"子"，意指蒙童学习之义更加显豁。儿童学习须人教育，因此本表学习义的"學"兼具并引申为教学之义，故金文再增加"攴"符，成为繁形的"敎"字，由此學、敎分指学、教二义。检金文中"學"字，仍承甲骨文之义，意指学习或学校。如：

> 小子令學。（令鼎）
> 小子眔服眔小臣眔尸仆學射。（静簋）
> 余隹（惟）即朕小學，女（汝）勿尅余乃辟一人。（盂鼎）
> 王命静嗣射學宫。（静簋）

前二例意指学习行为，后二例意指学习场所。

然"敎"之不同于"學"，明显意指"教"之义。如：

> 克又井敎懿父迺□子。（沈子它簋蓋）
> 昔者，吴人并越，越人修敎備恁（信），五年覆吴。（中山王鼎）

《静殷》："静敎无。"郭沫若《西周金文辞大系》考释："敎当读为教……，无即无敎。"这个"敎"字还保留"觉人"、"自觉"的双向语义，即是说"觉人"为"教"，"自觉"为"学"，不必破通假字。传世文献则已分化为二字二义。如《尚书·兑命》曰："惟敎學半，今始终典于學，厥德修罔觉。"孔安国《传》云："敎，教也。"《礼记·学记》由此引出"教学相长"之说。曰："學然后知不足，教然后知困。知不足然后能自反也，知困然后能自强也。故曰教学相长也。《兑命》曰：'敎學半'，其此之谓乎？"段玉裁尽管曾从词义加以辨析，说："按《兑命》上敎之谓教，言教人乃益己之半，教人谓之學者。學所以自觉，下之效也；教人所以觉人，上之施也。故古统谓之學也。"其"古统谓之学"，说明"学"是双向的表意，在语源上是没有区别的。

"敎"为教义，征之于先秦文献，也不乏其例：

> 《礼记·文王世子》："凡敎世子及學士，必时。"陆德明释文："敎，户孝反，教也。"
> 《国语·晋语九》："顺德以敎子，择言以教子，择师保以相子。"韦昭注："敎，教也。"
> 《墨子·鲁问》："鲁人有因子墨子而學其子者。"于省吾《双剑誃诸子新证·墨子三》："學，应读作敎。"

要之，由学习至学校，由教学至学习，"学"字在上古包含"觉人"（教）与"自觉"（学）的双向语义。

春秋战国时代，在百家争鸣、学术繁荣的特定背景下，"学"之词日益盛行于世，仅《论语》

一书出现"学"者,凡46处之多。而且,还出现了如《礼记》之《大学》、《学记》,《荀子》之《劝学》,《韩非子》之《显学》等论学专篇。"学"之通行意义仍指学习行为,然后向以下诸方面引申:

1. 由学习行为,引申为学习场所——学校

《礼记·学记》曰:"古之教者,家有塾,党有庠,术(遂)有序,国有学。"《礼记·大学》谓"大学之道,在明明德,在亲民,在止于至善"。此"国之学"、"大学"即指最高学府——太学。

2. 由学习行为引申为学习主体——学士、学人、学者

《荀子·修身》曰:"故学曰:迟,彼止而待我,我行而就之,则亦或迟、或速、或先、或后,胡为乎其不可以同至也。"此"学"意指学习者,或衍为"学士"、"学人"、"学者"。《周礼·春官·乐师》曰:"及彻,帅学士而歌彻。"《左传·昭公九年》曰:"辰在子卯,谓之疾日,君彻宴乐,学人舍业,为疾故也。"《论语·宪问》曰:"子曰:古之学者为己,今之学者为人。"《礼记·学记》曰:"学者有四失,教者必知之。"此"学士"、"学人"、"学者"皆指求学者。

由求学者进一步引申,又可指称有学问之人。《庄子·刻意》曰:"语仁义忠信,恭俭推让,为修已而已矣,此平世之士,教诲之人,游居学者之所好也。"成玄英疏:"斯乃子夏之在西河,宣尼之居洙泗,或游行而议论,或安居而讲说,盖是学人之所好。"而《庄子·盗跖》曰:"摇唇鼓舌,擅生是非,以迷天下之主,使天下学士,不反其本,妄作孝弟,而儌倖于封侯富贵者也。"此"学士"则泛指一般学者、文人。

3. 由学习行为引申为学习成果——学问、学识

《论语·为政》曰:"子曰:吾十有五而志于学。"《论语·述而》曰:"子曰:德之不修,学之不讲,闻义不能徙,不善不能改,是吾忧也。"《论语·子罕》曰:"大哉孔子,博学而无所成名。"《墨子·修身》曰:"士虽有学,而行为本焉。"此中"学"字,皆为学问、学识、知识之义,后又进而衍为"学问"之词。按"学问",本指学习与询问知识、技能等。例如《易·乾》曰:"君子学以聚之,问以辩之。"《礼记·中庸》曰:"博学之,审问之,慎思之,明辨之,笃行之。"而合"学"与"问"于"学问"一词,即逐步由动词向名词转化。《孟子·滕文公上》曰:"吾他日未尝学问,好驰马试剑。"仍用为动词。《荀子·劝学》曰:"不闻先生之遗言,不知学问之大也。"则转化为名词,意指知识、学识。《荀子·大略》曰:"诗曰:'如切如磋,如琢如磨'。谓学问也。"两者兼而有之。

4. 由学习行为引申为学术主张与学术流派——学说、学派

《庄子·天下篇》曾提出"百家之学"、"后世之学"的概念,曰:"古之所谓道术者,果恶乎在?……其明而在数度者,旧法世传之史尚多有之。其在于《诗》、《书》、《礼》、《乐》者,邹鲁之士缙绅先生多能明之。《诗》以道志,《书》以道事,《礼》以道行,《乐》以道和,《易》以道阴阳,《春秋》以道名分。其数散于天下而设于中国者,百家之学时或称而道之。……悲夫,百家往而不反,必不合矣!后世之学者,不幸不见天地之纯,古人之大体,道术将为天下裂。"此"百家之学"、"后世之学",主要是指学说。而《韩非子·显学》也同样具有《庄子·天下篇》的学术批评性质,其谓"世之显学,儒墨也"。此"学"则意指学派。

由先秦"学"之意涵演变历程观之,当"学"从学习的基本语义,逐步引申为学校、学者乃至学问、学识、学说、学派时,即已意指甚至包含了"学术"的整体意义。

(二)"术"之释义

术,古作術。许慎《说文解字》曰:"術,邑中道也。从行,术声。"段玉裁注:"邑,国也。"術字本义是"道路",这个字比较晚起,最早见睡虎地秦墓竹简,写作:

術

《法律答问》曰:"有贼杀伤人(于)冲術。"银雀山汉墓竹简《孙膑兵法·擒庞涓》曰:"齐城、高唐当術而大败。"冲術,即大道、大街;当術,在路上。

然術字虽是晚出,而表示"道路"的意义则存之于先秦文献。如《墨子·号令》曰:"環守官之術衢,置屯道,各垣其两旁,高丈为埤倪。"術衢,指道路,衢也是道路。《庄子·大宗师》曰:"鱼相忘乎江湖,人相忘乎道术。"道术,即道路。词义早就存在了,而表示该词义的字却迟迟未出,滞于其后。这在汉语中是常见的现象。

与"術"关系十分密切的还有一个"述"字,见于西周金文。《说文》曰:"述,循也。从辵,术声。"段玉裁注:"述,或叚术为之。"其实,術为"述"字的分化。述为循行,由动词演变为名词,则为行走的"道路",于是才造出一个"術"字。至少可以说,術、述同属一个语源。

"術"(术)又由道路引申为方法、手段、技能、技艺、谋略、权术、学问、学术等义,则与其道之本义逐渐分离。兹引先秦典籍文献,分述于下:

1. 由道路引申为方法、手段

《礼记·祭统》曰:"惠术也,可以观政矣。"郑玄注:"术犹法也。"《孟子·告子下》曰:"教亦多术矣,予不屑之教诲也者,是亦教诲之而已矣。"此"术"指教育方法。

2. 由方法引申为技能、技艺

《礼记·乡饮酒义》曰:"古之学术道者,将以得身也,是故圣人务焉。"郑玄注:"术,犹艺也。"《孟子·公孙丑上》曰:"矢人惟恐不伤人,函人惟恐伤人,巫匠亦然,故术不可不慎也。"又《孟子·尽心上》曰:"人之有德慧术知者,恒存乎疢疾。"赵歧注:"人所以有德行智慧道术才智者,以其在于有疢疾之人;疢疾之人,又力学,故能成德。"此"术"与德、慧、知(智)并行,赵歧释之为"道术",实乃指一种技能、技艺。

古代与"术"构为复合词者,如法术、方术、数术(或称术数)等,多指具有某种神秘性、专门性的技能或技艺。《韩非子·人主》曰:"且法术之士,与当途之臣,不相容也。"此法术犹同方术。《荀子·尧问》曰:"德若尧禹,世少知之,方术不用,为人所疑。"《吕氏春秋·赞能》曰:"说义以听,方术信行,能令人主上至于王,下至于霸,我不若子也。"后方术泛指天文、医学、神仙术、房中术、占卜、相术、遁甲、堪舆、谶纬等。《后汉书》首设《方术传》。术数,多指以种种方术,观察自然界可注意的现象,来推测人的气数与命运,也称"数术"。《汉书·艺文志》谓:"数术者,皆明堂羲和史卜之职也。"其下列天文、历谱、五行、蓍龟、杂占、形法六种,大体与方术相近。

3. 由方法引申为谋略、权术

《吕氏春秋·先己》曰:"当今之世,巧谋并行,诈术递用。"此"术"意指一种权谋。先秦典籍文献中"术"常与"数"连称"术数",特指谋略、权术,与上文所指技能、技艺之"术数"同中有异。《管子·形势》曰:"人主务学术数,务行正理,则变化日进,至于大功。"《韩非子·奸劫弑臣》曰:"夫奸臣得乘信幸之势以毁誉进退群臣者,人主所有术数以御之也。"《鹖冠子·天则》曰:"临利而后可以见信,临财而后可以见仁,临难而后可以见勇,临事而后可以见术数之士。"皆指治国用人的谋略、权术。

4. 由技能、技艺引申为学问、学术

以《庄子·天下篇》所言"道术"、"方术"最具代表性。《天下篇》曰:

> 天下之治方术者多矣,皆以其有为不可加矣。古之所谓道术者,果恶乎在?曰:"无乎不在。"曰:"神何由降?明何由出?""圣有所生,王有所成,皆原于一。"不离于宗,谓之天人;不离于精,谓之神人;不离于真,谓之至人。以天为宗,以德为本,以道为门,兆于变化,谓之圣人;以仁为恩,以义为理,以礼为行,以乐为和,熏然慈仁,谓之君子;以法为分,以名为表,以参为验,以稽为决,其数一二三四是也,百官以此相齿;以事相常,以衣食为主,蕃息畜藏,老弱孤寡为意,皆有以养,民之理也。古之人其备乎!配神明,醇天地,育万物,和天下,泽及百姓,明于本数,系于末度,六通四辟,小大精粗,其运无乎不在。
>
> 天下大乱,贤圣不明,道德不一。天下多得一察焉以自好。譬如耳目鼻口,皆有所明,不能相通。犹百家众技也,皆有所长,时有所用。虽然,不该不遍,一曲之士也。判天地之美,析万物之理,察古人之全。寡能备于天地之美,称神明之容。是故内圣外王之道,暗而不明,郁而不发,天下之人各为其所欲焉以自为方。悲夫,百家往而不反,必不合矣!后世之学者,不幸不见天地之纯,古人之大体。道术将为天下裂。

"道术"与"方术"一样,在先秦典籍文献中本有多种含义。前引《庄子·大宗师》曰:"鱼相忘于江湖,人相忘于道术。"此"道"与"术"同指道路。《吕氏春秋·任数》曰:"桓公得管子,事犹大易,又况於得道术乎?"此"道术"意指治国之术。《墨子·非命下》曰:"今贤良之人,尊贤而好功道术,故上得其王公大人之赏,下得其万民之誉。"此"道"与"术"分别意指道德、学问。而《庄子·天下篇》所言"道术"与"方术"皆意指学术。陈鼓应《庄子今注今译》释"道术":"指洞悉宇宙人生本原的学问",释"方术":"指特定的学问,为道术的一部分"。"道术"合成为一词,意指一种统而未分、天然合一的学问,一种整体的学问,普遍的学问,接近于道之本体的学问,也是一种合乎于道的最高的学术。而"方术"作为与"道术"相对应的特定概念,也与上引意指某种特定技能、技艺之"方术"、"术数"不同,《庄子今注今译》引"林希逸说:'方术,学术也。'蒋锡昌说:'方术者,乃庄子指曲士一察之道而言,如墨翟、宋钘、惠施、公孙龙等所治之道是也。'"则此"方术"意指百家兴起之后分裂"道术"、"以自为方"的特定学说或技艺,是一种由统一走向分化、普遍走向特殊、整体走向局部的学问,一种离异了形而上之"道"趋于形而下之"术"的学问。

要之,"道术"之与"方术"相通者,皆意指学术,所不同者,只是彼此在学术阶段、层次、境界上的差异。鉴于《天下篇》具有首开学术史批评的性质与意义,则以文中"道术"与"方术"之分、之变及其与百家之学、后世之学的对应合观之,显然已超越于"学术"之"术"而具有包含学术之"术"与"学"的整体意义。这标志着春秋战国时代以"百家争鸣"繁荣为基础的"学术"意识的独立、"学术"意涵的明晰,以及学术史批评的自觉。

(三)"学术"之释义

尽管先秦典籍文献中的"学"与"术"在相互包容对应中已具有"学术"的整体性意义,但"学"与"术"组合为并列结构的"学术"一词,却经历了相当长的演变过程,概而言之,大致经历了以下四个阶段。

1. 先秦两汉时期"术学"先行于"学术"

略检先秦典籍文献,早期以"学术"连称者见于《韩非子》等。《韩非子·奸劫弑臣第十四》曰:"世之学术者说人主,不曰'乘威严之势以困奸邪之臣',而皆曰'仁义惠爱而已矣'。"但此"学术"皆为动宾结构而非并列结构,与当今所称"学术"之义不同。

两汉时期,学术作为并列结构且与当今"学术"之义相当者,仍不多见。《后汉书》卷五八《盖勋传》曰:"(宋)枭患多寇叛,谓(盖)勋曰:'凉州寡于学术,故屡致反暴。今欲多写《孝经》,令家家习之,庶或使人知义。'勋谏曰:'昔太公封齐,崔杼杀君;伯禽侯鲁,庆父篡位。此二国岂乏学者?今不急静难之术,遽为非常之事,既足结怨一州,又当取笑朝廷,勋不知其可也。'枭不从,遂奏行之。果被诏书诘责,坐以虚慢征。"此"学术"大体已与当今"学术"之义相近,但尚偏重于教化之意。

再看"术学"一词,《墨子·非儒下》已将"道术学业"连称,其曰:"夫一道术学业仁义也,皆大以治人,小以任官,远施周偏,近以修身,不义不处,非理不行,务兴天下之利,曲直周旋,利则止,此君子之道也。以所闻孔丘之行,则本与此相反谬也!"道术学业并列,含有"学术"之意,但仅并列而已,而非"术学"连称。

秦汉以降,"术学"一词合成为并列结构者行世渐多。例如:

> 《史记》卷九十六《张丞相列传》:"太史公曰:'张苍文学律历,为汉名相,而绌贾生、公孙臣等言正朔服色事而不遵,明用秦之颛顼历,何哉?周昌,木强人也。任敖以旧德用。申屠嘉可谓刚毅守节矣,然无术学,殆与萧、曹、陈平异矣'。"

> 《汉书》卷四十五《蒯伍江息夫传》:"伍被,楚人也。或言其先伍子胥后也。被以材能称,为淮南中郎。是时淮南王刘安好术学,折节下士,招致英隽以百数,被为冠首。"

> 《后汉书》卷四十上《班彪列传》:"其论术学,则崇黄老而薄《五经》;序货殖,则轻仁义而羞贫穷;道游侠,则贱守节而贵俗功,此其大敝伤道,所以遇极刑之咎也。然善述序事理,辩而不华,质而不俚,文质相称,盖良史之才也。诚令迁依《五经》之法言,同圣人之是非,意亦庶几矣。"

> 《后汉书》卷五十九《张衡列传》:"安帝雅闻衡善术学,公车特征拜郎中,再迁为太史令。遂乃研核阴阳,妙尽璇机之正,作浑天仪,著《灵宪》、《算罔论》,言甚详明。"

以上"术学"皆为并列结构,其义与今之"学术"一词相当。

2. 魏晋至唐宋时期"术学"与"学术"同时并行

"学术"之与"术学"同时并行,可以证之于魏晋至唐宋时期的相关史书,试举数例:

> 《晋书》卷六十四《武十三王传》:"晞无学术而有武干,为桓温所忌。"卷七十二《郭璞传》:"臣术

学庸近,不练内事,卦理所及,敢不尽言。"

《梁书》卷二十二《太祖五王传》:"(秀)精意术学,搜集经记,招学士平原刘孝标,使撰《类苑》,书未及毕,而已行于世。"又卷三十八《贺琛传》:"琛始出郡,高祖闻其学术,召见文德殿,与语悦之,谓仆射徐勉曰:'琛殊有世业'。"

《旧唐书》卷四十三《职官志二》:"集贤学士之职,掌刊缉古今之经籍,以辩明邦国之大典。凡天下图书之遗逸,贤才之隐滞,则承旨而征求焉。其有筹策之可施于时,著述之可行于代者,较其才艺而考其学术,而申表之。凡承旨撰集文章,校理经籍,月终则进课于内,岁终则考最于外。"又卷一百二十六《卢鸷传》:"(鸷)无术学,善事权要,为政苛躁。"

《新唐书》卷一百四十《裴冕传》:"冕少学术,然明锐,果于事,众号称职,(王)銧雅任之。"又卷一百一《萧嵩传》:"时崔琳、正丘、齐澣皆有名,以嵩少术学,不以辈行许也,独姚崇称其远到。历宋州刺史,迁尚书左丞。"

以上皆为同一史书中"学术"、"术学"同时并行之例。但观其发展趋势,是"学术"盛而"术学"衰。

3. 宋元以降"学术"逐步替代"术学"而独行于世

唐宋之际,"术学"隐而"学术"显,实已预示这一变化趋势。从《宋史》到《金史》、《元史》、《明史》、《清史稿》,"术学"一词几乎销声匿迹,其义乃合于"学术"一词。而就"学术"本身的内涵而言,则更具包容性与明确性,与今天所称"学术"之义更为接近。例如:

《宋史》卷二十三《钦宗本纪》:"壬寅,追封范仲淹魏国公,赠司马光太师,张商英太保,除元祐党籍学术之禁。"

《宋史》卷三百七十六《陈渊传》:"渊面对,因论程颐、王安石学术同异,上曰:'杨时之学能宗孔、孟,其《三经义辨》甚当理。'渊曰:'杨时始宗安石,后得程颢师之,乃悟其非。'上曰:'以《三经义解》观之,具见安石穿凿。'渊曰:'穿凿之过尚小,至于道之大原,安石无一不差。推行其学,遂为大害。'上曰:'差者何谓?'渊曰:'圣学所传止有《论》、《孟》、《中庸》,《论语》主仁,《中庸》主诚,《孟子》主性,安石皆暗其原。仁道至大,《论语》随问随答,惟樊迟问,始对曰:爱人。爱特仁之一端,而安石遂以爱为仁。其言《中庸》,则谓《中庸》所以接人,高明所以处己。《孟子》七篇,专发明性善,而安石取扬雄善恶混之言,至于无善无恶,又溺于佛,其失性远矣。'"

《元史》卷一百四十《铁木儿塔识传》:铁木儿塔识"天性忠亮,学术正大,伊、洛诸儒之书,深所研究"。

《明史》卷二百八十二《儒林传一》:"原夫明初诸儒,皆朱子门人之支流余裔,师承有自,矩矱秩然。曹端、胡居仁笃践履,谨绳墨,守儒先之正传,无敢改错。学术之分,则自陈献章、王守仁始。宗献章者曰江门之学,孤行独诣,其传不远。宗守仁者曰姚江之学,别立宗旨,显与朱子背驰,门徒遍天下,流传逾百年,其教大行,其弊滋甚。嘉、隆而后,笃信程、朱,不迁异说者,无复几人矣。要之,有明诸儒,衍伊、洛之绪言,探性命之奥旨,锱铢或爽,遂启岐趋,袭谬承讹,指归弥远。"

《清史稿》卷一百四十五《艺文志一》:"当是时,四库写书至十六万八千册,诏钞四分,分度京师文渊、京西圆明园文源、奉天文溯、热河文津四阁,复简选精要,命武英殿刊版颁行。四十七年,诏再写三分,分贮扬州大观堂之文汇阁、镇江金山寺之文宗阁、杭州圣因寺玉兰堂之文澜阁,令好古之士欲读中秘书者,任其入览。用是海内从风,人文炳蔚,学术昌盛,方驾汉、唐。"

《清史稿》卷一百七《选举志二》:"先是百熙招致海内名流,任大学堂各职。吴汝纶为总教习,赴日本参观学校。适留日学生迭起风潮,讻谣繁兴,党争日甚。二十九年正月,命荣庆会同百熙管理大学堂事宜。二人学术思想,既各不同,用人行政,意见尤多歧异。"

《清史稿》卷四百七十三《康有为传》:"有为天资瑰异,古今学术无所不通,坚于自信,每有创论,常开风气之先。"

《清史稿》卷四百八十六《林纾传》:"纾讲学不分门户,尝谓清代学术之盛,超越今古,义理、考据,合而为一,而精博过之。实于汉学、宋学以外别创清学一派。"

《清史稿》卷四百八十六《辜汤生传》:"辜汤生,字鸿铭,同安人。幼学于英国,为博士。遍游德、法、意、奥诸邦,通其政艺。年三十始返而求中国学术,穷四子、五经之奥,兼涉群籍。爽然曰:'道在是矣!'乃译四子书,述《春秋》大义及礼制诸书。西人见之,始叹中国学理之精,争起传译。"

此外,明代学者章懋在其《枫山语录》中有《学术》专文,周琦所著《东溪日谈录》卷六有《学术谈》一文,《清史稿》卷二百六十五《陆陇其传》还有载陆氏所著《学术辨》一书,曰:"其为学专宗朱子,撰《学术辨》。大指谓王守仁以禅而托于儒,高攀龙、顾宪成知辟守仁,而以静坐为主,本原之地不出守仁范围,诋斥之甚力。"从以上所举案例可知,宋元以来取代"术学"而独行于世的"学术"一词,因其更具包容性与明确性而在名实两个方面渐趋定型。

4. 晚清以来"学术"的新旧转型与中西接轨

晚清以来,在西学东渐的背景下,随着中国"学术"从传统向现代的转型,学界对"学术"的内涵也进行了新的审视与界说。1901年,严复在所译《原富》按语中这样界定"学术"中"学"与"术"的区别:"盖学与术异,学者考自然之理,立必然之例。术者据既已知之理,求可成之功。学主知,术主行。"10年后,梁启超又作《学与术》一文,其曰:

> 近世泰西学问大盛,学者始将学与术之分野,厘然画出,各勤厥职以前民用。试语其概要,则学也者,观察事物而发明其真理者也;术也者,取所发明之真理而致诸用者也。例如以石投水则沉,投以木则浮。观察此事实,以证明水之有浮力,此物理学也;应用此真理以驾驶船舶,则航海术也。研究人体之组织,辨别各器官之机能,此生物学也。应用此真理以治疗疾病,则医术也。学与术之区分及其相互关系,凡百皆准此。善夫生计学大家倭儿格之言,曰:科学(英 Science,德 Wissenschaft)也者,以研索事物原因结果之关系为职志者也。事物之是非良否非所问,彼其所务者,则就一结果以探索所由来,就一原因以推理其所究极而已。术(英 Art,德 Kunst)则反是。或有所欲焉者而欲致之,或有所恶焉者而欲避之,乃研究致之避之之策以何为适当,而利用科学上所发明之原理原则以施之于实际者也。由此言之,学者术之体,术者学之用。二者如辅车相依而不可离,学而不足以应用于术者,无益之学也。术而不以科学上之真理为基础者,欺世误人之术也。(初刊1911年6月26日《国风报》第2册第15期。后载梁启超《饮冰室文集》之二十五下,云南教育出版社,2001年8月第1版)

梁启超以西学为参照系的对"学术"的古语新释,集中表现了当时西学东渐、西学中用的时代风气以及梁氏本人欲以西学为参照,推动中国学术从综合走向分科、从古典走向现代并以此重建中国学术的良苦用心。但取自西学的科学、技术与中国传统"学术"仅具某种对应关系而非对等关系,难免有以今释古、以西释中之局限。由此可见,对于中国学术尤其需要西方与本土、传统与现代学术概念的互观与对接,需要从渊源到流变的学术通观。

三、中国学术史:形态辨析与规律探寻

中国学术史源远流长,而对中国学术史的形态辨析与规律探寻始终没有停息。《庄子·

天下篇》之于"道术"与"方术"两种形态与两个阶段的划分,可以视为中国学术史上最先对"古"、"今"学术流变的总结,实乃反映了作者"后世之学者,不幸见天地之纯,古人之大体,道术将为天下裂"的学术史观,以及由今之"方术"还原古之"道术"的学术崇尚,与同时代其他诸子大相径庭。此后,类似的学术史的总结工作代代相续,随时而进,而不断由"今"鉴"古"所揭示的中国学术史发展轨迹与形态,也多呈现为不同的面貌。比如,司马谈《论六家要旨》所论,凡阴阳、儒、墨、法、名、道六家,而《汉书·艺文志·诸子略》则增为儒、道、阴阳、法、名、墨、纵横、杂、农、小说十家,然后归纳为"诸子出于王官"之说,皆与《庄子·天下篇》不同。再如,唐代韩愈《原道》率先提出"尧—舜—禹—汤—文—武—周公—孔—孟"的"道统"说,继由宋代朱熹《中庸章句》推向两宋当代,完成经典性的归纳:"尧—舜—禹—汤—文—武—周公—孔子—颜回、曾参—子思—孟子—二程",在似乎非常有序的学术史链接中,完成了以儒家为正统的序次定位。但这仅是反映韩愈、朱熹等复兴儒学倡导者的学术史观以及文化史观,不能不以排斥乃至牺牲中国学术史的多元性、丰富性为代价,显然是一种以偏概全的概括。由"道统"而"学统",清代学者熊赐履进而在直接标示为《学统》之书中,以孔子、颜子(回)、曾子(参)、子思、孟子、周子(敦颐)、二程子(程颐、程颢)、朱子(熹)9人为"正统",以闵子(骞)以下至罗钦顺23人为"翼统",由冉伯牛以下至高攀龙178人为"附统",以荀卿、扬雄、王通、苏轼、陆九渊、陈献章、王守仁等7人为"杂统",以老、庄、杨、墨、告子及释、道二氏之流为"异统"(参见《四库全书·总目·史部·传记类存目五》《学统》五十六卷提要)。虽然对韩愈、朱熹"道统"的纯粹性作了弥补,但以儒家为正统、以纯儒为正统的观念未有根本的改变。

近代以来,梁启超以西方学术为参照系,由清代上溯中国学术,先在《论中国学术思想变迁之大势》(《饮冰室合集》文集之七)一文中将中国学术史划分为八个时代:"一胚胎时代,春秋以前也;二全盛时代,春秋及战国是也;三儒学统一时代,两汉是也;四老学时代,魏晋是也;五佛学时代,南北朝隋唐是也;六儒佛混合时代,宋元明是也;七衰落时代,近二百五十年是也;八复兴时代,今日是也。"继之在《清代学术概论》中提出"自秦以后,确能成为时代思潮者,则汉之经学,隋唐之佛学,宋及明之理学,清之考据学,四者而已"。基于时代与个人的双重原因,梁氏抛弃了长期以来以儒家为正统、以纯儒为正统的"道统"说与"学统"说,力图以融通古今、中西的崭新的学术史观,还原于中国学术原生状态与内在逻辑,这的确是一个重大突破,标志着中国学术史研究已实现从传统向现代转型并与世界接轨,具有划时代意义。可以说,此后的中国学术史构架几乎都是以此为蓝本而不断加以调整和完善,当"先秦诸子学——两汉经学——魏晋玄学——隋唐佛学——宋明理学——清代朴学——近代新学"已成为后来概括中国学术史流变的通行公式时,尤其不能遗忘梁氏的创辟之功。

世纪之交,受惠于"重写学术史"的激励和启示,我们应该以更加广阔的视野、更加多元的维度以及更加深入的思考,对中国学术史的形态辨析与规律探寻作出新的建树,实现新的超越。

中国学术孕育于中国文化之母体,受到多元民族与区域文化的滋养而走向独立与兴盛,并在不同时期呈现为不同的主流形态与演变轨迹。而中国学术之所以生生不息,与时俱进,也就在于其同时兼具自我更新与吸纳异质学术文化资源的双重能力,在纵横交汇、融合中吐故纳新,衰而复盛。因此,从"文化—学术"、"传统—现代"、"本土—世界"这样三个维度,重新审视中国学术史的历史进程与演变规律,则大致可以重新划分为华夏之融合、东方之融合与世界之融合三个历史时段,这三个历史时段中的中国学术主导形态及其与世界的关系依次发生了变化,分别从华夏之中国到东方之中国,再到世界之中国。

(一) 华夏文化融合中的中国学术史

从炎黄传说时代到秦汉时期,中国文化发展形态主要表现为华夏各民族文化的融合,然后逐步形成以儒家为主流的文化共同体。与此相契合,中国学术史的发展也完成了从萌芽到独立、繁荣直至确立儒学一统地位的历程。

1. 远古华夏多元文化的融合对学术的孕育

徐旭生在《中国古史的传说时代》(广西师范大学出版社2003年版)中同时证之于古籍文献与考古发现,提出华夏、东夷、苗蛮三大族团说,高度概括地揭示了炎黄时代民族与文化版图跨越黄河、长江两岸流域的三分天下格局。然后通过东征、南伐,炎黄族团文化逐步统一了三大部族,而炎黄部族本身的相争相融,终以炎黄并称共同塑铸为中华民族的祖先,这是从炎黄到五帝时代部族联盟文化共同体初步形成的主要标志。夏商周三代,既是三个进入国家形态的不同政权的依次轮替,又是三大民族在黄河流域中的不同分布。因此,夏商周的三代更替,亦即意味着中华民族文化中心在黄河流域轴线上的由中部向东西不同方向的轮动。

以上不同阶段、区域与形态的文化之发展,都不同程度地给予本时段学术的孕育以滋养。《庄子·天下篇》归之为中国学术的"道术"时代,是以所谓天人、神人、至人、圣人、君子等为主导,接近于道之本体的原始学术阶段,与梁启超在《论中国学术思想变迁之大势》所溯源的"天人相与"的学术胚胎时代相仿。

2. 春秋战国"轴心时代"学术的独立与繁荣

东周以降的春秋战国时代,迎来了具有世界性意义的第一个文化繁荣期,大体相当于西方学者所称的"轴心时代"(公元前800—200年)(见德国卡尔·雅斯贝尔斯著《历史的起源与目标》,魏楚雄、俞新天译,华夏出版社1989年版)。王权衰落、诸侯争霸、士人崛起、诸子立派、百家争鸣,一同促进了中国学术的走向独立与空前繁荣。梁启超《论中国学术思想变迁之大势》称之为"全盛时代",并有四期、两派、三宗、六家的划分。春秋战国诸子百家争鸣的学术之盛,既见普世规律,又有特殊因由。其中一个十分重要的转折点就是发生于春秋后期的"天子失官,学在四夷"的文化学术扩散运动,由于东周王朝逐步失去继续吸纳聚集各诸侯国文化学术精英、引领和主导全国文化学术主流的机制与能力,其结果便是诸子在远离京都中心的诸侯国之间大规模、高频率地自由流动。从诸子的流向、聚集与影响而论,当以齐鲁为中心,以儒、道、墨为主干,然后向全国各诸侯国流动与辐射。

诸子百家争鸣局面的形成,既是本时期中国学术高峰的标志,同时也促进了诸子对于自身学术反思的初步自觉,从《庄子·天下篇》到《荀子·非十二子》、《韩非子·显学》等,都具有学术批判与自我批判的自觉意义,其中也蕴含着诸子整合、百家归一的学术趋势。

3. 秦汉主流文化的选择与儒学正统地位的确立

进入秦汉之后,在国家走向大一统的过程中,通过对法家(秦代)、道家(汉代前期)、儒家(汉代中期)的依次选择,最后确立了儒家的官方主流文化与学术的地位。

汉武帝元光元年(前134)五月,武帝亲策贤良方正直言极谏之士,董仲舒连上三策,请黜刑名、崇儒术、兴太学,史称《天人三策》(或《贤良对策》)。董仲舒以儒家经典《春秋》为参照,在倡导与建构"大一统"的文化传统中,主张独尊儒学而摈绝诸子,后人归纳为"罢黜百家,独尊儒术",梁启超称之为"儒学统一时代",后世所谓"道统"说与"学统"说即发源于此。这不仅标志着汉代儒学作为正统学术文化主流地位的确立,同时意味着中国学术史的第一时段——华夏融合时期的结束。

(二) 东方文化融合中的中国学术史

本时段以东汉明帝"永平求法"为起点,以印度高僧译经传教于洛阳白马寺为中心,以儒学危机与道教兴起为背景,来自西域的佛教的传入及其与中国文化的融合,为中国学术的重建提供了一种新的异质资源与重要契机,然后逐步形成三教合流之局面。这是中国学术基于此前的华夏文化之融合转入东方文化之融合的重要标志。此后,由论争而融合,由表层而内质,由局部而整体,"三教合一"对本时段中国学术的重建与演变产生了巨大而深远的影响。

1. 东汉至南北朝佛教传入与学术格局的变化

儒学衰微、佛教传入与道教兴起,三者终于相遇于东汉后期,一同改变了西汉以来儒学独盛的整体学术格局。其中最引人注目的是兴起于魏、盛行于晋的新道学——玄学。其中大致可以划分为四个阶段:一是王弼、何晏的正始之音;二是嵇康、阮籍的纵达之情;三是向秀、郭象综合诸说而倡自然各教合一论;四是东晋玄学的佛学化(参见冯天瑜、邓捷华、彭池《中国学术流变》,华东师范大学出版社2003年版,第2页)。玄学的主要贡献,是将当时的士林风尚从学究引向思辨,从社会引向自然,从神学引向审美,从群体引向个体,从外在引向内在,从而促使人的发现与人的自觉,具有划时代意义。此后,发生于西晋末年的"永嘉之乱",直接促成了东晋建都建康(今南京),大批北方士人渡江南下,不仅彻底改变了南方尤其是处于长江下游的江南经济、文化的落后面貌,而且也彻底改变了原来江南土著民族的强悍之风,代之为一种由武而文、由刚而柔、由质而华的新江南文化精神,江南文化圈的地位因此而迅速上升,这是中国文化与学术中心第一次从黄河流域转向长江流域。在此过程中,本兴起于北方的玄学也随之南迁于江南,并鲜明地打上了江南山水审美文化与人文精神的烙印。

以玄学为主潮,儒佛道三教开始了漫长的相争相合之进程。在三国两晋南北朝时代,集中表现为由儒玄之争与佛道冲突中走向初步的调和与融合,范文澜先生扼要而精彩地概括为:儒家对佛教,排斥多于调和,佛教对儒家,调和多于排斥;佛教和道教互相排斥,不相调和(道教徒也有主张调和的);儒家对道教不排斥也不调和,道教对儒家有调和无排斥(范文澜《中国通史》第二册,人民出版社1994年版,第554页)。

2. 隋唐佛学的成熟与三教合流趋势

经历三国两晋南北朝的分裂,至隋唐又重新归于统一。唐代国势强盛、政治开明、文化繁荣,当朝同时倡导尊道、礼佛、崇儒,甚至发展为在官廷公开论辩"三教合一"问题(有关唐代三教论争可参见胡小伟《三教论衡与唐代俗讲》,《周绍良先生欣开九秩庆寿文集》,中华书局1997年版),这就在文化、宗教政策上为三教合流铺平了道路。与此相契合,在学术上呈现为综合化的总体趋势。

一方面是儒道佛各自本身的融合南北的综合化,另一方面则是融合儒、道、佛三者的综合化。当然,儒、道、佛三者的综合化,在取向上尚有内外之别,儒与道的综合化,除了自身传统的综合化之外,还充分吸纳了外来佛教的诸多元素,这是由"内"而"外"的综合化;而就佛教而言,同样除了自身传统的综合外,主要是吸纳本土儒道的诸多元素,是由"外"而"内"的综合化,这种综合化的过程,实质上就是佛教的本土化过程。唐代的佛学之盛,最重要的成果是逐步形成了天台宗、三论宗、华严宗、法相宗、律宗、净土宗、密宗、禅宗等八大宗派体系,由此奠定了中国佛教史上的鼎盛时代,标志着作为外来宗教的佛教本土化进程的完成。

儒道佛的三教合流,既促成了唐代多元化的学术自由发展之时代,同时也对儒学正统地位产生严重的挑战与冲击。早在初唐时期,唐太宗鉴于三国两晋南北朝儒学的衰落与纷争,为适应国家文化大一统的需要,命国子监祭酒孔颖达等撰写《五经正义》,作为钦定的官方儒学经典文本,以此奠定了唐代新的儒学传统。然而到了中唐,韩愈等人深刻地意识到了儒学的内在危机,力图恢复儒学的正宗地位与纯儒传统,所以在《原道》中提出了"尧—舜—禹—汤—文—武—周公—孔—孟"的"道统"说,不仅排斥佛道,而且排斥孔孟之后的非正统儒学,以一种激进的方式进行新的儒学重建,实已开宋代理学之先声,彼此在排斥佛道中"援佛入儒"、"援道入儒",亦颇有相通之处。

3. 宋代理学的兴盛与三教合流的深化

宋代理学是宋代学者致力于儒学重建的最重要成果,也是魏晋以来儒道佛三教合流深化的结果。较之前代学者,宋儒对于佛道二教的修养更深,其所臻于的"三教合一"境界也更趋于内在与深化。宋代理学的产生主要基于两大动因:一是儒学自身的新危机。朱熹在《中庸章句》中上承中唐韩愈的"道统"说而加以调整,代表了宋代理学家基于与韩愈"道统"说的同一立场,即主张在同时排斥释道与非正统儒学中恢复儒学的正统地位与纯儒传统;二是市井文化的新挑战。宋代商业经济相当发达,市井文化高度繁荣,既为中国文化带来了新的生机与活力,同时也对传统文化产生严重的冲击,于是有部分文人学士以强烈的历史使命感发起重建儒学运动,以此重建儒学传统,导正市井文化。宋儒的义利之辩、天理人欲之辩以及以"理"制"欲"的主张,即主要缘于此并应对于此。当然,宋代学术的高度繁荣虽以理学为代表,但并非仅为理学所笼罩。比如在北宋,除理学之外,尚有王安石的新学、三苏的蜀学。饶有趣味的是,无论是王安石还是三苏,也都经历了由儒而道、释的三教融合过程,体现了某种新的时代精神。

尤为重要的是,基于与西晋末年"永嘉之乱"同样的缘由,发生于北宋末年的"靖康之难"促使朝廷从开封迁都临安(今杭州),随后也同样是大批文人纷纷从北方迁居江南。南宋建都临安以及大批北方文人南迁的结果,就是中国文化中心再次发生了南北转移。在南宋学术界,要以朱熹理学、陆九渊心学以及浙东学派陈亮、叶适、吕祖谦的事功之学为代表,三者都产生于南方,汇集于江南,北方的文化地位明显下降。如果说由陆九渊到王阳明,由心学一路发展为伦理变革与解放,那么由陈亮、叶适、吕祖谦的倡导义利兼顾,甚至直接为商业、商人辩护,则开启了经世致用的另一儒学新传统,而且更具近世意义与活力,两者都具解构理学的潜在功能。

4. 元明理学的衰变与三教合流的异动

元蒙入主中原,不仅打乱了宋代以来的文化进程,而且改变了宋代之后的学术方向。一是元代建都大都,全国文化中心再次由南北迁,其直接结果是兴盛于宋代的新儒学——理学北传,成为官方新的主流文化;二是率先开通了北起大都、南至杭州的京杭大运河,为南北学术文化交流创造了更好的交通条件,同时也为元代后期学术文化中心再次南移奠定了基础;三是随着地理版图向四周的空前推进,元代在更为广阔的空间上不断融入了包括回回教(伊斯兰教)、景教(基督教)在内的更为丰富的多元文化,但其主体仍是东方文化的融合;四是元蒙本为草原民族,文化积累不厚,反倒容易实施文化学术开放政策,比如对于道教、佛教以及其他宗教的兼容,对于商业文化的重视,士商互动的频繁、密切,都较之前代有新的进展;五是元代教育的高度发达,远远超出人们的想象。这主要得益于两个方面:一者,汉族文人基于"华夷之辨",多不愿出仕元朝,但为了文化传承与生计需要,往往选择出仕书院山长或教席;二者,元朝长期中止科举制度,汉族文人在无奈中也不得不倾心于教育;六是就元代主流文化与学术而言,还是儒释道的"三教合一",其中理学在北传中经历了先衰后兴的命运。元代延祐年间,仁宗钦准中书省条陈,恢复科举,明经试士以《四书》、《五经》程子、朱熹注释为立论依据,程朱理学一跃成为官学。此对元代学术产生重要影响,并为其后的明代所效法。与此同时,道教与佛教也都在与儒学的相争相融中有新的发展,乃至出现新的宗教流派。

  明灭元后,先建都南京,后迁都北京,但仍以南京为陪都,元代开通的京杭大运河通过南京、北京"双都"连接,成为明代学术文化的南北两大轴心。为了适应高度集权的专制主义统治需要,从明初开国皇帝朱元璋开始,毫不犹豫地选择程朱理学为官方主流文化,又毫不手软地以文武两手彻底清理儒学传统,从而加速了官方主流文化与学术的衰微。然而,从社会历史进程的纵向坐标上看,明代已进入近世时代,日趋僵化的程朱理学已经无法适应基于商品经济发展的新的文化生态与文化精神的需要,而宋元两代以来日益高涨的市民思想意识,则在不断地通过士商互动而向上层渗透,这是推动中国社会与文化转型的重要基础;而在横向坐标上,与明代同时的西方已进入文艺复兴时代,彼此出现了诸多值得令人玩味的现象。在西方,文艺复兴、思想启蒙、宗教改革等此呼彼应,成为摧毁封建专制主义、开创资本主义文明、实现社会转型的主体力量,并逐步形成一种张扬人性、肯定人欲的初具近代启蒙性质的新文化思潮。而在明代,尤其是从明中叶开始,由王阳明心学对官方禁锢人性的理学的变革,再经王学左派直到李贽"童心说"的提出与传播,实已开启了一条以禁锢人性、人欲始,而以弘扬人性、人欲终的启蒙之路,王学之伦理改革的意义正可与西方马丁·路德的宗教改革相并观。与思想界相呼应,在文艺界,从三袁之诗文到汤显祖、徐渭之戏曲,再到冯梦龙、凌濛初之小说;在科学界,从李时珍《本草纲目》到徐宏祖《徐霞客游记》、宋应星《天工开物》,再到徐光启《农政全书》,都已初步显现了与西方文艺复兴思想启蒙相类似并具有近代转型意义的现象与态势,这说明基于思想启蒙与商业经济的双向刺激的推动,理学的衰落与启蒙思潮的兴起势不可挡,而起于南宋的一主两翼之两翼——陆九渊心学与陈亮、叶适、吕祖谦等事功之学的后续影响,便通过从王学到王学左派再到李贽等,由思想界而文艺界、科学界得到了更为激烈的演绎。另一方面,当援引佛道改造或消解理学已成为知识界,尤其是思想界与文艺界一种普遍取向与趋势时,那么,"三教合一"的发展便更具某种张扬佛道的反传统的意义,这是本时段"三教合一"的最终归结。

(三) 世界文化融合中的中国学术史

  晚明之际,西方正处于文艺复兴极盛时期,所以中西方都出现了相近的文化启蒙思潮,一同预示着一种近代化态势。理学的禁锢与衰落,意味着中国文化需要再次借助和吸纳一种新的异质文化资源进行艰难的重建工作,而在中国文化或东方文化内部,已无提供新的文化资源的可能,这在客观上为中西文化的遇合与交融、学术重建与转型创造了条件。此后,以十六世纪中叶西方传教士陆续进入中国进行"知识传教"、"学术传教"为始点,在"西学东渐"的背景下,在与西方文化融合的过程中,中国学术的世界化与现代化先后经历了三次运动,即明清之际的传统学术转型初潮、清末民初时期现代学术的建立以及二十世纪后期的学术复兴之路。

1. 明清之际"西学东渐"与传统学术转型初潮

大约从十六世纪中叶起,西方传教士陆续进入中国南部传教,通过他们的传教活动,开始了中国与西方文化第一次较有广度与深度的交流,率先揭开了中国学术最终走向世界文化之融合的序幕,可以称之为"西学东渐"之第一波。据法国学者荣振华(Joseph Dehergne)统计,在1552—1800的二百五十年间中国境内的传教士达975人(参见[法]荣振华著,耿昇译《在华耶稣会士列传及书目补编》,中华书局1995年版,第4页)。作为"知识传教"、"学术传教"的成功奠基者,意大利传教士利玛窦的成功之举是说服明朝大臣兼科学家徐光启、李之藻、杨廷筠3人先后入基督教,成为晚明天主教三大柱石,3人与利玛窦密切合作,一同翻译了大量科学著作,由此奠定了明清之际西方传教士来华知识传教、学术传教之基础。据统计,明末清初西方传教士共译书籍达378种之多,其中的宗教主导性与学科倾向性至为明显。此外,汉学著作达到49种,表明西方传教士在西学东渐之学术输出的同时,也逐步重视中学西传之学术输入,至清初达于高潮。

在晚明的中西学术文化初会中,徐、李、杨等人以极大的热情研习西学著作,会通中西学术,其主要工作包括:合译、研习、反思、会通、创新等,尤其是徐光启提出"翻译—会通—超胜"的学术思路是相当先进的。以上五个方面是明末清初科技界对于西学输入的总体反应及其所取得的主要成绩,也是当时科技界初显近代科技之曙光、初具近代新型学者之因素的集中表现。

2. 清代"西学东渐"的中止与传统学术的复归

公元1644年,满族入关,建立清朝,建都北京,历史似乎神奇地重现元蒙入主中原的路径与命运。由此导致的结果,不仅打乱了晚明以来中国走向近代的历史进程,而且改变甚至中止了中西文化学术交流与融合的前行方向。由于满清入关之前在汉化方面经过长时期的充分准备,所以在入关建国之后,不仅较之元代统治时间更长,而且还创造了康乾盛世,尤其是对传统学术的发展与总结结出了空前辉煌的成果。也许这是汉、满异质文明通过杂交优育而产生的一个文化奇迹,实质上也是中国古代文化学术回光返照的最后辉煌。

梁启超在其名著《清代学术概论》中,曾将清代学术分为四期,第一期为启蒙期,以顾炎武、胡渭、阎若璩等为代表;第二期为全盛期,以惠栋、戴震、段玉裁、王念孙、王引之等为代表;第三期为蜕分期,以康有为、梁启超为代表;第四期为衰落期,以俞樾、章炳麟、胡适等为代表。其中最能代表清代朴学成果的是第二期即全盛期。四期纵贯于明清之交至清末民初,经此辨析之后,清代学术脉络已比较清晰。但梁氏将"清代思潮"类比于欧洲文艺复兴,却并不妥当。他在《清代学术概论》中说:"'清代思潮'果何物耶?简单言之:则对于宋、明理学之一大反动,而以'复古'为其职志者也。其动机及其内容,皆与欧洲之'文艺复兴'绝相类。而欧洲当'文艺复兴期'经过以后所发生之新影响,则我国今日正见端焉。"又说:"综观二百余年之学史,其影响及于全思想界者,一言蔽之,曰:'以复古为解放'。第一步,复宋之古,对于王学而得解放;第二步,复汉、唐之古,对于程、朱而得解放;第三步,复西汉之古,对于许、郑而得解放;第四步,复先秦之古,对于一切传注而得解放。夫既已复先秦之古,则非至对于孔孟而得解放焉不止矣。然其所以能着着奏解放之效者,则科学的研究精神实启之。"将清代学术发展归结为"以复古为解放",的确非常精辟,然以此比之于西方同时期的文艺复兴,却忽略了彼此的异质性,未免类比失当。

3. 晚清"西学东渐"的重启与现代学术的建立

关于自1840年至民国间"西学东渐"的重启与现代学术的建立,是一个相当专业而又复杂的问题,前人已有不少论著加以描述与总结。这里再着重从以下三个层面略加申说:

(1) 新型学者群体的快速成长,是中国学术完成现代转型并与世界接轨的主导力量。

这一新型学者群体主要有以下三类人所组成:一是开明官员知识群体。如林则徐、曾国藩、李鸿章、丁日昌、左宗棠、薛福成、刘坤一、张之洞等朝廷重臣、地方要员,除了大兴工厂之外,还开设书局,组织人力翻译西书;创办学校,培养新型人才;又与西方传教士、外交官员及其他人士广泛交往,成为推动中国走向近代化的主导力量。二是"新职业"知识群体。如李善兰、华蘅芳、徐寿、蒋敦复、蒋剑人等,他们主要在书局、报社、刊物等从事于翻译、写作、编辑等新兴职业,是旧式文人通过"新职业"转型为新型知识群体的杰出代表。三是"新教育"知识群体。包括海外留学、国内传教士创办的教会学校与中国人仿照西方创办的新式学校培养的学生群体,但以留学生为主体,这些留学生后来大都成长为政治家、军事家、思想家、科学家以及著名学者,成为现代学科的开创者与现代学术的奠基者。以上三类新型知识群体的成长以及代际交替,即为现代学术的建立奠定了十分重要的主体条件。

(2) 新型学者群体的心路历程,是中国学术完成现代转型并与世界接轨的精神坐标。

1922年,梁启超曾在《五十年中国进化概论》中以自己的切身感受扼要揭示了半个世纪以来中国知识分子伴随近代化进程的心路历程变化:

> 近五十年来,中国人渐渐知道自己的不足了。这点子觉悟,一面算是学问进步的原因,一面也算是学问进步的结果。第一期,先从器物上感觉不足。这种感觉,从鸦片战争后渐渐发动,到同治年间借了外国兵来平内乱,于是曾国藩、李鸿章一班人,很觉得外国的船坚炮利,确是我们所不及,对于这方面的事项,觉得有舍己从人的必要,于是福建船政学堂、上海制造局等等渐次设立起来。但这一期内,思想界受的影响很少,其中最可纪念的,是制造局里头译出几部科学书。……实在是替那第二期"不懂外国话的西学家"开出一条血路了。第二期,是从制度上感觉不足。自从和日本打了一个败仗下来,国内有心人,真像睡梦中着了一个霹雳,因想到堂堂中国为什么衰败到这田地,都为的是政制不良,所以拿"变法维新"做一面大旗,在社会上开始运动,那急先锋就是康有为、梁启超一班人。这班人中国学问是有底子的,外国文却一字不懂。他们不能告诉人"外国学问是什么,应该怎么学法",只会日日大声疾呼,说:"中国旧东西是不够的,外国人许多好处是要学的。"这些话虽然像是囫囵,在当时却发生很大的效力。他们的政治运动,是完全失败,只剩下前文说的废科举那件事,算是成功了。这件事的确能够替后来打开一个新局面,国内许多学堂,国外许多留学生,在这期内蓬蓬勃勃发生。第三期新运动的种子,也可以说是从这一期播殖下来。这一期学问上最有价值的出品,要推严复翻译的几部书,算是把十九

世纪主要思潮的一部分介绍进来,可惜国里的人能够领略的太少了。第三期,便是从文化根本上感觉不足。第二期所经过时间,比较的很长——从甲午战役起到民国六七年间止。约二十年的中间,政治界虽变迁很大,思想界只能算同一个色彩。简单说,这二十年间,都是觉得我们政治法律等等,远不如人,恨不得把人家的组织形式,一件件搬进来,以为但能够这样,万事都有办法了。革命成功将近十年,所希望的件件都落空,渐渐有点废然思返,觉得社会文化是整套的,要拿旧心理运用新制度,决计不可能,渐渐要求全人格的觉悟。恰值欧洲大战告终,全世界思潮都添许多活气,新近回国的留学生,又很出了几位人物,鼓起勇气做全部解放的运动。所以最近两三年间,算是划出一个新时期来了。(《梁启超史学论著四种》,岳麓书社1985年版)

五十年间的三个历史阶段,是晚清以来从物质到制度再到文化变革渐进过程与知识分子精神觉醒进程内外互动与复合的结果。当然,这种代际快速转换与思想剧变的文化现象只是当时特定历史条件的产物,有利于快速推进中国学术的现代化进程,但由此造成的后遗症还是相当严重的。

(3)新型学者群体的现代学术体系建构,是中国学术完成现代转型并与世界接轨的核心成果。

表面看来,中西比较观主要缘于"本土—西方"关系,标示着中国学术从本土走向世界的共时性维度,但在中西比较的视境中,以西学为参照、为武器而改造中国传统学术,即由"本土—西方"关系转换为"传统—现代"关系,以及从传统走向现代的历时性维度。可见中国学术的现代化与世界化本是相互依存、相互促进,并可以相互转换的。根据晚清以来新型学者群体在急切向西方学习过程中而形成的中西观的历史演进与内在逻辑,曾先后经历了中西比附、中体西用、中西体用、中西会通、激进西化观的剧烈演变,从而为"五四"新文化运动的兴起与现代学术体系的建构铺平了道路。

经过"五四"新文化运动的精神洗礼,通过从文化启蒙向学术研究的转移,从全盘西化走向吸取西学滋养,从全面批判走向对传统学术的意义重释与价值重估,由梁启超、王国维、章炳麟、刘师培、胡适等一批拥有留学经验、学贯中西学者承担了开创现代学科、建立现代学术以及复兴中国学术的历史使命,终于在与世界的接轨中完成了中国学术从传统向现代的转型。陈平原先生在《中国现代学术的建立——以章太炎、胡适为中心》(北京大学出版社1998年版)一书中借用库恩(Thomas S. Kuhn)的"范式"(Paradigm)理论衡量中国现代学术转型与两代人的贡献,认定1927年的中国现代学术建立的"关键时刻",其标志性的核心要素在于:一是新的学术范式的建立。通过戊戌、五四两代学人的学术接力,创建了现代新的学术范式,包括走出经学时代、颠覆儒学中心、标举启蒙主义、提供科学方法、学术分途发展、中西融会贯通,等等。二是现代学科体系的建立。此实与现代教育制度逐步按西学知识体系实施分科专业教育密切相关,其中"西化"最为彻底的,也最为成功的,当推大学教育。三是现代大学者群体的登场。如康有为、梁启超、章炳麟、罗振玉、王国维、严复、刘师培、蔡元培、黄侃、吴梅、鲁迅、胡适、陈寅恪、赵元任、梁漱溟、欧阳竟无、马一浮、柳诒徵、陈垣、熊十力、郑振铎、俞平伯、钱穆、汤用彤、冯友兰、金岳霖、张君劢等。这是一个需要巨人而又创造了巨人的时代,他们既是推动中国现代学术转型的主导力量,也是中国现代学术建立的重要成果。

4. 世纪之交中国学术的复兴之路

在当今世纪之交的"重写学术史"为主旨的"学术史热"中,对20世纪中国学术道路的回顾与总结已成为学界的热点论题。刘克敌先生在《学人·学术与学术史》(《北方论丛》1999年第3期)一文中的扼要概括具有一定的代表性,此文将20世纪中国学术划分为四个阶段:

(1) 现代学术的创建期(从世纪初到"五四"前后)。这一时期的主要特点是许多后来成为学术大师级人物的学者,出于重建中国文化体系、振奋民族精神的愿望,在借鉴西方学术体系的基础上,在对传统治学方式进行批判的基础上,开始有意识地建立新的学术体系。不过,由于在他们周围始终有一个处于动荡之中的社会现实,迫使他们的研究不能不带有几分仓促与无奈,缺乏从容与潇洒的风度,而那体系的建立,不是半途而废,就是缺砖少瓦。

(2) 现代学术的成长期(从20年代至40年代)。这一时期的主要特点是一方面真正有价值的学术成果不断出现,并在不少领域填补了空白和引起国际学术界的重视和肯定,如鲁迅和胡适对中国小说史的研究,王国维、郭沫若对甲骨文的研究,陈寅恪、陈垣等人的古代史研究和赵元任的语言研究,以及考古界的一系列重大发现等等。另一方面则是迫于社会动荡和急剧变革的影响,学术研究往往陷于停顿,实用主义和功利主义倾向也越来越明显。

(3) 现代学术的迷失期(从50年代直到80年代末)。所谓"迷失"有两层含义:一是这一时期的学术研究除极少数例外,基本上都偏离了为学术而学术的轨道,甚至成为纯粹为所谓政治服务的工具;二是这一时期的治学者除极少数人外,基本上都不能坚持自己的学术立场,而那些坚持自己立场者,则毫无例外地受到种种迫害。

(4) 现代学术的回归期(从90年代初至世纪末)。这一时期的学术研究才真正开始意识到其独立的存在价值,把研究的目的不是定位于某些切近的利益,而是为了全人类的根本利益,是中华民族文化在未来的振兴,是真正的为学术而学术。可惜这一时期过于短暂,且没有结束,为其做出评价为时过早。

若从20世纪首尾现代学术颇多相似之处以及彼此在中国学术的现代化与世界化进程中的呼应与延续来看,本世纪之交可称为回归期。然而假如再往后回溯至明清之际,往前面向21世纪,那么,这应是继明清之际、近现代之后,中国学术走向世界与现代运动的第三波浪潮,初步显示了中国学术的复兴之势。三次浪潮都是在从封闭走向开放的过程中由西学的冲击而起,但彼此的内涵与意义并不相同。明清之交的第一次浪潮仅是一个先锋而已,并未从根本上改变中国学术传统以及中西双方的学术地位。近现代的第二次浪潮兴起之际,中西双方的学术地位发生了根本改变,这是在特定条件下,通过激进的西化推进中国学术的现代化与世界化,而完成中国现代学术体系的建立的,因此,其中诸多学术本身的问题未能得以比较从容而完善的解决,这就为第三次浪潮的兴起预留了学术空间与任务。毫无疑问,改革开放以来第三次浪潮的再度兴起,本有"历史补课"的意义。当经过20世纪中下叶近30年的封闭而重新开启国门之后,我们又一次经历了不该经历的"西学东渐"苦涩体验,而且再次发现我们又付出了不该付出的沉重代价。然而30年来改革开放的成功,终于初步改变了前两次"西学东渐"单向传输的路径与命运,而逐步走向中西的平等交流和相互融合。诚然,学术交流本质上是一种势能的较量,当我们既放眼于丰富多彩的世界学术舞台,又通观已经历三次文化融合的中国学术之路,应更多地思考如何实现复兴中国学术而跻身于世界民族之林的战略目标与神圣使命,勃然兴起于世纪之交、以"重写学术史"为主旨的"学术史热",应该不仅仅是新起点,更应是助推器。

四、中国学术史研究：体式演进与成果总结

以源远流长的中国学术史为对象，有关中国学术史的研究率先肇始于先秦诸子，直至当今世纪之交"重写学术史"讨论与实践，已有两千多年的历史。期间，学人代代相继，屡屡更新，要以"辨章学术，考镜源流"为主导，堪称劳绩卓著，著述宏富。于是，中国学术史研究之成果不仅演为中国学术史本身的一大支脉，而且反过来对学术发展起到重要的推动作用。

关于中国学术史研究的源起，一般都远溯至先秦诸子——《庄子·天下篇》、《荀子·非十二子》、《韩非子·显学》等，其中，《庄子·天下篇》发其端，《荀子·非十二子》、《韩非子·显学》等踵其后，一同揭开了中国学术史研究的序幕。先秦以降，中国学术史研究的论著日趋丰富，体式日趋多样。以《庄子·天下篇》为发端的序跋体，以《史记·儒林列传》为发端的传记体，以刘向《七略》为发端的目录体，以及以程颐《河南程氏遗书》、朱熹《朱子语类》等为发端的笔记体等学术史之作相继产生。至朱熹《伊洛渊源录》，又创为道录体（又称"渊源录体"），率先熔铸为学术史研究专著体制，并以此推动着中国学术史研究走向成熟。再至黄宗羲《宋元学案》，另创学案体，代表了传统学术史研究的最高成就。清末民初，由梁启超、刘师培等引入西学理念与著述体例，章节体成为学术史研究著作之主流，标志着中国学术史及其研究的走向现代并与世界接轨。此外，民国期间刘汝霖所著《汉晋学术编年》、《东晋南北朝学术编年》等学术编年之作，也是学术史研究的重要类型。对于以上这些学术史成果的研究，前人已有不少相关论著问世，现以此为基础，重点结合内涵与体式两个方面，通过"辨章学术，考镜源流"作进一步的系统梳理与评述。

（一）序跋体学术史研究

就名称而观之，序先出于汉，跋后出于宋；就格式而言，序本置于正文之后，后来前移于正文之前，而以跋列于正文之后。前文所述《庄子·天下篇》在格式上相当于今天的跋。但置序于正文之后的通则，虽无序之名，而有序之实。由此可见，序跋中的"序"是与学术史研究同时起步，并最先用于学术史研究的一种重要文体。

《天下篇》在内容上不同于《庄子》其余各篇，乃在其为一篇相对独立的学术史论之作。而在体例上，则相当于一篇自序。《天下篇》可分总论与分论两大部分。总论部分主要提出"道术"与"方术"两个重要的学术概念，综论先秦从统一走向分裂、从一元走向多元的学术之变。由"道术"而"方术"，既意指先秦学术的两种形态，也意指先秦学术的两个阶段。分论部分依次评述了由古之"道术"分裂为今之"方术"的相关学派。从行文格式而言，又可分为以下两类：一种格式是大略概括各派学术宗旨，然后加以褒贬不同的评析。另一种格式，主要是针对惠施、桓团、公孙龙一派，即所谓"辨者之徒"进行直接的批评。

学术史研究的使命、功能与特点就是"辨章学术，考镜源流"，而作为中国学术史研究的开山之作，《庄子·天下篇》已具其雏形。

汉代犹承先秦遗风，仍以序置于正文之后。比如西汉刘安《淮南子》最后一篇《要略》，重点论述了孔子、墨子、管子、申子、商鞅及纵横家等先秦诸子学说赖以产生的原因与条件，然后追溯诸子学说的起源，辨析各家学说的衍变，无论在内容还是体式上都与《庄子·天下

篇》等一脉相承。除此之外,西汉直接以序为名的著名序文还有佚名《毛诗序》、司马迁《史记·太史公自序》、刘向《战国策序》、扬雄《法言序》、班固《汉书·叙传》、王逸《楚辞章句序》、王充《论衡·自纪》篇等等,仍皆置于正文之后。司马迁的《太史公自序》详细记叙了作者发愤著书的前因后果与艰难历程,并论述了《史记》的规模、结构、篇目、要旨等,相当于一篇以序写成,重点叙述《史记》之所以作以及如何作的自传。《太史公自序》的另一重要贡献是序中记载了乃父司马谈所作的《论六家要旨》,使后人了解汉代著名史家的诸子学术史观是一种相对开放的学术史观。由于《太史公自序》载入了《论六家要旨》这样的内容,使它不仅在体式上能融记叙与议论于一体,而且在内容上更具学术史批评之内涵。

跋,又称跋尾、题跋。徐师曾《文体明辨》云:"按'题跋'者,简编之后语也。"可见,序文经历了从置于正文之后到冠于正文之前的变化;而跋文,自欧阳修为《集古录》作跋之后,则始终居于正文之后而不变。但在此前,未名"跋"之跋已经出现。

秦汉以来,历代序跋文体为数繁多,如果再纳入赠序、宴序、寿序等等,更是不计其数。至清代,中国学术史研究进入了一个全面总结的时代,无论是综合的还是分代、分类的学术史研究,序跋都是一种相当普遍使用的重要体式。

在当今学术界,序跋仍是载录学术史研究成果的一种重要载体,那些为学术著作而作的序跋尤其如此。而在名称上则分别有"序"、"总序"、"自序"、"前言"与"跋"、"后记"等不同称谓,但已无"后序"之名。

(二) 传记体学术史研究

传记可分为史传与杂传(或称散传)两大类。以史传为学术史研究之载体,始于司马迁《史记》率先创设的《儒林列传》。在《史记》卷一百二十一《儒林列传》卷首,冠有一篇洋洋洒洒的总序,作者主要记载了自先秦儒学演变为汉代经学以及汉代前期道儒主流地位的变化轨迹,凸显了在"罢黜百家,独尊儒术"文化政策导控下的儒学之盛,同时也反映了司马迁本人崇儒抑道的学术史观,与乃父司马谈《论六家要旨》的崇道抑儒形成鲜明的对比,彼此学术史观的变化正是时代学术主潮变故使然。《儒林列传》的体例是以被朝廷立为官学的经学大师为主体,以经学大师的学行为主线,重点突出各家经说的传承关系,再配之以功过得失的评价,可以视之为各经学大师的个体学术简史。合而观之,便是一部传记体的汉代经学简史。

《史记》开创的这一体例为历代正史所继承,并向其他领域拓展。以后《汉书》、《后汉书》、《晋书》、《梁书》、《陈书》、《魏书》、《北齐书》、《周书》、《隋书》、《南史》、《北史》、《宋史》、《明史》、《新元史》、《清史稿》都有《儒林传》;《旧唐书》、《新唐书》、《元史》都有《儒学传》;《宋史》有《道学传》;《后汉书》、《晋书》、《魏书》、《北齐书》、《北史》、《旧唐书》、《宋史》、《新元史》、《清史稿》都有《文苑传》;《南齐书》、《梁书》、《陈书》、《隋书》、《南史》、《辽史》都有《文学传》;《周书》、《隋书》、《北史》、《清史稿》都有《艺术传》;《新唐书》、《金史》都有《文艺传》;《后汉书》有《方术传》;《旧唐书》、《新唐书》、《宋史》、《辽史》、《元史》、《明史》、《新元史》都有《方技传》;《元史》有《释老传》;《清史稿》有《畴人传》。它们从不同的方面概述了儒学、文学、艺术、科技等的发展变化,从一个侧面反映了学术思想的演进历史。

杂传,泛指正史以外的人物传记,始兴于西汉,盛于魏晋,尔后衍为与史传相对应的两大传记主脉之一。《隋书·经籍志》始专列《杂传》一门。据《隋书·经籍志》所录,各类杂传凡217部,1286卷。内容甚为广泛,又以重史与重文为主要特色而分为两大类型。而在体例上,《隋志》仅录由系列传记合成的著作,即学界通常所称的"类传",却于单篇散传一概未录。就与学术史关系而言,尤以乡贤传、世家传、名士传、僧侣传等最有价值。隋唐以降,杂传由先前的重史与重文两种不同倾向逐步向史学化与文学化方向发展。前者因渐渐与正史列传趋于合流之势,而较之后者更多地承担了学术史研究之职。其中也有系列类传与单篇散传两大支脉,后者包括行状、碑志、自传等,作者更多,体式更丰富,学术史研究特点也更为突出。

在单篇散传日趋丰富与繁荣的同时,系列性的类传著作也在不断向前发展。其中颇有特色与价值的是专题性类传,可以阮元《畴人传》、罗士琳《畴人传续编》、诸可宝《畴人传三编》、黄钟骏《畴人传四编》、支伟成《清代朴学大师列传》等为代表。支伟成所撰《清代朴学大师列传》,以时代先后为序,然后依一定的学科、流派分门别类,每一门类前均有作者撰写的叙目,"略疏学派之原委得失",传中除介绍生平事迹外,更着重于"各人授受源流,擅长何学,以及治学方法",比较完整地体现了学术的历史继承性,可以视为一部传记体清代朴学史。

在分别论述史传与杂传之后,还应该提及引自西方、兴起于近代的评传。评传之体从西方引入本土,是由梁启超率先完成的。1901年,梁启超作《李鸿章传》,分为12章,约14万字,以分章加上标题的形式依次叙述李鸿章的一生事迹,为第一部章节体传记之作。此后,梁启超先后撰写了《管子传》、《王荆公传》、《戴东原先生传》和《南海康先生传》等,皆为以评传体式所著的学术传记。评传于近代的引进和兴起,为中国传记从传统向现代转型并与西方现代传记接轨开辟了道路。在梁氏之后,评传一体广为流行,日益兴盛。

(三) 目录体学术史研究

所谓"目录",是篇目与叙录的合称。目录既是记载图书的工具,即唐代魏征《隋书·经籍志》所谓"古者史官既司典籍,盖有目录以为纲纪",同时又具有学术史研究的功能。清代章学诚在《校雠通义序》中总结为"辨章学术,考镜源流",这既是对目录体本身,也是对所有中国学术史研究的最高要求。从西汉刘向、刘歆父子整理群书、编纂目录开始,即已确立了"辨章学术,考镜源流"的学术宗旨与功能。因而目录之为学,且以目录为学术史研究之载体,当始于西汉刘向、刘歆父子,而目录之体所独具的学术史研究价值,亦非一般文献载体可比。就学术史研究要素而言,一在于学者,一在于著述。史传重在记载前者,而目录则重在记载后者,两者相辅相成,即构成了学术史研究的主干。

关于目录的分类,学术界多有分歧,但多以史志目录、官修目录、私家目录为主体,同时还包括专科目录、特种目录等。从《别录》、《七略》的初创来看,目录之于学术史的研究价值主要体现在三个方面:一是分类。图书分类是学术发展的风向标,包括分类、类目、类序以及数量的确定与变化乃至各类图书的升降变化,都是学术发展变化的反映。同样,刘氏父子的六分法及其类目、类序的确立,各类图书的比例,皆是汉代学术的集中反映。二是著录。刘氏父子校勘群书,"条其篇目,撮其指意,录而奏之",即成"书目提要"。内容包括书名、篇数、作者、版本等,也涉及对作者生卒、学说的考证与辨析。三是序。包括大类之序与小类之序,重在辨章学术,考镜源流,为目录体学术史研究的精华所在。以上三个方面由刘氏父子《别录》、《七略》所开创,为历代目录学所继承和发扬。

东汉班固在著述《汉书》时，又据《七略》略加删改，著为《艺文志》，率先将目录之学引入正史，创立正史《艺文志》之体，亦即史志目录系统。由《汉书·艺文志》图书六分法中所确立的尊经、尊儒传统、每略典籍的具体著述方式以及每略总序与每类类序等等，都为正史《艺文志》的史志目录系统创建了新的学术范式，同时又具有反映先秦至东汉学术总貌的独特价值。尤其是总序与类序，具有更高的学术史研究容量。在二十六史中，沿《汉书》之体设立《艺文志》或《经籍志》的有《隋书·经籍志》、《旧唐书·经籍志》、《新唐书·艺文志》、《宋史·艺文志》、《明史·艺文志》、《清史稿·艺文志》五种，其中以《隋书·经籍志》最具学术价值，堪与《汉书·艺文志》相并观。此二志及其余二十二史中无志或后人认为虽有志而不全者，皆有补编之作问世。

自西汉刘向、刘歆父子分别以《别录》、《七略》奠定官修目录之体后，历代以国家藏书为基础的官修目录之作相继问世。至清代《四库全书总目》达于高潮。《四库全书总目》是编撰《四库全书》的重要成果，就学术史研究角度而言，《四库全书总目》的主要价值有三点：一是图书分类。可见分科学术史之演进。二是书目提要。每书之提要即相当于每书的一份"学术简历"，而如此众多之书汇合为一个整体，即构成一部简明扼要的著述史。三是总序与小序。于经、史、子、集四部每部皆有总序，每类下皆有小序，子目之后还有按语，最具学术史研究之功能与价值。

与史志目录、官修目录不同，私家目录更多地反映了民间藏书情况、学者的目录学思想以及蕴含于其中的学术史观，所以它的产生是以民间藏书的兴起与丰富为前提的，可以为学界提供有别于史志目录与官修目录的独特内涵与价值。

（四）笔记体学术史研究

与其他文体相比，笔记是一个大杂烩。据现存文献可知，正式以《笔记》作为书名始于北宋初宋祁所撰之《笔记》，但其渊源却十分古老。刘叶秋先生认为笔记的主要特点一是杂，二是散。大体可以分为三类：一是小说故事类；二是历史琐闻类；三是考据辨证类。与学术史研究相关或者说被用于学术史研究的笔记主要是第三类。

大致从北宋开始，一些笔记已开始涉足学术史研究，这是受宋代学术高度繁荣直接影响的重要成果。首先进入我们视野的是北宋大理学家程颐的《河南程氏遗书》，书中纵论历代学术内容较多。其次是《朱子语类》，所论学术史内容较之《河南程氏遗书》更为丰富，也更为系统。此外，宋代的重要学术笔记尚有沈括的《梦溪笔谈》、洪迈的《容斋随笔》等。

经过宋元的发展，笔记至明清时期臻于高度繁荣，出现了大量主论学术的笔记之作，其学术性也明显增强。明代一些学者已屡屡在笔记中直接谈及"学术"这一概念，比如周琦《东溪日谈录》卷六有"学术谈"，章懋《枫山语录》有"学术"篇，等等。清代为学术笔记高度繁荣的鼎盛时期，学术笔记总量至少有500余种，实乃学术史研究之一大宝库，其价值远未得到有效开掘。

民国以后，学术笔记盛势不再，但仍有如钱锺书先生《管锥篇》之类的佳作问世。

在当代，学人撰写学术随笔、笔谈蔚然为风气，虽质量参差不一，但毕竟延续着学术笔记这一传统文体，且于学术史研究亦有一定的价值。

(五) 道录体学术史研究

道录体是指首创于南宋朱熹《伊洛渊源录》而重在追溯理学渊源的学术史研究之作。因其以"道统"说为理论宗旨,是"道"与"统"即逻辑层面与历史层面的两相结合,同时直接移植禅宗"灯录"而成,故而可以命名为"道录"体,也有学者称之为"渊源录"体。

道录体的理论渊源同时也是理论支柱是"道统"说。道统说最初出自唐代古文家韩愈的《原道》,此文的要旨:一是确立了道统的核心内涵;二是确立了道统的传授谱系。然而,从"道统"概念而言,韩愈尚未明确将"道统"二字合为一体,因此虽有"道统"说之实,却无"道统"说之名。至南宋,朱熹始将"道"与"统"合为一体,明确提出了"道统"之说;同时又以"道统"说为主旨,应用于理学渊源研究,著成《伊洛渊源录》一书,首创"道录"之体。在著述体例上,"道录"体融会了多种文体之长,但尤与初创于北宋的禅宗"灯录"体最为接近。所谓"灯录"体,意为佛法传世,如灯相传,延绵不绝。该体深受魏晋以来《高僧传》、《释老志》之类宗教史研究著作的影响,而重在禅宗传授谱系的追溯与辨析。

朱熹所撰《伊洛渊源录》14卷,成于宋孝宗乾道九年,由二程伊洛之说上溯周敦颐,既在宏观上重视理学渊源的辨析,又在微观上重视理学家师承关系的考证,具有总结宋代理学史与确立理学正统地位的双重意义。在体式上,此书于承继禅宗灯录体之际,又兼取传记体之长,并有许多创新。《伊洛渊源录》除了率先开创了"道录"体学术史研究之外,还有标志中国学术史研究专著问世的意义。在此之前,从序跋、传记、目录、笔记体等来看,虽皆包含学术史研究内容,却又非学术史研究专著。此外,一些学术著作如刘勰《文心雕龙》、刘知几《史通》等等,也只是部分篇章含有学术史研究内容,而非如《伊洛渊源录》之类的学术史研究专著。可以说,中国学术史研究专著始自朱熹的《伊洛渊源录》。

在《伊洛渊源录》影响下,南宋以来不断有类似的著作问世。如南宋李心传的《道命录》,王力行的《朱氏传授支派图》,季文的《紫阳正传校》,薛疑之的《伊洛渊源》等。明代则有谢锋的《伊洛渊源续录》,宋端仪的《考亭渊源录》,程曈的《新安学系录》,朱衡的《道南源委》,魏显国的《儒林全传》,金贲亨的《台学源流》,杨应诏的《闽学源流》,刘鳞长的《浙学宗传》,周汝登的《圣学宗传》,冯从吾的《元儒考略》、《吴学编》,辛全的《理学名臣录》,赵仲全的《道学正宗》,刘宗周的《圣学宗要》等。至清初更形成了一个高潮,著作多达20余种,如孙奇逢《理学宗传》,魏裔介《圣学知统录》、《圣学知统翼录》,魏一鳌《北学篇》,汤斌《洛学篇》,范鄗鼎《理学备考》、《广理学备考》,张夏《洛闽渊源录》,熊赐履《学统》,范鄗鼎《国朝理学备考》,窦克勤《理学正宗》,钱肃润《道南正学编》,朱睾《尊道集》,汪佑《明儒通考》,万斯同《儒林宗派》,王维戊《关学续编本传》,王心敬《关学编》,朱显祖《希贤录》,耿介《中州道学编》,王植《道学渊源录》,张恒《明儒林录》,张伯行《伊洛渊源续录》、《道统录》,等等。

"道录"体学术史研究之作既以"道统"说为要旨,本乃为学说史,实则往往以史倡学,因而具有强烈的正统意识与门户之见。

(六) 学案体学术史研究

学案体与朱熹《伊洛渊源录》一样,同样受到了禅宗灯录体的影响。所以,在确定这两者的归属时截然分为两大阵营,一些学者认为学案体应包括上文所论道录体之作,一些学者则认为彼此不相归属。其实,大体可以用广义与狭义的学案体来解决这一论争。此处将学案体独立出来加以论述,所取的是狭义的学案体的概念。

何谓"学案"？"学"即学者、学派、学术；"案"即按语,包括考订、评论等等,可能与禅宗公案也有某种渊源关系。有学者认为学案体应具备三大要素：一是设学案以明"学脉"。即每一个学案记述一个学派(若干独立而又有内在逻辑联系的学案群),使之足以展示一代学术思想史的全貌与发展线索；二是写案语以示宗旨。即每一学派均有一个小序,对这一学派作简明的介绍,对学者的生平、师承、宗旨、思想演变也都有一段简要说明,最突出的是对各学派、学者宗旨的揭示；三是选精粹以明原著。即撷取最能体现学派或学者个性的著作中的精粹,摘编而成,以见原著之精华。这三个要素互为犄角,使学案体构成了为实现特定目标而组成的有机整体,既能展示历史上各学派、学者的独特个性,又能显示不同学派、学者之间的因革损益情况,更有展现一代学术思想史发展线索的功能。可见学案体有其独特的学术宗旨及组织形式,与学术史"辨章学术,考镜源流"的内在要求较之其他体式更为契合。以此衡量,尽管在黄宗羲编纂《明儒学案》之前已有耿定向《陆杨二先生学案》、刘元卿《诸儒学案》,但真正的开山之作应是黄宗羲的《明儒学案》。

黄宗羲旨在通过设立学案,全面反映一朝学者、学派与学术的发展演变之势,并以序、传略、语录为三位一体,构建一种崭新的学术史研究著作新体式——学案体。与此新体式相契合,黄宗羲特于《明儒学案·凡例》拈出"宗旨"二字作为学术史研究的核心与灵魂："宗旨"犹如学问之纲,亦是学术与学术史研究之纲,纲举才能目张,所以"宗旨"对于学术史研究而言的确是关键所在,具有核心与灵魂的意义与作用。

黄宗羲在完成《明儒学案》后,又由明而至宋元继续编纂《宋元学案》。全书凡100卷,分立91个学案。黄宗羲本人完成了67卷,59个学案,未竟而逝。然后由其子黄百家、私淑弟子全祖望续修,又经同郡王梓材、冯云濠校定,至道光十八年(1838)出版。此书在非黄宗羲所作部分学术功力有所逊色,但也有更为完善之处：一是在每一学案之前先立"学案表",备述该学派的师友弟子；二是所立学案超越了理学范围,如《水心学案》、《龙川学案》、《荆公学案》、《苏氏蜀学略》皆为非理学家立案,旨在反映宋元学术全貌；三是注重重大学术争论问题,且注意收录各家之说,不主一家之言；四是增设"附录",载录学者的逸闻轶事和当时及后人的评论。王梓材还撰有《宋元学案补遗》42卷,所补内容一是新增传主,二是增补《学案》已有传主的言行资料,三是补充标目。《补遗》所增大多是名不见经传的士人,这就大大扩展了《宋元学案》的收录范围。就史料而言,如果说《宋元学案》取其"精",则《宋元学案补遗》求其"全",这或许就是该书最大的特色和价值所在。

《明儒学案》、《宋元学案》开创了学案体学术史研究新体式,后来学人代有继作。先是清代唐鉴所撰《国朝学案小识》15卷,于道光二十五年(1845)刊行。至1914年,唐晏撰成《两汉三国学案》11卷,首次以学案体对两汉三国经学学派的传承演变进行历史性总结。再至1928年,曾任民国大总统的徐世昌网罗一批前清翰林,于天津发起和主持《清儒学案》的编纂工作,历时10年,至1939年出版。此书体例严整,内容丰富,取材广泛,少有门户之见,大体能反映有清一代的学术史,值得充分肯定。

晚清民初之交,致力于学术史研究的梁启超对学案体情有独钟,并以此应用于西方学术研究,相继撰写了《霍布士学案》、《斯片挪落学案》、《卢梭学案》等"泰西学案"。至1921

年,所著《墨子学案》又由商务印书馆出版。此外,钱穆曾于四川时受政府委托著成《清儒学案》,但未及出版就因船回南京途中沉于长江,今仅存其目,至为憾焉。

20世纪80年代之后,学案再次受到学界重视。在个体性学案方面,除了钱穆《朱子新学案》、陆复初《王船山学案》相继于1985、1987年由巴蜀书社、湖北人民出版社出版外,值得学术界重点关注的还有杨向奎主编的《新编清儒学案》,以及由张岂之先生等主编的《民国学案》,方克立、李锦全两人一同主编《现代新儒家学案》,舒大纲等人策划的《历代儒学学案》等。

(七) 章节体学术史研究

章节体学术史研究著作是近代之后引入西方新史观与新体式的产物。就传统的学术史研究著作体式而论,由道录体发展至学案体而臻于极化,在晚清西学东渐的背景下,中国学术由传统走向现代以及与西方学术接轨的过程中,学案体学术史研究日益暴露其固有的局限。概而言之,一是学术史观的问题。学案体既以儒学为对象,亦以儒学为中心,因此近代之前的学案体学术史,实质上即是儒学史。但至近代以后,在西方进化论等新史学理论的影响下,许多学者纷纷以此为武器对儒学道统展开了激烈的批判。二是学术史著述体例的问题。学案体记载的儒学史,以学者、学派为主流,大体比较单纯,因此由叙论、传略、文献摘要三段式构成的著述体式大体能满足其内在需要,但对晚清以来中西、新旧交替的纷繁复杂的学术现象,尤其是众多学术门类的多向联系、交互影响以及蕴含于其间的学术规律的探讨与总结,的确已力不从心。所以,如何突破学案体的局限,寻找一种适应新的时代需要的学术史著述体例显然已迫在眉睫,引自西方的章节体即是在这样的背景下适时登场的。

在早期章节体学术史研究的著作过程中,梁启超、刘师培贡献尤著。1902年,梁启超所著《中国学术思想变迁之大势》这一长篇学术论文发表于《新民丛报》第3、4、5、7号上。梁启超以西方学术史为参照,以进化论为武器,对几千年来中国学术思想的发展进程进行了崭新的宏观审察。其创新之处有三:一是提出了新的中国学术史分期法。将数千年中国学术思想分为老学时代、佛学时代、儒佛混合时代、衰落时代,打破了宋明以来以儒学为中心的学术史模式;二是提出关于学术思想发展的新解释。以往的学术史,或以道统为先验性学术构架,或虽突破道统论的束缚,但也多停留于论其然而不求其所以然,梁氏则能透过现象深入到学术发展过程的内部探索其发展变化的因果关系;三是首创章节体的中国学术编纂新体裁。即以章节为纲,以"论"说"史",以"史"证"论",史论结合,既"述"且"作"。综观以上三点,这篇长文无论对梁启超本人还是20世纪章节体新学术史研究而言都是拓荒、奠基之作,是中国学术史研究实现从传统向现代转型并与世界接轨的重要标志,具有划时代意义,对近现代学术史研究的影响巨大而深远。

晚清以来,各种报刊纷纷创办。当时,一些充满新意的学术史研究论文往往首先发表于报刊这一新兴媒体,而其中一些长文更以连载的形式陆续与读者见面,然后经过一定的组合或修改,即可由此衍变为章节体著作。所以这些"报章体"的学术史论文连载,实已见章节体著作之雏形。三年之后刘师培所著《周末学术史序》也是如此。此文先连载于1905年2月至11月《国粹月报》(1—5期),由总序、心理学史序、伦理学史序、论理学史序、社会学史序、宗教学史序、政法学史序、计学史序、兵学史序、教育学史序、理科学史序、哲学学史序、术数学史序、文字学史序、工艺学史序、法律学史序、文章学史序十七篇组成,实为以序的形式撰写的《周末学术史》一书的提要。这是中国学术史上首次以"学术史"命名并首次按照西学现代学科分类法为著述体例的学术史研究论著。

20世纪前期,章节体学术史研究趋于成熟且影响巨大的著作,当推梁启超、钱穆分别出版于1924年、1937年的同名巨著《中国近三百年学术史》。两书虽然同名,但在学术渊源、宗旨、内容、体例等方面迥然有异。大体而言,梁著以西学为参照,以"学"为中心,钱著承续学案体,以"人"为中心;梁著以朴学传统论清学,认为清学是对宋明理学的全面反动,钱著从宋学精神论清学,认为清学是对宋明理学的继承;梁著更偏于知识论层面的学术史,钱著更偏于思想论层面的学术史;梁著更具现代学术之品性,钱著更受传统学术之影响。两书代表了20世纪前期章节体学术史研究的最佳成果。

(八) 编年体学术史研究

编年体史书源远流长,导源于《春秋》,由《资治通鉴》集其大成,这是编年体学术史的主体渊源。另一个渊源是学者年谱。北宋元丰七年(1084)吕大防著成《韩吏部文公集年谱》与《杜工部年谱》,是可据现存文献证实的中国古代年谱之体的发轫之作。这一崭新体例,对于编年体学术史研究具有重要启示与借鉴意义,因为从文学年谱到学术年谱,本有相通之处。如宋代李子愿所纂《象山先生年谱》据《象山先生行状》、《语录》及谱主诗文编纂而成,内容多涉学术。如论陆九渊讲学贵溪之象山,颇为详细;而记淳熙八年与朱熹会于南康,登白鹿洞书院讲席,以及与朱熹往复论学,乃多录原文,因而可以视之为学术年谱。

宋代以降,与文人学者化的普遍趋势相契合,文人年谱中学术方面内容的比重日益加重,显示了年谱由"文"而"学"的重心转移之势。而从个体学术年谱到群体性的学术编年,以及一代乃至通代的学术编年,实为前者的不断放大而已。然而由于种种原因,超越个体的编年体学术史著作晚至民国时期才得以开花结果。早期的重要成果以钱穆的《先秦诸子系年》、刘汝霖的《汉晋学术编年》、《东晋南北朝学术编年》等为代表。尤其是后二书,已是成熟的编年体学术史研究著作,更具开创性意义。

刘汝霖先生所著《汉晋学术编年》、《东晋南北朝学术编年》,在著述体例上,主要以编年体史书代表作《资治通鉴》为参照,同时吸取纪传体与纪事本末体之长,加以融会贯通。作者在自序中重点强调以下五点:一曰标明时代。即有意打破前代史家卷帙之分,恒依君主生卒朝代兴亡史料之多寡为断,充分尊重学术本身的发展。比如两晋之间地域既殊,情势迥异,倘以两晋合为一谈,则失实殊途,故有分卷之必要。二曰注明出处。即将直引转引之书注明版本卷页篇章,使读者得之,欲参校原书,可收事半功倍之效;而欲考究史实,少有因袭致误之弊。三曰附录考语。中国旧史多重政治,集其事迹,考其年代,尚属易易。学术记载向少专书,学者身世多属渺茫,既须多方钩稽,又须慎其去取。故标出"考证"一格,将诸种证据罗列于后,以备读者之参考。四曰附录图表。有关学术之渊源,各派之异同,往往为体例所限,分志各处,以致读者寻检不易,故有图表之设,以济其穷。包括学术传播表、学术著述表、学术系统表、学术说明表、学术异同表。五曰附录索引。包括问题索引与人名索引。刘汝霖先生率先启动编纂《中国学术编年》如此宏大工程,的确是一个空前的学术创举,但以一人之力贯通历代,毕竟力不从心,所憾最终仅完成《汉晋学术编年》与《东晋南北朝学术编年》二集，而且此二集中也存在着收录不够广泛、内容不够丰富等缺陷。

1930年，姜亮夫先生曾撰有《近百年学术年表》，时贯晚清与民国，也是问世于民国早期的学术编年之作。若与刘汝霖的《中国学术编年》衔接，则不仅可以弥补其他四卷的阙如，而且还可以形成首尾呼应之势。但这一编年之作终因内容单薄而价值不高，影响不大。

进入21世纪之后，又有两部重要的编年体学术史研究著作问世。一是陈祖武、朱彤窗所著的《乾嘉学术编年》。此书是对作为清代学术的核心内容——乾嘉学派的首次学术编年，既是一项开创性工作，又有独立研究之价值。另一重要著作是张岂之主编的《中国学术思想编年》。此书之价值，一在以"学术思想"为内容与主线，二在贯通历代。著者力图将上自先秦下迄清代有关学术思想上的代表人物、著作、活动、影响等联系起来，力求使学术思想的历史演进、学派关系、学术影响、学术传承等方面展现于读者面前，实乃一部按时间顺序编年的编年体学术思想史。但因其内容的取舍与限定，与刘汝霖《汉晋学术编年》、《东晋南北朝学术编年》等综合性的编年之作有所不同，则其所长亦其所短也。

除了以上八体外，尚有始终未尝中断的经传注疏体系以及频繁往来于学者之间的书信——可以称之为注疏体与书信体，也不时涉及学术史研究内容，值得认真梳理总结。而较之这两体更为重要的，是除著作之外散布于各种文集之中的大量论文，或长或短，或独立成文，或组合于著作之中，从《庄子·天下篇》（兼具序文性质）、《韩非子·显学》、《吕氏春秋·不二》直到清末民初大量报章体论文，可谓源远流长，灿若星河，对学术史研究而言尤具重要价值。

五、《中国学术编年》的学术宗旨与体例创新

在世纪之交的"学术史热"中，学术史观与文献基础作为"重写学术史"的双重支撑，同时存在着明显缺陷。前者的主要缺失在于未能对中国学术、中国学术史、中国学术史研究三个关键环节展开系统梳理与辨析，从而未能从历史与逻辑辩证统一的高度完成新型学术史观的建构以及对学术史的历史还原与重建。另一方面，学术史研究的进展还取决于扎实的文献基础，其中学术编年显得特别重要。然而在世纪之交的"重写学术史"的讨论与实践中，学术编年的重要性普遍受到忽视，甚至尚未进入相关重要话语体系之中，这不能不说是一个严重局限。

（一）《中国学术编年》的重要意义

关于学术编年之于学术史研究的重要意义，常元敬先生在撰于1991年3月6日的《清代学术编年·前言》中曾有这样的论述：

> 要写出一部符合实际的清代学术史专著，就有必要先完成一部清代学术史年表，以便使事实不因某人的主观而随意取舍，真相得由材料的排比而灼然自见，然后发展的脉络，变化的契机，中心的迁徙，风气的转移，均可自然呈露，一望可知。可惜内容完备的清代学术史年表，至今未见。我们所接触到的几部内容不同的清代学术或著作年表，或失之简，或失之偏，或失之杂，均不能全面地反映清代学术之全貌，以满足今人之需要。

这既代表了我们当时对编纂《清代学术编年》学术价值的自我确认,也是对学术编年之于学术史研究重要意义的基本认知。

刘志琴在《近代中国社会文化变迁录》(浙江人民出版社1998年版)序言《青史有待垦天荒》中提出"借助编年,走进历史场景"的学术理念,颇有启示意义。她说:历史是发生在过去的事情,它与哲学追求合理、科学注重实验不同的是,历史的基础是时间。没有时间的界定就不成其为历史,凡是属于历史的必定是已经过去的现象,再也不可能有重现的时刻。所以说时间是历史的灵魂,历史是时间的科学。在史学著作中突出时间意识,无疑是以编年体为首选的体裁。考其源流,详其始末,按其问题的起点、高峰或终点,分别列入相应的年度。按年查索,同一问题在此年和彼年反复出现,可能处于不同的发展阶段,从而有不同的风貌。这在连年动荡、风云迭起的时代,便于真切地把握年年不同的社会景象,清晰地再现事态发展的本来面目。至于同一年度,政治、经济、文化、生活,万象齐发,又形成特定年代的社会氛围,方便读者走进历史的场景。编年体具有明显的时序性、精确性和无所不包的容量。以此类推,借助学术编年,同样可以让人们走进学术史的历史场景,这既有必要也有可能。当然,更准确地说,历史场景,首先是时间维度,同时也是空间维度,是特定时空的两相交融。正如一切物质都是时间与空间的同时存在一样,学术的发展也离不开时间与空间的两种形态,而学术史的研究也同样离不开时间与空间这两个维度。学术史,只有当其还原为时空并置交融的立体图景时,才有可能重现其相对完整的总体风貌。做一个不甚恰当的比喻,学术史就如一条曲折向前不断越过峡谷与平原、最终流向大海的河流,从发源开始,何时汇为主流,何时分为支流,何时越过峡谷,何时流经平原,何时波涛汹涌,何时风平浪静,以及河流周边的环境生态,等等,一部学术史如何让其立体地呈现在读者面前,即取决于能否以及如何走进时空合一的历史场景,这也是能否以及如何从历史与逻辑辩证统一的高度完成对学术史的历史还原与重建的关键所在。

正是由于学术编年对"重写学术史"的重要意义,也由于世纪之交"学术史热"对学术编年的普遍忽视,我们所编纂的贯通历代、包罗各科规模宏大的《中国学术编年》的问世,作为有幸以见证者、参与者、推动者奉献于世纪学术盛会的重要成果,深感别具意义。相信《编年》的出版,可以为中国学术史研究尤其是中国学术通史编写提供详尽而坚实的学术支撑,并对处于世纪之交的中国学术、文化乃至文明研究的深入开展起到重要的推动作用。

(二)《中国学术编年》的编纂历程

自1985年启动《清代学术编年》研究项目,到2012年《中国学术编年》的最终告竣,期间经历了异常艰难曲折的过程。

早在1985年10月,由浙江师范大学常元敬先生主持,姚成荣、梅新林、俞樟华参与的《清代学术编年》作为古籍整理项目,由教育部全国高校古籍整理委员会委托浙江省教育厅予以资助和立项。项目研究团队的具体分工是:常先生负责发凡起例,姚成荣、俞樟华、梅新林分段负责清代前期、中期和近代的学术编年工作,最后由常先生统稿。经过三年多的共同努力,至1988年,共计50余万字的《清代学术编年》基本完成。

《清代学术编年》虽然在学术价值上得到多方肯定,但因当时正值由计划经济向商品经济的转轨过程之中,付诸出版却遇到了种种困难。后几经延搁,终于有幸为上海书店所接纳。在付梓之前,我们又根据责任编辑的修改要求,由姚、梅、俞三人奔赴上海图书馆集中时间查阅资料,对书稿进行充实与修订,最后由常元敬先生统稿、审订,并于1991年3月撰写了1500余字的《前言》冠于书前。然又因种种原因,上海书店最终决定放弃出版。次年,常元敬先生退休后离开学校。在欢送他离职之际,我们总不免说一些感谢师恩之类的话,但书稿未能及时出版的遗憾,却总是郁积于心而久久难以排遣。

1998年,上海三联书店资深出版人倪为国先生得知《清代学术编年》的遭遇后,以其特有的文化情怀与学术眼光,建议由清代往上追溯,打通各代,编纂一套集大成的《中国学术编年》,这比限于一代的《清代学术编年》更有意义。他说,正如国家的发展,既需要尖端科技,也需要基础建设,《中国学术编年》就是一项重大基础建设工程,具有填补空白的学术价值与盛世修典的标志性意义,可以说是一项"世纪学术工程"。他进而建议由我校重新组织校内外有关专家,分工负责,整体推进,积数年之功,尽快落实《中国学术编年》这一"世纪学术工程"。

根据倪为国先生的建议,我们决定以本校中国古典文献专业的学术骨干为主,适当邀请其他高校一些学有专长的专家参与,共同编纂一部贯通历代的《中国学术编年》。参编人员有(以姓氏笔画为序):王德华、王逍、毛策、尹浩冰、叶志衡、包礼祥、冯春生、宋清秀、陈玉兰、陈年福、陈国灿、邱江宁、林家骊、张继定、杨建华、胡吉省、俞樟华、梅新林等。经过反复商讨、斟酌,初步拟定"编纂计划",决定将《编年》分为6卷,规模为600万字左右。至此,由倪为国先生建议的贯通历代、包罗各科规模宏大的《中国学术编年》的编纂工作终于全面开始启动。

1999年底,经倪为国先生的努力,上海三联书店将《编年》列为出版计划,当时书名初定为《中国学术年表长编》。受此鼓舞,全体编写人员大为振奋,编写进程明显加快。期间,倪为国先生还就《编年》的价值与体例问题专门咨询著名学者朱维铮、刘小枫等人。刘小枫先生在予以充分肯定的同时,建议在当今中西交融的宏观背景下,应增加外国学术板块,以裨中外相互参照。根据这一建议,我们又先后约请就读于上海师范大学的秦治国、陆怡清、方勇、杜英、王延庆、陈允欣等负责这项工作。至2001年底,经过全体同仁的不懈努力,《中国学术编年》初稿终于基本形成,陆续交付专家、编辑初审。次年5月10日,梅新林、俞樟华决定将《编年》申请全国高校古籍整理研究工作委员会重点研究项目,承蒙安平秋先生、章培恒先生、裘锡圭先生、杨忠先生、张涌泉先生等的热忱支持,经全国高校古籍整理研究工作委员会项目专家评议小组评议,并经古委会主任批准,《编年》被列为2003年度高校古委会直接资助项目。对于《编年》而言,这无疑是一个锦上添花的喜讯。

2003年底,由于《编年》体量大幅扩张等原因,在出版环节上却再次出现了问题。就在我们深感失望而又无奈之际,幸赖倪为国先生再次伸出援手,基于对《编年》学术价值的认同感与出版此书的责任感,他毅然决定改由他创办的上海六点文化传播有限公司负责出版事宜,并得到时任华东师范大学出版社社长朱杰人先生首肯和支持。

为了保证和提高《编年》的质量,我们与倪为国先生商定,决定对《中国学术编年》初稿进行全面的充实和修订。2006年7月19日,倪为国先生率编辑一行10人,前来浙江师范大学召开编纂工作会议,共商《编年》修改方案。会议的中心主题是:加快进程,提高质量。会上,我们简要总结了《清代学术编年》20余年以及《编年》整体启动8年来的学术历程,介绍了目前各卷的进展以及存在的问题。接着由倪为国先生向各卷作者反馈了相关专家的审稿意见,并提出了具体的修改要求。在经过双方热烈细致讨论的基础上,最后形成整体修改方案。会议决定,每卷定稿后将再次聘请专家集中审阅,以确保《编年》的学术质量。会上对分卷与作者也作了相应的调整,即由原先的 6 卷本扩展为 9 卷本。2007 年 6 月 30 日,《中国学术编年》第二次编纂工作会议在浙江师范大学召开,倪为国先生一行 4 人再次来到师大与各卷作者继续会商修改与定稿等问题。会议决定以由俞樟华编纂的宋代卷为范本,各卷根据实际情况做适当调整。此后,各卷的责任编辑的审稿与《编年》各卷作者的修改一直在频繁交替进行。目前,《编年》各卷署名作者依次为:(1) 先秦卷:陈年福、叶志衡;(2) 汉代卷:宋清秀、曾礼军、包礼祥;(3) 三国两晋卷:王德华;(4) 南北朝卷:林家骊;(5) 隋唐五代卷:陈国灿;(6) 宋代卷:俞樟华;(7) 元代卷:邱江宁;(8) 明代卷(上、下册):陈玉兰、胡吉省;(9) 清代卷(上、中、下册):俞樟华、毛策、姚成荣。

此外,由秦治国、陆怡清、方勇、杜英、王延庆、陈允欣等编纂的作为参照的外国学术部分,则另请责任编辑万骏统一修改压缩,使内容更为精要。

《编年》经过长时期的磨砺而最终得以问世,可以说是各方人士共同努力的结果,郁积砥砺于我们心中的感悟也同样经历了一个不断变化、超越与升华的过程:从《清代学术编年》到《中国学术编年》,从反映有清一代学术到总结中国通代学术,集中体现了中国学术在走向现代与世界的过程中需要进行全面、系统、深入总结的内在要求与趋势,这是世纪之交中国学界与学者的历史使命,实与世纪之交的"学术史热"殊途而同归。与此同时,正是由于中国学术自身发展赋予《编年》的必要性与可能性,所以尽管历经种种曲折,甚至因先后被退稿和毁约而几乎中途夭折,但最终还是走出了困境,如愿以偿。从 50 余万字的《清代学术编年》,到 1000 余万字的《中国学术编年》,不仅仅意味着其规模的急遽扩大,更为重要的在于其学术质量的全面提高。在此,挫折本身已不断转化为一种催人不断前行的动力。

(三)《中国学术编年》的学术追求

尽管编年体史书源远流长,但编年体学术史著作晚至民国时期才得问世,而贯通历代的集成性的《中国学术编年》之作则一直阙如。20 世纪 20 年代,刘汝霖先生曾以一人之力启动《中国学术编年》的编纂工程,先于 1929 年完成《周秦诸子考》,继之编纂《汉晋学术编年》、《东晋南北朝学术编年》,分别 1932 年、1935 年由商务印书馆出版。

根据刘汝霖先生拟定《总目》,《中国学术编年》分为六集:

第一集,汉至晋:汉高祖元年(前 206)至晋愍帝建兴四年(316)。
第二集,东晋南北朝:东晋元帝建武元年(317)至陈后主祯明二年(588)。
第三集,隋唐五代:隋文帝开皇九年(589)至周世宗显德六年(959)。
第四集,宋:宋太祖建隆元年(960)至恭帝德祐二年(1276)。
第五集,元明:元世祖至元十四年(1277)至明思宗崇祯十六年(1643)。
第六集,清民国:清世祖顺治元年(1644)至民国七年(1918)。

然而由于种种原因,刘汝霖先生雄心勃勃编纂《中国学术编年》大型工程只完成第一集《汉晋学术编年》、第二集《东晋南北朝学术编年》即戛然而止,实在令人遗憾。在此后相当长的时期内,尽管在断代、专门性的学术编年方面成果渐丰,但贯通历代之作依然未能取得重大突破。2005 年,张岂之先生主编的《中国学术思想编年》由陕西师范大学出版,率先在贯通历代方面取得了重要进展,但因此书以"学术思想"为主旨,实乃一部按时间顺序编年的编年体学术思想史,所以在学术宗旨与内容取舍方面,与刘汝霖先生当年设计的综合型的中国通代学术编年不同。有鉴于此,的确需要编纂一部贯通历代、综合型、集大成的《中国学术编年》,以为"重写学术史"提供更加全面、系统而坚实的文献支持。

我们所编纂的《中国学术编年》,仍承刘汝霖先生当年所取之名,但非续作,而是另行编纂的一部独立著作。《编年》上起先秦,下迄清末,分为9卷、12册,依次为:先秦卷、汉代卷、三国两晋卷、南北朝卷、隋唐五代卷、宋代卷、元代卷、明代卷(上、下册)、清代卷(上、中、下册),共计1000余万字。《编年》具有自己独特而鲜明的学术追求,重在揭示以下四大规律:

(1) **注重中国学术史的宏观发展演变历程,以见各代学术盛衰规律。**每个时代都有自己的学术主潮,但彼此之间的嬗变与衔接及其外部动因与内在分合,却需要加以全面、系统、深入的省察,除了重点关注标志性人物、事件、成果等以外,更需要见微知著,由著溯微。唯此,才能在通观中国学术史的发展演变历程中把握各代学术盛衰规律。

(2) **注重学术流派的源起、形成、鼎盛及至解体历程,以见学术流派的兴替规律。**学术流派既是学术发展的主体力量,又是学术繁荣的根本标志。因此,通观学术流派的源起、形成、鼎盛及至解体历程并把握其兴替规律,显然是学术史研究的核心所在。然后,从学术流派的个案研究走向群体研究,即进而可见各种学术流派与各代学术盛衰规律的内在关联与宏观趋势。

(3) **注重学术群体的区域流向、位移、承变历程,以见学术中心的迁移规律。**不同的学术流派由不同的学术群体所构成,由各不同学术群体的区域流向、移位、承变历程可见学术中心的迁移规律,其中学术领袖所扮演的主导角色、所发挥的核心作用尤为重要,从一定意义上说,学术领袖的区域流向与一代学术的中心迁移常常具有同趋性。诚然,促使学术中心的迁移具有更广泛、更多元、更复杂的内外动力与动因,其与经济、政治、文化中心的迁移也常常存在着时空差。概而言之,以与经济中心迁移的关系最为持久,以与文化中心迁移的关系最为密切,而与政治中心尤其是都城迁移的关系则最为直接。

(4) **注重中外学术的冲突、交流与融合历程,以见跨文化的学术传通规律。**文化者,文而化之、化而文之也,跨文化的学术传通规律正与此相通。因此,由中外学术的冲突、交流与融合历程,探索跨文化的学术传通规律,不仅可以进一步拓展中国学术史的研究范围,而且可以借此重新审视中国学术史的发展轨迹与演变规律。

(四)《中国学术编年》的体例创新

《编年》综合吸取历代史书与各种学术编年之长而加以融通之,首创了一种新的编纂体例,主要由学术背景、学术活动、学术成果、学者生卒四大栏目构成,同时在各栏目适当处加按语,另外再在每年右边重点记载外国重大学术事件,以裨中外相互参照,合之为六大版块:

(1) **学术背景。**着重反映深刻影响中国学术史发展进程的重大文化政策以及政治、经济、军事、外交诸方面的重大事件,以考察学术演变的特定时代背景及其对学术思潮、治学风尚的影响。学术背景著录以时间为序。

(2) **学术活动。**着重记述学者治学经历、师承关系和学术交流活动,包括从师问学、科举仕进、讲学授业、交游访问、会盟结社、创办书院、学校、报刊等学术机构等,以明学术渊源之所自、学术创见之所成、学术流派之脉络以及不同流派之间的争鸣、兴替轨迹。学术活动著录以人物的重要性为序。

（3）**学术成果**。着重记述具有代表性的学术论著,以著作为主,兼收重要的单篇文献,如论文序跋、书信、奏疏等,兼录纂辑、校勘、评点、注释、考证、译著等。内容包括成书过程、内容特色、价值影响、版本流传情况等,以见各代学术研究之盛况。学术成果著录以论著类别为序,大致按经史子集顺序排列。

（4）**学者生卒**。又分卒年、生年两小栏。其中卒年栏著录学者姓名、生年、字号、籍贯以及难以系年的重要著述,并概述其一生主要成就、贡献与地位及后人的简单评价。学者生卒著录以卒年、生年为序。

（5）**编者按语**。在学术背景、学术活动、学术成果、学者生卒四栏重要处再加编者按语,内容包括补充说明、原委概述、异说考辨、新见论证、价值评判等。"按语"犹如揭示各代学术发展的"纲目",若将各卷"按语"组合起来,即相当于一部简明学术史。

（6）**外国学术**。撷取同时期外国重要学术人物、活动、事件、成果等加以简要著录,以资在更广阔的比较视境中对中外学术的冲突交融历程以及跨文化的学术传通规律获得新的感悟与启示。

以上编纂体例的创体,最初是受《史记》的启发。《史记》分本纪、表、书、世家、列传,最后有"太史公曰",为六大板块。"本纪"为帝王列传,《编年》之"学术背景"栏与此相对应;"世家"、"列传"为传记,以"人"为纲,重在纪行,《编年》之"学术活动"栏与此相对应;"书"为典章制度等学术成果介绍,《编年》之"学术成果"栏与之相对应;"表"按时间先后记录历史大事和历史人物,《编年》之"学者生卒"栏与之相对应;"太史公曰"为史家评论,《编年》之"按语"与之相对应。以上综合《史记》之体而熔铸为一种学术编年的新体例,是一种旨在学术创新的尝试与探索。此外,"外国学术"栏,主要参照一些中西历史合编的年表而运用于《编年》之中。

中国史书编纂源远流长、成果丰硕,但要以纪传体、编年体、纪事本末体为三大主干。三体各有利弊,纪传体创始于《史记》,长于纪人,短于纪事,常常同为一事,分在数篇,断续相离,故《史记》以互见法弥补之;编年体创始于《春秋》,长于纪时,短于纪事,常常同为一事,分在数年,亦是断续相离;纪事本末体创始于《通鉴纪事本末》,长于纪事,短于纪人,往往见事不见人,见个体不见整体。《中国学术编年》在体例上显然属于编年体,但同时又努力融合纪传体、纪事本末体之长,以弥补编年体之不足。一部学术发展史,归根到底是由若干巨星以及围绕着这些巨星的光度不同的群星所形成的历史。既然学术活动与成果的主体是学人,这就决定了年表不能不以学人为纲来排比材料。而取舍人物,做到既不漏也不滥,确实能反映出一代学术的本质面貌,则是编好《编年》的关键,这也决定了《编年》与以人为纲的纪传体的密切关系。何况上文所述借鉴《史记》而创立《编年》新的编纂体例,更是直接吸取了纪传体之长。而在"按语"中,常于分隔数年的学术活动、学术成果加以系统勾勒或考证、说明之,以明渊源所自,演化所终,也是充分吸取了纪事本末传的长处。

在《编年》的编写过程中,我们非常注意第一手材料,同时也注意吸收学术界的新成果,包括尽可能地参考港台学者出版的同类或相关的书籍,力求详而不芜,全而有要。其中重点采纳的文献资料主要有:历代正史、私史、实录、会要、起居注、方志、档案、文集、专著、类书、谱牒、笔记等,同时博采当代学者的研究成果。按语所录文献,随文标注所出,以示征信。或遇尚存异说之文献,则择善而从,或略加考释。

《编年》收录学者多达四万余人,论著多达四万五千篇(部),数量与规模超过了以往任何学术编年著作。为便于使用,《编年》于每卷后都编有详细的学者、论著索引,以充分发挥

《编年》学术著作兼工具书的双重功能。

自1985年开始启动以来,《编年》这一浩大工程经过20余年的艰难曲折历程至今终于划上了句号,期间所经历的艰难曲折,的确非一般著书之可比;其中所蕴含的学术景遇与世事沧桑,更不时引发我们的种种感慨。于今,这一独特经历已伴随《编年》的告竣而成为融会其间的一个重要组成部分,并已积淀为一种挥之不去、值得回味的文化记忆与学术反思。毋庸置疑,晚清以来中国学术的西化改造与现代转型是以传统学术的边缘化与断层化为沉重代价的,这是基于西学东渐与"中"学"西"化的必然结果。如果说传统学术的边缘化是对中国学术史之"昨天"的遗忘或否定,那么,传统学术的断层化则是中国学术史之"昨天"与"今天"之间的断裂。显然,两者既不利于对中国传统学术内在价值的理性认知,也不利于对中国学术未来发展方向的战略建构。我们编纂《中国学术编年》的根本宗旨:**即是期望通过对中国学术史的历史还原与重构,不仅重新体认其固有的学术价值,而且藉以反思其未来的学术取向,从而为弥补晚清以来传统学术边缘化与断层化的双重缺陷,重建一种基于传统内蕴与本土特色而又富有世界与现代意义的中国学术话语体系提供重要的思想资源与学术参照**。因此,《编年》的编纂与出版,并非缘于思古之幽情,而是出于现实之需要。当然,随着《编年》的规模扩张与内涵深化,我们对此的认知也大体经历了一个由表及里、由浅入深、与时俱进的演化过程。

值此《编年》即将出版之际,我们惟以虔敬之心,感铭这一变革时代的风云砥砺,感铭来自学界内外各方人士的鼎力相助!

一是衷心感谢李学勤、安平秋、章培恒、裘锡圭、朱维铮、葛兆光、刘小枫、赵逵夫、吴熊和、杨忠、束景南、崔富章、张涌泉、常元敬、黄灵庚诸位先生的热情鼓励和精心指导,朱维铮、刘小枫、束景南、崔富章、黄灵庚先生还拨冗审阅了部分书稿,并提出了修改意见,使《编年》质量不断提高,体例更趋完善。常元敬先生在退休之后仍一直关心《编年》的进展,时时勉励我们一定要高质量的完成这一大型学术工程,以早日了却他当年未曾了却的心愿。二是衷心感谢华东师范大学出版社的热忱相助。华东师范大学出版社朱杰人先生始终坚守学术的职业精神,给人留下了深刻的印象。与此同时,我们也不能忘记曾为此书付出劳动的上海书店、上海三联书店的有关人士。三是衷心感谢《编年》所有作者长期持续不懈的努力。鉴于人文社会科学研究个性化的特点与当今科研评价功利化趋势,组织大型集体攻关项目诚为不易,而长时期地坚持不懈更是难上加难,这意味着对其他科研机会与成果的舍弃与牺牲。在此,对于所有关心支持并为《编年》的编纂、出版作出贡献的前辈、同仁,一并致以诚挚的谢忱!

学无止境,学术编年更是一项永无止境的学术活动。由于《编年》是首次全面贯通中国各代学术的集成性之作,历时久长,涉面广泛,规模宏大,限于我们自身的精力与水平,其中不足或错误之处在所难免,衷心希望得到学者与读者的批评指正。

梅新林　俞樟华
2008年春初稿
2009年秋改稿
2013年春终稿

凡　例

一、《中国学术编年》(以下简称《编年》)为中国学术史编年体著作,兼具工具书的检索功能。

二、《编年》上起先秦时代,下迄清末。按时代分为九卷,即先秦卷、汉代卷、三国两晋卷、南北朝卷、隋唐五代卷、宋代卷、元代卷、明代卷、清代卷。

三、《编年》所取材,主要依据历代正史、私史、实录、会要、起居注、方志、档案、文集、专著、类书、谱牒、笔记等,同时博采当代学者的研究成果。所录文献,引文标注所出,以示征信;其他材料,限于体例,未能一一注明所出,可参见统一列于每卷之末的参考文献。或遇尚存异说之文献,则择善而从,或略加考释。

四、《编年》具有自己独特而鲜明的学术追求,重点关注各卷本时段学术主流特色与学术发展趋势两个方面,重在揭示以下四大规律:

1. 注重中国学术史的宏观发展演变历程,以见各代学术盛衰规律;
2. 注重学术流派的源起、形成、鼎盛及至解体历程,以见学术流派的兴替规律;
3. 注重学术群体的区域流向、移位、承变历程,以见学术中心的迁移规律;
4. 注重中外学术的冲突、交流与融合历程,以见跨文化的学术传通规律。

五、《编年》采用一种新的编撰体例,由学术背景、学术活动、学术成果、学者生卒四大栏目构成,同时在各栏目适当处加编者按语。若遇跨类,则以"互见法"于相应栏目分录之。

六、《编年》中的"学术背景"栏目,着重反映深刻影响中国学术史发展进程的重大文化政策以及政治、经济、军事、外交诸方面的重大事件,以考察学术演变的特定时代背景及其对学术思潮、治学风尚的影响。

1. 学术背景著录,先录时间,后录事件。
2. 同月不同日者,只标日,不标月。
3. 知月而不知日者,于此月最后以"是月,……"另起。
4. 只知季节而不知月者,则分别于三月、六月、九月、十二月后标以"是春,……"、"是夏,……"、"是秋,……"、"是冬,……"另起。
5. 只知年而不知季、月、日者,列于本年最后,以"是年,……"另起。

七、《编年》中的"学术活动"栏目,着重记述学者治学经历、师承关系和学术交流活动,以明学术渊源之所自、学术创见之所成、学术流派之脉络以及不同流派之间的争鸣、兴替轨迹,包括从师问学、科举仕进、讲学授业、交游访问、会盟结社、创办书院、学校、报刊等学术机构,等等。其中学者仕历与学术思想和学术活动之演变关系密切,故多予著录。

1. 学术活动著录，先录人物，后录时间。
2. 人物大致以学术贡献与地位之重要排次，使读者对当时学界总貌有一目了然之感。相关师友、弟子、家人附列之。
3. 有诸人同时从事某一学术活动者，则系于同一条，以主次列出，不再分条著录。
4. 学者人名一般标其名而不标其字、号。科举择其最高者录之。
5. 少数民族学者一般用汉译名，不用本名。
6. 僧人通常以"僧××"或"释××"标示之，若习惯上以法号称之，则去"僧"或"释"字。方外人名只标僧名、法名，不标本名。
7. 外国来华传教士及其他人员统一标出国别，如"美国传教士×××"。外国来华学者人名一般用汉名，若无汉名则用译名。其来华前、离华后若与中国学术无涉，则不予著录。
8. 中国学者在国外传播、研究中国学术者，予以著录。

八、《编年》中的"学术成果"栏目，着重记述具有代表性的学术论著，以著作为主，兼收重要的单篇文献，如论文序跋、书信、奏疏以及纂辑、校勘、评点、注释、考证、译著等等，以见各代学术研究之盛况。

1. 学术成果著录，先录作者，后录论著。
2. 论著排列依据传统"经史子集"之序而又略作变通，依次为经学（含理学）、史学、诸子学、语言文字学、文艺学、宗教学、自然科学、图书文献学、综合。
3. 论著通常分别以"作"、"著"标之，众人所作或非专论专著一般以"纂"标之。
4. 著录论著撰写与刊行过程，包括始撰、成稿、修订、续撰、增补、重著以及刊行出版等，并著录书名、卷数及一书异名情况。
5. 对重要论著作出简要评价，如特色、价值、版本、影响等。对重要论著的序跋，或录原文，或节录原文。

九、《编年》中的"学者生卒"栏目，分卒年、生年两小栏。卒年栏著录学者姓名、生年（公元××年）、字号（包括谥号）、籍贯以及难以系年的重要著述，凡特别重要人物，略述其一生主要成就、贡献与地位、传记资料及后人的简单评价。

1. 学者生卒著录，先学者卒年，后学者生年。
2. 在卒年栏中对重要学者的学术成就与贡献作出概要评价。
3. 年月难考之论著系于卒年之下，以此对无法系年的重要学术论著略作弥补。

十、《编年》在以上四大栏目下都加有"按语"。主要内容为：
1. 价值评判。即对学术价值以及重要影响进行简要评价。
2. 原委概述。即对事件缘起、过程、流变、结果、影响诸方面作一概要论述。
3. 补充说明。即对相关内容及背景材料再作扼要说明。
4. 史料存真。即采录比较珍贵的史料或略为可取的异说，裨人参考
5. 考辨断论。即对异说或有争论者，略加考辨并尽量作出断论，或择取其中一说。

十一、《编年》在注录中国学术之外，又取同时期外国重要学术人物、活动、事件、成果等加以简要著录，以资中外参照。

十二、《编年》纪年依次为帝王年号、干支年号、公年纪年，三者具备。遇二个以上王朝并立，则标出全部王朝帝王年号。凡因农历与公历差异产生年份出入问题，以农历为准。

无法确切考定年份者,用"约于是年前后"标之。凡在系年上有分歧而难以断定者,取一通行说法著录之,另以按语录以他说。

十三、《编年》纪年所涉及的古地名(包括学者卒年所标之籍贯),一般不注今地名。

十四、《编年》每卷后列有征引及参考文献,包括著作与论文两个方面。征引及参考文献的著录顺序:先古代,后现代;先著作,后论文。

十五、《编年》每卷后编有索引,以强化其检索功能。其中包括"人物索引"与"论著索引"。人物索引按笔画顺序编排,每卷人物索引只列本朝代的人物,跨代人物不出索引;人物的字号,加括号附录在正名之后;论著索引按拼音顺序编排。唐以前称"篇目索引",即重要论文亦出索引;隋唐五代称"论著索引";此后各代称"著作索引",即文章不出索引。同书名而不同作者的,在书名后面加括号,注明作者,以示区别;一书异名的,在通行书名后面加括号,注明异称。

十六、全书根据一以贯之的统一要求与体例格式进行编写,各卷(尤其是先秦卷)基于不同时代学术发展演变的实际情况再作变通处理,力求达到规范与变通的有机结合。

目 录

晋元熙二年　宋武帝刘裕永初元年　北魏泰常五年　西秦建弘元年　北凉玄始九年　西凉嘉兴四年　西凉李恂永建元年　北燕太平十二年　夏真兴二年　庚申　420 年 …（1）

宋永初二年　北魏泰常六年　西秦建弘二年　北凉玄始十年　西凉李恂永建二年　北燕太平十三年　夏真兴三年　辛酉　421 年 ………………………………………（4）

宋永初三年　北魏泰常七年　西秦建弘三年　北凉玄始十一年　北燕太平十四年　夏真兴四年　壬戌　422 年 ……………………………………………………（7）

宋少帝刘义符景平元年　北魏泰常八年　西秦建弘四年　北凉玄始十二年　北燕太平十五年　夏真兴五年　癸亥　423 年 …………………………………………（8）

宋少帝景平二年　宋文帝刘义隆元嘉元年　北魏太武帝拓跋焘始光元年　西秦建弘五年　北凉玄始十三年　北燕太平十六年　夏真兴六年　甲子　424 年 ……………（11）

宋元嘉二年　北魏始光二年　西秦建弘六年　北凉玄始十四年　北燕太平十七年　夏真兴七年　夏赫连昌承光元年　乙丑　425 年 ………………………………（13）

宋元嘉三年　北魏始光三年　西秦建弘七年　北凉玄始十五年　北燕太平十八年　夏承光二年　丙寅　426 年 ……………………………………………………（15）

宋元嘉四年　北魏始光四年　西秦建弘八年　北凉玄始十六年　北燕太平十九年　夏承光三年　丁卯　427 年 ……………………………………………………（19）

宋元嘉五年　北魏神䴥元年　西秦乞伏暮末永弘元年　北凉承玄元年　北燕太平二十年　夏赫连定胜光元年　戊辰　428 年 …………………………………………（20）

宋元嘉六年　北魏神䴥二年　西秦永弘二年　北凉承玄二年　北燕太平二十一年　夏胜光二年　己巳　429 年 ……………………………………………………（21）

宋元嘉七年　北魏神䴥三年　西秦永弘三年　北凉承玄三年　北燕太平二十二年　夏胜光三年　庚午　430 年 ……………………………………………………（24）

宋元嘉八年　北魏神䴥四年　北凉义和元年　北燕冯弘太兴元年　夏胜光四年　辛未　431 年 ………………………………………………………………………（26）

宋元嘉九年　北魏延和元年　北凉义和二年　北燕太兴二年　壬申　432 年 ……（28）

宋元嘉十年　北魏延和二年　北凉义和三年　北凉沮渠牧犍永和元年　北燕太兴三年　癸酉　433 年 …………………………………………………………………（29）

宋元嘉十一年　北魏延和三年　北凉永和二年　北燕太兴四年　甲戌　434 年 ……（31）

宋元嘉十二年　北魏太延元年　北凉永和三年　北燕太兴五年　乙亥　435 年 ……（32）

宋元嘉十三年　北魏太延二年　北凉永和四年　北燕太兴六年　丙子　436 年 ……（35）

宋元嘉十四年　北魏太延三年　北凉永和五年　丁丑　437年 …………………………（36）
宋元嘉十五年　北魏太延四年　北凉永和六年　戊寅　438年 …………………………（37）
宋元嘉十六年　北魏太延五年　北凉永和七年　己卯　439年 …………………………（38）
宋元嘉十七年　北魏太平真君元年　庚辰　440年 ………………………………………（40）
宋元嘉十八年　北魏太平真君二年　辛巳　441年 ………………………………………（42）
宋元嘉十九年　北魏太平真君三年　壬午　442年 ………………………………………（43）
宋元嘉二十年　北魏太平真君四年　癸未　443年 ………………………………………（45）
宋元嘉二十一年　北魏太平真君五年　甲申　444年 ……………………………………（47）
宋元嘉二十二年　北魏太平真君六年　乙酉　445年 ……………………………………（48）
宋元嘉二十三年　北魏太平真君七年　丙戌　446年 ……………………………………（50）
宋元嘉二十四年　北魏太平真君八年　丁亥　447年 ……………………………………（51）
宋元嘉二十五年　北魏太平真君九年　戊子　448年 ……………………………………（52）
宋元嘉二十六年　北魏太平真君十年　己丑　449年 ……………………………………（53）
宋元嘉二十七年　北魏太平真君十一年　庚寅　450年 …………………………………（55）
宋元嘉二十八年　北魏太平真君十二年　正平元年　辛卯　451年 ……………………（57）
宋元嘉二十九年　北魏正平二年　（南安王拓跋余承平元年）　文成帝拓跋濬兴安元年
　　壬辰　452年 ……………………………………………………………………………（58）
宋元嘉三十年（元凶劭太初元年）　北魏兴安二年　癸巳　453年 ……………………（60）
宋孝武帝刘骏孝建元年　北魏兴安三年　兴光元年　甲午　454年 ……………………（62）
宋孝建二年　北魏兴光二年　太安元年　乙未　455年 …………………………………（64）
宋孝建三年　北魏太安二年　丙申　456年 ………………………………………………（65）
宋大明元年　北魏太安三年　丁酉　457年 ………………………………………………（66）
宋大明二年　北魏太安四年　戊戌　458年 ………………………………………………（67）
宋大明三年　北魏太安五年　己亥　459年 ………………………………………………（70）
宋大明四年　北魏和平元年　庚子　460年 ………………………………………………（72）
宋大明五年　北魏和平二年　辛丑　461年 ………………………………………………（73）
宋大明六年　北魏和平三年　壬寅　462年 ………………………………………………（74）
宋大明七年　北魏和平四年　癸卯　463年 ………………………………………………（76）
宋大明八年　北魏和平五年　甲辰　464年 ………………………………………………（78）
宋前废帝刘子业永光元年　景和元年　宋明帝刘彧泰始元年　北魏和平六年　乙巳　465年
　………………………………………………………………………………………………（80）
宋泰始二年　北魏献文帝拓跋弘天安元年　丙午　466年 ………………………………（82）
宋泰始三年　北魏天安二年　皇兴元年　丁未　467年 …………………………………（85）
宋泰始四年　北魏皇兴二年　戊申　468年 ………………………………………………（87）
宋泰始五年　北魏皇兴三年　己酉　469年 ………………………………………………（88）
宋泰始六年　北魏皇兴四年　庚戌　470年 ………………………………………………（90）
宋泰始七年　北魏皇兴五年　北魏孝文帝拓跋宏延兴元年　辛亥　471年 ……………（91）
宋泰豫元年　北魏延兴二年　壬子　472年 ………………………………………………（93）
宋后废帝刘昱元徽元年　北魏延兴三年　癸丑　473年 …………………………………（95）
宋元徽二年　北魏延兴四年　甲寅　474年 ………………………………………………（97）

宋元徽三年　北魏延兴五年　乙卯　475年	(99)
宋元徽四年　北魏延兴六年　承明元年　丙辰　476年	(100)
宋元徽五年　宋顺帝刘準升明元年　北魏孝文帝太和元年　丁巳　477年	(101)
宋升明二年　北魏太和二年　戊午　478年	(105)
宋升明三年　齐高帝萧道成建元元年　北魏太和三年　己未　479年	(107)
齐建元二年　北魏太和四年　庚申　480年	(113)
齐建元三年　北魏太和五年　辛酉　481年	(116)
齐建元四年　北魏太和六年　壬戌　482年	(118)
齐武帝萧赜永明元年　北魏太和七年　癸亥　483年	(121)
齐永明二年　北魏太和八年　甲子　484年	(127)
齐永明三年　北魏太和九年　乙丑　485年	(130)
齐永明四年　北魏太和十年　丙寅　486年	(134)
齐永明五年　北魏太和十一年　丁卯　487年	(136)
齐永明六年　北魏太和十二年　戊辰　488年	(140)
齐永明七年　北魏太和十三年　己巳　489年	(143)
齐永明八年　北魏太和十四年　庚午　490年	(148)
齐永明九年　北魏太和十五年　辛未　491年	(151)
齐永明十年　北魏太和十六年　壬申　492年	(154)
齐永明十一年　北魏太和十七年　癸酉　493年	(158)
齐郁林王萧昭业隆昌元年　齐海陵王萧昭文延兴元年　齐明帝萧鸾建武元年　北魏太和十八年　甲戌　494年	(161)
齐建武二年　北魏太和十九年　乙亥　495年	(166)
齐建武三年　北魏太和二十年　丙子　496年	(169)
齐建武四年　北魏太和二十一年　丁丑　497年	(170)
齐建武五年　永泰元年　北魏太和二十二年　戊寅　498年	(173)
齐东昏侯萧宝卷永元元年　北魏太和二十三年　己卯　499年	(175)
齐永元二年　北魏宣武帝元恪景明元年　庚辰　500年	(178)
齐永元三年　齐和帝萧宝融中兴元年　北魏景明二年　辛巳　501年	(184)
齐中兴二年　梁武帝萧衍天监元年　北魏景明三年　壬午　502年	(187)
梁天监二年　北魏景明四年　癸未　503年	(192)
梁天监三年　北魏正始元年　甲申　504年	(196)
梁天监四年　北魏正始二年　乙酉　505年	(199)
梁天监五年　北魏正始三年　丙戌　506年	(202)
梁天监六年　北魏正始四年　丁亥　507年	(205)
梁天监七年　北魏正始五年　永平元年　戊子　508年	(208)
梁天监八年　北魏永平二年　己丑　509年	(212)
梁天监九年　北魏永平三年　庚寅　510年	(215)
梁天监十年　北魏永平四年　辛卯　511年	(217)
梁天监十一年　北魏永平五年　延昌元年　壬辰　512年	(219)
梁天监十二年　北魏延昌二年　癸巳　513年	(222)

梁天监十三年　北魏延昌三年　甲午　514年 …………………………………………（225）
梁天监十四年　北魏延昌四年　乙未　515年 …………………………………………（227）
梁天监十五年　北魏孝明帝元诩熙平元年　丙申　516年 ……………………………（230）
梁天监十六年　北魏熙平二年　丁酉　517年 …………………………………………（233）
梁天监十七年　北魏熙平三年　神龟元年　戊戌　518年 ……………………………（235）
梁天监十八年　北魏神龟二年　己亥　519年 …………………………………………（240）
梁武帝普通元年　北魏神龟三年　正光元年　庚子　520年 …………………………（243）
梁普通二年　北魏正光二年　辛丑　521年 ……………………………………………（245）
梁普通三年　北魏正光三年　壬寅　522年 ……………………………………………（247）
梁普通四年　北魏正光四年　癸卯　523年 ……………………………………………（252）
梁普通五年　北魏正光五年　甲辰　524年 ……………………………………………（255）
梁普通六年　北魏正光六年　孝昌元年　乙巳　525年 ………………………………（257）
梁普通七年　北魏孝昌二年　丙午　526年 ……………………………………………（259）
梁普通八年　大通元年　北魏孝昌三年　丁未　527年 ………………………………（261）
梁大通二年　北魏武泰元年　北魏孝庄帝元子攸建义元年　永安元年　戊申　528年
　………………………………………………………………………………………（264）
梁大通三年　中大通元年　北魏永安二年　己酉　529年 ……………………………（267）
梁中大通二年　北魏永安三年　北魏长广王元晔建明元年　庚戌　530年 …………（269）
梁中大通三年　北魏建明二年　北魏节闵帝（前废帝）元恭普泰元年　后废帝元郎中兴元
　年　辛亥　531年 ………………………………………………………………………（271）
梁中大通四年　北魏普泰二年　中兴二年　北魏孝武帝元修太昌元年　永兴元年　永熙
　元年　壬子　532年 ……………………………………………………………………（275）
梁中大通五年　北魏永熙二年　癸丑　533年 …………………………………………（277）
梁中大通六年　北魏永熙三年　东魏孝静帝元善见天平元年　甲寅　534年 ………（279）
梁武帝大同元年　西魏文帝元宝炬大统元年　东魏天平二年　乙卯　535年 ………（281）
梁大同二年　西魏大统二年　东魏天平三年　丙辰　536年 …………………………（284）
梁大同三年　西魏大统三年　东魏天平四年　丁巳　537年 …………………………（287）
梁大同四年　西魏大统四年　东魏孝静帝元象元年　戊午　538年 …………………（289）
梁大同五年　西魏大统五年　东魏元象二年　兴和元年　己未　539年 ……………（290）
梁大同六年　西魏大统六年　东魏兴和二年　庚申　540年 …………………………（293）
梁大同七年　西魏大统七年　东魏兴和三年　辛酉　541年 …………………………（294）
梁大同八年　西魏大统八年　东魏兴和四年　壬戌　542年 …………………………（297）
梁大同九年　西魏大统九年　东魏孝静帝武定元年　癸亥　543年 …………………（299）
梁大同十年　西魏大统十年　东魏武定二年　甲子　544年 …………………………（301）
梁大同十一年　西魏大统十一年　东魏武定三年　乙丑　545年 ……………………（303）
梁大同十二年　中大同元年　西魏大统十二年　东魏武定四年　丙寅　546年 ……（304）
梁中大同二年　太清元年　西魏大统十三年　东魏武定五年　丁卯　547年 ………（306）
梁太清二年　西魏大统十四年　东魏武定六年　戊辰　548年 ………………………（308）
梁太清三年　西魏大统十五年　东魏武定七年　己巳　549年 ………………………（312）
梁简文帝萧纲大宝元年　西魏大统十六年　东魏武定八年　北齐文宣帝高洋天保元年

| 庚午　550年 | (315) |

梁大宝二年　西魏大统十七年　北齐天保二年　辛未　551年 …… (319)

梁大宝三年　梁元帝萧绎承圣元年　西魏废帝元钦元年　北齐天保三年　壬申　552年 …… (322)

梁承圣二年　西魏废帝二年　北齐天保四年　癸酉　553年 …… (324)

梁承圣三年　西魏废帝三年　恭帝元廓元年　北齐天保五年　甲戌　554年 …… (325)

梁承圣四年　梁建安公萧渊明天成元年　梁敬帝萧方智绍泰元年　后梁宣帝萧詧大定元年　西魏恭帝二年　北齐天保六年　乙亥　555年 …… (329)

梁绍泰二年　太平元年　后梁大定二年　西魏恭帝三年　北齐天保七年　丙子　556年 …… (330)

梁太平二年　陈武帝陈霸先永定元年　后梁大定三年　北周闵帝宇文觉元年　明帝宇文毓元年　北齐天保八年　丁丑　557年 …… (332)

陈永定二年　后梁大定四年　北周明帝二年　北齐天保九年　戊寅　558年 …… (334)

陈永定三年　后梁大定五年　北周明帝武成元年　北齐天保十年　己卯　559年 …… (336)

陈文帝天嘉元年　后梁大定六年　北周武成二年　北齐废帝高殷乾明元年　北齐孝昭帝高演皇建元年　庚辰　560年 …… (339)

陈天嘉二年　后梁大定七年　北周武帝宇文邕保定元年　北齐皇建二年　北齐武成帝高湛太宁元年　辛巳　561年 …… (341)

陈天嘉三年　后梁大定八年　后梁孝明帝萧岿天保元年　北周保定二年　北齐太宁二年　河清元年　壬午　562年 …… (343)

陈天嘉四年　后梁天保二年　北周保定三年　北齐河清二年　癸未　563年 …… (345)

陈天嘉五年　后梁天保三年　北周保定四年　北齐河清三年　甲申　564年 …… (347)

陈天嘉六年　后梁天保四年　北周保定五年　北齐河清四年　北齐后主高纬天统元年　乙酉　565年 …… (349)

陈天嘉七年　天康元年　后梁天保五年　北周武帝宇文邕天和元年　北齐天统二年　丙戌　566年 …… (351)

陈天康二年　临海王陈伯宗光大元年　后梁天保六年　北周天和二年　北齐天统三年　丁亥　567年 …… (353)

陈光大二年　后梁天保七年　北周天和三年　北齐天统四年　戊子　568年 …… (354)

陈宣帝陈顼太建元年　后梁天保八年　北周天和四年　北齐天统五年　己丑　569年 …… (356)

陈太建二年　后梁天保九年　北周天和五年　北齐后主高纬武平元年　庚寅　570年 …… (359)

陈太建三年　后梁天保十年　北周天和六年　北齐武平二年　辛卯　571年 …… (360)

陈太建四年　后梁天保十一年　北周天和七年　建德元年　北周天和七年　建德元年　北齐武平三年　壬辰　572年 …… (361)

陈太建五年　后梁天保十二年　北周建德二年　北齐武平四年　癸巳　573年 …… (363)

陈太建六年　后梁天保十三年　北周建德三年　北齐武平五年　甲午　574年 …… (365)

陈太建七年　后梁天保十四年　北周建德四年　北齐武平六年　乙未　575年 …… (367)

陈太建八年　后梁天保十五年　北周建德五年　北齐武平七年　隆化元年　丙申　576年 …… (368)

陈太建九年　后梁天保十六年　北周建德六年　北齐幼主高恒承光元年　丁酉　577年
　………………………………………………………………………………………（370）
陈太建十年　后梁天保十七年　北周建德七年　宣政元年　戊戌　578年…………（371）
陈太建十一年　后梁天保十八年　北周宣帝宇文赟大成元年　北周静帝宇文阐大象元年
　己亥　579年………………………………………………………………………（373）
陈太建十二年　后梁天保十九年　北周大象二年　庚子　580年……………………（375）
陈宣帝太建十三年　北周静帝大定元年　隋文帝杨坚开皇元年　辛丑　581年……（377）
陈太建十四年　隋开皇二年　壬寅　582年……………………………………………（389）
陈后主陈叔宝至德元年　隋文帝开皇三年　癸卯　583年……………………………（391）
陈至德二年　隋开皇四年　甲辰　584年………………………………………………（397）
陈至德三年　隋开皇五年　乙巳　585年………………………………………………（401）
陈至德四年　隋开皇六年　丙午　586年………………………………………………（404）
陈祯明元年　隋开皇七年　丁未　587年………………………………………………（406）
陈祯明二年　隋开皇八年　戊申　588年………………………………………………（408）
陈祯明三年　隋开皇九年　己酉　589年………………………………………………（410）

征引及主要参考文献 ……………………………………………………………………（417）
人物索引 …………………………………………………………………………………（429）
著作索引 …………………………………………………………………………………（446）

晋元熙二年　宋武帝刘裕永初元年　北魏泰常五年　西秦建弘元年　北凉玄始九年　西凉嘉兴四年　西凉李恂永建元年　北燕太平十二年　夏真兴二年　庚申 420 年

正月,西秦乞伏炽盘立其子乞伏暮末为太子,改元建弘(《晋书·乞伏炽盘载记》、《资治通鉴·宋纪一》)。

五月,晋宗室司马国璠降魏者谋叛,魏主杀之,平城豪杰受牵连而族诛者数十人(《北史·明元帝纪》、《资治通鉴·宋纪一》)。

六月,刘裕代晋称帝建宋,是为宋武帝。废晋恭帝为零陵王,以司空刘道怜为太尉,追封司徒刘道规为临川王,尚书仆射徐羡之加镇军将军。正朔、郊祀天地、礼乐制度沿用晋典(《宋书·武帝纪下》、《南史·宋本纪上》)。

按：晋自武帝受魏禅,至此亡。共历 15 主,156 年。其中东晋 11 主,104 年,南北朝由此始。

又按：《宋书·武帝纪下》曰："载天子旂旗,乘五时副车,行晋正朔,郊祀天地礼乐制度,皆用晋典。"

七月,宋设雅乐。

按：《宋书·乐志一》曰："宋武帝永初元年七月,有司奏：'皇朝肇建,庙祀应设雅乐,太常郑鲜之等八十八人各撰立新哥。黄门侍郎王韶之所撰哥辞七首,并合施用。'诏可。十二月,有司又奏：'依旧正旦设乐,参详属三省改太乐诸哥舞诗。黄门侍郎王韶之立三十二章,合用教试,日近,宜逆诵习。辄申摄施行。'诏可。又改《正德舞》曰《前舞》,《大豫舞》曰《后舞》。"《七庙》七首,益以享神《宗庙登歌》一首,共八篇,见《宋书·乐志二》。又宋《四厢乐歌》及《前舞》、《后舞》歌共二十二章。其中《肆(韶)夏乐歌》四曲,《大会行礼歌》二曲,《王公上寿哥(酒歌)》一曲,《殿前登哥(歌)》三曲,《食举哥(歌)》十四曲,见《宋书·乐志二》。又《乐府诗集》卷五二引《宋书·乐志》曰："武帝永初元年,改晋《正德舞》曰《前舞》,《大豫舞》曰《后舞》,并蕤宾厢作。"

又按：从秦代设立乐府、西汉雅乐制度的最初建立,以迄刘宋时期,雅乐发展更加完善详备。雅乐的演奏乐器及曲辞形式更趋丰富多元,时人对乐器形制、吴歌杂曲、宫廷乐舞等方面的相关认识和搜集整理都更趋深入,所有这些为沈约撰写《宋书·乐志》奠定了坚实的物质基础,甚至也为杜佑《通典·乐典》、郭茂倩《乐府诗集》等著述的编撰,提供了丰富的资料来源。

九月,西凉李歆之弟李恂在敦煌有惠政,郡人宋承等以密信招恂,击败索元绪,推恂为冠军将军、凉州刺史,改元永建,拒北凉兵(《晋书·凉武昭王李玄盛传附子士业传》、《资治通鉴·宋纪一》)。

十月辛卯,宋从王准之议,改晋所用王肃祥禫二十六月仪,依郑玄二十七月而后除(《宋书·武帝纪下》、《宋书·礼志二》、《宋书·王准之传》)。

按：《宋书·武帝纪下》曰："冬十月辛卯,改晋所用王肃祥禫二十六月仪,依郑玄二十七月而后除。"《宋书·王准之传》曰："(王准之)奏曰：'郑玄注《礼》,三年之丧,二十七月而吉,古今学者多谓得礼之宜。晋初用王肃议,祥禫共月,故二十五月而除,遂以为制。江左以来,唯晋朝施用;缙绅之士,多遵玄义。夫先王制礼,以大顺群心。丧也宁戚,著自前训。今大宋开泰,品物遂理。愚谓宜同即物情,以玄义为制,朝野一礼,则家无殊俗。'从之。"此议亦见《宋书·礼志二》。

又按：关于守丧时限,两晋时期朝廷基本遵照王肃二十五月之说,刘宋时期郑玄的二十七月之制也为学者所推崇。经过王准之的奏请,郑玄的官方地位得以确立。南齐王俭撰仪注称："《丧礼》禫用二十七月。"(见《北史·儒林上·李业兴传》)可见,南齐时郑玄丧义仍得到推崇。

是年前后,炳灵寺石窟始建。

按：炳灵寺位于甘肃永靖县西南的小积山,最早称"唐述窟"。有关炳灵寺最早的记载见于北魏郦道元的《水经注》卷二,曰："河北有层山,山甚灵秀。山峰之上,立石数百丈,亭亭桀竖,竞势争高,远望参参,若攒图之托霄上。其下层岩峭举,壁岸无阶,悬岩之中,多石室焉。室中若有积卷矣,而世士罕有津达者,因谓之积书岩。岩堂之内,每时见神人往还矣,盖鸿衣羽裳之士,练精饵食之夫耳。俗人不悟其仙者,乃谓之神鬼,彼羌目鬼曰唐述,复因名之为唐述山。指其堂密之居,谓之唐述窟。"最重要的第6号龛,榜题标明为无量寿佛和观世音、大势至菩萨,龛侧有高僧法显的墨书题记："建弘元年岁在玄枵三月廿四日造。"

范泰拜金紫光禄大夫,加散骑常侍。立祇洹寺(《宋书·范泰传》、《高僧传·宋京师祇洹寺释慧义传》)。

按：《高僧传·宋京师祇洹寺释慧义传》曰："宋永初元年,车骑范泰立祇洹寺,以义德为物宗,固请经始。义以泰清信之至,因为指授仪则,时人以义方身子,泰比须达。故祇洹之称,厥号存焉。后西域名僧多投止此寺,或传译经典,或训授禅法。"

傅亮迁太子詹事,中书令如故。以佐命功,封建城县公,入直中书省,专典诏命。

按：《宋书·傅亮传》曰："永初元年,迁太子詹事,中书令如故。以佐命功,封建城县公,食邑二千户。入直中书省,专典诏命。以亮任总国权,听于省见客。神虎门外,每旦车常数百两。高祖登庸之始,文笔皆是记室参军滕演;北征广固,悉委长史王诞;自此后至于受命,表策文诰,皆亮之辞也。"

何承天召为尚书祠部郎,与傅亮共撰朝仪(《宋书·何承天传》)。

郑鲜之为奉常,迁太常,都官尚书,举颜延之为博士。

按：《宋书·郑鲜之传》曰："宋国初建,转奉常。……高祖践阼,迁太常,都官尚书。"

颜延之为博士,仍迁世子舍人,补太子舍人。

按：《宋书·颜延之传》曰："宋国建,奉常郑鲜之举为博士,仍迁世子舍人。高祖受命,补太子舍人。"

王韶之加骁骑将军,本郡中正,复掌宋书。受诏作雅乐(《宋书·乐志二》)。

按：《宋书·王韶之传》曰："高祖受禅,加骁骑将军、本郡中正,黄门如故,西省职解,复掌宋书。"受诏作《宗庙登歌》8篇,宋《四箱乐歌》5篇及《前后舞歌》2篇。详见是年"七月,宋设雅乐"条按语。

谢灵运六月降为康乐县侯,食邑500户。旋起为散骑常侍,转太子左

晋元熙二年　宋武帝刘裕永初元年　北魏泰常五年　西秦建弘元年　北凉玄始九年　西凉嘉兴四年　西凉李恂永建元年　北燕太平十二年　夏真兴二年　庚申 420 年

卫率。

按：《宋书·谢灵运传》曰："袭封康乐公，食邑二千户。"又曰："高祖受命，降公爵为侯，食邑五百户。起为散骑常侍，转太子左卫率。灵运为性褊激，多愆礼度，朝廷唯以文义处之，不以应实相许。自谓才能宜参权要，既不见知，常怀愤愤。"

刘义庆袭封临川王，征为侍中（《宋书·临川烈武王道规传附刘义庆传》）。

释法勇与僧猛、昙朗等 25 人西行天竺求法（《出三藏记集·法勇法师传》）。

按：释法勇等人西游事迹详见《出三藏记集》卷一五曰："释法勇者，胡言昙无竭，本姓李氏，幽州黄龙国人也……以宋永初之元，招集同志沙门僧猛、昙朗之徒二十有五人，共赍幡盖供养之具，发迹北土，远适西方……进至罽宾国，礼拜佛钵。停岁余，学胡书竟，便解胡语。求得《观世音受记经》梵文一部……后于南天竺，随舶泛海达广州，所历事迹，别有记传。其所译出《观世音受记经》，今传于京师。后不知所终。"

又按：其时佛教进入中国的路线，有海路和陆路两条，皆漫长艰险。陆路又分南线与北线：南线是从敦煌出发，经鄯善、于阗；北线主要是从敦煌出发，经伊吾、龟兹。海路是从师子国，经交趾、广州，到山东、江苏等地。

天竺僧僧律初建果实寺。后罽宾僧求那跋摩来住此寺（《续高僧传·隋西京禅定道场释僧朗传》）。

按：严可均辑《全宋文·果实寺中碑铭》曰："宋元（当作永字）初元年，天竺沙门僧律尝行此处，闻钟磬声，天花满山，因建伽蓝。其后有梵僧求那跋摩来居此寺，曰：'此山将来必逢菩萨。'圣主大宏宝塔，遂同铭之（《续高僧传·隋西京禅定道场释僧朗传》引《果实寺旧碑》）。"

王准之作《奏请三年之丧用郑义》。

按：参见是年"十月辛卯，宋从王准之议，改晋所用王肃祥禫二十六月仪，依郑玄二十七月而后除"条。

又按：《宋书·礼志二》系此事于永初元年；《王准之传》系于永初二年，校勘记云："《晋宋书故》谓作元年是。"

谢灵运六月作《封康乐侯表》。

按：参见是年"谢灵运六月降为康乐县侯，食邑 500 户。旋起为散骑常侍，转太子左卫率"条。

张畅作《若耶山敬法师诔》（谷海林《〈全宋文〉编年补正》）。

按：此文中若耶山敬法师当为僧道敬，《高僧传·宋山阴法华山释僧翼传》附载僧道敬法师事。又《释氏通鉴》卷四载："（永初元年）庐山法师道敬示寂。寿五十一。"据此可知此文作于是年。

天竺僧佛驮跋陀罗在扬州道场寺译《文殊师利发愿经》1 卷（《出三藏记集·新集撰出经律论录》）。

按：《出三藏记集·新集撰出经律论录》载《文殊师利发愿经》一卷，注曰："晋元熙二年，岁在庚申，于道场寺出。"又《出三藏记集·文殊师利发愿经记》曰："晋元熙二年，岁在庚申，于扬州斗场寺禅师新出。云：'外国四部众礼佛时，多诵此经，以发愿求佛道。'"

天竺僧昙无谶译《方等大集经》29 卷（《出三藏记集·新集撰出经律

按：《出三藏记集·新集撰出经律论录·方等大集经》注曰："二十九卷，或云《大集经》。玄始九年译出。或三十卷，或二十四卷。"

敦煌文献《三国志·吴书·步骘传》残卷为东晋写本，于是年前问世。

按：纸质。前后缺，存25行，墨书。1931年前后于敦煌某寺发现。关于此写本问世时间的说法，有东晋说和后人伪造说两种。刘涛《〈三国志·吴书·步骘传〉写本残卷辨伪》认为此卷系后人伪造的赝品。而刘忠贵《敦煌写本〈三国志·步骘传〉考释》及张涌泉、江学旺《〈三国志·步骘传〉非伪（卷）辨》都认为此残卷并非后人伪造，确系东晋写本。今取东晋说。

又按：从此条起，凡后所引敦煌文献均出自王素、李方著《魏晋南北朝敦煌文献编年》，下文不再另行注出。

袁顗（　—466）、袁粲（　—477）、顾欢（　—483）生（《宋书·袁顗传》、《宋书·袁粲传》、《南齐书·顾欢传》）。

宋永初二年　北魏泰常六年　西秦建弘二年
北凉玄始十年　西凉李恂永建二年
北燕太平十三年　夏真兴三年　辛酉　421年

二月己丑，宋武帝亲自策试诸州郡秀才、孝廉（《宋书·武帝纪下》）。

按：刘裕虽出身行伍，却向来重视孝秀选士。早在晋恭帝义熙七年，身为执政的刘裕即以当时各州郡推举的孝秀之士多名不副实，上表要求严格进行孝廉和秀才的策试。

三月，北凉沮渠蒙逊克敦煌。李歆之弟李恂薨，西凉亡（《晋书·凉武昭王李玄盛传》、《资治通鉴·宋纪一》）。

按：西凉凡2主，历22年。于是西域诸国皆附于沮渠蒙逊。

四月己卯朔，宋武帝下诏毁废淫祠。

按：《宋书·武帝纪下》曰："夏四月己卯朔，诏曰：'淫祠惑民费财，前典所绝，可并下在所除诸房庙。其先贤及以勋德立祠者，不在此例。'"

又按：刘裕性简朴，重实用，反对铺张奢靡。《宋书·武帝纪下》曰："上清简寡欲，严整有法度，未尝视珠玉舆马之饰，后庭无纨绮丝竹之音。"罢黜淫祠，正是这种作风的具体体现。

范泰为国子祭酒（《宋书·范泰传》）。

周续之应征召入宋京师，宋武帝刘裕为其开馆，授徒讲学。又亲临其馆，问《礼记》三义（《宋书·周续之传》、《宋书·颜延之传》）。

按：《宋书·周续之传》曰："高祖践阼，复召之，乃尽室俱下。上为开馆东郭外，招集生徒。乘舆降幸，并见诸生，问续之《礼记》'傲不可长'、'与我九龄'、'射于矍圆'三义,辨析精奥,称为该通。"又《宋书·颜延之传》曰:"高祖受命,(颜延之)补太子舍人。雁门人周续之隐居庐山,儒学著称,永初中,征诣京师,开馆以居之。高祖亲幸,朝彦毕至,延之官列犹卑,引升上席。上使问续之三义,续之雅仗辞辩,延之每折以简要。既连挫续之,上又使还自敷释,言约理畅,莫不称善。"此事当在刘裕建宋之后,但具体系年尚不明确。《元嘉四学与文学馆之设立及意义考》以为事在永初二年,故从之。

颜延之与周续之论辩再三,连挫周续之,不肯称服傅亮(《宋书·颜延之传》)。

按:参见上条。

傅亮为尚书仆射,中书令、詹事如故。

按:《宋书·傅亮传》曰:"(永初)二年,亮转尚书仆射,中书令、詹事如故。"

郑鲜之出为丹阳尹,复入为都官尚书,加散骑常侍。又出为豫章太守。

按:《宋书·郑鲜之传》曰:"永初二年,出为丹阳尹,复入为都官尚书,加散骑常侍。以从征功,封龙阳县五等子。出为豫章太守,秩中二千石。"

宗炳征为太子舍人,不应。

按:《宋书·宗炳传》曰:"宋受禅,征为太子舍人;元嘉初,又征通直郎;东宫建,征为太子中舍人,庶子,并不应。"今人韦宾《宗炳出仕考》(《文艺研究》2009年第10期)经考证,将此事系于是年,姑从之。

谢晦免侍中,转中领军。

按:《宋书·谢晦传》曰:"(永初)二年,坐行玺封镇西司马、南郡太守王华大封,而误封北海太守球,版免晦侍中。寻转领军将军、散骑常侍,依晋中军羊祜故事,入直殿省,总统宿卫。"《宋书·武帝纪下》曰:"(永初三年春正月)癸丑,以尚书令、扬州刺史徐羡之为司空……中领军谢晦为领军将军。"据此可推定永初二年,谢晦免侍中后,先任中领军,后转任领军将军。

顾练、殷朗二月己丑应试诸州郡秀才、孝廉,命为著作佐郎(《宋书·武帝纪下》)。

刘昞为北凉秘书郎中,专管注记(《十六国春秋·刘昞传》)。

按:《十六国春秋·北凉录·刘昞传》载,昞初仕西凉李暠,为儒林祭酒。至是,沮渠蒙逊克酒泉,灭西凉,拜昞为秘书郎中,专管注记。昞学徒数百,每月蒙逊使人致以羊酒。后茂虔嗣立,尊昞为国师,命官属以下,皆北面受业。

范泰上《请建国学表》。

按:《宋书·范泰传》曰:"高祖受命,拜金紫光禄大夫,加散骑常侍。明年,议建国学,以泰领国子祭酒。泰上表曰:'臣闻风化兴于哲王,教训表于至世……昔中朝助教,亦用二品。颍川陈载已辟太保掾,而国子取为助教,即太尉准之弟。所贵在于得才,无系于定品。教学不明,奖厉不著,今有职闲而学优者,可以本官领之,门地二品,宜以朝请领助教,既可以甄其名品,斯亦敦学之一隅。其二品才堪,自依旧从事。会今生到有期,而学校未立。覆篑实望其速,回辙已淹其迟。事有似赊而宜急者,殆此之谓。古人重寸阴而贱尺璧,其道然也。'"范泰的表奏得到了刘裕的重视,次年刘裕便下诏兴学。

谢瞻作《与谢晦书》。

按：《宋书·谢瞻传》曰："永初二年，在郡遇疾，不肯自治，幸于不永。晦闻疾奔往，瞻见之，曰……临终，遗晦书曰……"

释宝云在扬州道场寺译《新无量寿经》2卷（《出三藏记集·新集撰出经律论录》）。

按：《出三藏记集·新集撰出经律论录》载《新无量寿经》二卷，注曰："永初二年于道场寺出。一录云，于六合山寺出。"《高僧传·宋六合山释宝云传》曰："云译出《新无量寿》，晚出诸经，多云所治定。华戎兼通，音训允正，云之所定，众咸信服。初关中沙门竺佛念善于宣译，于符姚二代，显出众经。江左译梵，莫逾于云，故于晋宋之际，弘通法藏，沙门慧观等，咸友而善之。云性好幽居，以保闲寂，遂适六合山寺，译出《佛本行赞经》。"据此，释宝云译《新无量寿经》在《佛本行赞经》之前，当在道场寺译出。

天竺僧昙无谶译《大般涅槃经》讫。又译《菩萨戒优婆塞戒坛文》1卷（《高僧传·晋河西昙无谶传》、《出三藏记集·新集撰出经律论录》）。

按：《高僧传·晋河西昙无谶传》曰："谶临机释滞，清辩若流，兼富于文藻，辞制华密，嵩、朗等更请广出诸经，次译《大集》、《大云》、《悲华》、《地持》、《优婆塞戒》、《金光明》、《海龙王》、《菩萨戒本》等，六十余万言。谶以《涅槃经》本，品数未足，还外国究寻，值其母亡，遂留岁余。后于于阗，更得经本《中分》，复还姑臧译之。后又遣使于阗，寻得《后分》。于是续译为三十三卷。以伪玄始三年初就翻译，至玄始十年十月二十三日三帙方竟，即宋武永初二年也。谶云：'此经梵本，本三万五千偈，于此方减百万言，今所出者止一万余偈。'"《出三藏记集·新集撰出经律论录》载《菩萨戒优婆塞戒坛文》一卷，注曰："玄始十年十二月出。"

又按：汤用彤列昙无谶译《大般涅槃经》为晋宋之际佛学的三件大事之一（《汉魏两晋南北朝佛教史》）。《大般涅槃经》，又称《大涅槃经》、《涅槃经》，被列为大乘五大部经涅槃部之首，是中国涅槃宗的经典。此经出后，释慧嵩著《涅槃义记》，释道朗作《涅槃序》及注疏，讲习盛于姑臧。

天竺僧佛驮跋陀罗在道场寺译《新无量寿经》2卷，所译《华严经》重校讫（《出三藏记集·新集撰出经律论录》）。

按：《出三藏记集·新集撰出经律论录》载《新无量寿经》二卷，注曰："永初二年于道场寺出。"《出三藏记集·华严经记》出经后记曰："凡再校胡本，至大宋永初二年，辛丑（依校勘记当作"辛酉"）之岁，十二月二十八日校毕。"

谢瞻卒（383？— ）。瞻字宣远，一名檐，字通远，陈郡阳夏人。谢晦第三兄。六岁能属文，为《紫石英赞》、《果然诗》，为当时才士所叹异。及长，尝作《喜霁诗》，谢灵运书之，谢混咏之。王弘在座，誉为"三绝"。为刘裕相国从事中郎，后以谢晦权倾朝野，惧祸，屡乞降黜。刘裕乃以瞻为吴兴太守，转豫章太守。谢瞻善为文章，辞采华美。《隋书·经籍志》著录宋豫章太守《谢瞻集》3卷，佚。今存诗6首，见逯钦立《先秦汉魏晋南北朝诗·宋诗》；严可均《全宋文》卷三三载其残文2篇。事迹见《宋书》卷五六、《南史》卷一九。

按：钟嵘《诗品》将其诗列于"中品"，评曰："其源出于张华。才力苦弱，故务其清浅，殊得风流媚趣。课其实录，则豫章（谢瞻）、仆射（谢混），宜分庭抗礼。"

傅迪卒，生年不详。迪字长猷，北地泥阳人，傅咸玄孙，傅亮之兄。仕晋为尚书右丞。好广读书而不解其义，刘柳称之为"书簏"。入宋，官终五兵尚书。著有文集10卷，今佚。事迹见《宋书·傅亮传》、《晋书·刘柳传》。

谢庄（ —466）、伏曼容（ —502）生（《宋书·谢庄传》、《梁书·伏曼容传》）。

宋永初三年　北魏泰常七年　西秦建弘三年　北凉玄始十一年　北燕太平十四年　夏真兴四年　壬戌　422年

正月乙丑，宋武帝下诏兴学（《宋书·武帝纪下》）。

按：诏曰："古之建国，教学为先，弘风训世，莫尚于此，发蒙启滞，咸必由之。故爰自盛王，迄于近代，莫不敦崇学艺，修建庠序。自昔多故，戎马在郊，旍旗卷舒，日不暇给。遂令学校荒废，讲诵蔑闻……今王略远届，华域载清，仰风之士，日月以冀。便宜博延胄子，陶奖童蒙，选备儒官，弘振国学。主者考详旧典，以时施行。"这是刘宋重儒兴学政策的开始，也开南朝重儒兴学之先。

五月癸亥，宋武帝刘裕卒。皇太子刘义符即位，时年十七，是为少帝（《宋书·武帝纪下》、《宋书·少帝纪》、《资治通鉴·宋纪一》）。

按：刘裕字德舆，小名寄奴，祖为彭城人，迁居京口。元熙二年代晋称帝，国号宋。《隋书·经籍志》著录《宋武帝集》12卷，梁20卷，录1卷。严可均《全宋文》卷一载其表等1卷。

是月，北魏立拓跋焘为皇太子（《北史·魏明元帝纪》、《魏书·明元帝纪》）。

九月，北魏发兵攻宋（《魏书·明元帝纪》、《资治通鉴·宋纪一》）。

按：《魏书·崔浩传》载，闻刘裕死，魏明元帝欲取洛阳、虎牢、滑台。崔浩以为"乘丧伐之，虽得之不令"，引《春秋》作谏。明元帝不听，命奚斤攻滑台，经时不拔，明元帝亲自攻宋。

傅亮六月任中书监、尚书令，与司空徐羡之、领军将军谢晦共同辅政。

按：《宋书·傅亮传》曰："少帝即位，进为中书监、尚书令。"《宋书·少帝纪》又曰："（永初三年）六月壬申，以尚书仆射傅亮为中书监，司空徐羡之、领军将军谢晦及亮辅政。"

谢晦加中书令，与傅亮共同辅政（《宋书·谢晦传》）。

何承天补南台治书侍御史（《宋书·何承天传》）。

谢灵运七月出为永嘉郡太守，游遨山水，与诸多僧人名士相往还。

按：参见是年"谢灵运约是年作《辨宗论》及《答王卫军问辨宗论书》等，与诸多僧人名士作顿悟、渐悟之辨"条。《宋书·谢灵运传》曰："庐陵王义真少好文籍，与灵运情款异常。少帝即位，权在大臣，灵运构扇异同，非毁执政，司徒徐羡之等患之，出为永嘉太守。郡有名山水，灵运素所爱好，出守既不得志，遂肆意游遨，遍历诸县，动逾旬朔,民间听讼,不复关怀。所至辄为诗咏,以致其意焉。"据此可知谢灵运为永嘉太守,在永初三年五月癸亥宋少帝即位之后。参以谢灵运所作《永初三年七月十六日之郡初发都诗》,可以确知谢灵运离宋都赴永嘉任职时间系在永初三年七月。

谢方明出为丹阳尹,转会稽太守,有治绩(《宋书·谢方明传》)。

崔浩为魏相州刺史,加左光禄大夫,随军为谋主(《魏书·崔浩传》)。

傅亮正月作《立学诏》(《宋书·武帝纪下》)。

按:诏文见是年"正月乙丑,宋武帝下诏兴学"条,《艺文类聚》卷三八以为此诏乃傅亮所作。

何承天八月作《社颂》并序。

按:《全宋文》卷二四《社颂序》曰:"余以永初三年八月大社,聊为此文。"

谢灵运约是年作《辨宗论》及《答王卫军问辨宗论书》等,与诸多僧人名士作顿悟、渐悟之辩。

按:谢灵运时为永嘉太守,在《辨宗论》中阐述竺道生顿悟义,意欲折中儒、释二家,其文曰:"同游诸道人,并业心神道,求解言外。余枕疾务寡,颇多暇日,聊申由来之意,庶定求宗之悟。释氏之论,圣道虽远,积学能至,累尽鉴生,不应渐悟。孔氏之论,圣道既妙,虽颜殆庶,体无鉴周,理归一极。有新论道士,以为寂鉴微妙,不容阶级,积学无限,何为自绝?今去释氏之渐悟,而取其能至;去孔氏之殆庶,而取其一极。一极异渐悟,能至非殆庶。故理之所去,虽合各取,然其离孔、释远矣。余谓二谈,救物之言;道家之唱,得意之说。敢以折中自许。窃谓新论为然。聊答下意,迟有所悟。"(《广弘明集》卷一八)汤用彤《汉魏两晋南北朝佛教史》谓:"夫康乐著《辨宗论》申顿悟,而江南各地皆有论列,亦可见其于佛法之光大固有力也。"

又按:竺道生立顿悟义(其年不详),顿、渐之辩由是成宋初一大辩争。竺道生、谢灵运均为当时主顿悟义的中心人物。竺道生立"顿悟成佛"义,谢灵运著《辨宗论》述生义,此外释慧叡亦持顿悟说。释慧观执渐悟,作《渐悟论》,昙无谶作《明渐论》,僧弼亦难顿悟。是时,质疑顿悟义、与谢灵运辩论的有法勖、僧维、慧驎、法纲、慧琳、王弘、江州僧人等人(参见汤用彤《汉魏两晋南北朝佛教史》)。谢灵运有多首与僧人名士作顿、渐之辩的问答之作。《王休元问》十四首中,王弘问题为"问谢永嘉",则当为谢灵运任永嘉太守时之作。据汤用彤推断,与谢灵运问答的诸僧当即《辨宗论》中在永嘉的"同游诸道人",事在永初三年(422)七月至景平元年(423)秋。故姑系于此。

释慧观、昙无谶是年前后分别作《渐悟论》与《明渐论》,皆主"渐悟"说。

按:参见上条"又按"。

宋少帝刘义符景平元年　北魏泰常八年　西秦建弘四年　北凉玄始十二年　北燕太平十五年　夏真兴五年　癸亥　423年

正月己亥朔,宋少帝大赦,改元为景平元年(《宋书·少帝纪》)。

宋少帝刘义符景平元年　北魏泰常八年　西秦建弘四年　北凉玄始十二年　北燕太平十五年
夏真兴五年　癸亥　423年

四月，宋檀道济北征（《宋书·少帝纪》）。

北魏明元帝至洛阳观览《石经》。

按：《魏书·太宗纪》曰："（泰常八年夏四月太宗明元帝）遂至洛阳，观《石经》。"

十一月己巳，北魏明元帝拓跋嗣卒（《魏书·明元帝纪》、《魏书·太武帝纪》）。

壬申，北魏太子拓跋焘嗣，是为太武帝（《魏书·明元帝纪》、《魏书·太武帝纪》）。

颜延之约是年末出为始安郡太守。赴任途中，与陶渊明流连酣饮。

按：《宋书·颜延之传》曰："时尚书令傅亮自以文义之美，一时莫及，延之负其才辞，不为之下，亮甚疾焉。庐陵王义真颇好辞义，待接甚厚，徐羡之等疑延之为同异，意甚不悦。少帝即位，以为正员郎，兼中书，寻徙员外常侍，出为始安太守。"

又按：关于颜延之出为始安太守的时间，传无明文，众说不一。缪钺《颜延之年谱》据谢灵运之贬及张邵初任湘州刺史之年，将其系为永初三年（422）事。曹道衡、沈玉成《关于颜延之的生平和作品》系之于景平二年（424），李之亮《颜延之行实及〈文选〉所收诗文系年》系于元嘉二年（425）。杨晓斌《颜延之生平与著述考》梳理诸家说法并加考证，推定为景平元年（423）年末，今从之。

谢灵运是秋称疾离任永嘉太守，后移籍会稽。

按：《宋书·谢灵运传》曰："在郡一周，称疾去职，从弟晦、曜、弘微等并与书止之，不从。灵运父祖并葬始宁县，并有故宅及墅，遂移籍会稽，修营别业，傍山带江，尽幽居之美。与隐士王弘之、孔淳之等纵放为娱，有终焉之志。每有一诗至都邑，贵贱莫不竞写，宿昔之间，士庶皆遍，远近钦慕，名动京师。"谢灵运于去年七月出为永嘉太守，一年后称疾离任，当在景平元年秋。

谢灵运过视谢惠连，又交谢惠连之师何长瑜。

按：《宋书·谢灵运传》曰："惠连幼有才悟，而轻薄不为父方明所知。灵运去永嘉还始宁，时方明为会稽郡。灵运尝自始宁至会稽造方明，过视惠连，大相知赏。时长瑜教惠连读书，亦在郡内，灵运又以为绝伦，谓方明曰：'阿连才悟如此，而尊作常儿遇之。何长瑜当今仲宣，而饴以下客之食。尊既不能礼贤，宜以长瑜还灵运。'灵运载之而去。"

王韶之出为吴兴太守（《宋书·王韶之传》）。

殷淳为秘书郎、衡阳王文学。

按：《宋书·殷淳传》曰："少帝景平初，为秘书郎、衡阳王文学、秘书丞、中书黄门侍郎。"景平前后不过两年，此言景平初，故姑系于此。

许桑时为平陆令，舍宅建刹，名曰平陆寺（《高僧传·宋京师奉诚寺僧伽跋摩传》）。

按：《出三藏记集·僧伽跋摩传》曰："初，景平元年，平陆令许桑舍宅建刹，因名平陆寺。"

崔浩十二月还第，师北魏寇谦之修服食养性之术（《资治通鉴·宋纪一》、《魏书·崔浩传》）。

按：《资治通鉴·宋纪一》曰："十二月，庚子，魏葬明元帝于金陵。庙号太宗……左光禄大夫崔浩精通经术，练习制度，凡朝廷礼仪，军国书诏，无不关掌。浩不好老、庄之书……尤不信佛法……及世祖即位,左右多毁之。帝不得已,命浩以公归第。"又《魏书·崔浩传》曰:"世祖即位,左右忌浩正直,共排毁之。世祖虽知其能,不免群议,故出浩,以公归第……既得归第,因欲修服食养性之术,而寇谦之有《神中录图新经》,浩因师之。"

  又按:寇谦之曾告诉崔浩,"吾行道隐居,不营世务,忽受神中之诀,当兼修儒教,辅助泰平真君,继千载之绝统"(《魏书·崔浩传》),因此寇谦之显然儒道兼宗。崔浩推崇寇谦之的天师道,既有排佛的动机,也暗含了兴儒的意图。

  罽宾僧佛驮什抵达扬州(《高僧传·宋建康龙光寺佛驮什传》)。

  拓跋嗣著《新集》30篇。

  按:《魏书》卷三《太宗纪》曰:"(泰常八年夏四月太宗明元帝)遂至洛阳,观《石经》。……帝礼爱儒生,好览史传,以刘向所撰《新序》、《说苑》于经典正义多有所阙,乃撰《新集》三十篇,采诸经史,该洽古义,兼资文武焉。"

  谢灵运作《山居赋》并自注(《宋书·谢灵运传》)。

  按:谢灵运自注开启了半个世纪之后郦道元《水经注》运用注这一文体形式记叙山水地理的先河,为散体山水游记文学的兴起奠定了基础(参见曹虹《中国辞赋源流综论》)。

  王韶之作《临郡察潘综吴逵孝廉教》、《赠潘综吴逵举孝廉诗》(《宋书·王韶之传》)。

  按:系年据曹道衡、刘跃进《南北朝文学编年史》。

  殷淳撰《四部书目》40卷(《宋书·殷淳传》、阮孝绪《古今书最》)。

  罽宾僧佛驮什译《五分律》34卷。

  按:《高僧传·宋建康龙光寺佛驮什传》曰:"佛驮什,此云觉寿,罽宾人,少受业于弥沙塞部僧,专精律品,兼达禅要。以宋景平元年七月届于扬州。先沙门法显,于师子国得《弥沙塞律》梵本,未被翻译,而法显迁化,京邑诸僧闻什既善此学,于是请令出焉。以其年冬十一月集于龙光寺,译为三十四卷,称为《五分律》。什执梵文,于阗沙门智胜为译,龙光道生、东安慧严共执笔参正,宋侍中琅琊王练为檀越,至明年十二月(一作四月)方竟。仍于大部抄出《戒心》及《羯磨文》等,并行于世。"

  孔琳之卒(369—)。琳之字彦琳,会稽山阴人。强正有志力,好文义,解音律,能弹棋,妙善草隶。曾反对桓玄废除货币,施行实物贸易,又反对肉刑,强调宽政。入宋后,官至御史中丞、祠部尚书。死后追赠太常。《隋书·经籍志》著录宋太常卿《孔琳之集》9卷,并目录,梁10卷,录1卷。严可均《全宋文》卷二七载其奏议7篇,书信1篇。事迹见《宋书》卷五六、《南史》卷二七。

  周续之卒(377—)。续之字道祖,雁门广武人,先世居豫章建昌。少有孝行。年十二,在豫章太守范宁所立郡学受业,同门号为"颜子"。通《五经》、《五纬》,号曰十经。既而闲居,读《老子》、《易经》。晋安帝义熙中,入庐山事慧远,为"庐山十八贤"之一,结白莲社。时与陶渊明、刘遗民俱不应征,人称"浔阳三隐"。续之布衣蔬食,终身不娶。常以嵇康《高士传》得出处之美,因为作注。刘裕称帝,征诣京师,开馆授徒(见《宋书·隐逸传》及南宋志盘法师增修《东林十八高贤传》)。通《毛诗》六义、《礼论》，注《公羊传》，今并佚。严可均《全晋文》卷一四二载其文3篇。事迹见《宋书》卷九三、《南史》卷七五。

释法显约卒(342?—)，或以为其卒年当在永初间(420—422)(参见曹道衡、沈玉成《中古文学史料丛考》之《法显西行时间及生卒年》一文)。法显俗姓龚，平阳人。三岁出家为沙弥，二十岁受大戒。东晋安帝隆安三年，与同学慧景等自长安出发，西渡流沙，度葱岭，过雪山，途经30多国，先后于天竺和师子国获《摩诃僧祇律》、《萨婆多律抄》、《杂阿毗昙心》、《方等泥洹经》、《弥沙塞律》、《长阿含经》、《杂阿含经》、《杂藏经》等梵本后，经由海路欲还广州，因遇大风，于义熙八年抵青州长广郡牢山南岸。后返建康，在扬州道场寺与罽宾僧佛驮什译出所携众经，唯《弥沙塞律》一部，未及译出而卒。另撰有《佛国记》，记其求经过程中的经历和见闻。事迹见《高僧传》卷三、《出三藏记集》卷一五。

王僧绰(—453)、王僧达(—458)生(《宋书·王僧绰传》、《宋书·王僧达传》、《宋书·孝武帝纪》)。

宋少帝景平二年　宋文帝刘义隆元嘉元年　北魏太武帝拓跋焘始光元年　西秦建弘五年　北凉玄始十三年　北燕太平十六年　夏真兴六年　甲子　424年

正月，北魏拓跋焘改元始光(《魏书·太武帝纪》、《资治通鉴·宋纪二》)。

五月，徐羡之、傅亮等谋废立事。皇太后令废宋少帝刘义符为营阳王(《宋书·少帝纪》)。

六月癸丑，徐羡之等遣使杀宋少帝刘义符(《宋书·少帝纪》、《宋书·庐陵孝献王义真传》并校勘记)。

癸未，徐羡之等遣使杀庐陵王刘义真(《宋书·庐陵孝献王义真传》)。

按：是年徐羡之等上表，奏废庐陵王刘义真为庶人，是时杀之。刘义真与谢灵运、颜延之、释慧琳异常交好，尝云得志之日，以灵运、延之为宰相，慧琳为西豫州都督。

七月，傅亮率行台百僚至江陵，奉迎宜都王刘义隆为帝(《宋书·文帝纪》)。

八月丁酉，宋文帝即位(《宋书·文帝纪》)。

按：宜都王刘义隆即皇帝位，改元元嘉，是为宋文帝。

是年，北魏诏天下寺改名招提。

按：宋释志盘《佛祖统纪》卷三八曰："始光元年，敕天下寺改名招提。"

范泰解国子祭酒之职。

按：《宋书·范泰传》曰："景平初，加位特进。明年致仕，解国子祭酒。"景平前后共两年,景平初当属景平元年,故解国子祭酒当在景平二年。

傅亮八月癸卯以中书监、护军将军加散骑常侍、左光禄大夫、开府仪同三司,进爵始兴郡公,坚辞不受(《宋书·傅亮传》、《宋书·文帝纪》)。

按:《宋书·傅亮传》曰:"太祖登阼,加散骑常侍、左光禄大夫、开府仪同三司,本官悉如故。司空府文武即为左光禄府。又进爵始兴郡公,食邑四千户,固让进封。"又《宋书·文帝纪》曰:"(元嘉元年八月)癸卯,司空、录尚书事、扬州刺史徐羡之进位司徒,卫将军、江州刺史王弘进位司空,中书监、护军将军傅亮加左光禄大夫、开府仪同三司。"

刘义庆转散骑常侍,秘书监,徙度支尚书,迁丹阳尹,加辅国将军、常侍并如故(《宋书·临川烈武王道规传附义庆传》)。

谢晦八月庚子迁抚军将军,癸卯进号卫将军。

按:《宋书·文帝纪》曰:"(元嘉元年秋八月)庚子,以行抚军将军、荆州刺史谢晦为抚军将军、荆州刺史。癸卯,司空、录尚书事、扬州刺史徐羡之进位司徒……抚军将军、荆州刺史谢晦进号卫将军。"

王弘八月封建安郡公,上表固辞。

按:《宋书·王弘传》曰:"少帝景平二年,徐羡之等谋废立,召弘入朝。太祖即位,以定策安社稷,进位司空,封建安郡公,食邑千户。上表固辞曰……"又《宋书·文帝纪》曰:"元嘉元年秋八月丁酉,大赦天下,改景平二年为元嘉元年。……庚子,以行抚军将军、荆州刺史谢晦为抚军将军、荆州刺史。癸卯,司空、录尚书事、扬州刺史徐羡之进位司徒,卫将军、江州刺史王弘进位司空。"

范广渊时为司徒祭酒(《宋书·范晔传》)。

按:范广渊为范晔弟。

戴颙征为通直散骑侍郎,不就(《宋书·戴颙传》)。

张茂度出为使持节、督益宁二州梁州之巴西梓潼宕渠南汉中秦州之怀宁安固六郡诸军事、冠军将军、益州刺史(《宋书·张茂度传》)。

崔浩约是年上疏赞明寇谦之受神诰事。

按:《魏书·释老志》曰:"始光初,(寇谦之)奉其书而献之,世祖乃令止于张曜之所,供其食物。时朝野闻之,若存若亡,未全信也。崔浩独异其言,因师事之,受其法术。于是上疏赞明其事曰……世祖欣然。世祖将讨赫连昌,太尉长孙嵩难之,世祖乃问幽征于谦之,曰必克。"胡全银《全后魏文编年补正》曰:"《魏书·世祖纪》载,始光三年世祖讨赫连昌,问幽征于谦之,知是时谦之已经得到世祖信任。故浩上疏当在始光元年或二年。"

道士寇谦之三月献上《录图真经》。

按:《魏书·释老志》曰"始光初,(寇谦之)奉其书而献之",即指《录图真经》,此书系寇谦之于嵩岳修炼时为李谱文所授。李谱文号牧土上师,自云老君之玄孙,于汉武之世得道,为牧土宫主,授寇谦之为内宫太真太宝九州真师,赐给《天中三真太文录》,劾召百神,以授弟子。《文录》有五等,一曰阴阳太官,二曰正府真官,三曰正房真官,四曰宿宫散官,五曰并进录主。坛位、礼拜、衣冠、仪式各有差品,凡60余卷,号曰《录图真经》。参见上条及张岂之主编《中国学术思想编年》。

释慧观、释慧聪等面启宋文帝,求迎罽宾僧求那跋摩。

按:《高僧传·宋京师祇洹寺求那跋摩传》曰:"时京师名德沙门慧观、慧聪等,远挹风猷,思欲餐禀,以元嘉元年九月,面启文帝,求迎请跋摩。帝即敕交州刺史,令泛舶延致。观等又遣沙门法长、道冲、道俊等,往彼祈请,并致书于跋摩及阇婆王婆多加等,必希顾临宋境,流行道教。"

释智猛从天竺返回凉州。

按:《出三藏记集·智猛法师传》曰:"以甲子岁发天竺,同行四僧于路无常,唯猛与昙纂俱还于凉州。译出《泥洹》本,得二十卷。"释智猛于弘始六年(404)自长安往天竺求法,至是年返回凉州,前后历时二十年。

罽宾僧昙摩蜜多辗转至蜀,后又至荆州,于长沙寺造立禅馆。居顷之,沿流东下,至于建康,住祇洹寺。

按:《出三藏记集·昙摩蜜多传》曰:"昙摩蜜多,齐言法秀,罽宾人也……常以江左王畿,志欲传法。以宋元嘉元年展转至蜀。俄而出峡,停止荆州,于长沙寺造立禅馆。居顷之,沿流东下,至于京师,即住祇洹寺。"

天竺僧僧伽罗多哆约是年至建康。

按:《高僧传·宋京师道林寺畺良耶舍传附僧伽罗多哆传》曰:"僧伽罗多(哆),此云众济,以宋景平之末,来至京师。乞食人间,宴坐林下,养素幽闲,不涉当世。"

颜延之作《祭屈原文》(《宋书·颜延之传》、《资治通鉴·宋纪二》)。

按:《文选》卷六〇录有此文,其首曰:"惟有宋五年月日,湘州刺史吴郡张邵,恭承帝命,建旟旧楚。访怀沙之渊,得㧾之浦。弭节罗潭,舣舟汨渚。乃遣户曹掾某,敬祭故楚三闾大夫屈君之灵。"刘宋于420年建国,有宋五年当为424年,故系于此。

谢灵运应范泰之请为祇洹寺作赞3首,谢惠连作1首。谢灵运又作《答范特进书送佛赞》(《宋书·范泰传》、《高僧传·宋京师祇洹寺释慧义传》)。

按:宋武帝永初元年,范泰建祇洹寺。后四年,谢灵运、谢惠连为之作赞。见《广弘明集》卷十五。同卷尚载谢灵运《答范特进书送佛赞》。顾绍柏《谢灵运集校注》经考证,将此事系于是年,今从之。

崔浩于是年及次年间作《上疏赞明寇谦之受神诰事》。

按:《魏书·释老志》曰:"始光初,(寇谦之)奉其书而献之,世祖乃令谦之止于张曜之所,供其食物。时朝野闻之,若存若亡,未全信也。崔浩独异其言,因师事之,受其法术。于是上疏,赞明其事曰……世祖欣然……世祖将讨赫连昌,太尉长孙嵩难之,世祖乃问幽征于谦之,谦之对曰:'必克。……'"胡全银《〈全后魏文〉编年补正》曰:"《魏书·世祖纪》载,始光三年世祖讨赫连昌,问幽征于谦之,知是时谦之已经得到世祖信任。故浩上疏当在始光元年或二年。"

宋元嘉二年　北魏始光二年　西秦建弘六年　北凉玄始十四年　北燕太平十七年　夏真兴七年　夏赫连昌承光元年　乙丑　425年

正月丙寅,宋文帝刘义隆始亲政(《宋书·文帝纪》)。

三月,魏初造新字千余(《魏书·太武帝纪上》)。

君士坦丁堡大学建。

按：是年三月，魏下诏曰："在昔帝轩，创制造物，乃命苍颉因鸟兽之迹以立文字。自兹以降，随时改作，故篆隶草楷，并行于世。然经历久远，传习多失其真。故令文体错谬，会义不惬，非所以示轨则于来世也。孔子曰，名不正则事不成，此之谓矣。今制定文字，世所用者，颁下远近，永为楷式。"由此可见，在魏孝文帝拓跋宏施行汉化政策之前，北魏已经开始汉化的进程，统一文字即是其重要表现。

六月，武都王杨盛死，其子杨玄自立，用宋元嘉年号（《魏书·氐列传》、《资治通鉴·宋纪二》）。

八月，夏主赫连勃勃死，子赫连昌即位，改元承光（《魏书·铁弗刘虎附赫连屈子传》、《资治通鉴·宋纪二》）。

傅亮正月丙寅与徐羡之上表归政（《宋书·文帝纪》、《宋书·徐羡之传》）。

范泰上表贺元正并陈旱灾，遂有隐退之思。

按：《宋书·范泰传》曰："元嘉二年，表贺元正，并陈旱灾，多所奖劝。拜表遂轻舟游东阳，任心行止，不关朝廷。有司劾奏之，文帝不问。"

谢晦遣妻及长子谢世休送二女还京邑。

按：《宋书·谢晦传》曰："二女当配彭城王义康、新野侯义宾。元嘉二年，遣妻及长子世休送女还京邑。"

戴颙征为国子博士，待东宫初建时又征其为太子中庶子，皆不就（《宋书·戴颙传》）。

宗炳征为散骑侍郎，不就（《宋书·戴颙传》）。

徐羡之作《与谢晦书》（《宋书·徐羡之传》）。

徐广卒（352—　）。广字野民，东莞姑幕人。徐邈之弟。家世好学，至广尤精，百家、数术，无不研览。动不违仁，义兼儒行。晋孝武帝时，除秘书郎，典校秘书省。迁员外散骑侍郎、祠部郎。义熙初，转员外散骑常侍，领著作郎，奉诏撰国史。十二年，迁秘书监。及刘裕受禅，乞归。广著《晋纪》46卷，以编年体例记海西公到孝武帝三朝事，又著《史记音义》12卷。著《车服仪注》（或名《车服杂注》、《车服注》）1卷，散见于《世说新语》注、《水经注》、《宋书·礼志》及各类书。又有《礼论答问》、《弹棋谱》。《隋书·经籍志》著录宋太中大夫《徐广集》15卷，录1卷。逯钦立《先秦汉魏晋南北朝诗·晋诗》卷一五载其诗1首。事迹见《晋书》卷八二、《宋书》卷五五、《南史》卷三三。

按：《史记音义》12卷，裴骃《史记集解》采入，今存。章学诚谓《史记音义》不得司马迁之意者"十常三四焉"（《文史通义·说林》）。四库馆臣评《史记集解》曰："骃以徐广《史记音义》粗有发明，殊恨省略，乃采九经诸史并《汉书音义》及众书之目，别撰此书。"（《四库全书总目提要·史部一·正史类一》）由此可见徐广《史记音义》的发明之功。

又按：徐广之卒年，有异说。《晋书·徐广传》与《宋书·徐广传》均载其卒时"年七十四"，而《南史》本传谓其卒时"年过八十"。今从《晋书》和《宋书》之说，系于本年。

蔡廓卒(379—)。廓字子度,济阳考城人。博涉群书,言行以礼。晋末为著作佐郎,以方鲠闲素为刘裕所知。刘裕领兖州,廓为别驾从事史。宋台建,历迁侍中、御史中丞,多所纠奏,百官震肃。后迁司徒左长史,出为豫章太守。征为吏部尚书,不拜,徙祠部尚书。武帝称其可平世三公。《隋书·经籍志》著录宋太常卿《蔡廓集》9卷,并目录。梁10卷,录1卷。严可均《全宋文》卷二七载其文6篇。事迹见《宋书》卷五七、《南史》卷二九。

按:蔡廓谙熟礼法典仪。《宋书·蔡廓传》曰:"朝廷仪典,皆取定于亮,每谘廓然后施行。亮意若有不同,廓终不为屈。"而其立身行事,亦无不遵礼而行,同篇又曰:"廓年位并轻,而为时流所推重,每至岁时,皆束带到门。奉兄轨如父,家事小大,皆谘而后行,公禄赏赐,一皆入轨,有所资须,悉就典者请焉。"

孔宁子卒,生年不详。会稽人。义熙初为刘裕太尉主簿,永初中为刘义隆镇西谘议参军。文帝即位,以为黄门侍郎,领步兵校尉。《隋书·经籍志》著录宋侍中《孔宁子集》11卷,并目录。梁15卷,录1卷。严可均《全宋文》卷二八载其文4篇。逯钦立《先秦汉魏晋南北朝诗·宋诗》卷一载其诗2首。事迹见《宋书》卷六三《王华传》附。

周朗(—460)、陆澄(—494)生(《宋书·周朗传》、《南齐书·陆澄传》)。

宋元嘉三年　北魏始光三年　西秦建弘七年　北凉玄始十五年　北燕太平十八年　夏承光二年　丙寅　426年

正月,宋文帝杀徐羡之、傅亮等。

按:《宋书·文帝纪》曰:"(元嘉)三年春正月丙寅,司徒、录尚书事、扬州刺史徐羡之,尚书令、护军将军、左光禄大夫傅亮,有罪伏诛。"

二月,宋文帝杀谢晦与谢世基(《宋书·文帝纪》、《宋书·谢晦传》)。

按:《宋书·文帝纪》曰:"(元嘉三年二月)己卯,擒晦于延头,送京师伏诛。"

北魏下诏起太学于城东,祀孔子,以颜渊配(《魏书·太武帝纪》)。

按:这是北魏重儒兴学的重要事件,也是其汉化的重要表现。

五月乙巳,宋文帝下诏整饬吏治。

按:《宋书·文帝纪》载宋文帝五月所下诏书曰:"……今氛祲祛荡,宇内宁晏,旌贤弘化,于是乎始。可遣大使巡行四方。其宰守称职之良,闾萃一介之善,详悉列奏,勿或有遗。若刑狱不恤,政治乖谬,伤民害教者,具以事闻。其高年、鳏寡、幼孤、六疾不能自存者,可与郡县优量赈给。博采舆诵,广纳嘉谋,务尽衔命之旨,俾若朕亲览焉。"

是年,北凉求书于宋。

按:《宋书·氐胡·蒙逊传》曰:"(元嘉)三年,改骠骑为车骑。世子兴国遣使奉表,请《周易》及子集诸书,太祖并赐之,合四百七十五卷。蒙逊又就司徒王弘求《搜神记》,弘写与之。"

范泰二月进位侍中、左光禄大夫、国子祭酒,领江夏王师(《宋书·文帝纪》、《宋书·范泰传》)。

按:《宋书·范泰传》曰:"(元嘉)三年,羡之伏诛,进位侍中、左光禄大夫、国子祭酒,领江夏王师,特进如故。"

王弘入为相,举郑鲜之为尚书右仆射。

按:《宋书·郑鲜之传》曰:"元嘉三年,王弘入为相,举鲜之为尚书右仆射。"

檀道济为江州刺史,前来探望陶渊明,劝其出仕。

按:见袁行霈《陶渊明年谱汇考》,载《六朝作家年谱辑要》中。

颜延之为中书侍郎,寻转太子中庶子,领步兵校尉,赏遇甚厚。与袁淑不合(《宋书·颜延之传》、《南史·颜延之传》)。

谢灵运三月为秘书监,整理秘阁图书。使撰《晋书》,未就。寻迁侍中(《宋书·谢灵运传》、《资治通鉴·宋纪二》)。

按:宋文帝征谢灵运为秘书监,再召不起。使光禄大夫范泰与书敦奖之,乃出就职,整理秘阁书,补足遗阙。文帝又以晋氏一代,自始至终,竟无一家之史,令灵运著《晋书》,粗立条流,书竟不就。至后废帝元徽年间,由王俭负责,在谢灵运主持工作的基础上再次整理秘阁藏书。

谢晦与谢世基同赴刑场时作《连句诗》。

按:《宋书·文帝纪》曰:"(元嘉三年二月)己卯,擒晦于延头,送京师伏诛。"《宋书·谢晦传》曰:"晦、遁、兄子世基、世猷及同党孔延秀、周超、费愔(当作贺愔)、窦应期、蒋虔、严千斯等并伏诛。世基,绚之子也,有才气。临死为连句诗曰:'伟哉横海鳞,壮矣垂天翼。一旦失风水,翻为蝼蚁食。'晦续之曰:'功遂侔昔人,保退无智力。既涉太行险,斯路信难陟。'"

谢惠连居父丧,期间以五言诗10余首赠会稽郡吏杜德灵,文行于世。坐被徙废塞,不豫荣伍(《宋书·谢方明传附谢惠连传》、《宋书·宗室·刘义宗传》)。

按:谢惠连赠杜德灵之诗,历来是考察南朝男风之盛的重要资料。谢惠连与刘义宗争男宠杜德灵,在当时颇为轰动,甚至惊动了宋文帝刘义隆。尚书仆射殷景仁曾向刘义隆进言说:"臣小儿时,便见世中有此文,而论者云是谢惠连,其实非也。"(《宋书·谢方明传附谢惠连传》)认为这10余首赠诗可能早已有之,并非谢氏所作。但从谢惠连有才无行且被废徙的记载来看,殷景仁所言仅凭印象,证据不足,他爱惜谢惠连的才华,故有为之开脱之嫌。

范晔出为刘义康荆州府别驾从事史(《宋书·范晔传》)。

按:系年据曹道衡、刘跃进《南北朝文学编年史》。

释慧基在祇洹寺出家。

按:《高僧传·齐山阴法华山释慧基传》曰:"至年十五,(慧)义嘉其神彩,为启宋文帝求度出家,文帝引见顾问允惬,即敕于祇洹寺为设会出家。舆驾亲幸,公卿必集。基既栖志法门,厉行精苦,学兼昏晓,解洞群经……以齐建武三年(496年)冬十一月卒于城傍寺,春秋八十有五。"由此可知其十五岁时为426年。

宋元嘉三年　北魏始光三年　西秦建弘七年　北凉玄始十五年　北燕太平十八年　夏承光二年　丙寅　426年

裴松之约是年奉敕始注《三国志》。

按：《南史·裴松之传》曰："松之博览坟籍，立身简素。……元嘉三年，诛司徒徐羡之等，分遣大使巡行天下，并兼散骑常侍，班宣二十四条诏书。松之使湘州，甚得奉使之义，论者美之。转中书侍郎。上使注陈寿《三国志》，松之鸠集传记，广增异闻。既成奏之，上览之曰：'裴世期为不朽矣。'"

又按：裴松之注《三国志》于元嘉六年七月大功告成，其《上〈三国志注〉表》曰："自就撰集，已垂期月。"期月即一周年，则其正式开始撰集当在元嘉五年。而其"上搜旧闻，傍摭遗逸"的工作更在此前，然其开始此项工作最早当不过元嘉三年，故暂将此事系于是年。

谢灵运约于是年后不久撰成《十四音训叙》。

按：《高僧传》卷七《僧叡传》曰："陈郡谢灵运笃好佛理，殊俗之音，多所达解。乃咨叡以经中诸字，并众音异旨，于是著《十四音训叙》。条列梵汉，昭然可了，使文字有据焉。"《隋书·经籍志》曰："婆罗门书以十四音贯一切字，汉明帝时，与佛教同入中国。"《佛祖统纪》卷二六《僧叡传》曰："谢灵运笃好佛理，殊方俗音多所通解，尝以经中字音求证于师，因为著《十四音训》。"据台湾学者周伯戡考证："可能在424至428之间的某时，僧叡为谢灵运撰《十四音训叙》。"注："只有这个时间，谢灵运身在建康，并且担任主管图书的秘书监一职的官，喜好佛法的谢灵运可能在整理图书时，和精通佛教义理和语言的僧叡有了来往。"（《读僧叡〈小品经序〉》，载《台大历史学报》第23期，1999年6月）张岂之主编《中国学术思想编年》系于元嘉五年。若据周伯戡推测，系谢灵运任秘书监一职时所作，则以系于本年更为合适。

范泰作《与谢侍中书》（谷海林《〈全宋文〉编年补正》）。

按：由《宋书·范泰传》可知范泰暮年事佛甚精，于宅西立祇洹精舍，并为佛赞数篇，以示谢灵运。灵运和之并有答书，见《全宋文》卷三十二。此文当为范泰暮年所作，而由书名《与谢侍中书》可知此时谢灵运已迁侍中。范泰卒于元嘉五年，《资治通鉴·宋纪二》曰："（元嘉三年）三月，辛巳，帝还建康，征谢灵运为秘书监，颜延之为中书侍郎，赏遇甚厚。"又《宋书·谢灵运传》云"寻迁侍中"。当为元嘉三年。曹道衡、刘跃进《南北朝文学编年史》以为谢灵运《答范光禄书》作于元嘉三年（426），则范泰此文亦必作于是年，今从其说。

何承天作《为谢晦奉表自理》、《又为谢晦上表》。

按：《资治通鉴·宋纪二》曰："（元嘉三年正月）晦先举羡之、亮哀，次发子弟凶问，既而自出射堂勒兵。晦从高祖征讨，指麾处分，莫不曲尽其宜，数日间，四远投集，得精兵三万人。乃奉表称羡之、亮等忠贞，横被冤酷。"则知前文作于是年正月。同书又曰："（元嘉三年二月）谢晦自江陵东下，何承天留府不从。晦至江口，到彦之已至彭城洲……晦又上表自讼，且自矜其捷，曰……"则知后者作于是年二月。

徐豁上《表陈损益三事》。

按：《宋书·徐豁传》曰："元嘉初，为始兴太守。三年，遣大使巡行四方，并使郡县各言损益，豁因此表陈三事……"此文是研究这一时期经济史的重要史料。

西域僧伊叶波罗在彭城译《杂阿毗昙心》13卷。

按：《出三藏记集·新集撰出经律论录》载《杂阿毗昙心》，其注曰："右一部，凡十三卷。宋文帝时，西域沙门伊叶波罗，以元嘉三年为北徐州刺史王仲德于彭城译出，至《择品》未竟。至八年，更请三藏法师于京都校定。"

天竺僧昙无谶四月二十三日在河西译《优婆塞戒经》。

按：《出三藏记集·优婆塞戒经记》曰："太岁在丙寅，夏四月二十三日，河西王世子、抚军将军、录尚书事大沮渠兴国，与诸优婆塞等五百余人，共于都城之内，请天竺法师昙摩谶译此在家菩萨戒，至秋七月二十三日都讫，秦沙门道养笔受。"而据《高僧传》，则译此经在玄始十年译《大涅槃经》之前。北凉大沮渠兴国等译写《优婆塞戒》卷七后记，吐鲁番吐峪沟出土。文曰："岁在丁卯夏四月廿三日，河西王世子抚军将军录尚书事大且渠兴国，与诸优婆塞等五百余人，共于都城之内，请天竺法师昙摩谶，译此在家菩萨戒，至秋七月廿三都讫。""岁在丁卯"，意为次年。今据《出三藏记集》卷九系于是年。

傅亮卒（374— ）。亮字季友，北地灵州人。博涉经史，尤善文辞。义熙中，累官中书黄门侍郎。后助刘裕受禅夺权，以佐命有功，封建城县公，入直中书省，专典诰命，表策文诰皆出其手。少帝即位，进为中书监、尚书令、护军将军。少帝废，亮与徐羡之迎文帝即位。旋任左光禄大夫，开府仪同三司，进爵始兴郡公，固让进封。是年，终因废立事为文帝所杀。亮能文工诗，自以为人莫能及，尝撰《演慎论》、《感物赋》、《穆生赞》、《董仲道赞》等。《文选》录其文4篇。又有《应验记》1卷，《续文章志》2卷，亦佚。《隋书·经籍志》著录宋尚书令《傅亮集》31卷，梁20卷，录1卷。明人张溥辑有《傅光禄集》，在《汉魏六朝百三家集》中。事迹见《宋书》卷四三、《南史》卷一五。

按：傅亮是魏晋南朝时期北地傅氏中政治地位最高的一位人物，在他身上，体现出其家风和当时士风的多重影响。北地傅氏家族世有儒风，多耿直不阿之士，如傅燮"性刚，有高义"（《后汉书·傅燮传》）；傅玄"博学善属文，解钟律，性刚劲亮直，不能容人之短"（《晋书·傅玄传》）；傅咸"刚简有大节，风格峻整，识性明悟，疾恶如仇"（《晋书·傅咸传》）。傅玄著有《傅子》一书，体现了浓厚的儒法兼容，又博取庄老、墨家的学术倾向。傅亮为傅玄的五世孙，可以说文才吏治均沾溉甚多。有关两者之间的关系，可参见张亚军《北地傅氏与傅亮》，及魏明安、赵以武《傅玄评传》。

谢方明卒（380— ），陈郡阳夏人。东晋末年，随伯父谢邈赴吴兴太守任。后随刘裕起兵，任中军主簿，转从事中郎、中军长史，加晋陵太守，又迁骠骑长史、南郡相。宋朝建立，官累侍中、丹阳尹、会稽太守等。善正书，唐宝泉《述书赋·上》评云："方明宽和，隐媚且润。如幽闲女德，礼教士胤。"（《书小史》）是年卒官。事迹见《宋书》卷五十三。

谢晦卒（390— ）。晦字宣明，陈郡阳夏人。谢瞻弟。谢晦美风姿，善言笑，涉猎文义，博赡多通，为刘裕所赏，群僚莫及。及刘宋建立，以佐命功，封武昌县公，任中领军。宋少帝即位，加中书令，与徐羡之、傅亮同辅政。已而共定废立之策。羡之以晦领荆州刺史，欲令居为外援。宋文帝立，内诛徐、傅，外讨谢晦，晦发兵后，兵败被擒，斩于建康。逯钦立《先秦汉魏晋南北朝诗·宋诗》卷一收其诗3首。事迹见《宋书》卷四四、《南史》卷一九。

按：晦能诗，今存《彭城会诗》四句、临终与谢世基《连句诗》四句，另有《悲人道》，体在诗、文之间。

谢世基卒，生年不详。陈郡阳夏人。谢晦之侄。有才气，善诗。与晦同赴刑场时作《连句诗》。其文集佚。事迹见《宋书·谢晦传》、《南史·谢晦传》。

按:《诗品》将其诗列于中品,曰:"世基'横海',顾迈'鸿飞'。戴凯人实贫羸,而才章富健。观此五子,文虽不多,气调劲拔,吾许其进,则鲍照、江淹,未足逮止。越居中品,余曰宜哉。"

虞愿(—479)、王僧虔(—485)生(《南齐书·虞愿传》、《南齐书·王僧虔传》)。

宋元嘉四年　北魏始光四年　西秦建弘八年　北凉玄始十六年　北燕太平十九年　夏承光三年　丁卯　427年

五月,魏发兵攻夏赫连昌(《魏书·太武帝纪》)。

陈子真荐举雷次宗、陶渊明、刘凝之(《建康实录·宋太祖文皇帝纪》)。

颜延之欲为王弘之作诔,未就(《晋书·王弘之传》)。

谢庄七岁通《论语》。

按:《宋书·谢庄传》曰:"(谢庄)年七岁,能属文,通《论语》。"又曰:"(宋明帝)泰始二年,卒,时年四十六。"由此逆推则元嘉四年谢庄恰七岁,故系于是年。谢庄为陈郡阳夏人,太常谢弘微之子,其经学修养与杰出的文才均离不开家庭环境,这在南朝颇具代表性。

张渊、徐辩入北魏,张渊继为太史令(《魏书·世祖纪》、《资治通鉴·宋纪二》)。

按:据《魏书·张渊传》载,张渊通晓天文象数之学,历仕事苻坚、姚兴父子,曾为灵台令,"姚泓灭,入赫连昌,昌复以渊及徐辩对为太史令。世祖平统万,渊与辩俱见获。世祖以渊为太史令,数见访问"。可见北魏君主对汉族知识分子的重视。

颜延之作《陶征士诔并序》。

按:《文选》卷五十七《陶征士诔并序》注引何法盛《晋中兴书》曰:"延之为始安郡,道经寻阳,常饮渊明舍,自晨达昏。及渊明卒,延之为诔,极其思致。"逯钦立《陶渊明事迹诗文系年》曰:"元嘉四年丁卯,陶渊明六十三岁。九月,作《自祭文》。十一月卒,延之著文诔之。"参见缪钺《颜延之年谱》。

释宝云、释智严译《普耀经》6卷、《四天王经》1卷、《广博严净经》4卷。

按:《出三藏记集·新集撰出经律论录》载《广博严净经》4卷,注曰:"或云《广博严净不退转轮经》。"又曰:"右三部,十一卷。宋文帝时,沙门释智严,以元嘉四年共沙门宝云译出。"《出三藏记集·智严法师传》曰:"严前还于西域,得胡本众经,未及译写。到宋元嘉四年,乃共沙门宝云译出《普耀》、《广博严净》及《四天王》凡三部经。"

郑鲜之卒(364—)。鲜之字道子,荥阳开封人。性刚直,为人通率,不事谄佞,与刘裕善。裕即帝位,鲜之迁太常,都官尚书,在帝坐言无所隐。后王弘为相,荐其为尚书右仆射。《隋书·经籍志》著录宋太常卿《郑鲜之集》13卷，梁20卷，录1卷。严可均《全宋文》卷二五载其文9篇。逯钦立《先秦汉魏晋南北朝诗·宋诗》卷一载其诗1首。事迹见《宋书》卷六四、《南史》卷三三。

陶潜卒（365— ）。潜字渊明。一说渊明，字元亮，自号五柳先生，世号靖节先生，浔阳柴桑人。东晋陶侃曾孙。少有高趣，闲静少言，好读书不求甚解，长于诗文。曾任江州祭酒、镇军参军、建威参军、彭泽令等职，因厌恶官场污浊，愤然辞官归隐。今存诗126首，多为中晚年所作，且多组诗，如《归园田居》5首、《饮酒》20首、《拟古》9首、《杂诗》12首、《读山海经》13首等，均是后人喜好的名篇。另存文12篇，以《归去来兮辞》、《闲情赋》、《桃花源记》、《五柳先生传》最为著名。事迹见《晋书》卷九四、《宋书》卷九三、《南史》卷七五。

按：陶渊明是魏晋南北朝时期文学成就最为杰出的作家之一，他是中国文学中田园诗派的开创者。钟嵘《诗品》称其诗"源出于应璩，又协左思风力。文体省净，殆无长语。笃意真古，辞兴婉惬"，并将其目为"古今隐逸诗人之宗"。萧统在《陶渊明集序》中曰："其文章不群，词采精拔，跌宕昭章，独起众类，抑扬爽朗，莫之与京。横素波而傍流，干青云而直上。语时事则指而可想，论怀抱则旷而且真。"其《形神影》三首集中体现了陶渊明儒玄兼宗的思想特点。学界关于陶渊明的研究著述，汗牛充栋，逯钦立《陶渊明集》、龚斌《陶渊明集校笺》、袁行霈《陶渊明集笺注》及《陶渊明研究》、王叔岷《陶渊明诗笺证稿》等便是其中杰出代表。

萧道成（ —482）生（《南齐书·高帝纪上》）。

宋元嘉五年　北魏神䴥元年　西秦乞伏暮末永弘元年　北凉承玄元年　北燕太平二十年夏赫连定胜光元年　戊辰　428年

二月，魏改元神䴥（《魏书·太武帝纪》）。

夏赫连定即位（《魏书·太武帝纪》、《资治通鉴·宋纪三》）。

按：魏、夏战于安定，夏王赫连昌为魏将所擒，其弟赫连定收其余众数万，还平凉，即皇帝位，改元胜光。

五月，西秦乞伏炽盘死，子乞伏暮末即位，改元永弘（《资治通鉴·宋纪三》）。

是年，师子国、天竺国皆遣使奉献方物于宋（《宋书·文帝纪》、《资治通鉴·宋纪三》）。

按：这是关于中国和古印度及斯里兰卡建立官方联系的较早记载。

王弘因大旱上表引咎逊位。

按：《宋书·王弘传》曰："（元嘉）五年春，大旱，弘引咎逊位，曰：'臣闻三才虽殊,其致则一。故世道休明,五福攸应;政有失德,咎征必显……陛下圣哲御世,光隆中兴,宜休征表祥,醴泉怂涌。而顷阴阳隔并,亢旱成灾,秋无严霜,冬无积雪,疾厉之气,弥历四时。此岂非任失其人,覆悚之咎。臣以庸短,自辈凡流,谬逢嘉运,叨恩在昔。陛下忘其不腆,又重之以今任。正位槐鼎,统理神州,珥貂衣衮,总录朝端,内外要重,顿萃微躬,穷极宠贵,人臣莫比……荏苒推迁,忽及三载。遂令负乘之衅,彰著幽明;愆伏之灾,患缠泯庶。上缺皇朝缉熙之美,下增官谤覆折之灾。伏念惶赧,五情飞散,虽曰厚颜,何以宁处……今履端惟始,朝庆礼毕,辄还私门,思愆家巷,庶微塞天谴,少弭谤讟。伏愿鉴其所守,即而许之。临启愧塞,不自宣尽。'"

谢灵运陈疾东还始宁,与谢惠连、何长瑜、荀雍、羊璿之,宴游吟咏,时人称为"四友"。

按:《宋书·谢灵运传》曰:"灵运以疾东归,而游娱宴集,以夜续昼,复为御史中丞傅隆所奏,坐以免官。是岁,元嘉五年。灵运既东还,与族弟惠连、东海何长瑜、颍川荀雍、泰山羊璿之,以文章赏会,共为山泽之游,时人谓之四友。"

谢灵运作《上书劝伐河北》。

按:《宋书·谢灵运传》曰:"灵运乃上表陈疾,上赐假东归。将行,上书劝伐河北曰……灵运以疾东归,而游娱宴集,以夜续昼,复为御史中丞傅隆所奏,坐以免官。是岁,元嘉五年。"

北凉高善穆作石塔铭。

按:石质。阴刻。1969年9月酒泉城内出土。铭文全36行:经文28行;其愿文二组,一组2行,一组6行,行6—10字,曰:"高善穆为父母报恩,立此释迦文尼得道塔。承玄元年,岁在戊辰四月十四日辛亥,丙申时休息、昙摩、尚襄、高宝合家妻息,共成此塔。各为十种父母报恩,欢喜五义。"

范泰卒(355—)。泰字伯伦,顺阳山阴人。范晔之父,范宁之子。泰任心率性,不拘小节。博览群书,好为文章,奖掖后生,孜孜不倦。晋时为太学博士,历谢安及会稽王司马道子参军。后为天门太守,累迁御史中丞。刘裕称帝后,任散骑常侍。永初三年(422)建国学,以泰为国子祭酒,曾表言兴儒学,谏造五铢钱,又上疏言少帝诸多愆失。元嘉三年(426)进位侍中、左光禄大夫。晚年事佛甚笃。是年卒,年七十四,谥曰宣侯。《隋书·经籍志》著录《范泰集》19卷,梁20卷,录1卷。《古今善言》30卷。严可均《全宋文》卷一五载其文20篇,多为表奏及佛学论文。逯钦立《先秦汉魏晋南北朝诗·宋诗》卷一载其诗6首,多为残句,诗风质朴。事迹见《宋书》卷六〇、《南史》卷三三。

宋元嘉六年　北魏神麚二年　西秦永弘二年　北凉承玄二年　北燕太平二十一年　夏胜光二年　己巳　429年

三月丁巳,宋立皇子邵为皇太子。戊午,大赦天下(《宋书·文帝纪》)。

七月,柔然纥升盖可汗为魏军所败,愤悒而卒,子吴提立,号敕连可汗(《资治通鉴·宋纪三》)。

刘义庆四月为尚书左仆射(《宋书·临川烈武王道规传附刘义庆传》)。

许黄民以部分经书传于马朗。

按:《真诰·翼真检第一》曰:"元嘉六年,许丞欲移归钱塘,乃封其先真经一厨子,且付马朗净室之中,语朗云:'此经并是先灵之迹,唯须我自来取。纵有书信,慎勿与之。'乃分持经传及杂书十数卷自随,来至杜家。停数月,疾患,虑恐不差,遣人取经。朗既惜书,兼执先旨,近亲受教敕,岂敢轻付,遂不与信。我(编者按:通"俄")而许便过世,所赍者因留杜间,即今世上诸经书悉是也。许丞长子荣弟,迎丧还乡,服阕后,上刾就马求经。马善料理,不与其经。"

崔浩加侍中、特进、抚军大将军(《魏书·崔浩传》、《资治通鉴》卷一二一)。

裴松之七月上《三国志注》。

按:严可均《全宋文》卷一七载裴松之《上〈三国志注〉表》曰:"臣前被诏,使采三国异同,以注陈寿《国志》。寿书铨叙可观,事多审正。诚游览之苑囿,近世之嘉史。然失在于略,时有所脱漏。臣奉诏寻详,务在周悉。上搜旧闻,傍摭遗逸。案三国虽历年不远,而事关汉晋。首尾所涉,出入百载。注记纷错,每多舛互。其寿所不载,事宜存录者,则罔不毕取,以补其阙。或同说一事,而辞有乖杂,或出事本异,疑不能判,并皆钞内,以备异闻。若乃纰缪显然,言不附理,则随违矫正,以惩其妄。其时事当否,及寿之小失,颇以愚意,有所论辩。自就撰集,已垂期月。写校始讫,谨封上呈……元嘉六年七月二十四日,中书侍郎西乡侯臣裴松之上。"

又按:裴注引用的魏晋著作,多至二百余种,这些著作著录在《隋书·经籍志》中的已经不到四分之三,唐、宋以后就十不存一了,而裴注所引的材料却首尾完整,这对于古代文献的收集和整理大有益处。

崔浩等著《国书》30卷成(《魏书·崔浩传》)。

按:《北史·崔宏传附崔浩传》曰:"神䴥二年,诏集诸文人撰录《国书》。浩及弟览、高谠、邓颖、晁继、范享、黄辅等共参著作,叙成《国书》三十卷。著作令史太原闵堪、赵郡郤标素谄事浩,乃请立石,铭载《国书》,以彰直笔。"《国书》的修成,是北魏汉化进程中的一个重要事件。

刘义隆作《戒江夏王义恭书》。

按:《宋书·江夏王义恭传》曰:"(元嘉)六年,改授散骑常侍、都督荆湘雍益梁宁南北秦八州诸军事、荆州刺史,持节、将军如故。义恭涉猎文义,而骄奢不节,既出镇,太祖与书诫之曰:'汝以弱冠,便亲方任。天下艰难,家国事重,虽曰守成,实亦未易。隆替安危,在吾曹耳,岂可不感寻王业,大惧负荷。今既分张,言集无日,无由复得动相规诲,宜深自砥砺,思而后行。开布诚心,厝怀平当,亲礼国士,友接佳流,识别贤愚,鉴察邪正,然后能尽君子之心,收小人之力……今粗疏十数事,汝别时可省也。远大者岂可具言,细碎复非笔可尽。礼贤下士,圣人垂训;骄侈矜尚,先哲所去……西门、安于,矫性齐美;关羽、张飞,任偏同弊。行己举事,深宜鉴此……西楚殷旷,常宜早起,接对宾侣,勿使留滞。判急务讫,然后可入问讯,既睹颜色,审起居,便应即出,不须久停,以废庶事也。下日及夜,自有余闲……凡讯狱多决,当时难可逆虑,此实为难,汝复不习,殊当未有次第。讯前一二日,取讯簿密与刘湛辈共详,大不同也。至讯日,虚怀博尽,慎无以喜怒加人。能择善者而从之,美自归己。不可专意自决,以矜独断之明也。万一如此,必有大咎,非唯讯狱,君子用心,自不应尔。刑狱不可壅滞,一月可再讯。凡事皆应慎密,亦宜豫敕左右,人有至诚,所陈不可漏泄,以负忠信之款也。古人言"君不密则失臣,臣不密则失身"。或相谗构,勿轻信受,每有此事,当善察之……以贵陵物物不服,以威加人人不厌,此易达事耳。声乐嬉游,不宜令过,蒱酒渔猎,一切勿为。供用奉身,皆有节度,奇服异器,不宜兴长。汝嫔侍左右,已有数人,既始至西,未可匆匆复有所纳。'又诫之曰:'宜数引见佐吏,非唯臣主自应相见,不数则彼我不亲。不亲则无因得尽人,人不尽,复何由知其众事。广引视听,既益开博,于言事者,又差有地也。"《资治通鉴·宋纪三》胡三省注云:"详观宋文帝此书,则江左之治称元嘉,良有以也。"故而此文对于了解元嘉之治的背景具有重要的参考价值。

王弘作《与八座丞郎疏》、《刑法议》(《南史·王弘传》)。

按:《南史·王弘传》曰:"六年,弘又上表,陈彭城王宜入辅,并求解州。义康由是代弘为司徒,与之分录。弘博练政体,留心庶事,斟酌时宜,每存优允。与八座丞郎疏曰……时议多不同,弘以为……议者咸以为重。弘以为……文帝从弘议。"

李先卒(335—)。先字容仁,中山卢(亦作庐)奴人。先少好学,善占相之术,师事清河张御,御奇之。先仕前秦苻坚,为尚书郎。后为西燕慕容永谋主。道武帝皇始初归魏,以进策功为尚书右中兵郎。迁博士,定州大中正。尝请征集天下经籍,对推动北魏汉化进程具有重要作用。魏明元帝时拜安东将军、寿春侯。出为武邑太守,有治名。太武帝时为内都大官。卒谥文懿,诏赠定州刺史、中山公。事迹见《魏书》卷三三、《北史》卷二七。

按:《北史·李先传》曰:"帝问先:'何者最善,可以益人神智?'先曰:'唯有经书,三皇、五帝政化之典,可以补王者神智。'又问:'朕欲集天下书籍,如何?'对曰:'主之所好,集亦不难。'帝于是班制天下,经籍稍集。"又论曰:"李先学术嘉谋,荷遇三世。"这反映出魏太武帝时逐渐重用汉人和文化逐渐昌盛的社会面貌。

天竺僧佛驮跋陀罗卒(359—)。一作佛驮跋陀,迦维罗卫人,居北天竺。博学群经,多所通达,少以禅律驰名。晋时至中国,游方弘化,先后译出《华严经》、六卷《泥洹》、《新无量寿》、《大方等如来藏》、《菩萨十住》、《本业》、《出生无量门持》、《净六波罗蜜》、《新微密持》、《禅经》、《观佛三昧经》等。事迹见《高僧传·晋京师道场寺佛驮跋陀罗传》、《出三藏记集·佛驮跋陀传》。

按:佛驮跋陀罗译经数目,众说不一:《出三藏记集》作11部;《高僧传》作15部,117卷。

许黄民卒(361—)。许翙(又作许掾)之子,许穆之孙。上清派第四代传人,从父受《上清经》法,传马朗、马罕。卒于钱塘杜道鞠家。

按:《真诰·翼真检第二》曰:"宋元嘉六年亡,年六十九。"上清派传到许黄民时,已发展成江南最有影响的道派之一。又《真诰·翼真检第一》曰:"长史以泰元元年又去。掾子黄民,时年十七,乃收集所写经符秘箓历岁。"

祖冲之(—500)生(《南齐书·祖冲之传》)。

宋元嘉七年　北魏神䴥三年　西秦永弘三年　北凉承玄三年　北燕太平二十二年　夏胜光三年　庚午　430年

三月戊子,宋遣到彦之等北伐攻魏(《宋书·文帝纪》)。

九月,北燕王冯跋死,弟弘即天王位(《资治通鉴·宋纪三》)。

是年,天竺僧昙无谶所译《大般涅槃经》传至建康(《出三藏记集·道生法师传》)。

按：汤用彤《汉魏两晋南北朝佛教史》认为："南朝佛教,比之北朝,较重义学。昙无谶之大乘学,则盛行于南。《涅槃》出后凉土义学僧人,本已注意此经……然不久凉土兵乱,《涅槃》之学,流至江南,乃称盛也。"

何承天补尚书殿中郎,兼左丞。

按：《宋书·何承天传》曰："(元嘉)七年,彦之北伐,请为右军录事。及彦之败退,承天以才非军旅,得免刑责。以补尚书殿中郎,兼左丞。"又《宋书·文帝纪》曰："(元嘉七年十一月)壬辰,遣征南大将军檀道济北讨,右将军到彦之自滑台奔退。"到彦之败退乃在是年十一月,故何承天任此官职在此后不久,故系于是年。

范晔为宋征南大将军檀道济司马,领新蔡太守。檀道济北征,晔惮行,辞以脚疾,文帝不许,使范晔由水道统载器仗部伍(《宋书·范晔传》)。

按：《宋书·文帝纪》曰："(元嘉七年)十一月癸未,虎牢城复为索虏所陷。壬辰,遣征南大将军檀道济北讨。"故系于此。

谢灵运以会稽太守孟𫖮控告蓄意谋反,星夜驰赴建康,诣阙自陈,迁为临川内史(《宋书·谢灵运传》)。

按：谢灵运《诣阙自理表》曰："臣自抱疾归山,于今三载,居非郊郭,事乖人间,幽栖穷岩,外缘两绝,守分养命,庶毕余年。忽于去月二十八日得会稽太守臣𫖮二十七日疏云：'比日异论噂沓,此虽相了,百姓不许寂默,今微为其防。'披疏骇惋,不解所由,便星言奔驰,归骨陛下。"(《全宋文》卷三二)谢灵运元嘉五年还归始宁,文中称"于今三载",可知其诣阙自陈,当在是年。又《建康实录·太祖文皇帝纪》曰："(元嘉)七年春正月乙未,康乐侯谢灵运疏孟𫖮谋反,帝不之罪,迁为临川内史。"

谢惠连为司徒彭城王义康法曹参军(《宋书·谢方明传附谢惠连传》)。

张茂度起为廷尉,加奉车都尉,领本州中正。入为五兵尚书,徙太常。后拜光禄大夫,加金章紫绶(《宋书·张茂度传》)。

按：《宋书·张茂度传》曰："皇上从容谓茂度曰：'勿复以西蜀介怀。'对曰：'臣若不遭陛下之明,墓木拱矣。'"

陶仲祖时为新兴太守,立灵味寺,请释僧含为住持。

按：《高僧传·宋京师灵味寺释僧含传》曰："释僧含,不知何许人……元嘉七年,新兴太守陶仲祖,立灵味寺。钦含风轨,请以居之。"

常爽于凉州归魏。

按：《魏书·常爽传》曰："世祖西征凉土,爽与兄仕国归款军门,世祖嘉之。赐仕国爵五品，显美男；爽为六品，拜宣威将军。是时戎车屡驾，征伐为事，贵游子弟未遑学术，爽置馆温水之右，教授门徒七百余人，京师学业，翕然复兴。爽立训甚有劝罚之科，弟子事之若严君焉。尚书左仆射元赞、平原太守司马真安、著作郎程灵虬，皆是爽教所就，崔浩、高允并称爽之严教，奖厉有方。允曰：'文翁柔胜，先生刚克，立教虽殊，成人一也。'其为通识叹服如此。……爽不事王侯，独守闲静，讲肆经典二十余年，时人号为'儒林先生'。"世祖西征凉土时在太延五年八月，可以作为常爽于凉州归魏的系年依据。

竺道生重返庐山讲坛。

按：初，竺道生说阿阐提人皆得成佛，忤众被摈。是年，入庐山。《出三藏记集·道生法师传》曰："以元嘉七年投迹庐岳，销影岩阿，怡然自得。山中僧众，咸共敬服。俄而《大涅槃经》至于京都，果称阐提皆有佛性，与前所说，若合符契。生既获斯经，寻即建讲。"

常爽约于是年后著《六经略注》。

按：《魏书·常爽传》曰："因教授之暇，述《六经略注》，以广制作，甚有条贯。其序曰：'《传》称："立天之道曰阴与阳，立地之道曰柔与刚，立人之道曰仁与义。"然则仁义者人之性也，经典者身之文也，皆以陶铸神情，启悟耳目，未有不由学而能成其器，不由习而能利其业。是故季路勇士也，服道以成忠烈之概；宁越庸夫也，讲艺以全高尚之节。盖所由者习也，所因者本也，本立而道生，身文而德备焉。昔者先王之训天下也，莫不导以《诗》、《书》，教以《礼》、《乐》，移其风俗，和其人民。故恭俭庄敬而不烦者，教深于《礼》也；广博易良而不奢者，教深于《乐》也；温柔敦厚而不愚者，教深于《诗》也；疏通知远而不诬者，教深于《书》也；洁静精微而不贼者，教深于《易》也；属辞比事而不乱者，教深于《春秋》也。夫《乐》以和神，《诗》以正言，《礼》以明体，《书》以广听，《春秋》以断事，五者盖五常之道相须而备，而《易》为之源。故曰："《易》不可见则乾坤其几乎息矣。"由是言之，《六经》者先王之遗烈，圣人之盛事也。安可不游心寓目，习性文身哉！顷因暇日，属意艺林，略撰所闻，讨论其本，名曰《六经略注》以训门徒焉。'其《略注》行于世。"太延五年八月世祖西征凉土，常爽于凉州归魏，则其著《六经略注》当在本年八月之后。

谢惠连作《祭古冢文》。

按：《宋书·谢方明传附谢惠连传》曰："元嘉七年，（惠连）方为司徒彭城王义康法曹参军。是时义康治东府城，城堑中得古冢，为之改葬，使惠连为祭文，留信待成，其文甚美。"此文最早见载于《文选》卷六〇，对挖掘古墓的日期、古墓的形制与方位、挖掘物的数量、形状及其摆放情况等作了详细介绍，对于考古学具有重要参考价值。

谢灵运与释慧严、释慧观等约是年将天竺僧昙无谶所译《大涅槃经》十三品、40卷改为二十五品、36卷，世称南本《涅槃》，昙无谶的译本被称为北本《涅槃》。

按：《高僧传·宋京师东安寺释慧严传》曰："《大涅槃经》初至宋土，文言致善，而品数疏简，初学难以措怀。严乃共慧观、谢灵运等依《泥洹》本加之品目。文有过质，颇亦治改，始有数本流行。"自是南北俱倡涅槃，注疏群起，形成涅槃学派。昙无谶译本《涅槃》于是年传至建康，释慧严、释慧观、谢灵运等人对此加以改造，亦当在此时，故暂系于是年。

王昙首卒(394—),一名宋昌,琅邪临沂人。太保王弘之弟,王僧虔之父。幼有素尚,兄弟分财,昙首惟取图书。文帝为徐州刺史,以为府功曹。文帝镇江陵,自功曹为长史,随府转镇西长史。帝被迎入奉大统,议者疑之,昙首劝帝行。帝未许,复力谏。及帝即位,以为侍中,迁太子詹事,封豫宁县侯。元嘉七年卒,帝为之大恸。谥曰文。昙首著有文集二卷(《隋书志》注及《两唐书志》),行于世。宋陈思《书小史》称王昙首"善行草书"。《宣和书谱》卷十六云,昙首草字,"行笔痛快",传世书迹有草书《余念帖》,收入《淳化阁法帖》卷第八。事迹见《宋书》卷六十三、《南史》卷二十二。

宋元嘉八年　北魏神䴥四年　北凉义和元年
北燕冯弘太兴元年　夏胜光四年　辛未　431年

以弗所公会议召开。

正月壬午,北燕改元太兴(《资治通鉴·宋纪四》)。

是月,夏灭西秦(《魏书·太武帝纪》、《资治通鉴·宋纪四》)。

按:是年正月,乞伏暮末为夏赫连定所灭,西秦遂亡。历4主,共47年。

六月,吐谷浑灭夏(《魏书·太武帝纪》、《资治通鉴·宋纪四》)。

按:是年,夏主赫连定畏魏侵逼,驱秦民10余万口,渡河攻北凉沮渠蒙逊,欲夺其地。魏属国吐谷浑王慕璝遣将率骑3万,乘其半渡,发动突然袭击,遂生擒夏主赫连定,夏遂亡。凡3主,历25年。

九月,北魏征用各州名士(《魏书·太武帝纪》、《资治通鉴·宋纪四》)。

按:被征有范阳卢玄、博陵崔绰、赵郡李灵、河间邢颖、渤海高允、广平游雅、太原张伟等数百人,至者皆差次叙用。所征均北地汉人著姓子弟,其中高允更是后来的士林领袖。

十月戊寅,魏诏司徒崔浩改定律令(《魏书·太武帝纪》、《资治通鉴·宋纪四》)。

是年,北凉一度遣斥沙门。

按:释慧皎《高僧传·晋河西昙无谶传》曰:"后乞伏失守,暮末与兴国俱获于赫连定定,后为吐谷浑所破,兴国遂为乱兵所杀。逊大怒,谓事佛无应,即遣斥沙门,五十已下皆令罢道。蒙逊先为母造丈六石像,像遂泣涕流泪,谶又格言致谏,逊乃改心而悔焉。"

又按:《资治通鉴·宋纪四》曰:"(元嘉八年六月)吐谷浑王慕璝遣益州刺史慕利延、宁州刺史拾虔帅骑三万,乘其半济,邀击之,执夏主(赫连)定以归,沮渠兴国被创而死。"沮渠蒙逊遣斥沙门当在听闻兴国死亡消息之后,故系于是年。

刘义庆解尚书仆射,加中书令,进号前将军,常侍、丹阳尹如故。

按:《宋书·临川烈武王道规传附刘义庆传》曰:"八年,太白星犯右执法,义庆

宋元嘉八年　北魏神䴥四年　北凉义和元年　北燕冯弘太兴元年　夏胜光四年　辛未　431 年

惧有灾祸,乞求外镇。太祖诏譬之……义庆固求解仆射,乃许之,加中书令,进号前将军,常侍、尹如故。"参《宋书·文帝纪》曰:"秋八月甲辰,临川王义庆解尚书仆射。"可知刘义庆解尚书仆射乃在是年八月。

范晔随檀道济军还,迁司徒从事中郎(《宋书·范晔传》)。

按:《宋书·文帝纪》曰:"(元嘉八年二月)癸酉,征南大将军檀道济引军还。"

卢玄、崔绰、李灵、邢颖、高允、游雅、张伟等相继征于北魏(《魏书·太武帝纪》、《资治通鉴·宋纪四》)。

高允征拜北魏中书博士,迁侍郎,领卫大将军、乐安王范从事中郎(《魏书·高允传》)。

按:参见是年"九月,北魏征用各州名士"条。

罽宾僧求那跋摩正月至建康,居祇洹寺(《出三藏记集·求那跋摩传》、《高僧传·宋京师祇洹寺求那跋摩传》)。

谢灵运著《四部目录》。

按:《隋书·经籍志》曰:"宋元嘉八年,秘书监谢灵运造《四部目录》,大凡六万四千五百八十二卷。"而《广弘明集》卷三引阮孝绪《七录序》则记载其卷数为一万四千五百八十二。

又按:图书四部分类法由荀勖、李充率先开创,是年谢灵运《四部目录》的问世,表明四部法已成通行范式。

罽宾僧求那跋摩于祇洹寺译《菩萨善戒经》等,补译《杂阿毗昙心论》,凡译经 26 卷。

按:《出三藏记集·求那跋摩传》曰:"跋摩志游江东,终不肯留,以元嘉八年正月至都,即住祇洹寺,文帝引见劳问,屡设供施。顷之,于祇洹译出众经《菩萨地》、《昙无德羯磨》、《优婆塞五戒略论》、《三归》及《优婆塞二十二戒》。初,元嘉三年,徐州刺史王仲德于彭城请外国沙门伊叶波罗译出《杂心》,至《择品》未竟,而缘碍遂辍。至是乃更请跋摩于寺重更校定,正其文旨。"又《高僧传·宋京师祇洹寺求那跋摩传》曰:"初,元嘉三年,徐州刺史王仲德,于彭城请外国伊叶波罗译出《杂心》,至《择品》而缘碍,遂辍。至是更请跋摩译出后品,足成十三卷,并先所出《四分羯磨》、《优婆塞五戒略论》、《优婆塞二十二戒》等,凡二十六卷,并文义详允,梵汉弗差。"

又按:求那跋摩译《菩萨善戒经》,汤用彤谓"大乘戒法,由此传于南方"(《汉魏两晋南北朝佛教史》)。

罽宾僧求那跋摩卒(367—)。求那跋摩,罽宾人,本刹利种,累世为王。年二十出家,深明律品,妙入禅要,时号三藏法师。曾至师子国、阇婆弘法,后至宋土。元嘉八年,宋文帝敕住建康祇洹寺,翻译佛经。是年九月二十八日卒于建康。求那跋摩译经凡 26 卷,包括《菩萨善戒经》二十八品。事迹见《高僧传》卷三、《出三藏记集》卷一四。

按:《出三藏记集·求那跋摩传》曰:"其年九月二十八日中食毕,未唱《随意》,先起还阁。其弟子后至,奄然已终。春秋六十有五。"《出三藏记集》、《高僧传》均作元嘉八年卒,陈垣《释氏疑年录》从之,今系于此。

释慧球(　—504)、**范述曾**(　—509)生(《高僧传·梁荆州释慧球传》、《梁书·范述曾传》)。

宋元嘉九年　北魏延和元年　北凉义和二年
北燕太兴二年　壬申 432 年

正月丙午,北魏拓跋晃为皇太子,改元延和(《魏书·太武帝纪》)。

七月壬申,河南国、河西王遣使奉献方物于宋(《宋书·文帝纪》)。

刘义庆出为使持节、都督荆雍益宁梁南北秦七州诸军事、平西将军、荆州刺史(《宋书·临川烈武王道规传附刘义庆传》)。

按:《宋书·文帝纪》曰:"(元嘉九月六月)壬寅,以抚军将军、荆州刺史江夏王义恭为征北将军、开府仪同三司、南兖州刺史,前将军临川王义庆为平西将军、荆州刺史。"故系于此。

范晔是年冬左迁宣城太守(《宋书·范晔传》)。

钟宗之时任太乐令,更调金石(《宋书·乐志一》)。

按:《宋书·律历志上》曰:"黄钟箱笛,晋时三尺八寸。元嘉九年,太乐令钟宗之减为三尺七寸。"

车频始纂《秦纪》。

按:《史通·古今正史》曰:"及宋武帝入关,曾访秦国事,又命梁州刺史吉翰问诸仇池,并无所获。先是,秦秘书郎赵整参撰国史,值秦灭,隐于商洛山,著书不辍,有冯翊车频助其经始。整卒,翰乃启频纂成其书,以元嘉九年起,至二十八年方罢,定为三卷。而年月失次,首尾不伦。"

范晔始著《后汉书》。

按:《宋书·范晔传》曰:"元嘉九年冬,彭城太妃薨,将葬,祖夕,僚故并集东府。晔弟广渊,时为司徒祭酒,其日在直。晔与司徒左西属王深宿广渊许,夜中酣饮,开北牖听挽歌为乐。义康大怒,左迁晔宣城太守。不得志,乃删众家《后汉书》为一家之作。"校勘记曰:"'九年'各本及《南史》并作'元年'。孙虨《宋书考论》云:'彭城太妃卒在元嘉九年,此言元年,形近之误。《南史》误同。'按孙说是。"

刘义恭上《举才表》。

按:《宋书·江夏文献王义恭传》曰:"(元嘉)九年,征为都督南兖徐兖青冀幽六州豫州之梁郡诸军事、征北将军、开府仪同三司、南兖州刺史,镇广陵。时诏内外百官举才,义恭上表……"

刘义欣呈《上言申季历治绩》。

按:《宋书·王歆之传》曰:"元嘉九年,豫州刺史长沙王义欣上言:'所统咸远将军、北谯梁二郡太守关中侯申季历,自奉职邦畿,于兹五年,信惠并宣,威化兼著,外清奸暴,内辑民黎,役赋均平,闾井齐肃,绥穆初附,招携荒远,郊境之外,仰泽怀风,爵赏之授,绩能是显,宜升阶秩,以崇奖劝。'"

王弘卒（379—　）。弘字休元，谥曰文昭公，琅邪临沂人。少好学，以清悟知名。与谢混友善。宋武帝时召补镇军谘议参军，以佐命封华容县公。后进位太保，领中书监。其书翰仪体，为后人所依仿，谓之王太保家法。《隋书·经籍志》著录宋司徒《王弘集》1卷，梁20卷，录1卷。另有《书仪》10卷。严可均《全宋文》卷一八载其文13篇。其事迹见《宋书》卷四二、《南史》卷二一。

按：《南史·王弘传论》曰："晋自中原沸腾，介居江左，以一隅之地，抗衡上国，年移三百，盖有凭焉。其初谚云：'王与马，共天下。'盖王氏人伦之盛，实始是矣。及夫休元弟兄，并举栋梁之任，下逮世嗣，无亏文雅之风。其所以簪缨不替，岂徒然也。"

宋元嘉十年　北魏延和二年　北凉义和三年　北凉沮渠牧犍永和元年　北燕太兴三年　癸酉　433年

四月，北凉沮渠蒙逊卒，子沮渠牧犍即河西王位，改元永和（《魏书·沮渠蒙逊载记》、《资治通鉴·宋纪四》）。

按：史称牧犍聪颖好学，和雅有度量。又《资治通鉴·宋纪五》曰："沮渠牧犍尤喜文学，以敦煌阚骃为姑臧太守，张湛为兵部尚书，刘昞、索敞、阴兴为国师助教，金城宗钦为世子洗马，赵柔为金部郎，广平程骏、骏从弟弘为世子侍讲。"

五月，林邑王遣使至宋奉献方物（《宋书·文帝纪》）。

荀伯子奏劾左卫将军何尚之（谷海林《〈全宋文〉编年补正》）。

按：《太平御览》卷七〇二曰："《宋元嘉十年起居注》曰：'御史中丞荀伯子奏左卫将军何尚之："公事每罩笠，有亏体制。建野笠于公门，弃华伞而不御。"'"即此文，可知此文作于是年。

王韶之为祠部尚书，加给事中（《宋书·王韶之传》）。

鲍照是秋西游荆州，途经大雷，往依临川王刘义庆，寻擢为临川王国侍郎（丁福林《鲍照年谱》）。

天竺僧僧伽跋摩步自流沙，至建康（《出三藏记集·僧伽跋摩传》）。

按：释慧皎《高僧传·宋京师奉诚寺僧伽跋摩传》曰："僧伽跋摩，此云众铠，天竺人也。少而弃俗，清峻有戒德，善解三藏，尤精《杂心》。以宋元嘉十年，出自流沙，至于京邑。器宇宏肃，道俗敬异，咸宗事之，号曰三藏法师。"

天竺僧僧伽罗多哆建宋熙寺。

按：《高僧传·宋京师道林寺畺良耶舍传附僧伽达多僧伽罗多哆传》曰："以元嘉十年，卜居钟阜之阳，剪棘开榛，造立精舍，即宋熙寺是也。"

鲍照作《解褐谢侍郎表》、《登大雷岸与妹书》（丁福林《鲍照年谱》）。

天竺僧僧伽跋摩九月在长干寺出《杂阿毗昙心》14卷，释宝云传译。

按：《高僧传·宋京师奉诚寺僧伽跋摩传》曰："慧观等以跋摩妙解《杂心》，讽诵通利，先三藏虽译，未及缮写，即以其年(即元嘉十年)九月，于长干寺招集学士，更请出焉。宝云译语，观自笔受，考核研校，一周乃讫。"《出三藏记集·新集撰出经律论录》载《杂阿毗昙心》14卷，注曰："宋元嘉十年于长干寺出，宝云传译，其年九月讫。"

天竺僧昙无谶卒(385—)。又作昙无忏、昙摩忏，盖取梵音不同也。译为法明。中天竺人。初学小乘，兼览五明诸论。后遇白头禅师，授谶《涅槃经》，遂专大乘。谶明解咒术，西域号为大咒师。译《大般涅槃经》，又译《大集》、《大云》、《大虚空藏》、《悲华》、《菩萨地持》、《优婆塞戒》、《金光明》、《海龙王》、《菩萨戒经》、《菩萨戒本》等。事迹见《高僧传》卷二、《出三藏记集》卷一四。

按：昙无谶为北凉杰出的译经名僧，其所译佛经最为重要者当数《大般涅槃经》。汤用彤《汉魏两晋南北朝佛教史》对其所作贡献有高度评价，曰："谶所译经均属大乘。而《涅槃》阐佛性说，开中国佛理之一派，至为重要。"

谢灵运卒(385—)。灵运小名"客儿"，世称谢客，陈郡阳夏人。谢玄之孙。少好学，博览群书，工诗文，精通玄学、佛理。为性偏激，多愆礼度。晋时袭封康乐公，故又称谢康乐。入宋降爵为侯，为权臣所忌，出为永嘉太守。后出任临川内史，因放浪自若，被徙广州，又被告谋反，于广州弃市。灵运文章为江左第一，与颜延之并称"颜谢"，为元嘉三大家之一。著《辨宗论》，为《金刚般若经》作注，参与治改《大般涅槃经》，有诗文多篇。《隋书·经籍志》著录宋临川内史《谢灵运集》19卷，梁20卷，录1卷。另造《四部目录》64582卷，《晋书》36卷，《游名山志》1卷，《居名山志》1卷。明张溥《汉魏六朝百三家集》辑有《谢康乐集》2卷。严可均《全宋文》卷三一至三四录其文4卷，逯钦立《先秦汉魏晋南北朝诗·宋诗》载其诗90余首。事迹见《宋书》卷六七、《南史》卷一九。

按：《南史·谢灵运传论》曰："谢氏自晋以降，雅道相传，景恒、景仁以德素传美，景懋、景先以节义流誉。方明行己之度，玄晖藻缋之奇，各擅一时，可谓德门者矣。灵运才名，江左独振；而猖獗不已，自致覆亡。"

又按：周一良《魏晋南北朝史札记》曰"谢灵运出身于天师道世家，幼年曾奉道教，而卒皈依佛法"；汤用彤《汉魏两晋南北朝佛教史》曰："康乐究乏刚健之人格，于名利富贵不能脱然无虑，故虽身在山林，心向魏阙，心怀晋朝，而身仕宋帝。其于佛教亦只得其皮毛，以之为谈名理之资料，虽言得道应需慧业，而未能有深厚之修养，其结果身败而学未成。"

再按：谢灵运始创山水诗派，穷情写物，巧辞追新，开南朝一代新诗风，是晋宋之际"诗运转关"的关键人物。

谢弘微卒(392—)。弘微本名密，以字行。陈郡阳夏人。谢庄之父。性宽博严正，举止必循礼度。《南史·谢弘微传》载文帝曾叹息"名位未尽其才"。《隋书·经籍志》著录宋太常《谢弘微集》二卷，亡。事迹见《宋书》卷五八、《南史》卷二〇。

谢惠连卒(407—)。陈郡阳夏人，谢灵运族弟。幼聪敏，十岁能文，与谢灵运、谢朓合称"三谢"。《隋书·经籍志》著录宋司徒参军《谢惠连集》6卷，梁5卷，录1卷。明人张溥辑《谢法曹集》1卷。严可均《全宋文》卷三四载其文17篇，逯钦立《先秦汉魏晋南北朝诗·宋诗》卷四载其诗30余首。丁福保据《汉魏六朝百三家集》本辑有《谢法曹集》2卷。事迹见《宋书》卷五三、《南史》卷一九。

按：钟嵘《诗品》评曰："工为绮丽歌谣，风人第一。"张溥《汉魏六朝百三名家集·谢法曹集题辞》曰："谢法曹集，文字颇少，惟《祭古冢文》简而有意。曹子建伏轼而问髑髅，辞不逮也。《雪赋》虽名高丽，与希逸《月赋》，仅雁序耳。诗则《秋怀》、《捣衣》两篇居最。"

释僧密（ —505）生（《续高僧传·梁扬都庄严寺释僧密传》）。

宋元嘉十一年　北魏延和三年　北凉永和二年　北燕太兴四年　甲戌　434年

三月三日，宋文帝禊饮于乐游苑。

按：《文选》录颜延年《三月三日曲水诗序一首》，李善注引裴子野《宋略》曰："文帝元嘉十一年三月丙申，禊饮于乐游苑，且祖道江夏王义恭、衡阳王义季，有诏会者咸作诗，诏太子中庶子颜延年作序。"可见刘义隆对文事活动的提倡。

是月，赫连昌叛魏西逃，被杀（《魏书·太武帝纪》）。

四月，北凉沮渠牧犍遣使上表于宋，告知嗣位。戊寅，文帝诏牧犍都督梁、秦等四州诸军事，为征西大将军、凉州刺史、河西王（《资治通鉴·宋纪四》）。

何承天为衡阳内史（《宋书·何承天传》）。

按：系年据曹道衡、刘跃进《南北朝文学编年史》。

王微二十岁，方就观小说，不喜章句之学。

按：《宋书·王微传》曰"微少好学，无不通览，善属文，能书画，兼解音律、医方、阴阳术数。年十六，州举秀才"，王微又自称："小儿时尤粗笨无好，常从博士读小小章句，竟无可得，口吃不能剧读，遂绝意于寻求。至二十左右，方复就观小说，往来者见床头有数帙书，便言学问，试就检，当何有哉。"可见当时较为宽松的学术环境和多元化的治学取向。

又按：《宋书·王微传》记载其"元嘉三十年，卒，时年三十九"。结合此条校勘记，可知王微二十岁当在是年。

何道敬就马朗处摹写真书。

按：《真诰·翼真检第一》曰："马朗、马罕敬事经宝，有过君父……山阴何道敬，志向专素，颇工书画。少游剡山，为马家所供侍。经书法事，皆以委之。见此符迹炳焕，异于世文。以元嘉十一年稍就摹写。马罕既在别宅，兼令何为起数篇，所以二录合本仍留罕间。"

颜延之作《应诏宴曲水诗序》、《三月三日曲水诗序》。

按：参见是年"三月三日，宋文帝禊饮于乐游苑"条。

释慧琳作《竺道生诔》，又作《武丘法纲法师诔》（《广弘明集》卷二三）。

按：《宋书·夷蛮·天竺迦毗黎国传》曰："元嘉十一年，（道生）卒于庐山。沙门慧琳为之诔。"

北魏吕吉年写《尼律藏第二分》，卷二有题记。

按：纸质。墨书。敦煌藏经洞出品。其卷二有题记，全2行，行9—13字，曰："大代延和三年八月六日，佛弟子吕吉年，敬造方便受持。"延和为北魏太武帝年号。

竺道生卒（355—　）。本姓魏，出家改姓竺，巨鹿人，寓居彭城。后从鸠摩罗什受学。立"善不受报"、"顿悟成佛"诸义，主张一阐提人皆有佛性。王弘、范泰、颜延之等均相从问道，宋时释宝林、法宝、道猷、道慈、僧瑾、法瑗，齐时僧宗、梁时法朗等承其学说。著《维摩》、《法华》、《泥洹》、《小品》诸经义疏，又著《二谛论》、《佛性当有论》、《法身无色论》、《佛无净土论》、《应有缘论》等，均佚。严可均《全宋文》仅收其《答王卫军书》一篇。事迹见《宋书》卷九七、《出三藏记集》卷一五、《高僧传》卷七。

按：《出三藏记集·道生法师传》曰："以宋元嘉十一年冬十月庚子，于庐山精舍升于法座。神色开明，德音骏发，论议数番，穷理尽妙。观听之众，莫不悟悦。法席将毕，忽见麈尾纷然而坠，端坐正容，隐几而卒，颜色不异，似若入定。"道生卒，释慧琳作《龙光寺竺道生法师诔》，谓："乃收迷独运，存履遗迹。于是众经云披，群疑冰释。释迦之旨，淡然可寻。珍怪之辞，皆成通论。聃周之伸名教，秀弼之领玄心，于此为易矣。"（《广弘明集》卷二六）

又按：汤用彤评竺道生曰："晋宋之际佛学上有三大事：一曰《般若》，鸠摩罗什之所弘阐；一曰《毗昙》，僧伽提婆为其大师；一曰《涅槃》，则以昙无谶所译为基本经典。竺道生之学问，盖集三者之大成。"又曰："生公在佛学上之地位，盖与王辅嗣在玄学上之地位颇有相似。"（《汉魏两晋南北朝佛教史》）

殷淳卒（403—　）。淳字粹远，陈郡长平人。宋少帝景平初为秘书郎，历衡阳王文学、秘书丞、中书黄门侍郎。淳高简寡欲，早有清尚，爱好文义。《隋书·经籍志》载《殷淳集》2卷，亡。此志又于"总集类"中录其《妇人集》30卷，亦佚。在秘书阁时著《四部书目》40卷，行于世，然《隋书·经籍志》未收录，可见早已亡佚。事迹见《宋书》卷五九、《南史》卷二七。

刘宏（　—458）、刘瓛（　—489）、释慧次（　—490）生（《宋书·建平宣简王宏传》、《南齐书·刘瓛传》、《高僧传·齐京师谢寺释慧次传》）。

宋元嘉十二年　北魏太延元年　北凉永和三年　北燕太兴五年　乙亥　435年

正月甲申，北魏改元太延（《魏书·太武帝纪》）。

宋元嘉十二年　北魏太延元年　北凉永和三年　北燕太兴五年　乙亥　435年

十一月，北魏秦州刺史薛谨击灭吐没骨(《资治通鉴·宋纪四》)。

十二月，北魏制三等九品制(《魏书·太武帝纪》)。

是年，宋丹阳尹萧摹之上启请限制铸造佛像及修建塔寺(《宋书·夷蛮·天竺传》、《资治通鉴·宋纪四》)。

按：《高僧传·宋京师东安寺释慧严传》曰："元嘉十二年，京尹萧摹之上启，请制起寺及铸像。帝乃与侍中何尚之、吏部郎中羊玄保议之。"

何尚之迁侍中，中庶子如故，寻改领游击将军(《宋书·何尚之传》)。

王韶之出为吴兴太守(《宋书·王韶之传》)。

刘义庆在荆州荐举庾寔、龚祈、师觉。

按：见《宋书·刘义庆传》。参见是年"刘义庆作《荐庾寔等表》"条。

王僧绰十三岁，为文帝引见，袭封豫宁县侯。

按：《宋书·王僧绰传》曰："幼有大成之度，弱年众以国器许之。好学有理思，练悉朝典。年十三，太祖引见。"

天竺僧求那跋陀罗沿海路抵广州，宋文帝遣使迎至京都(《出三藏记集·求那跋陀罗传》)。

罽宾僧昙摩蜜多建立定林上寺。

按：《高僧传·宋上定林寺昙摩蜜多传》曰："元嘉十年还都，止钟山定林下寺。密多天性凝靖，雅爱山水，以为钟山镇岳，埒美嵩华，常叹下寺基构，临涧低侧。于是乘高相地，揆卜山势，以元嘉十二年斩石刊木，营建上寺。士庶钦风，献奉稠叠，禅房殿宇，郁尔层构。于是息心之众，万里来集，讽诵肃邕，望风成化。"

裴松之受诏纂《元嘉起居注》。

按：裴子野《宋略·总论》曰："子野曾祖宋中大夫西乡侯，以文帝之十二年受诏撰《元嘉起居注》。"而唐许嵩《建康实录》则系于明年。

刘义庆作《荐庾寔等表》。

按：《宋书·临川烈武王道规传附刘义庆传》曰："十二年，普使内外群官举士，义庆上表曰：'……伏见前临沮令新野庾寔，秉真履约，爱敬淳深。昔在母忧，毁瘠过礼；今罹父疚，泣血有闻。行成闺庭，孝著邻党，足以敦化率民，齐教轨俗。前征奉朝请武陵龚祈，恬和平简，贞洁纯素，潜居研志，耽情坟籍，亦足镇息颓竞，奖励浮动。处士南郡师觉，才学明敏，操介清修，业均井渫，志固冰霜。臣往年辟为州祭酒，未污其虑。若朝命远暨，玉帛遐臻，异人间出，何远之有。'"

何尚之作《答宋文帝赞扬佛教事》。

按：《弘明集》卷一一载何尚之《答宋文帝赞扬佛教事》曰："元嘉十二年五月乙酉，有司奏丹阳尹萧摹之上言称：'佛化被于中国，已历四代……请自今以后，有欲铸铜像者，悉诣台自闻；兴造塔寺精舍，皆先诣所在二千石。通发本末，依事列言，本州必须报许，然后就功。其有辄铸铜制，辄造寺舍者，皆以不承用诏书律论，铜宅材瓦，悉没入官。'奏可。是时有沙门慧琳，假服僧次而毁其法，著《白黑论》。衡阳太守何承天，与琳比狎，雅相击扬，著《达性论》，并拘滞一方，诋呵释教。永嘉太守颜延之、太子中舍人宗炳，信法者也。检驳二论，各万余言。琳等始亦往还，未抵，踬乃止。炳因著《明佛论》以广其宗，帝善之。"又《宋书·夷蛮·天竺传》曰：

"论(即《白黑论》)行于世。旧僧谓其贬黜释氏,欲加摈斥。太祖见论赏之。"《白黑论》又称《均善论》、《均圣论》,论儒佛异同,主张神随形灭,是引发南朝神灭不灭论争的主要论文。《弘明集》所载有关本次何、颜论争之文凡6篇:何承天所作《达性论》、《答颜永嘉》、《重答颜永嘉》,颜延之所作《释达性论》、《重释何衡阳》、《又释何衡阳》。

释慧琳约是年作《白黑论》。

按:参见是年"何尚之作《答宋文帝赞扬佛教事》"条。

宗炳约是年作《明佛论》。

按:参见是年"何尚之作《答宋文帝赞扬佛教事》"条。

何承天约是年作《达性论》、《答颜永嘉》、《重答颜永嘉》。

按:参见是年"何尚之作《答宋文帝赞扬佛教事》"条。

颜延之约是年作《释达性论》、《重释何衡阳》、《又释何衡阳》。又作《离识观》、《论检》(《高僧传·宋京师东安寺释慧严传》)。

按:参见是年"何尚之作《答宋文帝赞扬佛教事》"条。

又按:《高僧传·宋京师东安寺释慧严传》曰:"元嘉十二年,京尹萧摹之上启,请制起寺及铸像。帝乃与侍中何尚之、吏部郎中羊玄保议之……时颜延之著《离识观》及《论检》,帝命严辩其同异,往复终日。帝笑曰:'公等今日,无愧支许。'"

天竺僧僧伽跋摩正月于秣陵平乐寺译《摩得勒伽经》10卷,至九月二十二日译讫(《出三藏记集·新集撰出经律论录》)。

按:据《出三藏记集·僧伽跋摩传》和《出三藏记集·新集撰出经律论录》载,此次译经除《摩得勒伽经》外,尚译得《分别业报略》1卷、《劝发诸王要偈》1卷、《请圣僧浴文》1卷。

天竺僧求那跋陀罗至建康,组织义学诸僧开始翻译《胜鬘经》。

按:《出三藏记集·胜鬘经序第十八》曰:"《胜鬘经》者,盖是方等之宗极者也,所以存于千载。功由人弘,故得以元嘉十二年,岁在乙亥,有天竺沙门名功德贤,业素敦尚,贯综大乘,远载梵本,来游上京,庇迹祇洹,招学钻访。才虽不精绝,义粗辉扬,遂播斯旨,乃上简帝王。于时有优婆塞何尚之,居丹阳尹,为佛法檀越。登集京辇敏德名望,便于郡内请出此经。"同书《求那跋陀罗传》曰:"求那跋陀罗,齐言功德贤,中天竺人也。"

北凉索阿俊作石塔铭。

按:石质。阴刻。敦煌出土。铭文全37行:经文28行;其愿文9行,行6—9字,曰:"凉皇大且渠缘禾四年,岁在[乙]亥三月廿九日,休息、昙智、法定、信士索阿俊、羌儿盖弥,又惠仲□并妻息僮仆,共立此塔,各为父母、师长、君王、国主及一切众生,愿共成最正觉。"

王韶之卒(380—)。韶之字休泰,琅邪临沂人。好史籍,博涉多闻,又长于文辞。宋初七庙歌辞,多韶之所作。《隋书·经籍志》著录宋吴兴太守王韶之《晋纪》10卷,《孝子传赞》3卷,《王韶之集》24卷,佚。事迹见《宋书》卷六○、《南史》卷二四。

按:《南史·王韶之传》论曰:"昔晋初度江,王导卜其家世,郭璞曰:'淮流竭,王氏灭。'观夫晋氏以来,诸王冠冕不替,盖亦人伦所得,岂唯世禄之所专乎。及于陈亡之年,淮流实竭,曩时人物扫地尽矣。"可见江左王氏在南朝政坛及文化领域的重要作用与影响。

宋元嘉十三年　北魏太延二年　北凉永和四年　北燕太兴六年　丙子　436年

三月己未,宋文帝杀檀道济,檀道济临刑前怒曰:"乃坏汝万里长城!"(《宋书·文帝纪》、《资治通鉴·宋纪五》)。

按:魏人闻之,喜曰:"道济死,吴子辈不足复惮。"(《资治通鉴·宋纪五》)

五月,魏灭北燕(《资治通鉴·宋纪五》)。

按:北燕畏魏,燕主冯弘烧和龙宫殿,东走高丽。北燕亡。历2主,凡28年。

六月,高丽国、武都王遣使至宋奉献方物(《宋书·文帝纪》)。

是年,柔然与魏断绝和亲,进犯魏边(《资治通鉴·宋纪五》)。

罗马人撤离不列颠。

何尚之为丹阳尹,置玄学,聚生徒,谓之南学。

按:《宋书·何尚之传》曰:"(何)尚之雅好文义,从容赏会,甚为太祖所知。……十三年,彭城王义康欲以司徒左长史刘斌为丹阳尹,上不许。乃以尚之为尹,立宅南郭外,置玄学,聚生徒。东海徐秀、庐江何昙、黄回、颍川荀子华、太原孙宗昌、王延秀、鲁郡孔惠宣,并慕道来游,谓之南学。"

游雅时为散骑侍郎,奉魏遣使于宋(《魏书·世祖纪》)。

高允以中书侍郎参魏乐平王丕军事,谏以勿掠(《魏书·高允传》、《资治通鉴·宋纪五》)。

刘式之作《诸官出行分道议》。

按:《宋书·礼志二》曰:"宋文帝元嘉十三年七月,有司奏:'御史中丞刘式之议:"每至出行,未知制与何官分道,应有旧科。法唯称中丞专道,传诏荷信,诏唤众官,应诏者行,得制令无分别他官之文,既无画然定则,准承有疑。谓皇太子正议东储,不宜与众同例,中丞应与分道。扬州刺史、丹阳尹、建康令,并是京辇土地之主,或检校非违,或赴救水火,事应神速,不宜稽驻,亦合分道。又寻六门则为行马之内,且禁卫非违,并由二卫及领军,未详京尹、建康令门内之徒及公事,亦得与中丞分道与不?其准参旧仪,告报参详所宜分道。"听如台所上,其六门内,既非州郡县部界,则不合依门外。其尚书令、二仆射所应分道,亦悉与中丞同。'"

沈演之作《巡行上表言刘真道等政绩》。

按:《宋书·刘真道传》曰:"元嘉十三年,东土饥,上遣扬州治中从事史沈演之巡行在所,演之上表曰:'……窃见钱唐令刘真道、余杭令刘道锡,皆奉公恤民,恪勤匪懈,百姓称咏,讼诉希简……'"

北凉令狐广嗣写《佛说首楞严三昧经》,卷下有题记。

按:纸质。墨书。吐鲁番出土。其卷下有题记,全4行,行10—34字,曰:"清信士史良奴所供养经,维太缘二年岁在丙子四月中旬,令狐广嗣于酒泉,劝助为优婆塞史良奴写此经。愿以此福,所往生处,常遇诸佛圣贤。深入法藏,辩才无导,与诸菩萨而为善友。只是游十方,舍生先生弥勒菩萨前,亦闻说法,悟无生忍。要值贤劫千佛,心然(?)不退于无上菩提。"

刘昶(　—497)、顾宪之(　—509)生(《宋书·晋熙王昶传》、《梁书·顾宪之传》)。

宋元嘉十四年　北魏太延三年
北凉永和五年　丁丑　437年

三月,宋遣使访北魏,议纳币之事,会帝女亡,乃止(《魏书·太武帝纪》、《资治通鉴·宋纪五》)。

是年,北魏与西域通使。

按:《魏书·西域传》曰:"太延三年遣使者董琬等使其国(即乌孙国),后每使朝贡。"又《资治通鉴·宋纪五》曰:"魏主复遣散骑侍郎董琬、高明等多赍金帛,使西域,招抚九国。董琬等至乌孙,其王甚喜……乃遣导译送琬诣破落那,明诣者舌。旁国闻知,争遣使者随琬等入贡,凡十六国。自是每岁朝贡不绝。"

北魏立东巡碑。

按:据罗新《跋北魏太武帝东巡碑》(《北大史学》第11辑,北京大学出版社,2005年)考证:"北魏太武帝东巡碑,碑额原题《皇帝东巡之碑》,郦道元《水经注》卷十一滱水注徐水条称此碑作《御射碑》,盖北魏定州地方官为纪念太武帝拓跋焘结束东巡、回归平城时于路演示神射而立,故碑名可两存之。"又碑额中有"广德美垂之来世三年丁丑功讫会乐浪公去□□刺史征东将军",三年丁丑正是北魏太延三年丁丑岁,故将此事系于是年。

北凉献书于宋(《宋书·氏胡·大且渠蒙逊传》)。

按:北凉沮渠牧犍遣使者茂虔献方物及杂书20种154卷。其中包括《周生子》13卷,《时物论》12卷,《三国总略》20卷,《俗问》11卷,《十三州志》10卷,《文检》6卷,《四科传》4卷,《敦煌实录》10卷,《凉书》10卷,《汉皇德传》25卷,《亡典》7卷,《魏驳》9卷,《谢艾集》8卷,《古今字》2卷,《乘丘先生》3卷,《周髀》1卷,《皇帝王历三合纪》1卷,《赵歐传》并《甲寅元历》1卷,《赵历》1卷,《孔子赞》1卷等。牧犍亦向宋求晋、赵《起居注》诸杂书,宋主与之。这是南北文化交融的重要体现。

裴松之致仕,寻领国子博士,进太中大夫。

按:《宋书·裴松之传》曰:"(元嘉)十四年致仕,拜中散大夫,寻领国子博士,进太中大夫,博士如故。"

傅隆作《论新礼表》。

按:《宋书·傅隆传》曰:"十四年,太祖以新撰《礼论》付隆使下意,隆上表曰：'……原夫礼者，三千之本，人伦之至道。故用之家国，君臣以之尊，父子以之亲。用之婚冠，少长以之仁爱，夫妻以之义顺。用之乡人，友朋以之三益，宾主以之敬让。所谓极乎天，播乎地，穷高远，测深厚，莫尚于礼也……诚宜考详远虑，以定皇代之盛礼者也。'"南朝礼学呈现一派繁荣的面貌，与世家大族的维护及其连续不断的学术探讨有密切关系。

道士陆修静著《灵宝经目序》。

按：《云笈七签》卷四曰："元嘉十四年某月日，三洞弟子陆修静敬示诸道流，相与同法，弘修文业，赞扬妙化，兴世隆福……余少耽玄味，志爱经书，积累锱铢，冀其万一。若信有可崇，何苟明言坐取风刀乎？虑有未悉，今条旧目已出，并仙公所授事注解，意疑者略云尔。"

释智猛游西域还，携胡本《般泥洹经》20卷、《摩诃僧祇律》1部。后在凉州译《般泥洹经》。是年还建康。

按：《出三藏记集·新集撰出经律论录》载《般泥洹经》20卷，注曰："右二部，定出一部，凡二十卷。宋文帝时，沙门释智猛游西域还，以元嘉中于西凉州译出《泥洹经》一部，至十四年赍还京都。"此经梁时阙。另据《出三藏记集·智猛法师传》曰："以甲子岁发天竺，同行四僧于路无常，唯猛与昙纂俱还于凉州。译出《泥洹》本，得二十卷。以元嘉十四年入蜀，十六年七月七日于钟山定林寺造传。"

西域僧浮陀跋摩四月译《阿毗昙毗婆沙》100卷，凉州僧道泰笔受，至己卯岁（439）始完成（《高僧传·宋河西浮陀跋摩传》、《出三藏记集·新集撰出经律论录》）。

按：《出三藏记集·新集撰出经律论录》载《阿毗昙毗婆沙》60卷，注曰："丁丑岁四月出，至己卯岁七月讫。右一部，凡六十卷。晋安帝时，凉州沙门释道泰，共西域沙门浮陀跋摩，于凉州城内苑闲豫宫寺译出。初出一百卷，寻值凉王大沮渠国乱亡，散失经文四十卷，所余六十卷，传至京师。"

宋元嘉十五年　北魏太延四年
北凉永和六年　戊寅　438年

三月癸未，北魏太武帝诏罢沙门年五十以下者为民，以从征役（《魏书·太武帝纪》、《资治通鉴·宋纪五》）。

是月，北燕主冯弘被杀（《魏书·太武帝纪》、《资治通鉴·宋纪五》）。

是年，宋立儒学馆于北郊鸡笼山，置生百余人。

按：《宋书·雷次宗传》曰："雷次宗少入庐山，事沙门释慧远，笃志好学，尤明《三礼》、《毛诗》，隐退不交世务。元嘉十五年，征雷次宗至京师，开馆于鸡笼山，聚徒教授，置生百余人。会稽朱膺之、颍川庾蔚之并以儒学，监总诸生。"这是刘宋注重兴复儒学的重要表现。

雷次宗应征至京师，主持儒学馆（《宋书·雷次宗传》）。

朱膺之、庾蔚之于儒学馆监总诸生(《宋书·雷次宗传》)。

戴颙征为散骑常侍,不就(《宋书·戴颙传》)。

鲍照在荆州与释惠休相往还(丁福林《鲍照年谱》)。

释法瑗从北方抵梁州(《高僧传·齐京师灵根寺释法瑗传》)。

释僧瑜召集昙温、慧光等于庐山建造招隐寺(《高僧传·宋庐山招隐寺释僧瑜传》)。

荀伯子卒(378—　)。颍川颍阴人。少好学,博览经传,而通率好为杂戏,遨游闾里,以此失清途。著作郎徐广重其才学,举为著作佐郎,助撰《晋史》。后迁尚书祠部郎。入宋,累迁御史中丞,凡所奏劾,莫不深加谤毁,又颇杂嘲戏。出为东阳太守。《宋书》、《南史》均称其有文集传世,然《隋书·经籍志》不载,可见早佚。诗文今均不存。事迹见《宋书》卷六〇、《南史》卷三三。

按:《南史·荀伯子传》论曰:"观夫范(泰)、荀(伯子)二公,并以学业自著,而干时之誉,本期俱不为弘。虽才则有余而望乃不足。"

刘虬(　—495)生(《南齐书·刘虬传》)。

宋元嘉十六年　北魏太延五年
北凉永和七年　己卯　439年

狄奥多西法典《罗马法律总结》颁布。

六月,魏太武帝命臣下作书,数北凉王沮渠牧犍十二条罪状,自领兵攻之(《资治通鉴·宋纪五》)。

九月,北凉亡,经书什物皆被焚荡(《魏书·太武帝纪》、《资治通鉴·宋纪五》)。

按:魏兵至姑臧,北凉主沮渠牧犍领文武五千人归降。北凉遂亡。凡2主,历38年。自此北魏统一北方,结束了西晋末年以来十六国战乱纷争的局面,从而进入南北朝对峙的阶段。

又按:任继愈《中国佛教史》曰:"在这个政权控制的三十八年中,共有译者9人,所出佛典总82部311卷(包括新旧失译53部75卷),是南北朝时期凉州地区的译经高峰。"

又按:陈寅恪《隋唐制度渊源略论稿》曰:"西晋永嘉之乱,中原魏晋以降之文化转移保存于凉州一隅,至北魏取凉州,而河西文化遂输入于魏,其后北魏孝文、宣武两代所制定之典章制度遂深受其影响。"

十二月乙亥,皇太子刘劭冠,大赦天下。置东宫兵及宿卫羽林官(《宋书·文帝纪》、《资治通鉴·宋纪五》)。

是月,魏废田禁(《资治通鉴·宋纪五》)。

按:据《资治通鉴》记载,时魏多封禁良田,高允曰:"臣少贱,唯知农事。若国家广田积谷,公私有备,则饥馑不足忧矣。"帝乃命悉除田禁以赋百姓。

是年,宋立四学馆(《南史·宋文帝纪》)。

按:四学馆指儒学馆、玄学馆、史学馆、文学馆。其中玄学馆建立最早,何尚之元嘉十三年便奉旨立宅南郭外,置玄学馆,聚生徒,时人谓之"南学",详见436年"何尚之为丹阳尹,置玄学,聚生徒,谓之南学"条按语。史学以著作佐郎何承天,文学以司徒参军谢元,儒学以处士雷次宗为教授。此据《南史·宋本纪中》,《宋书·雷次宗传》系之于元嘉十五年,当以《南史》为是。对此,曹道衡、沈玉成《中古文学史料丛考》"宋文帝立儒玄文史四馆"条有相关考证,可参考。四学的建立,反映了刘宋时期文学地位的提高、史学的大发展、儒玄并融等文化现象,在中国学术史上具有重要意义。

北魏太武帝诏崔浩综理史务,续修北魏国史。

按:《魏书·崔浩传》曰:"乃诏浩曰:'昔皇祚之兴,世隆北土,积德累仁,多历年载,泽流苍生,义闻四海。我太祖道武皇帝,协顺天人,以征不服,应期拨乱,奄有区夏。太宗承统,光隆前绪,厘正刑典,大业惟新。然荒域之外,犹未宾服。此祖宗之遗志,而贻功于后也。朕以眇身,获奉宗庙,战战兢兢,如临渊海,惧不能负荷至重,继名丕烈。故即位之初,不遑宁处,扬威朔裔,扫定赫连。逮于神麚,始命史职注集前功,以成一代之典。自尔已来,戎旗仍举,秦陇克定,徐兖无尘,平逋寇于龙川,讨孽竖于凉城。岂朕一人,获济于此,赖宗庙之灵,群公卿士宣力之效也。而史阙其职,篇籍不著,每惧斯事之坠焉。公德冠朝列,言为世范,小大之任,望君存之。命公留台,综理史务,述成此书,务从实录。'浩于是监秘书事,以中书侍郎高允、散骑侍郎张伟参著作,续成前纪。至于损益褒贬,折中润色,浩所总焉。"

北魏礼待学者(《资治通鉴·宋纪五》)。

按:魏平凉州,礼用学者。原避居河西、凉州之中原人士,如刘昞、索敞、张湛等从魏主东还。

何承天除著作佐郎,撰国史。

按:《宋书·何承天传》曰:"(元嘉)十六年,除著作佐郎,撰国史。"

刘义庆四月丁巳以平西将军为卫将军、江州刺史,与鲍照、袁淑、陆展、何长瑜等斟酌文意。

按:《宋书·文帝纪》曰:"夏四月丁巳,以镇南将军、江州刺史南谯王义宣为征北将军、南徐州刺史。平西将军临川王义庆为卫将军、江州刺史。"《宋书·刘义庆传》曰:"为性简素,寡嗜欲,爱好文义,文词虽不多,然足为宗室之表。受任历藩,无浮淫之过,唯晚节奉养沙门,颇致费损。少善骑乘,及长以世路艰难,不复跨马。招聚文学之士,近远必至。太尉袁淑,文冠当时;义庆在江州,请为卫军谘议参军。其余吴郡陆展、东海何长瑜、鲍照等,并为辞章之美,引为佐史国臣。"

崔浩受诏综理史务,奏请阴仲达、段承根同修国史(《魏书·崔浩传》)。

按:参见是年"北魏太武帝诏崔浩综理史务,续修北魏国史"条。《资治通鉴·宋纪五》曰:"浩启称:'阴仲达、段承根,凉土美才,请同修国史。'皆除著作郎。"

江强献书于北魏,为中书博士。

按:《资治通鉴·宋纪五》曰:"陈留江强,寓居凉州,献经、史、诸子千余卷及书法,亦拜中书博士。"

索敞为北魏中书博士。

按:《魏书·索敞传》曰:"凉州平,入国,以儒学见拔,为中书博士。"又《资治通鉴·宋纪五》曰:"魏主以索敞为中书博士。时魏朝方尚武功,贵游子弟不以讲学为意。敞为博士十余年,勤于诱导,肃而有礼,贵游皆严惮之,多所成立,前后显达至尚书、牧守者数十人。"

西域僧浮陀跋摩译《毗婆沙》后,避北凉之乱,"西反,不知所终"(《高僧传·宋河西浮陀跋摩传》)。

释法献至建康,止定林上寺。

按:《高僧传·齐上定林寺释法献传》曰:"释法献,姓徐,西海延水人。先随舅至梁州,乃出家。至元嘉十六年,方下京师,止定林上寺。博通经律,志业强捍。"

崔浩作《魏历》(《资治通鉴·宋纪五》)。

按:《魏书·高允传》曰:"后诏允与司徒崔浩述成《国记》,以本官领著作郎。时浩集诸术士,考校汉元以来,日月薄蚀、五星行度,并识前史之失,别为《魏历》,以示允。允曰:'天文历数不可空论。夫善言远者必先验于近。且汉元年冬十月,五星聚于东井,此乃历术之浅。今讥汉史,而不觉此谬,恐后人讥今犹今之讥古。'浩曰:'所谬云何?'允曰:'案《星传》,金水二星常附日而行。冬十月,日在尾箕,昏没于申南,而东井方出于寅北。二星何因背日而行?是史官欲神其事,不复推之于理。'浩曰:'欲为变者何所不可,君独不疑三星之聚,而怪二星之来?'允曰:'此不可以空言争,宜更审之。'时坐者咸怪,唯东宫少傅游雅曰:'高君长于历数,当不虚也。'后岁余,浩谓允曰:'先所论者,本不注心,及更考究,果如君语,以前三月聚于东井,非十月也。'又谓雅曰:'高允之术,阳元之射也。'众乃叹服。"

鲍照作《佛影颂》(钱仲联《鲍参军集注》)。

释智猛七月在京城定林寺作《游记》(《出三藏记集·智猛法师传》、《高僧传·宋京兆释智猛传》)。

刘彧(　—472)、陆慧晓(　—500)、释法护(　—507)生(《宋书·明帝纪》、《南齐书·陆慧晓传》、《续高僧传·梁杨都建元寺沙门释法护传》)。

宋元嘉十七年　北魏太平真君元年　庚辰　440年

六月丁丑,北魏皇孙拓跋濬生,据寇谦之《神书》,改元太平真君(《魏书·太武帝纪》)。

是年,武都王、河南王、百济国遣使至宋奉献方物(《宋书·文帝纪》)。

刘义恭十月戊午以司空为司徒、录尚书事(《宋书·文帝纪》)。

刘义康十月被贬出任江州刺史,出镇豫章。在豫章与前任刘义庆交接,刘义庆改任南兖州刺史(《宋书·文帝纪》)。

宋元嘉十七年　北魏太平真君元年　庚辰　440年

刘义庆为南兖州刺史(《宋书·刘义庆传》)。

鲍照由寻阳还京都(丁福林《鲍照年谱》)。

颜延之为始兴王刘濬后军谘议参军,御史中丞。

按:《宋书·颜延之传》曰:"刘湛诛,起延之为始兴王濬后军谘议参军,御史中丞。"又《宋书·文帝纪》曰:"(元嘉十七年)冬十月戊午,前丹阳尹刘湛有罪,及同党伏诛。"故系于是年。

范晔为始兴王刘濬后军长史,领南下邳太守。

按:《宋书·范晔传》曰:"(元嘉)十六年,母亡……服阕,为始安王濬后军长史,领南下邳太守。及濬为扬州,未亲政事,悉以委晔。寻迁左卫将军、太子詹事。"据《宋书·文帝纪》载"(元嘉十七年十二月)戊辰,以南豫州刺史始兴王濬为扬州刺史",知刘濬仕扬州刺史前,范晔已为其后军长史,领南下邳太守,故系于此。

伊馛为北魏中护军将军、秘书监(《魏书·伊馛传》、《资治通鉴·宋纪五》)。

按:《魏书·伊馛传》曰:"真君初,世祖欲拜馛为尚书,封郡公。馛辞曰:'尚书务殷,公爵至重,非臣年少愚近所宜荷任,请收过恩。'世祖问其欲,馛曰:'中、秘二省多诸文士,若恩矜不已,请参其次。'世祖贤之,遂拜为中护将军、秘书监。"姑系于是年。由此可见魏之文化事业日渐繁荣。

崔浩约是年作《易》注。

按:《魏书·张湛传》载,崔浩注《易》,为叙曰:"国家西平河右,敦煌张湛、金城宗钦、武威段承根三人,皆儒者,并有俊才,见称于西州。每与余论《易》,余以《左氏传》卦解之,遂相劝为注。故因退朝之余暇,而为之解焉。"据此,崔浩作《易》注当在灭凉后年余。

江秉之卒(381—)。秉之字玄叔,济阳考城人。江纂之子。历乌程、建康、山阴令,累迁新安、临海太守。临政以简约称。《隋书·经籍志》著录临海太守《江玄叔集》4卷,佚。事迹见《宋书》卷九二、《南史》卷三六。

殷景仁卒(390—)。景仁,陈郡长平人。司徒王谧之婿。殷景仁历官后军参军、太尉行参军、黄门侍郎。宋文帝即位,与王华、王昙首、刘湛并为侍中,同见宠信,累迁尚书仆射。刘湛与之同列争权。刘湛附彭城王刘义康,欲毁景仁,文帝不为所动。景仁称疾居家,而文帝与之密表往来,朝政大小,一皆咨之。后奉诏诛刘湛,并代义康为扬州刺史。卒于官,追赠司空,谥文成公。《隋书·经籍志》著录扬州刺史《殷景仁集》9卷。事迹见《宋书》卷六三、《南史》卷二七。

刘昞约卒,生年不详。昞字延明,敦煌人,河西硕儒。父宝以儒学称。年十四,受业于郭瑀。隐居酒泉,授徒五百余人,后西凉李暠征为儒林祭酒、从事中郎。西凉亡后,北凉沮渠蒙逊拜为秘书郎,专管注记,筑陆沉观于西苑,蒙逊亲往致礼,号玄处先生,学徒数百,月致羊酒。牧犍尊为国师,亲自致拜,命官属以下皆从之受业。魏太武帝平北凉,拜昞为乐平王从事中郎。后返乡,道卒。著述甚丰,有删削《史记》、《汉书》、《东观汉记》而成的通史《略记》130篇,84卷;《凉书》10卷。又著《敦煌实录》20卷,为中国第一部实录体史书。著《方言》3卷、《靖恭堂铭》1卷。注《周易》、《韩子》、《人物志》、《黄石公三略》等。今仅存《人物志注》,又《敦煌实录》尚存零星佚文。事迹见《魏书》卷五二、《北史》卷三四。

按:《魏书·刘昞传》曰:"世祖平凉州,士民东迁,凤闻其名,拜乐平王从事中郎。世祖诏诸年七十以上听留本乡,一子扶养。昞时老矣,在姑臧。岁余,思乡而返,至凉州西四百里韭谷窟,遇疾而卒。"魏太武帝平定凉州在元嘉十六年,则刘昞岁余返乡、途中病死,当在元嘉十七年,故暂系于是年。

又按:魏孝明帝有诏曰"昞德冠前世,蔚为儒宗"(《魏书·刘昞传》)。刘昞的10卷《凉书》、20卷《敦煌实录》,北凉曾在437年献于刘宋。北魏崔鸿《十六国春秋》中,多采录《凉书》。其《人物志注》,《四库全书总目提要》曰:"昞注不涉训诂,惟疏通大意,而文词简古,犹有魏晋之遗。"

贾渊(　—501)、范岫(　—514)生(《南齐书·贾渊传》、《梁书·范岫传》)。

宋元嘉十八年　北魏太平真君二年　辛巳　441 年

是年,宋廷始议宗庙乐舞事,值军兴,事寝(《宋书·乐志一》)。

肃特国、高丽国、苏靡黎国、林邑国一并遣使向宋奉献方物(《宋书·文帝纪》)。

刘义恭等参议宋廷宗庙乐舞事(《宋书·乐志一》)。

刘义庆以南兖州刺史,加开府仪同三司(《宋书·刘义庆传》)。

鲍照在刘义庆幕由侍郎擢为常侍(丁福林《鲍照年谱》)。

王僧达十九岁,约是年娶刘义庆女为妻,任始兴王刘濬后军参军。

按:《宋书·王僧达传》曰:"太祖闻僧达蚤慧,召见于德阳殿,问其书学及家事,应对闲敏,上甚知之,妻以临川王义庆女。少好学,善属文。年未二十,以为始兴王濬后军参军。"系年据曹道衡、刘跃进《南北朝文学编年史》。

张茂度除会稽太守(《宋书·张茂度传》)。

天竺僧伽达多是年夏受临川康王之请,于庐陵结居,后卒于建康(《高僧传·宋京师道林寺畺良耶舍传附僧伽达多传》)。

颜延之作《王球石志》。

按:《南齐书·礼志》曰:"宋元嘉中,颜延之作《王球石志》,素族无碑策,故以纪德。"《宋书·王球传》:"十八年卒,是年四十九。"故系于是年。

罽宾僧昙摩蜜多于祇洹寺译《禅秘要》3卷。

按:《出三藏记集·新集撰出经律论录》载《禅秘要》三卷,注曰:"元嘉十八年译出。或云《禅法要》。或五卷。"又《出三藏记集·昙摩蜜多传》曰："(昙摩蜜多)即于祇洹寺译出诸经《禅法要》、《普贤观》、《虚空藏观》，凡三部经。常以禅道教授，或千里谘受，四辈远近，皆号大禅师焉。"

释僧业卒(367—)。释僧业，本姓王，河内人。幼聪悟，博涉众典。后游长安，从鸠摩罗什受业。见新出《十诵》，遂专攻此部。值关中丧乱，避地京师。吴国张邵挹其贞素，乃请还姑苏，为造闲居寺。卒于吴中。事迹见《高僧传》卷一一。

按：释僧业对吴中佛学传播具有重要影响。《高僧传·宋吴闲居寺释僧业传》曰："业居宗秉化，训诱无辍，三吴学士，辐凑肩联。又以讲导余隙，属意禅门。每一端坐，辄有异香充塞房内。近业坐者，咸所共闻，莫不嗟其神异。昔什公在关，未出《十诵》，乃先译戒本。及流支入秦，方传大部。故戒心之与大本，今之传诵，二本并行。"

戴颙卒(377年—)，字仲若，谯郡铚人。与其父戴逵、其兄戴勃皆晋、宋时隐遁会稽剡县的高士。《历代名画记》谓其"一门隐遁，高风振于晋、宋"。戴逵善琴书，戴颙兄弟皆通音律琴艺。父卒后，戴颙与其兄不弹旧曲，各造新弄十五部、五部，颙还有长弄一部，并传于世。又善绘画和雕塑艺术，与其父一样负有盛名，唐代称"二戴像制，历代独步"，宋代陈思《书小史》亦云："戴逵善书、画，颙并传之。"后隐于桐庐，因兄疾出居吴下，游止于京口黄鹄山，讲述庄周大旨，著《逍遥论》，注《礼记·中庸》篇。元嘉十八年卒，时年六十四。无子。景阳山成，颙已亡。皇帝叹曰："恨不得使戴颙观之。"事迹见《宋书》卷九十三、《南史》卷七十五。

按：据《宋书》记载，元嘉十五年(438)之后，"衡阳王义季镇京口，长史张邵与戴颙姻通，迎来止黄鹄山。……(颙)为义季鼓琴，并新声变曲，其三调《游弦》、《广陵》、《止息》之流，皆与世异……颙合《何尝》、《白鹄》二声，以为一调，号为《清旷》"。又载："自汉世始有佛像，形制未工，逵特善其事，颙亦参焉。宋世子铸丈六铜像于瓦官寺，既成，面恨瘦，工人不能治，乃迎颙看之。颙曰：'非面瘦，乃臂胛肥耳。'既错减臂胛，瘦患即除，无不叹服焉。"

庾杲之(—491)、谢朓(—506)、沈约(—513)生(《南齐书·庾杲之传》、《梁书·谢朓传》、《梁书·武帝纪中》、《梁书·沈约传》)。

宋元嘉十九年　北魏太平真君三年　壬午　442年

正月甲申，北魏太武帝至道坛，亲受符箓，备法驾，旗帜皆青。太子拓跋晃谏，而崔浩力劝太武帝为之(《魏书·太武帝纪》、《资治通鉴·宋纪六》)。

按：太子拓跋晃与崔浩实为政敌。此与崇佛与崇道的斗争有关，又反映出北魏上层汉化、反汉化的激烈冲突。

乙巳，宋立国子学。

按：《宋书·文帝纪》曰："十九年正月乙巳，诏曰：'夫所因者本，圣哲之远教；本立化成，教学之为贵。故诏以三德，崇以四术，用能纳诸义方，致之轨度。盛王祖世，咸必由之。永初受命，宪章弘远，将陶钧庶品，混一殊风，有诏典司，大启庠序，而频遘屯夷，未及修建。永瞻前猷，思敷鸿烈。今方隅乂宁，戎夏慕响，广训胄子，实维时务。便可式遵成规，阐扬景业。'"又《宋书·何承天传》曰："（元嘉）十九年，立国子学，以本官领国子博士。"

十二月丙申，宋下诏鲁郡修孔子庙、孔子墓及学舍。

按：《宋书·文帝纪》曰："（十九年）十二月丙申，诏曰：'胄子始集，学业方兴。自微言泯绝，逝将千祀，感事思人，意有慨然。奉圣之胤，可速议继袭。于先庙地，特为营造，依旧给祠置令，四时飨祀。阙里往经寇乱，黉校残毁，并下鲁郡修复学舍，采召生徒。昔之贤哲及一介之善，犹或卫其丘垄，禁其刍牧，况尼父德表生民，功被百代，而坟茔荒芜，荆棘弗翦。可蠲墓侧数户，以掌洒扫。'鲁郡上民孔景等五户居近孔子墓侧，蠲其课役，供给洒扫，并种松柏六百株。"

何承天以本官领国子博士（《宋书·何承天传》）。

崔浩力劝北魏太武帝崇道（《魏书·太武帝纪》、《资治通鉴·宋纪六》）。

天竺僧僧伽跋摩归国。

按：《高僧传·宋京师奉诚寺僧伽跋摩传》曰："跋摩游化为志，不滞一方，既传经事讫，辞还本国，众咸祈止，莫之能留，元嘉十九年，随西域贾人舶还外国，不详其终。"

西域僧畺良耶舍西游岷蜀。

按：《高僧传·宋京师道林寺畺良耶舍传》曰："元嘉十九年，西游岷蜀，处处弘道，禅学成群。"

道士寇谦之作《奏请至道坛受符》。

按：《魏书·释老志》曰："真君三年，谦之奏曰……世祖从之。于是亲至道坛，受符箓。备法驾，旗帜尽青，以从道家之色也。"胡全银《〈全后魏文〉编年补正》曰："今据《魏书·世祖纪》载，（太平真君）三年春正月甲申，帝至道坛，受符箓。备法驾，旗帜尽青。故本文作于太平真君三年（442）春正月。"

羊欣卒（370—　）。欣字敬元，泰山南城人。少靖默，与人无竞，泛览经籍，尤长隶书，亦善医术。年十二，为王献之所知爱。桓玄辅政，欣为平西主簿，参与机要。后为楚台殿中郎，寻称病自免，屏居十余年。入宋，历新安太守、义兴太守，除中散大夫。辞不朝觐，宋武帝、宋文帝并恨不识之。欣好黄、老之学，常手自书章，有病不服药，饮符水而已。《隋书·经籍志》著录《羊中散药方》30卷，《隋书·经籍志》著录中散大夫《羊欣集》7卷，并佚。今存《暮春帖》等。《法书要录》卷一列有"宋羊欣《采能书人名》"一书，为中国早期的书学史传著作。事迹见《宋书》卷六二、《南史》卷三六。

按：袁昂《古今书评》曰："羊欣书如大家婢为夫人，虽处其位，而举止羞涩，终不似真。"王僧虔《论书》曰:"欣书见重一时,行草尤善,正乃不称。孔琳之书,天然放纵,极有笔力,规矩恐在羊欣后。""宋文帝书,自云可比王子敬,时议者云:'天然胜羊欣,工夫少于欣。'""范晔与萧思话同师羊欣,范后背叛,既失故步,为复小有意耳。萧思话全法羊欣,风流趣好,殆当不减,而笔力恨弱。"

张茂度卒(376—),本名裕,字茂度,因与宋武帝刘裕同名,故只称字。吴郡吴人,张良后也。其父张敞,官至侍中、尚书、吴国内史。张茂度官至五兵尚书,徙太常,拜光禄大夫,后除会稽太守。是年卒官,谥曰恭子。唐代窦臮《述书赋》有"茂度逸翰",知其善行草书,风格飘逸。张茂度之子张演,为太子中舍人;二子张镜,新安太守,皆有盛名。事迹见《宋书·张茂度传》。

宋元嘉二十年　北魏太平真君四年　癸未　443年

三月壬戌,乌洛侯国朝北魏,并告北魏祖先在北荒之石庙具在(《魏书·太武帝纪》、《魏书·乌洛侯传》、《资治通鉴·宋纪六》)。

按:乌洛侯国遣使与魏通好,言魏祖先于北荒之石庙具在。魏遣中书侍郎至石庙致祭,并刻祝文于石壁而还。刻石文今具存。

是月,宋皇太子刘劭讲《孝经》通,释奠国子学。

按:关于刘劭释奠国子学,有异说。一说为宋元帝元嘉二十年三月,《文选》卷二〇《皇太子释奠会作诗》题下注引裴子野《宋略》曰:"文帝元嘉二十年三月,皇太子劭释奠于国学。"一说为宋元帝元嘉二十二年四月,《宋书·礼志四》曰:"宋文帝元嘉二十二年四月,皇太子讲《孝经》通,释奠国子学,如晋故事。"据《宋书·何承天传》曰:"(元嘉)十九年,立国子学,以本官领国子博士。皇太子讲《孝经》,承天与中庶子颜延之同为执经。顷之,迁御史中丞。"则刘劭讲《孝经》及颜延之、何承天为其执经当在何承天任国子博士后、迁御史中丞前。另参《宋书·文帝纪》曰:"(元嘉)二十二年春正月辛卯朔,改用御史中丞何承天《元嘉新历》。"元嘉二十二年前何承天已任御史中丞一职,则可知《宋书·礼志四》所载有误,刘劭讲《孝经》一事不在元嘉二十二年,何承天与颜延之为刘劭执经事也不在该年,而应在元嘉二十年。今从裴子野《宋略》,故系于此。

何承天仍领国子博士,与国子祭酒颜延之同为皇太子执经。又奏改漏刻箭。

按:《宋书·何承天传》曰:"(元嘉)十九年,立国子学,以本官领国子博士。皇太子讲《孝经》,承天与中庶子颜延之同为执经。顷之,迁御史中丞。"《南齐书·陆澄传》载陆澄《与王俭书》:"元嘉建学之始,玄、弼两立。逮颜延之为祭酒,黜郑置王,意在贵玄,事成败儒。"参见是年"是月,宋皇太子刘劭讲《孝经》通,释奠国子学"条。

又按:《宋书·律历志下》曰:"元嘉二十年,承天奏上尚书:'今既改用《元嘉历》,漏刻与先不同,宜应改革……更增损旧刻,参以晷影,删定为经,改用二十五箭。请台勒漏郎将考验施用。'从之。"

刘义庆解南兖州任归建康。

按:《宋书·临川烈武王道规传附义庆传》曰:"义庆在广陵,有疾,而白虹贯城,野麕入府,心甚恶之,固陈求还。太祖许解州,以本号还朝。"

又按:《宋书·符瑞志下》曰:"元嘉二十年七月,盱眙考城县柞树二株连理,南兖州刺史临川王义庆以闻。"另据《宋书·文帝纪》曰:"(元嘉二十一年正月)戊午,卫将军临川王义庆薨。"可知义庆解州任回京当在是年。

释道冏为临川王刘义庆携往广陵(《高僧传·宋京师南涧寺释道冏传》)。

按:释道冏,姓马,扶风人,卒于广陵。

何承天奉诏撰定仪礼,又作《上元嘉历表》、《奏改漏刻简》等。

按:《宋书·礼志》曰:"元嘉二十年,太祖将亲耕,以其久废,使何承天撰定仪注。"《宋书·律历志中》曰:"宋太祖颇好历数,太子率更令何承天私撰新法。元嘉二十年,上表曰:'臣授性顽惰,少所关解。自昔幼年,颇好历数,耽情注意,迄于白首……是故臣更建《元嘉历》……伏愿以臣所上《元嘉法》下史官考其疏密。若谬有可采,庶或补正阙谬,以备万分。'……有司奏:'……承天历术,合可施用,宋二十二年,普用《元嘉历》。'诏可。"

释慧严卒(363—)。释慧严,本姓范,豫州人。年十二为诸生,博晓诗书,十六出家,又精炼佛理。复从鸠摩罗什受学,访正音义,多所异闻。后还建康,止东安寺,为宋武帝所知。及宋文帝即位,情好尤密,曾受诏与颜延之论难。著《无生灭论》、《老子略注》等,参与译经事,又与释慧观、谢灵运等共治改昙无谶所译《大般涅槃经》。事迹见《高僧传》卷七。

宗炳卒(375—)。炳字少文,南阳涅阳人。居荆州,殷仲堪、桓玄及刘裕并辟炳为主簿,俱不起。游庐山,与释慧远考寻文义。入宋,屡征不应。好山水,爱远游,妙善琴书图画,能操《金石弄》绝响,又有《画山水序》。精于玄理,好佛法,曾作佛学辩争,著《明佛论》。《隋书·经籍志》著录宋征士《宗景集》(避唐讳改为"景")16卷,梁15卷。文集早佚。严可均《全宋文》卷二〇、二一载其文8篇。逯钦立《先秦汉魏晋南北朝诗·宋诗》卷一载其诗2首。事迹见《宋书》卷九三。

按:宗炳《明佛论》称"神非形作,合而不灭,人亦然矣",又提出儒释道一致:"是以孔、老、如来,虽三训殊路,而习善共辙也。"其《画山水序》融会画理玄言,与王微《叙画》同为中国早期山水画重要论文,唐张彦远《历代名画记》录之。谢赫《古画品录》列其画于第六品,并称:"炳于六法,亡所遗善,而含毫命素,必有损益,迹非准的,意足师效。"(张彦远《历代名画记》卷六)

何长瑜约卒,生年不详。东海郯人。有文才。临川王义庆招集文士,长瑜自国侍郎至平西记室参军,后除为广州所统曾城令。庐陵王刘绍为江州刺史,召返长瑜为南中郎行参军,掌书记。行至板桥,遇风暴溺死。有集,《隋书·经籍志》著录平南将军《何长瑜集》8卷,佚。逯钦立《先秦汉魏晋南北朝诗·宋诗》卷四收其诗 2 首,恐皆为残句。事迹见《宋书·谢灵运传》附。

  按:《宋书·谢灵运传》曰:"灵运既东还,与族弟惠连、东海何长瑜、颍川荀雍、泰山羊璿之,以文章赏会,共为山泽之游,时人谓之四友。……长瑜文才之美,亚于惠连,雍、璿之不及也。"

  又按:《宋书·谢灵运传》曰:"庐陵王绍镇寻阳,以长瑜为南中郎行参军,掌书记之任。行至板桥,遇暴风溺死。"据《宋书·文帝纪》曰:"(元嘉二十年二月)庚申(校勘记疑此为庚辰之误),以庐陵王绍为江州刺史。"故暂系于是年。

  释法通(—512)生(《高僧传·梁上定林寺释法通传》)。

宋元嘉二十一年　　北魏太平真君五年　　甲申　　444 年

  正月戊申,北魏禁私养沙门、师巫及金银工巧之人(《魏书·太武帝纪》、《资治通鉴·宋纪六》)。

  按:魏下诏禁王公以下至庶人私养沙门、巫觋于家,违者,沙门、巫觋及主人全家皆处死。

  庚戌,北魏下诏王公至卿士之子皆诣太学,禁私立学校(《魏书·太武帝纪》、《资治通鉴·宋纪六》)。

  是春,宋文帝亲耕籍田,并建先农坛。

  按:《宋书·礼志四》曰:"宋文帝元嘉二十一年春,亲耕,乃立先农坛于籍田中阡西陌南。高四尺,方二丈。为四出陛。陛广五尺,外加塪。去阡陌各二十丈。车驾未到,司空、大司农率太祝令及众执事质明一太牢告祠。祭器用祭社稷器。祠毕,班余胙于奉祠者。"

  范晔二月任太子詹事(《资治通鉴·宋纪六》)。

  鲍照为刘义庆服丧三月,解职还家(丁福林《鲍照年谱》)。

  按:参见鲍照《临川王服竟还田里诗》。

  崔浩六月议北魏祭祀之制,废胡神之庙,唯留合于祀典者 57 所。

  按:《资治通鉴·宋纪六》曰:"六月……崔浩请存合于祀典者五十七所,其余重复及小神悉罢之。魏主从之。"

  罽宾僧求那跋陀罗随谯王刘义宣赴荆州,一住 10 年。

  按:《高僧传·宋京师中兴寺求那跋陀罗传》曰:"后谯王镇荆州,请与俱行,安止辛寺,更创房殿。即于辛寺出《无忧王》、《过去现在因果》及(经)一卷、《无量寿》一卷、《泥洹》、《央掘魔罗》、《相续解脱波罗蜜了义》、《现在佛名经》三卷、《第一义五相略》、《八吉祥》等诸经,并前所出凡百余卷,常令弟子法勇传译度语。"据《宋书·文帝纪》记载:"(元嘉二十一年)八月戊辰,征西大将军、荆州刺史衡阳王义季为征北大将军、开府仪同三司、南兖州刺史;征北将军、徐州刺史南谯王义宣为车骑将军、荆州刺史。"则求那跋陀罗赴荆州当在是年。

高允作《筮论》。
按：《魏书·乐平王丕传》曰："丕之薨及日者董道秀之死也，高允遂著《筮论》曰……"

鲍照作《通世子自解启》、《重与世子启》等（丁福林《鲍照年谱》）。

释慧义卒(372—)。释慧义，本姓梁，北地人。少出家。风格秀举，志业强正。初游学于彭、宋之间，备通经义。后至建康，宋武帝加接尤重，迄乎践阼，礼遇弥深。永初元年，车骑范泰立祇洹寺，义出力颇多。事迹见《高僧传》卷七。
按：《高僧传·宋京师祇洹寺释慧义传》曰："宋元嘉二十一年终于乌衣寺，春秋七十三矣。"

释玄高卒(402—)。释玄高，姓魏，本名灵育，冯翊万年人。十五岁时便已能为山僧说法。受戒后，专攻律部，并潜心习禅。曾师从著名禅师浮驮跋陀，旬日之中，就掌握了禅法，禅学精进。后至凉州，受到北凉王沮渠蒙逊的优礼。北凉灭后，应魏阳平王杜超之邀，到达魏都平城，成为北魏佛教的领袖，并被北魏太子拓跋晃奉为尊师。事迹见《高僧传》卷一一。
按：《高僧传·宋伪魏平城释玄高传》曰："时有凉州沙门释慧崇，是伪魏尚书韩万德之门师。既德次于高，亦被疑阻。至伪太平五年九月，高与崇公俱被幽絷。其月十五日就祸，卒于平城之东隅，春秋四十有三。是岁宋元嘉二十一年也。"

刘义庆卒(403—)。义庆，彭城人。宋宗室，刘裕弟道怜第二子，出继于道怜弟道规。为性简素，爱好文义，文词足为宗室之表。招聚文士，近远必至。晚年奉养僧人。袭封临川王，历任侍中、中书令、荆州刺史、南兖州刺史。曾拟班固《典引》为《典叙》。《隋书·经籍志》著录刘义庆撰《徐州先贤传赞》9卷、《江左名士传》1卷、《宣验记》13卷、《幽明录》20卷（《旧唐书·经籍志》、《新唐书·艺文志》均著录为30卷）、《世说新语》10卷、《集林》181卷、《宋临川王义庆集》8卷。《旧唐书·经籍志》又著录其《后汉书》58卷。事迹见《宋书》卷五一、《南史》卷一三。

张融(—497)、李彪(—501)、江淹(—505)、释宝亮(—509)生(《南齐书·张融传》、《魏书·李彪传》、《梁书·江淹传》、《高僧传·梁京师灵味寺释宝亮传》）。

宋元嘉二十二年　　北魏太平真君六年　　乙酉　　445年

正月辛卯，宋颁行何承天所上《元嘉历》（《宋书·文帝纪》）。

九月己未,宋开酒禁(《宋书·文帝纪》)。

沈亮为南阳太守,崇建儒学,开置庠序,训授生徒。
按:《宋书·自序》曰:"元嘉二十二年,世祖出为抚军将军、雍州刺史。天子甚留心,以旧宛比接二关,咫尺崤、陕,盖襄阳之北捍,且表里强蛮,盘带疆场,以亮为南阳太守,加扬武将军。"又曰:"时儒学崇建,亮开置庠序,训授生徒。民多发冢,并婚嫁违法,皆严为条禁。"可见其兴儒学、移风易俗的目的与意义。

鲍照从刘义季辟,之徐州(丁福林《鲍照年谱》)。

王僧虔除秘书郎、太子舍人。寻转为义阳王文学、太子洗马(《宋书·王僧虔传》)。
按:见《宋书·王僧虔传》。《南齐书·文帝纪》曰:"(二十二年二月)第九皇子昶为义阳王。"

释玄畅八月至扬州。
按:《高僧传·齐蜀齐后山释玄畅传》曰:"释玄畅,姓赵,河西金城人……以元嘉二十二年闰五月十七日,发自平城……以八月一日达于扬州。"

范晔作《狱中与诸甥侄书以自序》。
按:由《宋书·范晔传》可知,是年范晔因策划彭城王义康谋反而事泄被捕入狱,十二月被杀,故此文乃入狱不久所作,系于是年。

释弘宗始集译《贤愚经》。
按:《出三藏记集·贤愚经记》曰:"元嘉二十二年,岁在乙酉,始集此经。京师天安寺沙门释弘宗者,戒力坚净,志业纯白。此经初至,随师河西,时为沙弥,年始十四,亲预斯集,躬睹其事。"

范晔卒(398—)。晔字蔚宗,顺阳人。范宁之孙,范泰之子。少好学,博涉经史,善为文章,能隶书,晓音律。后迁左卫将军、太子詹事,参预机要。是年,因参与密谋杀宋文帝,立彭城王刘义康,后徐湛之告发其事,十二月乙未被杀。临终作《狱中与诸甥侄书》、《临终诗》。元嘉九年后,尝集前人谢承、华峤、袁宏等后汉史籍,删订剪裁,成《后汉书》。正史之立《文苑传》,亦自此书始。《文选》录其《皇后纪论》等五篇。《隋书·经籍志》著录《范晔集》15卷,录1卷。事迹见《宋书》卷六九、《南史》卷三三。
按:《宋书·范晔传》曰:"晔狱中与诸甥侄书以自序曰:'……既造《后汉》,转得统绪,详观古今著述及评论,殆少可意者。班氏最有高名,既任情无例,不可甲乙辨。后赞于理近无所得,唯志可推耳。博赡不可及之,整理未必愧也。吾杂传论,皆有精意深旨,既有裁味,故约其词句。至于《循吏》以下及《六夷》诸序论,笔势纵放,实天下之奇作。其中合者,往往不减《过秦》篇。尝共比方班氏所作,非但不愧之而已……赞自是吾文之杰思,殆无一字空设,奇变不穷,同合异体,乃自不知所以称之。此书行,故应有赏音者。纪、传例为举其大略耳,诸细意甚多。自古体大而思精,未有此也。'"范晔删众家《后汉书》为一家之作,但仅成十本纪、八十传。萧梁时,刘昭将司马彪《续汉书》中的八志加以注释增补,附在《后汉书》后,成为今天的传本,是现存最重要的东汉史料。

范广渊卒,生年不详。范晔弟。为司徒祭酒,世祖抚军谘议参军。坐范晔事被杀。能诗,《隋书·经籍志》著录作抚军谘议《范广集》(盖避唐高祖讳省"渊"字)1卷。今存诗1首:《征虏亭饯王少傅》,见《初学记》卷一八,逯钦立收在《先秦汉魏晋南北朝诗·宋诗》卷四。事迹见《宋书·范晔传》附。

释僧祐(—518)生(《高僧传·齐京师建初寺释僧祐传》)。

宋元嘉二十三年　北魏太平真君七年　丙戌　446年

三月,北魏太武帝废佛(《魏书·太武帝纪》)。

按:崔浩素奉道教,恶佛法,每言于魏帝,以为佛法虚诞,为世费害,宜悉除之。据《魏书·释老志》记载,魏帝讨盖吴,至长安,入佛寺,见沙门卧室有兵器,"怒曰:'此非沙门所用,当与盖吴通谋,规害人耳!'命有司案诛一寺,阅其财产……帝既忿沙门非法,浩时从行,因进其说。诏诛长安沙门,焚破佛像,敕留台下四方,令一依长安行事"。

又按:《资治通鉴·宋纪六》曰:"太子晃素好佛法,屡谏不听,乃缓宣诏书,使远近豫闻之,得各为计。沙门多亡匿获免,或收藏经像,唯塔庙在魏境者无复子遗。"

九月己卯,宋文帝亲临国子学,策试诸生,答问凡59人(《宋书·文帝纪》)。

十月戊子,宋文帝颁诏:诸生策试成绩优秀,奖励教授之官,赐帛各有差。

按:《宋书·文帝纪》曰:"(元嘉二十三年)冬十月戊子,诏曰:'庠序兴立累载,胄子肆业有成。近亲策试,睹济济之美,缅想洙、泗,永怀在昔。诸生答问,多可采览。教授之官,并宜沾赉。'赐帛各有差。"

释慧球十六岁,出家住荆州竹林寺,事道馨为师(《高僧传·梁荆州释慧球传》)。

按:《高僧传·梁荆州释慧球传》言其"天鉴(当作监)三年卒,春秋七十有四",其十六岁则当在是年。

何承天作《奏劾博士顾雅等》、《安边论》。

按:《奏劾博士顾雅等》为何承天与诸博士就刘宋王室如何遵守礼制的问题展开的辩争。《宋书·礼志二》曰:"元嘉二十三年七月,白衣领御史中丞何承天奏:'……谨案太学博士顾雅、国子助教周野王、博士王罗云、颜测、殷明、何惔、王渊之、前博士迁员外散骑侍郎庾邃之等,咸蒙抽饰,备位前疑,既不谨守旧文,又不审据前准,遂上背经典,下违故事,率意妄作,自造礼章。太常臣敬叔位居宗伯,问礼所司,腾述往反,了无研却,混同兹失,亦宜及咎。请以见事并免今所居官,解野王领国子助教。雅、野王初立议乖舛,中执捍愆失,末违十日之限,虽起一事,合成三愆,罗云掌押捍失,三人加禁固五年。'"《安边论》,《宋书·何承天传》曰:"时索虏侵边,太祖访群臣威戎御远之略,承天上表曰……"《资治通鉴》系此事于是年。

北魏令狐箅供养《大集经》,卷二三有题记。

按:纸质。墨书。敦煌藏经洞出品(?)。其卷二三有题记,全3行,行10—23字,曰:"佛弟子令狐箅所供养经。大代太平真君七年岁次丙戌十月廿日,唐儿祠中写竟。惟愿佛诸弟子,修行精进,护持正法,不生轻慢。"

释智欣(　—506)、何胤(　—531)生(《续高僧传·梁钟山宋熙寺沙门释智欣传》、《梁书·何点传附何胤传》)。

宋元嘉二十四年　北魏太平真君八年　丁亥　447年

正月,吐京胡为患,魏太武帝诏征东将军武昌王拓跋提、征南将军淮南王拓跋他率兵征讨(《魏书·太武帝纪》)。

十二月,鄯善、遮逸国遣子朝献(《魏书·太武帝纪》)。

何承天免官归家。

按:《宋书·何承天传》曰:"(元嘉)二十四年,承天迁廷尉,未拜,上欲以为吏部,已受密旨,承天宣漏之,坐免官,卒于家,年七十八。"

鲍照离刘义季幕还京都,为始兴王刘濬引为国侍郎,又与王僧绰相唱和(丁福林《鲍照年谱》)。

按:参见鲍照《和王丞》诗。

沈演之九月己未任领军将军(《宋书·文帝纪》)。

崔浩著《易》传成,作《注易叙》。

按:《魏书·张湛传》曰:"凉州平,入国,年五十余矣,赐爵南浦男,加宁远将军。司徒崔浩识而礼之。浩注易,叙曰……"系年据曹道衡、刘跃进《南北朝文学编年史》。

陆徽作《荐龚颖表》。

按:陆徽,字休猷,吴郡吴人,元嘉二十三年为益州刺史,二十九年卒官。《宋书·龚颖传》曰:"太祖元嘉二十四年,刺史陆徽上表曰:'……璩故吏龚颖,独秉身贞白,抗志不挠,殡送旧君,哀敬尽礼,全操九载,不染伪朝。纵虽残凶,犹重义概,遂延以旌命,劫以兵威,颖忠诚奋发,辞色方壮,虽桎梏在身,践危愈信其节,白刃临颈,见死不更其守。若王蠋之抗辞燕军,同周苛之肆詈楚王,方之于颖,蔑以加焉。诚当今之忠壮,振古之遗烈。而名未登于王府,爵犹齿于乡曹,斯实边氓远土,所为于邑。臣过叨恩私,宣风万里,志存砥竭,有怀必闻,故率愚虑,举其所知。追惧纰妄,伏增悚栗。'颖遂不被朝命,终于家。"

鲍照作《拜侍郎上疏》、《和王丞》诗(丁福林《鲍照年谱》)。

何承天卒(370—)。东海郯人。何逊曾祖。承天幼承母训,遍览经史百家。晋末,任宛陵令。入宋,历任钱塘令、南台治书侍御史、衡阳太守、著作佐郎、御史中丞等职。承天博学多识,尤精天文、历算。其所改定《元嘉历》被颁为官历。又精史学,立史学馆。曾与宗炳等作佛学论争,著《达性论》、《报应问》等。另著《分明士制》3卷、《春秋前传》10卷、《春秋前杂传》9卷、《历术》1卷、《漏刻经》1卷。又删减并合《礼论》800卷,以类相从,凡为300卷,与《前传》、《杂语》、《纂文》、论并传于世,后皆佚。《隋书·经籍志》著录宋御史中丞《何承天集》20卷,梁32卷,佚。事迹见《宋书》卷六四、《南史》卷三三。

　　按:何承天所作《达性论》、《报应问》等,反对佛家轮回报应之说,主张"形毙神散,犹春荣秋落"。

刘义季卒(415—)。义季,彭城人,宋宗室,刘裕第七子,特为文帝所爱。文帝即位,封衡阳王、都督八州诸军事、安西将军、荆州刺史。《隋书·经籍志》著录宋《衡阳王义季集》10卷,录1卷,佚。事迹见《宋书》卷六一。

刘怀慰(—491)、袁彖(—494)、孔稚珪(—501)、释僧韶(—504)生(《南齐书·刘怀慰传》、《南齐书·袁彖传》、《南齐书·孔稚珪传》、《续高僧传·梁杨都建元寺沙门释僧韶传》)。

宋元嘉二十五年　北魏太平真君九年　戊子　448年

闰月己酉,宋文帝讲武习兵于宣武场(《宋书·文帝纪》)。
三月庚辰,宋文帝车驾校猎(《宋书·文帝纪》)。
五月己卯,宋罢大钱当两(《宋书·文帝纪》)。
十月癸卯,魏以婚姻奢靡,丧葬过度,诏有司制定法令加以限制(《魏书·太武帝纪》)。

雷次宗筑室于钟山,谓之招隐馆。为皇太子诸王讲《丧服经》(《宋书·雷次宗传》)。

释慧次十五岁,随法迁还彭城。
　　按:《高僧传·齐京师谢寺释慧次传》曰:"(释慧次)初出家为志钦弟子,后遇徐州释法迁,解贯当世,钦乃以次付嘱。仍随迁南至京口,止竹林寺。至年十五,随迁还彭城。"又曰:"永明八年讲《百论》至《破尘品》,忽然从化,春秋五十七矣。"则其十五岁当在是年。

崔浩所注《五经》颁行于北魏(《魏书·崔浩传》、《魏书·高允传》)。

何尚之作《密奏庾炳之得失》、《又陈庾炳之愆过》、《又答问庾炳之事》。

  按：《宋书·庾炳之传》曰："领选既不缉众论，又颇通货贿。炳之请急还家，吏部令史钱泰、主客令史周伯齐出炳之宅谘事。泰能弹琵琶，伯齐善歌，炳之因留停宿。尚书旧制，令史谘事，不得宿停外，虽有八座命，亦不许。为有司所奏。上于炳之素厚，将恕之，召问尚书右仆射何尚之，尚之具陈炳之得失。又密奏曰……太祖以炳之信受失所，小事不足伤大臣。尚之又陈曰……太祖犹优游之，使尚之更陈其意。尚之乃备言炳之愆过，曰……太祖欲出炳之为丹阳，又以问尚之，尚之答曰……太祖乃可有司之奏，免炳之官。是岁，元嘉二十五年也。"由此可知，尚之此三文作于是年。

寇谦之卒(365—)。谦之字辅真，上谷人，后迁居冯翊万年。南雍州刺史寇赞之弟。北魏著名道士，倾心慕道，修习张鲁道术，以"张鲁之术"为家学。他对东汉张陵创立的五斗米道加以改造，使之成为礼拜为主，服药、修炼为辅的新道教。

  按：东晋南北朝时期，道教由原始的五斗米教向正式宗教演变，众多门阀世族成员乃至统治者的亲身参与，又使其由一般的民间信仰团体迅速升格为国教。寇谦之对北魏道教进行了全面、系统的改革，保留和增加适合儒家礼教的内容，革除和废弃违背儒家礼教之条目，同时建立了比较完整的道教教义、理论和礼仪规诫，对后世道教影响甚大(参汤用彤《汉魏两晋南北朝佛教史》、卿希泰主编《中国道教史》等)。

雷次宗卒(386—)。次宗字仲伦，豫章南昌人。少入庐山，事沙门慧远，笃志好学，尤明《三礼》、《毛诗》。隐退不交世务。后于元嘉十五年被征至都下，设馆于鸡笼山，聚徒教授。寻又为筑室于钟山西岩下，谓之"招隐馆"，为皇太子诸王讲《丧服》经。卒于钟山。《隋书·经籍志》著录宋通直郎雷次宗《毛诗序义》2卷、《略注丧服经传》1卷、《豫章记》1卷、宋征士《雷次宗集》16卷，梁29卷，录1卷。事迹见《宋书》卷九三、《南史》卷七五。

宋元嘉二十六年　北魏太平真君十年　己丑　449年

正月辛巳，宋文帝亲祠南郊(《宋书·文帝纪》)。
五月，婆皇国、婆达国遣使至宋奉献方物(《宋书·文帝纪》)。

裴松之重受诏续成何承天《宋书》，未遑述作而卒(《宋书·裴松之传》)。

  按：裴子野《宋略·总论》曰："(元嘉)二十六年，(裴松之)重被诏续成何承天《宋书》，其年终于位，书则未遑述作"，可知裴松之续书当在是年，然沈约《宋书》本传言其卒于元嘉二十八年，而裴子野言其卒于是年，李延寿《南史》本传亦言其未及撰述而卒,裴子野乃松之曾孙,其说当可信,今从裴子野将松之卒年系于是年。

袁淑迁尚书吏部郎(《宋书·袁淑传》)。

谢庄为随王刘诞谘议参军,与沈怀文共掌辞令。

按:《宋书·竟陵王诞传》曰:"二十六年出为都督雍梁南北秦四州、荆州之竟陵、随二郡诸军事,后将军,雍州刺史。以广陵弊,改封随郡王。上欲大举北伐,以襄阳外接关、河,欲广其资力,乃罢江州军府,文武悉配雍州,湘州入台税租杂物,悉给襄阳。"《宋书·谢庄传》曰:"转随王诞后军谘议,并领记室。"又《宋书·沈怀文传》曰:"随王诞镇襄阳,出为后军主簿,与谘议参军谢庄共掌辞令。"

江智渊佐随王刘诞幕,与谢庄、沈怀文友善。

按:《宋书·江智渊传》曰:"及为随王诞佐,在襄阳,诞待之甚厚。时谘议参军谢庄、府主簿沈怀文并与智渊友善。"

王僧绰徙尚书吏部郎,参掌大选(《宋书·王僧绰传》)。

按:《宋书·王僧绰传》曰:"(僧绰)究识流品,谙悉人物,拔才举能,咸得其分。"

释道猛东游京师,止东安寺。

按:《高僧传·宋京师兴皇寺释道猛传》曰:"释道猛,本西凉州人。少而游历燕赵,备瞩风化。后停止寿春,力精勤学。三藏九部,大小数论,皆思入渊微,无不镜彻。而《成实》一部,最为独步。于是大化江西,学人成列。至元嘉二十六年,东游京师,止于东安寺,复续开讲席。"

崔浩上《五寅元历》。

按:崔浩在《上〈五寅元历〉表》中曰:"太宗即位元年,敕臣解《急就章》、《孝经》、《论语》、《诗》、《尚书》、《春秋》、《礼记》、《周易》。三年成讫。复诏臣学天文、星历、《易》式、九宫,无不尽看。至今三十九年,昼夜无废。"(《魏书·崔浩传》)太宗即魏明元帝,他于409年即位,崔浩学天文、星历等书始于太宗即位后三年(即411年),其上表献《五寅元历》则又在此后三十九年,故应系于是年。

又按:据《魏书·律历志》和《崔浩传》记载,自天兴初,魏命太史令晁崇修浑仪以观星象,仍用《景初历》,至是,司徒崔浩上《五寅元历》。未及施行,浩诛,遂寝。

裴松之约卒(372—)。松之字世期,河东闻喜人。年八岁,已通《论语》、《毛诗》。博览坟籍,立身简素。历任零陵内史、国子博士、中书侍郎、永嘉太守等职。奉命续撰国史,未始而卒。裴松之一生著述甚丰,有《三国志注》、《晋纪》。《隋书·经籍志》著录其撰《集注丧服经传》1卷,注《三国志》65卷,撰《裴氏家传》4卷,宋太中大夫《裴松之集》13卷,梁21卷;《文苑英华》卷七五四载其撰《宋元嘉起居注》60卷。今所存文均为表奏及礼论。严可均《全宋文》卷一七载其文7篇。类书又引松之《述征记》、《西征记》、《北征记》,当是其集中佚文片断。事迹见《宋书》卷六四、《南史》卷三三。

按:裴松之注《三国志》,书成上奏,文帝誉为"不朽",其注今存,不重训诂,而重史实之增补与考订。博采众书凡二百余种,于陈寿史文,辨是非,核讹异,补阙失,注文内容超出陈寿原书数倍,开创了作注新例,保存了大量宝贵资料。参429年"裴松之七月上《三国志注》"条。

又按：裴松之生年无疑义，卒年大约有二说：一是《三国志》的裴松之注"裴松之卒于宋文帝元嘉二十八年(451年)，年八十"说(详见柴德赓《史籍举要》，北京出版社1982年版第40页)。此说为目前多数卒年表采用，如中国大百科全书出版社编辑部编《简明中华百科全书》(中国大百科全书出版社1994年版第1396页)。二是吴金华著《古文献整理与古汉语研究·中华书局校点本〈三国志修订刍议〉》中对裴松之卒年的考察结论："《说明》的说法是裴松之比范晔'长二十岁'、'范死在宋文帝元嘉二二年(公元445)，裴死更比范后六年'。据我们考察，陈寿的卒年很可能在'晋惠帝元康七年'之后的第三年，即晋惠帝永康元年(公元300)；而裴松之的卒年则可能比《说明》的提法早两年，即宋文帝元嘉二十六年(公元449)。要而言之，现在还不宜将陈、裴的生卒年说死。"(详见吴金华著《古文献整理与古汉语研究·中华书局校点本〈三国志修订刍议〉》，江苏古籍出版社2001年版第216页)吴说较为合理，故系裴松之卒年于此。

释宝云卒(372—)。释宝云，《高僧传·宋六合山释宝云传》曰："传云凉州人。少出家，精勤有学行……晋隆安之初，远适西域，与法显、智严先后相随，其在外域，遍学梵书，天竺诸国音字诂训，悉皆备解。后还长安，随佛驮跋陀业禅进道。"后止道场寺，译《新无量寿》，江左译梵，莫逾于云。后适六合山寺，译出《佛本行赞经》。事迹见《高僧传》卷三。

按：《高僧传·宋六合山释宝云传》云其享年七十四，但据《名僧传钞》谓晋孝武帝太元十四年(389)，云十八岁，则其卒时当为七十八岁，生年应为晋简文帝咸安二年(372)。

沈演之卒(397—)。演之字台真，吴兴武康人。其家世为武将，而演之折节好学。年十一，尚书仆射刘柳见之，谓其"终为令器"。精研《老子》，以义理业尚知名。为嘉兴令，有政绩。元嘉中，累官吏部尚书。虽未为宰相，而任寄不异。患疾，文帝使其卧疾治事。是年暴卒。追赠散骑常侍、金紫光禄大夫，谥曰贞侯。演之能文，严可均《全宋文》卷四一载其《嘉禾颂》、《白鸠颂》及表、议共4篇。事迹见《宋书》卷六三、《南史》卷三六。

刘子业(—465)、何佟之(—503)生(《宋书·前废帝纪》、《梁书·何佟之传》)。

宋元嘉二十七年　北魏太平真君十一年　庚寅　450年

三月戊寅，宋罢国子学(《宋书·文帝纪》)。

七月，宋分道攻北魏(《宋书·文帝纪》、《资治通鉴·宋纪七》)。

十一月辛卯，北魏太武帝率军至鲁郡，以太牢祀孔子(《魏书·太武帝纪》)。

是年，宋始以七条征发，致使伪造谱籍之风日盛。

按：《南史·王僧孺传》载沈约《上言宜校勘谱籍》曰："宋元嘉二十七年，始以七条征发,既立此科,人奸互起,伪状巧籍,岁月滋广。"

袁淑为始兴王刘濬征北长史、南东海太守,因喜为夸诞,每为时人所嘲。

按：《宋书·袁淑传》曰："其秋,大举北伐,淑侍坐从容曰：'今当鸣銮中岳,席卷赵、魏,检玉岱宗,今其时也。臣逢千载之会,愿上《封禅书》一篇。'太祖笑曰：'盛德之事,我何足以当之。'出为始兴王征北长史、南东海太守。淑始到府,濬引见,谓曰：'不意舅遂垂屈佐。'淑答曰：'朝廷遣下官,本以光公府望。'还为御史中丞。"

王僧达母忧服阕,出为宣城太守（丁福林《鲍照年谱》）。

按：王僧达为临川王刘义庆婿。

谢朓十岁,能属文（《梁书·谢朓传》）。

按：据《梁书·谢朓传》,谢朓生于441年,其十岁时当为是年。

高允对北魏太武帝言崔浩事（《魏书·高允传》、《南史·高允传》）。

按：《魏书·高允传》曰："初,浩之被收也,允直中书省……世祖召允,谓曰：'《国书》皆崔浩作不？'允对曰：'《太祖记》,前著作郎邓渊所撰。《先帝记》及《今记》,臣与浩同作,然浩综务处多,总裁而已。至于注疏,臣多于浩。'……世祖谓恭宗曰：'直哉！此亦人情所难,而能临死不移,不亦难乎！且对君以实,贞臣也。如此言,宁失一有罪,宜宥之。'允竟得免……敕允为诏,自崔浩已下,僮吏以上百二十八人皆夷五族……允曰：'浩之所坐,若更有余衅,非臣敢知。直以犯触,罪不至死。'世祖怒,命介士执允。恭宗拜请。世祖曰：'无此人忿朕,当有数千口死矣。'浩竟族灭,余皆身死。宗钦临刑,叹曰：'高允其殆圣乎！'"

张湛悉焚与崔浩赠答诗（《魏书·张湛传》、《北史·张湛传》）。

按：湛字子然,一字仲玄,敦煌渊泉人,为河西著姓。弱冠知名凉州,好学能属文,冲素有大志。凉州平定后,崔浩见之大加欣赏。《北史·张湛传》曰："湛至京师,家贫不立,操尚无亏。浩常给其衣食,荐为中书侍郎,湛知浩必败,固辞。每赠浩诗颂,多箴规之言。浩亦钦敬其志,每常报答,极推崇之美。浩诛,湛惧,悉烧之,闭门却扫,庆吊皆绝,以寿终。"崔浩于是年被杀,故系于此。

谢庄是年前改《左传》为国别史,制立体地图。

按：《宋书·谢庄传》曰："初为始兴王濬后军法曹行参军,转太子舍人、庐陵王文学,太子洗马、中舍人,庐陵王绍南中郎谘议参军。又转随王诞后军谘议,并领记室。分左氏《经》《传》,随国立篇,制木方丈,图山川土地,各有分理,离之则州别郡殊,合之则宇内为一。元嘉二十七年,索虏寇彭城,虏遣尚书李孝伯来使,与镇军长史张畅共语,孝伯访问庄及王微,其名声远布如此。"张岂之主编《中国学术思想编年》说："（谢庄）将《春秋左传集解》的经和传,按照国别,分列篇目,改其编年体例为分国纪事的国别体。又制造木方丈,以不同的木块分别表示山川土地,各有形状。这种木制地图可分可合,分离开来,州、郡不相连,独立成一区划,合并之后,天下合而为一。有学者认为此为世界上最早的立体地形图之一。"并将此事明确系于是年,似欠妥帖,应作于是年或前年。

伊吾赵清信作《摩诃般若波罗蜜经》（小品）,第四有题记。

按：纸质。墨书。敦煌藏经洞出品。其第四有题记,全1行,4字,曰："赵清信经。"据考证,此经抄写于太安元年（450）正月十九日前。

伊吾比丘申宗写《佛说辩意长者子所问经》,有题记。

按:纸质。墨书。敦煌藏经洞出品。其题记全2行,行12—20字,曰:"太岁太安元年(450年)年在庚寅正月十九日,写讫伊吾南祠。比丘申宗手拙人已。难得纸墨。"

北魏写本《国语·周语》旧注残叶出于是年或次年前。

按:纸质。前后缺,原存61行,现存43行。墨书。敦煌藏经洞出品。

北魏历日出于是年或次年。

按:纸质。原存27行,现存24行。墨书。敦煌藏经洞出品(?)。

崔浩卒(381—)。浩字伯渊,清河东武城人,崔宏之子。浩少好文学,博览经史,玄象阴阳,百家之言,无不关综。研精义理,能为杂说,不长属文,重制度、科律及经术之言,不好佛老,工书法。弱冠为直郎,后拜博士祭酒,常授魏明元帝经书。以三朝元老受封为东郡公,拜太常卿,后迁司徒,助太武帝推行汉化。神䴥二年,奉诏临修国史。书成,刻史于道,因修史直书魏先世事实被杀。崔浩平生著述甚丰,注《五经》及《论语》、《孝经》;制《五寅元历》;著《晋后书》,未成,有50余卷传于世;著书20余篇,述历代变弊之迹;修魏国史。《隋书·经籍志》著录后魏司徒崔浩注《周易》10卷,撰《历术》1卷,《赋集》86卷,今佚。事迹见《魏书》卷三五、《北史》卷二一。

按:《魏书·崔浩传》曰:"崔浩才艺通博,究览天人,政事筹策,时莫之二,此其所以自比于子房也。"

释僧翼卒(381—)。僧翼本为吴兴余杭人。初出家,止庐山寺,依慧远修学。晚适关中,复师鸠摩罗什,经律数论,并皆参涉,又诵《法华》一部。晋义熙十三年,于秦望西北立法华精舍。事迹见《高僧传》卷一三。

宗钦卒,生年不详。钦字景若,金城人。少好学,有儒者之风,博综群书,声著河右。初仕北凉为中书郎,世子洗马。魏太武帝灭北凉,入魏,为鹰扬将军,转著作郎。曾与高允书,并赠以四言诗。崔浩诛,宗钦亦被赐死。宗钦在北凉时尝著《蒙逊记》10卷,今佚。事迹见《魏书》卷五二、《北史》卷三四。

段承根卒,生年不详。武威姑臧人。好学、机辩,有文思。魏司徒崔浩奇之,以为才堪注述,荐为著作郎。尝作四言诗《赠李宝》,崔浩诛,承根与宗钦等俱死。其诗见《魏书》本传,逯钦立辑入《先秦汉魏晋南北朝诗·北魏诗》卷一。事迹见《魏书》卷五二、《北史》卷三四。

宋元嘉二十八年　北魏太平真君十二年
正平元年　辛卯　451年

正月,宋文帝杀其弟刘义康。

按:《宋书·彭城王义康传》曰:"(元嘉)二十八年正月,遣中书舍人严龙赍药赐

卡尔西顿公会议召开。

死。义康不肯服药,曰:'佛教自杀不复得人身,便随宜见处分。'乃以被掩杀之,时年四十三。"佛教对刘宋皇室的深刻影响,由此可见一斑。

丙戌朔,北魏太武帝大会群臣于瓜步山,班爵行赏(《魏书·太武帝纪》、《资治通鉴·宋纪八》)。

六月壬戌,北魏改元正平(《魏书·太武帝纪》、《资治通鉴·宋纪八》)。

戊辰,北魏太子晃卒(《魏书·太武帝纪》)。

何尚之五月以尚书左仆射为尚书令(《宋书·文帝纪》)。

王僧达任宣城太守,寻徙任义兴太守。

按:《宋书·王僧达传》曰:"元嘉二十八年春,索虏寇逼,都邑危惧,僧达求入卫京师,见许。贼退,又除宣城太守,顷之,徙任义兴。"

王僧绰迁侍中,任以机密。

按:《宋书·王僧绰传》曰:"王僧绰,琅邪临沂人,左光禄大夫昙首子也。幼有大成之度,弱年众以国器许之。好学有理思,练悉朝典……二十八年,迁侍中,任以机密。僧绰沈深有局度,不以才能高人。"

释慧次十八岁,名满徐土。

按:《高僧传·齐京师谢寺释慧次传》曰:"至年十八,解通经论,名贯徐土。迄禀具戒,业操弥深。频讲《成实》及《三论》。"

释法护十三岁,善草隶,深得其师道邕器重(《续高僧传·梁杨都建元寺沙门释法护传》)。

车频纂成《秦纪》(《史通·古今正史》)。

按:参见432年"车频始纂《秦纪》"条。

鲍照作《芜城赋》(丁福林《鲍照年谱》)。

范云(　—503)、释僧若(　—520)、崔光(　—523)、释法宠(　—524)、释道慧(　—481)生(《梁书·范云传》、《续高僧传·梁吴郡虎丘山沙门释僧若传》、《魏书·崔光传》、《续高僧传·梁杨都光宅寺沙门释法宠传》、《高僧传·释道慧传》)。

宋元嘉二十九年　北魏正平二年　(南安王拓跋余承平元年)　文成帝拓跋濬兴安元年　壬辰　452年

威尼斯建城。

二月甲寅,北魏中常侍宗爱杀魏太武帝拓跋焘及东平王拓跋翰,立南安王拓跋余,改元承平(《魏书·太武帝纪》、《资治通鉴·宋纪八》)。

五月,宋文帝闻北魏太武帝死,遂谋北伐。遣抚军将军萧思话督冀州刺史张永等向碻磝,鲁爽、鲁秀、程天祚将荆州甲士4万出许、洛,雍州刺

宋元嘉二十九年　北魏正平二年　(南安王拓跋余承平元年)　文成帝拓跋濬兴安元年　壬辰　452年

史臧质率所领趣潼关(《宋书·文帝纪》、《资治通鉴·宋纪八》)。

十月戊申,北魏太武帝孙拓跋濬立,改元兴安,是为高宗文成皇帝(《魏书·文成帝纪》、《资治通鉴·宋纪八》)。

十二月乙卯,北魏文成帝下诏恢复佛教(《魏书·文成帝纪》、《魏书·释老志》、《资治通鉴·宋纪八》)。

> 按:《资治通鉴·宋纪八》曰:"(魏文成帝)诏州郡县众居之所,各听建佛图一区;民欲为沙门者,听出家,大州五十人,小州四十人。于是向所毁佛图,率皆修复。魏主亲为沙门师贤等五人下发,以师贤为道人统。"

是年,北魏废《景初历》,行《玄始历》(《资治通鉴·宋纪八》)。

刘义恭十二月以骠骑将军、南兖州刺史为大将军、南徐州刺史(《宋书·文帝纪》)。

颜延之上表乞解职,不许(《宋书·颜延之传》)。

沈庆之固谏宋文帝北伐,不从(《宋书·沈庆之传》)。

鲍照自南兖州返建康,再由建康之南徐州之义兴,与王僧达相唱和(丁福林《鲍照年谱》)。

王僧达时任义兴太守,与来访之鲍照唱和(丁福林《鲍照年谱》)。

谢庄除太子中庶子(《宋书·谢庄传》)。

何尚之作《退居赋》,袁淑与之书并作《真隐传》以讥之。

> 按:《宋书·何尚之传》曰:"二十九年,致仕,于方山著《退居赋》以明所守,而议者咸谓尚之不能固志,太子左卫率袁淑与尚之书曰……"《南史·何尚之传》曰:"尚之还摄职……于是袁淑乃录古来隐士有迹无名者,为《真隐传》以嗤焉。"

谢庄作《赤鹦鹉赋》,袁淑叹服,隐其同名之作。

> 按:《宋书·谢庄传》曰:"(元嘉)二十九年,除太子中庶子。时南平王铄献赤鹦鹉,普诏群臣为赋。太子左卫率袁淑文冠当时,作赋毕,赍以示庄,庄赋亦竟,淑见而叹曰:'江东无我,卿当独秀。我若无卿,亦一时之杰也。'遂隐其赋。"

鲍照作《瓜步山揭文》(钱仲联《鲍参军集注》)。

天竺僧求那跋陀罗在荆州辛寺译《八吉祥经》1卷。

> 按:《出三藏记集·新集撰出经律论录》曰:"《八吉祥经》一卷,元嘉二十九年正月十三日于荆州译出。"又曰:"宋文帝时,天竺摩诃乘法师求那跋陀罗,以元嘉中及孝武时宣出诸经,沙门释宝云及弟子菩提法勇传译。"

释僧彻卒(383—　)。释僧彻,本姓王,太原晋阳人。年十六入庐山从慧远受业,遍学众经,尤精《波若》。从学之余,留心篇牍,一赋一咏,落笔成章。年二十四讲《小品》,词旨明析,听者无以折其锋,为慧远门下所推服。慧远亡后,南游荆州,止江陵五层寺,晚移琵琶寺。彭城王刘义康、仪同萧思话等俱从受戒法。事迹见《高僧传》卷七。

王俭(　—489)、游肇(　—520)、释慧约(　—535)生(《南齐书·王俭传》、《魏书·游明根传附游肇传》、《续高僧传·梁国师草堂寺智者释慧约传》)。

宋元嘉三十年 （元凶劭太初元年）
北魏兴安二年　癸巳　453 年

二月，宋皇太子刘劭弑宋文帝自立(《宋书·文帝纪》、《资治通鉴·宋纪九》)。

按：宋文帝刘义隆，小字车儿，彭城人，生于京口。刘裕第三子。东晋末历官徐州刺史、司州刺史、荆州刺史。刘裕建宋，封宜都王。少帝被废后，义隆被大臣拥立为帝。即位后，清除权臣徐羡之、傅亮、谢晦等，并对内修明政治，对外抵御北魏的侵袭，他在位期间，刘宋经济、政治、文化都得到了迅速发展，史称元嘉盛世。义隆能文，博涉经史，善隶书，在位三十年，大力提倡儒学与文学。《隋书·经籍志》著录《宋文帝集》7卷，梁10卷。严可均《全宋文》卷二至卷四载其诏诰手敕3卷。逯钦立《先秦汉魏晋南北朝诗·宋诗》卷一载其《北伐诗》等3首。

又按：刘义隆元嘉之世，号称升平。《宋书·沈昙庆传论》曰："自义熙十一年司马休之外奔，至于元嘉末，三十有九载，兵车勿用，民不外劳，役宽务简，氓庶繁息，至余粮栖亩，户不夜扃，盖东西之极盛也。"由此可见，元嘉时期江南地区得到了较大程度的开发，经济获得了飞速发展。

四月己巳，宋孝武帝刘骏即皇帝位(《宋书·孝武帝纪》)。

颜延之五月为光禄大夫。孝武即位，以为金紫光禄大夫，领湘东王师(缪钺《颜延之年谱》)。

袁粲任尚书吏部郎，太子右卫率，侍中。

按：《宋书·袁粲传》曰："世祖伐逆，转记室参军。及即位，除尚书吏部郎，太子右卫率，侍中。"

王僧达初为宣城太守、义兴太守。孝武即位，为尚书右仆射。八月，为护军将军、征虏将军、吴郡太守，封宁道侯(《宋书·王僧达传》)。

王僧虔收养亡兄王僧绰遗孤王俭。出位武陵太守，还为中书郎，转黄门郎(《宋书·王僧绰传》、《南齐书·王俭传》)。

按：《宋书·王僧绰传》曰："劭既立，转为吏部尚书，委以事任，事在《二凶传》。顷之，劭料检太祖巾箱及江湛家书疏，得僧绰所启飨士并废诸王事，乃收害焉，时年三十一。"《南齐书·王僧虔传》："兄僧绰，为太初所害，亲宾咸劝僧虔逃。僧虔涕泣曰：'吾兄奉国以忠贞，抚我以慈爱，今日之事，苦不见及耳。若同归九泉，犹羽化也。'孝武初，出为武陵太守。兄子俭于中途得病，僧虔为废寝食……还为中书郎，转黄门郎。"《南齐书·王俭传》："(王俭)父僧绰，金紫光禄大夫。俭生而僧绰遇害，为叔父僧虔所养。"

谢庄作《索虏互市议》。

按：《宋书·谢庄传》曰："世祖践阼，除侍中。时索虏求通互市，上诏群臣博议。

宋元嘉三十年 （元凶劭太初元年）北魏兴安二年 癸巳 453年

庄议曰：'臣愚以为獯猃弃义，唯利是视，关市之请，或以觇国，顺之示弱，无明柔远，距而观衅，有足表强。且汉文和亲，岂止彭阳之寇；武帝修约，不废马邑之谋。故有余则经略，不足则闭关。何为屈冠带之邦，通引弓之俗，树无益之轨，招尘点之风。交易爽议，既应深杜；和约诡论，尤宜固绝……'"又《宋书·索虏传》曰："世祖即位，索虏求互市，江夏王义恭、竟陵王诞、建平王宏、何尚之、何偃以为宜许；柳元景、王玄谟、颜竣、谢庄、檀和之、褚湛之以为不宜许。时遂通之。"孝武帝于是年四月即位，故系于此。

周朗作《上书献谠言》。

按：《宋书·周朗传》曰："世祖即位，除建平王宏中军录事参军。时普责百官谠言，朗上书曰……书奏忤旨，自解去职。"沈约论曰："周朗辩博之言，多切治要，而意在摛词，文实忤主。文词之为累，一至此乎。"

伊吾比丘法救写《戒缘》，卷下有题记。

按：纸质。墨书。敦煌藏经洞出品。其卷下有题记，全1行，下稍残，存30字，曰："比丘法救所供养经。太安四年七月三日，唐儿祠中写竟。首薄可愧，愿使一切□。"

袁淑卒（408— ）。字阳源，陈郡阳夏人。袁豹之子。不为章句之学，博涉多通，好属文，辞采遒艳，纵横有才辩。历任彭城王司徒祭酒、临川王刘义庆谘议参军、尚书吏部郎、太子左卫率。是年，太子刘劭弑父，袁淑不从，被杀。文集传于世。《隋书·经籍志》著录宋太尉《袁淑集》11卷，并目录，梁10卷，录1卷，《旧唐书·经籍志》另著录其《真隐传》2卷、《俳谐文》15卷。明人张溥辑其诗文为《袁忠宪集》，在《汉魏六朝百三家集》中。严可均《全宋文》卷四四载其文15篇，逯钦立《先秦汉魏晋南北朝诗·宋诗》卷五载其诗7首。事迹见《宋书》卷七〇、《南史》卷二六。

按：张溥《汉魏六朝百三家集题辞》曰："阳源《俳谐集》，文皆调笑，其于艺苑，亦博篡之类也。《御虏议》世讥其诞，然文采遒艳，才辩鲜及，即不得为仪秦纵横，方诸燕然勒铭，广成作颂，意似欲无多让。诗章虽寡，其摹古之篇，风气竟逼建安。此人不死，颜谢未必能出其上也。"

江湛卒（408— ）。湛字徽渊，济阳考城人。好文义，喜弹棋鼓琴，兼明算术。为人至孝，居丧以孝闻。历任著作佐郎、太子中庶子、尚书吏部郎、左卫将军，后官至吏部尚书。是年，太子刘劭弑父，被杀。《隋书·经籍志》著录宋光禄大夫《江湛集》4卷，录1卷，佚。事迹见《宋书》卷七一、《南史》卷三六。

王僧谦卒（415— ）。琅邪临沂人。王微之弟。有才名，官太子舍人。是年遇疾，兄微躬自处治，以服药失度而卒。《隋书·经籍志》著录宋太子舍人《王僧谦集》2卷，佚。事迹见《宋书》卷六二。

王微卒（415— ）。微字景玄，琅邪临沂人。少好学，无不通览，善属文，能书画，兼解音律、医方、阴阳术数。历任司徒祭酒、太子中舍人、中书侍郎。是年，其弟僧谦得病，微亲为医治，而僧谦服药失度，遂卒。微深自咎恨，发病不治，未几而卒。《隋书·经籍志》著录宋秘书监《王微集》10卷，梁录1卷。严可均《全宋文》卷一九载其文9篇，逯钦立《先秦汉魏晋南北朝诗·宋诗》卷四载其诗5首。其所著《叙画》是中国早期论述山水画的重要论文。事迹见《宋书》卷六二、《南史》卷二一。

按：关于王微卒年，据孙彪《宋书考论》曰："以江湛为尚书及下文何偃称长史参勘之，盖元嘉三十年卒也。王僧绰二十八年为侍中，年二十九，亦三十年卒，年三十一。微为其兄，年二十九当作年三十九。"曹道衡、沈玉成《中古文学史料丛考》"王微卒年、年岁"条复证王微卒于是年。

又按：王微《叙画》以神意为主，以为"夫言绘画者，竟求容势而已。且古人之作画也，非以案城域、辨方州、标镇阜、划浸流。本乎形者融，灵而动者变心。止灵亡见，故所托不动；目有所极，故所见不周。于是乎以一管之笔，拟太虚之体；以判躯之状，画寸眸之明。曲以为嵩高，趣以为方丈，以叐之画，齐乎太华。枉之点，表夫龙准。眉额颊辅，若晏笑兮；孤岩郁秀，若吐云兮。横变纵化，故动生焉，前矩后方出焉。然后宫观舟车，器以类聚；犬马禽鱼，物以状分。此画之致也。望秋云，神飞扬，临春风，思浩荡。虽有金石之乐，珪璋之琛，岂能仿佛之哉！披图按牒，效异山海，绿林扬风，白水激涧。呜呼！岂独运诸指掌，亦以明神降之。此画之情也"（张彦远《历代名画记》卷六）。从中可见遗物取神、得意忘言的玄学风尚对南朝画论的影响。

沈璞卒（416—　）。璞字道真，吴兴武康人。沈约父。童孺时，神意闲审，有异于众。好学不倦，善属文，时有忆识之功。元嘉十七年，为宋始兴王刘濬之主簿。后转为始兴国大农，除秣陵令。任盱眙太守时，与臧质坚守，击退北魏进犯，受嘉奖。是年，以"奉迎之晚"为宋孝武帝所杀。所作诗文，皆佚失。事迹见《宋书》卷一百。

王僧绰卒（423—　）。琅邪临沂人。王昙首之子，王俭之父。好学有理思，练悉朝典。历任江夏王刘义恭司徒参军、始兴王文学、秘书丞、太子中庶子、尚书吏部郎等职。元嘉二十八年，迁侍中。时太子刘劭谋逆，僧绰密启文帝，又参与废劭之议。刘劭弑父自立，僧绰被杀。宋孝武帝立，追赠散骑常侍、金紫光禄大夫。《隋书·经籍志》著录金紫光禄大夫《王僧绰集》1卷，又编《颂集》20卷，佚。事迹见《宋书》卷七一、《南史》卷二二。

徐孝嗣（　—499）、**刘芳**（　—513）**生**（《南齐书·徐孝嗣传》、《魏书·刘芳传》）。

宋孝武帝刘骏孝建元年　北魏兴安三年
兴光元年　甲午　454年

正月己亥朔，宋孝武帝刘骏改元孝建，大赦天下（《宋书·孝武帝纪》）。

丙寅，立皇子刘子业为太子（《宋书·孝武帝纪》）。

二月甲午，北魏文成帝至道坛，登受图箓（《魏书·文成帝纪》、《资治通鉴·宋纪十》）。

是月，宋南郡王刘义宣起兵争位（《宋书·孝武帝纪》、《宋书·南郡王义宣传》）。

六月庚寅,宋南郡王刘义宣败,于江陵被赐死(《宋书·孝武帝纪》)。

七月辛丑,北魏改元兴光(《魏书·文成帝纪》)。

十月戊寅,宋诏以诸侯之礼定孔子庙制。

按:《宋书·孝武帝纪》曰:"(宋孝武帝)诏曰:'仲尼体天降德,维周兴汉,经纬三极,冠冕百王。爰自前代,咸加褒述。典司失人,用阙宗祀……可开建庙制,同诸侯之礼。详择爽垲,厚给祭秩。'"这是继元嘉十五年兴儒学馆之后又一大兴儒学的举措。

是月,宋削弱王侯,裁损王侯车服、器用、乐舞制度,凡九条;又增广为二十四条,听事不得南向坐,施帐;剑不得为鹿卢形;内史、相及封内官长止称下官,不得称臣,罢官则不复追敬(《宋书·礼志五》、《宋书·江夏文献王义恭传》)。

颜延之正月侍从孝武帝亲祠南郊(《宋书·颜延之传》)。

谢超宗、何法盛校书东宫(《宋书·自序》)。

谢庄上表议举才,事不行。以左卫将军转吏部尚书,上表解职,不许。

按:《宋书·谢庄传》曰:"孝建元年,迁左卫将军……于时搜才路狭,乃上表曰……有诏庄表如此,可付外详议,事不行。其年,拜吏部尚书。庄素多疾,不愿居选部,与大司马江夏王义恭笺自陈……"谢庄是年先任左卫将军,同年继颜竣后转任吏部尚书,以疾自辞,不获应准。

陆澄为太学博士(《宋书·礼志》)。

释昙斌约是年讲佛经于建康新安寺。

按:《高僧传·宋京师庄严寺释昙斌传》曰:"释昙斌,姓苏,南阳人……既遍历众师,备闻异释,乃潜思积时,以穷其妙。融冶百家,陶贯诸部。于是还止樊邓,开筵讲说。四远名宾,负帙皆至。及孝建之初,敕王玄谟资发出京。初止新安寺,讲《小品》、《十地》,并申顿悟渐悟之旨。"

刘义恭作《省录尚书表》。

按:《宋书·江夏王义恭传》曰:"孝建元年,南郡王义宣、臧质、鲁爽等反,加黄钺,白直百人入六门。事平,以臧质七百里马赐义恭,又增封二千户。世祖以义宣乱逆,由于强盛,至是欲削弱王侯。义恭希旨,乃上表省录尚书。"

刘义恭、刘诞作《奏请严章服》。

按:经刘义宣之乱,宋孝武帝欲削弱王侯,刘义恭上表省录尚书,是年又与刘诞奏裁诸王车服制度。《宋书·礼志五》曰:"其年(孝建元年)十月己未,大司马江夏王义恭、骠骑大将军竟陵王诞表改革诸王车服制度,凡九条……"又《宋书·江夏文献王义恭传》曰:"孝建元年,南郡王义宣、臧质、鲁爽等反,加黄钺,白直百人入六门。事平,以臧质七百里马赐义恭,又增封二千户。世祖以义宣乱逆,由于强盛,至是欲削弱王侯。义恭希旨,乃上表省录尚书……上从其议。又与骠骑大将军竟陵王诞奏曰……诏可。是岁十一月,还镇京口。二年春,进督东、南兖二州。"

陆澄作《皇弟休倩殇服议》二篇。

按:是年四月,宋文帝第十六子刘休倩去世,六月,有司请奏,诏议葬礼。《宋书·礼志二》曰:"太学博士陆澄议……有司寻澄议无明证,却使秉正更上。澄重议……左丞臣羊希参议:'寻澄议,既无画然前例,不合准据……推此文旨,旁亲自宜服殇,所不殇者唯施臣子而已。'诏可。"

北魏谭胜写《大慈如来告疏》,有题记。

按:纸质。墨书。1944年8月敦煌莫高窟土地庙残塑像中发现。其题记全2行,行11—12字,曰:"兴安三年五月十日,谭胜写。传教人愿,生生之处,长直弥勒。"

宋孝建二年　北魏兴光二年　太安元年　乙未　455年

汪达尔人劫掠罗马。

六月壬戌,北魏改元太安(《魏书·文成帝纪》)。

九月甲午,宋议郊庙乐(《宋书·乐志一》)。

按:参议庙乐的有前殿中曹郎荀万秋、尚书左仆射建平王刘宏、骠骑大将军竟陵王刘诞、散骑常侍丹阳尹颜竣等。最后众议同刘宏:"祠南郊迎神,奏《肆夏》。皇帝初登坛,奏登哥。初献,奏《凯容》、《宣烈》之舞。送神,奏《肆夏》。祠庙迎神,奏《肆夏》。皇帝入庙门,奏《永至》。皇帝诣东壁,奏登哥。初献,奏《凯容》、《宣烈》之舞。终献,奏《永安》。送神奏《肆夏》。"诏可。是年十月辛未,有司又议郊庙乐。

谢庄为尚书,奏表以闻降甘露(《宋书·符瑞志》)。

释道猷受敕为新安寺法主。

按:《高僧传·宋京师新安寺释道猷传》曰:"宋文问慧观:'顿悟之义,谁复习之?'答云:'生公弟子道猷。'即敕临川郡发遣出京。既至,即延入宫内,大集义僧,令猷申述顿悟。时竞辩之徒,关责互起。猷既积思参玄,又宗源有本,乘机挫锐,往必摧锋,帝乃抚机称快。及孝武升位,尤相叹重,乃敕往新安,为镇寺法主。"元释念常《佛祖通载》卷九系于是年。

释宝亮十二岁,出家为僧,师从青州道明法师。

按:《高僧传·梁京师灵味寺释宝亮传》曰:"亮年十二出家,师青州道明法师……以天监八年十月四日卒于灵味寺,春秋六十有六。"天监八年即509年,据此推断,则释宝亮当于是年出家。

颜竣上《郊庙乐议》(《宋书·乐志一》)。

按:颜竣上《郊庙乐议》,规范郊祀乐仪,不取郑玄义而从张苍及王肃之见。《宋书·乐志一》曰:"散骑常侍、丹阳尹建城县开国侯颜竣议以为'……愚谓苍、肃、祇议,合于典礼,适于当今'。"

张辩作《庐山招提寺释僧瑜赞》。

按:《高僧传·宋庐山招隐寺释僧瑜传》曰:"以宋孝建二年六月三日,集薪为龛,并请僧设斋,告众辞别。"张辩此文即因是而作,故系于是年。

沮渠安阳侯九月于建康竹园精舍传写《禅要秘密治病经》2卷。同年又译出《佛母泥洹经》1卷。

按：《出三藏记集·禅要秘密治病经记》曰："河西王从弟大沮渠安阳侯于于阗国衢摩帝大寺，从天竺比丘大乘沙门佛陀斯那……沮渠亲面禀受，忆诵无滞。以宋孝建二年九月八日，于竹园精舍书出此经，至其月二十五日讫。"

释慧韶（ —508）、庾诜（ —532）生（《续高僧传·梁蜀郡龙渊寺释慧韶传》、《梁书·庾诜传》）。

宋孝建三年　北魏太安二年　丙申　456年

二月丁丑，宋孝武帝始制朔望临西堂，听群臣奏事（《宋书·孝武帝纪》）。

闰三月庚辰，宋停元嘉三十年以前兵工考别（《宋书·孝武帝纪》）。

鲍照是春迁太学博士，兼中书舍人，在建康与谢庄连句作诗（丁福林《鲍照年谱》、钱仲联《鲍参军集注》）。

谢庄坐辞疾多，免吏部尚书（《宋书·谢庄传》、《南史·谢庄传》）。

颜竣复代谢庄为吏部尚书，未拜，丁父忧（《宋书·颜竣传》、《宋书·孔顗传》）。

王僧达除太常，上表解职，免官。复为临淮太守。

按：《宋书·王僧达传》曰："孝建三年，除太常，意尤不悦。顷之，上表解职曰……僧达文旨抑扬，诏付门下。侍中何偃以其词不逊，启付南台，又坐免官。顷之，除江夏王义恭太傅长史、临淮太守。又徙太宰长史，太守如故。"

江淹十三岁，因父卒，常采薪以养母，以孝闻。

按：《南史·江淹传》曰："淹年十三时，孤贫，常采薪以养母，曾于樵所得貂蝉一具，将鬻以供养。其母曰：'此故汝之休征也，汝才行若此，岂长贫贱也，可留待得侍中著之。'"

范云六岁，向姑父袁照学《毛诗》，日诵九纸。

按：《南史·范云传》曰："云六岁就其姑夫袁叔明读《毛诗》，日诵九纸。"《梁书·范云传》亦曰："尝就亲人袁照学，昼夜不息。照抚其背曰：'卿精神秀朗而勤于学，卿相才也。'"

王僧达作《求解职表》、《祭颜光禄文》。

按：《宋书·王僧达传》曰："孝建三年，除太常，意尤不悦。顷之，上表解职……"《祭颜光禄文》，颜光禄即颜延之，他卒于是年，文中"孝建三年九月癸丑朔十九日辛未"字样表明此文作于是年。

颜竣上《奏荐孔觊王彧为散骑常侍》。

按：《宋书·孔觊传》曰："孝建三年，世祖欲重其选……于是吏部尚书颜竣奏曰：'常侍华选，职任俟才，新除临海太守孔觊意业闲素，司徒左长史王彧怀尚清理，并任为散骑常侍。'"

颜延之卒(384—)。延之字延年，琅邪临沂人。少孤贫，负郭而居。好读书，无所不览，文章之美为当时之冠。历仕太子舍人、始安太守、中书侍郎、永嘉太守、金紫光禄大夫等。谥宪子。《隋书·经籍志》著录宋特进《颜延之集》25卷，梁30卷，又有《颜延之逸集》1卷，佚。明人汪士贤辑《颜延之集》1卷，有《汉魏诸名家集》本；张溥辑《颜光禄集》1卷，有《汉魏六朝百三家集》本。严可均《全宋文》卷三六至卷三八载其文38篇。逯钦立《先秦汉魏晋南北朝诗·宋诗》卷五载其诗30余首。事迹见《宋书》卷七三、《南史》卷三四。

按：钟嵘《诗品》将其诗列入中品，并曰："其源出于陆机，故尚巧似，体裁绮密。然情喻渊深，动无虚发，一句一字，皆致意焉。又喜用古事，弥见拘束。虽乖秀逸，固是经纶文雅；才减若人，则陷于困踬矣。汤惠休曰：'谢诗如芙蓉出水，颜诗如错彩镂金。'颜终身病之。"颜延之与谢灵运、鲍照被誉为元嘉三大家。

宗夬(—504)、陶弘景(—536)生(《梁书·宗夬传》、《南史·陶弘景传》、《本起录》)。

宋大明元年　北魏太安三年　丁酉　457年

正月辛亥朔，宋改元大明，大赦天下(《宋书·孝武帝纪》)。

七月辛未，宋对雍州诸侨郡县实行土断(《宋书·孝武帝纪》、《资治通鉴·宋纪十》)。

按：《资治通鉴·宋纪十》曰："(大明元年六月)雍州所统多侨郡县，刺史王玄谟上言：'侨郡县无有境土，新旧错乱，租课不时，请皆土断。'秋，七月，辛未，诏并雍州三郡十六县为一郡。"《宋书·孝武帝纪》曰："(大明元年)秋七月辛未，土断雍州诸侨郡县。"又《南史·王玄谟传》曰："寻为宁蛮校尉、雍州刺史，加都督。雍土多诸侨寓，玄谟上言所统侨郡无有境土，新旧错乱，租课不时，宜加并合。见许。乃省并郡县，自此便之。"

王玄谟为雍州刺史，上言实行土断。

按：参见是年"七月辛未，宋对雍州诸侨郡县实行土断"条。

谢庄起为都官尚书，上奏建议重改断狱定刑体制，定罪用刑，宁轻勿滥(《宋书·谢庄传》)。

王僧达迁左卫将军、领太子中庶子，以归顺功，封宁陵县五等侯(《宋书·王僧达传》)。

鲍照出为秣陵令(丁福林《鲍照年谱》)。

颜竣为东扬州刺史(《宋书·孝武帝纪》、《宋书·颜竣传》)。

裴景仁始撰《秦记》。

按：《南史·沈昙庆传》曰："大明元年,(沈昙庆)为徐州刺史。时殿中员外将军裴景仁助戍彭城,景仁本北人,多悉关中事。昙庆使撰《秦记》十卷,叙苻氏事,其书传于世。"《史通·古今正史》曰："先是,秦秘书郎赵整参撰国史,值秦灭,隐于商洛山,著书不辍,有冯翊车频助其经始。整卒,翰乃启频纂成其书,以元嘉九年起,至二十八年方罢,定为三卷。而年月失次,首尾不伦。河东裴景仁又正其讹僻,删为《秦纪》十一篇。"

释慧简在秣陵鹿野寺抄《灌顶经》1卷。

按：《出三藏记集·新集疑经伪撰杂录》曰："《灌顶经》一卷。一名《药师琉璃光经》,或名《灌顶拔除过罪生死得度经》。""宋孝武帝大明元年,秣陵鹿野寺比丘慧简依经抄撰。此经后有《续命法》,所以遍行于世。"

朱百年卒(371—)。百年,会稽山阴人。少有高情。亲亡服阕,携妻入会稽南山,以伐樵采箬为业。州辟从事,举秀才,并不就。宋孝武帝即位,下诏授王素、朱百年等太子舍人,不就。东扬州刺史颜竣,赠谷五百斛,亦不受。卒于山中。百年颇能言理,时为诗咏,往往有高胜之言。《隋书·经籍志》著录太子舍人《朱百年集》2卷。其诗文今均不存。事迹见《宋书》卷九三、《南史》卷七五。

按：关于朱百年之卒年,《宋书·朱百年传》曰："百年孝建元年卒山中,时年八十七。"而孙虨《宋书考论》曰："颜竣为东扬州,在大明元年,百年尚存,盖即是年卒,史误作孝建。"孙虨之说是,今从之。

严植之(—508)、曹景宗(—508)生(《梁书·严植之传》、《梁书·曹景宗传》)。

宋大明二年　北魏太安四年　戊戌　458年

正月丙午朔,北魏设酒禁(《魏书·文成帝纪》、《魏书·刑罚志》、《资治通鉴·宋纪十》)。

按：魏因士民多因酒斗殴,议论国政,遂设酒禁。凡酿、沽、饮者皆斩。

三月,北魏起太华殿,九月竣工(《魏书·文成帝纪》)。

六月戊寅,宋孝武帝于吏部置尚书2人,以分其权。

按：《宋书·孝武帝纪》曰："(大明二年)六月戊寅,增置吏部尚书一人,省五兵尚书。"

七月，宋高阇等起事（《宋书·孝武帝纪》、《资治通鉴·宋纪十》）。

按：是年，宋彭城民高阇、僧昙标与殿中将军苗允等谋起事，立高阇为帝。事发，七月甲辰皆被斩杀。由是下诏沙汰沙门，设诸科禁。然因尼姑多出入宫廷，此制无从施行。

十二月己亥，宋孝武帝命诸王及妃主庶姓位从公者，丧事听设凶门，余悉断（《宋书·孝武帝纪》）。

北魏文成帝至辽西黄山宫，登碣石山，大飨群臣，筑坛记行于海滨（《魏书·文成帝纪》、《资治通鉴·宋纪十》）。

北魏增律七十九章（《魏书·刑罚志》、《资治通鉴·宋纪十》）。

谢庄六月为吏部尚书，旋迁右卫将军，加给事中。

按：《宋书·谢庄传》曰："上时亲览朝政，常虑权移臣下，以吏部尚书选举所由，欲轻其势力，二年，下诏曰：'……吏部尚书可依郎分置，并详省闲曹。'……于是置吏部尚书二人，省五兵尚书，庄及度支尚书顾觊之并补选职。迁右卫将军，加给事中。"

戴法兴转员外散骑侍郎、给事中、太子旅贲中郎将（《宋书·恩倖·戴法兴传》、《资治通鉴·宋纪十》）。

按：时孝武帝不信任大臣，以戴法兴、巢尚之、戴明宝为心腹，三人权重当时。

鲍照转为永安令（丁福林《鲍照年谱》）。

王僧虔出为西阳王刘子尚抚军长史，迁散骑常侍。

按：系年据曹道衡、刘跃进《南北朝文学编年史》。

范云八岁，遇殷琰，赋诗立成，得其赞赏。

按：《梁书·范云传》曰："年八岁，遇宋豫州刺史殷琰于途，琰异之，要就席，云风姿应对，傍若无人。琰令赋诗，操笔便就，坐者叹焉。"

释僧祐十四岁，入定林寺，投法达法师。

按：《高僧传·齐京师建初寺释僧祐传》曰："年十四，家人密为访婚，祐知而避至定林，投法达法师。"

释慧约七岁，诵《孝经》、《论语》乃至史传，往往披文见意（《续高僧传·梁国师草堂寺智者释慧约传》）。

宋孝武帝作《沙汰沙门诏》。

按：《宋书·夷蛮·天竺迦毗黎国传》曰："世祖大明二年，有昙标道人与羌人高阇谋反，上因是下诏曰：'佛法讹替，沙门混杂，未足扶济鸿教，而专成逋薮。加奸心频发，凶状屡闻，败乱风俗，人神交怨。可付所在，精加沙汰，后有违犯，严加诛坐。'"

索敞作《丧服要记》、《名字论》。

按：《魏书·索敞传》曰："凉州平，入国，以儒学见拔，为中书博士。……敞遂讲授十余年，敞以丧服散在众篇，遂撰比为《丧服要记》。其《名字论》文多不载。"曹道衡、刘跃进《南北朝文学编年史》曰："凉州平，在太延五年（439），至是年凡十九年。《高允传》：'时中书博士索敞与侍郎傅默、梁祚论名字贵贱，著议纷纭。允遂著《名字论》以释其惑，甚有典证。'此事在上疏文成帝论风俗得失之后，与《索敞传》合观，则《名字论》之作，当在是年左右，其文虽不存，足证此时北朝已有论难之文。"

高允作《谏文成帝不厘改风俗》、《名字论》。

按:《资治通鉴》卷一二八系于是年。参见上条。

游雅作《论高允》。

按:《魏书·高允传》曰:"允与游雅及太原张伟同业相友,雅尝论允曰……"即此文。《资治通鉴·宋纪十》系于是年三月后。

殷绍四月奏上所著《四序堪舆》。

按:《魏书·术艺·殷绍传》曰:"太安四年夏,上《四序堪舆》,表曰:'……其第一《孟序》,九卷八十一章,说阴阳配合之原;第二《仲序》,九卷八十一章,解四时气王休杀吉凶;第三《叔序》,九卷八十一章,明日月辰宿交会相生为表里;第四《季序》,九卷八十一章,具释六甲刑祸福德:以此等文传授于臣。山神禁严,不得赍出,寻究经年,粗举纲要。山居险难,无以自供,不堪窘迫,心生懈怠。以甲寅之年,日维鹑火,月吕林钟,景气郁盛,感物怀归,奉辞影等。自尔至今,四十五载……仰奉明旨,谨审先所见《四序经》文,抄撮要略,当世所须吉凶举动,集成一卷……'其《四序堪舆》遂大行于世。"

庾徽之作《奏弹颜竣》。

按:《宋书·颜竣传》曰:"(颜竣)每对亲故,颇怀怨愤,又言朝事违谬,人主得失。及王僧达被诛,谓为竣所谮构,临死陈竣前后忿怼,每恨言不见从。僧达所言,颇有相符据。上乃使御史中丞庾徽之奏之曰……"又据《宋书·王僧达传》,王僧达于是年八月因高阇事牵连被诛,则庾徽之奏弹颜竣当在此后不久,故系于是年。

释弘充在法言精舍为江夏王刘义恭注释鸠摩罗什所译《新出首楞严经》。

按:《出三藏记集·新出首楞严经序》曰:"罗什法师弱龄言道,思通法门。昔纤步关右,译出此经。自云布已来,竞辰而衍。中兴启运,世道载昌,宣传之盛,日月弥懋。太宰江夏王该综群籍,讨论渊敏,每览兹卷,特深远情。充以管昧,尝厕玄肆,预遭先匠,启训音轨,参听儒纬,仿佛文意。以皇宋大明二年,岁次奄茂,于法言精舍略为注解,庶勉不习之传,敢慕我闻之义。如必纰谬,以俟君子。"

释僧饶卒(373—),建康人。出家,止白马寺。善尺牍及杂技,而偏以音声著称,擅名于宋武、文之世,响调优游,和雅哀亮,善三《本起》、《大挐》。卒年八十六。其事迹见《高僧传》卷一三。

释慧询卒(375—)。慧询,俗姓赵,赵郡人。少而蔬食苦行,经游长安,受学于鸠摩罗什。研精经论,尤善《十诵》、《僧祇》,乃更制条章,义贯终古。宋永初中,还止广陵,大开律席。元嘉中至建康,止道场寺,后移止长乐寺。卒年八十四。事迹见《高僧传》卷一一。

释道慧卒(408—)。道慧,俗姓张,浔阳柴桑人。年二十四出家,止庐山寺。博涉经典。特禀自然之声,故偏好转读,发响含奇,制无定准,条章折句,绮丽分明。转读之名,大盛于建康。晚移朱方竹林寺,诵经数万言。卒年五十一。事迹见《高僧传》卷一三。

何偃卒(413—)。偃字仲弘,庐江人。何尚之次子。素好谈玄。历任太子中庶子、侍中、吏部尚书等职。是年卒官,谥靖子。有《毛诗释》1卷,又曾注《庄子·逍遥游》,均佚。《隋书·经籍志》著录宋吏部尚书《何偃集》19卷,梁16卷。严可均《全宋文》卷二八载其文6篇。逯钦立《先秦汉魏晋南北朝诗·宋诗》卷六载其诗1首。事迹见《宋书》卷五九、《南史》卷三〇。

按：何偃好《老》、《庄》、玄学。王微称其"少陶玄风，淹雅修畅，自是正始中人"（《宋书·王微传》）。

王僧达卒（423— ）。僧达，琅邪临沂人。王弘少子，刘义庆婿。王僧达少聪敏好学，善属文。僧慧观尝造访其门，僧达陈书满席，与论文义，慧观酬答不暇，深相称美。年不满二十即为始兴王刘濬后军参军，寻迁太子舍人，求出为郡守，不许，迁太子洗马。后为宣城太守。累迁中书令。是年被陷谋反，于狱中赐死。《隋书·经籍志》著录宋护军将军《王僧达集》10卷，梁有录1卷。严可均《全宋文》卷一九载其文7篇。逯钦立《先秦汉魏晋南北朝诗·宋诗》卷六载其诗5首。事迹见《宋书》卷七五、《南史》卷二一。

按：《诗品》将其与谢瞻、谢混、袁淑、王微列为中品，并评价说："其源出于张华。才力苦弱，故务其清浅。殊得风流媚趣。课其实录，则豫章、仆射，宜分庭抗礼。征君、太尉，可托乘后车。征虏卓卓，殆欲度骅骝前。"

刘宏卒（434— ）。宏字休度，彭城人。宋文帝刘义隆第七子，封建平王。笃好文籍。在诸子中为文帝所最爱，为其立第于鸡笼山，攻读典籍。后为尚书左仆射，转尚书令。为人谦恭，礼贤接士。追赠侍中、司徒，中书监如故。无集，亦无诗文传世。其事迹见《宋书》卷七二、《南史》卷一四。

按：钟嵘《诗品》将宏与刘骏、刘铄等同列于下品，并认为刘宏诗风与宋孝武帝相近："孝武诗，雕文织彩，过为精密，为二藩希慕，见称轻巧矣。"

苏宝生卒，生年不详。宝生亦名宝，出身寒门，有文义之美。元嘉中，立国子学，任《毛诗》助教，为宋文帝所知。官至南台侍御史，江宁令。是年以知高阇反不即时上报被杀。宝生曾续撰何承天、裴松之等未完之国史，元嘉名臣诸传皆其所撰。《隋书·经籍志》著录江宁令《苏宝生集》4卷。诗文均不存。事迹见《宋书》卷七五、卷一百。

按：《诗品》将苏宝生列入下品，曰："苏、陵、任、戴，并著篇章，亦为缙绅之所嗟咏。人非文是，愈有可嘉焉。"

萧长懋（ —493）、刘绘（ —502）、释智藏（ —522）生（《南齐书·文惠太子传》、《南齐书·刘绘传》、《续高僧传·梁钟山开善寺沙门释智藏传》）。

宋大明三年　北魏太安五年　己亥　459年

二月甲子，宋复置廷尉监官（《宋书·孝武帝纪》）。

九月壬辰，宋孝武帝在玄武湖北立上林苑（《宋书·孝武帝纪》）。

甲午，宋移南郊坛于牛头山，以正阳位(《南史·宋本纪中》)。

十二月辛酉，宋置谒者仆射官(《宋书·孝武帝纪》)。

柳元景正月为尚书令(《宋书·孝武帝纪》)。

陆澄时为太常丞(《宋书·礼志》)。

徐爰领著作郎。

按：《宋书·恩幸·徐爰传》："先是元嘉中，使著作郎何承天草创国史，世祖初，又使奉朝请山谦之、南台御史苏宝生踵成之。六年，又以爰领著作郎，使终其业。"曹道衡、刘跃进《南北朝文学编年史》以此"六年"为世祖即位后六年(大明三年)，当是，故系于是年。

沈庆之为司空、南兖州刺史(《宋书·孝武帝纪》、《宋书·沈庆之传》)。

陆澄作《庙祠有故迁日议》。

按：《宋书·礼志四》曰："大明三年十一月乙丑朔，有司奏：'四时庙祠，吉日已定，遇雨及举哀，旧停亲奉，以有司行事。先下使礼官博议，于礼为得迁日与不？'……太常丞陆澄议：'……愚谓散斋而有举哀若雨，可更迁日。唯入致斋及日月逼晚者，乃使有司行事耳。又前代司空顾和启，南郊车驾已出遇雨，宜迁日更郊，事见施用。郊之与庙，其敬可均，至日犹迁，况散斋邪。'"

徐爰续撰《宋书》，作《议国史限断表》(《宋书·恩幸·徐爰传》)。

按：系年据曹道衡、刘跃进《南北朝文学编年史》。

沈约作《始兴公让仪同表》。

按：《艺文类聚》卷四七收沈约《为始兴王让仪同表》一篇。考终沈约世，封始兴王者，宋有文帝之子刘濬，齐有高帝之子萧鉴，梁有武帝之子萧憺。刘濬元嘉三十年伏诛，时沈约年仅十三，萧鉴永明九年薨，年二十一，一生无开府之命；萧憺倒曾官开府仪同三司，但其时已是天监十八年，沈约已经去世六年。此表似为沈庆之而作。沈庆之在孝建元年封始兴郡公，史称始兴公。从文章内容上看，此表不像是皇子皇弟身份的人所为，而是指朝廷重臣，这又与沈庆之身份符合。因此题目中的"王"应该是"公"之误，且可以定为作于是年。详见林家骊《沈约研究·沈约事迹诗文系年》。

颜竣卒，生年不详。竣字士逊，琅邪临沂人。颜延之长子。历任太学博士、太子舍人、吏部尚书、丹阳尹、东扬州刺史等。竣自恃旧臣有功，于宋孝武帝之奢靡多有诤谏，以是见疏。是年，孝武帝以竟陵王刘诞谋逆事陷竣，将其下狱赐死。竣能文，颜延之尝对文帝曰"竣得臣笔"，刘骏讨刘劭檄文即出其手。《隋书·经籍志》著录宋东扬州刺史《颜竣集》14卷，并目录。严可均《全宋文》卷三八载其文9篇，逯钦立《先秦汉魏晋南北朝诗·宋诗》卷六载其诗4首。事迹见《宋书》卷七五、《南史》卷三四。

羊璿之卒，生年不详。璿之字曜璠，泰山人。元嘉五年，谢灵运自建康返始宁，与谢惠连、何长瑜、荀雍、羊璿之等共相游处，以文章赏会，时号"四友"。后为临川内史，为宋竟陵王刘诞所赏。刘诞兵败被杀，羊璿之以先胁附刘诞，亦被诛。其诗文均不存。事迹见《宋书》卷六七。

按：璿之能诗文，钟嵘《诗品》列其为下品，称"才难，信矣。以康乐与羊、何若此，而二人文辞，殆不足奇"。

陆杲（　—532）生（《梁书·陆杲传》）。

宋大明四年　北魏和平元年　庚子　460年

正月甲子朔，北魏改元和平（《魏书·文成帝纪》）。

乙亥，宋孝武帝躬耕籍田（《宋书·孝武帝纪》）。

三月甲申，宋皇后亲桑于西郊（《宋书·孝武帝纪》）。

六月甲午，北魏复置史官（《魏书·文成帝纪》）。

按：自太平真君十一年杀崔浩后魏废史官，是年复置。

七月，宋遣使访北魏（《魏书·文成帝纪》）。

八月壬寅，宕昌王遣使向宋贡献方物（《宋书·孝武帝纪》）。

十一月丙戌，宋复置大司农官（《宋书·孝武帝纪》）。

是月，北魏遣使访宋（《魏书·文成帝纪》）。

十二月丁未，倭国遣使向宋奉献方物（《宋书·孝武帝纪》）。

是年，宋太子刘子业于崇正殿讲《孝经》（《宋书·前废帝纪》）。

柔然攻高昌，杀沮渠安周，灭沮渠氏，以汉人阚伯周为高昌王（《资治通鉴·宋纪一一》）。

沈庆之十月奉命讨伐沿江蛮（《宋书·文帝纪》、《宋书·沈庆之传》）。

沈约以为晋氏一代，竟无全史，始有撰述之志（《宋书·自序》）。

刘瓛举秀才。

按：《南齐书·刘瓛传》曰："宋大明四年，举秀才，兄璲亦有名，先应州举，至是别驾东海王元曾与瓛父惠书曰：'比岁贤子充秀，州闾可谓得人。'"

谢庄作《司空何尚之墓志》。

按：《宋书·何尚之传》曰："（大明）四年，疾笃，诏遣侍中沈怀文、黄门侍郎王钊问疾。薨于位，时年七十九。追赠司空、侍中、中书令如故。"又《宋书·孝武帝纪》曰："（大明四年）秋七月甲戌，左光禄大夫、开府仪同三司何尚之薨。"故此墓志当作于是年七月。

释道温作《列言秣陵县》。

按：《高僧传·宋京师中兴寺释道温传》曰："路昭皇太后大明四年十月八日，造普贤像成，于中兴禅房设斋，所请凡二百僧，列名同集，人数已定。于时寺既新构，严卫甚肃。忽有一僧晚来就座，风容都雅，举堂瞩目。与斋主共语百余许言，忽不复见。检问防门，咸言不见出入，众乃悟其神人。温时既为僧主，乃列言秣陵白……"

何尚之卒(382—　)。尚之字彦德,庐江人。何偃之父。尚之历官临津令、刘裕府主簿、左卫将军、吏部尚书等职。元嘉十六年,宋文帝立玄学馆,以尚之主之,时谓南学。是年秋七月甲戌卒,谥简穆公。爱好文义,老而不休。与颜延之少相契,论议往反,并传于世。《隋书·经籍志》著录宋司空《何尚之集》10卷,已佚。严可均《全宋文》卷二八载其文《华林殿清暑赋》等14篇,多残。事迹见《宋书》卷六六、《南史》卷三〇。

周朗卒(425—　)。周朗字义利,汝南安成人。少而爱奇,雅有风气。历官南平王刘铄冠军行参军、江夏王刘义恭太尉参军、通直郎等,孝武帝即位,除建平王刘宏中军录事参军,以上书忤旨,自解去职。后又除太子中舍人、庐陵内史,以居丧无礼,诏锁付边郡,道中被杀。《隋书·经籍志》著录宋庐江太守《周朗集》8卷,佚。事迹见《宋书》卷八二、《南史》卷三四。

萧子良(　—494)、任昉(　—508)生(《南齐书·竟陵文宣王子良传》、《梁书·任昉传》)。

宋大明五年　北魏和平二年　辛丑　461年

三月,宋遣使访北魏(《魏书·文成帝纪》)。

北魏文成帝在灵丘南,使群臣仰射山峰,无能逾者,文成帝自射,出山三十余丈,遂刊石勒铭(《魏书·文成帝纪》)。

按:魏帝尚武,又好勒石纪功,故魏之碑志,远多于南朝。

五月,起明堂于国学南丙巳之地(《南史·宋本纪中》)。

七月丁卯,高丽遣使向宋奉献方物(《宋书·孝武帝纪》)。

八月己丑,宋孝武帝下诏,令修葺庠序。

按:《宋书·孝武帝纪》曰:"(八月)己丑,诏曰:'自灵命初基,圣图重远。参正乐职,感神明之应;崇殖礼囿,奋至德之光。声实同和,文以均节,化调其俗,物性其情。故临经式奠,焕乎炳发,道丧世屯,学落年永。狱讼微衰息之术,百姓忘退素之方。今息警夷嶂,恬波河渚,栈山航海,向风慕义,化民成俗,兹焉时矣。来岁可修葺庠序,旌延国胄。'"

十月,北魏遣使访宋(《魏书·文成帝纪》)。

十二月甲戌,宋制民户调(《宋书·孝武帝纪》)。

按:宋制全国民户每年输布4匹。

是年,宋诏士族与工商杂户通婚者补将吏,士族多避役逃亡,或逃入湖山以武力反抗。乃严为之制,捕得即斩之(《资治通鉴·宋纪一一》)。

谢庄以右卫将军迁侍中,领前军将军(《宋书·谢庄传》)。

王僧虔约是年为新安王刘子鸾北中郎将长史、南东海太守,行南徐州事。

> 按：系年据曹道衡、刘跃进《南北朝文学编年史》。

游明根奉北魏使于宋（《魏书·游明根传》、《魏书·文成帝纪》、《资治通鉴·宋纪一一》）。

> 按：游明根在魏以儒学知名。大明六年，魏又使明根访宋。大约因其能与宋人语也。

虞通之作《明堂颂》（谷海林《〈全宋文〉编年补正》）。

> 按：《玉海》卷九五曰："《通典》宋大明五年，依汉《汶上图仪》设五帝位，堂制但作大殿十二间，文饰雕画而已。虞通之颂曰：'肃肃明堂……'"即此文。据此可知此文作于是年。

高允作《南巡颂》并序。

> 按：《南巡颂》序曰："维和平二年春二月辛卯，皇帝巡狩，观于方岳，灵运之所钟也……"（《文馆词林》卷三四六）此颂以巡狩为议题，称颂魏帝文治武功，并显有兴复宣扬儒礼之动机。

丘巨源奉敕助徐爰修《宋书》（《南齐书·丘巨源传》）。

沈约作《钟山诗应西阳王教》。

> 按：《文选》李善注引裴子野《宋略》曰："孝武封皇子子尚为西阳王。"并认为该诗是沈约侍从刘子尚游钟山时作。六臣注吕向同李善注。参《宋书·豫章王子尚传》载："孝建三年，（子尚）年六岁，封西阳王，食邑二千户。"相关考证参见林家骊《沈约研究·沈约事迹诗文系年》。

北魏唐丰国写《孝经》，有题记。

> 按：纸质。墨书。1944年8月敦煌莫高窟土地庙残塑像中发现。其题记1行，16字，曰："和平二年十二月六日，唐丰国写此孝经。"

游雅卒，生年不详。雅字伯度，小名黄头，广平任人。少好学，有高才。魏太武帝时，与高允等知名当世，征拜中书博士、东宫内侍长，迁著作郎。曾出使刘宋，授散骑侍郎，赐爵广平子，加建威将军。稍迁太子少傅，进爵为侯。与胡方回等改定律制。后征为秘书监，委以国史之任，不勤著述，竟无所成。尝奉诏作《太华殿赋》，已佚。严可均《全后魏文》卷二九辑其文2篇，逯钦立《先秦汉魏晋南北朝诗·北魏诗》卷一辑其诗1首。事迹见《魏书》卷五四、《北史》卷三四。

袁昂（　—540）生（《梁书·袁昂传》）。

宋大明六年　北魏和平三年　壬寅　462年

正月丁未，宋策秀才、孝廉于中堂（《资治通鉴·宋纪一一》）。

辛卯,宋孝武帝祀南郊。又宗祀宋文帝于明堂,以配上帝(《宋书·孝武帝纪》、《南史·宋本纪中》)。

二月乙卯,宋复百官禄(《宋书·孝武帝纪》)。

按:《资治通鉴·宋纪一一》胡三省注曰:"文帝元嘉二十七年,以军兴减内外百官俸三分之一;继而国有内难,日不暇给,今始复百官禄。"

四月,宋孝武帝妃殷淑仪卒,追封贵妃(《宋书·始平孝敬王子鸾传》、《资治通鉴·宋纪一一》)。

五月丙戌,宋置凌室于覆舟山,修藏冰之礼(《宋书·孝武帝纪》、《南史·宋本纪中》)。

七月庚辰,临海王刘子顼由广州刺史转任荆州刺史(《宋书·孝武帝纪》)。

九月戊寅,宋令沙门致敬王者(《宋书·孝武帝纪》)。

十月,北魏文成帝下诏,诸曹选官,当先论年资(《魏书·文成帝纪》)。

按:其诏曰:"今选举之官,多不以次,令班白处后,晚进居先。岂所谓彝伦攸叙者也!诸曹选补,宜各先尽劳旧才能。"此后魏之官阶进退,颇论年资。

谢庄为吏部尚书,领国子博士(《宋书·谢庄传》)。

刘子顼七月庚辰由广州刺史转任荆州刺史(《宋书·孝武帝纪》、《宋书·临川王刘义庆传》附)。

张融出为封溪令。

按:《南齐书·张融传》曰:"孝武起新安寺,僚佐多儦钱帛,融独儦百钱。帝曰:'融殊贫,当序以佳禄。'出为封溪令。"又《宋书·夷蛮传》曰:"世祖宠姬殷贵妃薨,为之立寺,贵妃子子鸾封新安王,故以新安为寺号。"可知,宋孝武帝为殷贵妃建新安寺和张融出为封溪令均在是年。

陶弘景七岁,读《孝经》、《毛诗》、《论语》数万言(萧纶《隐居贞白先生陶君碑》)。

游明根又奉北魏使于宋,宋孝武帝以其长者,礼之有加(《魏书·游明根传》、《魏书·文成帝纪》、《资治通鉴·宋纪一一》)。

按:参见上年"游明根奉北魏使于宋"条。此亦可见北魏之日益汉化,故所用多汉族士大夫。且汉人之门阀观念逐渐影响北魏。

释慧球时年三十二岁,从建康返回荆州(《高僧传·梁荆州释慧球传》)。

按:先是,释慧球曾与同学慧度适京师,访求经典。是年方还荆土,专当法匠。讲集相继,学侣成群。荆楚之间,终古称最。

释法瑶自吴兴武康小山寺至建康新安寺,与释道猷讲诵顿渐二悟义。

按:《高僧传·宋吴兴小山释法瑶传》曰:"释法瑶,姓杨,河东人……元嘉中过江。吴兴沈演之特深器重,请还吴兴武康小山寺……每岁开讲,三吴学者负笈盈衢……大明六年敕吴兴郡致礼上京,与道猷同止新安寺。使顿渐二悟,义各有宗,至便就讲,銮舆降跸,百辟陪筵。"

顾法上《举秀才对策》(《建康实录》卷十三、《资治通鉴·宋纪十一》)。

沈怀文卒(409—)。怀文字思明,吴兴武康人。少好玄理,善为文章,尝作《楚昭王二妃诗》,见称于世。初为州从事,后历任江夏王刘义恭东阁祭酒、尚书殿中郎、中书侍郎、尚书吏部郎、会稽抚军长史等职。宋孝武帝时入为侍中,甚见宠信,然以与颜竣等善,又屡忤孝武帝意,免官禁锢。怀文欲卖宅东还,孝武帝怒,赐死。《隋书·经籍志》著录有宋侍中沈怀文《随王入沔记》6卷;《沈怀文集》12卷,残缺,梁16卷。严可均《全宋文》卷四五载其残文5篇。事迹见《宋书》卷八二、《南史》卷三四。

按:《宋书·沈怀文传》曰:"隐士雷次宗被征居钟山,后南还庐岳,何尚之设祖道,文义之士毕集,为连句诗,怀文所作尤美,辞高一座。"

柳恽(—507)、刘峻(—521)生(《梁书·柳恽传》、《梁书·刘峻传》)。

宋大明七年　北魏和平四年　癸卯　463年

三月,北魏文成帝下诏"务省徭役"(《魏书·文成帝纪》)。

四月甲子,宋诏禁擅杀。

按:《宋书·孝武帝纪》曰:"诏曰:'自非临军战陈,一不得专杀。其罪甚重辟者,皆如旧先上须报,有司严加听察。犯者以杀人罪论。'"此为宽刑罚、施仁政之表现。

六月戊申,柔然、高丽遣使奉献于宋(《宋书·孝武帝纪》)。

七月乙亥,宋封高丽王高琏为车骑大将军、开府仪同三司(《宋书·孝武帝纪》)。

十月,北魏遣使访宋(《魏书·文成帝纪》)。

十二月己未,宋孝武帝于博望梁山立双阙(《宋书·孝武帝纪》)。

是月,宋孝武帝命立左学,召生徒,置儒林祭酒1人、文学祭酒1人、劝学从事2人。

按:《宋书·豫章王子尚传》曰:"(大明)七年,加使持节,进号车骑将军。其年,又加散骑常侍,以本号开府仪同三司……又立左学,召生徒,置儒林祭酒一人,学生师敬,位比州治中;文学祭酒一人,比西曹;劝学从事二人,比祭酒从事。"左学,相传为殷代的小学,西周为国学之一种。一说右学、左学皆太学,同在城郊,实为一学,但有楹东、楹西之分。

北魏禁贵族与百工为婚(《魏书·文成帝纪》)。

按:魏文成帝鉴于长期以来,贵族之门多不法,或贪财贿,或因缘私好,无所选择,致令贵贱不分。于是诏禁贵族与百工为婚:皇族、师傅、王公侯伯及士民之家,不得与百工、伎巧、卑姓为婚,犯者加罪。

刘子尚奉宋孝武帝命立左学,召生徒(《宋书·豫章王子尚传》)。

刘义恭十二月己未以太宰加尚书令(《宋书·孝武帝纪》)。

谢庄仍为吏部尚书,后坐选公车令张奇事免官。

按：《宋书·颜师伯传》曰："(大明)七年,补尚书右仆射。时分置二选,陈郡谢庄、琅邪王昙生并为吏部尚书。"

袁粲为吏部尚书,十月因劝颜师伯饮酒一事,触怒宋孝武帝,出为海陵太守。

按：《宋书·袁粲传》曰："(大明)七年,转吏部尚书,左卫如故。其年,皇太子冠,上临宴东宫,愍孙劝颜师伯酒,师伯不饮,愍孙因相裁辱,师伯见宠于上,上常嫌愍孙以寒素凌之,因此发怒,出为海陵太守。"参上"谢庄仍为吏部尚书,后坐选公车令张奇事免官"条,知袁粲任吏部尚书乃在谢庄被免职之后。又《宋书·孝武帝纪》曰："(大明七年)冬十月壬寅,太子冠,赐王公以下帛各有差。"故系之于此。

江淹在建康,以五经授始安王刘子真,十月为南徐州刺史新安王子鸾从事,有《奏记诣南徐州新安王》。

按：参见曹道衡《江淹作品写作年代考》。江淹《自序》曰："弱冠,以五经授宋始安王刘子真,略传大义。"

任昉四岁,诵诗数十篇。

按：《梁书·任昉传》曰："(天监)六年春,出为宁朔将军、新安太守……视事期岁,卒于官舍,时年四十九。"可知天监七年任昉卒时为四十九岁。据此而推,则任昉生于宋大明四年,大明七年四岁,故系于此。

释慧约十二岁,游历剡县,遍礼塔庙,肆意山川,远会素心(《续高僧传·梁国师草堂寺智者释慧约传》)。

释法朗、释法亮兄弟出家药王寺(《续高僧传·梁杨都建元寺沙门释僧韶传》)。

按：释法朗、释法亮本姓沈氏,吴兴武康人。家遭世祸,因住建业。是年被敕出家住药王寺。

释惠明以三吴饥馑,抵剡而居。

按：《真诰》卷一九曰："大明七年,三吴饥馑,剡县得熟。楼居士惠明者,先以在剡,乃复携女师、盐官钟义山眷属数人,就食此境。楼既善于章符,五行宿命,亦皆开解。马洪又复宗事,出入堂静,备睹经厨。"

祖冲之著《大明历》成,作《上新历表》、《辩戴法兴难新历》。

按：《南齐书·祖冲之传》曰："冲之少稽古,有机思。宋孝武使直华林学省,赐宅宇车服。解褐南徐州迎从事、公府参军。宋元嘉中,用何承天所制历,比古十一家为密。冲之以为尚疏,乃更造新法。上表曰……孝武令朝士善历者难之,不能屈。会帝崩不施行。"《宋书·律历志下》曰："大明六年,南徐州从事史祖冲之上表曰……世祖下之有司,使内外博议,时人少解历数,竟无异同之辩。唯太子旅贲中郎将戴法兴议,以为……冲之随法兴所难辩折之曰……"以上所载将此事系在六年,有误。祖冲之上表之后列"历法"有"上元甲子至宋大明七年癸卯"之语,便是作于是年之明证。因何承天《元嘉历》并不精密,祖冲之乃另行制订新历法,即《大明历》,其最大特点是在制历时考虑到岁差,提出391年144闰,从而规定一回归年为365.2428148日,与今准确数据仅差46秒,这是中国在《统天历》以前最为准确的一个数据。该历奏上,曾遭戴法兴等人反对,祖冲之撰《历议》一文,据理驳斥。直至天监九年,经祖冲之子祖暅多次上书,此历才得以颁行。

北魏曾根供养《妙法莲华经》,卷四有题记。

按:纸质。墨书。敦煌藏经洞出品(?)。其卷四有题记,全2行,行9—13字,曰:"大魏和平四年四月三日,佛弟子曾根,为亡父母免生恶道,快得安稳,敬造供养。"

江智渊卒(418—)。唐人避讳又作智深、智泉,济阳考城人。爱好文雅,词采清赡。初为著作郎,历江夏王刘义恭太尉行参军、随王刘诞后军参军、尚书库部郎、中书侍郎、尚书吏部郎、新安王刘子鸾北中郎长史、南东海太守等职。因议殷贵妃谥号,不合孝武帝意,为其所恨,忧惧而卒。《隋书·经籍志》著录宋北中郎长史《江智深集》9卷并目1卷。逯钦立《先秦汉魏晋南北朝诗·宋诗》卷六载其《宣贵妃挽歌》残句。事迹见《宋书》卷五九、《南史》卷三六。

宋大明八年　北魏和平五年　甲辰　464年

正月辛巳,宋孝武帝祀南郊。又宗祀宋文帝于明堂(《南史·宋本纪中》)。

闰五月庚申,宋孝武帝崩于玉烛殿,时年三十五(《宋书·孝武帝纪》)。

按:宋孝武帝刘骏(430—)字休龙,小字道民,《南史》避唐讳作"道人",彭城人。宋文帝第三子。元嘉三十年,太子刘劭弑父自立,刘骏合荆、雍、徐、兖诸州兵力东下讨刘劭,即皇帝位。在位十一年,残杀宗室,戏侮大臣,于百姓尤极盘剥。但宋孝武帝爱好文学,对当时的文学发展起到一定的促进作用,《南史·王俭传》称"宋孝武好文章,天下悉以文采相尚,莫以专经为业"。《隋书·经籍志》著录《宋孝武帝集》25卷,梁31卷,录1卷。严可均《全宋文》卷五、卷六载其文2卷,逯钦立《先秦汉魏晋南北朝诗·宋诗》卷五载其诗20余首。

是日,宋皇太子刘子业即位,时年十六,是为宋前废帝(《宋书·前废帝纪》)。

七月庚戌,婆皇国遣使向宋奉献方物(《宋书·前废帝纪》)。

乙卯,罢南北二驰道,改孝建以来所变制度,还依元嘉(《宋书·前废帝纪》)。

是月,柔然处罗可汗死,子予成继位,号受罗部真可汗,改元永康。部真率众攻魏,败还(《资治通鉴·宋纪一一》)。

是年,宋境内有22州,274郡,1299县,94万多户(《资治通鉴·宋纪一一》)。

宋东方诸郡连年旱饥,米一升数百钱,民饿死者十有六七。

按：《宋书·前废帝纪》曰："孝建以来，又立钱署铸钱，百姓因此盗铸，钱转伪小，商货不行。"百姓生活因此更加困苦。

刘彧二月乙巳以镇军将军为镇北将军、徐州刺史，九月辛丑以护军将军为领军将军（《宋书·孝武帝纪》《宋书·前废帝纪》）。

刘义恭闰五月庚申解尚书令，加中书监。甲子，录尚书事（《宋书·前废帝纪》）。

谢庄为殷贵妃作诔，宋前废帝刘子业欲杀之。后听孙奉伯言，将其系于尚方（《宋书·谢庄传》）。

袁粲复为吏部尚书。

按：《宋书·袁粲传》曰："前废帝即位，除御史中丞，不拜。复为吏部尚书。"

鲍照为临海王刘子顼前军参军，掌书记之任（《宋书·鲍照传》）。

按：《宋书·临海王子顼传》曰："（大明）八年，（刘子顼）进号前将军。前废帝即位，以本号都督荆、湘、雍、益、梁、宁、南北秦八州诸军事，刺史如故。明帝即位，解督雍州，以为镇军将军、丹阳尹。"子顼任前将军前后不到两年，则鲍照任其参军约在是年。

丘巨源为江夏王刘义恭掌书记（《南齐书·丘巨源传》）。

顾觊之为吴郡太守。

按：《宋书·顾觊之传》曰："八年，复为吏部尚书，加给事中，未拜，欲以为会稽，不果。还为吴郡太守。"

周颙随益州刺史萧惠开入蜀，为厉锋将军，带肥乡、成都二县令，转惠开辅国府参军，仍为府主簿（《南齐书·周颙传》）。

按：《宋书·前废帝纪》曰："（大明八年八月）己巳，以青、冀二州刺史萧惠开为益州刺史。"则周颙任其职当在是年。

江淹转奉朝请（《南史·江淹传》）。

释僧祐受具足戒，受业于释法颖（《高僧传·齐京师建初寺释僧祐传》）。

按：《高僧传·齐京师多宝寺释法颖传》载，法颖精研戒律，博涉经论，孝武帝时敕任都邑僧正。齐高帝时又敕为僧主。撰有《十诵戒本》与《羯磨》等，为宋、齐两代高僧。

戴法兴作《议祖冲之新历》。

按：《宋书·律历志下》记载法兴与冲之议历法事甚详，并于文末载："时法兴为世祖所宠，天下畏其权，既立异议，论者皆附之。唯中书舍人巢尚之是冲之之术，执据宜用。上爱奇慕古，欲用冲之新法，时大明八年也。故须明年改元，因此改历。未及施用，而宫车晏驾也。"据此可知此文作于是年。

刘义恭作《劾蔡兴宗等表》（《宋书·蔡兴宗传》）。

按：刘义恭主要弹劾蔡兴宗在职选人不公。

柳元景作《奏劾蔡兴宗》（《宋书·蔡兴宗传》）。

刘秀之卒（397— ）。秀之字道宝，东莞莒人。世居京口。少孤贫，有志操。何承天对其颇为赏识，以女妻之。秀之善于理政，躬自俭约，百姓受其利。是年卒，诏赠侍中、司空，谥忠成公。事迹见《宋书》卷八一、《南史》卷十五。

> 按：《宋书·刘秀之传》曰："秀之野率无风采，而心力坚正。"沈约又曰："朱修之著节汉南，刘秀之推锋万里，并诚载艰一，忠惟帝念。"

谢朓（　—499）、王肃（　—501）、丘迟（　—508）、许懋（　—532）、萧衍（　—549）生（《南齐书·谢朓传》、《魏书·王肃传》、《梁书·丘迟传》、《梁书·许懋传》、《梁书·武帝本纪》）。

宋前废帝刘子业永光元年　景和元年　宋明帝刘彧泰始元年　北魏和平六年　乙巳　465年

正月乙未朔，宋前废帝刘子业改元永光（《宋书·前废帝纪》）。

五月，北魏文成帝卒（《魏书·文成帝纪》）。

> 按：五月癸卯，魏文成帝拓跋濬死，五月甲辰，子拓跋弘即位，是为显祖献文皇帝。

八月癸酉，宋前废帝改元为景和元年（《宋书·前废帝纪》）。

己丑，宋前废帝复立南北二驰道（《宋书·前废帝纪》）。

九月，宋义阳王刘昶据徐州起兵抗命，兵败投北魏。北魏封其为丹阳王，以公主嫁之（《魏书·献文帝纪》、《资治通鉴·宋纪一二》）。

十一月戊午夜，宋湘东王刘彧预先与阮佃夫、前废帝左右寿寂之等共谋，杀前废帝刘子业（《宋书·前废帝纪》）。

> 按：刘子业，宋孝武帝长子。性狷暴，即位后荒淫无度，凶悖愈甚。但亦好读书，颇识古事，善文学，所作《世祖诔》及其他篇章，往往有辞采。《隋书·经籍志》著录《宋废帝景和集》10卷，录1卷，佚。事迹见《宋书》卷七、《南史》卷二。

十二月丙寅，刘彧即皇帝位。改元泰始，是为宋明帝（《宋书·明帝纪》）。

是月，宋明帝刘彧下诏修复新安诸寺。

> 按：《宋书·夷蛮·天竺迦毗黎国传》曰："前废帝杀子鸾，乃毁废新安寺，驱斥僧徒，寻又毁中兴、天宝诸寺。太宗定乱，下令曰：'……可招集旧僧，普各还本，并使材官，随宜修复。'"宋前废帝刘子业景和元年十一月被杀，宋明帝平定乱局后于是年十二月丙寅即位，则下诏令修复新安诸寺事约在是年十二月，姑系于是年。

谢庄于宋明帝刘彧平乱后出狱，后任散骑常侍、光禄大夫，加金章紫绶，领浔阳王师。寻转中书令，寻加金紫光禄大夫（《宋书·谢庄传》）。

袁粲是年先后任右卫将军、侍中、司徒左长史、冠军将军、南东海太守。

> 按：《宋书·袁粲传》曰："永光元年，徙右卫将军，加给事中。景和元年，复入为

侍中，领骁骑将军。太宗泰始元年，转司徒左长史，冠军将军，南东海太守。"

丘巨源于宋明帝左右参制诏诰(《南齐书·丘巨源传》)。

丘灵鞠坐东贼党锢数年(《南齐书·丘灵鞠传》)。

贾渊辟丹阳郡主簿、奉朝请、太学博士(《南齐书·贾渊传》)。

江淹是年秋从始安王刘子真去南兖州(曹道衡《江淹作品写作年代考》)。

陶弘景得葛洪《神仙传》，昼夜研寻，始有养生之志。

按：《南史·陶弘景传》曰："以宋孝建三年丙申岁夏至日生……至十岁，得葛洪《神仙传》，昼夜研寻，便有养生之志。"

刁雍作《上礼乐表》。

按：见《魏书·刁雍传》。《上礼乐表》曰："臣闻有国有家者，莫不礼乐为先……臣闻乐由礼，所以象德；礼由乐，所以防淫。五帝殊时不相沿，三王异世不相袭。事与时并，名与功偕故也。臣识昧儒先，管窥不远，谓宜修礼正乐，以光大圣之治。"

沈怀远是年后著《南越志》。

按：沈怀远为沈怀文之弟，《南史·沈怀文传》曰："弟怀远为始兴王浚征北长流参军，深见亲待。坐纳王鹦鹉为妾，孝武徙之广州。刺史宗悫欲杀之，会南郡王义宣反，怀远颇闲文笔，悫起义，使造檄书，并衔命至始兴，与始兴相沈法系论起义事。事平，悫具为陈请，由此见原。终孝武世不得还。前废帝世归，位武康令，撰《南越志》。"前废帝于是年即位后，沈怀远方得还归，位武康令。乃据其在南越(今两广一带)所闻见，撰《南越志》，以记岭南地方风土。故系于是年之后。

袁粲著《妙德先生传》以续嵇康《高士传》。

按：《宋书·袁粲传》曰："太宗泰始元年，转司徒左长史，冠军将军，南东海太守。愍孙清整有风操，自遇甚厚，常著《妙德先生传》以续嵇康《高士传》以自况……二年，迁领军将军，仗士三十人入六门。"

周颙约是年作《三宗论》。

按：《高僧传·齐高昌郡释智林传》曰"至宋明之初，敕在所资给，发遣下京，止灵基寺，讲说相续，禀服成群，申明二谛义，有三宗不同。时汝南周颙又作《三宗论》，既与林意相符，深所欣慰。乃致书于颙"云云。《南齐书·周颙传》有载《三宗论》：一、不空假名，二、空假名，三、假名空。参见汤用彤先生《中国佛史零篇·周颙三宗论》(载《燕京学报》第二十二期。后收入汤用彤论文集《理学·佛学·玄学》)。

释智林约是年作《与周颙书》。

按：周颙作《三宗论》以表赞同，参见上条。

陆澄于是年后作《法论目录序》。

按：载《释藏》百二卷，有"宋明帝敕中书侍郎陆澄撰《法论目录序》"云云，则作于宋明帝泰始年间。

刘义恭卒(413—　)。义恭，彭城人。宋武帝刘裕第五子。能诗，解音律。聪颖美容貌，特为宋武帝所宠爱。宋文帝元嘉元年，封江夏王。历官司空、司徒、太尉、录尚书事等。是年八月因谋废前废帝被杀。《隋书·经籍志》著录《宋江夏王义恭集》11卷，梁15卷，录1卷，又有《江夏王集别本》15卷，佚。严可均《全宋文》卷一一、卷一二载其文30余篇，有《感春赋》等残篇。逯钦立《先秦汉魏晋南北朝诗·宋诗》卷六载其诗13首，多为残句。事迹见《宋书》卷六一、《南史》卷一三。

按：《宋书·江夏文献王义恭传》曰："义恭撰《要记》五卷，起前汉讫晋太元，表上之，诏付秘阁。"

戴法兴卒（414— ）。法兴，会稽山阴人。家贫，少年时曾于山阴卖葛。颇知古今，能为文章。孝武帝时，权重一时，朝中大事悉参与之，历官中书通事舍人、员外散骑侍郎、给事中、太子旅贲中郎将等职。前废帝时，迁越骑校尉，诏敕施为，悉决其手，故民间遂有法兴为"真天子"、废帝为"赝天子"之说。废帝乃怒而免其官，后赐死。《隋书·经籍志》著录越骑校尉《戴法兴集》4卷，佚。事迹见《宋书》卷九四、《南史》卷七七。

按：钟嵘《诗品》列法兴为下品，曰："人非文是，愈有可嘉焉。"其诗今不存。

颜师伯卒（419— ）。师伯字长渊，琅邪临沂人。少孤贫，涉猎书传，颇解声乐。初为刘道产辅国行参军，历任徐州主簿、黄门侍郎、御史中丞、宁远将军、侍中、右卫将军、青州刺史等职，累迁吏部尚书、尚书右仆射。大明八年，宋孝武帝死，受遗诏辅幼主。师伯掌权既久，多纳货贿，骄奢淫恣，为人所疾。是年，与江夏王刘义恭、柳元景等谋废前废帝，事泄被杀。事迹见《宋书》卷七七、《南史》卷三四。

按：颜师伯能诗，《乐府诗集》卷六九录其《自君之出矣》一首，当是与宋孝武帝、江夏王刘义恭唱和之作。逯钦立收在《先秦汉魏晋南北朝诗·宋诗》卷六。

释道汪卒，生年不详。本姓潘，长乐人。幼随其叔在建康，年十三投庐山释慧远出家。研综经律，善《涅槃经》。后欲从学河间释玄高，遇吐谷浑之难，住成都，征士费文渊为其立祇洹寺。宋孝武帝大明年间，王景茂请其住成都武担寺。其事迹见《高僧传》卷七。

崔慰祖（ —499）、柳恽（ —517）、元晖（ —519）、王僧孺（ —522）生（《南齐书·崔慰祖传》、《梁书·柳恽传》、《魏书·昭成子孙·元晖传》、《梁书·王僧孺传》）。

宋泰始二年　北魏献文帝拓跋弘天安元年　丙午　466年

正月乙丑朔，北魏改元天安（《魏书·献文帝纪》）。

二月，北魏冯太后临朝称制（《资治通鉴·宋纪一三》）。

按：魏丞相乙浑专制朝权，多杀大臣。二月庚申，冯太后杀乙浑，临朝称制。

三月辛亥，北魏献文帝幸道坛，亲受符箓（《魏书·献文帝纪》）。

高丽、波斯、于阗等国派遣使奉献于北魏（《魏书·献文帝纪》）。

九月，北魏立乡学（《魏书·献文帝纪》）。

按：九月己酉，魏用高允等议，初立乡学，郡置博士2人、助教2人，学生60人，以厉风俗。

十月戊寅，宋明帝立皇子刘昱为皇太子（《宋书·明帝纪》）。

是月，宋徐州刺史薛安都闻宋廷大军北上，遣使乞降于北魏，以子为质。魏遣将尉元、孔伯恭等救援，并以薛安都为镇南大将军、徐州刺史、河东公（《资治通鉴·宋纪一三》）。

十一月，宋明帝下诏求贤才。

按：《宋书·明帝纪》曰："（泰始二年）十一月甲申，以安成太守刘袭为郢州刺史。壬辰，诏曰：'治崇简易，化疾繁侈，远关隆替，明著轨迹者也……'又诏曰：'夫秉机询政，立教之攸本；举贤聘逸，弘化之所基……今藩隅克晏，敷化维始，屡怀存治，实望箴阙。王公卿尹，群僚庶官，其有嘉谋直献，匡俗济时，咸切事陈奏，无或依隐。若乃林泽贞栖，丘园耿洁，博洽古今，敦崇孝让，四方在任，可明书搜扬，具即以闻，随就褒立。'"

是月，宋兖州刺史毕众敬遣使乞降于北魏（《魏书·献文帝纪》）。

十二月，淮西七郡民多不愿属北魏，连营南奔。北魏遣使安抚，下令释放沦为奴婢之民（《资治通鉴·宋纪一三》）。

谢朓为太子舍人，以父忧去职（《梁书·谢朓传》）。

按：谢朓父谢庄是年卒，故系于此。

谢超宗为建安王刘休仁司徒参军事、尚书殿中郎（《南齐书·谢超宗传》）。

江淹在南兖州获罪下狱。

按：《梁书·江淹传》曰："淹随景素在南兖州。广陵令郭彦文得罪，辞连淹，系州狱。淹狱中上书曰……景素览书，即日出之。"另参见曹道衡《江淹作品写作年代考》。

王俭十五岁，时宋明帝欲毁俭母墓，王俭苦谏。

按：任昉《王文宪集序》曰："初，宋明帝居蕃，与公母武康公主素不协，及即位，有诏废毁旧茔，投弃棺柩。公以死固请，誓不遵奉，表启酸切，义感人神。太宗闻而悲之，遂无以夺也。"（《全梁文》卷四四）

高允于魏丞相乙浑被杀后，与高闾、贾秀等共参朝政（《资治通鉴·宋纪一三》）。

王僧虔作《诫子书》。

按：《南齐书·王僧虔传》曰："僧虔宋世尝有书诫子曰：'……往年有意于史，取《三国志》聚置床头，百日许，复徙业就玄，自当小差于史，犹未近仿佛。曼倩有云："谈何容易。"见诸玄，志为之逸，肠为之抽，专一书，转诵数十家注，自少至老，手不释卷，尚未敢轻言。汝开《老子》卷头五尺许，未知辅嗣何所道，平叔何所说，马、郑何所异，《指例》何所明，而便盛于麈尾，自呼谈士，此最险事。设令袁令命汝言《易》，谢中书挑汝言《庄》，张吴兴叩汝（言）《老》，端可复言未尝看耶？谈故如射，前人得破，后人应解，不解即输赌矣。且论注百氏，荆州《八帙》，又《才性四本》、《声无哀乐》，皆言家口实，如客至之有设也。汝皆未经拂耳瞥目。岂有庖厨不修，而欲延大宾者哉？

就如张衡思侔造化,郭象言类悬河,不自劳苦,何由至此?汝曾未窥其题目,未辨其指归;六十四卦,未知何名;《庄子》众篇,何者内外;《八帙》所载,凡有几家;《四本》之称,以何为长。而终日欺人,人亦不受汝欺也。由吾不学,无以为训……况吾不能为汝荫,政应各自努力耳。或有身经三公,蔑尔无闻;布衣寒素,卿相屈体。或父子贵贱殊,兄弟声名异。何也?体尽读数百卷书耳。吾今悔无所及,欲以前车诫尔后乘也。'"此书比较系统地说明读书的作用和王氏的治学传统,文中还论及当时玄风盛行,袁粲长于《易》,谢庄长于《庄》,张吴兴长于《老》,对研究当时士风颇有价值。刘汝霖《东晋南北朝学术编年》以为"此书之作,当于(袁)粲为中书令之后,(谢)庄卒之前",故暂系于是年。

鲍照卒(414?—)。照字明远。远祖本上党人,后迁于东海。出身寒微。早年曾作古乐府,文甚遒丽。临川王刘义庆在江陵招延文学之士,以文章之美,擢为国侍郎。迁秣陵令。宋孝武帝以为中书舍人。后为临海王前军行参军,掌书记之任。是年为乱兵所杀。鲍照之文,死时颇多散佚,至南齐时,虞炎奉文惠太子萧长懋之命,编其遗文。《隋书·经籍志四》著录为10卷,梁6卷。现存最早刻本为明毛晋据宋本校刊之《鲍照集》,最详实之注本为今人钱仲联《鲍参军集注》。事迹见《宋书》卷五一、《南史》卷一三。

按:鲍照是刘宋时期以寒族入仕的代表人物,萧子显《南齐书·倖臣传》曰:"(宋)孝武以来,士庶杂选,如东海鲍照,以才学知名。"

袁颛卒(420—)。颛字景章,陈郡阳夏人。历任侍中、吏部尚书、雍州刺史。宋晋安王刘子勋称帝,以为尚书左仆射。袁颛无将略,在军中唯赋诗谈义,不善抚接诸将,故有失军心。宋明帝遣军讨之,颛惨败,被杀。《隋书·经籍志》著录宋武陵太守《袁颛集》8卷,佚。事迹见《宋书》卷八四、《南史》卷二六。

谢庄卒(421—)。庄字希逸,陈郡阳夏人。谢弘微之子。七岁能属文,通《论语》。及长,以美容仪为宋文帝所赏。历任太子舍人、太子中庶子、侍中、左卫将军、吏部尚书、都官尚书、吴郡太守、金紫光禄大夫等职。所作文章400多首,行于世。《隋书·经籍志》著录宋金紫光禄大夫《谢庄集》19卷,梁15卷。"总集部"尚录有庄所撰《赞集》5卷、《碑集》10卷、《诔集》15卷,均佚。明人张溥辑有《谢光禄集》,在《汉魏六朝百三家集》中。严可均《全宋文》卷三四、三五辑其文36篇,逯钦立《先秦汉魏晋南北朝诗·宋诗》卷六录其诗17首。事迹见《宋书》卷八五、《南史》卷二〇。

按:谢庄擅长文学,《诗品》曰:"希逸诗,气候清雅。不逮于王、袁,然兴属闲长,良无鄙促也。"张溥《汉魏六朝百三家集题辞》曰:"谢希逸《为殷淑仪哀文》,孝武流涕,都下传写……文章四百余首,今仅存此。《封禅仪注》奏,藻丽云汉,欲摹长卿。《搜才》《定刑》二表与《索房互市议》,雅人之章,无悉国器。"除文学成就外,谢庄亦长于经学,谢庄的经学著作《春秋图》,一称《左氏列国篇木图》,《宋书》本传曰:"分左氏《经传》,随国立篇,制木方丈,图山川土地,各有分理,离之则州别郡殊,合之则宇内为一。"从地理疆域角度来研究《左传》,是谢庄经学研究非常富有特色的地方。

徐勉(—535)生,钟嵘(—518?)约生(《梁书·徐勉传》、《梁书·钟嵘传》、曹旭《诗品研究》)。

宋泰始三年　北魏天安二年　皇兴元年　丁未　467年

　　正月庚子,宋明帝以农役将兴,诏太官停宰牛(《宋书·明帝纪》)。
　　是月,宋将沈攸之、张永为北魏军所败,退还。宋青州刺史沈文秀、冀州刺史崔道固降北魏。北魏遂据淮北四州等地(《资治通鉴·宋纪一四》)。
　　二月甲申,宋为阵亡将士举哀(《宋书·明帝纪》)。
　　是月,高丽、库莫奚、具伏弗、郁羽陵、日连、匹黎尒、于阗诸国遣使向北魏朝贡(《魏书·献文帝纪》)。
　　八月壬寅,宋明帝命沈攸之以中领军行南兖州刺史,率军征北魏(《宋书·明帝纪》)。
　　丁酉,北魏献文帝行幸武州山石窟寺(《魏书·献文帝纪》)。
　　戊申,北魏孝文帝元宏(即拓跋宏)生,魏改元皇兴(《魏书·献文帝纪》)。
　　冯太后还政。北魏献文帝始亲国事,勤于政治,赏罚严明,拔清节、黜贪污,魏之吏治始有起色(《资治通鉴·宋纪一四》)。
　　是月,北魏于天宫寺铸大佛像,高43尺,用铜10万斤、黄金600斤(《资治通鉴·宋纪一四》)。
　　九月壬子,高丽、于阗、普岚、粟特诸国遣使向北魏朝贡(《魏书·献文帝纪》)。
　　十月辛巳,宋遣员外郎李丰以千两金赎义阳王刘昶于北魏,魏帝不许(《资治通鉴·宋纪一四》)。
　　十一月,高丽、百济遣使奉献方物于宋(《宋书·明帝纪》)。

　　沈约任安西将军、郢州刺史蔡兴宗之安西外兵参军,兼记室(《梁书·沈约传》)。
　　按:《宋书·明帝纪》曰:"(宋泰始三年)三月丙子,以尚书左仆射蔡兴宗为安西将军、郢州刺史。"又《梁书·沈约传》曰:"济阳蔡兴宗闻其才而善之;兴宗为郢州刺史,引为安西外兵参军,兼记室。"故系于此。
　　张融以兄与顾觊之友善,顾觊之卒后,义为负土成坟。
　　按:《宋书·顾觊之传》曰:"(泰始)三年卒,时年七十六。"《南齐书·张融传》曰:"觊之与融兄有恩好,觊之卒,融身负坟土。在南与交阯太守卞展有旧,展于岭南为人所杀,融挺身奔赴。"
　　李珪之为蔡兴宗安西主簿(《南齐书·李珪之传》)。
　　江淹是秋被系南兖州狱,在狱中作《诣建平王上书》,旋出狱。八九月间,建平王景素离南兖州任,之建康,就任丹阳尹,江淹随行(《南史·江淹传》、丁福林《江淹年谱》)。

范云因父范抗为郢州刺史蔡兴宗参军而随往,在府与沈约、庾杲之等过从甚密。

按:《梁书·范云传》曰:"父抗,为郢府参军,云随父在府,时吴兴沈约、新野庾杲之与抗同府,见而友之。"参见是年"沈约任安西将军、郢州刺史蔡兴宗之安西外兵参军,兼记室"条。

道士陆修静至建康(《佛祖统纪·法运通塞志》)。

按:宋明帝于是年闻庐山陆修静有道,征至建康,设崇虚馆以礼待之。

高允作《承诏议兴学校表》。

按:《魏书·高允传》曰:"乙浑专擅朝命,谋危社稷。文明太后诛之。引允禁中,参决大政。又诏允曰……允表曰……显祖从之。郡国立学,从此始也。"胡全银《〈全后魏文〉编年补正》:"《魏书·显祖纪》载,天安元年二月,乙浑谋反伏诛。九月,初立乡学,郡置博士二人,助教二人,学生六十人。于文中'初立乡学,郡置博士二人,助教二人,学生六十人'吻合。故本文当作于天安元年(467)九月。"

谢超宗作《策秀才议》。

按:《南齐书·谢超宗传》曰:"(泰始)三年,都令史骆宰议策秀才考格,五问并得为上,四、三为中,二为下,一不合与第。超宗议以为'片辞折狱,寸言挫众,鲁史褒贬,孔《论》兴替,皆无俟繁而后秉裁。夫表事之渊,析理之会,岂必委牍方切治道。非患对不尽问,患以恒文弗奇。必使一通峻正,宁劣五通而常;与其俱奇,必使一亦宜采。'诏从宰议。"

任昉作《月仪》。

按:《南史·任昉传》曰:"(任昉)八岁能属文,自制《月仪》,辞义甚美。褚彦回尝谓遥曰:'闻卿有令子,相为喜之。所谓百不为多,一不为少。'由是闻声藉甚。"

顾欢作《夷夏论》。

按:《佛祖统纪》卷三六载此论作于是年。文载《南齐书·顾欢传》。欢以佛道二家教异,学者互相非毁,乃作《夷夏论》。此论虽表面上认为"道则佛也,佛则道也。其圣则符,其迹则反",但实则顾欢"虽同二法,而意党道教",主张"今诸华士女,民族弗革,而露首偏踞,滥用夷礼,云于翦落之徒,全是胡人,国有旧风,法不可变"。顾欢佛道兼综而偏重道教的思想,遭到袁粲的抨击。明僧绍为此场辩论著有《正二教论》。

北魏令狐鼐儿等写《维摩经》题等,有题记。

按:纸质。墨书。1944年8月敦煌莫高窟土地庙残塑像中发现。其题记全2行,行13—14字,曰:"天安二年八月廿三日,令狐鼐儿课。王三典、张演虎等三人共作课也。"

王融(—493)、**元宏**(—499)、**刘勰**(—522?)、**阳固**(—523)、**释僧旻**(—527)、**释法云**(—529)生(《南齐书·王融传》《魏书·孝文帝纪》、牟世金《刘勰年谱汇考》、《魏书·阳尼传附阳固传》、《续高僧传·梁杨都庄严寺沙门释僧旻传》、《续高僧传·梁杨都光宅寺沙门释法云传》)。

宋泰始四年　北魏皇兴二年　戊申　468年

二月，北魏徐州司马休符反，自称晋王(《魏书·献文帝纪》)。

四月己卯，宋复减郡县官吏田禄之半(《宋书·明帝纪》)。

按：《宋书·明帝纪》校勘记曰："'田禄'各本及《通鉴》并作'田租'。按晋减国内田租之半，绝非封建统治者所肯为，当是减削郡县官吏田禄之半。《建康实录》作'田禄'，是。"

辛丑，柔然、吐谷浑等遣使向宋贡献方物(《宋书·明帝纪》)。

是月，高丽、库莫奚、契丹、具伏弗、郁羽陵、日连、匹黎尒、叱六手、悉万丹、阿大何、羽真侯、于阗、波斯诸国遣使向魏朝贡(《魏书·献文帝纪》)。

九月戊辰，宋明帝诏定黥刖之制(《宋书·明帝纪》、《南史·宋本纪下》)。

按：《南史·宋本纪下》曰："(泰始四年)秋九月戊辰，诏定黥刖之制……及上崩，其例乃寝。"

谢朏服阕，复为太子舍人(《梁书·谢朏传》)。

周颙随萧惠开离蜀还京。

按：《南齐书·周颙传》曰："颙少为族祖朗所知。解褐海陵国侍郎。益州刺史萧惠开赏异颙，携入蜀，为厉锋将军，带肥乡、成都二县令。转惠开辅国府参军，将军、令如故。仍为府主簿……随惠开还都。"又《宋书·萧惠开传》记载萧惠开"泰始四年，还至京师"，故系于是年。

陶弘景与父随吏部尚书刘秉之淮南郡(《本起录》)。

江淹是春被举为南徐州秀才，是秋，以对策上第而为湘州刺史巴陵王休若右常侍，之湘州之临湘，作《哀千里赋》(丁福林《江淹年谱》)。

刘芳、刘峻入北魏(《梁书·刘峻传》)。

按：是年，沈文秀、崔道固等闻刘子勋已败，欲复归宋。魏出兵攻之。刘芳、刘峻因此入魏。芳遂为北魏大儒，峻后归南，为文学名家。《魏书·刘芳传》曰："慕容白曜南讨青、齐，梁邹降，芳北徙为平齐民，时年十六。""芳才思深敏，特精经义，博闻强记，兼览《苍》、《雅》，尤长音训，辨析无疑。"

又按：《梁书·刘峻传》曰："宋泰始初，青州陷魏，峻年八岁，为人所略至中山。"考之《魏书·献文帝纪》曰："(皇兴)二年春二月癸未……崔道固及刘彧梁邹戍主、平原太守刘休宾举城降。"知是年平原入魏，刘峻被人掠入北魏。故系于此。

李䜣为北魏相州刺史。

按：《魏书·李䜣传》曰："出为使持节、安南将军、相州刺史。为政清简，明于折狱，奸盗止息，百姓称之。䜣上疏求立学校曰……显祖从之。以䜣治为诸州之最，加赐衣服。自是遂有骄矜自得之志。"胡全银《〈全后魏文〉编年补正》曰："皇兴四年十月,诛李敷。又,刺史三年一考,皇兴四年十月李䜣仍在相州刺史任上,知其初为相州刺史当在皇兴二年左右。"

释法宠出家止光兴寺,后出住江宁兴皇寺。从道猛、昙济习《成实论》,深受张融、周颙等人的赏识(《续高僧传·梁杨都宣武寺沙门释法宠传》)。

释慧约师事南林寺释慧静(《续高僧传·梁国师草堂寺智者释慧约传》)。

按：释慧静于宋代为僧望之首,特为颜延之、何尚之所重。

李䜣作《上疏求立学校》。

按：参见是年"李䜣为北魏相州刺史"条。

高允作《祭岱宗文》。

按：《祭岱宗文》曰："维皇兴二年,敢昭告于岱宗之灵。"故系于此。此文以大德配天、巡狩方岳的周礼为旨归,表明北魏已充分吸收汉家礼制作为统治思想。

孙夐作《重奏江夏王女服》。

按：《南齐书·江谧传》曰："泰始四年,江夏王义恭第十五女卒,年十九,未笄。礼官议从成人服,诸王服大功。左丞孙夐重奏：'《礼记》女子十五而笄,郑云应年许嫁者也。其未许嫁者,则二十而笄。射慈云十九犹为殇。礼官违越经典,于礼无据。'"

江谧作《奏劾孙夐》。

按：《南齐书·江谧传》曰："泰始四年……博士太常以下结免赎论,谧坐仗督五十,夺劳百日。谧又奏：'夐先不研辨……'"

北魏康那作幡愿文。

按：纸质。墨书。1965年敦煌莫高窟第130号窟发现。其文曰："清信士康那造五色幡。"据考证,此文作于皇兴二年(468年)四月八日。

天竺僧求那跋陀罗卒(394—)。求那跋陀罗,本中天竺人,以大乘学,故世号摩诃衍,本婆罗门种。元嘉十二年至宋,初住祇洹寺。求那跋陀罗以译经知名,曾于祇洹寺大集义学诸僧,译出《杂阿含经》,又于东安寺译出《法鼓经》。后又在丹阳郡译出《胜鬘经》《楞伽经》。谯王出镇荆州,请与俱行,安止辛寺,于寺译出《无忧王》《过去现在因果》《无量寿》等经,共计100余卷。事迹见《高僧传》卷三。

宋泰始五年　北魏皇兴三年　己酉　469年

正月癸亥,宋明帝亲耕籍田(《宋书·明帝纪》)。

二月,北魏立三等输租法(《资治通鉴·宋纪一四》)。

按：魏因连年旱饥,加以青、徐用兵,赋役繁重,遂定贫富三等输租之法。每等分三品,上三品输平城,中三品输别州,下三品输本州。又取消杂调十五,由是民稍赡给。

五月，北魏始有僧祇户、佛图户（《资治通鉴·宋纪一四》）。

按：《魏书·释老志》曰："……平齐户及诸民，有能岁输谷六十斛入僧曹者，即为'僧祇户'，粟为'僧祇粟'，至于俭岁，赈给饥民。又请民犯重罪及官奴以为'佛图户'，以供诸寺扫洒，岁兼营田输粟。高宗并许之。于是僧祇户、粟及寺户，遍于州镇矣。"

六月，北魏献文帝立皇子拓跋宏为太子（《魏书·献文帝纪》）。

十一月丁未，北魏遣使访宋（《宋书·明帝纪》）。

按：《资治通鉴·宋纪一四》曰："（泰始五年）十一月，丁未，魏复遣使来修和亲，自是信使岁通。"

王俭解褐秘书郎，太子舍人。

按：《南史·王俭传》曰："年十八，解褐秘书郎，太子舍人。"又曰："（永明）七年，乃上表固请，见许，改领中书监，参掌选事。其年疾，上亲临视。薨，年三十八。"据此推定，王俭解褐之年即是年。

沈约随蔡兴宗自郢州至会稽（《宋书·明帝纪》、《宋书·蔡兴宗传》）。

按：是年六月，蔡兴宗为镇东将军、会稽太守，都督会稽、东阳、新安、永嘉、临海五郡诸军事，离郢赴任。参林家骊《沈约研究·沈约事迹诗文系年》。

江淹春夏间离巴陵王休若幕，由湘州之州治临湘返回建康，复入建平王刘景素幕府。刘景素转吴兴太守，江淹随之。十二月，刘景素被任为湘州刺史，湘州刺史刘休若转为荆州刺史（丁福林《江淹年谱》）。

王僧孺读《孝经》有得。

按：《梁书·王僧孺传》曰："僧孺年五岁，读《孝经》，问授者此书所载述，曰：'论忠孝二事。'僧孺曰：'若尔，常愿读之。'"又曰："普通三年，卒，时年五十八。"据此而定，王僧孺读《孝经》之年当在是年。

沈约始撰《晋书》。

按：《宋书·自序》曰："泰始初，征西将军蔡兴宗为启明帝，有敕赐许，自此迄今，年逾二十，所撰之书，凡一百二十卷。"同篇又曰"（永明）六年二月毕功，表上之"，则文中所云"今"应指南齐永明六年（488）沈约完成《宋书》上表之时，由此上溯二十年即为是年，故系之于此。

江淹作《建平王谢赐石砚等启》、《从冠军建平王登庐山香炉峰》（曹道衡《江淹作品写作年代考》）。

高允约是年作《征士颂并序》。

按：《魏书·高允传》曰："允以老疾，频上表乞骸骨，诏不许。于是乃著《告老诗》，又以昔岁同征，零落将尽，感逝怀人，作《征士颂》……"胡全银《〈全后魏文〉编年补正》推断约作于是年。

刘芳作《穷通论》。

按：《魏书·刘芳传》曰："芳母子入梁邹城。慕容白曜南讨青齐，梁邹降，芳北徙为平齐民，时年十六。南部尚书李敷妻，司徒崔浩之弟女；芳祖母，浩之姑也。芳至京师，诣敷门，崔耻芳流播，拒不见之。芳虽处穷窘之中，而业尚贞固，聪敏过人，笃志坟典。昼则佣书,以自资给,夜则读诵,终夕不寝,至有易衣并日之敝,而澹然自守,不汲汲于荣利,不戚戚于贱贫,乃著《穷通论》以自慰焉。"胡全银《〈全后魏文〉编年补正》:"《魏书·显祖纪》载,(皇兴三年)五月,徙青州民于京师。《资治通鉴》卷一百三十二亦载,(皇兴三年)五月,魏徙青齐民于平城,置升城、历城民望于桑干,立平齐郡以居之。故芳至京师当在是时也。"

吴均(—520)、裴子野(—530)、孔休源(—532)生(《梁书·吴均传》、《梁书·裴子野传》、《梁书·孔休源传》)。

宋泰始六年　北魏皇兴四年　庚戌　470年

匈奴人撤离欧洲。

正月乙亥,宋初制间二年一祭南郊,间一年一祭明堂(《宋书·明帝纪》)。

四月戊申,北魏将击败吐谷浑,其王拾寅败走,遣使向北魏入贡,被囚(《魏书·献文帝纪》、《资治通鉴·宋纪一四》)。

九月戊寅,宋立儒、道、文、史、阴阳五部学(《宋书·明帝纪》、《南史·宋本纪下》、《南齐书·百官志》)。

按:《南史·宋本纪下》曰:"(泰始六年)九月戊寅,立总明观,征学士以充之。置东观祭酒、访举各一人,举士二十人,分为儒、道、文、史、阴阳五部学,言阴阳者遂无其人。"《资治通鉴·齐纪二》曰:"初,宋太宗置总明观以集学士,亦谓之东观。上以国学既立,五月,乙未,省总明观。时王俭领国子祭酒,诏于俭宅开学士馆,以总明四部书充之。"胡三省注:"分经、史、子、集为甲、乙、丙、丁四部。又据《宋纪》:明帝泰始六年立总明观,征学士以充之;举士二十人,分为儒、道、文、史、阴阳五部学,言阴阳者遂无其人。然则四部书者,其儒、道、文、史之书欤!"

是月,北魏大破柔然(《魏书·显祖纪》、《资治通鉴·宋纪一四》)。

按:柔然部真可汗攻魏,于是魏分道击柔然,大破之于女水之滨。魏改女水曰武川。

是年,宋明帝于华林园讲《周易》(《宋书·袁粲传》)。

宋明帝于华林园讲《周易》,袁粲为其执经。又因知东宫事,徙为尚书右仆射(《宋书·袁粲传》)。

按:王僧虔《诫子书》称袁粲通《周易》,故能为明帝执经。

陆澄转著作正员郎,除安成太守,转刘韫抚军长史,加绥远将军、襄阳太守,并不拜。仍转刘秉后军长史、东海太守(《南齐书·陆澄传》)。

按:刘韫是年六月任抚军将军、雍州刺史。刘秉七月为南徐州刺史。

江淹是年春在建康。转巴陵王右常侍,赴荆州,与建平王同行。秋至荆州,旋赴汉北。

按：《梁书·江淹传》曰："景素为荆州，淹从之镇。"考《宋书·建平王景素传》曰："泰始六年，（景素）都督荆、湘、雍、益、梁、宁、南、北秦八州诸军事。"另参见曹道衡《江淹作品写作年代考》。

陶弘景归都，寓憩中外徐胄舍（《本起录》）。

王僧孺六岁，能属文（《梁书·王僧孺传》）。

释法愿以佼长生之请，居于正胜寺。

按：《高僧传·齐正胜寺释法愿传》曰："释法愿，本姓钟，名武厉，先颖川长社人。祖世避难，移居吴兴长城。"佼长生舍宅为寺，名曰正胜寺。

萧道成作《群鹤咏》。

按：《南史·荀伯玉传》曰："高帝为宋明帝所疑，被征为黄门郎，深怀忧虑，见平泽有群鹤，仍命笔咏之曰：'八风舞遥翮，九野弄清音，一摧云间志，为君苑中禽。'以示伯玉深指，伯玉劝高帝遣数十骑入魏界，安置标榜。魏果遣游骑数百履行界上，高帝以闻。犹惧不得留，令伯玉占。伯玉言不成行，而帝卒复本任。"据《南齐书·高帝纪上》云："（泰始）六年，除黄门侍郎，领越骑校尉，不拜。复授冠军将军，留本任。"故系于是年。

陆澄作《皇太子冕服议》。

按：此议以郑玄之注立论。《宋书·礼志五》曰："泰始六年正月戊辰，有司奏：'被敕皇太子正冬朝贺，合著衮冕九章衣不？'……兼左丞陆澄议：'……臣等参议，依礼，皇太子元正朝贺，应服衮冕九章衣。以仲起议为允。撰载仪注。'诏可。"

虞和作《上明帝论书表》。

按：此表涉及汉晋之间钟繇、张芝、钟会、张昶、王羲之父子、羊欣等人的书法风貌，纵论历代书法的发展，对书法史研究极有参考价值。其文曰："六年九月中书侍郎臣虞上。"故系于此。

释慧果卒（395— ）。慧果本豫州人，少以蔬苦自业。宋初游京师，止建康瓦官寺，诵《法华》、《十地》。其事迹见《高僧传》卷一二。

陆倕（ —526）、顾协（ —542）生（《梁书·陆倕传》、《梁书·顾协传》）。

宋泰始七年　北魏皇兴五年　北魏孝文帝拓跋宏延兴元年　辛亥　471年

三月辛酉，北魏遣邢祐访宋（《宋书·明帝纪》）。

按：魏遣使节，其名未为《宋书·明帝纪》所载。另据《资治通鉴·宋纪一五》曰："（泰始七年）三月，辛酉，魏假员外散骑常侍邢祐来聘。"知此魏来使为邢祐。

是月壬戌、六月甲辰，柔然两度遣使奉献于宋（《宋书·明帝纪》）。

八月丙午,北魏帝传位给太子宏(《魏书·献文帝纪》)。

按:魏献文帝好黄、老、浮图之学,有遗世之心,乃传位于年仅五岁的太子宏,是为高祖孝文帝,改元延兴。魏献文帝称太上皇帝。

十一月戊午,百济遣使向宋奉献方物(《宋书·明帝纪》)。

是年,宋明帝以即位前之故第作湘宫寺(《资治通鉴·宋纪一五》)。

按:宋明帝晚年好鬼神,多忌讳,作湘宫寺,极为壮丽。新安太守巢尚之罢郡入见,帝谓之曰:"此是我大功德,用钱不少。"通直散骑侍郎虞愿在一旁曰:"此皆百姓卖儿贴妇钱所为,佛若有知,当慈悲嗟愍;罪高浮图,何功德之有!"明帝当即将虞愿驱逐出殿。

袁粲五月庚午以尚书右仆射迁为尚书令(《宋书·明帝纪》、《宋书·袁粲传》)。

萧道成入为散骑常侍、太子左卫率(《南齐书·高帝纪上》)。

王景文自陈求解扬州。

按:《资治通鉴·宋纪一五》曰:"(泰始七年)王景文常以盛满为忧,屡辞位任,上不许。然中心以景文外戚贵盛,张永累经军旅,疑其将来难信,乃自为谣言曰:'一士不可亲,弓长射杀人。'景文弥惧,自表解扬州,情甚切至。"司马光系之于是年,此处姑从其说。

任昉为从叔任晷所激赏,称为"吾家千里驹"。

按:《南史·任昉传》曰:"年十二,从叔晷有知人之量,见而称其小名曰:'阿堆,吾家千里驹也。'"

丘迟八岁,能属文,为谢超宗、何点所赏。其父丘灵鞠,有才名,仕齐官至太中大夫。灵鞠常谓迟文"气骨似我"(《梁书·丘迟传》)。

徐勉六岁,率尔成文,见称耆宿。

按:《梁书·徐勉传》曰:"勉幼孤贫,早励清节。年六岁,时属霖雨,家人祈霁,率尔为文,见称耆宿。"

江淹作《建平王庆明帝疾和礼上表》。

按:《宋书·明帝纪》曰:"(泰始七年八月)庚寅,以疾愈大赦天下。"知刘彧病愈在是年八月,此表亦当作于是时,故系于此。

高允作《鹿苑赋》(《广弘明集》卷二九)。

按:此文作于献文帝称太上皇帝之后。此赋称颂鹿苑的弘丽,是以佛教建筑为题材的典型作品,见载于《广弘明集》卷二九,其中也蕴涵了吸取佛家思想,用于安民治国的意图。

高闾作《至德颂》,称颂献文帝传位。

按:《魏书·高闾传》曰:"显祖传位,徙御崇光宫,闾上表颂曰……"

道士陆修静上所著《三洞道经目录》。

按:修静为道教目录的首创者,该录成于宋文帝元嘉十四年(437)。是年修静上《道经目录》:《上清经》有一百八十六卷,其一百一十七卷已行于世;从《始清》已下有四十部,合六十九卷,未行于世,《洞玄经》三十六卷,其二十一卷已行于世;其《大小劫》已下有十一部,合十五卷,犹隐天宫未出。

宋第五席达作《胜鬘经》，有题记。

按：纸质。墨书。敦煌藏经洞出品(?)。其题记全1行，23字，曰："宋泰始七年四月，建康六部尉第五席达，敬造胜鬘经一卷。"

北魏张埌造《金光明经》，卷二有题记。

按：黄绢。墨书。敦煌藏经洞出品。其卷二有题记，全7行，行9—30字，曰："皇兴五年岁在辛亥，大魏定州中山郡卢奴县城内西坊里住，原乡凉州武威郡租厉县梁泽北乡武训里方亭南苇亭北张埌主，父宜曹讳曷，息张保兴，自慨多难，父母恩育，无以仰报，又感乡援，靡托恩恋。是以在此单城，竭家建福，兴造素经法华一部，金光明一部，维摩一部，无量寿一部。欲令流通本乡，道俗异玩。愿使福钟皇家，祚隆万代，祐例丘久。亡母托生莲华，受悟无生润及。现存普济，一切群生之类，咸同斯愿。若有读诵者，常为流通。"

王素卒(418—)。素字休业，琅邪临沂人。少有志行，家贫。爱好文义，不以世俗萦怀。元嘉中，为庐陵国侍郎。母亡，隐居不仕，颇营田园，得以自给。屡被征辟，皆不就，声誉甚高。《隋书·经籍志》著录《王素集》16卷，佚。逯钦立《先秦汉魏晋南北朝诗·宋诗》卷一〇载其《学阮步兵体诗》1首。事迹见《宋书》卷九三。

萧洽(—525)、周舍(—526)、殷芸(—529)、徐摛(—551)生（《梁书·萧介附萧洽传》、《梁书·周舍传》、《梁书·裴子野传》、《梁书·殷芸传》、《梁书·徐摛传》、萧绎《法宝联璧序》）。

宋泰豫元年　北魏延兴二年　壬子　472年

正月甲寅朔，宋明帝因久病未愈，改元泰豫（《宋书·明帝纪》）。

三月癸丑朔，林邑遣使向宋贡献方物（《宋书·明帝纪》）。

四月己亥，宋明帝病重，遗命袁粲、褚渊、刘勔、蔡兴宗、沈攸之辅政（《宋书·明帝纪》）。

按：《南史·宋本纪下》曰："(泰豫元年)夏四月己亥，上疾大渐。加江州刺史桂阳王休范位司空，以刘勔为尚书右仆射，蔡兴宗为征西将军、开府仪同三司、荆州刺史，郢州刺史沈攸之进号安西将军。袁粲、褚彦回、刘勔、蔡兴宗、沈攸之入阁被顾命。"

是日，宋明帝死于景福殿（《宋书·明帝纪》）。

按：刘彧(439—)，即宋明帝。字休炳，小字荣期，彭城人，宋文帝刘义隆第十一子。宋孝武帝时，诸弟多被猜疑，惟刘彧得见信任，历中护军、都官尚书、徐州刺史、南豫州刺史。弑宋前废帝刘子业即位，在位八年，翦落宗族，残忍好杀，又奢侈无度，民不堪命。但刘彧好读书，爱文义，又好围棋。多用才学之士，参侍文籍。《隋书·经籍志》著录其《论语补阙》2卷、《晋江左文章志》3卷、《明帝集》33卷，皆佚。事迹见

《宋书》卷八、《南史》卷三。

庚子，宋后废帝刘昱即位(《宋书·后废帝纪》)。

按：宋明帝死后，太子苍梧王刘昱即位，是为后废帝。袁粲等虽受顾命，但实近习阮佃夫、王道隆掌权，贿赂公行。宋氏之业，自此衰败。

六月，后废帝下诏广为举荐人才(《宋书·后废帝纪》)。

十一月，柔然、高丽遣使向宋奉献特产(《宋书·后废帝纪》)。

十二月，北魏攻宋义阳，为宋击退(《宋书·后废帝纪》)。

是年，北魏下诏更定孔子庙祠典。

按：《魏书·孝文帝纪上》载(延兴二年二月乙巳)诏曰："尼父禀达圣之姿，体生知之量，穷理尽性，道光四海……自今已后，有祭孔子庙，制用酒脯而已，不听妇女合杂，以祈非望之福。犯者以违制论。"由此可见，北朝祠孔较之南朝更合古制。

北魏下诏论州郡选举。

按：《魏书·孝文帝纪上》载(延兴二年六月丙申)诏书曰："……自今所遣，皆门尽州郡之高，才极乡闾之选。"由此可见，魏之选举，已重门第。

袁粲时为尚书令，与褚渊、刘勔、蔡兴宗、沈攸之受明帝遗命辅政。

按：参见是年"四月己亥，宋明帝病重，遗命袁粲、褚渊、刘勔、蔡兴宗、沈攸之辅政"条。又《宋书·后废帝纪》曰："泰豫元年四月己亥，太宗崩。庚子，太子即皇帝位，大赦天下。尚书令袁粲、护军将军褚渊共辅朝政。"

蔡兴宗为征西将军、开府仪同三司、荆州刺史，旋转中书监、光禄大夫、安西将军。

按：参见是年"四月己亥，宋明帝病重，遗命袁粲、褚渊、刘勔、蔡兴宗、沈攸之辅政"条。又《宋书·后废帝纪》曰："八月戊午，新除中书监、左光禄大夫、开府仪同三司蔡兴宗薨。"

沈约为蔡兴宗征西记室参军，带厥西令(《梁书·沈约传》)。

按：沈约因蔡兴宗卒未赴任。

陶弘景随刘秉之丹阳郡，与其子刘俣相处日洽。

按：陶翊《华阳隐居先生本起录》载陶弘景"十七乃冠，常随刘秉之丹阳郡，得给帐下食，出入乘厩马。秉第二男俣，少知名，时为司徒祭酒。俣雅好文籍，与先生日夜搜寻，未尝不共味而食，同车而游。俣与江敩、褚炫等，俱为顺帝四友，故最以才学得名"。

高允上《北伐颂》，文风典雅。

按：《魏书·高允传》曰："皇兴中，诏允兼太常，至兖州祭孔子庙，谓允曰：'此简德而行，勿有辞也。'后允从显祖北伐，大捷而还，至武川镇，上《北伐颂》……"又《魏书·孝文帝纪上》曰："(延兴二年)冬十月，蠕蠕犯塞，及于五原。十有一月，太上皇帝亲讨之，将度漠袭击。蠕蠕闻军至，大惧，北走数千里。"故系于是年。

西域僧吉迦夜与释昙曜于平城译出经若干种。

按：此时所译之经包括《杂宝藏经》13卷、《付法藏因缘经》6卷、《方便心论》2卷。《出三藏记集·新集撰出经律论录》曰："右三部，凡二十一卷。宋明帝时，西域三藏吉迦夜于北国，以伪延兴二年，共僧正释昙曜译出，刘孝标笔受。此三经并未至京都。"

蔡兴宗卒(415—)。兴宗以字行,济阳考城人,蔡廓少子。少好学,重礼仪。历任彭城王刘义康司徒行参军、太子舍人、中书侍郎、太子中庶子、侍中、吏部尚书、尚书右仆射等职。事迹见《宋书》卷五七、《南史》卷二九。

按:《宋书·蔡兴宗传》曰:"少好学,以业尚素立见称。"又《南史·蔡兴宗传》曰:"三吴旧有乡射礼,元嘉中,羊玄保为吴郡行之,久不复修。兴宗行之,礼仪甚整。"

袁炳卒(445—)。炳字叔明,陈郡阳夏人。与江淹为知交,曾为袁粲所知赏。历任国常侍员外郎、府功曹、临湘令诸职。江淹《袁友人传》称"其人天下之士,幼有异才,学无不览,文章俶傥清澹出一时","好妙赏文,独绝于世"。又尝著《晋史》,未成而卒。《南齐书·文学传》亦称其"有文学",惜其文皆散佚。事迹见《南齐书》卷五二、江淹《袁友人传》。

按:江淹《袁友人传》曰:"(袁炳)任心观书,不为章句之学。其笃行则信义惠和,意磬如也。常念荫松柏,咏诗书,志气跌宕,不与俗人交。"

陆厥(—499)生(《南齐书·陆厥传》)。

宋后废帝刘昱元徽元年　北魏延兴三年　癸丑　473 年

正月戊寅朔,宋改元元徽(《宋书·后废帝纪》)。
是月庚辰,北魏遣使访宋(《魏书·孝文帝纪上》)。
二月癸丑,北魏劝课农事(《魏书·孝文帝纪上》)。

按:魏帝诏:守令劝课农事,同部之内,贫富相通,家有兼牛,通借无者,若不从诏,一门终身不仕。

甲戌,北魏定守令升迁法(《魏书·孝文帝纪上》)。

按:魏诏:县令能静一县劫盗者,兼治二县,即食其禄;能静二县者,兼治三县,三年迁为郡守。二千石能静二郡,上至三郡,亦如之,三年迁为刺史。

三月丙申,婆利国遣使向宋贡献方物(《宋书·后废帝纪》)。
四月,北魏以孔子二十八代孙孔乘为崇圣大夫,给 10 户以供洒扫(《魏书·孝文帝纪上》、《资治通鉴·宋纪一五》)。
五月丙申,吐谷浑遣使奉献于宋(《宋书·后废帝纪》)。
八月,魏长孙观入吐谷浑境,其王拾寅请降,遣子斤入侍。自是每岁向北魏献贡(《魏书·孝文帝纪上》、《资治通鉴·宋纪一五》)。
九月,宋遣使聘于北魏(《魏书·孝文帝纪上》)。

北魏遣使检括户口(《魏书·孝文帝纪上》)。

按：魏遣使者 10 人，循行州郡，检括户口。其有隐不出者，州、郡、县、户主并论如律。

十二月丙寅，吐谷浑向宋贡献方物(《宋书·后废帝纪》)。

壬子，柔然攻北魏，柔玄镇二部敕勒皆响应(《魏书·孝文帝纪上》、《资治通鉴·宋纪一五》)。

袁粲十一月丁丑以母丧去尚书令职。十二月乙巳，令还摄本任，加号卫将军，始终不受(《宋书·后废帝纪》、《宋书·袁粲传》)。

按：袁粲其人行事，体现出刘宋人士重孝义、守礼法的一面。《宋书·袁粲传》曰："元徽元年，丁母忧，葬竟，摄令亲职，加卫将军，不受，敦逼备至，中使相望，粲终不受。性至孝，居丧毁甚，祖日及祥变，常发诏卫军断客。二年，桂阳王休范为逆，粲扶曳入殿，诏加兵自随，府置佐史……三年，徙尚书令，卫军、开府如故，并固辞，服终乃受。"

沈约为晋熙王刘燮引为法曹参军，转为外兵参军，并兼记室(《梁书·沈约传》)。

丘巨源以文才为桂阳王刘休范所征，不就，留京都。

按：《南齐书·丘巨源传》曰："元徽初，桂阳王休范在寻阳，以巨源有笔翰，遣船迎之，饷以钱物。巨源因太祖自启，敕板起巨源使留京都。桂阳事起，使于中书省撰符檄，事平，除奉朝请。"又《宋书·后废帝纪》曰："(元徽二年)五月壬午，太尉、江州刺史桂阳王休范举兵反。"丘巨源被休范所征乃在其反叛之前，故系于是年。

王俭著《七志》及《元徽四部书目》。

按：《隋书·经籍志》曰："元徽元年，秘书丞王俭又造《目录》，大凡一万五千七百四卷。俭又别撰《七志》：一曰《经典志》，纪六艺、小学、史记、杂传；二曰《诸子志》，纪今古诸子；三曰《文翰志》，纪诗赋；四曰《军书志》，纪兵书；五曰《阴阳志》，纪阴阳图纬；六曰《术艺志》，纪方技；七曰《图谱志》，纪地域及图书。其道、佛附见，合九条。然亦不述作者之意，但于书名之下，每立一传，而又作九篇条例，编乎首卷之中。文义浅近，未为典则。"

又按：王俭所撰《七志》卷数，史籍所载不一。《宋书·后废帝纪》曰："(元徽元年八月)秘书丞王俭表上所撰《七志》三十卷。"《南齐书·王俭传》曰："(王俭)依《七略》撰《七志》四十卷，上表献之，表辞甚典。又撰定《元徽四部书目》。"

顾长康、何翌之表上所著《谏林》。

按：《宋书·后废帝纪》曰："(元徽元年)秋七月丁丑，散骑常侍顾长康、长水校尉何翌之表上所撰《谏林》，上自虞、舜，下及晋武，凡十二卷。"

江淹作《与交友论隐书》，《丹砂可学赋》或作于同时。

按：《与交友论隐书》仿嵇康《与山巨源绝交书》，多杂道家养生之道，载于其本集。《丹砂可学赋》载于其本集及《艺文类聚》卷七八。参见曹道衡《江淹作品写作年代考》。

邵硕卒，生年不详。硕，始康人。居无常所，恍惚如狂，为人大口，眉目丑拙。而性好佛法，每见形象，无不礼拜赞叹，悲感流泪。邵硕在刘宋初出家，自称硕公。出入行住，不择昼夜。游历益州诸县，及往蛮中，因事言谑，协以劝善。刺史萧惠开及刘孟明等并挹事之。是年九月一日卒于岷山通云寺。事迹见《高僧传》卷一〇、《法苑珠林》卷三一。

宋元徽二年　　北魏延兴四年　　甲寅　　474年

三月丁亥，北魏遣使访宋(《魏书·孝文帝纪上》)。

五月壬午，刘休范起兵(《宋书·后废帝纪》、《资治通鉴·宋纪一五》)。

按：宋桂阳王刘休范起兵反叛，逼入建康朱雀门。右军将军王道隆、领军将军刘勔等战死。萧道成守新亭，命越骑校尉张敬儿诈降，刺杀休范，破其军。

己亥，柔然遣使向宋贡献方物(《宋书·后废帝纪》)。

乙卯，北魏罢门房同诛律(《魏书·孝文帝纪上》)。

按：魏诏令：自今以后，非谋反、大逆、外奔，罪止其身。遂罢门房同诛之律。门诛即诛其一门，房诛即诛其一房(大族分支为房)。

袁粲五月庚寅因桂阳王刘休范举兵反，奉命入卫殿省。九月丁酉，由尚书令、新除卫将军迁为中书监，即本号开府仪同三司，领司徒(《宋书·后废帝纪》)。

王僧虔五月戊戌因刘休范事举义兵赴京师。七月乙酉以前将军、湘州刺史进号平南将军(《宋书·后废帝纪》)。

丘巨源在中书省撰符檄，征讨桂阳王刘休范。事平，巨源望有封赏，既而不获(《南齐书·丘巨源传》)。

谢朏为卫将军袁粲长史(《梁书·谢朏传》、《宋书·袁粲传》)。

按：参见473年"袁粲十一月丁丑以母丧去尚书令职。十二月乙巳，令还摄本任，加号卫将军，始终不受"条。

萧道成六月庚子为宋中领军、镇军将军、南兖州刺史(《宋书·后废帝纪》)。

按：《宋书·袁粲传》曰："时粲与齐王、褚渊、刘秉入直，平决万机，时谓之'四贵'。"可知萧道成留卫建康，与袁粲、褚渊、刘秉共同辅政。

江淹从刘景素赴京师应萧道成召。

按：桂阳王刘休范反，沈攸之、刘景素、刘燮、王僧虔等并举义兵赴京师。参见曹道衡《江淹作品写作年代考》。

周颙为邵陵王刘友南中郎三府参军(《南齐书·周颙传》)。

按：据《宋书·邵陵殇王友传》记载，刘友于是年为南中郎将、江州刺史，封邵陵王。

程骏屡为魏太上皇(献文帝)引与论《易》、《老》之义。

按：《魏书·程骏传》曰："显祖屡引骏与论《易》、《老》之义，顾谓群臣曰：'朕与此人言，意甚开畅。'又问骏曰：'卿年几何？'对曰：'臣六十有一。'"同书又载其卒于太和九年(485)，年七十二。逆推则知其六十一岁当为是年，故系于此。程骏自六世祖坐事流凉州，世居河西，足见北魏老庄之学，至此渐兴起，而凉州文人亦颇有作用。

王珪之奉敕始纂集古设官历代分职，后著成《齐职仪》50卷。

按：王珪之子王颢于永明九年奏上此书，诏付秘阁。《南齐书·王逡之传》曰："(王逡之)从弟珪之，有史学，撰《齐职仪》。永明九年，其子中军参军颢上启曰：'臣亡父故长水校尉珪之，藉素为基，依儒习性。以宋元徽二年，被敕使纂集古设官历代分职，凡在坟策，必尽详究。是以等级掌司，咸加编录。黜陟迁捕，[悉]该研记。述章服之差，兼冠佩之饰……不揆庸微，谨冒启上，凡五十卷，谓之《齐职仪》……'诏付秘阁。"

刘休范作《与袁粲褚渊刘秉书》。

按：《宋书·桂阳王休范传》曰："明年(元徽二年)五月，遂举兵反……书与袁粲、褚渊、刘秉……"此书以《春秋》、《诗》之忠孝观念为旨归，反对皇帝滥杀宗室而造反。

褚渊作《答萧领军书》。

按：《南齐书·褚渊传》曰："元徽二年……太祖即平桂阳，迁中领军，领南兖州，增户邑。太祖固让，与渊及卫军袁粲书曰：'下官常人，志不及远……'渊、粲答曰：'来告颖亮，敬把无已……'"

张融《与从叔征北将军永书》、《与吏部尚书王僧虔书》。

按：张卫宏《〈全齐文〉编年考》曰："《南齐书·张融传》载：融家贫愿禄，初与从叔征北将军永叔曰：'融昔称幼学，早训家风，……。'又与吏部尚书王僧虔书曰：'融，天地之逸民也。……。'时议以融非治民才，竟不果。据以检《南齐书·王僧虔传》曰：元徽中，僧虔迁吏部尚书。又《南史·张永传》载：元徽二年，为征北将军、南兖州刺史，加都督。遇桂阳王休范作乱，永军不敌，被免官削爵，发愧病卒。按：休范叛乱事在元徽二年。本文作于元徽二年(474年)。"

吴迈远卒，生年不详。好为篇章，宋明帝闻而召之。曾入江州刺史桂阳王刘休范幕，为其从事史。是年，休范起兵反，迈远为作符檄。休范兵败后，迈远被族诛。迈远好自夸而嗤鄙他人，每作诗得称意语，辄掷地呼曰："曹子建何足数哉！"陈祚明《采菽堂古诗选》评其诗"稍有远情"，"然无全首"。《隋书·经籍志》著录宋江州从事《吴迈远集》1卷，残缺，梁8卷，佚。逯钦立《先秦汉魏晋南北朝诗·宋诗》卷一〇载其诗11首。事迹见《南史》卷七二。

萧子隆(—494)生(《南齐书·随郡王子隆传》)。

宋元徽三年　北魏延兴五年　乙卯　475年

三月丙寅,吐谷浑遣使向宋奉献方物(《宋书·后废帝纪》)。
己巳,宋后废帝以张敬儿为雍州刺史(《宋书·后废帝纪》)。
九月丙辰,宋加吐谷浑王拾寅为车骑大将军(《宋书·后废帝纪》)。
十月丙戌,高丽遣使向宋贡献方物(《宋书·后废帝纪》)。

袁粲七月庚戌复任尚书令(《宋书·后废帝纪》)。
褚渊八月庚子以护军将军兼任中书监(《宋书·后废帝纪》)。
江淹求行南东海郡事,触怒建平王,被黜为吴兴令,作《效阮公诗》以讽。
  按:《梁书·江淹传》曰:"淹在县三年。昇明初,齐帝辅政,闻其才,召为尚书驾部郎、骠骑参军事。"又据《宋书·顺帝纪》记载,萧道成于昇明元年辅政作相,由此逆推,知江淹为吴兴令当在是年。据《梁书·江淹传》,时建平王景素与腹心谋议,淹知祸机将发,乃赋诗十五首以讽,即《效阮公诗十五首》。另参见曹道衡《江淹作品写作年代考》。
张融奔叔父张永丧,以故免官,寻复位,摄祠、仓部二曹。旋又兼掌正厨,自表解职(《南齐书·张融传》)。
任昉为丹阳尹刘秉辟为主簿。
  按:《梁书·任昉传》曰:"(昉)幼而好学,早知名。宋丹阳尹刘秉辟为主簿。时昉年十六,以气忤秉子。"
释法献发迹金陵,西行于阗求法。
  按:《高僧传·齐上定林寺释法献传》曰:"以宋元徽三年,发踵金陵,西游巴蜀,路出河南,道经芮芮。既到于阗,欲度葱岭,值栈道断绝,遂于于阗而反。获佛牙一枚,舍利十五身,并《观世音灭罪咒》及《调达品》,又得龟兹国金锤鍱像,于是而还。"

丘巨源作《与尚书令袁粲书》。
  按:张卫宏《〈全齐文〉编年考》曰:"《南齐书》卷五十二《丘巨源传》载:'元徽初,桂阳王休范在寻阳,以巨源有笔翰,……事平,除奉朝请。巨源望有封赏,既而不获,乃与尚书令袁粲书曰'云云,即本文。按:休范乱事在元徽二年,又检《南史·袁粲传》载:元徽元年,丁母忧。元徽三年,徙尚书令,卫军、开府如故,并固辞,服终乃受命。顺帝即位,迁中书监,司徒、侍中如故。本文作于元徽三年(475年)。"
沈约作《栖禅精舍铭并序》(《广弘明集》卷十六)。
  按:其序曰:"此寺征西蔡公所立,昔厕番麾,预班经创之始,今重游践,览旧兴怀。故为此铭,以传芳迹。在郢州,永徽三年岁次某时某月某朔某日子。"
释法献以赴于阗求法经历作《别记》。

按：《高僧传·齐上定林寺释法献传》曰："以宋元徽三年，发踵金陵，西游巴蜀，路出河南，道经芮芮。既到于阗，欲度葱岭，值栈道断绝，遂于于阗而反……其经途危阻，见其《别记》。"

徐爱卒（394— ）。爱本名瑗，字长玉，南琅邪开阳人。宋大明年间，领著作郎，使续成何承天、山谦之、苏宝生所撰国史，起于晋安帝义熙元年，虽依傍前人而能成一家之言，多为沈约《宋书》所本。爱博涉书传，熟悉朝仪，又谄佞善事人，以是宋文帝、孝武帝朝均见宠信。宋前废帝凶暴，然对其宠信有加，冠于群臣。徐爱著述甚多，除《宋书》65卷外，有《周易系辞注》2卷、《礼记音》2卷、辑《杂逸书》6卷，梁22卷，均逸。又注潘岳《射雉赋》，存于《文选》李善注本中。《隋书·经籍志》著录宋太中大夫《徐爱集》6卷，梁10卷。严可均《全宋文》卷四○载其文24篇。逯钦立《先秦汉魏晋南北朝诗·宋诗》卷十载其诗2首，皆为残句。事迹见《宋书》卷九四、《南史》卷七七。

张永卒（410— ）。永字景云，吴郡吴人。初为郡主簿、州从事，历官尚书中兵郎、建康令、冀州刺史、尚书左丞、廷尉、尚书吏部郎、司徒右长史、御史中丞、吴郡太守、侍中、右光禄大夫等，封孝昌县侯。后迁征北将军、南兖州刺史，旋因故免官。张永涉猎书史，能为文章，善隶书，晓音律，骑射、杂艺，触类兼善。《隋书·经籍志》著录右光禄大夫《张永集》10卷，佚。严可均《全宋文》卷四九载其文1篇。事迹见于《宋书》卷五三、《南史》卷三一。

按：钟嵘《诗品》列其诗于下品，称"张景云虽谢文体，颇有古意"。

释道猛卒（411— ）。本西凉州人。少而游历燕赵，备睹风化。后停止寿春，力精勤学。三藏九部，大小数论，皆思入渊微，无不镜彻。而《成实》一部，最为独步。宋元嘉二十六年，东游京师，止于东安寺。宋明帝为湘东王时，深相崇荐。及登位，倍加礼接。泰始初，明帝创寺于建阳门外，敕猛为纲领，并赐寺名兴皇。是年卒于东安寺。事迹见《高僧传》卷七。

萧秀（ —518）、释慧超（ —526）、张率（ —527）、江蒨（ —527）生（《梁书·安成康王秀传》、《续高僧传·梁杨都灵根寺释慧超传》、《梁书·张率传》、《梁书·江蒨传》）。

宋元徽四年　北魏延兴六年　承明元年　丙辰　476年

西罗马帝国亡。

正月己亥，宋后废帝亲耕籍田（《宋书·后废帝纪》）。

二月，北魏冯太后鸩杀献文帝，自称太皇太后，复临朝称制，改元承明

(《资治通鉴·宋纪一六》)。

萧道成六月乙亥任尚书左仆射(《宋书·后废帝纪》)。

王僧虔十月辛酉以吏部尚书迁为尚书右仆射(《宋书·后废帝纪》)。

王俭为袁粲司徒右长史(《宋书·礼志五》、《南齐书·王俭传》)。

按：参见是年"王俭作《公府长史朝服议》"条。

王智深为建平王刘景素辟为西曹书佐，未到职而景素败，后解褐徐州祭酒(《南齐书·王智深传》)。

按：据《宋书·后废帝纪》载，建平王刘景素自起兵反叛至兵败被杀均在是年七月，故将此事系于是年。

程骏上书谏太庙执事之官皆得封爵(《魏书·程骏传》)。

按：是年迁献文帝神主于太庙。旧制，庙中执事之官皆得赐爵，程骏上表以为不可，文明太后称之。

王俭作《公府长史朝服议》。

按：此以《春秋国语》为据，议定公府长史朝服。《宋书·礼志五》曰："宋后废帝元徽四年，司徒右长史王俭议公府长史应服朝服。曰：'《春秋国语》云："貌者情之华，服者心之文。"岩廊盛礼，衣冠为大。'"故系于此。

虞玩之上《陈时事表》，指摘时弊。

按：《宋书·后废帝纪》曰："(元徽四年五月)乙未，尚书右丞虞玩之表陈时事……"即此文。

袁翻(—528)、释昙鸾(—542)、释僧范(—555)生(《魏书·袁翻传》、《续高僧传·魏西河石壁谷玄中寺释昙鸾传》、《续高僧传·齐邺东大觉寺释僧范传》)。

宋元徽五年　宋顺帝刘準升明元年
北魏孝文帝太和元年　丁巳　477年

正月乙酉朔，北魏改元太和(《资治通鉴·宋纪一六》)。

三月，北魏孝文帝命与僧徒论佛义。

按：《魏书·释老志》曰："(太和元年)三月，(孝文帝)又幸永宁寺设会，行道听讲，命中、秘二省与僧徒讨论佛义，施僧衣服、宝器有差。"同卷："显祖即位，敦信尤深，览诸经论，好老庄。每引诸沙门及能谈玄之士，与论理要。初，高宗太安末……是后七年而帝践祚，号天安元年。是年，刘彧徐州刺史薛安都始以城地来降。明年，尽有淮北之地。其岁，高祖诞载。于时起永宁寺，构七级佛图，高三百余尺，基架博敞，为天下第一。"

七月戊子夜，宋后废帝刘昱被杀于仁寿殿(《宋书·后废帝纪》)。

按：刘昱(463—477)，字德融，小字慧震，彭城人。宋明帝刘彧的长子。泰始二年立为皇太子。泰豫元年四月己亥,宋明帝崩,刘昱于次日即位称帝。在位六年,好嬉戏游乐,喜怒无常,天性好杀,疏于朝政,但却知音律,精于百工之艺。严可均《全宋文》卷一〇载其诏敕13篇。事迹见《宋书》卷九、《南史》卷三。

又按:《宋书·后废帝纪》曰:"(后废帝刘昱)凡诸鄙事,过目则能,锻炼金银,裁衣作帽,莫不精绝。未尝吹篪,执管便韵。"

是月,宋萧道成等立安成王刘準为帝,改元升明(《宋书·顺帝纪》)。

按: 宋帝刘昱忌萧道成威名,尝欲杀之。道成忧惧,密与袁粲、褚渊谋废立。越骑校尉王敬则为道成听察帝之动静,阴结帝左右杨玉夫等,见机杀帝。以太后令,数帝罪恶,迎安成王刘準即帝位,是为顺帝,改元升明。以萧道成录尚书事。八月庚辰,以萧道成为骠骑大将军、开府仪同三司。

八月丙子,北魏诏工商皂隶,自今无勋劳者,叙官不得过本部丞(《魏书·孝文帝纪上》)。

八月戊午,宋改平准署(《宋书·顺帝纪》)。

九月乙酉,北魏更定律令(《魏书·孝文帝纪上》)。

十一月,倭国遣使向宋奉献方物(《宋书·顺帝纪》)。

是年,宋廷声乐特盛,太乐雅郑,共有千余人。

按:《太平御览》卷五六九引《宋书》曰:"废帝元徽五年,太乐雅郑,共千有余人,后堂杂伎,不在其数。"又《南齐书·崔祖思传》曰:"今户口不能百万,而太乐雅郑,元徽时校试千有余人,后堂杂伎,不在其数。"

北魏京城有佛寺百所,僧尼2000余人。四方诸寺6478所,僧尼77258人(《魏书·释老志》)。

王僧虔七月辛丑以尚书右仆射为尚书仆射,十二月乙亥以尚书仆射为中书令、尚书左仆射(《南齐书·王僧虔传》、《资治通鉴·宋纪一六》)。

袁粲八月癸亥以司徒镇石头,十二月起兵反叛,旋被杀。

按:《宋书·顺帝纪》曰:"(升明元年十二月)壬申,以骁骑将军周盘龙为广州刺史。是日,司徒袁粲据石头反……军主苏烈、王天生、薛道渊、戴僧静等陷石头,斩粲于城内。"

陶弘景随刘秉入石头城,因袁粲事败,城溃,乃奔出。自此弃世,寻山而止。

按: 刘秉子俣及弟俅死于建康狱中,人莫敢探视,陶弘景收殡瘗葬,查砌旧墓,管理都毕,自此弃世,寻山而止。其父陶贞宝投奔萧道成于新亭,事见《本起录》。

萧道成七月以录尚书事辅政。八月庚辰,为骠骑大将军、开府仪同三司(《宋书·顺帝纪》)。

谢朏为齐骠骑将军萧道成长史,参侍文义。

按:《梁书·谢朏传》曰:"齐高帝为骠骑将军辅政,选朏为长史,敕与河南褚炫、济阳江斅、彭城刘俣俱入侍宋帝,时号为天子四友。"参《南史·齐本纪上》曰:"(元徽五年七月)丙申,加侍中、司空、录尚书事、骠骑大将军,封竟陵郡公,给油幢络车,班剑三十人。帝(萧道成)固辞上台,即授以骠骑大将军、开府仪同三司。"故系于此。

江淹在萧道成辅政后,被召为尚书驾部郎、骠骑参军事。

按:《梁书·江淹传》曰:"是时军书表记,皆使淹具草。"参见曹道衡《江淹作品

宋元徽五年　宋顺帝刘準升明元年　北魏孝文帝太和元年　丁巳　477年

写作年代考》。

孔稚珪为萧道成记室参军,与江淹对掌辞笔。

按:《南齐书·孔稚珪传》曰"太祖为骠骑,以稚珪有文翰,取为记室参军",检《南齐书·高帝纪》,高帝于本年为骠骑大将军。

卞彬以童谣记述萧道成、袁粲、褚渊、刘秉"四贵"之事。

按:《南齐书·卞彬传》曰:"宋元徽末,四贵辅政。彬谓太祖曰:'外间有童谣云:"可怜可念尸著服,孝子不在日代哭,列管暂鸣死灭族。"公颇闻不?'时王蕴居父忧,与袁粲同死,故云尸著服也。服者衣也,褚字边衣也。孝除子,以日代者,谓褚渊也。列管,萧也。彬退,太祖笑曰:'彬自作此。'"四贵,即指萧道成、袁粲、褚渊、刘秉。

沈约随萧赜到京,任尚书度支郎。所著《晋书》因遇盗失第五帙(《梁书·沈约传》)。

按:参见林家骊《沈约研究·沈约事迹诗文系年》。

范云为郢州府西曹书佐,法曹行参军。

按:《梁书·范云传》曰:"(云)起家郢州西曹书佐,转法曹行参军。俄而沈攸之举兵围郢城,抗时为府长流,入城固守,留家属居外。云为军人所得,攸之召与语,声色甚厉,云容貌不变,徐自陈说。攸之乃笑曰:'卿定可儿,且出就舍。'明旦,又召令送书入城。城内或欲诛之……长史柳世隆素与云善,乃免之。"

又按:据《宋书·顺帝纪》记载,沈攸之举兵反乃在是年十二月。范云担任此职,在其前不久,故系于是年。

谢超宗为义兴太守。

按:《南齐书·谢超宗传》曰:"(袁)粲既诛,太祖以超宗为义兴太守。"

释法献西行求佛法到达芮芮国(《高僧传·齐上定林寺释法献传》)。

沈约作《七贤论》、《高士赞》、《销声赞》(林家骊《沈约研究·沈约事迹诗文系年》)。

释道盛作《上萧骠骑启论检试僧事》。

按:此启兼举儒道之例,希望对佛徒行宽恕之政。严可均《全齐文》卷二六曰:"(升明元年,丹阳尹沈文季建议责僧属籍,欲行沙汰,道盛启。)天保寺释道盛启……自尔已来,人根转钝,去道悬远,习惑缠心,若能隔意,则合律科,不尔,皆是窃服者。伏愿陛下圣明,深恕此理,弗就凡夫求圣人之道。昔郑子产称曰大贤,尚不能收失,为申徒嘉所讥,况今末法比丘,宁能收失?若不收失,每起恶心,寺之三官,何以堪命?国有典刑,愿敕在所,依罪治戮,幸可不乱圣听。"

宋佚名作造像铭。

按:石质。阴刻。天水出土。其铭文全2行,行4字,曰:"元徽五年,正月朔造。"

北魏权彦等作追远寺造像碑。

按:石质。全37行:碑端1行,碑阳12行,碑阴上排12行,碑阴下排12行,行4—20字不等。阴刻。1925年天水县潘家河出土。

陆修静卒(406—　)。修静字元德,吴兴人。三国吴丞相陆凯后裔。

他标阐道门,广集道书,从句容茅山叟季真处得杨羲、许谧之"上清"经法;于句容葛粲处得"灵宝"经法,后又得"三皇"经法,他对这些魏晋以来的新出道书,作了一番"刊正真伪"的工作。泰始三年(467)陆修静奉命至建康崇虚馆整理道经,撰写《三洞道经目录》,是为最早的一部道藏书目。他据封建宗法思想,吸收佛教仪式,编成新道教斋戒仪式,称"南天师道"。事迹见《云笈七签》卷五。

按:《云笈七签》卷五《宋庐山简寂陆先生》曰:"少宗儒氏,坟索谶纬,靡不总该……先时,洞真之部真伪混淆,先生刊而正之,泾渭乃判……迨元徽五年春正月,谓门人曰:'吾得还山,可整装。'众感讶,诏旨未从而有斯说。至三月二日,乃偃卧解带,肤体辉烁,目瞳映朗。但闻异香芬馥,满室而已。后三日,庐山诸徒共见先生霓旌霭然,还止旧宇,斯须不知所在,相与惊而异之。顾命盛以布囊,投所在崖谷。门人不忍,遂奉还庐山,时春秋七十二。所谓炼形幽壤,腾景太微者矣。有诏谥曰'简寂先生',以故居为简寂馆,宗有道也。凡撰记论议百有余篇,并行于代。门徒得道者,孙游岳、李果之最著称首。"汤其领先生在《陆修静与南朝道教》(《江南大学学报》[人文社会科学版],2005年第5期)一文中提到,陆修静对江南道教的改革主要着重两个方面:第一,整顿组织;第二,健全斋醮科仪,并认为"陆修静作为灵宝派的集大成者,其最突出的贡献就是建立和完善了天师道的科醮仪式"。

袁粲卒(420—)。粲初名愍孙,后因慕荀粲之为人,遂改名袁粲。字景倩,陈郡阳夏人。为叔父袁淑推重。少好学,有清才。历任侍中、吏部尚书、南东海太守、尚书令、司徒等职。泰豫元年,以尚书令受宋明帝遗命,与褚渊等共同辅政。元徽中,萧道成权势日盛,袁粲出镇石头城拟举兵诛道成,因兵败被杀。袁粲高自标置,闲居高卧,门无杂宾,家居负郭,每杖策独行,悠然忘返,有正始名士遗风。喜汲引后进才学之士,又喜饮酒,好吟讽。尝作《妙德先生传》以续嵇康《高士传》,实以自况。《隋书·经籍志》著录宋司徒《袁粲集》11卷,并目录,梁9卷。严可均《全宋文》卷四四载其文4篇。逯钦立《先秦汉魏晋南北朝诗·宋诗》卷一〇载其五言诗2句。事迹见《宋书》卷八九、《南史》卷二六。

按:任昉《王文宪集序》曰:"时司徒袁粲,有高世之度,脱落尘俗……"又王僧孺《临海伏府君集序》曰:"袁粲领袖一时,仪形物右,声逾裴、乐,誉出王、刘。士有怀道蕴义,望尘而趋者,或三年而未识,乍四旬而一见。"顾欢于泰始三年发起佛道论辩,袁粲有驳。文见《南齐书·顾欢传》。

沈勃卒,生年不详。沈演之子,吴兴武康人。工文章琴棋,性轻薄,好利。泰始中官太子右卫率、给事中,因受贿徙梁州。后结党于阮佃夫、王道隆等,复为司徒左长史。元徽五年,与佃夫等谋废立,事泄,皆被杀。《隋书·经籍志》著录宋司徒左长史《沈勃集》15卷,梁20卷。严可均《全宋文》卷四一载其《秋羁赋》残篇。事迹见《宋书》卷六三、《南史》卷三六。

到沆(—506)、**到洽**(—527)、**到溉**(—548)、**刘之遴**(—548)生(《梁书·到沆传》、《梁书·到洽传》、《梁书·到溉传》、《南史·到溉传》、《梁书·刘之遴传》)。

宋升明二年　北魏太和二年　戊午　478年

五月戊午，倭国王武遣使向宋奉献方物，宋封其为安东大将军(《宋书·顺帝纪》)。

是月，北魏禁皇族、贵戚及士民与普通百姓为婚，犯者以违诏论处(《魏书·高祖孝文帝纪》)。

按：此可见魏渐重门阀。

六月丁酉，宋以氐帅杨文弘为北秦州刺史、武都王(《宋书·顺帝纪》)。

八月辛卯，萧道成因大明以来公私奢侈，罢御府，禁断工丽雕饰器玩，又禁民间奇饰丽服，华伪杂物，凡十七条(《南齐书·高帝纪》、《资治通鉴·宋纪一六》)。

九月丙午，宋加萧道成黄钺、都督中外诸军事、太傅，领扬州牧(《宋书·顺帝纪》)。

己未，柔然遣使向宋奉献方物(《宋书·顺帝纪》)。

十月，北魏遣使聘于宋(《魏书·高祖孝文帝纪》)。

十二月戊子，高丽遣使向宋贡献方物(《宋书·孝文帝纪》)。

王僧虔二月庚辰由尚书左仆射转为尚书令，以飞白书题尚书省壁以自警(《资治通鉴·宋纪一六》)。

按：《宋书·顺帝纪》曰："(升明二年)二月庚辰，以尚书左仆射王僧虔为尚书令。"其自警文当作于此时。其自警之文曰："圆行方止，物之定质，修之不已则溢，高之不已则慄，驰之不已则踬，引之不已则迭，是故去之宜疾。"正雅之事，《南齐书·王僧虔传》云："僧虔好文史，解音律，以朝廷礼乐多违正典，民间竞造新声杂曲，时太祖辅政，僧虔上表曰：'夫愚钟之器，以雅为用；凯容之礼，八佾为仪。'"此体现出以礼乐正俗的思想。当时社会风尚淫靡成风，"家竞新哇，人尚谣俗"。萧道成后命侍中萧惠基调正清商音律。

王俭迁长兼侍中，又为太尉右长史、左长史，颇得萧道成器重。奏请加萧道成太傅、假黄钺，并让中书舍人虞整作诏。

按：《南齐书·王俭传》曰："升明二年，迁长兼侍中，以父终此职，固让。俭察太祖雄异，先于领府衣裾，太祖为太尉，引为右长史，恩礼隆密，专见任用。转左长史。及太傅之授，俭所唱也。少有宰相之志，物议咸相推许。时大典将行，俭为佐命，礼仪诏策，皆出于俭，诸渊唯为禅诏文，使俭参治之。"

张融为萧道成太傅掾(《南齐书·张融传》)。

按：《南齐书·武帝纪》载，萧道成于此年为太傅。

谢朓为萧道成太尉长史、带南东海太守。

按：《南史·齐纪上》曰："(升明二年)二月,宋帝进高帝太尉。"《梁书·谢朏传》曰："高帝进太尉,又以朏为长史,带南东海太守。"故系于此。是年十月,萧道成立皇后谢氏,乃谢庄孙女,亦即朏侄女。朏于宋齐之交显贵,多赖于此。

谢超宗罢义兴太守,为萧道成辟为骠骑谘议。

按：《南齐书·谢超宗传》曰："粲既诛,太祖以超宗为义兴太守。升明二年,坐公事免。……太祖对之甚欢。板为骠骑谘议。"

刘祥为萧道成太尉东阁祭酒,骠骑主簿。

按：《南齐书·刘祥传》曰："祥宋世解褐为巴陵王征西参军……太祖太尉东阁祭酒,骠骑主簿。"萧道成是年为太尉,姑系于此。

贾渊为萧道成骠骑参军、武陵王国郎中令,未就。

按：《南齐书·贾渊传》曰："升明中,太祖嘉渊世学,取为骠骑参军,武陵王国郎中令。补余姚令。未行,仍为义兴郡丞。"萧道成是年为骠骑大将军,姑系于此。

陶弘景从萧道成还东府,为其子侍读,旋除巴陵王侍郎。

按：陶翊《华阳隐居先生本起录》曰："(升明)二年正月,沈攸之平,从还东府,公仍遣使侍弟五息晔、六息暠侍读,兼助公间管记事。先生时年二十三,除巴陵王侍郎。"

萧子良为邵陵王刘友主簿、安南记室参军、安南长史。

按：《南齐书·竟陵文宣王子良传》曰："初,沈攸之难,随世祖在盆城,板宁朔将军。仍为宋邵陵王左军行参军,转主簿,安南记事参军。"

范云除员外散骑郎。

按：《南史·范云传》曰："俄而沈攸之举兵围郢城……云为军人所得,攸之召与语……明旦又召云令送书入城内……城内或欲诛云……世隆素与云善,乃免之。后除员外散骑郎。齐建元初,竟陵王子良为会稽太守,云为府主簿。"《南齐书·竟陵文宣王子良传》载萧子良次年为会稽太守,范云除员外散骑郎当在是年。

高允上章乞老还乡。诏拜北魏镇军大将军,领中书监。固辞不许(《魏书·高允传》)。

按：参见是年"高允改定《皇诰》,又上《酒训》"条。

高允改定《皇诰》,又上《酒训》。

按：高允以《皇诰》、《酒训》宣扬忠孝一统思想。《魏书·高允传》曰："太和二年,又以老乞还乡里,十余章,上卒不听许,遂以疾告归。其年,诏以安车征允,敕州郡发遣。至都,拜镇军大将军,领中书监。固辞不许。又扶引就内,改定《皇诰》。允上《酒训》曰……"故系于此。

王僧虔作《乐表》。

按：张卫宏《〈全齐文〉编年考》曰："《南齐书》卷三十三《王僧虔传》载,僧虔好文史,解音律。升明二年,为尚书令。时太祖辅政,僧虔以朝廷礼乐多违正典,民间竞造新声杂曲,上表曰：'夫悬钟之器,以雅为用……'事见纳。其表即本文。此事又见载于《宋书》卷十九《乐志》,乃：'顺帝升明二年,尚书令王僧虔上表言之,并论三调歌曰'云云。按：二者互校,可发现《南齐书》所载较《宋书》少'臣闻风雅之作'至'抚遗器而太息,此则然矣'一段文字。今据二者定本文作于升明二年(478年)。"

释道营卒(396—)。始住灵曜寺习禅。晚从慧观、慧询二律师习毗尼，偏善《僧祇》一部，诵《法华》、《金光明》，蔬素守节。庄严寺道慧、治城寺智秀，皆师其戒范。张永请还吴郡，又应蔡兴宗之邀住上虞。张永后于建康娄胡苑立闲心寺，复请还居。事迹见《高僧传》卷一一。

崔鸿（——525）、萧子恪（——529）、刘霁（——529）生（《汉魏南北朝墓志汇编·魏故使持节镇东将军督青州诸军事度支尚书青州刺史崔文贞侯墓志铭》、《梁书·萧子恪传》、《梁书·刘霁传》及《南齐书·刘怀慰传》）。

按：《梁书·刘霁传》曰："十四居父忧。"刘霁父刘怀慰，《南齐书·刘怀慰传》曰："永明九年，卒。"以此推算，故系于此。

宋升明三年　齐高帝萧道成建元元年
北魏太和三年　己未　479 年

三月甲辰，宋以太傅萧道成为相国，总揽朝政，封齐公，加九锡（《南齐书·高帝纪》）。

四月壬辰，萧道成废宋建齐，作《即位改元大赦诏》，是为齐高帝。高帝即位后倡儒学，崇文学，世风随之而变（《南齐书·高帝纪》）。

按：是月壬申，萧道成进爵齐王，加殊礼。壬辰，道成废宋帝刘準为汝阴王，自称皇帝，改元建元，国号齐，是为齐高帝，建都建康，史称南齐。刘準被废后于五月己未被杀，追谥顺帝，宋亡，刘宋历8主，60年。

又按：初，萧道成曾就学于雷次宗。建齐后，向当时名儒刘瓛问为政之道，以为"儒者之言，可宝万世"（《南史·刘瓛传》）。又启用长于经礼的王俭为辅佐。这些对世风颇有影响，与大明、泰始时期之玄风大盛不同。

是月，北魏诏废候官，更置谨直者数百人，使巡逻街巷，执喧斗者，自此吏民相安（《魏书·高祖孝文帝纪》）。

五月，齐改《元嘉历》为《建元历》（《南齐书·高帝纪》）。

按：《建元历》基本沿袭《元嘉历》，并未有实质性的改进。

乙卯，吐谷浑遣使向齐贡献（《南齐书·高帝纪》）。

六月甲申，齐立萧赜为皇太子（《南齐书·高帝纪》）。

齐封萧嶷为豫章王（《南齐书·高帝纪》）。

齐高帝封嫡孙文惠太子萧长懋为南郡王（《南齐书·高帝纪》）。

按：据《南齐书·竟陵文宣王子良传》载，江左嫡孙封王，自此始。

七月，齐于襄阳获得古文物，其中有科斗文《考工记》（《南齐书·文惠太子传》）。

按：《南齐书》本传载，时萧长懋镇雍州，襄阳有盗发古冢者，相传云是楚王冢。获大量古物：玉屐、玉屏风、竹简书、青丝编等。

王俭迁尚书右仆射，领吏部，封南昌县公，为齐高帝萧道成辅政。

按：《南齐书·王俭传》曰："齐台建，迁右仆射，领吏部，时年二十八。"《资治通鉴·齐纪一》卷一三五载，五月，萧道成赏佐命之臣，"褚渊、王俭等进爵、增户各有差。处士何点谓人曰：'我作《齐书》已竟，赞云："渊既世族，俭亦国华；不赖舅氏，遑恤国家！"'点，尚之孙也。渊母宋始安公主，继母吴郡公主，又尚巴西公主。俭母武康公主；又尚阳羡公主。故点云然"。王俭为一代名儒，长于经礼，齐高帝萧道成启用王俭辅政，对世风颇有影响。

刘瓛答齐高帝萧道成问为政之道，以为"儒者之言，可宝万世"。

按：《南史·刘瓛传》曰："齐高帝践祚，召瓛入华林园谈语，问以政道，答曰：'政在《孝经》。宋氏所以亡，陛下所以得之是也。'帝咨嗟曰：'儒者之言，可宝万世。'……初，瓛讲《月令》毕，谓学生严植之曰：'江左以来，阴阳律数之学废矣，吾今讲此，曾不得其仿佛。'学者美其退让，时济阳蔡仲熊礼学博闻，谓人曰：'五音本在中土，故气韵调平。今既东南土气偏陂，故不能感动木石。'瓛亦以为然。"

卞彬咏诗忤齐高帝萧道成，摈废数年不得进。

按：《南史·卞彬传》曰："后常于东府谒高帝，高帝时为齐王。彬曰：'殿下即东宫为府，则以青溪为鸿沟，鸿沟以东为齐，以西为宋。'仍咏《诗》云：'谁谓宋远，跂予望之。'遂大忤旨，因此摈废数年，不得仕进。"卞彬事件，足见萧齐思想禁锢之重。

王僧虔转侍中、抚军将军、丹阳尹。断古冢内竹简书青丝编为《考工记》，乃《周官》之阙文。

按：《南齐书·王僧虔传》曰："建元元年，转侍中，抚军将军，丹阳尹。"关于竹简出土的时间，《南史·江淹传》曰："永明三年，兼尚书左丞。时襄阳人开古冢，得玉镜及竹简古书，字不可识。王僧虔善识字体，亦不能谙，直云似是科斗书。淹以科斗字推之，则周宣王之前也。简殆如新。"但据《南齐书·王僧虔传》载："永明三年，薨。"且《南史·王僧虔传》曰："文惠太子镇雍州，有盗发古冢者，相传云是楚王冢，大获宝物。"文惠太子萧长懋于升明三年出镇雍州，《南齐书·文惠太子传》曰："升明三年，太祖将受禅，世祖已还京师，以襄阳兵马重镇，不欲处他族，出太子为持节、都督雍梁二州郢州之竟陵司州之随郡军事、左中郎将、宁蛮校尉、雍州刺史。"由上可以证得，《南史·江淹传》"永明三年"乃"升明三年"之误。故系于此。

又按：《考工记》是中国先秦时期的手工艺专著，关于它的作者和成书年代多有异议，大多学者认为《考工记》是齐国官书，作者为齐稷下学宫的学者。今日所见《考工记》是《周礼》的一部分，称为《周礼·考工记》。另，可参曹道衡《江淹作品写作年代考》。

江淹三月仍为萧道成记室参军事。六月，为豫章王萧嶷记室。是年，于襄阳出土之竹简古书以科斗字推之，以为周宣王前之物（《梁书·江淹传》）。

萧子良为使持节，都督会稽、东阳、临海、永嘉、新安五郡，辅国将军，会稽太守，又封闻喜县公（《南齐书·竟陵文宣王子良传》）。

范云随闻喜公萧子良在会稽，宠冠府朝。

按：《梁书·范云传》曰："齐建元初，竟陵王子良为会稽太守，云始随王，王未之知也。会游秦望，使人视刻石文，时莫能识，云独诵之，王悦，自是宠冠府朝。"萧子良是年为会稽太守，姑系于此。

谢超宗受命掌国史，为竟陵王萧子良征北谘议参军。

按：《南齐书·谢超宗传》曰："世祖即位，使掌国史，除竟陵王征北谘议参军，领王思远补竟陵王萧子良征北记室参军。

按：《南齐书·王思远传》曰："建元初，为长沙王后军主簿，尚书殿中郎，出补竟陵王征北记室参军。"

萧嶷四月戊戌以荆州刺史为尚书令、骠骑大将军、开府仪同三司、扬州刺史（《南齐书·高帝纪》）。

刘绘正月为豫章王萧嶷镇西外兵曹参军，骠骑主簿（《南齐书·刘绘传》、《资治通鉴·齐纪一》）。

沈约为征虏将军萧长懋记室，带襄阳令。

按：《南齐书·文惠太子传》曰："建元元年，封南郡王……进号征虏将军。"《梁书·沈约传》曰："齐初为征虏记室，带襄阳令。"姑系是年。

褚渊进位司徒，固辞不受（《南齐书·褚渊传》）。

陆澄因遭任遐、褚渊弹劾免官。

按：《南齐书·陆澄传》曰："建元元年，骠骑谘议沈宪等坐家奴客为劫，子弟被劾，宪等晏然。左丞任遐奏澄不纠，请免澄官。"

谢朏为侍中，领秘书监。因不满齐受禅于宋，遂废于家。

按：《梁书·谢朏传》曰："（齐高帝）以朏侍中，领秘书监。及齐受禅，朏当日在直，百僚陪位，侍中当解玺，朏佯不知，曰：'有何公事？'传诏云：'解玺授齐王。'朏曰：'齐自应有侍中。'乃引枕卧。传诏惧，乃使称疾，欲取兼人。朏曰：'我无疾，何所道。'遂朝服，步出东掖门，乃得车，仍还宅。是日遂以王俭为侍中解玺。既而武帝言于高帝，请诛朏。帝曰：'杀之则遂成其名，正应容之度外耳。'遂废于家。"

萧缅为五兵尚书，出为吴郡太守。

按：《南史·安陆昭王缅传》曰："安陆昭王缅字景业，善容止。仕宋位中书郎。建元元年，封安陆侯，为五兵尚书。出为吴郡太守，政有能名。竟陵王子良与之书曰……"《南齐书·安陆昭王传》曰："建元元年，封安陆侯，邑千户。世祖即位，迁五兵尚书，领前军将军，仍出为辅国将军、吴郡太守，少时，大著风绩。竟陵王子良与缅书曰：'窃承下风，数十年来未有此效。'"

陶弘景除太尉豫章王侍郎，不拜。

按：陶翊《华阳隐居先生本起录》曰："（升明）二年……明年，侍从高祖登极，还台住殿内，除太尉豫章王侍郎。先生云：'革运之际，颇有微勤，何处不容三两阶级？'遂不拜。"

崔祖思由相国从事中郎，转长兼给事黄门侍郎（《南齐书·崔祖思传》）。

周颙初为齐台殿中郎。

按：《南齐书·周颙传》曰："太祖辅政，引接颙。……转齐台殿中郎。建元初，为长沙王参军，后军参军，山阴令。"

丘灵鞠为中书郎，中正如故，敕知东宫手笔，寻又掌知国史（《南齐书·丘灵鞠传》）。

王逡之时为著作郎，兼尚书左丞，参定仪礼。

按：《南齐书·王逡之传》曰："升明末，右仆射王俭重儒术，逡之以著作郎兼尚书左丞，参定齐国仪礼。"据《南齐书·王俭传》载，王俭是年为右仆射，次年为左仆射，故系于此。

孔稚珪为褚伯玉立碑。

按：褚伯玉，字元璩，吴郡钱塘人。《南齐书·褚伯玉传》曰："建元元年，卒。年八十六。……孔稚珪从其受道法，为于馆侧立碑。"

高允九十岁，受诏议定律令。

按：《魏书·高允传》曰："太和二年……明年，诏允议定律令。"

释慧约为萧子良钦重。

按：《续高僧传·梁国师草堂寺智者释慧约传》曰："齐竟陵王作镇禹穴，闻约风德，雅相叹属。""作镇禹穴"即萧子良任会稽太守之时，故系于此。

释僧旻住白马寺。

按：《续高僧传·梁杨都庄严寺沙门释僧旻传》曰："年十三随回出都住白马寺，寺僧多以转读唱导为业。……天监末年，下敕于庄严寺……五年，下敕延还，移住开善。……大通八年二月一日清旦卒于寺房，春秋六十一。"梁无"大通八年"，此处为"普通八年"之误。以卒年推算，故系于此。

释玄畅西游岷山。四月二十三日建齐兴寺。

按：《高僧传·齐蜀齐后山释玄畅传》曰："至升明三年，又游西界，观瞩岷岭，乃于岷山郡北郡广阳县界，见齐后山，遂有终焉之志。仍倚岩傍谷，结草为庵。弟子法期见神人乘马，著青单衣，绕山一匝，还示造塔之处。以齐建元元年四月二十三日建刹立寺，名曰齐兴，正是齐太祖受锡命之辰，天时人事，万里悬合。时傅琰西镇成都，钦畅风轨，待以师敬。"

释法云受业。

按：《续高僧传·梁杨都光宅寺沙门释法云传》曰："年十三始就受业，大昌僧宗、庄严僧达甚相称赞。宝亮每曰：'我之神明，殊不及也。方将必当栋梁大法矣。'……以大通三年三月二十七日初夜卒于住房，春秋六十有三。"以卒年推算，故系是年。

王俭作《郊殷议》、《朝堂讳训议》、《与豫章王嶷书》等。

按：《郊殷议》，见《南齐书·礼志上》曰："建元元年七月，有司奏：'郊殷之礼……'右仆射王俭议……"《朝堂讳训议》，见《南齐书·礼志上》曰："建元元年，太常上朝堂讳训。仆射王俭议曰……"《与豫章王嶷书》，《南齐书·豫章文献王嶷传》载："建元元年，太祖即位，敕诏未至，嶷……迁侍中、尚书令、都督扬南徐二州诸军事、骠骑大将军、开府仪同三司、扬州刺史，持节如故。封豫章郡王，邑三千户。仆射王俭曰：'旧楚萧条，仍岁多故……而公旬日致治，岂不休哉。'"

王逡之作《难王俭〈古今丧服集记〉》，又著《世行》5卷。

按：《难王俭〈古今丧服集记〉》、《世行》系年，参见是年"王逡之时为著作郎，兼尚书左丞，参定仪礼"条。又《南齐书·王逡之传》载："升明末……初，俭撰《古今丧服集记》，逡之难俭十一条。更撰《世行》五卷。转国子博士。国学久废，建元二年，逡之先上表立学……"据此可知，王逡之难王俭当在是年。

顾欢删撰《老氏》，上《治纲》1卷。

按：顾欢力主庄老为治政之纲。《南齐书·顾欢传》曰："太祖辅政，悦欢风教，征为扬州主簿，遣中使迎欢。及践阼，乃至。欢称山谷臣顾欢上表曰：'……是以穷谷愚夫，敢露偏管，谨删撰《老氏》，献《治纲》一卷。……'"

刘怀慰作《廉吏论》。

按：《南齐书·刘怀慰传》曰："齐国建，上欲置齐郡于京邑，议者以江右土沃，流民所归,乃治瓜步,以怀慰为辅国将军、齐郡太守。……怀慰至郡,修治城郭,安集居民,垦废田二百顷,决沈湖灌溉。不受礼谒,民有饷其新米一斛者,怀慰出所食麦饭示之,曰:'旦食有余,幸不烦此。'因著《廉吏论》以达其意。"

柳世隆作《奏省流寓民户帖》,约是年又作《与刘怀慰书》。

按:《南齐书·州郡志上》载:永明元年,刺史柳世隆奏:"尚书符下土断条格,并省侨郡县……"又《南齐书·刘怀慰传》曰:"齐国建……兖州刺史柳世隆与怀慰书曰:'胶东流化,颍川致美,以今方古,曾何足云。'在郡二年,迁正员郎,领青冀二州中正。"张卫宏《〈全齐文〉编年考》以为《与刘怀慰书》作于建元元年(479年)或建元二年(480年)。

褚渊作《答诏称柳世隆》、《奏劾陆澄》。

按:张卫宏《〈全齐文〉编年考》系于是年。据《南齐书》卷二十四《柳世隆传》载:太祖即位,起为使持节、都督南豫司二州诸军事、平南将军、南豫州刺史,进爵为公。上手诏与司徒褚渊曰:"向见世隆毁瘵过甚,殆欲不可复职,非直使人恻然,实亦世珍国宝也。"渊答曰:"世隆至性纯深……足以厉俗敦风。"即本文,故系于太祖萧道成即位之年。《南齐书·陆澄传》载:"建元元年,骠骑将军沈宪等坐家奴客为劫,子弟被劾,宪等晏然。左丞任遐奏丞不纠,请免澄官。澄上表自理,帝诏委外详议。尚书令褚渊奏:'宋世左丞苟伯子弹彭城令张道欣等……'"

萧子良作《上谠言表》。

按:《南齐书·裴叔业传》曰:"上初即位,群下各献谠言。"《资治通鉴·齐纪一》曰:"(建元元年)会稽太守闻喜公子良上表极陈其弊。"萧子良著《上谠言表》,以示广开言路,补察时政,载于《艺文类聚》卷二四。

李安民作《断募部曲表》。

按:张卫宏《〈全齐文〉编年考》曰:"《南齐书》卷二十七《李安民传》载:太祖即位,为中领军,封康乐侯,邑千户。宋泰始以来,内外频有贼寇,将帅以下,各募部曲,屯聚京师,安民上表陈之,谏断募部曲。上纳之,故诏断众募。本文作于建元元年(479年)。"

王僧虔作《条疏古来能书人名启》,又于是年后作《答高帝论书启》。

按:《条疏古来能书人名启》见载于《法书要录》。文首曰:"臣僧虔启,昨奉敕须古来能书人名,臣所知局狭,不辨广悉,辄条疏上呈羊欣所撰录一卷。"《南齐书·王僧虔传》曰:"太祖(萧道成)善书,及即位,笃好不已。与僧虔赌书毕,谓僧虔曰:'谁为第一?'僧虔曰:'臣书第一,陛下亦第一。'上笑曰:'卿可谓善自为谋矣。'示僧虔古迹十一帙,就求能书人名。僧虔得民间所有,帙中所无者,吴大皇帝、景帝、归命侯书,桓玄书,及王丞相导、领军洽、中书令珉、张芝、索靖、卫伯儒、张翼十二卷奏之。又上羊欣所撰能书人名一卷。"张卫宏《〈全齐文〉编年考》系于建元元年。

又按:张卫宏《〈全齐文〉编年考》曰:"王僧虔生前曾仕历宋、齐二朝,宋代诸帝并无'高帝'之号,故此处'高帝'当指齐高帝萧道成,其在位时间为建元元年至建元四年。本文(《答高帝论书启》)作于建元元年(479年)至建元四年(482年)。"

崔祖思作《陈政事启》8章。

按:《南齐书·崔祖思传》曰:"上初即位,祖思启陈政事曰……"《陈政事启》提倡兴礼轻罚、广学重教。

刘善明作《上表陈事》,著《贤圣杂语》。

按:《上表陈事》、《贤圣杂语》均提倡俭约、崇尚圣贤。《南齐书·刘善明传》曰:

"太祖践阼,以善明勋诚,欲与善明禄,召谓之曰:'淮南近畿,国之形势,自非亲贤,不使居之。卿为我卧治也!'代高宗为征虏将军、淮南宣城二郡太守,遣使拜授,封新涂伯,邑五百户。善明至郡,上表陈事曰……又撰《贤圣杂语》奏之,托以讽谏。"

顾测作《与太守萧缅笺论陆澄》。

按:张卫宏《〈全齐文〉编年考》系于是年,曰:"《南齐书》卷三十九《陆澄传》载:'扬州主簿顾测以两奴质鲜(鲜为陆澄之弟),鲜死,子晔诬为卖券,澄为中丞,测与书往反,后又笺与太守萧缅'云云,即本文。据此可知,本文必作于陆澄为中丞,萧缅为扬州太守时。今按:萧缅为扬州太守,史无确载。但《南齐书》卷二十三《王俭传》载:'俭弟逊,……建元初,为晋陵太守,有怨言。俭虑为祸,因褚渊启闻,中丞陆澄依事举奏。'由此可知,陆澄任中丞在建元初。又《南齐书·陆澄传》载:建元元年,任遐曾上书弹劾御史中丞陆澄不纠沈宪听任家奴为劫之过,要求免陆氏御史中丞之职,齐高帝诏曰:'不足深劾,可白衣领职。'但是,'明年,转给事中,秘书监,迁吏部。'因此,可知陆澄在萧齐任御史中丞只有建元元年一年。"

王玄载作《释普恒赞》。

按:据《高僧传》载,释普恒卒于宋升明三年,州将王玄载乃为之赞。文见载于《高僧传》卷十一、《法苑珠林》卷一百一。

北魏佚名写《金光明经》,卷四有题记。

按:纸质。墨书。敦煌藏经洞出品。其卷四有题记,全5行,行10—19字,曰:"为亡比丘龙泉窟主永保敬写金光明一部、胜鬘一部、方广一部。愿亡者托生佛国,面奉慈颜,长□三途,永与苦别。生生之处,遇善知识,发菩提心,普及含生,是成佛道。太和三年岁次戊子五月廿八日。"

北魏冯晋国写《杂阿毗昙心经》,卷六有题记。

按:纸质。墨书。敦煌藏经洞出品。其卷六有题记,全13行,正面12行,背面1行,行3—32字,曰:"杂阿毗昙心经卷六,用纸十五张,一校。……是以使持节、侍中、驸马都尉、羽真、太师、中书监、领秘书事、车骑大将军、都督诸军事、启府洛州刺史昌梨(黎)王冯晋国,仰感恩遇,撰写十一切经,一一经一千四百六十四卷,用答皇施……太代太和三年岁次己未十月己巳廿八日丙申,于洛州所书写成讫。杂阿毗昙心经卷。太代太和三年十月廿八日丙申,于洛州所书写成讫。杂阿毗昙心经卷,大代太和三年十月廿八日,洛州刺史冯晋国书于洛州。"

释普恒卒(402—)。俗姓郭,蜀郡成都人。儿时见圣僧空中说法,遂苦求出家,止成都安乐寺。独处一房,不立眷属,习靖业禅,善入出住。与蜀韬律师为同意。事迹见《高僧传》卷一一、《法苑珠林》卷八四。

虞愿卒(426—)。愿字士恭,会稽余姚人。孝武帝时,为湘东王刘彧国常侍。明帝时,为尚书祠部郎,通直散骑侍郎。愿好直谏,数以直言忤旨。后废帝时为晋平太守,迁中书郎,领东观祭酒,除骁骑将军,迁廷尉。著有《五经论问》、《会稽记》及文翰数十篇,佚。《隋书·经籍志》无载。事迹见《南史》卷七〇、《南齐书》卷五三。

按:虞愿是南朝会稽虞氏的代表,其禀性耿直,多次进谏,有虞氏家风。据吴建伟《六朝会稽虞氏家族述略》考证:会稽虞氏多道德、事功并重,且汉魏以来就具有浓厚经学文化传统。虞氏家学可上溯至虞翻高祖父光,少治孟氏《易》,世传其业。虞翻亦有《周易注》、《周易明变例》等。东晋虞预好经史,其兄虞喜,据《晋书·虞喜传》

载,好经传,通谶纬,曾作《安天论》。南朝虞愿著《五经论问》,虞僧诞精通杜学,虞通之、虞舒善言《易》。虞荔年仅九岁,能随口答五经事。南朝崇尚文章,虞氏子弟亦有精于此,并凭此仕进。此外,虞氏尤为重礼,如虞潭、虞愿、虞龢、虞炎等均为代表。

何思澄(　—532)、阮孝绪(　—536)、谢举(　—548)生(《梁书·何思澄传》《梁书·阮孝绪传》《南史·谢举传》及《南齐书·谢瀹传》)。

按:《南史·谢举传》曰:"弱冠丁父忧。"其父谢瀹,《南齐书·谢瀹传》曰:"永泰元年,……其年卒。"弱冠即二十岁,以谢举丁忧年推算,故系是年。

齐建元二年　北魏太和四年　庚申　480年

二月,齐高帝以宋末户籍混乱,置板籍官,检定民籍,以宋元嘉二十七年籍为准(《南齐书·高帝纪》《资治通鉴·齐纪一》)。

齐之境内有23州,390郡,1485县(《资治通鉴·齐纪一》)。

乙酉,齐破魏竹邑、睢陵及淮阳等城(《资治通鉴·齐纪一》)。

三月己亥,齐高帝萧道成于乐游苑设宴会,命王公以下赋诗(《南齐书·高帝纪》)。

按:《南齐书·王俭传》曰:"上曲宴群臣数人,各使效伎艺。褚渊弹琵琶,王僧虔弹琴,沈文季歌《子夜》,张敬儿舞,王敬则拍张。俭曰:'臣无所解,唯知诵书。'因跪上前诵相如《封禅书》。上笑曰:'此盛德之事,吾何以堪之!'后上使陆澄诵《孝经》,自'仲尼居'而起。俭曰:'澄所谓博而寡要,臣请诵之。'乃诵《君子之事上》章。上曰:'善!张子布更觉非奇也。'"

八月丁酉,北魏数道攻齐(《魏书·高祖孝文帝纪》)。

九月丙午,柔然遣使访齐(《资治通鉴·齐纪一》)。

是年,齐置史官。

按:《南齐书·檀超传》曰:"建元二年,初置史官。"

齐撰立郊庙歌。

按:据《南齐书·谢超宗传》,郊庙歌原由司徒褚渊、侍中谢朏、散骑侍郎孔稚珪、太学博士王咺之、总明学士刘融、何法同、何昙秀等十人并作。《南齐书·乐志》曰:"建元二年,有司奏,郊庙雅乐歌辞旧使学士博士撰,搜简采用,请敕外,凡义学者普令制立。参议:太庙登歌宜用司徒褚渊,余悉用黄门郎谢超宗辞。超宗所撰,多删颜延之、谢庄辞以为新曲,备改乐名。"

王俭为尚书左仆射、太子詹事,复散骑常侍。以博学称。

按:《南齐书·王俭传》曰:"建元元年,改封南昌县公,食邑二千户。明年,转左仆射,领选如故。上坏宋明帝紫极殿,以材柱起宣阳门。俭与褚渊及叔父僧虔连名上表谏曰:'臣闻德者身之基……'其年,俭固请解选,表曰:'臣远寻终古,近察身事……'见许。加侍中,固让,复散骑常侍。……上曲宴群臣数人……俭曰:'臣无所解,唯知诵书。'"据《南齐书·高帝纪》,齐高武于建元二年三月幸乐游宴会,则王俭当是建元二年任尚书左仆射等职,并预宴会。故系是年。

王僧虔进号右卫将军,固让不拜。改授左光禄大夫,侍中、尹如故(《南齐书·王僧虔传》)。

褚渊再议授司徒一职,依旧固让(《南齐书·褚渊传》)。

陆澄转给事中、秘书监,迁吏部(《南齐书·陆澄传》)。

江淹、檀超共掌史职。

按:《南齐书·檀超传》曰:"建元二年,初置史官,以超与骠骑记室江淹掌史职。"

孔稚珪任散骑侍郎(《南齐书·乐志》)。

按:系年依据见是年"齐撰立郊庙歌"条。

王逡之上表立学。

按:《南齐书·王逡之传》曰:"国学久废,建元二年,逡之先上表立学,又兼著作,撰《永明起居注》。"

萧嶷是夏于荆州开馆立学。

按:《南齐书·萧嶷传》曰:"(建元)二年春……其夏,于南蛮园东南开馆立学,上表言状。置生四十人,取旧族父祖位正佐台郎,年二十五以下十五以上补之,置儒林参军一人,文学祭酒一人,劝学从事二人,行释菜礼。"

刘绘约是年为豫章王萧嶷司空记室录事。

按:《南齐书·刘绘传》曰:"复为司空记室录事。"《南齐书·豫章文献王传》曰:"二年春……入为都督扬南徐二州诸军事、中书监、司空、扬州刺史。"又《南齐书·高帝纪》曰:"(建元二年)十二月戊戌……壬子,以骠骑大将军豫章王嶷为司空。"可知萧嶷建元二年十二月为司空。其后得疾,建元三年六月,齐高帝忧其病而大赦天下。齐武帝即位,萧嶷进位太尉。则萧嶷任司空当在建元二年至建元四年间。姑系是年。

萧子良仍为征虏将军、丹阳尹(《南齐书·竟陵文宣王子良传》)。

范云为征虏将军萧子良丹阳尹主簿,极得亲赏。

按:《南齐书·竟陵文宣王子良传》曰:"建元二年,穆妃薨,去官。仍为征虏将军、丹阳尹。……明年,上表曰……会迁官,事寝。"《南史·范云传》曰:"齐建元初……王为丹阳尹,复为主簿,深相亲任。"据此两条材料,故系于是年。

周颙为南郡王萧长懋中军录事参军。

按:《南齐书·周颙传》曰:"还为文惠太子中军录事参军,随府转征北。"《南齐书·文惠太子传》曰:"二年,征为侍中、中军将军,置府,镇石头。穆妃薨,……上以太子哀疾,不宜居石头山障,移镇西州。四年,迁使持节、都督南徐兖二州诸军事、征北将军、南徐州刺史。"穆妃是年七月卒,详参是年"沈约作《为南郡王舍身疏》"条。则文惠太子萧长懋为中军将军征北一事,当在建元二年初至七月前。故周颙当于是年任萧长懋录事参军。

陶弘景随安成王萧秀出镇石头。

按:陶翊《华阳隐居先生本起录》曰:"(升明)二年……明年……又明年,随安成王出镇石头。"石头即南京石头城,在今南京城西北的清凉山后,为建安时期东吴孙权所建。

丘灵鞠为镇南长史、浔阳相。

按:《南齐书·丘灵鞠传》曰:"建元元年,转中书郎……明年,出为镇南长史、浔阳相,迁尚书左丞。"

  臧荣绪约是年著《晋书》成,由褚渊上之。
  按:《南齐书·臧荣绪传》曰:"太祖为扬州,征荣绪为主簿,不到。司徒褚渊少时尝命驾寻之。建元中,启太祖曰:'荣绪,朱方隐者。……撰《晋史》十帙,赞论虽无逸才,亦足弥纶一代。……近报其取书,始方送出,庶得备录渠阁,采异甄善。'"据《南齐书·褚渊传》载,褚渊于建元元年,进位司徒,渊固辞不受。建元二年,再议授司徒一职,褚渊依旧固让。依褚渊本传,知其始终未任司徒。而《南齐书·臧荣绪传》"司徒褚渊","建元中,启太祖"等语,或指褚渊第二次辞司徒后。据此,则大致推得褚渊献《晋书》时间在建元二年前后,故姑系于是年。

  檀超与江淹作《上表立国史条例》。
  按:《南齐书·檀超传》曰:"建元二年,初置史官,以超与骠骑记室江淹掌史职。上表立条例,开元纪号,不取宋年。封爵各详本传,无假年表。立十志:《律历》、《礼乐》、《天文》、《五行》、《郊祀》、《刑法》、《艺文》依班固,《朝会》、《舆服》依蔡邕、司马彪,《州郡》依徐爰。《百官》依范晔,合《州郡》。班固五星载《天文》,日蚀载《五行》;改日蚀入《天文志》。以建元为始。帝女体自皇宗,立传以备甥舅之重。又立《处士》、《列女传》。诏内外详议。左仆射王俭议:'金粟之重,八政所先,食货通则国富民实,宜加编录,以崇务本。《朝会志》前史不书,蔡邕称先师胡广说《汉旧仪》,此乃伯喈一家之意,曲碎小仪,无烦录。宜立《食货》,省《朝会》。《洪范》九畴,一曰五行。五行之本,先乎水火之精,是为日月五行之宗也。今宜宪章前轨,无所改革。又立《帝女传》,亦非浅识所安。若有高德异行,自当载在《列女》,若止于常美,则仍旧不书。'诏:'日月灾隶《天文》,余如俭议。'超史功未就,卒官。江淹撰成之,犹不备也。"《南齐书·袁彖传》:"(袁彖)议驳国史,檀超以《天文志》纪纬序位度,《五行志》载当时祥沴,二篇所记,事用相悬,日蚀为灾,宜居《五行》。(檀)超欲立处士传。彖曰:'夫事关业用,方得列其名行。今栖遁之士,排斥皇王,陵轹将相,此偏介之行,不可长风移俗,故迁书未传,班史莫编。一介之善,无缘顿略,宜列其(性)[姓]业,附出他篇。'"《南史·江淹传》:"建元二年,始置史官,淹与长史檀超共掌其任,所为条例,并为王俭所驳,其言不行。"

  袁彖作《驳檀超国史条例议》。
  按:《南齐书·袁彖传》曰:"(袁彖)议驳国史,檀超以《天文志》纪纬序位度,《五行志》载当时祥沴,二篇所记,事用相悬,日蚀为灾,宜居《五行》。超欲立处士传。彖曰……"

  王俭作《国史条例议》。
  按:《南齐书·檀超传》曰:"建元二年,初置史官……诏内外详议。左仆射王俭议:'金粟之重,八政所先……'"

  熊襄著《齐典》。
  按:《南史·檀超传》曰:"(建元二年)时有豫章熊襄著《齐典》,上起十代,其《序》云:'《尚书·尧典》谓之《虞书》,则附所述通谓之齐名,名为《河洛金匮》。'"

  沈约作《为南郡王舍身疏》。
  按:南郡王,即萧长懋,本年为中军将军。南郡王此疏为其亡母穆妃裴氏而作。关于穆妃卒年,有二说:一是建元二年说,《南齐书·高帝纪》曰:"建元二年七月戊午,皇太子妃裴氏薨。"《南齐书·礼志下》曰"建元二年,皇太子妃薨","建元三年,有司奏:'皇太子穆妃以去年七月薨,其年闰九月'","穆妃七月二十四日薨,闻喜公八月发哀"。二是建元三年说。《南齐书·礼志下》曰:"建元三年,太子穆妃薨。"《南齐书·武穆裴皇后传》曰:"三年,后薨。谥穆妃,葬休安陵。"两说相较,建元二年说详至七月二十四日,建元三年说似有误,故依前者系于是年。

王僧虔作《与兄子俭书》。

按:《南齐书·王僧虔传》曰:"是时上始欲通使,僧虔与兄子俭书曰:'古语云……'"参见张卫宏《〈全齐文〉编年考》。

裴叔业作《上疏献谠言》。

按:裴叔业,河东闻喜人。刘宋时官至羽林监。齐高帝即位后除屯骑校尉。《南齐书·裴叔业传》曰:"上初即位,群下各献谠言。二年,叔业上疏曰……"

崔祖思卒(440? —)。祖思字敬元,清河东武城人。少有志气,好读书史。宋时曾任都昌令、相国从事中郎、齐国内史。齐高帝代宋,转长兼给事黄门侍郎。曾启陈政事:兴学校,崇节俭,重刑狱,正音乐,明赏罚,抑土地兼并,倡史书实录,纳诤谏,求贤才。齐高帝优诏报答,寻迁宁朔将军。建元二年为征虏将军,青、冀二州刺史。是年卒。《隋书·经籍志》著录齐黄门侍郎《崔祖思集》20卷,佚。严可均《全齐文》卷二一载其文2篇。事迹见《南史》卷四七、《南齐书》卷二八。

萧综(—532)生(《梁书·萧综传》)。

齐建元三年　北魏太和五年　辛酉　481年

二月,北魏平城沙门释法秀聚众起义,事泄,为禁兵擒杀。事连兰台御史张求等百余人,被族诛者甚多(《魏书·高祖孝文帝纪》、《资治通鉴·齐纪一》)。

己酉,齐将垣崇祖渡淮击魏,大破之(《资治通鉴·齐纪一》)。

四月己亥,北魏孝文帝如方山。冯太后乐其山川,乃为太后作寿陵,又建永固石室于山上,欲以为庙。又起鉴玄殿(《魏书·高祖孝文帝纪》、《资治通鉴·齐纪一》)。

九月辛未,柔然遣使访宋,奉送师子皮袴褶,约同攻北魏(《资治通鉴·齐纪一》)。

是月,吐谷浑王拾寅死,其子度易侯立(《资治通鉴·齐纪一》)。

十月戊子朔,齐封度易侯为西秦、河二州刺史,河南王(《南齐书·高帝纪》、《资治通鉴·齐纪一》)。

北魏诏中书令高闾制定新律(《魏书·刑罚志》、《资治通鉴·齐纪一》)。

按:新律共八百三十二章。门房之诛十有六,大辟二百三十五,杂刑三百七十七。

齐建元三年　北魏太和五年　辛酉　481年

是年，始制东宫官僚以下官敬萧子良(《南齐书·竟陵文宣王子良传》)。

魏文明太后、孝文帝并为歌章，戒劝上下，皆宣之管弦(《魏书·乐志》)。

刘瓛为会稽郡丞，为武陵王、会稽太守萧晔讲五经，学徒转众。

　　按：《南齐书·刘瓛传》曰："武陵王晔为会稽太守，上欲令瓛为晔讲，除会稽郡丞，学徒从之者转众。"《南齐书·武陵昭王晔传》曰："建元三年，出为持节、都督会稽东阳新安永嘉临海五郡军事、会稽太守，将军如故。上遣儒士刘瓛往郡，为晔讲五经。"

陶弘景丁父忧。

　　按：《华阳隐居先生本起录》曰："又明年(建元二年)，随安成王出镇石头。次岁夏，丁孝昌府君忧。"

到沆五岁，能讽诵古诗。

　　按：《梁书·到沆传》曰："(天监)五年，卒官，年三十。"以此推算，到沆五岁即是年。

刘献之奉魏诏典内校书。

　　按：《魏书·刘献之传》曰："高祖幸中山，诏征典内校书……魏承丧乱之后，五经大义虽有师说，而海内诸生多有疑滞，咸决于献之。"献之后著《三礼大义》四卷、《三传略例》三卷、《注毛诗序义》一卷、《章句疏》三卷，注《涅槃经》，未成而逝。又据《魏书·高祖孝文帝纪》曰："(太和)五年春正月己卯，车驾南巡。丁亥，至中山。"故系于此。

释法秀谋反，伏诛(《魏书·程骏传》)。

释慧超七岁，出家住檀溪寺，师从释惠景。

　　按：《续高僧传·梁杨都灵根寺释慧超传》曰："七岁出家，住檀溪寺，为惠景弟子。……普通七年卒，时年五十有二。"以卒年推算，故系是年。

王俭作《答褚渊难丧遇闰议》、《答王逡之问》、《太子妃丧遇闰议》、《穆太妃小祥南郡王应不相待议》等。

　　按：张卫宏《〈全齐文〉编年考》曰："《南齐书》卷十《礼志》记，建元三年，有司奏：'皇太子穆妃以去年七月薨，其年闰九月。未审当月数闰？为应以闰附正月？若用月数数闰者，南郡王兄弟便应以此四月晦小祥，至于祥月，不为有疑不？'左仆射王俭与尚书令褚渊均就此事发表意见，互相驳论。时任祠部郎中的王珪之亦议，谓'丧以闰施……'云云，即本文。"《答褚渊难丧遇闰议》、《太子妃丧遇闰议》，载于《南齐书·礼志下》，又见《通典》卷一〇〇。《答王逡之问》，见载于《南齐书·礼志下》。《穆太妃小祥南郡王应不相待议》，见载于《南史·齐竟陵王良传》。具体系因，均遵循史料时间记载。

褚渊作《难王俭丧遇闰议》。

　　按：参见是年"王俭作《答褚渊难丧遇闰议》、《答王逡之问》、《太子妃丧遇闰议》、《穆太妃小祥南郡王应不相待议》等"条。

王珪之作《丧遇闰议》。

　　按：参见是年"王俭作《答褚渊难丧遇闰议》、《答王逡之问》、《太子妃丧遇闰议》、《穆太妃小祥南郡王应不相待议》等"条。

沈约约是年作《冠子祝文》。

按：文见《初学记》一四及《太平御览》五四〇。其系年依据详见林家骊《沈约研究·沈约事迹诗文系年》。

程骏以魏释法秀谋反伏诛，上贺表及《庆国颂》十六章，又奏《得一颂》，文明太后下令褒扬。

按：释法秀是年二月谋反。《魏书·程骏传》曰："沙门法秀谋反伏诛。骏表曰：'……上《庆国颂》十六章，并序巡狩、甘雨之德焉。'……骏又奏《得一颂》，始于固业，终于无为，十篇。文多不载。"

谢超宗为释道慧撰碑文。

按：《高僧传·释道慧传》曰："慧以齐建元三年卒，春秋三十有一。……葬于钟山之阳。陈郡谢超宗为造碑文。"

释道慧卒(451—)。道慧姓王，余姚人，寓居建康。十一出家，师从僧远，止灵曜寺。年十四读《慧远集》，仰佩之，遂与友人智顺观释慧远遗迹，憩庐山西寺。三年方还建邺。时王或辩三相义，大聚学僧，慧发问数番，言语玄微，诠牒有次，众奇之。后受业于释道猛、释昙斌二法师。慧善大乘，明数论，讲说相续，学徒甚盛。褚澄、谢超宗名重当时，并见推礼。卒后，谢超宗为造碑文。事迹见《高僧传》卷八。

刘孝绰(—539)、刘显(—543)、王筠(—549)生(《梁书·刘孝绰传》、《梁书·刘显传》、《梁书·王筠传》)。

齐建元四年　北魏太和六年　壬戌　482年

拜占庭帝芝诺颁布《统一法》。

正月壬戌，齐诏立国学(《南齐书·高帝纪》、《南齐书·礼志上》)。

按：《南齐书·礼志上》详载建立国学的情况："建元四年正月，诏立国学，置学生百五十人。其有位乐入者五十人。生年十五以上，二十以还，取王公已下至三将、著作郎、廷尉正、太子舍人、领护诸府司马谘议经除敕者、诸州别驾治中等、见居官及罢散者子孙。悉取家去都二千里为限。太祖崩，乃止。"

三月壬戌，齐高帝萧道成卒，皇太子萧赜即位，是为齐武帝(《南齐书·高帝纪》、《南齐书·武帝纪》)。

按：萧道成(427—)，即齐高帝。萧道成字绍伯，小讳斗将，南齐开国皇帝。其祖居东海兰陵，于东晋时过江，寓居晋陵武进县之东城里。年十三，受业于雷次宗，治《礼》和《左氏春秋》。宋明帝时，因军功卓著见疑于明帝，但其深谋远虑，终化明帝之猜忌。明帝崩，萧道成为辅政大臣之一。苍梧王猜疑之心日重，萧道成密谋废之，迎立顺帝，并任侍中、司空、录尚书事、骠骑大将军等职，独掌朝政大权。其随后平定袁粲等人举兵之事，消灭沈攸之的力量，将朝政大权集于己身，于升明三年受宋顺帝之禅，建立齐朝，在位四年。年五十六崩，谥曰太祖高皇帝。萧道成不仅有经世致用之才，善战功高，且游好经史，擅撰文，书法、弈棋等技艺皆优。其今存文约70

篇,诗2首。事迹见《南齐书》卷一、《南史》卷四。

六月甲申,立萧长懋为皇太子(《南齐书·武帝纪》)。

十一月,北魏以古制祭祀七庙。

按:魏此次七庙之祭,由孝文帝亲祀。《魏书·礼志一》曰:"大魏七庙之祭……臣等谨案旧章,并采汉魏故事,撰祭服冠屦牲牢之具……升降进退之法,别集为亲拜之仪。"可见北魏已日益采用汉族礼制。

王俭以齐高帝萧道成遗诏任为侍中、尚书令、左镇军将军。

按:《南齐书·王俭传》曰:"上崩,遗诏以俭为侍中、尚书(令)、(左)镇军将军。世祖即位,给班剑二十人。"又《资治通鉴·齐纪一》曰:"乙丑,以褚渊录尚书事,王俭为侍中、尚书令。"

王僧虔九月为左光禄大夫、开府仪同三司,固辞不拜,改授侍中、特进、左光禄大夫(《南齐书·武帝纪》、《南齐书·王僧虔传》)。

刘绘为太子洗马、大司马谘议,领录事。苦求外任,为南康相。

按:《南齐书·刘绘传》曰:"复为司空记室录事,转太子洗马、大司马谘议,领录事。时豫章王嶷与文惠太子以年秩不同,物论谓宫、府有疑,绘苦求外出,为南康相。"是年,萧赜即位,皇子萧长懋立为太子,刘绘或于此时任太子洗马等职。据《资治通鉴·齐纪一》载,建元四年,江谧因未获顾命之任而怨望朝廷,构嫌豫章王萧嶷与文惠太子,高帝令其下狱死。刘绘应是基于避嫌畏祸而求外任。姑系于此。

周颙约是年为文惠太子萧长懋征北府掾,随入东宫(《南齐书·周颙传》)。

萧子良受封为竟陵郡王,任镇北将军、南徐州刺史,并造释迦像一座(《南齐书·竟陵文宣王子良传》)。

按:沈约《竟陵王造释迦像记》曰:"以皇齐之四年日子,敬制释迦像一躯。尊丽自天,工非世造。"自此可知此文是在高帝崩之年,即是年所作,故造释迦像时间系于此。

蔡约约是年为竟陵王镇北征北谘议记室、中书郎、司徒右长史、黄门郎,领本州中正(《南齐书·蔡约传》)。

按:萧子良是年封竟陵王,姑系于此。

谢超宗掌国史,除竟陵王征北谘议参军,领记室。

按:《南齐书·谢超宗传》曰:"世祖即位,使掌国史……愈不得志。"

陆澄复为秘书监,领国子博士(《南齐书·陆澄传》)。

丘灵鞠转通直常侍,领东观祭酒。

按:《南齐书·丘灵鞠传》曰:"世祖即位,转通直常侍,寻领东观祭酒。"

沈约为步兵校尉,管书记,直永寿省,校四部图书(《南齐书·武帝纪》、《梁书·沈约传》)。

按:《梁书·沈约传》曰:"太子入居东宫,为步兵校尉,管书记,直永寿省,校四部图书。"皇太子萧长懋是年入东宫,故系是年。

江淹为中书郎,并为齐高帝萧道成编次遗文(丁福林《江淹年谱》)。

谢朓约是年解褐豫章王萧嶷太尉行参军(《南齐书·谢朓传》)。

按:据《南齐书·武帝纪》,是年三月庚午,"以司空豫章王萧嶷为太尉"。

王晏领步兵校尉,迁侍中祭酒,校尉如故。

按:《南齐书·王晏传》曰:"永明元年,领步兵校尉,迁侍中祭酒,校尉如故。"

陶弘景为宜都王侍读。

按：陶翙《华阳隐居先生本起录》曰："世祖即位，以振武将军起侍宜都王侍读。齐世侍读，任皆总知记室手笔事，选须有文才者。先生于吉凶内外，仪礼表章，爰及笺疏启牒，莫不绝众。数王书、佐典书，皆承授以为准格。诸侍读多有惭悕，颇致谗嫉，先生亦任之，不以介意。"

傅映博闻强记，约是年为南康府丞，文教草书多出其手。

按：《梁书·傅映传》曰："少时与刘绘、萧琛相友善，绘之为南康相，映时为府丞，文教多令具草。"据本年刘绘条，故系于此。

崔光拜北魏中书博士，转著作郎，与秘书丞李彪参撰国书。

按：《魏书·崔光传》曰："(崔光)太和六年，拜中书博士，转著作郎，与秘书丞李彪参撰国书。迁中书侍郎、给事黄门侍郎，甚为高祖所知待。"

释宝志以惑众为齐武帝所恶。

按：《佛祖统纪·法运通塞志》曰："(建元)四年……诏迎皖山志公入京。公努其面为十二面观音，帝以其惑众，恶之。"

释僧若三十二岁，隐居虎丘，栖身幽室。琅琊王斌出守吴郡，每延法集。

按：《续高僧传·梁吴郡虎丘山沙门释僧若传》曰："(释僧若)普通元年卒，春秋七十四。"以此推算，故系是年。

释僧旻十六岁，移住庄严寺，师事昙景（《续高僧传·梁杨都庄严寺沙门释僧旻传》）。

按：系年据479年"释僧旻住白马寺"条。

沈约修晋史未终，受命著《齐纪》，并作《为文惠太子解讲疏》。

按：《宋书·自序》曰："常以晋氏一代，竟无全书，年二十许，便有撰述之意。泰始初，征西将军蔡兴宗为启明帝，有敕赐许……建元四年未终，被敕撰国史。"齐初，江淹、檀超即奉敕修国史。是年，沈约受命撰国史，其书共二十卷。以上诸人所撰史书，今皆亡佚不存。沈约之后，萧子显亦表奏撰《齐史》，即今之《南齐书》。

又按：《为文惠太子解讲疏》，载于《释藏》卷四及《广弘明集》卷一九，曰："皇太子，以建元四年四月十五日，集大乘望僧于玄圃园安居。……暨七月既望，乃敬舍宝躯，爰及舆冕，自缨已降，凡九十九物。愿以此力，普被幽明。"

江淹作《立学诏》、《张令为太常领国子祭酒诏》等。

按：《立学诏》载其本集。《张令为太常领国子祭酒诏》，《南齐书·张绪传》曰："(建元)四年，初立国学，以绪为太常卿，领国子祭酒。"其文载于其本集。

王俭作《嗣位郊祀议》、《谅闇议》、《昭皇后迁祔仪议》、《迁祔设虞议》、《司空未拜而薨椽属为吏敬议》、《太宰褚彦回碑文》等。

按：《嗣位郊祀议》，《南齐书·礼志上》曰："建元四年，世祖即位，其秋，有司奏：'寻前代嗣位，或(于)[仍]前郊年，或别[更]始，晋、宋以来，未有画一。今年正月已郊，未审明年应南北二郊祀明堂与不？'依旧通关八座丞郎博士议。尚书令王俭议……"此文又见《通典》卷四二。《谅闇议》，其取《春秋左氏传》、《大戴礼记》及《孔子家语》、《礼记·曾子问》、《王制》等立议。《南齐书·礼志上》曰："建元四年，尚书令王俭采晋中朝《谅闇议》奏曰……从之。"《昭皇后迁祔仪议》，《南齐书·礼志下》曰："建元四年，高帝山陵，昭皇后应迁祔。祠部疑有祖祭及遣启诸奠九饭之仪不？

左仆射王俭议……"《迁祔设虞议》,见《南齐书·礼志下》,亦为昭皇后应迁祔之事而发论议,"有司又奏:'昭皇后神主在庙,今迁祔葬,(广)[庙]有虞以安神,神既已处庙,改葬出灵,岂应虞祭?……'左仆射王俭议……从之"。《司空未拜而薨掾属为吏敬议》,《南齐书·武帝纪》载:"八月癸卯,司徒褚渊薨。"又《南齐书·褚渊传》曰:"(褚渊)薨……时司空掾属以渊未拜,疑应为吏敬不?王俭议……"《太宰褚彦回碑文》,载于《文选》卷五八及《艺文类聚》卷四五。

沈冲作《奏劾江谧》。

按:《南齐书·江谧传》曰:"谧才长刀笔,所在事办。太祖崩,谧称疾不入,众颇疑其怨不豫顾命也。世祖即位,谧又不迁官,以此怨望。时世祖不豫,谧诣豫章王嶷,请间曰:'至尊非起疾,东宫又非才,公今欲作何计?'世祖知之,出谧为征虏将军、镇北长史、南东海太守。未发,上使御史中丞沈冲奏谧前后罪曰……"本文应作于世祖即位之年。

道士孟景翼约是年作《正一论》。

按:此文作于萧长懋为太子之年,姑系于此。景翼字道辅,昌平人,佛道辩论时的重要人物之一。《南齐书·顾欢传》曰:"文惠太子、竟陵王子良并好释法。吴兴孟景翼为道士,太子召入玄圃园。众僧大会,子良使景翼礼佛,景翼不肯,子良送《十地经》与之。景翼造《正一论》。"孟景翼主要站在道教立场上,宣扬佛道一致,强调佛道均为探求"道",即老子的"道生一、一生二、二生三",故方有后世的"三教"。

月支僧释昙迁卒(384—)。姓支,为月支人,寓居建康,出入玄、儒、佛三教。其译经,巧于转读,有无穷声韵,与彭城王刘义康、范晔、王昙首结纳交游。迁初止祇洹寺,后移乌依寺。范晔被诛,门有十二丧,无敢近者。迁独营葬送。宋孝武帝闻而叹赏,谓徐爰曰:"卿著《宋书》,勿遗此士。"王僧虔为湘州及三吴,携而同游。事迹见《高僧传》卷一三。

按:《高僧传·齐乌衣寺释昙迁传》曰:"笃好玄儒,游心佛义,善谈《庄》、《老》,并注《十地》。又工正书,常布施题经。巧于转读,有无穷声韵,《梵》制新奇,特拔终古。"

释法颖卒(416—)。姓索,敦煌人。年十三,出家,为法香弟子,住凉州公府寺。研精律部,博涉经论。与同学法力,俱以律藏知名。元嘉末止新亭寺,被宋孝武帝敕为都邑僧正。后辞任归多宝寺。齐高帝登祚,敕为僧主。是年卒。著《十诵戒本》并《羯磨》等。事迹见《高僧传》卷一一。

刘苞(—511)生(《梁书·刘苞传》)。

齐武帝萧赜永明元年　北魏太和七年　癸亥　483年

正月辛亥,齐改元永明(《南齐书·武帝纪》)。

三月癸丑，齐定郡县官吏任职以三年为期满。

> 按：《南齐书·武帝纪》曰："三月癸丑，诏曰：'宋德将季，风轨陵迟……泰运初基，草昧惟始，思述先范，永隆治根，莅民之职，一以小满为限。其有声绩克举，厚加甄异……'"小满，指三年的任职期限。《资治通鉴·齐纪一》曰："宋末，以治民之官六年过久，乃以三年为断，谓之小满；而迁换去来，又不能依三年之制。三月，癸丑，诏：'自今一以小满为限。'"

甲戌，北魏放宽关津之禁（《魏书·高祖孝文帝纪》）。

> 按：《魏书·孝文帝纪》曰："（七年）三月甲戌，以冀定二州民饥，诏郡县为粥于路以食之，又弛关津之禁，任其去来。"

七月，北魏孝文帝及文明太后幸神渊池。孝文帝率诸臣诸宾为太后上寿，并撰歌以贺。

> 按：《魏书·高祖孝文帝纪》曰："秋七月丁丑，帝、太皇太后幸神渊池。"又《魏书·文成文明皇后冯氏传》曰："太后曾与高祖幸灵泉池，燕群臣及藩国使人、诸方渠帅，各令为其方舞。高祖帅群臣上寿，太后忻然作歌，帝亦和歌，遂命群臣各言其志，于是和歌者九十人。"神渊池一说"灵泉池"。方舞、和歌以贺寿，可见当时歌舞待宾、赋诗言志已成风尚。

是月，北魏使李彪、兰英访齐（《魏书·高祖孝文帝纪》）。

十月丙寅，齐遣刘缵访北魏（《魏书·高祖孝文帝纪》、《资治通鉴·齐纪一》）。

> 按：齐使刘缵访魏，以答谢七月魏使李彪来访。

十二月癸丑，北魏始禁同姓为婚（《魏书·高祖孝文帝纪》）。

> 按：北魏本无同姓不婚的禁令，至此始禁同姓通婚。《魏书·高祖孝文帝纪》载，诏曰："夏殷不嫌一族之婚，周世始绝同姓之娶。……皇运初基，中原未混，拨乱经纶，日不遑给，古风遗朴，未遑厘改，后遂因循，迄兹莫变。联属百年之期，当后仁之政，思易质旧，式昭惟新。自今悉禁绝之，有犯以不道论。"

是年前后，齐武帝作《估客乐》。

> 按：陈释智匠《古今乐录》曰："《估客乐》者，齐武帝之所制也。帝布衣时尝游樊邓。登祚以后，追忆往事而作歌，使乐府令刘瑶管弦被之教习，卒遂无成。有人启释宝月善解音律，帝使奏之。旬日之间，便就谐合。敕歌者常重为感忆之声，犹行于世。"此乐梁时改名为《商旅行》。齐武帝于建元四年登祚，"永明"为其登祚后新改年号，故姑系于此。

王俭进号卫军将军，参掌选事（《南齐书·王俭传》）。

陆澄转度支尚书，寻领国子博士。

> 按：《南齐书·陆澄传》曰："永明元年，转度支尚书。寻领国子博士。"

王僧虔为侍中、特进、左光禄大夫。

> 按：《南齐书·王僧虔传》曰："世祖即位……会迁侍中、左光禄大夫、开府仪同三司。……乃固辞不拜，上优而许之。改授侍中、特进、左光禄大夫。"

萧嶷领太子太傅，解中书监。

> 按：《南齐书·豫章文献王传》曰："永明元年，领太子太傅，解中书监，余如故。"

萧子良迁为侍中，都督南兖兖徐青冀五州、征北将军、南兖州刺史。

二月,集僧发讲(《南齐书·竟陵文宣王子良传》)。

> 按:据沈约《为齐竟陵王发讲疏》载,萧子良"乃以永明元年二月八日,置讲席于上邸,集名僧于帝畿"。

沈约甚得文惠太子萧长懋宠信,约是年迁太子家令。

> 按:《梁书·沈约传》曰:"时东宫多士,约特被亲遇,每直入见,影斜方出。……迁太子家令。"姑系于此。

谢朓起家拜通直散骑常侍。

> 按:《梁书·谢朓传》曰:"永明元年,起家拜通直散骑常侍。"谢朓于建元元年因禅代一事触逆齐高帝,而被废于家,是年方再仕。

江淹迁骁骑将军,掌国史(丁福林《江淹年谱》)。

贾渊约是年为尚书外兵郎。

> 按:《南齐书·贾渊传》曰:"永明初,转尚书外兵郎。"

陶弘景服阕,拜左卫殿中将军。

> 按:陶翊《华阳隐居先生本起录》曰:"升明元年冬,先生年二十二。……年二十八,服阕。召拜左卫殿中将军,颇郁时望。先生惊,亦不解所以,即告庾道敏,论诸屈滞。庾为面启武帝,帝云:'先帝昔亲命此官,卿不知耶,其何辞之?'庾告先生,先生喟然叹曰:'昔不受豫章王侍郎,于今五年,翻为此职,驿马非骥骡。'犹欲固辞。庾切言之云:'太元已来,此官皆用名家,裴松之从此转员外郎,但问人才,若官何所枉君?恐为尔误我事。'庾于时正被委任总知诸王府事。先生不获已而拜矣。"

张融约是年先后任长沙王镇军、竟陵王征北谘议参军。

> 按:《南齐书·张融传》曰:"又为长沙王镇军、竟陵王征北谘议,并领记室,司徒从事中郎。"《南齐书·长沙威王晃传》曰:"永明元年……以晃为使持节、都督南徐兖二州诸军事、镇军将军、南徐州刺史。"《南齐书·竟陵文宣王子良传》:"永明元年,徙为侍中、都督南兖兖徐青冀五州、征北将军、南兖州刺史,持节如故。……明年,入为护军将军,兼司徒。"可知,萧子良为征北将军仅在永明元年,而是年萧晃为镇军将军,故系于此。

范云随竟陵王镇南兖州,每陈朝政得失。

> 按:《南史·范云传》曰:"子良为南徐州、南兖州,云并随府迁,每陈朝政得失于子良。"结合上一条系年材料,故系于此。

刘祥约是年迁长沙王萧晃镇军,板谘议参军(《南齐书·刘祥传》)。

> 按:《南齐书·刘祥传》曰:"永明初,迁长沙王镇军,板谘议参军。"据《南齐书·长沙威王晃传》载,长沙王萧晃于是年为镇军将军,姑系于此。

何昌寓为竟陵王文学。

> 按:《南齐书·何昌寓传》曰:"永明元年,竟陵王子良表置友、学官,以昌寓为竟陵王文学,以清信相得,意好甚厚。"

顾欢被征为太学博士,不就。

> 按:《南齐书·顾欢传》曰:"永明元年,诏征欢为太学博士……与欢俱不就征。"

明僧绍征为国子博士,固辞。

> 按:《南齐书·明僧绍传》曰:"永明元年,世祖敕召僧绍,称疾不肯见。诏征国子博士,不就,卒。"

徐勉被召为国子生。

> 按:《南史·徐勉传》曰:"年十八,召为国子生,便下帷专学,精力无怠。同时侪

辈肃而敬之。"《梁书·徐勉传》曰："大同元年，卒，时年七十。"以此推算，故系是年。

高允是年秋为北魏中书监，奏乐府歌辞应陈国家王业符瑞及祖宗德美，并有雅、郑之辨。

按：《魏书·乐志》曰："（太和）七年秋，中书监高允奏乐府歌词，陈国家王业符瑞及祖宗德美，又随时歌谣，不准古旧，辨雅、郑也。"

刘祥约是年撰《宋书》。

按：《南齐书·刘祥传》曰："永明初，迁长沙王镇军，板谘议参军，撰《宋书》，讥斥禅代，尚书令王俭密以启闻，上衔而不问。"

王逡之撰《永明起居注》，又作《奏劾谢超宗袁彖》。

按：《南齐书·王逡之传》曰："撰《永明起居注》。"姑系于永明元年。

又按：《南齐书·谢超宗传》曰："永明元年，敬儿诛，超宗谓丹阳尹李安民曰：'往年杀韩信，今年杀彭城，尹欲何计？'安民具启之。上积怀超宗轻慢，使左臣王逡之奏曰：'臣闻行父尽孝……'"

王亮、谢朓著秘阁藏书《四部目录》。

按：《隋书·经籍志》曰："齐永明中，秘书丞王亮、监谢朓，又造《四部书目》，大凡一万八千一十卷。齐末兵火，延烧秘阁，经籍遗散。"汪辟疆《目录学研究》以为作于齐永明元年。

王俭作《立春在郊无烦迁日启》、《日蚀废社议》。

按：王俭采用王肃之说，而不用郑玄之义。《立春在郊无烦迁日启》，《南齐书·礼志上》曰："永明元年当南郊，而立春在郊后，世祖欲迁郊。尚书令王俭启……从之。"故系于此。《日蚀废社议》载于《南齐书·礼志上》，曰："永明元年十二月，有司奏：'今月三日，腊祠太社稷。一日合朔，日蚀既在致斋内，未审于社祠无疑不？曹检未有前准。'尚书令王俭议……"故系于此。

伏曼容作《车旗议》，**周颙**作《驳伏曼容车旗尚色议》。

按：《南齐书·舆服志》曰："永明初，太子步兵校尉伏曼容议，以为：'齐德尚青，五路五牛及五色幡旗，并宜以先青为次。……'太子仆周颙议：'三代姓音，古无前记，裁音配尚，起自曼容。则是曼容善识姓声，不复方假吹律。……'散骑常侍刘朗之等十五人并议驳之，事不行。"《梁书·伏曼容传》曰："永明初，为太子率更令，侍皇太子讲。卫将军王俭深相交好，令与河内司马宪、吴郡陆澄共撰《丧服义》，既成，又欲与之定礼乐。会俭薨，迁中书侍郎、大司马谘议参军，出为武昌太守。"据《南齐书·王俭传》载，王俭于永明元年进号卫军将军，永明三年，领太子少傅。则王俭与伏曼容的"深相交好"，或是在此三年之间，故姑系于此。

沈约作《为齐竟陵王发讲疏（并颂）》、《为齐竟陵王解讲疏》。

按：两文皆可窥见沈约的佛学思想。《为齐竟陵王发讲疏（并颂）》载于《广弘明集》卷一九，曰："乃以永明元年二月八日，置讲席于上邸，集名僧于帝畿，皆深辨真俗，洞测名相，分微靡滞，临疑若晓。同集于邸内之法云精庐，演玄音于六宵，启法门于千载。济济乎，实旷代之盛事也。"故系于此。《为齐竟陵王解讲疏》载于《广弘明集》卷一九，详细阐明了当日萧子良听讲佛经的情况。

柳世隆作《奏省流寓民户帖》。

按：《南齐书·州郡志上》曰："永明元年，刺史柳世隆奏……于是济阴郡六县，下邳郡四县，淮阳郡三县，东莞郡四县，以散居无实土，官长无廨舍，寄止民村，及州治立,见省,民户帖属。"

袁彖作《苟蒋之胡之罪议》、《奏劾谢超宗》。

按:《南史·袁彖传》曰:"南郡江陵县人苟蒋之弟胡之妇,为曾口寺沙门所淫,夜入苟家,蒋之杀沙门,为官司所检。蒋之列实己所杀,胡之列又如此,兄弟争死。江陵令宗躬启州,荆州刺史庐陵王求博议。彖曰"云云,即本文。张卫宏《〈全齐文〉编年考》曰:"检《南齐书·庐陵王传》载:永明元年,庐陵王子卿徙都督荆湘益宁梁南北秦七州,安西将军、荆州刺史,持节如故。永明五年,入为侍中、抚军将军,未拜,仍为中护军,侍中如故。本文作于永明元年(483年)至五年(487年)之间。"又《南齐书·谢超宗传》曰:"永明元年,上积怀超宗轻慢,使兼中丞袁彖奏曰……"则《奏劾谢超宗》为永明元年所作。

陆澄作《王俭书》,王俭作《答陆澄书》。

按:《南齐书·陆澄传》曰:"永明元年,转度支尚书。寻领国子博士。时国学置郑王《易》,杜服《春秋》,何氏《公羊》,麋氏《谷梁》,郑玄《孝经》。澄谓尚书令王俭曰:'《孝经》,小学之类,不宜列在帝典。'乃与俭书论诸经,俭答曰:'……郑注虚实,前代不嫌,意谓可安,仍旧立置。'"陆、王论述诸经,颇有学术价值,兹引录《陆澄传》所载于下:"(澄)乃与俭书论之曰:'《易》近取诸身,远取诸物,弥天地之道,通万物之情。自商瞿至田何,其间五传。年未为远,无讹杂之失;秦所不焚,无崩坏之弊。虽有异家之学,同以象数为宗。数百年后,乃有王弼。王济云弼所悟者多,何必能顿废前儒。若谓《易》道尽于王弼,方须大论,意者无乃仁智殊见。且《易》道无体不可以一体求,屡迁不可以一迁执也。晋太兴四年,太常荀崧请置《周易》郑玄注博士,行乎前代,于时政由王、庾,皆俊神清识,能言玄远,舍辅嗣而用康成,岂其妄然。太元立王肃《易》,当以在玄、弼之间。元嘉建学之始,玄、弼两立。逮颜延之为祭酒,黜郑置王,意在贵玄,事成败儒。今若不大弘儒风,则无所立学,众经皆儒,惟《易》独玄,玄不可弃,儒不可缺。谓宜并存,所以合无体之义。且弼于注经中已举《系辞》,故不复别注。今若专取弼《易》,则《系》说无注。《左氏》太元取服虔,而兼取贾逵《经》,由服传无《经》,虽在注中,而《传》又有无《经》者故也。今留服而去贾,则《经》有所阙。案杜预注《传》,王弼注《易》,俱是晚出,并贵后生。杜之异古,未如王之夺实,祖述前儒,特举其违。又《释例》之作,所弘惟深。《谷梁》太元旧有麋信注,颜益以范宁,麋犹如故。颜论闰分范注,当以同我者亲。常谓《谷梁》劣;《公羊》为注者又不尽善。竟无及《公羊》之有何休,恐不足两立。必谓范善,便当除麋。世有一《孝经》,题为郑玄注,观其用辞,不与注书相类。案玄自序所注众书,亦无《孝经》。'俭答曰:'《易》体微远,实贯群籍,施、孟异闻,周、韩殊旨,岂可专据小王,便为该备?依旧存郑,高同来说。元凯注《传》,超迈前儒,若不列学官,其可废矣。贾氏注《经》,世所罕习,《谷梁》小书,无俟两注,存麋略范,率由旧式。凡此诸义,并同雅论。疑《孝经》非郑所注,仆以此书明百行之首,实人伦所先,《七略》、《艺文》并陈六艺,不与《苍颉》、《凡将》之流也。郑注虚实,前代不嫌,意谓可安,仍旧立置。'"

萧缅约是年后作《与卫军王俭书论庾杲之》。

按:张卫宏《〈全齐文〉编年考》曰:"《南史》卷四十九《庾杲之传》载,王俭用杲之为卫将军长史。安陆侯萧缅与俭书曰:'盛府元僚,实难其选。庾景行泛渌水,依芙蓉,何其丽也。'即本文。""由题可知,本文作于王俭任卫军将军之时,查《南齐书·王俭传》载,永明元年,俭进号卫军将军,参掌选事,此后一直担任这一职务,直至永明七年逝世。本文作时当在永明元年(483年)至七年(489年)之间。"

顾欢作《三名论》。

按：《南史·顾欢传》曰："永明元年……会稽孔珪登岭寻欢,共谈《四本》。欢曰：'兰石危而密,宣国安而疏,士季似而非,公深谬而是。总而言之,其失则同；曲而辩之,其途则异。何者？同昧其本而竞谈其末,犹未识辰纬而意断南北。……'于是著《三名论》以正之。"此论一出,尚书刘澄、临川王常侍朱广之,并与之往返论难。

江淹约是年作《铜剑赞》。

按：《铜剑赞》依据《山海经》郭璞注、《越绝书》、《尸子》、《周书》、《左传·僖公十八年》、《书》、《诗》、《韩子》、《博物志》、《皇览·帝王冢墓记》等记载,可以看作一部铜剑及古墓考古发展简史。《铜剑赞》载于其本集,曰："永明初,始造旧官。"姑系是年。

南齐比丘尼法敬作《佛说欢普贤经》,有题记。

按：纸质。墨书。敦煌藏经洞出品(?)。其题记全2行,行8—13字,曰："永明元年正月谨写。用纸十四枚。比丘尼释法敬供养。"

顾欢卒(约420—　)欢字景怡,一字玄平。吴郡盐官人。家贫,笃志好学。宋文帝元嘉时,年二十余,从雷次宗咨玄儒诸义。后于剡天台山开馆讲学,隐遁不仕。宋末,齐高帝萧道成辅政,征为扬州主簿。及萧道成践祚,顾欢自称山谷臣,删撰《老氏》,献《政纲》1卷。后东归,屡征不就。其事黄老道,解阴阳书,作《夷夏论》启佛道之争。顾欢不擅言辞,而善于著论,尝就钟会《四本论》而作《三名论》。又尝注《王弼易二系注》。《隋书·经籍志》载其又撰有《毛诗集解叙义》1卷。卒后,齐武帝命其诸子撰其《文议》30卷,《隋书·经籍志》谓梁有《顾欢集》30卷,当即此书,今不存。严可均《全齐文》卷二二载其文4篇。事迹见《南史》卷七五、《南齐书》卷五四。

按：唐李鼎祚撰《周易集解》卷一四《大衍之数五十其用四十有九》曰："顾欢同王弼所说,而顾欢云：'立此五十数以数神,神虽非数而著,故虚其一数,以明不可言之义也。'"

谢超宗约卒,生年不详。超宗陈郡阳夏人,谢灵运之孙。好学有文辞,与慧休道人(汤惠休)交好。宋大明五年,宋孝武帝子刘子鸾封新安王,以其为国常侍。大明元年子鸾母殷淑仪卒,超宗作诔,宋孝武帝大加嗟赏,谓"超宗殊有凤毛,恐灵运复出",后历任新安王抚军行参军、建安王司徒参军事、尚书殿中郎。齐高帝代宋,以超宗为黄门侍郎,与褚渊、谢朏等人共撰《郊庙歌辞》,其辞尤佳,见用。后因少行检,又就张敬儿一事口出怨望,遭免官,赐死。谢超宗善诗。严可均《全齐文》卷一四载其文1篇。逯钦立《先秦汉魏晋南北朝诗·全齐诗》卷七载其所撰齐郊庙歌辞近50首。事迹见《南齐书》卷三六。

释僧询(　—517)、刘孺(　—543)、朱异(　—548)生(《续高僧传·梁杨都治城寺释僧询传》、《梁书·刘孺传》、《梁书·朱异传》)。

齐永明二年　北魏太和八年　甲子　484 年

六月丁卯，北魏始置官班禄法。　　　　　　　　　　　　　　　　基督教分裂。

按：《魏书·高祖孝文帝纪》曰："置官班禄，行之尚矣。……户增调帛三匹、谷二斛九斗，以为官司之禄。均预调为二匹之赋，即兼商用。虽有一时之烦，终克永逸之益。禄行之后，赃满一匹者死。"又据《资治通鉴·齐纪二》载，是年十月始行此班禄法。魏改旧律"枉法十匹，义赃二十匹，罪死"为"义赃一匹，枉法无多少，皆死"。此皆可见魏律之严峻。

八月丙午，齐武帝在旧宫小会，设金石乐，令在座者赋诗（《南齐书·武帝纪》）。

按：金石乐指庙堂雅乐，是用钟磬一类乐器演奏的乐曲。《南齐书·王僧虔传》曰："苻坚败后，东（晋）始备金石乐。"

九月，齐武帝萧赜遣使向北魏朝贡（《魏书·高祖孝文帝纪》）。

十月，高丽王琏遣使向北魏、齐贡献方物（《魏书·高祖孝文帝纪》、《资治通鉴·齐纪二》）。

十一月乙未，北魏为答谢齐使九月朝贡，遣李彪、兰英访齐（《魏书·高祖孝文帝纪》）。

是年，齐定礼乐。

按：《南齐书·礼志上》曰："永明二年，太子步兵校尉伏曼容表定礼乐。于是诏尚书令王俭制定新礼。"据《梁书·徐勉传》曰："伏寻所定五礼，起齐永明三年，太子步兵校尉伏曼容表求制一代礼乐。"文中"起齐永明三年"，误，应为永明二年，此可详参《梁书·徐勉传》之《校勘记》。

王俭领国子祭酒、丹阳尹，又总监修订五礼（《南齐书·王俭传》、《南齐书·礼志上》）。

按：据《隋书·经籍志》记载，王俭的礼仪著作有：《丧服古今集记》3 卷、《丧服图》1 卷、《礼论要钞》10 卷、《礼答问》3 卷、《礼义答问》8 卷、《吊答仪》10 卷、《吉书仪》2 卷。此外，《通典》和《全齐文》还录有王俭的《乘舆副车议》、《服章议》、《郊殷议》等礼仪篇章 34 篇。王俭的学术著作成就主要在五礼方面，其不仅有助于礼制的发展，且对南朝儒学复兴具有重要推动作用。

蔡履与陆澄、王俭、王祐、刘蔓、蔡仲熊、顾宪之、江淹等议南郊明堂礼仪。

按：《南齐书·礼志上》曰："永明二年，祠部郎中蔡履议：'郊与明堂，本宜异日。汉东京《礼仪志》"南郊礼毕，次北郊、明堂、高庙、世祖庙，谓之五供"。蔡邕所据亦然。近世存省，故郊堂共日。来年郊祭，宜有定准。'……尚书陆澄议……"故系于此。当时参议者还有王俭、王祐、刘蔓、蔡仲熊、顾宪之、江淹等。

任昉为王俭主簿。

> **按**：《梁书·任昉传》曰："永明初，卫将军王俭领丹阳尹，复引为主簿。"王俭于是年为丹阳尹，故姑系于此。

徐勉受知于王俭，每称勉有宰辅之量。

> **按**：《梁书·徐勉传》曰："太尉文宪公王俭时为祭酒，每称勉有宰辅之量。"据《南齐书·王俭传》载，王俭永明二年、三年领国子祭酒，姑系于此。

沈约以太子家令兼著作郎，撰起居注。又迁中书郎，本邑中正、司徒右长史、黄门侍郎(《梁书·沈约传》、《宋书·自序》)。

> **按**：《宋书·自序》曰："永明二年，又悉兼著作郎，撰次起居注。"故系于此。是年任职详参林家骊《沈约研究·沈约事迹诗文系年》。

萧子良为护军将军，兼司徒，领兵置佐，侍中如故，镇西州(《南齐书·竟陵文宣王子良传》)。

范云约是年为竟陵王记室参军事、通直散骑侍郎，领本州大中正。

> **按**：《梁书·范云传》曰："子良为司徒，又补记室参军事，寻授通直散骑侍郎、领本州大中正。"萧子良是年为司徒。故姑系于此。

陆慧晓约是年为竟陵王司徒从事中郎(《南齐书·陆慧晓传》)。

贾渊约是年为竟陵王司徒府参军(《南齐书·贾渊传》、《南齐书·竟陵文宣王子良传》)。

范岫约是年为竟陵王记室参军(《梁书·范岫传》)。

萧琛约是年为丹阳尹王俭主簿。

> **按**：《梁书·萧琛传》载，王俭于乐游苑排宴，在座萧琛深得王俭激赏，"俭为丹阳尹，辟为主簿"。姑系于此。

周颙约是年为始兴王萧鉴前军谘议(《南齐书·周颙传》)。

> **按**：《南齐书·始兴简王鉴传》曰："永明二年，世祖始以鉴为持节……前将军、益州刺史。"姑系于此。

张融约是年为司徒从事中郎。其因酒后出言不逊，为御史中丞到㧑所奏弹，免官。不久即复官。

> **按**：《南齐书·张融传》曰："并领记室，司徒从事中郎。永明二年，总明观讲，敕朝臣集听。融扶入就榻，私索酒饮之，难问既毕，乃长叹曰：'呜呼！仲尼独何人哉！'为御史中丞到㧑所奏，免官，寻复。"萧子良是年正月任司徒，张融为"司徒从事中郎"约在是年。

江淹出为建武将军、庐陵内史(丁福林《江淹年谱》)。

丘灵鞠为骁骑将军，不乐武位，改正员常侍。

> **按**：《南齐书·丘灵鞠传》曰："永明二年，领骁骑将军。灵鞠不乐武位，谓人曰：'我应还东掘顾荣冢。江南地方数千里，士子风流，皆出此中。顾荣忽引诸伧渡，妨我辈途辙，死有余罪。'改正员常侍。"

陶弘景于是年至永明四年间从孙游岳咨禀道家符图经法。

> **按**：《云笈七签》卷一〇七引陶翊《华阳隐居先生本起录》曰："先生以甲子、乙丑、丙寅三年之中，就兴世馆主东阳孙游岳咨禀道家符图经法，虽相承皆是真本，而经历模写，意所未惬者，于是更博访远近以正之。"

道士孙游岳为齐兴世馆主。

陆澄、王俭等作《南郊明堂异日议》。

按：参见是年"蔡履与陆澄、王俭、王祐、刘蔓、蔡仲熊、顾宪之、江淹等议南郊明堂礼仪"条。

王融作《为王俭让国子祭酒表》。

按：是年王俭被任命为国子祭酒，故系于此。

萧子良、萧赜作《致沙门法献书》。

按：《高僧传·齐上定林寺释僧远传》曰："（释僧远）以齐永明二年正月卒于定林上寺。春秋七十有一。帝以致书于沙门法献曰……竟陵文宣王又书曰……"

贾渊约是年著《见客谱》。

按：《南齐书·贾渊传》曰："永明初，转尚书外兵郎，历大司马司徒府参军。竟陵王子良使渊撰《见客谱》，出为句容令。"萧子良是年为司徒，故姑系于此。贾氏是南朝著名的治谱牒家族。

纪德真作《造释迦石像记》。

按：其文载陶宗仪《古刻丛钞》，曰："齐永明二年甲子太岁甲子四月廿日，弟子纪德真，为亡弟僧惠敬造释迦石像，追往悼心，泣深友爱。"

北魏比丘法救供养《大般涅槃经》，卷一六有题记。

按：纸质。墨书。敦煌藏经洞出品（？）。其卷一六有题记，全4行。前2行（大字），行6—8字，曰："被说即校定已。比丘法救所洪（供）养经。"后2行（小字），行33—35字，曰："太和八年岁次甲子，夏坐之中，景都所遣法师字道表，本是清（青）州之人。学问既周，照旨往唤（？）。在都□三五之年，圣恩遣至敦煌，宣化愚惑。即于其年，在城东长乐寺上，讲涅槃一部。"

刁雍卒（390— ）。雍字淑和，渤海饶安人。曾祖刁协随晋元帝过江，官至尚书令。父刁畅为司马德宗右卫将军。刘裕执政，因故隙诛刁氏，雍为刁畅故吏所匿，得活。后入魏，历任建义将军、平南将军、徐州刺史、侍中、薄骨律镇将等职。刁雍性情宽和，好文典。凡所为诗、赋、颂、论并杂文百余篇。其笃信佛道，曾著《教诫》20余篇，以训导子孙。今唯《魏书》本传所载奏疏存，严可均辑入《全后魏文》卷二六。事迹见《北史》卷二六、《魏书》卷三八。

释僧侯卒（396— ）。僧侯俗姓龚，西凉州人，年十八，便淡食礼忏。及具戒之后，云游四方以观化。宋孝建初，至建邺。诵《法华》、《维摩》、《金光明》，常二日一遍，六十余年恒行之。萧惠开入蜀，请共同游。后惠开负罪归阙，侯乃还都，于后冈创立石室，以为安禅之所。事迹见《高僧传》卷一二。

释志道卒（412— ）。志道俗姓任，河内人。性温和恪谨。十七出家止灵曜寺。学通三藏，尤长律品。何尚之钦其德范，请居所造法轮寺。后还建邺，王奂出镇湘州，携与同游。其事迹见《高僧传》卷一一。

释僧远卒（414— ）。僧远俗姓皇，渤海重合人，其先北地皇甫氏。

年三十一始于青州孙泰寺讲说。宋大明中渡江，住彭城寺。齐升明中于小丹阳牛落山立龙渊精舍。是年卒，齐武帝、萧子良分别作《致沙门法献书》以示哀悼。事迹见《高僧传》卷八、《法苑珠林》卷四七、《续高僧传》卷二五。

释玄畅卒（416— ）。玄畅俗姓赵，河西金城人。少时家门为胡虏所灭。后往凉州出家。本名慧智，后师事释玄高，高每奇之，事必共议，因改名玄畅。其后北魏太武帝灭佛，只有玄畅幸免。玄畅洞晓经律，深入禅要，坟典子氏，多所该涉。《华严》因文旨浩博，长期以来，其义未明，玄畅竭思研寻，传讲广布。又善《三论》。宋文帝深加叹重，请为太子师，玄畅坚决辞让，迁住荆州长沙寺，刊正《念佛三昧经》等文字，辞旨婉切。齐建元元年于岷山郡建齐兴寺。后齐豫章王萧嶷、文惠太子先后遣使征请，辞不获免。后泛舟东下，得疾，止于灵根寺，寻卒。临川献王立碑，汝南周颙制文。事迹见《高僧传》卷八、《法苑珠林》卷七六。

丘巨源约卒，生年不详。巨源，兰陵人。少举丹阳郡孝廉，为宋孝武帝所知，大明年间曾助徐爰撰《宋书》。后历羽林监、武昌太守、余杭令。武帝永明初，巨源作《秋胡诗》，语有讥刺。后以事见杀。《隋书·经籍志》著录余杭令《丘巨源集》10卷，录1卷，佚。严可均《全齐文》卷一七载其文3篇。逯钦立《先秦汉魏晋南北朝诗·齐诗》卷二载其诗2首。事迹见《南史》卷七二、《南齐书》卷五二。

伏挺（ —548）、刘潜（ —550）生（《梁书·伏挺传》、《梁书·刘潜传》）。

齐永明三年　北魏太和九年　乙丑　485年

正月戊寅，北魏焚图谶、秘纬（《魏书·高祖孝文帝纪》、《资治通鉴·齐纪二》）。

按：《魏书·高祖孝文帝纪》曰："（太和）九年春正月戊寅，诏曰：'图谶之兴，起于三季。既非经国之典，徒为妖邪所凭。自今图谶、秘纬及名为《孔子闭房记》者，一皆焚之。留者以大辟论。又诸巫觋假称神鬼，妄说吉凶，及委巷诸卜非坟典所载者，严加禁断。'"

又按：图谶、谣谶对中国皇权政治更替有一定的造势影响。帝王假借此法是双向逆反性的，一旦政权稳固，则又下诏禁止图谶纬书，以防止后人效仿。

是日，北魏冯太后作《皇诰》18篇，并向群臣颁布（《资治通鉴·齐纪二》）。

是月，齐复置国学，召公卿子弟下及员外郎之胤入学。

按：《南齐书·礼志上》曰："永明三年正月，诏立学，创立堂宇，召公卿子弟下及员外郎之胤，凡置生二百人。"

二月己亥，北魏制皇子皇孙有封爵者，岁禄各有差（《资治通鉴·齐纪二》）。

三月，北魏大封诸皇弟，文明太后令置学馆，为诸王选师（《资治通鉴·齐纪二》）。

五月，齐武帝与高丽王并遣使向魏贡献方物（《魏书·高祖孝文帝纪》）。

六月庚戌，齐遣丘冠先诣吐谷浑，并送柔然使还（《资治通鉴·齐纪二》）。

七月癸未，北魏以梁弥承为宕昌王（《魏书·高祖孝文帝纪》、《资治通鉴·齐纪二》）。

十月丁未，北魏实行均田制（《魏书·高祖孝文帝纪》、《资治通鉴·齐纪二》）。

按：《资治通鉴·齐纪二》载，魏因给事中李安世建议，下诏实行均田："与牧守均给天下之田：诸男夫十五以上受露田四十亩，妇人二十亩，奴婢依良丁；牛一头，受田三十亩，限止四牛。所授之田，率倍之；三易之田，再倍之，以供耕作及还受之盈缩。人年及课则受田，老免及身没则还田。奴婢、牛随有无以还受。初受田者，男夫给二十亩，课种桑五十株；桑田皆为世业，身终不还。恒计见口，有盈者无受无还，不足者受种如法，盈者得卖其盈。诸宰民之官，各随近给公田有差，更代相付，卖者坐如律。"

戊申，高丽、吐谷浑并遣使朝贡（《魏书·高祖孝文帝纪》）。

北魏遣李彪等人访齐。

按：《魏书·高祖孝文帝纪》曰："冬十月丁未……辛酉……诏员外散骑常侍李彪、尚书郎公孙阿六头使萧赜。"

是月，皇太子萧长懋受命于崇正殿讲《孝经》，亲临释奠，王公以下，皆往观礼。

按：《南齐书·文惠太子传》曰："永明三年，于崇正殿讲《孝经》。"又见《南齐书·武帝纪》、《资治通鉴·齐纪二》。

是年，柔然部真可汗死，子豆仑立，号伏名敦可汗，改元太平（《资治通鉴·齐纪二》）。

王俭五月为齐国子祭酒。因立国学，遂废总明观，王俭奉命在家开学士馆，以总明四部书充之。八月又以尚书令领太子少傅，本州中正，解丹阳尹（《南齐书·武帝纪》、《南齐书·王俭传》、《资治通鉴·齐纪二》）。

周颙约是年为太子仆，皇太子萧长懋于崇正殿讲《孝经》，少傅王俭以摘句令周颙撰为义疏。

按：《南齐书·周颙传》曰："转太子仆，兼著作，撰起居注。"又《南齐书·文惠太子传》曰："永明三年，于崇正殿讲《孝经》，少傅王俭以摘句令太[子]仆周颙撰为义疏。"又据《南齐书·王俭传》载，王俭是年八月方领太子少傅一职。故姑系于此。

陆澄约是年共王俭议国学置经。

按：《南齐书·陆澄传》曰："永明元年，转度支尚书。寻领国子博士。"齐武帝于是年复立国学，王俭为国子祭酒。二人就国学置经具体问题进行商略。《南齐书》本传云："时国学置郑王《易》，杜服《春秋》，何氏《公羊》，麋氏《谷梁》，郑玄《孝经》。澄谓尚书令王俭曰：'《孝经》，小学之类，不宜列在帝典。'乃与俭书论之曰……"则其选国子博士约在是年。

  钟嵘为国子生,通《周易》,为王俭赏接。

  按:《梁书·钟嵘传》曰:"嵘与兄岏、弟屿并好学,有思理。嵘,齐永明中为国子生,明《周易》,卫军王俭领祭酒,颇赏接之。"王俭以卫军将军领国子祭酒在永明二年。是年又再领此职,加诸齐武帝颁诏复立国学,高选学官,以广延胄子,故姑系于此。

  江淹自庐陵还建康,为骁骑将军、兼尚书左丞。寻以骁骑将军领国子博士(丁福林《江淹年谱》)。

  沈约约是年迁中书郎、本邑中正(《梁书·沈约传》)。

  刘虬、宗测、宗尚之、庾易、刘昭征为齐通直郎,不就。

  按:《南齐书·刘虬传》曰:"永明三年,刺史庐陵王子卿表虬及同郡宗测、宗尚之、庾易、刘昭五人,请加蒲草束帛之命。诏征为通直郎,不就。"

  王融为晋安王南中郎板行参军,坐公事免(《南齐书·王融传》)。

  按:《南齐书·晋安王子懋传》曰:"永明三年,为持节、都督南豫豫司三州、南中郎将、南豫州刺史。鱼复侯子响为豫州,子懋解督。"姑系于此。

  陶弘景除奉朝请。

  按:陶翊《华阳隐居先生本起录》曰:"(永明)三年,还都,方除奉朝请。"

  周颙为《孝经》作义疏。

  按:参见是年"周颙约是年为太子仆,皇太子萧长懋于崇正殿讲《孝经》,少傅王俭以擿句令周颙撰为义疏"条。

  王俭作《释奠释菜议》。

  按:《南齐书·礼志上》曰:"永明三年正月,诏立学,创立堂宇,召公卿子弟下及员外郎之胤,凡置生二百人。其年秋中悉集。有司奏:'宋元嘉旧事,学生到,先释奠先圣先师,礼又有释菜,未详今当行何礼? 用何乐及礼器?'尚书令王俭议:'《周礼》"春入学,舍菜合舞"。……今金石已备,宜设轩县之乐,六佾之舞,牲牢器用,悉依上公。'"

  王融作《拜秘书丞谢表》、《为竟陵王与隐士刘虬书》。

  按:张卫宏《〈全齐文〉编年考》曰:"《南齐书》卷四十七《王融传》载:融以父官不通,弱年便欲绍兴家业,启世祖求自试。曰……迁秘书丞。本文当为此时所作。按:《王融传》载其永明十一年(公元493年)死,时年二十七。以此推算,王融生年为公元466年。又文中言融"弱年……"云云,古时男子二十岁称弱冠或弱年。以此累加,则本文当作于公元485年,时为齐武帝永明三年。"《为竟陵王与隐士刘虬书》见载于《广弘明集》卷十九。《南齐书·刘虬传》曰:"永明三年,刺史庐陵王子卿表虬及同郡宗测、宗尚之、庾易、刘昭五人,请加蒲车束帛之命。诏征为通直郎,不就。竟陵王子良致书通意。虬答曰……"

  沈约作《侍皇太子释奠宴诗》、《为南郡王侍皇太子释奠宴诗》2首、《和王卫军解讲诗》。

  按:《南齐书·武帝纪》曰:"冬十月壬戌,诏曰:'皇太子长懋讲毕,当释奠,王公以下可悉往观礼。'"沈约、王俭诸文当作于此时。

  刘虬作《无量义经序》。

  按:刘虬笃崇释氏,恒以僧人自律,并注《法华经》,自讲佛义。又以渐顿二门判教,著《无量义经序》。《出三藏记集》卷九曰:"以今永明三年九月十八日顶戴出山,见校弘通。奉观真文,欣敬兼诚,咏歌不足,手舞莫宣。辄虔访宿解,抽刷庸思,谨立序注云。"虬精信释氏,衣粗布衣,礼佛长斋,注《华严》、《法华》经。讲《涅槃》、《大品》、《小品》。其文载于《释藏》草九又迹九。

程骏卒(414—)。骏字驎驹,广平曲安人。骏少孤贫,师事刘昞,尝论老庄,谓"夫老子著抱一之言,庄生申性本之旨,若斯者,可谓至顺矣",为昞所叹赏。魏文成帝时,为著作佐郎,迁著作郎,累迁秘书令。性耿介,不竞时荣。程骏有史才,尚书李敷曾表奏其撰著前史。延兴末,奉节使高丽迎女。作有《庆国颂》16章、《得一颂》10篇,为魏冯太后所称。《魏书》本传称其"所制文笔,自有集录",今佚。惟本传所录章表及《庆国颂》尚存,严可均辑入《全后魏文》卷三二。事迹见《魏书》卷六〇、《北史》卷四〇。

王僧虔卒(426—)。僧虔,琅邪临沂人。王羲之四世族孙。与袁淑、谢庄友善,性退默淑慎,笃义敦亲。王僧虔楷则家法,精擅书艺,尤长隶、行、草三体,张怀瓘列于妙品。其传世名作《王琰帖》,兼隶行二体之笔意,用笔朴茂而神气骏爽。《书断》称其书:"述小王尤尚古,宜有丰厚淳朴,稍乏妍华。若溪涧含水,冈峦被雪,虽身清肃而寡于风味。"庾肩吾《书品》将其列于中品上,称其"雄发于齐代"。王僧虔又善音律,其主要留意雅乐,曾上表请厘定朝廷礼乐。宋世,起家秘书郎、太子舍人,历司徒左西属、侍中、御史中丞、吴兴太守、会稽太守、散骑常侍等。齐台建,居侍中之职,拜左光禄大夫,出督湘州诸军。王僧虔著有《论书》,评论汉晋以降书法家。又著《技录》,全书已不存,赖陈释智匠《古今乐录》存有残文。严可均《全齐文》卷八载其文15篇。事迹见《南齐书》卷三三、《南史》卷二二。

按:王僧虔工书法。《南齐书》本传曰:"善隶书。宋文帝见其书素扇,叹曰:'非唯迹逾子敬,方当器雅过之。'"《南史》本传载王僧虔历论前代书法诸家,揭其源流承继,评其优劣高下,见其书法造诣之精深。王僧虔亦通天文,《南齐书》本传云:"颇解星文,[夜]坐见豫章分野当有事故,时僧虔子慈为豫章内史,虑其有公事。少时,僧虔薨,慈弃郡奔赴。"

王琰约卒,生年不详。琰幼年在交阯受五戒。王琰先后在宋大明七年、齐建元年感应金像之异,因著《冥祥记》10卷。其书多言佛教感应、神异之事,主要记晋、宋间事。今已佚,部分存于《太平广记》及《法苑珠林》。《鲁迅辑录古籍丛编》第一卷《古小说钩沉》第三集有《冥祥记》残本。《隋书·经籍志》载,琰作《宋春秋》20卷,题梁吴兴令王琰撰。此书《旧唐书·经籍志》不载;《新唐书·艺文志》第四八有此书,卷数同,但称王琰而无官名。事迹见《法苑珠林》卷一四。

齐永明四年　北魏太和十年　丙寅　486年

法兰克人约于此年抵卢瓦河畔。

正月癸亥朔，北魏孝文帝朝会，始服衮冕，朝飨万国（《魏书·高祖孝文帝纪》《资治通鉴·齐纪二》）。

闰正月，齐、北魏均以氐王杨集始为北秦州刺史、武都王（《南齐书·武帝纪》《资治通鉴·齐纪二》）。

二月甲戌，北魏初立党、里、邻三长，定居户籍。又定租调制（《魏书·高祖孝文帝纪》《魏书·食货志》《资治通鉴·齐纪二》）。

三月丙申，柔然遣使牟提访北魏（《魏书·高祖孝文帝纪》）。

庚申，齐遣使访北魏（《魏书·高祖孝文帝纪》）。

是月，齐国子讲《孝经》，武帝亲临，赐国子祭酒、博士、助教绢各有差（《南齐书·武帝纪》）。

按：据《南史·刘瓛传》载，齐高帝即位之初，曾特招名儒刘瓛入华林园，咨其以何治政，刘瓛以"政在《孝经》"答之。又据《南史·江夏王锋传》曰："武帝时，藩邸严急，诸王不得读异书，五经之外，唯得看《孝子图》而已。"可见齐武帝对儒家经典的推崇和欲以孝道治理天下的思想。这一思想及敦促行为无疑是对刘宋以来"口谈浮虚，不遵礼法，尸禄耽宠，仕不事事"（《晋书·裴颜传》）玄学习尚的纠正，并以儒家经学来引导学风。自此，儒学重获生机，开始复苏。沈约《宋书》对此亦有评述："高祖受命，议创国学。"在学术史上，此期可视为以国学弘风正俗的转折期。

四月辛酉朔，北魏始制朱、紫、绯、绿、青五等公服（《魏书·高祖孝文帝纪》《资治通鉴·齐纪二》）。

按：所谓公服，据《资治通鉴·齐纪二》胡三省注曰："公服，朝廷之服；五等，朱、紫、绯、绿、青。"

八月乙亥，北魏赐尚书五等爵以上朱衣、玉佩、大小组绶（《魏书·高祖孝文帝纪》《资治通鉴·齐纪二》）。

按：《资治通鉴·齐纪二》引郑玄注曰："绶所以贯佩玉，相承受者也。汉制：印绶先合单纺为一系，四系为一扶，五扶为一首，五首成一文，文采淳为一圭。首多者系细；少者系粗，皆广一尺六寸。"

九月辛卯，北魏作明堂、辟雍（《魏书·高祖孝文帝纪》《资治通鉴·齐纪二》）。

按：明堂、辟雍既是王朝皇权的象征，也是帝王宣明政教的场所。北魏建明堂、辟雍是重视礼制、文化的一种显征。

十一月，北魏议定州郡官吏依户领俸（《魏书·高祖孝文帝纪》）。

是年，北魏改中书学为国子学（《资治通鉴·齐纪二》）。

按：《资治通鉴·齐纪二》胡三省注曰："魏先置中书博士及中书学生，今改曰国子学，从晋制也。"

北魏分置州郡,凡38州,25州在河南,13州在河北(《资治通鉴·齐纪二》)。

是年始,北魏孝文帝颁布诏册,皆为其制(《魏书·高祖孝文帝纪》)。

王俭以本官领吏部,为朝野所重。
按:《南齐书·王俭传》曰:"俭长礼学,谙究朝仪,每博议,证引先儒,罕有其例。八坐丞郎,无能异者。令史谘事,宾客满席,俭应接铨序,傍无留滞。十日一还学,监试诸生,巾卷在庭,剑卫令史仪容甚盛。"自王俭推尚,举朝崇尚经学,儒学由此大兴。

萧子良进号车骑将军,结交各方才学之士。
按:《南齐书·竟陵文宣王子良传》曰:"(永明)四年,进号车骑将军。子良少有清尚,礼才好士,居不疑之地,倾意宾客,天下才学皆游集焉。善立胜事,夏月客至,为设瓜饮及甘果,著之文教。士子文章及朝贵辞翰,皆发教撰录。"

王晏转太子詹事,加散骑常侍。
按:《南齐书·王晏传》曰:"(永明)四年,转太子詹事,加散骑常侍。"

刘峻自魏逃回京师,欲入竟陵王府求职,遭吏部尚书徐孝嗣抑,用为南海王侍郎,不就(《梁书·刘峻传》)。
按:《文选》卷四三《重答刘秣陵诏书》李善注引刘峻《自序》曰:"齐永明四年二月,逃还京师,后为崔豫州刑狱参军。"

谢朓迁随王萧子隆东中郎府。
按:《南齐书·谢朓传》曰:"迁随王东中郎府。"据《南齐书·随郡王子隆传》曰:"唐寓之贼平,迁为持节、督会稽东阳新安临海永嘉五郡、东中郎将、会稽太守。"唐寓之乱在是年,《南齐书·武帝纪》曰:"(永明四年)富阳人唐寓之反,聚众桐庐……遣宿卫兵出讨,伏诛。"故姑系于此。

陆倕举本州岛秀才。
按:《梁书·陆倕传》曰:"年十七,举本州秀才。……普通七年,卒,年五十七。"以此推算,可知其举本州秀才于是年。

释慧超十二岁,师事同寺僧授,通三玄。
按:《续高僧传·梁杨都灵根寺释慧超传》曰:"普通七年卒,时年五十有二。"以此推算,故系是年。

沈约作《比丘尼僧敬法师碑》、《绣像赞并序》。
按:释宝唱《比丘尼传·崇圣寺僧敬尼传》曰:"永明四年二月三日卒,葬于钟山之阳。弟子造碑,中书侍郎吴兴沈约制其文焉。"《绣像赞并序》曰:"维齐永明四年,岁次丙寅,秋八月,己未朔,二日庚申,第三皇孙所生陈夫人,含微宅理,炳慧临空,结言宝位,腾心净觉,敬因乐林寺主比丘尼释宝愿,造绣无量寿尊像一躯,乃为赞。"从这两篇文章可以看出,沈约与当时佛教和萧氏政权中核心人物关系密切,也足见其文笔受到器重。

按:《南齐书·乐志》曰:"永明四年籍田,诏骁骑将军江淹造《籍田歌》。淹制二章,不依胡、傅,世祖口敕付太乐歌之。"今存《迎送神升歌》、《飨神歌》。

释弘明卒(403—)。弘明俗姓嬴,会稽山阴人。少出家,贞苦有戒节,止山阴云门寺。诵《法华》,习禅定。精勤礼忏,六时不辍。元嘉中,止道树精舍。后济阳江于永兴邑立昭玄寺,复请明往住。大明末,陶里董氏又为明于村立栢林寺,请明还止。训勖禅戒,门人成列。事迹见《高僧传》卷一二。

释僧慧卒(408—)。僧慧,俗姓皇甫,本安定朝那人。为晋高士皇甫谧之苗裔,先人避难寓居襄阳,世为冠族。少出家,止荆州竹林寺,师事庐山慧远弟子昙顺,专心义学,能讲《涅槃》、《法华》、《十住》、《净名》、《杂心》等经。又善《老》、《庄》,为西学所师。事迹见《高僧传》卷八。

平恒卒(411—)。恒字继叔,北魏燕郡蓟人。耽勤读诵,博通经籍。先后历中书博士、幽州别驾、著作佐郎、秘书丞等职。无意子弟婚宦,自居精庐,经籍为伴。是年,授为秘书令,恒欲请为郡,未成而卒,年七十六。事迹见《魏书》卷八四、《北史》卷八一。

按:《魏书·平恒传》曰:"时高允为监,河间邢祐、北平阳鰕、河东裴定、广平程骏、金城赵元顺等为著作佐郎,虽才学互有短长,然俱为称职,并号长者。允每称博通经籍无过恒也。"

齐永明五年　北魏太和十一年　丁卯　487 年

正月丁亥朔,北魏孝文帝诏定乐章,非雅者除之(《魏书·高祖孝文帝纪》)。

四月,吐谷浑遣使贡献方物(《魏书·高祖孝文帝纪》)。

八月,柔然攻魏,魏遣陆叡击之(《魏书·高祖孝文帝纪》)。

高车帅阿伏至罗因柔然可汗不听劝谏,遂与从弟穷奇率部西走,至车师前部西北,自立为王,号"候娄匐勒"(即天子),号从弟穷奇为"侯倍"(即太子)(《资治通鉴·齐纪二》)。

十月辛未,北魏孝文帝诏罢无益之作,宫人不事机杼者皆出之(《魏书·高祖孝文帝纪》)。

十一月丁未,北魏孝文帝诏罢尚方锦绣绫罗之工,允士、农、工、商制造(《魏书·高祖孝文帝纪》、《资治通鉴·齐纪二》)。

按:《魏书·高祖孝文帝纪》载孝文帝曾下过"工商杂伎,尽听赴农"的诏令,是年又下诏"罢尚方锦绣绫罗之工,四民欲造,任之无禁",可见政府对商业、手工业的垄断已有所放松。

是年,宋皇太子萧长懋冬临国学,策试诸生(《南齐书·文惠太子传》)。

按:《南齐书》本传载,文惠太子此次临国学曾于坐问王俭:"《曲礼》云'无不敬'。寻下之奉上,可以尽礼,上之接下,慈而非敬。今总同敬名,将不为昧?"俭答曰:"郑玄云:'礼主于敬',便当是尊卑所同。"太子与王俭、张绪答问论难,可见太子对学术之精通。

萧子良正位司徒,开西邸,汇聚文士,如沈约、萧琛、王融、谢朓、江革、范缜等人都去应招游学,称为"西邸之游"。其中萧衍、沈约、谢朓、王融、萧琛、范云、任昉、陆倕号称"竟陵八友"。又招致众多名僧,讲语佛法。

按:《南齐书·武十七王传》曰:"(永明)五年,正位司徒,给班剑二十人,侍中如故。移居鸡笼山邸,集学士抄五经、百家,依《皇览》例为《四部要略》千卷。招致名僧,讲语佛法,造经呗新声,道俗之盛,江左未有也。"《梁书·武帝本纪》曰:"竟陵王子良开西邸,招文学,高祖与沈约、谢朓、王融、萧琛、范云、陆倕等并游焉,号曰八友。"

又按:《南齐书·武十七王传》曰:"(永明五年)招致名僧,讲语佛法,造《经呗新声》,道俗之盛,江左未有也。"所招致之名僧有玄畅、僧柔、慧次、慧基、法安、法度、宝志、法献、僧祐、智称、道禅、法护、法宠、僧文、智藏等。

又按:竟陵八友的成就主要在文学方面,但在学术上,竟陵王西邸文士亦有可称述之处。在推动佛教发展方面,萧子良弘扬佛教,西邸学士讲论佛法,都促进了佛教在南朝的发展。在史学方面,沈约是年受命撰著《宋书》,其采撷前代何承天、山谦之、苏宝生、徐爰等人所著相关史书,一年后即撰成。在书法方面,西邸学士善书者颇多,如萧子良有《古今篆隶文体》、刘绘"撰《能书人名》,自云善飞白",王融撰有《图古今杂体六十四书》,等等。在音韵方面,周颙发现四声,沈约提出"四声八病"说。另,关于西邸学士具体活动可详参林家骊《沈约研究》附录一《竟陵王西邸学士及活动考略》。总而言之,西邸学士集团在学术上的成就推动了南朝的学术发展和进步。

任昉约是年为司徒竟陵王记室参军(《南史·任昉传》)。

王僧孺约是年从萧子良游鸡笼山邸。

按:《南史·王僧孺传》曰:"司徒竟陵王子良开西邸,招文学,僧孺与太学生虞羲、丘国宾、萧文琰、丘令楷、江洪、刘孝孙并以善辞藻游焉。而僧孺与高平徐夤俱为学林。"故姑系于此。

王亮、宗夬约是年随萧子良游(《南史·王亮传》《南史·宗夬传》)。

按:王亮,字奉叔,琅琊临沂人,晋丞相王导后代。《南史》本传曰:"齐竟陵王子良开西邸,延才俊,以为士林馆,使工图画其像,亮亦预焉。"宗夬,字明敺,南阳涅阳人。《南史》本传中亦有其从萧子良游西邸的记载。

谢璟约是年入竟陵王府(《梁书·谢徵传》)。

王俭即本号开府仪同三司,固让(《南齐书·王俭传》)。

江斅迁五兵尚书(《南齐书·江斅传》)。

谢朓出为冠军将军、义兴太守(《梁书·谢朓传》)。

刘勰二十一岁,丁母忧(牟世金《刘勰年谱汇考》)。

高祐奏请修国史,又上疏倡慎选举。

按:《魏书·高祐传》曰:"高祖拜秘书令,后与丞李彪等奏曰……又上疏云……"胡全银《〈全后魏文〉编年补正》曰:"文中有'自太和以降,年未一纪'语,文当作于太和十二年前。《资治通鉴》卷一百三十六载,魏秘书令高祐,丞李彪奏请改国书编年为纪传表志,魏主从之,高祐又上疏论选举,是年为太和十一年十二月,故可系文于是时。"

释昙准渡江从萧子良游。

按：《续高僧传·梁杨都湘宫寺释昙准传》曰："齐竟陵王广延胜道,盛兴讲说,遂南度止湘宫寺。处处采听,随席谈论。"萧子良于是年开西邸,招致名僧。释昙准当是时南渡从游,故系于此。

沈约是年春始撰《宋书》。又作《谢齐竟陵王教撰高士传启》、《谢齐竟陵王示华严璎珞启》。

按：《宋书·自序》曰："(永明)五年春,又被敕撰《宋书》。"

又按：《谢齐竟陵王教撰高士传启》,载于《艺文类聚》卷三七。《谢齐竟陵王示华严璎珞启》,载于《艺文类聚》卷七七,此二篇当是沈约在西邸时谢司徒竟陵王萧子良所作,姑系于此。

高祐、李彪、崔光奉魏诏改析《国记》。

按：《魏书》卷七曰："(太和十一年)十有二月,(孝文帝)诏秘书丞李彪、著作郎崔光改析《国记》,依纪传之体。"《魏书·李彪传》曰："自成帝以来至于太和,崔浩、高允著述《国书》,编年序录,为《春秋》之体,遗落时事,三无一存。彪与秘书令高祐始奏从迁固之体,创为纪传表志之目焉。……高祖崩,世宗践阼,彪自托于王肃,又与邢峦诗书往来,迭相称重,因论求复旧职,修史官之事,肃等许为左右,彪乃表曰：'……至于太和之十一年,先帝、先后远惟景业,绵绵休烈,若不恢史阐录,惧上业茂功始有缺矣。于是召名儒博达之士,充麟阁之选。于时忘臣众短,采臣片志,令臣出纳,授臣丞职,猥属斯事,无所与让。高祖时诏臣曰："平尔雅志,正尔笔端,书而不法,后世何观。"臣奉以周旋,不敢失坠,与著作等鸠集遗文,并取前记,撰为《国书》。'"

萧子良集学士依《皇览》例著《四部要略》千卷。

按：参见是年"萧子良正位司徒,开西邸……"条。

王俭作《皇孙南郡王冠议》、《南郡王冠祝辞》等。

按：《南郡王冠祝辞》,《南齐书·礼志上》曰："永明五年十月,有司奏：'南郡王昭业冠,求仪注未有前准。'尚书令王俭议：'皇孙冠事,历代所无,礼虽有嫡子[无]嫡孙,然而地居正礼,下及五世。今南郡王体白储晖,实惟国裔,元服之典,宜异列蕃。……'仆射王奂等十四人议并同,并撰立赞冠醮酒二辞。诏可。"

王僧孺约是年作《谢齐竟陵王使撰众书启》。

按：《梁书·王僧孺传》曰："司徒竟陵王子良开西邸招文学,僧孺亦游焉。文惠太子闻其名,召入东宫,直崇明殿。"《谢齐竟陵王使撰众书启》载于《艺文类聚》卷五五,曰："伏惟陛下,铜爵始成,早摛从后之句；柏梁初构,首属骖驾之辞,楚史所受,曾不云述,沛献斯陈,良未足采；徒以愿托后车,以望西园之客,摄齐下坐,有榇南皮之游,谬服同于鲁儒,窃吹等乎齐乐。"可知,此文约作于是年。

萧子良集僧人著《经呗新声》。

按：《南齐书·武十七王传》曰："(永明五年)招致名僧,讲语佛法,造《经呗新声》"。《佛祖统纪》卷三六："(永明)五年,司徒竟陵王子良,居西邸招致名僧,讲论佛法,造《经呗新声》。"此为当时考文审音之一大事,永明年间四声的发现与四声说的兴盛,与此密切相关。

北魏佚名写《灌顶经》,卷一二有题记。

按：纸质。墨书。1944年8月敦煌莫高窟土地庙残塑像中发现。其卷一二有题记,全2行,行15—25字,曰："太和十一年五月十五日,佛说灌顶章句拔除过罪生死得度经。"

高允卒(390—)允字伯恭,渤海人。允幼失怙,但有奇志,为崔宏所赏。其少性好学,千里求师,长而博通经、史、天文、术数,尤好《春秋公羊》。初为郡功曹,年四十余始为阳平王杜超从事中郎,治狱清平无贪,为官直言不讳。拜中书博士、侍郎,赐爵汶阳子,加建武将军,领著作郎。受诏与崔浩撰《国记》,又与公孙质等共定律令。文成帝即位,允上疏请依古式正风俗,规婚娶丧葬之礼。因耿直秉忠,受文成帝亲遇优待。孝文帝时,迁中书监,加散骑常侍,与校书郎刘模续崔浩故事,依《春秋》之体,而时有刊正。曾多次上书求退,皆不允。高允年九十八逝,其德望与年岁相长,一生历侍五帝,履职中枢,受到诸帝亲赏信任,常置左右。他对北魏的经学、礼学、史学、律令等方面的发展起了积极的推动作用。据《魏书》本传载,"允所制诗赋诔颂箴论表赞,《左氏、公羊释》,《毛诗拾遗》,《论杂解》,《议何郑膏肓事》,凡百余篇,别有集行于世。允明算法,为算术三卷"。《隋书·经籍志》著录后魏司空《高允集》21卷。《旧唐书·经籍志下》、《新唐书·艺文志四第五〇》皆云20卷,则唐五代时犹存,今佚。严可均《全后魏文》卷二八载其文12篇。逯钦立《先秦汉魏晋南北朝诗·北魏诗》载其诗4首。事迹见《魏书》卷四八、《北史》卷三一。

按：高允在推动北朝史籍编纂方面产生重要作用,他具有循实直书的撰史精神,《魏书》本传载其撰史准则说："夫史籍者,帝王之实录,将来之炯戒,今之所以观往,后之所以知今。"他认为撰著史籍以实录直书为上,应重在对历史进行真实的描述和还原,以使史籍具有观往迹、鉴今人之作用。

释智林卒(409—)。智林,高昌人。初出家为宝亮弟子。幼好学,善《杂心》。宋明帝时止灵基寺,常讲说,申明二谛义,论三宗不同。闻周颙撰《三宗论》,智林致书以求之,三宗之旨遂传。著有《二谛论》及《毗昙杂心记》,并注《十二门论》、《中论》等。其事迹见《高僧传》卷八。

按：《高僧传·齐高昌郡释智林传》曰："(智林)幼而崇理好学,负帙长安。振锡江豫,博采群典,特善《杂心》。"

释昙智卒(409—)。昙智,俗姓王,建康人。出家止东安寺。性风流,善举止,能谈《庄》、《老》,博涉经论书史。声高亮,故雅好转读。为宋孝武帝、萧思话、王僧虔等器重。萧思话守吴,招与同行。其事迹见《高僧传》卷一三。

释慧重卒(415—)。慧重,俗姓闵,鲁国人,侨居金陵。少怀从道之志,遂斋食。每率众斋会,常自为唱导,如此累时,乃上闻于宋孝武帝。大明六年,敕为新安寺出家,于是专当唱说。禀性清敏,识悟深沉,发言流利。后移瓦官禅房。其事迹见《高僧传》卷一三。

元顺(—528)、刘杳(—535)、萧子云(—549)、萧子范(—550)、江子一(—548)生(《汉魏南北朝墓志汇编·魏故侍中骠骑大将军司空公领尚书令定州刺史东阿县开国公元(顺)公墓志铭》、《梁书·刘杳传》、《梁书·萧子云传》、《梁书·萧子范传》、《南史·江子一传》)。

齐永明六年　北魏太和十二年　戊辰　488年

<small>东哥特人入意大利。</small>

正月乙未，北魏诏犯死刑者，父母、祖父母年老，更无成人子孙，旁无亲戚者，具状以闻(《魏书·高祖孝文帝纪》、《资治通鉴·齐纪二》)。

四月，齐击败桓天生(《资治通鉴·齐纪二》)。

按：先是，桓天生复引魏兵据齐隔城，齐将曹虎连败魏军，桓天生败走。

齐将陈显达攻魏沘阳，不能攻拔乃退(《资治通鉴·齐纪二》)。

九月壬寅，齐武帝临琅邪城讲武(《南齐书·武帝纪》、《资治通鉴·齐纪二》)。

按：《资治通鉴·齐纪二》胡三省注曰："萧子显曰：南琅邪郡本治金城，永明乃徙治白下。沈约曰：晋乱，琅邪国人随元帝过江者千余户，太兴三年，立怀德县，丹杨虽有琅邪相而无其地。成帝咸康元年，桓温领郡，镇江乘之蒲州金城上，求割丹阳之江乘县境立郡。"

十月立冬，齐武帝临太极殿读时令(《南齐书·武帝纪》、《资治通鉴·齐纪二》)。

闰十月乙卯，齐武帝诏原北兖、北徐、豫、司、青等州永明以前所逋租调(《南齐书·武帝纪》)。

十二月，柔然伊吾戍主高羔子率众3千以城附北魏(《资治通鉴·齐纪二》)。

是年，齐以中外谷帛至贱，采李珪之议，令出上库钱及诸州钱收购(《资治通鉴·齐纪二》)。

北魏遣兵攻百济，为百济击败(《资治通鉴·齐纪二》)。

王俭再次诏命为开府仪同三司(《南齐书·王俭传》)。

沈约等人表荐沈驎士，欲征为太学博士，不就(《南齐书·沈驎士传》)。

江斅出为辅国将军、东海太守，行南徐州事(《南齐书·江斅传》)。

王晏转丹阳尹，常侍如故。

按：《南齐书·王晏传》曰："(永明)六年，转丹阳尹，常侍如故。晏位任亲重，朝夕进见，言论朝事，自豫章王嶷、尚书令王俭皆降意以接之，而晏每以疏漏被上呵责，连称疾久之。"

王僧孺为丹阳尹王晏辟为郡功曹(《梁书·王僧孺传》)。

按：据《南史·王晏传》曰："永明六年，(王晏)为丹阳尹。"则僧孺任职当于是年或稍后。姑系于此。

陶弘景往茅山为道士，得杨、许手书《上清经》真迹。

按：《云笈七签》卷一○七陶翊《华阳隐居先生本起录》曰："戊辰年始往茅山，便得杨(羲)、许(谧)手书真迹,欣然感激。"

李彪作《表上封事七条》论史体。

按:《魏书·李彪传》曰:"彪与秘书令高祐始奏从迁固之体,创为纪、传、表、志之目焉。彪又表曰……"其表即为本文。《资治通鉴》系于太和十二年十二月。

沈约著《宋书》成,作《上宋书表》,于《宋书·谢灵运传论》中提出声律论,倡"四声八病"之说。

按:《宋书·自序》曰:"(永明)五年春,又被敕撰《宋书》,六年二月毕功。"赵翼《廿二史札记》卷九《〈宋书〉多徐爰旧本》云:"沈约于齐永明五年奉敕撰《宋书》,次年二月即告成,共纪、志、列传一百卷,古来修史之速未有若此者。今案其《自序》而细推之,知约书多取徐爰旧本而增删之者也。"《上宋书表》,载见于《宋书·自序》。系年见林家骊《沈约研究》之《沈约事迹诗文系年》。

又按:沈约既于是年二月撰成《宋书》,则《宋书·谢灵运传论》应作于是年前后,故系于此。该论可视为"声律论"之纲领。沈约《四声谱》今已不存。但通过日僧遍照金刚的《文镜秘府论·天卷》中"调四声谱"一节的引用材料,可窥沈约《四声谱》一斑。关于四声的调值,可详参林家骊《一代辞宗沈约传》。关于"八病",始见于宋王应麟《困学纪闻》卷十"诸子"引李淑《诗苑类格》曰:"沈约曰:'诗病有八:平头、上尾、蜂腰、鹤膝、大韵、小韵、旁纽、正纽。惟上尾、鹤膝最忌,余病亦通。'"此与《文镜秘府论·西卷·文二十八种病》所载"八病"是对应的。但宋阮逸、清纪昀等均对沈约创"八病"持否定态度。林家骊《沈约研究》第七章《沈约的"四声八病"说》对"八病"进行考辨,并最后证实"'八体'就是'八病',是沈约所创立的声律论中的一个重要组成部分,绝不是'后人辗转附益的'"。总而言之,沈约"四声八病"说的提出,对中国古典诗歌的发展具有重大意义,它不仅在当时形成了讲究声律、使人诵读流利的"永明体"诗歌类型,而且对唐代律诗的形成产生了"导夫先路"的重要作用,推动诗歌从古体向近体的转化。

沈约作《荐沈驎士义行表》、《答沈驎士书》、《湘州枳园寺刹下石记》。

按:《荐沈驎士义行表》、《答沈驎士书》,据《南齐书·沈驎士传》,永明六年,吏部郎沈渊、中书郎沈约共同表荐驎士义行。故此两文应作于是年。《湘州枳园寺刹下石记》(《广弘明集》作《南齐仆射正奂枳园寺刹下石记》),载于《广弘明集》卷一六,记云:"齐之永明六年六月三日,盖木运将启之令辰,上帝步天之嘉日,乃抗崇表于苍云,植重扃于玄壤。"

沈渊作《荐沈驎士表》。

按:《南齐书·沈驎士传》曰:"永明六年,吏部郎沈渊、中书郎沈约又表荐驎士义行……"

王慈作《朝堂讳榜表》。

按:张卫宏《〈全齐文〉编年考》曰:"《南齐书》卷四十六《王慈传》载:王慈字伯宝,琅琊临沂人,司空僧虔子也。父忧去官。起为建武将军、吴郡太守。迁宁朔将军,大司马长史,重除侍中,领步兵校尉。慈以朝堂讳榜,非古旧制,上表曰云云,即本文。查《南齐书·王僧虔传》载,永明三年,僧虔薨。按古时三年守丧制算,王慈复官应在永明六年。本文亦应作于此年。"

王俭作《拜仪同三司章》、《服章议》。

按:张卫宏《〈全齐文〉编年考》曰:"《南齐书·王俭传》载:永明五年,即本号开府仪同三司,固让。六年,重申前命。本文作于永明六年(488年)。"

又按:《南齐书·舆服志》:"永明六年,太常丞何諲之议,案《周礼》命数,改三公八旒,卿六旒。尚书王俭议……"

贾渊、王俭约是年撰定《百家谱》。

按:《南齐书·贾渊传》曰:"先是谱学未有名家,渊祖弼之广集百氏谱记,专心治业。晋太元中,朝廷给弼之令史书吏,撰定缮写,藏秘阁(乃)[及](迁)左民曹。渊父及渊三世传学,凡十八州士族谱,合百帙七百余卷,该究精悉,当世莫比。永明中,卫军王俭抄次《百家谱》,与渊参怀撰定。"王俭永明元年进号卫军将军,于七年五月因疾卒,则贾渊、王俭抄次《百家谱》之事当在永明元年至七年间。姑系于此。

王僧孺作《东宫新记》。

按:《梁书·王僧孺传》曰:"仕齐,起家王国左常侍、太学博士。尚书仆射王晏深相赏好。晏为丹阳尹,召补郡功曹,使僧孺撰《东宫新记》。"又,参见是年"王僧孺为丹阳尹王晏辟为郡功曹"条。

张宁安写《金光明经》,卷一有题记。

按:纸质。墨书。1944年8月敦煌莫高窟土地庙残塑像中发现。其卷一有题记,全1行,14字,曰:"太和十二年八月一日张宁安写经。"

梁祚卒(402—)祚,北魏北地泥阳人。性好学,有纯志,清贫守素,无交权贵。治经,尤善《公羊春秋》、郑氏《易》,潜心著述,有儒风。历任吏部郎、济阳太守、秘书中散、秘书令等。其有史才,曾撰并陈寿《三国志》,名为《国统》。《隋书·经籍志》著录《魏国统》20卷,今并佚。事迹见《魏书》卷八四、《北史》卷八一。

按:《魏书·梁祚传》曰:"祚笃志好学,历治诸经,尤善《公羊春秋》、郑氏《易》,常以教授。……年八十七,太和十二年卒。"

臧荣绪卒(415—)。荣绪,自号"被褐先生",东莞莒人。纯笃好学,无仕宦心。性至孝,母逝,著《嫡寝论》。其与友人关康之俱隐居京口,朝廷屡征不仕,世号"二隐"。臧荣绪惇爱五经,一生远宦,潜心著述,有《拜五经序论》。其又有史才,"括东西晋为一书,纪、录、志、传百一十卷"。司徒褚渊对其欣赏有加,"与友关康之沈深典素,追古著书,撰《晋史》十帙,赞论虽无逸才,亦足弥纶一代"。今其书已佚,唐官修《晋书》对其有所吸收。可参清汤球《九家旧晋书辑本》。据《隋书·经籍志》载,臧荣绪还有《续洞纪》1卷,今亦佚。事迹见《南齐书》卷五四、《南史》卷七六。

按:《南齐书》本传曰:"惇爱五经,谓人曰:'昔吕尚奉丹书,武王致斋降位,李、释教诫,并有礼敬之仪。因甄明至道。'乃著《拜五经序论》。……永明六年,卒。年七十四。"

又按:其友关康之,字伯愉,河东人。《南齐书·臧荣绪传附》云:"性清约,独处一室,稀与妻子相见。不通宾客。弟子以业传受。尤善《左氏春秋》。太祖为领军,素好此学,送《春秋》、五经,康之手自点定,并得论《礼记》十余条。"

皇侃(—545)生(《梁书·皇侃传》)。

齐永明七年　北魏太和十三年　己巳　489 年

正月戊辰,齐武帝遣将攻北魏(《魏书·高祖孝文帝纪》)。

二月壬午,高丽国遣使向北魏贡献方物(《魏书·高祖孝文帝纪》)。

按:是年十月甲申,高丽国再次遣使朝贡。

三月甲子,吐谷浑国遣使向北魏贡献方物(《魏书·高祖孝文帝纪》)。

按:是年九月丁未,吐谷浑又遣使朝贡,此外还有武兴、宕昌诸国向魏贡献方物。

五月,北魏孝文帝临皇信堂,与群臣共论禘、祫之义(《魏书·礼志一》)。

按:《魏书·礼志一》曰:"十三年正月……五月庚戌……壬戌,高祖临皇信堂,引见群臣。诏曰:'《礼记·祭法》称:"有虞氏禘黄帝。"《大传》曰:"禘其祖之所自出"……三年一祫,五年一禘,总而互举之,故称五年再殷祭,不言一禘一祫,断可知矣。礼文大略,诸儒之说,尽具于此。卿等便可议其是非。'尚书游明根、左丞郭祚、中书侍郎封琳、著作郎崔光等对曰……"

七月,北魏立孔子庙于京师(《魏书·高祖孝文帝纪》)。

八月乙亥,北魏遣使邢产等聘于齐(《魏书·高祖孝文帝纪》、《资治通鉴·齐纪二》)。

十二月甲午,齐遣颜幼明等访北魏(《魏书·高祖孝文帝纪》、《资治通鉴·齐纪二》)。

萧子良是年在鸡笼山邸,分别于二月和十月两次大集善声名僧及京师硕学,研讨经呗声韵。

按:《高僧传·齐安乐寺释僧辩传》曰:"永明七年二月十九日,司徒竟陵文宣王梦于佛前咏《维摩》一契。同声发而觉,即起至佛堂中,还如梦中法,更咏古《维摩》一契。便觉韵声流好,著工恒日。明旦即集京师善声沙门龙光普智、新安道兴、多宝慧忍、天保超胜,及僧辩等,集第作声。"又僧祐《出三藏记集·略成实论记》曰:"齐永明七年十月,文宣王招集京师硕学名僧五百余人,请定林僧柔法师、谢寺慧次法师于普弘寺迭讲,欲使研核幽微,学通疑执。即座仍请祐及安乐智称法师,更集尼众二部名德七百余人,续讲《十诵律》……八年正月二十三日解座。"王融、张融、周颙、张肃、王肃等都躬逢盛会,活跃一时。

萧子良十二月请定林上寺释僧柔、小庄严寺释慧次等于普弘寺共抄经 36 部。

按:《出三藏经集》卷五注曰:"从《华严经》至《贫女为国王夫人》凡三十六部,并齐竟陵文宣王所抄。凡抄字在经题上者,皆文宣所抄也。"又《抄成实论》九卷条下注:"齐武帝永明七年十二月,竟陵文宣王请定林上寺释僧柔、小庄严寺释慧次等于普弘寺共抄出。"

范缜约是年倡无佛论,萧子良率诸文士与其论辩,但未能屈之。

按:《梁书·范缜传》曰:"缜及从弟云、萧琛、琅邪颜幼明、河东裴昭明相继将命,皆著名邻国。于时竟陵王子良盛招宾客,缜亦预焉。……初,缜在齐世,尝侍竟陵王子良。子良精信释教,而缜盛称无佛。子良问曰:'君不信因果,世间何得有富贵?何得有贱贫?'缜答曰:'人之生譬如一树花,同发一枝,俱开一蒂,随风而坠,自有拂帘幌坠于茵席之上,自有关篱墙落于粪溷之侧,坠茵席者,殿下是也;落粪溷者,下官是也。贵贱虽复殊途,因果竟在何处?'子良不能屈,深怪之。缜退论其理,著《神灭论》。"范缜以花开花落随机偶然的现象来反驳萧子良富贵贫贱的因果论。萧子良遂集众僧难之,但未能屈之。

王俭为中书监,参掌选事。

按:《资治通鉴·齐纪二》曰:"(永明七年)夏,四月……俭固求解选。诏改中书监,参掌选事。"

张绪因王俭卒,承领国子祭酒(《南齐书·张绪传》)。

按:王俭本年卒,张绪承其国子祭酒一职,故系是年。张绪身为南士,在以北士为政治核心的齐代,声望很高。齐高帝欲授其为右仆射;王俭卒后,国子祭酒一职本萧子良所属意,齐武帝却将其授予张绪。其见重可见一斑。

谢朓以义兴太守职还都,迁为都官尚书、中书令。

按:《梁书·谢朓传》曰:"视事三年,征都官尚书、中书令。"谢朓永明五年出为义兴太守,故系于此。

刘绘征为安陆王萧子敬护军司马,转中书郎,掌诏诰。

按:《南齐书·安陆王子敬传》曰:"(永明)七年,征侍中,护军将军。"《南齐书·刘绘传》曰:"征还为安陆王护军司马,转中书郎,掌诏诰。"姑系于此。

江淹依旧任骁骑将军,兼尚书左丞(丁福林《江淹年谱》)。

孔稚珪为骁骑将军,复领左丞。

按:《南齐书·孔稚珪传》曰:"永明七年,转骁骑将军,复领左丞。"

江斅为侍中,领骁骑将军(《南齐书·江斅传》)。

王晏转为江州刺史,固辞不愿出外,留为吏部尚书,领太子右卫率。

按:《南齐书·王晏传》曰:"(永明)七年,转为江州刺史。晏固辞不愿出外,见许,留为吏部尚书,领太子右卫率。终以旧恩见宠。时(尚书)令王俭虽贵而疏,晏既领选,权行台阁,与俭颇不平。俭卒,礼官议谥,上欲依王导谥为'文献',晏启上曰:'导乃得此谥,但宋以来,不加素族。'出谓亲人曰:'平头宪事已行矣。'"

徐孝嗣为吴兴太守,征为五兵尚书,主持修撰江左以来仪典。

按:《南齐书·徐孝嗣传》曰:"世祖问俭曰:'谁可继卿者?'俭曰:'臣东都之日,其在徐孝嗣乎!'……会王俭亡,上征孝嗣为五兵尚书。其年,上敕仪曹令史陈淑、王景之、朱玄真、陈义民撰江左以来仪典,令谘受孝嗣。"

刘勰二十三岁,三年丧礼毕(牟世金《刘勰年谱汇考》)。

释宝志因齐武帝怒其惑众而入狱,后经文惠太子及竟陵王劝谏获释。寻被召至禁中,馆于华林园。

按:《佛祖统纪·法运通塞志》曰:"(永明)七年……帝以志公幻惑俗众,收付建康狱。……既而文惠太子、竟陵王送供至建康令以闻。帝悔谢。奉迎至禁中,馆于华林园。"

齐永明七年　北魏太和十三年　己巳　489年

王植作《奏上撰定律章表》。

按：《南齐书·孔稚珪传》曰："江左相承用晋世张杜律二十卷，世祖留心法令，数讯囚徒，诏狱官司详正旧注。先是(永明)七年，尚书删定郎王植撰定律章表奏之，曰……"故系于此。

王晏作《江斅不应转都官尚书启》。

按：据《南齐书·江斅传》载，永明七年，徙为侍中，领骁骑将军，寻转都官尚书，领骁骑将军。王晏启世祖曰："江斅今重登礼阁，兼掌六军，慈渥所覃，实有优泰。但语其事任，殆同闲辈。天旨既欲升其名位，愚谓以侍中领骁骑，望实清显，有殊纳言。"

王俭作《求解选表》。

按：《南齐书·王俭传》曰："(永明)七年，乃上表曰……见许。"

萧子良约于是年后三年间作《答顾宪之》。

按：张卫宏《〈全齐文〉编年考》曰："《梁书》卷五十二《顾宪之传》载，'(宪之)迁南中郎巴陵王长史，加建威将军、行婺州事。时司徒竟陵王于宣城、临成、定陵三县界立屯，封山泽数百里，禁民樵采，宪之固陈不可，言甚切直。王答之曰：非君无以闻此德音'。此八字即本文。由文中可知，本文作于顾宪之任南中郎巴陵王长史期间。按：巴陵王指萧子伦，检《南齐书·萧子伦传》知巴陵王萧子伦永明七年为南中郎将，永明十年改任北中郎将，故本文必作于此期间。"

范缜初著《神灭论》。

按：关于范缜《神灭论》的发表时间，众说纷纭，主要有二说：一是认为发表于梁天监六年，如胡适《考范缜发表〈神灭论〉在梁天监六年》，二是认为发表于齐竟陵王萧子良当权时期，如陈元晖《范缜发表〈神灭论〉不在梁天监六年》、邱渊明《范缜〈神灭论〉发表的年代》等。这两种说法都有其局限性。傅恩、马涛《范缜〈神灭论〉发表年代的考辨》一文采取中和态度，其主要抓住《神灭论》在《梁书》所载"刀利之喻"与《弘明集》中"刃利之喻"的细微差别，提出范缜《神灭论》存在两个版本："范缜著旧《神灭论》的时间，当是在萧子良活着的时代。萧子良曾看过这篇旧《神灭论》，而且集僧难之。沈约的《难范缜〈神灭论〉》就是这次发难的产物。……也即在南齐武帝时期。更具体地说，当是在齐武帝永明七年。这一年，范缜的老师刘瓛去世。……子良遣从瓛学者彭城刘绘、顺阳范缜将厨于瓛宅营斋。……这次的争论大概就是对于本师而起的。所以太原王琰著论讥缜，才有'呜呼！范子曾不知其先祖神灵所在'之言……""范缜改定新《神灭论》的时间，是梁武帝天监六年。"该文考辨精详，能够就此前二说的局限性进行举证分析。故取其说，系于是年。

沈约作《瑞石像铭并序》、《千僧会愿文》、《千佛颂》、《述僧设会论》、《内典序》、《形神论》、《神不灭论》、《难范缜〈神灭论〉》。

按：诸文可反映沈约的佛教思想。其《瑞石像铭并序》，载于《广弘明集》卷一六，曰："维永明七年某月，爰有祥石。"故系于此。《内典序》，《广弘明集》卷七七及《广弘明集》卷一九收录此文，其题下注曰："奉齐司徒竟陵王教。"《千僧会愿文》，载于《广弘明集》卷二十八上。系年见是年"萧子良是年在鸡笼山邸，分别于二月和十月两次大集善声名僧及京师硕学，研讨经呗声韵"条。《千佛颂》，严可均《全梁文》作《千佛赞》，疑作于此时，姑系之。其文载于《初学记》卷二三及《广弘明集》卷一六。《述僧设会论》，载于《广弘明集》卷二四。文中有"今世召请众僧止设一会"，可知应是本年大集僧众时作也。

又按：沈约家世本奉道教，他与道士陶弘景交往颇深，其集中有许多作品即产生于与陶弘景唱和、赠答的过程中。其临终上"上赤章"也反映了其以道教为皈依的思想。但齐梁时期，佛教兴盛，皇室奉佛，在上有所好，下则崇之的推动下，沈约的行为和思想自然也沾染了许多佛教的印记。《形神论》、《神不灭论》、《难范缜〈神灭论〉》为沈约奉命撰写的反驳范缜《神灭论》的三篇文章，其系年依据可参上条，约作于是年，或梁武帝天监六年。二人具体论辩，详参林家骊《一代辞宗沈约传·与范缜的论难》。

僧伽跋陀罗于广州竹林寺译出《善见毗婆沙律》18卷。

按：《出三藏记集》卷二"《善见毗婆沙律》十八卷"下注曰："齐永明七年出。"

释法瑗卒（409— ）。法瑗，俗姓辛，陇西人。初出家，事梁州沙门竺慧开，后东适建康，依道场寺释慧观为师。法瑗通经论及数术，尤精大乘经论，遍览外典坟素。入庐山参禅，游心三观。刺史庾澄之请其出山讲道。承继竺道生大力提倡顿悟义，深为宋文帝、何尚之、王俭等人所器重。事迹见《高僧传》卷八。

按：释法瑗不仅通晓佛教典籍，而且精于儒家经义礼论。《高僧传·齐京师灵根寺释法瑗传》曰："（释法瑗）笃志大乘，傍寻数论。外典坟素，颇亦披览。……因庐于方山，注《胜鬘》及《微密持经》。论议之隙，时谈《孝经》、《丧服》。后天保改构，请瑗居之，因辞山出邑，纲维寺网。刺史王景文往候，正值讲《丧服》，问论数番，称善而退。……以齐永明七年卒，春秋八十一矣。"

释僧钟卒（430— ）。僧钟，俗姓孙，鲁郡人。十六出家，居贫尚道。至寿春，石涧寺僧导见而奇之。谯郡王邺亦重其才学志操，故供以四事。其讲《百论》，受到僧导叹赏。善《成实》、《三论》、《涅槃》、《十地》。后至建邺，止中兴寺。永明初，魏使李彪访齐，僧钟代表齐与其会面谈论，以善答，不失国威而闻名，受到文惠太子、竟陵王萧子良的优礼。事迹见《高僧传》卷八。

释慧豫卒（433— ）。慧豫，黄龙人。曾游建邺，止灵根寺。少孜孜访学。善谈论，美风则，不臧否人物。以精勤著称；世人目为高节。志在救苦度人。诵《大涅槃》、《法华》、《十地》。兼习禅业，精于五门。事迹见《高僧传》卷一二。

刘瓛卒（434— ）。瓛字子珪，小字阿称，沛国相人。东晋名士刘惔六世孙。少笃志好学，博通五经，聚徒教授。宋大明年间，袁粲为丹阳尹，荐瓛为秘书郎，不见用。入齐，拜彭城郡丞。及齐武陵王萧晔为会稽太守，齐高帝以瓛为郡丞，使为晔讲学。由是声名大噪，生徒转众，当世推为大儒，刘绘、范缜即从其学。刘瓛虽以儒学名冠当世，京师士子贵游莫不下席受业，但从未以高名自居。其无荣禄心、仕宦情，故安于陋室，甘于薄禄。先后授中书郎、征北司徒记室、步兵校尉等职，皆辞而不拜。齐竟陵王萧子良欲为其立馆，并赠扬列桥故主第，刘瓛了无居住意。卒谥贞简先生。《南齐书》本传载"所著文集，皆是《礼》义，行于世"。《隋书·经籍志》著录《刘瓛集》30卷，佚。严可均《全齐文》卷一八载其文1篇。事迹见《南齐书》卷三九、《南史》卷五〇。

王俭卒(452—)。俭字仲宝,琅邪临沂人。父王僧绰,王俭幼失怙,由其叔王僧虔养育。其自小禀赋聪慧,专心笃学。尚宋明帝阳羡公主,拜驸马都尉。解褐秘书郎,太子舍人,超迁秘书丞。后佐齐高帝即位,禅位大典礼仪诏策皆由俭制。齐台建,年二十八,迁右仆射,领吏部,封南昌县公,又转左仆射、侍中等。王俭精通礼学,时朝制草创,皆为俭所议定。《南史》本传曰:"俭弱年便留意三礼,尤善《春秋》,发言吐论,造次必于儒教,由于衣冠翕然,并尚经学,儒教于此大兴。"其年三十八薨,谥文宪公。王俭精于校勘古籍,曾依刘歆《七略》例,著《七志》40卷,一说30卷,对后世目录之学颇有影响。又著《元徽四部书目》及《古今丧服集记》,均佚。《隋书·经籍志》载其文集有51卷,又有《百家集谱》10卷、《吊答仪》10卷、《吉书仪》2卷等。今存文较多,严可均《全齐文》卷九至卷一一辑为3卷,除《高松赋》、《灵丘竹赋应诏》等几篇赋外,余皆应用文章。逯钦立《先秦汉魏晋南北朝诗·齐诗》卷一载其诗8首。事迹见《南齐书》卷二三、《南史》卷二二。

按:王俭为当时一代"儒宗",极大地推动了齐初儒学的复兴和发展。齐国初建之时急需一套完整的礼仪制度,深谙礼学的王俭总居典定朝仪之任。《南史·王俭传》曰"时朝仪草创,衣服制则,未有定准",皆从俭之议。

又按:元徽元年,王俭同时主持撰成《元徽四部书目》和《七志》二部目录书籍。前者是国家目录,后者是私人撰目。《七志》的成就超过《元徽四部书目》。它不仅开私人编目之端,而且还为目录事业增添了新内容。《七志》在体制上不选用魏晋以降流行的四部分类法,而采用刘歆《七略》的图书分类法。任昉《王文宪集序》即指出:"元徽初,迁秘书丞。于是采公曾之《中经》,刊弘度之《四部》;依刘歆《七略》,更撰《七志》。"又,阮孝绪《七录序》曰:"其外又条《七略》及二汉《艺文志》、《中经簿》所阙之书,并方外之经,佛经、道经,各为一录。"阮氏指出《七志》所载之书包括前代书目著作汉班固《艺文志》、晋荀勖《中经簿》未收之书,以及刘宋时期新出之书,而且它还兼收佛教、道教之书。可以说,王俭《七志》扩大收录范围,有补阙拾漏之功。又,在《七志》之前,目录书下是没有小序的。王俭吸收刘歆《七略》中的《辑略》考镜源流的思想,在每书之下,撰写小序。此是后代书目解题的雏形,具有重要的开创意义。除了目录学上的重大成就外,王俭在礼学、谱牒学等方面亦有很高的造诣,大大地推动了齐初学术的发展和进步。关于王俭的学术成就,姚晓菲《略论宋齐之际琅邪王俭之学术成就》论之详备,可参。

刘祥约卒(451?—)。祥字显征,东莞莒人。刘宋时,解褐为巴陵王征西行参军,历骠骑中军二府。入齐,为冠军征虏功曹,受遇于武陵王萧晔。后又历侍长沙王萧晃、临川王萧映等。他于狱中自道齐世之仕履,"伏事四王:武陵功曹,凡涉二载;长沙谘议,故经少时;奉隶大司马,并被恩拂,骠骑中郎,亲职少日;临川殿下不遗虫蚁,赐参辞华"。其人虽颇有诗才文笔,但为人刚疏,好讥贬他人,议论时事。他讥褚渊、王俭,又著《宋书》讥斥宋齐禅代之事。后遭人弹劾入狱,徙至广州,因不得意,遂病卒。《隋书·经籍志》著录领军谘议《刘祥集》10卷,佚。能诗,钟嵘《诗品》列之下品,与谢超宗等同列,谓其学颜延之,惜其诗今无存者。严可均《全齐文》卷一八载其文 2 篇。事迹见《南齐书》卷三六。

萧子显（ —537）生（《梁书·萧子显传》）。

齐永明八年　北魏太和十四年　庚午　490 年

二月戊寅，北魏初定起居注制（《魏书·高祖孝文帝纪》）。

按：《史通·史官建置》曰："元魏置起居令史，每行幸宴会，则在御左右，记录帝言及宾客酬对。后别置修起居注二人，多以余官兼掌。"

三月壬申，吐谷浑、宕昌、武兴、阴平诸国向北魏贡献方物（《魏书·高祖孝文帝纪》）。

四月甲午，北魏遣使苏季连聘于齐（《魏书·高祖孝文帝纪》）。

九月癸丑，北魏太皇太后冯氏卒，孝文帝始亲政（《魏书·高祖孝文帝纪》）。

按：冯氏临朝称制二十五年，推行许多有益改革之措施，谥文明。

十月，北魏孝文帝与群臣就文明太后之崩，议服丧之礼。

按：《魏书·高祖孝文帝纪》曰："冬十月戊辰……庚辰，帝居庐，引见群僚于太和殿，太尉、东阳王丕等据权制固请，帝引古礼往复，群臣乃止。语在《礼志》。……诏曰：'公卿屡依金册遗旨，中代权式，请过葬即吉。朕思遵远古，终三年之制。依礼，既虞卒哭。此月二十一日授服，以葛易麻。……'"

十一月丁巳，齐遣使至北魏朝贡（《魏书·高祖孝文帝纪》）。

十二月，北魏孝文帝诏行丘井之式，遣使与州郡宣行条制（《魏书·高祖孝文帝纪》）。

齐以百济王牟大为镇东大将军、百济王（《资治通鉴·齐纪三》）。

高车阿伏至罗及穷奇遣使至北魏，请击柔然（《资治通鉴·齐纪三》）。

是年，齐吏部尚书王晏因病解职，齐武帝欲使西昌侯萧鸾代晏，晏谓鸾"不谙百氏"，乃止（《资治通鉴·齐纪三》）。

按：萧鸾即后之齐明帝，为始安贞王萧道生之子，其时为西昌侯。吏部尚书王晏以其"不谙百氏"，不能胜吏部选职，齐武帝遂止。可见当时门第观念之重。

沈约为给事黄门侍郎、御史中丞、吴兴邑中正（《梁书·沈约传》）。

按：《文选》卷四〇《奏弹王源》李善注曰："吴均《齐春秋》曰：'永明八年沈约为中丞。'"其文曰："给事黄门侍郎兼御史中丞、吴兴邑中正沈约稽首言。"

谢朓为太子舍人，与沈约同在东宫。

按：陈庆元《谢朓诗歌系年》曰："（永明八年　朓二十七岁）春，作《奉和竟陵王同沈右率过刘先生墓》一首。……宋抄本奉和子良者还有虞炎、沈约。此数子均为西邸学士，而时朓为太子舍人，与约同在东宫。……其年八月，子隆为镇西将军、荆州刺史。朓诗不径题奉和随王,亦未入随府之证。"

徐孝嗣迁太子詹事(《南齐书·徐孝嗣传》)。

按：《南齐书·徐孝嗣传》载,徐孝嗣曾为萧子良礼佛事,掌知斋讲和众僧。

张融迁司徒右长史。

按：《南齐书·张融传》曰："(永明)八年,朝臣贺众瑞公事,融扶入拜起,复为有司所奏,见原。迁司徒右长史。"

王晏改领右卫将军,陈疾自解。

按：《南齐书·王晏传》曰："(永明)八年,改领右卫将军,陈疾自解。上欲以高宗代晏领选,手敕问之。晏启曰：'鸾清干有余,然不谙百氏,恐不可居此职。'上乃止。"

刘勰离京口至建康,依僧祐入定林寺(牟世金《刘勰年谱汇考》)。

伏挺七岁,通《孝经》、《论语》。

按：《梁书·伏挺传》曰："挺幼敏寤,七岁通《孝经》、《论语》。……高祖义师至,挺迎谒于新林……时年十八。"梁武帝于永元三年至新林,伏挺时年十八。以此推算,其七岁即是年。

郦道元于父郦范卒于北魏京师后,承袭父爵为永宁侯(张鹏飞《郦道元年谱考略》)。

按：《魏书·郦范传》曰："还朝,年六十二,卒于京师,谥曰穆。"《北史·郦范传》曰："道元字善长。初袭爵永宁侯,例降为伯。"

道士陶弘景启假遍游浙越山川,以谒道求灵。

按：陶翊《华阳隐居先生本起录》曰："至庚午年,又启假东行浙越,处处寻求灵异。至会稽大洪山,谒居士娄慧明。又到余姚太平山,谒居士杜京产。又到始宁姚山,谒法师钟义山。又到始丰天台山,谒诸僧标及诸处宿旧道士。并得真人遗迹十余卷。"

萧子懋著《春秋例苑》30卷(《南齐书·晋安王子懋传》)。

沈约作《与范述曾论竟陵王赋书》、《奏弹王源》。

按：系年依据参林家骊《沈约研究·沈约事迹诗文系年》。《奏弹王源》载于《文选》卷四○,其表现了强烈的门第观念,对了解六朝世风有一定价值。

张融约是年作《门律自序》、《以门律致书周颙等诸游生》等。

按：《门律自序》为研究南朝文学批评之重要文献。《南齐书·张融传》曰："永明中,遇疾,为《(问)[门]律自序》曰：'吾文章之体,多为世人所惊,汝可师耳以心,不可使耳为心师也。夫文岂有常体,但以有体为常,政当使常有其体。丈夫当删《诗》、《书》,制礼乐,何至因循寄人篱下。……而汝等无幸。'"又著《以门律致书周颙等诸游生》,乃其与周颙等往来论辩之文,其或作于是年前后,姑系于此。

萧子良作《答张融》、《登山望雷居士精舍同沈右卫过刘先生墓下诗序》。

按：《南齐书》卷四一《张融传》曰："八年,朝臣贺众瑞公事,融扶入拜起,复为有司所奏,见原。迁司徒右长史。竟陵张欣时为诸暨令,坐罪当死。欣时父兴世宋世讨南谯王义宣,官军欲杀融父畅,兴世以袍覆畅而坐之,以此得免。兴世卒,融著高履负土成坟。至是融启竟陵王子良,乞代欣时死。子良答曰……"

又按：张卫宏《〈全齐文〉编年考》曰："《南齐书》卷三十九《刘瓛传》载：刘瓛字子

迦太基的基督教诗人德拉康蒂乌斯作宗教诗《上帝赞歌》。

硅，沛国相人。永明七年，竟陵王上表请为瓛立馆，以扬烈桥故主第给之，生徒皆贺。而刘瓛未及徙居，遇病，卒，时年五十六。竟陵王此文必作于刘瓛逝世之后，即永明七年之后。又序文中有'益深宿草之叹'之句，宿草，隔年之草也，可推断本文作于永明八年。又竟陵王诗云'徽音岁时灭'，谢朓《奉和竟陵王同沈右卫过刘先生墓》诗曰'岁晚结松阴'，柳挥和诗曰'野雀乱秋榛，垄草时易宿'。从此数句又知作时在秋季。"

任昉约是年作《王文宪集序》。

按：王俭，谥文宪公，于上年五月卒。任昉此序约是年作。《王文宪集序》，载于《文选》卷四六及《艺文类聚》卷五五。此文对了解王俭博学多识的一生及相关著述有一定帮助。

道士孟景翼约是年作《正一论》，论佛、道本旨为一。

按：系年据张岂之主编《中国学术思想编年》。

释僧祐之师释献正与释法意在京都瓦官禅房共译《观世音忏悔除罪咒经》1卷、《妙法莲华经提婆达多品第十二》1卷。

按：《出三藏记集》卷二注曰："永明八年十二月十五日译出。……齐武皇帝时，先师献正游西域，于于阗国得《观世音忏悔咒》胡本。还京都，请瓦官禅房三藏法师法意共译出。自流沙以西，《妙法莲华经》并有《提婆达多品》，而中夏所传阙此一品。先师至高昌郡，于彼获本，仍写还京都。今别为一卷。"故系于此。

南齐佚名写《妙法莲华经》，卷六有后记。

按：纸质。墨书。敦煌藏经洞出品(?)。其卷六有后记，全4行，行12—23字，曰："比经是伪秦弘始七年三月十六日，罗什法师于长安大明寺翻译。次又别录及慧远法师所记，日月小不同。其提婆达多品是上定林寺献统法师于阗国将来，以齐永明八年十二月，于瓦官寺与外国僧法意法师译之，即依正法华经次比为第十二品。"

释道儒卒(410—)。道儒，俗姓石，渤海人，寓居广陵。少有清信，意欲出家。遇宋临川王刘义庆镇南兖，赞其心诚，为其启度出家。出家之后，劝人改恶修善，远近宗奉，遂成导师。宋元嘉末出建邺，止江宁建初寺。长沙王请为戒师，庐承相、伯仲孙等共买张敬儿故庙，为儒立寺，即齐福寺。事迹见《高僧传》卷一三。

释僧审卒(426—)。僧审，俗姓王，太原祁人。晋骠骑王沈之后，祖世居谯郡。审少出家，止寿春石涧寺，诵《法华》、《首楞严》。其好禅，追随昙摩蜜多道受学，止于灵曜寺。后开门授学，建康灵鹫寺慧高从之受禅业，乃请其还寺，别立禅房。清河张振，后又请居建康栖玄寺。齐文惠太子萧长懋、竟陵王萧子良并加敬事，傅琰、萧赤斧皆咨戒训。事迹见《高僧传》卷一一。

释慧隆卒(429—)。慧隆，俗姓成，阳平人。少家贫，无师自悟。二十三岁出家。其注心佛法，遂贯通众佛典。宋太始中止建康何园寺。宋明帝请其在湘宫讲《成实》，受众八百余人。京都王侯贵游常请其讲说。慧隆研精思理，能够明晰易晓地讲解旧义难通之处。事迹见《高僧传》卷八。

按：明陈耀文《天中记》卷三五曰："释慧隆凝心佛法，贯通众典，思彻诠表，善于清论,凡先旧诸家盘滞之处显发开张,使昭然可了。汝南周颙目之曰:'隆公萧散森疏,若霜下之松竹。'"

释慧次卒(434—)。慧次,俗姓尹,冀州人。初出家为志钦弟子,后遇徐州释法迁,遂随其至京口,止于竹林寺。十五岁,又随法迁归彭城。慧次勤于治学,年十八即解通经论,名播徐土,频讲《成实》及《三论》。宋大明中出都,止于建康谢寺。齐世,文惠太子萧长懋、竟陵王萧子良敬以师礼,四事供给。是年讲《百论》至《破尘品》,卒,年五十七。事迹见《高僧传》卷八。

张缅(—531)生(《梁书·张缅传》)。

齐永明九年　北魏太和十五年　辛未　491年

二月己丑,齐遣使至北魏吊冯太后之丧(《魏书·高祖孝文帝纪》、《资治通鉴·齐纪三》)。

三月,北魏遣李彪报谢于齐(《资治通鉴·齐纪三》)。

按:李彪六次奉使聘齐,齐武帝十分敬重他。值其返魏,亲自送至琅邪城,命群臣赋诗以荣之。

五月己亥,北魏孝文帝于东明观更定律令,命李冲议定轻重(《魏书·高祖孝文帝纪》)。

七月戊寅,吐谷浑遣使向北魏贡献方物(《魏书·高祖孝文帝纪》)。

八月壬辰,北魏孝文帝诏议养老及禋六宗之礼(《魏书·高祖孝文帝纪》、《资治通鉴·齐纪三》)。

是月乙巳,北魏孝文帝亲定禘祫之礼(《魏书·高祖孝文帝纪》、《资治通鉴·齐纪三》)。

十月乙亥,北魏定官品(《资治通鉴·齐纪三》)。

十一月,北魏遣李彪、蒋少游访齐(《魏书·高祖孝文帝纪》)。

十二月辛亥,北魏诏简选乐官(《魏书·高祖孝文帝纪》)。

是月,高丽王琏死,北魏孝文帝为其举哀(《魏书·高祖孝文帝纪》、《资治通鉴·齐纪三》)。

是年,夷人范当根纯夺林邑国,自立为主,遣使向齐献金簟等物,齐诏其为林邑王(《资治通鉴·齐纪三》)。

萧子良开仓济贫(《南齐书·竟陵文宣王子良传》)。

沈约仍官御史中丞,读刘之遴对策而异之(《梁书·沈约传》)。

按:《梁书》本传载,沈约隆昌元年为吏部郎,出为东阳太守。则此前应官原职。《梁书·刘之遴传》曰:"十五举茂才对策,沈约、任昉见而异之。……太清二年,侯景乱……卒于夏口,时年七十二。"以此推算,可知沈约、任昉于是年赏刘之遴的对策文。故系于此。

孔稚珪为御史中丞。

按：孔稚珪《答竟陵王启》(《弘明集》卷一一题作《孔稚珪书并答》)曰："……(永明九年)十一月二十九日，州民御史中丞孔稚珪启，得示具怀，甚有欣然。"

柳恽迁太子洗马，寻丁父忧(《梁书·柳恽传》)。

按：柳恽父柳世隆，《南齐书·柳世隆传》曰："(永明)九年，卒，时年五十。"故系于此。

王晏迁侍中，领太子詹事，本州中正，又以疾辞。

按：《南齐书·王晏传》曰："(永明)八年……明年，迁侍中，领太子詹事，本州中正，又以疾辞。"

庾于陵随萧子隆赴荆州，为主簿。

按：《梁书·庾于陵传》载："齐随王子隆为荆州，召为主簿，使与谢朓、宗夬抄撰群书。"

谢朓随萧子隆赴荆州，与庾于陵等抄撰群书。

按：《南齐书·萧子隆传》曰："(永明)八年，代鱼复侯子响为使持节……荆州刺史……九年，亲府州事。"可知萧子隆于是年亲赴荆州。《南齐书·谢朓传》曰："随王镇西功曹，转文学。"又陈庆元《谢朓诗歌系年》曰："(萧子隆)九年亲府州事。知朓九年随王之州。"又参见是年"庾于陵随萧子隆赴荆州，为主簿"条。故系是年。

王颢上其父王珪之所著《齐职仪》50卷，诏付秘阁。

按：《南齐书·王逡之传附》曰："(王逡之)从弟珪之，有史学，撰《齐职仪》。永明九年，其子中军参军颢上启曰：'臣亡父故长水校尉珪之，藉素为基，依儒习性。以宋元徽二年，被敕使纂集古设官历代分职，凡在坟策，必尽详究。是以等级掌司，咸加编录。黜陟迁补，[悉]该研记。述章服之差，兼冠佩之饰。……不揆庸微，谨冒启上，凡五十卷，谓之《齐职仪》。……'诏付秘阁。"

萧琛以司徒参军身份聘于魏。

按：《梁书·萧琛传》曰："永明九年，魏始通好，琛再衔命至桑乾，还为通直散骑侍郎。"

郦道元为北魏尚书祠部郎。

按：张鹏飞《郦道元年谱考略》曰："《北史》、《魏书》无记载。《水经注·㶟水注》'出雁门阴馆县'条云：'余为尚书祠部，与宜都王穆黑同拜北郊，亲所经见。'案《魏书·穆黑传》：'后改京洋镇为汾州，仍以黑为刺史……高祖以黑政和民悦，增秩延限……后征为光禄勋，随例降王为魏郡开国公，邑五百户。'穆黑袭父兄爵为宜都王，于太和十六年按例降为魏国公，而道元时为尚书祠部郎，依然称之为宜都王，可知当在太和十六年以前。而黑所治汾州政和民悦而增秩延限至太和十四年。其与道元在北魏京城平城相见，只能在太和十五年。"

萧子良参与修订《晋律》。又作《与孔中丞稚珪书》(《南齐书·竟陵文宣王子良传》)。

按：系年依据可参是年"孔稚珪撰《上新定律注表》，又作《答竟陵王启》"条。萧子良参与修订《晋律》，《南齐书·孔稚珪传》曰："有轻重处，竟陵王子良下意，多使从轻。"《与孔中丞稚珪书》，《弘明集》卷一一题为《文宣王书与中丞孔稚珪释疑惑》。文曰："司徒之府，本五教是劝，方共敦斯美行，以率无欲，使诡诳佞，望门而自珍，浮伪荡逸,践庭而变迹,等彼息心之馆,齐此无欲之台,不亦善乎!……"

孔稚珪撰《上新定律注表》,又作《答竟陵王启》。

按:《南齐书·孔稚珪传》曰:"至九年,稚珪上表曰:'臣闻匠万物者以绳墨为正……谨奉圣旨,谘审司徒臣子良,禀受成规,创立条绪。使兼监臣宋躬、兼平臣王植等抄撰同异,定其去取。详议八座,裁正大司马臣嶷。其中洪疑大议,众论相背者,圣照玄览,断自天笔。始就成立《律文》二十卷,《录叙》一卷,凡二十一卷……'"

又按:《答竟陵王启》,《弘明集》卷一一题作《孔稚珪书并答》。旨在调和佛老。文曰:"……甫信道之所道,定与佛道通源矣。民今心之所归,辄归明公之一向道家戒善,故与佛家同耳,两同之处,民不苟舍道法。道之所异辄婉辄入公大乘。请于今日不敢复位异同矣……(永明九年)十一月二十九日,州民御史中丞孔稚珪启,得示具怀,甚有欣然。"故系于此。

沈约作《齐司空柳世隆行状》、《答陆厥书》。

按:柳世隆于是年卒,系年参见是年"柳恽迁太子洗马,寻丁父忧"条。《齐司空柳世隆行状》,载于《艺文类聚》卷四七。《答陆厥书》,此就"四声八病"的音韵问题与陆厥展开辩论,载于《南齐书·陆厥传》,此文主要表达了用五声与五言诗中五字音韵相配的设想,以期达到高下低昂的音乐美效果,这也表明永明诗人对诗歌艺术美的追求达到较高的理论层次。

王融作《永明九年策秀才文》。又作《曲水诗序》。

按:《永明九年策秀才文》,此策问涉及重农、刑罚、选事、历法等方面的内容,载于《文选》卷三六。

又按:《南齐书·王融传》曰:"(永明)九年,上幸芳林园禊宴朝臣,使融为《曲水诗序》,文藻富丽,当世称之。"

王颙作《上父珪之齐职仪启》(《南齐书·王逡之传附》)。

按:参见是年"王颙上其父王珪之所著《齐职仪》50卷,诏付秘阁"条。

柳恽作《述先颂》。

按:《梁书·柳恽传》曰:"父忧去官。服阕,试守鄱阳相,听吏属得尽三年丧礼,署之文教,百姓称焉。"《述先颂》申其罔极之心,文甚哀丽。

庾杲之作《临终上表》。

按:《南齐书·庾杲之传》曰:"(永明)九年,卒。临终上表曰……"

陶弘景作《与从兄书》。

按:《与从兄书》本集有载,陶翊《华阳隐居先生本起录》曰:"与从兄书云:'昔仕宦……必期四十左右作尚书郎,出为浙东一好名县……今年三十六矣,方作奉朝请!此头颅可知矣,不如早去,无自劳辱。'"这表明陶弘景早年服膺儒家积极入世思想,追求功名,而其后弃仕入道的原因与怀才不遇、仕宦不顺有关。据此推算,陶弘景于孝建三年(456年)生,则三十六岁,即是年。

庾杲之卒(441—)。杲之字景行,新野人。少贞行有节,贯通文义。宋明帝泰始中为奉朝请。后举秀才,为晋熙王刘燮镇西外兵参军。齐世,为卫军将军王俭长史,迁黄门郎兼御史中丞。永明中,迁中军将军庐陵王萧子卿长史,又迁尚书吏部郎。转太子右卫率,是年卒。庾杲之早年以清贫闻名,服官以文学见迁。武帝造崇虚馆,使为碑文,今佚。严可均《全齐文》卷二四载其文2篇。事迹见《南齐书》卷三四、《南史》卷四九。

刘怀慰卒(447—)。怀慰本名闻慰,字彦泰,平原人。曾任齐辅国将军、齐郡太守,在郡勤于治,不受礼谒,作《廉吏论》以达其意,齐高帝闻而嘉之,后任正员郎、安陆王萧子敬北中郎司马。《南齐书》本传称:"怀慰与济阳江淹、陈郡袁彖善,亦著文翰。"永明初,曾献《皇德论》。《隋书·经籍志》著录正员郎《刘怀慰集》10卷,录1卷,佚。事迹见《南齐书》卷五三、《南史》卷四九。

周颙约卒(441?—)。颙字彦伦,汝南安城人。其少即表现出颖朗之资。宋世,初随萧惠开,后转安成王抚军行参军,历邵陵王南中郎三府参军。齐台建,初历长沙王参军、山阴令、文惠太子中军录事参军、正员郎、始兴王前军谘议,后转太子仆、中书郎、国子博士,皆兼著作郎。周颙善言理,好辞义,工隶书,精音韵及佛理。其长年蔬食、远妻独处,显示出他信佛之笃。曾撰有《三宗论》。其卒时,举县济以自代,预王俭讲《孝经》之事。《隋书·经籍志》著录齐中书郎《周颙集》8卷,梁16卷,今佚。所著《四声切韵》亦佚。严可均《全齐文》卷二〇载其文7篇。事迹见《南齐书》卷四一、《南史》卷三四。

按:周颙善佛理,常与僧人交往。自宋末在剡至齐永明初,常与张融谈佛学玄理,弥日不懈。颙又善音韵,尝著《四声切韵》。《南齐书·周颙传》曰"颙音辞辩丽,出言不穷,宫商朱紫,发口成句。泛涉百家,长于佛理。著《三宗论》","每宾友会同,颙虚席晤语,辞韵如流,听者忘倦。兼善《老》、《易》,与张融相遇,辄以玄言相滞"。关于周颙卒年历来考证颇多,其中,刘跃进《门阀士族与永明文学》所收《周颙卒年新探》则据《南齐书·刘绘传》、《周颙传》载周颙、沈约等人发现四声是在"永明末"的记载,推定周颙卒于永明八年冬天,永明末年慧约还都之前。这种看法得到曹道衡、沈玉成《中古文学史料丛考》一书的赞成,他们在是书"周颙卒年"条中进一步推论周颙死于永明八年以后,或可至九年。姑系于此。又,刘跃进《周颙卒年新探》有详考,可参。

丘灵鞠约卒,生年不详。灵鞠,吴兴乌程人。善诗文,好饮酒,喜臧否人物。在宋颇有文名。为州主簿,累迁员外郎。齐高帝代宋时,使灵鞠参掌诏策。后掌东宫手笔,知国史。历尚书左丞、领骁骑将军、正员郎,累迁长沙王车骑长史。丘灵鞠曾作《江左文章录序》、《大驾南讨纪论》,又有文集,《隋书·经籍志》已不见著录。存诗2句,见《南齐书》本传。事迹见《南齐书》卷五二、《南史》卷七二。

按:关于丘灵鞠的卒年,可参曹道衡、沈玉成《中古文学史料丛考》"丘灵鞠生卒年"条。

杜弼(—559)生(《北齐书·杜弼传》)。

齐永明十年　北魏太和十六年　壬申　492年

正月甲子,北魏罢租课(《魏书·高祖孝文帝纪》、《资治通鉴·齐纪三》)。

是月,北魏诏定祭祀五行之次。

按:《魏书·高祖孝文帝纪》曰:"己未,宗祀显祖献文皇帝于明堂,以配上帝。遂升灵台,以观云物;降居青阳左个,布政事。每朔,依以为常。……壬戌,诏定行次,以水承金。"又,《资治通鉴·齐纪三》曰:"魏主命群臣议行次。中书监高闾议,以为:'……臣愚以为宜为土德。'秘书丞李彪、著作郎崔光等议,以为……司空穆亮等皆请从彪等议。壬戌,诏承晋为水德,祖申、腊辰。"

二月,北魏改谥孔子为文圣尼父,告谥孔庙(《魏书·高祖孝文帝纪》、《资治通鉴·齐纪三》)。

三月辛巳,北魏封高丽王云为辽东公、高句丽王(《魏书·高祖孝文帝纪》、《资治通鉴·齐纪三》)。

是月,齐、高丽、邓至国并遣使向北魏贡献方物(《魏书·高祖孝文帝纪》、《资治通鉴·齐纪三》)。

四月丁亥朔,北魏颁新《律令》(《魏书·高祖孝文帝纪》、《资治通鉴·齐纪三》)。

是月,北魏孝文帝幸皇宗学,亲问博士经义(《魏书·高祖孝文帝纪》)。

七月庚申,吐谷浑王伏连筹遣子贺房头入朝于北魏,孝文帝封伏连筹为都督西垂诸军事、西海公、吐谷浑王(《魏书·高祖孝文帝纪》、《资治通鉴·齐纪三》)。

甲戌,北魏遣宋弁访宋(《魏书·高祖孝文帝纪》、《资治通鉴·齐纪三》)。

按:《资治通鉴·齐纪三》曰:"(宋弁)及还,魏主问弁:'江南何如?'弁曰:'萧氏父子无大功于天下,既以逆取,不能顺守;政令苛碎,赋役繁重;朝无股肱之臣,野有愁怨之民。'"

八月乙未,北魏发兵分道击柔然,大败柔然而还(《魏书·高祖孝文帝纪》、《资治通鉴·齐纪三》)。

柔然人杀伏名敦可汗,立那盖,号"候其伏代库者可汗",改元太安(《资治通鉴·齐纪三》)。

己酉,北魏行养三老五更礼(《魏书·高祖孝文帝纪》、《资治通鉴·齐纪三》)。

按:《礼记·文王世子》曰:"遂设三老五更,群老之席位焉。"郑玄注曰:"三老五更,各一人也,皆年老更致仕者也,天子以父兄养之,示天下之孝悌也。"魏以尉元为三老,游明根为五更。

十月,北魏太极殿成(《资治通鉴·齐纪三》)。

十二月,齐遣萧琛、范云访北魏(《魏书·高祖孝文帝纪》、《资治通鉴·齐纪三》、《南齐书·魏虏传》)。

按:《资治通鉴·齐纪三》曰:"魏主甚重齐人,亲与谈论。顾谓群臣曰:'江南多好臣。'侍臣李元凯对曰:'江南多好臣,岁一易主;江北无好臣,百年一易主。'魏主甚惭。"此可见魏孝文帝对汉族文化的认可。

是春,北魏孝文帝下诏令高闾定乐。

按:《魏书·乐志》载诏曰:"礼乐之道,自古所先……自魏室之兴,太祖之世尊崇古式,旧典无坠。但干戈仍用,文教未淳,故令司乐失治定之雅音,习不典之繁曲。……但礼乐事大,乃为化之本,自非通博之才,莫能措意。中书监高闾器识详富,志量明允,每间陈奏乐典,颇体音律,可令与太乐详采古今,以备兹典。其内外有堪此用者,任其参议也。"

萧子良正月领尚书令,五月迁扬州刺史(《资治通鉴·齐纪三》)。

杜京产受光禄大夫陆澄与孔稚珪、虞悰、沈约、张融等人表荐(《南齐书·杜京产传》)。

按:《梁书·沈约传》中亦载此事。

王晏改授散骑常侍、金紫光禄大夫。

按:《南齐书·王晏传》曰:"(永明)十年,改授散骑常侍、金紫光禄大夫,给亲信二十人,中正如故。"

何胤迁侍中,领步兵校尉,转为国子祭酒(《梁书·何胤传》)。

刘绘、张融奉命接北使房亮、宋弁。

按:据《南齐书·刘绘传》载,刘绘奉敕接北使,在永明八年八月萧子响受诛之后。永明九年,魏遣李彪使齐以报谢,齐武帝因赏其人而亲送之于琅邪城,则此次刘绘非接北使的主要人物。又《南齐书·张融传》曰:"上以融才辩,十一年,使兼主客,接房使房景高、宋弁。"据《南齐书·武帝纪》及《魏书·高祖孝文帝纪》载,宋弁于是年使齐。下年为刘承叔、邢峦二人。故《南齐书·张融传》所载"十一年"当是"十年"之误。则刘绘、张融当于是年奉敕接待北使。

李彪时为北魏秘书丞,奉诏著作郎崔光等议五行之次(《资治通鉴·齐纪三》)。

按:参见是年"是月,北魏诏定祭祀五行之次"条。

郦道元降为北魏永宁伯(张鹏飞《郦道元年谱考略》)。

按:《北史·魏本纪·高祖本纪》曰:"十六年乙丑,制诸远属非太祖子孙及异姓为王者,皆降为公,公为侯,侯为伯,子男仍旧。皆除将军之号。"

道士陶弘景拜表解职,隐居于句容之句曲山,自称华阳隐居(《梁书·陶弘景传》)。

按:《南史·陶弘景传》曰:"永明十年,脱朝服挂神武门,上表辞禄。诏许之,赐以束帛,敕所在月给伏苓五斤,白蜜二升,以供服饵。及发,公卿祖之征虏亭,供帐甚盛,车马填咽,咸云宋、齐以来未有斯事。于是止于句容之句曲山,恒曰:'此山下是第八洞宫,名金坛华阳之天,周回一百五十里。昔汉有咸阳三茅君得道来掌此山,故谓之茅山。'乃中山立馆,自号华阳陶隐居。人间书礼,即以隐居代名。始从东阳孙游岳受符图经法,遍历名山,寻访仙药。"又陶翊《华阳隐居先生本起录》载陶弘景解职归茅山的时间是"永明十一年壬申岁也"。"壬申岁"乃永明十年,而《本起录》载"永明十一年",实误。

释僧祐奉敕三吴讲律。释明彻从其受《十诵》,住建初寺。

按:释道宣《续高僧传·梁杨都建初寺释明彻传》曰:"永明十年,竟陵王请沙门僧祐三吴讲律,中途相遇,虽则年齿悬殊,情同莫逆,彻因从祐受学《十诵》,随出杨都,住建初寺。"

释僧旻于兴福寺讲《成实论》。

按:《续高僧传·梁杨都庄严寺沙门释僧旻传》曰:"永明十年,始于兴福寺讲《成实论》。"

齐永明十年　北魏太和十六年　壬申　492年

裴子野约是年著《宋略》。

按：《梁书·裴子野传》曰："及齐永明末，沈约所撰《宋书》既行，子野更删撰为《宋略》二十卷。其叙事评论多善，约见而叹曰：'吾弗逮也。'"从现存《宋略》传论来看，裴子野偏尚才能，而沈约则偏重门第。

又按：关于《宋略》的成书时间因史无明载而多有争议。其中，刘跃进先生《南北朝文学编年》将它系于齐武帝永明六年（488年），刘汝霖先生认为在永明十年（492年），杨翼骧先生坚持在梁武帝天监五年（506年）之前。据唐燮军《也论裴子野的〈宋略〉》考证认为《宋略》始作于永元二年五月之后，成稿于天监三年裴子野除右军安成王参军之前。兹依《梁书》本传"永明末"，姑系是年。

刘绘撰《语辞》。

按：前系刘绘接北使于是年。又，《南齐书·刘绘传》曰："后北虏使来，绘以辞辩，敕接虏使。事毕，当撰《语辞》。"故系于此。

祖冲之是年后作《安边论》。

按：《南齐书·祖冲之传》曰："文惠太子在东宫，见冲之历法，启武帝施行。文惠寻薨，又寝。转长水校尉，领本职。冲之造《安边论》，欲开屯田，广农殖。"文惠太子卒于永明十年，此文作于是年后不久。

萧嶷作《疾笃启》、《诫诸子》、《遗令诸子书》等。

按：《南齐书·豫章文献王传》曰："（永明）十年，上封嶷诸子，旧例千户，嶷欲五子俱封，启减人五百户。其年疾笃，表解职，不许，赐钱百万营功德。嶷又启曰……嶷临终，召子子廉、子恪曰：'……三日施灵，唯香火、槃水、（干）[盂]饭、酒脯、槟榔而已。朔望菜食一盘，加以甘果，此外悉省。葬后除灵，可施吾常所乘舆扇繖。朔望时节，席地香火、槃水、酒脯、（干）[盂]饭、槟榔便足。……'子廉等号泣奉行。"《诫诸子》载于《南史》卷四二，言去骄奢，尚节俭。三篇文体现了萧嶷尚俭去奢、尊佛的思想。

陶弘景作《解官表》、《华阳石颂》15首。

按：《解官表》载于其本集，陶弘景解官归丘壑之志感动齐武帝，故准其奏，并给予赏赐。《华阳石颂》载《道藏》之《茅山志》卷二八，叙述了茅山史迹故闻及风物景观，表达了交织着归隐和出仕两种意愿的思想。

任昉作《为王金紫谢齐武帝示皇太子律序启》。

按：其启载于《艺文类聚》卷五四，此文赞齐武帝行宽简之法。系年据曹道衡、刘跃进《南北朝文学编年史》。

谢瀹作《陶先生小传》。

按：陶翊《华阳隐居先生本起录》曰："永明十年，太岁己卯，谢詹事瀹先从吴兴还，闻先生已辞世入山，甚怀嗟赏。于路中仍为前传，虽未能究洽，而粗举大纲，有似王右军作《许先生传》。"

王融作《豫章文献王墓志铭》。

按：《南史·豫章文献王嶷传》载永明十年萧嶷卒时，"武帝哀痛特至，蔬食积旬。太官朝夕送祭奠，敕王融为铭"。

刘勰为上定林寺释超辩撰碑文。

按：释超辩是年卒。《高僧传·齐上定林寺超辩传》曰："以齐永明十年终于山寺，春秋七十有三。"

天竺僧求那毗地译出《百喻经》。

按：《高僧传·齐建康正观寺求那毗地传》曰："初僧伽斯于天竺国，抄《修多罗藏》中要切譬喻，撰为一部，凡有百事，教授新学。毗地悉皆通，兼明义旨，以永明十年秋，译为齐文，凡有十卷，谓《百喻经》。"《百喻经》中的一些故事与中土流传的寓言"刻舟求剑"、"水火不容"、"纸上谈兵"等颇多类似，可见其借鉴的痕迹。

禅林寺尼净秀五月从僧伽跋陀罗法师写《善见律毗婆沙》18卷。

按：《出三藏记集·善见律毗婆沙记》曰："齐永明十年，岁次实沉，三月十日，禅林比丘尼净秀，闻僧伽跋陀罗法师于广州共僧祎法师译出梵本《善见毗婆沙律》一部十八卷。京师未有，渴仰欲见。僧伽跋陀罗其年五月还南，凭上写来。以十一年，岁次大梁，四月十日得律还都，顶礼执读，敬写流布。"故系之。

南齐比丘无觉造《大方等大集经》，卷一二有题记。

按：纸质。墨书。敦煌藏经洞出品(?)。其卷一二有题记，全4行，行4—16字，曰："永明十年八月七日，比丘无觉，敬造大方等大集经一部。以此功德，愿七世父母，早生净土，心念菩提。一切含生，寿命增长，远离恶道。"

释昙超卒（419— ）。昙超，俗姓张，清河人。初止龙华寺。元嘉末，南游始兴，大明中还建邺。至齐太祖即位，被敕往辽东，弘赞禅道。停彼二年，大行法化。建元末复还建康，后又适钱塘灵苑山。事迹见《高僧传》卷一一。

释超辩卒（420— ）。超辩俗姓张，敦煌人。幼而神悟孤发，履操深沉，诵《法华》、《金刚波若》。闻建康盛于佛法，乃千里跋涉至建康。寻东适吴越，短住山阴城傍寺。后还建康，止定林上寺，闲居养素，足不出户三十余载。僧祐为造碑墓所，东莞刘勰制文。事迹见《高僧传》卷一二。

释宝意约卒，生年不详。宝意俗姓康，康居人，世居天竺，晓经律，时人亦号三藏。能测吉凶，善神咒。宋孝建中，止建邺瓦官禅房，齐文惠太子萧长懋、竟陵王萧子良及梁太祖皆以师礼待之。永明末，卒于所住。事迹见《高僧传》卷三。

顾越（ —569）生（《陈书·顾越传》）。

齐永明十一年　北魏太和十七年　癸酉　493年

东哥特人国王狄奥多里克杀意大利的奥多亚赛。

正月，北魏先后遣刘承叔、邢峦访齐（《魏书·高祖孝文帝纪》、《资治通鉴·齐纪四》）。

丙子，齐皇太子萧长懋卒（《南齐书·武帝纪》）。

二月，北魏孝文帝始藉田于平城南（《魏书·高祖孝文帝纪》、《资治通鉴·齐纪四》）。

四月甲午，齐立南郡王萧昭业为皇太孙（《南齐书·武帝纪》）。

五月,北魏孝文帝欲迁都,恐群臣不从,遂以伐齐胁众。

按:《资治通鉴·齐纪四》曰:"魏主以平城地寒,六月雨雪,风沙常起,将迁都洛阳;恐群臣不从,乃议大举伐齐,欲以胁众。"

六月丁未,北魏孝文帝讲武,命尚书李冲典武选(《资治通鉴·齐纪四》)。

是月,高丽国遣使朝献(《魏书·高祖孝文帝纪》)。

七月癸丑,北魏立皇子拓跋恂为太子(《魏书·高祖孝文帝纪》)。

是月,齐武帝萧赜卒,皇太孙萧昭业即位(《南齐书·武帝纪》)。

九月壬子,北魏遣高聪、贾祯访齐(《魏书·高祖孝文帝纪》)。

乙亥,邓至王像舒彭遣子朝北魏(《魏书·高祖孝文帝纪》)。

九月庚午,北魏孝文帝幸洛阳,观洛桥,幸太学,观《石经》,定迁都洛阳之计(《魏书·高祖孝文帝纪》、《资治通鉴·齐纪四》)。

按:《魏书·高祖孝文帝纪》曰:"(永明十一年九月)庚午,幸洛阳,周巡故宫基趾。帝顾谓侍臣曰:'晋德不修,早倾宗祀,荒毁至此,用伤朕怀。'遂咏《黍离》之诗,为之流涕。壬申,观洛桥,幸太学,观《石经》。"魏孝文帝此番至洛,意在迁都洛阳,加诸其咏《黍离》一诗以悼晋亡,又至太学,观《石经》,可见他对中原文化的接受。

十月戊寅朔,北魏命李冲等经营洛阳(《魏书·高祖孝文帝纪》)。

戊申,亲告太庙,奉迁神主,开始迁都。

按:《魏书·高祖纪下》曰:"(太和十八年冬十月)戊申,亲告太庙,奉迁神主。辛亥,车驾发平城宫。壬戌,次于中山之唐湖。乙丑,分遣侍臣巡问民所疾苦。己巳,幸信都。庚午,诏曰:'比闻缘边之蛮,多有窃掠,致有父子乖离,室家分绝,既亏和气,有伤仁厚。方一区宇,子育万姓,若苟如此,南人岂知朝德哉?可诏荆、郢、东荆三州勒敕蛮民,勿有侵暴。'……丁丑,车驾幸邺。甲申,经比干之墓,伤其忠而获戾,亲为吊文,树碑而刊之。己丑,车驾至洛阳。"

萧子良受遗诏辅政,后进位太傅(《南齐书·竟陵文宣王子良传》)。

王融因策划立萧子良败,遭郁林王记恨而被杀害(《南齐书·武帝纪》)。

江淹任御史中丞,以贪赃之罪劾奏益州、梁州刺史(《资治通鉴·齐纪四》)。

谢朓为新安王萧昭文中军记室,寻以本官兼尚书殿中郎(《南齐书·谢朓传》)。

按:《南齐书·武帝纪》载,萧昭文于本年十一月被立为新安王,所以谢朓为其记室,乃在十一月之后。姑系于此。其兼尚书殿中郎一职实为其受萧鸾接遇之始。

王晏迁右仆射,领太孙右卫率。

按:《南齐书·王晏传》曰:"(永明)十一年,迁右仆射,领太孙右卫率。"

王僧孺任晋安郡丞、侯官令(《梁书·王僧孺传》)。

按:《梁书·王僧孺传》曰:"文惠太子闻其名,召入东宫,直崇明殿。欲拟为宫僚,文惠薨,不果。时王晏子德元出为晋安郡,以僧孺补郡丞,除侯官令。"齐皇太子萧长懋卒于是年正月丙子,故系是年。

刘勰于定林寺关注永明间声律论之变(牟世金《刘勰年谱汇考》)。

按:《文心雕龙·声律篇》所论,正是沈约、陆厥等人研究声律学之反映。

王肃逃奔入魏(《魏书·王肃传》)。

按:王肃,王奂子。《南齐书·王奂传》载,是年王奂杀宁蛮长史刘兴祖。齐武帝大怒,诏诛之。其子亦多遭弃市,唯王肃逃奔入魏。《魏书·王肃传》曰:"肃少而聪辩,涉猎经史,颇有大志。……高祖幸邺,闻肃至,虚襟待之,引见问故。肃辞义敏切,辩而有礼,高祖甚哀恻之。遂语及为国之道,肃陈说治乱,音韵雅畅,深会帝旨。高祖嗟纳之。"可见,本通朝礼、易学的王肃至魏,深受孝文帝赏爱。像王肃这样的南朝士人投归北魏,自然带去汉族的礼仪文化,同时加速了北魏汉化的进程。

郑道昭约是年奏请树汉魏石经于太学,不许(《魏书·郑道昭传》)。

按:魏孝文帝于是年观洛阳石经。姑系于此。

王智深著《宋纪》成。

按:《南齐书·王智深传》载世祖齐武帝曰:"又敕智深撰《宋纪》,召见芙蓉堂,赐衣服,给宅。智深告贫于豫章王,王曰:'须卿书成,当相论以禄。'书成三十卷,世祖后召见智深于璿明殿,令拜表奏上。表未奏而世祖崩。"故系是年。

沈约作《齐武帝谥议》。

按:是文见于《艺文类聚》卷一四,齐武帝于本年七月去世,故系于此。

王融作《永明十一年策秀才文》、《画汉武北伐图上疏》、《上疏启自效》、《下狱答辞》。

按:《永明十一年策秀才文》,涉及大力兴办学校、修好邻国、重视农业等方面。文载于《文选》卷三六,尤其"文儒是竞,弃本殉末,厥弊兹多。……今欲专士女于耕桑,习乡闾以弓骑,五都复而事庠序,四民富而归文学,其道奚若,尔无面从"一问,体现了萧齐对文教的重视。

又按:《画汉武北伐图上疏》、《上疏启自效》、《下狱答辞》亦作于是年,张卫宏《〈全齐文〉编年考》曰:"《南齐书·王融传》载:'永明末,世祖欲北伐,使毛惠秀画汉武北伐图,使融掌其事。融好功名,因此上疏曰'云云,即本文(《画汉武北伐图上疏》)。"《南齐书·王融传》载:朝廷讨雍州刺史王奂,融复上疏曰:'……臣少重名节,早习军旅,若试而无绩,伏受面欺之诛,用且有功,仰酬知人之哲。'按:讨雍州刺史王奂事,据《南齐书·王奂传》载:永明十一年,王奂辄杀宁蛮长史刘兴祖,上大怒,遣中书舍人吕文显、直阁将军曹道刚领斋仗五百人收奂。王融本文(《上疏启自效》)当因此事而作。"《南齐书·王融传》载:永明十一年,齐武帝病重,王融欲拥立子良为帝,不果。郁林王因此深忿王融,即位十余日后,收融入狱,使中书丞孔稚珪奏其罪,融辞曰:'囚实顽蔽,触行多愆,……'云云,即本文(《下狱答辞》)。"

萧长懋卒(458—)。萧长懋字云乔,小名白津,齐武帝萧赜长子。祖籍东海兰陵,南渡居南兰陵。宋世,历仕晋熙王刘燮抚军主簿、左中郎将、宁蛮校尉、雍州刺史等职。齐台建,封南郡王,进号征虏将军,后征为侍中、中军将军,又迁征北将军、南徐州刺史。齐武帝立,为皇太子。其能诵《左氏春秋》。为太子时,于崇正殿讲《孝经》,与王俭等博学之士,讨论《礼》、《易》。永明五年临国学,亲自策试诸生。因萧长懋好礼遇文士,故其府中多聚当时著名文士如沈约、周颙等人,并从事编定前代人文集的活动。长懋笃信释氏,立六疾馆以养穷民。但其性好奢靡,营立宫室,聚纳奇石珍物,曾因此受齐武帝萧赜责备。是年卒。严可均《全齐文》卷六载其文1篇。逯钦立《先秦汉魏晋南北朝诗·齐诗》卷一载其诗1句。事迹见《南齐书》卷二一、《南史》卷四四。

王融卒（467— ）。融字元长，琅邪临沂人。王僧达之孙，从叔王俭。其少即聪慧神异，其母谢氏教其书学。王融出身高门，因其父仕宦不显，故弱年即思振兴家族，欲"三十内望为公辅"，可见其功名之心强。他曾游于竟陵王萧子良府，为司徒板法曹行参军，转太子舍人，为著名"竟陵八友"之一。后又启齐武帝以自试，而迁秘书丞。永明末，奉敕接北使，以善言辞和文才秀卓而扬名北土。齐武帝病危之际，王融谋立萧子良为帝，事败，下狱赐死，年仅二十七。《隋书·经籍志》著录齐中书郎《王融集》10卷，《旧唐书·经籍志下》、《新唐书·艺文志第五〇》同，其书早佚。明张溥《汉魏六朝百三名家集》辑有《王宁朔集》1卷。严可均《全齐文》卷一二、卷一三载其文60余篇。逯钦立《先秦汉魏晋南北朝诗·齐诗》卷二载其诗70余首。事迹见《南齐书》卷四七、《南史》卷二一。

按：《南齐书》本传曰："融文辞辩捷，尤善仓卒属缀，有所造作，援笔可待。子良特相友好，情分殊常。"王融在萧子良府中，与沈约、谢朓等人往来结纳、切磋、研究文学创作，重视诗歌音律，在新的诗体"永明体"的产生过程中起了重要作用。

王僧祐约卒，生年不详。僧祐字胤宗，琅邪临沂人。王俭从弟。其博古好《老》、《庄》，善草隶和鼓琴，但不好交游。为著作郎、司空祭酒，皆谢病不与公卿游。永明末，为太子舍人，后卒于黄门郎。《隋书·经籍志》著录黄门郎《王僧祐集》10卷，佚。事迹见《南史》卷二一。

王规（ —536）生（《梁书·王规传》）。

齐郁林王萧昭业隆昌元年　齐海陵王萧昭文延兴元年　齐明帝萧鸾建武元年　北魏太和十八年　甲戌　494年

正月丁未，齐改元隆昌（《南齐书·郁林王传》）。

丁巳，高丽国遣使贡献方物（《魏书·高祖孝文帝纪》）。

戊辰，北魏孝文帝经殷比干之墓，以太牢祭之（《魏书·高祖孝文帝纪》）。

二月，萧昭业遣司徒参军刘敩访魏（《魏书·高祖孝文帝纪》）。

辛卯，北魏孝文帝礼明堂（《魏书·高祖孝文帝纪》）。

六月己巳，北魏遣员外散骑常侍卢昶、王清石访齐（《魏书·高祖孝文帝纪》）。

七月，萧鸾废灭郁林王萧昭业（《南齐书·郁林王纪》）。

按：郁林王萧昭业荒淫无道，宠信宦人，且图诛西昌侯萧鸾。萧鸾起而反攻，矫皇太后之令废灭郁林王，立新安王萧懋第二子萧昭文，并改元延兴。

九月壬申朔，北魏改考绩法，以三载一考行（《魏书·高祖孝文帝纪》）。

按：《魏书·高祖孝文帝纪》载，魏原以三考以察黜陟，今改三载一考，缩短了时间。"欲令愚滞无妨于贤者，才能不壅于下位"。具体的考绩法是"各令当曹考其优劣,为三等。六品以下,尚书重问;五品以上,朕将亲与公卿论其善恶。上上者迁之,下下者黜之,中中者守其本任"。此法于本月壬午施行。

十月,萧鸾矫皇太后诏,称帝(《南齐书·海陵王传》、《南齐书·明帝纪》)。

按:萧鸾先为宣城公,又进为宣城王,最后废萧昭文以自立,改元建武。

萧鸾大肆诛灭齐诸王(《南齐书·海陵王传》、《资治通鉴·齐纪五》)。

十一月,海陵王萧昭文卒(《南齐书·海陵王传》)。

戊子,齐明帝立皇子萧宝卷为太子(《南齐书·明帝纪》)。

是月,北魏孝文帝至洛阳,欲澄清流品(《资治通鉴·齐纪五》)。

十二月,北魏孝文帝闻齐之政变,谋趁乱大举攻齐(《资治通鉴·齐纪五》)。

壬寅,北魏诏禁士民穿胡服,引国人不满(《魏书·高祖孝文帝纪》、《资治通鉴·齐纪五》)。

按:魏孝文帝此移风易俗之举,是汉化表现。

戊申,北魏诏除代民迁洛者租赋三年(《魏书·高祖孝文帝纪》)。

辛亥,北魏孝文帝亲驾攻齐(《魏书·高祖孝文帝纪》)。

北魏孝文帝为都督吴越楚彭城军事的刘昶饯行,命群臣赋诗以赠。

按:《魏书·刘昶传》载,魏孝文帝不仅命群臣赋诗以饯送,且还赐刘昶《文集》,并曰:"时契胜残,事钟文业,虽则不学,欲罢不能。朕思一见,故以相示。虽无足味,聊复为笑耳。"魏孝文帝令群臣作赠诗、编定自己的文章为集以赠人的行为都体现了他对汉文化的学习和运用。

北魏孝文帝遣人吊祭嵇绍。

按:《魏书·任城王澄传》曰:"高祖曰:'朕昨夜梦一老公……朕怪而问之,自云晋侍中嵇绍,故此奉迎。神爽卑惧,似有求焉。'澄对曰:'晋世之乱,嵇绍以身卫主,殒命御侧,亦是晋之忠臣……然陛下徙御瀍洛,经殷墟而吊比干,至洛阳而遗嵇绍,当是希恩而感梦。'……于是求其兆域,遣使吊祭焉。"魏孝文帝对忠贞护君的嵇绍的推崇,与笼络北地汉族士人有关。他以此建立忠孝观主导的价值体系,促进自身的汉化进程。

萧子良以太傅加殊礼,进督南徐州(《南齐书·竟陵文宣王子良传》)。

萧鸾辅政,谢朓为骠骑谘议,领记室,掌霸府文笔,又掌中书诏诰(《南齐书·谢朓传》)。

按:《资治通鉴·齐纪五》载,萧鸾于本年为骠骑大将军。

江斅为侍中,领国子祭酒。明帝即位,改秘书郎,又改领晋安王师(《南齐书·江斅传》)。

庾于陵与宗夬悉心安葬昔日府主萧子隆(《梁书·庾于陵传》)。

沈约除吏部郎,出为宁朔将军、东阳太守,释慧约与行(《梁书·沈约传》)。

按:《续高僧传·梁国师草堂寺智者释慧约传》曰:"少傅沈约隆昌中外任,携与同行。"

谢朓求外任以避祸,为征虏将军、吴兴太守(《资治通鉴·齐纪五》、《梁书·谢朓传》)。

按:《梁书·谢朓传》曰:"时明帝谋入嗣位,朝之旧臣皆引参谋策。朓内图止足,且实避事。"谢朏顾及家族私利,以避祸自保为策略。

江淹为车骑临海王长史,顷迁延尉卿,加给事中,又转冠军长史(《梁书·江淹传》)。

谢璟任骠骑谘议参军,领记室(《梁书·谢徵传》)。

陆厥为王晏少傅主簿(《南齐书·陆厥传》)。

按:《南齐书·明帝纪》曰:"十一月癸酉……尚书令王晏领太子少傅。"姑系是年。

到洽为南徐州迎西曹行事。

按:《梁书·到洽传》曰:"洽年十八,为南徐州迎西曹行事。洽少知名,清警有才学士行。……大通元年,卒于郡,时年五十一。"以此逆推,可知到洽十八岁即是年。

贾渊约是年为长水校尉(《南齐书·贾渊传》)。

按:据《南齐书》本传载,贾氏世治谱牒。是年之后,贾渊因坐荒伧人王泰宝买袭琅邪谱而被收。当诛,因其子栖长苦求而免罪。

韩显宗上书北魏孝文帝论政。

按:《魏书·韩显宗传》曰:"即定迁都,显宗上书。"是年文武百官迁都,故系于此。韩显宗上书内容包括息巡游以安民、倡俭约、善纳谏、拔贤才等。

王羽为北魏录尚书,奏请以考州镇属官之法考京官,未允(《资治通鉴·齐纪五》)。

按:《资治通鉴·齐纪五》曰:"魏录尚书事广陵王羽奏:'令文:每岁终,州镇列属官治状,及再考,则行黜陟。去十五年京官尽经考为三等,今已三载。臣辄准外考,以定京官治行。'魏主曰:'考绩事重,应关朕听,不可轻发;且俟至秋。'"

郦道元为北魏尚书主客郎,随孝文帝北巡,届于阴山之讲武台(张鹏飞《郦道元年谱考略》)。

按:《魏书·郦道元传》曰:"太和中,为尚书主客郎。"《水经注·河水注》"又东过云中桢陵县南"条曰:"河水又南入桢陵县西北缘胡山,历沙南县东北两山二县之间而出。余以太和中为尚书郎,从高祖北巡,亲所经涉。"又同条曰:"余以太和十八年从高祖北巡,届于阴山之讲武台。"

道士陶弘景为沈约所邀,不至。

按:《梁书·陶弘景传》曰:"时沈约为东阳郡守,高其志节,累书要之,不至。"沈约是年出任东阳太守,姑系于此。

释宝渊出蜀至京师住龙光寺,从僧旻法师。

按:《续高僧传·梁益州罗天宫寺释宝渊传》曰:"齐建武元年,下都住龙光寺,从僧旻法师禀受《五聚经》。"

释僧询十二岁,出家住奉诚寺,师事僧辩。

按:《续高僧传·梁杨都治城寺释僧询传》曰:"年十二,敕令出家为奉诚寺僧辩律师弟子。……天监十六年卒,春秋三十有五。"

王晏作《明堂配飨议》。

按:张卫宏《〈全齐文〉编年考》曰:"《南齐书·礼志上》载隆昌元年,有司奏,参议明堂,咸以世祖配。国子助教谢昙济、助教徐景嵩、光禄大夫王逸之、祠部郎何佟之及左仆射王晏群议。晏文即此议。"

拓跋宏作《祭嵩高山文》、《祭恒岳文》。

按：二文均载于《初学记》卷五，表明了魏孝文帝服膺汉家礼制的坚定立场。

沈约作《劝农访民所疾苦诏》。

按：《劝农访民所疾苦诏》，从中可见沈约的重农意识。载于《文苑英华》卷四六二，又《南齐书·郁林王纪》，略有删节，其曰："顷岁多稼无爽，遗秉如积，而三登之美未臻，万斯之基尚远。且风土异宜，百民(舛)[殊]务，刑章治绪，未必同源，妨本害政，事非一揆，宂疏属念，无忘夙兴。可严下州郡，务滋耕殖，相亩辟畴，广开地利，深树国本，克阜(天)民[天]。又询访狱市，博听谣俗，伤风损化，各以条闻，主者详为条格。"其中鼓励生产，减徭轻敛，都突出了农事的"国本"地位。

谢朓作《遗弟瀹书》。

按：据《梁书·谢朓传》载，隆昌元年，正值政局动荡之际，谢朓自求外任以避祸，同时致书于弟谢瀹，劝其但饮酒，不可豫人事。这反映了南朝世族在变易之际，避难自保的表现。

王秀之作《遗令》。

按：《南史·王秀之传》曰："隆昌元年，卒官，年五十三。"

任昉作《齐竟陵文宣王行状》。

按：萧子良为西邸学士交游的核心人物，一生著述弘富，其去世之后，西邸之游便告结束。是文载《文选》卷六〇及《艺文类聚》卷四五，文曰："南徐州南兰陵郡县都乡中都里萧公，年三十五行状。……某年某月日薨，春秋三十有五。……贵而好礼，怡寄典坟，虽牵以物役，孜孜无怠，乃撰《四部要略》、《净住子》，并勒成一家，悬诸日月，弘洙泗之风，阐迦维之化。"

道士陶弘景著《梦记》。

按：《梁书·陶弘景传》曰："齐宜都王铿为明帝所害，其夜，弘景梦铿告别，因访其幽冥中事，多说秘异，因著《梦记》焉。"《南齐书·海陵王昭文传》曰："(延兴元年)九月癸酉……又诛湘州刺史南平王锐……南豫州刺史宜都王铿。"《梦书》现已亡佚，大约是为记载梦及其应验的情况。其应与《汉书·艺文志》中记载《黄帝长柳占梦》、《甘德长柳占梦》等著作相类，属于道家五行类。

刘勰仍于定林寺佐僧祐整理佛经，为僧柔制碑文。

按：《高僧传·齐上定林寺释僧柔传》曰："(释僧柔)奄然而卒。是岁延兴元年，春秋六十有四……沙门释僧祐与柔少长山栖，同止岁久。亟挹道心，预闻法味，为立碑墓所，东莞刘勰制文。"

王巾（一作"中"）作《头陀寺碑文》。

按：王巾，字简栖。琅邪临沂人。该文乃纪宋大明五年所建，名为头陀的佛教寺庙年久失修，在是年重修之事。文载《文选》卷五九，曰："宋大明五年，始立方丈茅茨，以庇经像。……粤在于建武焉。……因百姓之有余，闲天下之无事，庀徒揆日，各有司存。"寺庙经久衰破，至齐方修，从中可见萧齐对佛教的重视。

陆澄卒（425— ）。澄字彦渊，吴郡吴人。少好学博览。宋世，历官太学博士、郡主簿、尚书殿中郎、中书郎、东海太守诸职。齐台建，历任御史中丞、给事中、秘书监、国子博士、度支尚书等职。精于儒学，著述甚多。《南齐书》本传谓澄著《地理书》及《杂传》。今按《隋书·经籍志》，澄所著有《汉书注》1卷；《杂传》19卷；《地理书》149卷，录1卷；《地理书抄》20卷，《汉书》120卷，《政论》13卷；《述政论》13卷；《缺文》13卷。皆亡。事迹见《南齐书》卷三九、《南史》卷四八。

按：陆澄于儒学、史学，造诣皆精深。儒学方面，《南齐书》本传载，陆澄与王俭论国学置五经之事，提出："今若不大弘儒风，则无所立学，众经皆儒，惟《易》独玄，玄不可弃，儒不可缺。谓宜并存，所以合无体之义。"他认为郑玄、王弼两家所注《易》宜并置。此表现其较为通达的儒学观。史学方面，据《隋书·经籍志》载陆澄著作，皆与史学相关，故入史部。这反映了他精于史学。

又按：陆澄善识古玩，其识鉴能力超过竟陵王萧子良。《南齐书·陆澄传》曰："以竟陵王子良得古器，小口方腹而底平，可将七八升，以问澄，澄曰：'北方服匿，单于以与苏武。'子良后详视器底，有字仿佛可识，如澄所言。"

袁彖卒（447— ）。彖字伟才，小字史公，陈郡阳夏人。少好属文及玄言。宋世，历安成王征房参军、主簿、尚书殿中郎、庐陵内史诸职。曾参与"议驳国史"，认为史书不须立处士传。齐世，任中书郎、太子中庶子、御史中丞、黄门郎等职。其性刚毅，时忤齐武帝。是年卒，年四十八。《隋书·经籍志》著录齐侍中《袁彖集》5卷并录。虞羲《与萧令王仆射书为袁彖求谥》称其"怀抱七经，该综百氏，清文丽目，几义穷神"。事迹见《南齐书》卷四八、《南史·袁湛传附》。

按：《南齐书》本传曰："太祖太傅相国主簿，秘书丞。议驳国史……超欲立处士传。彖曰：'夫事关业用，方得列其名行。今栖遁之士，排斥皇王，陵铄将相，此偏介之行，不可长风移俗，故迁书未传，班史莫编。一介之善，无缘顿略，宜列其（性）[姓]业，附出他篇。'"袁彖认处士以远朝廷为高尚，若史书为其列传，则易使隐居成流俗，故反对檀超之"欲立处士传"之议。这反映了袁彖儒家入世的史学观念。

萧子良卒（460— ）。子良，字云英，齐武帝第二子。祖籍东海兰陵，南渡居南兰陵。宋世，历仕宁朔将军、邵陵王左军行参军、主簿、安南记室参军、会稽太守等职。齐高帝萧道成登祚，封闻喜公。齐武帝萧赜即位，封竟陵郡王。历官镇北将军、南徐州刺史、护军将军、司徒、太傅等职。萧子良好古崇文，其本身学术成就并不高，但他是南齐学术文化发展的重要推动者。永明年间，开西邸学士馆，"集学士抄五经、百家，依《皇览》例为《四部要略》千卷"。这一学士集团对"永明体"的产生起了主导作用。萧子良又精信佛教，与诸多名僧往来，请其开讲佛法。其以佛教徒悲悯之心居官治民，崇节俭，悯贫民。还曾召集名学以难范缜《神灭论》。是年，受郁林王萧昭业猜忌，含忧成疾，年三十五卒。"所著内外文笔数十卷，虽无文采，多是劝戒"。《隋书·经籍志》著录齐《竟陵王子良集》40卷。又《隋书·经籍志》尚著录其所著《净住子》20卷、《义记》20卷，今皆佚。明人张溥辑有《南齐竟陵王集》。严可均《全齐文》卷七载其文20余篇。逯钦立《先秦汉魏晋南北朝诗·齐诗》卷一载其诗6首。事迹见《南齐书》卷四〇、《南史》卷四四、任昉《齐竟陵文宣王行状》。

按：萧子良以笃信佛教闻名。《南齐书·竟陵文宣王子良传》曰："又与文惠太子同好释氏，甚相友悌。子良敬信尤笃，数于邸园营斋戒，大集朝臣众僧，至于赋食行水，或躬亲其事，世颇以为失宰相体。"汪春泓《论王俭与萧子良集团的对峙对齐梁文学发展之影响》一文认为，萧子良之所以大倡佛学，其实是要从学术与思想方面突破以王俭为代表的世家大族独揽政权的局面。

萧子懋卒（472— ）。子懋字云昌，齐武帝第七子。祖籍东海兰陵，南渡居南兰陵。初封江陵公。齐武帝即位，封晋安王。永明时，历任南豫州刺史、宣城太守、南兖州、湘州、雍州刺史诸职，后为萧鸾所杀。子懋好读书，曾启求所好之书，齐武帝赐其杜预手定《左传》和《古今善言》。《南齐书·晋安王子懋传》载，齐武帝诫其"及文章诗笔，乃是佳事，然世务弥为根本"。永明八年在湘州，著《春秋例苑》30 卷，齐武帝嘉之，付秘阁。《隋书·经籍志》记《春秋左传例苑》19 卷，不著撰人，或即其书。《隋书·经籍志》著录齐《晋安王子懋集》4 卷，录 1 卷，佚。其诗文今均佚。事迹见《南齐书》卷四〇、《南史》卷四四。

萧子隆卒（474?— ）子隆字云兴，齐武帝第八子。祖籍东海兰陵人，南渡居南兰陵。齐武帝即位，封随郡王。子隆有文才，齐武帝以为能属文，为娶王俭女为妃。历镇西将军、荆州刺史、征西将军、侍中、中军大将军等。其与谢朓在荆州交往甚密。后萧鸾废海陵王萧昭文，大肆诛除诸王。萧子隆亦列其中。《隋书·经籍志》著录《随王子隆集》7 卷，佚。严可均《全齐文》卷七载其文 1 篇。逯钦立《先秦汉魏晋南北朝诗·齐诗》卷一载其诗 1 首。事迹见《南齐书》卷四〇、《南史》卷四四。

释慧忍卒，生年不详。慧忍，姓蒉，建康人。少出家，住北多宝寺，偏好音声。初师安乐辩公，得其法。齐竟陵王萧子良感梦之后，召集众经师共释。慧忍所著《瑞应》42 契得萧子良之意。后慧满、僧业等四十余人随其受学。事迹见《高僧传》卷一三。

王智深约卒，生年不详。智深字云才，琅邪临沂人。少从谢超宗学文。宋建平王刘景素为南徐州刺史，著《观法篇》。智深和之，见赏，辟为西曹书佐。贫无衣，未到职。齐世，历豫章王萧嶷国常侍、大司马参军及太学博士、竟陵王萧子良参军等职。智深曾奉齐武帝敕著《宋纪》30 卷，今佚。事迹见《南齐书》卷五二、《南史》卷七二。

按：《南齐书·王智深传》曰："又敕智深撰《宋纪》……书成三十卷……令拜表奏上。表未奏而世祖崩。隆昌元年，敕索其书，智深迁为竟陵王司徒参军，坐事免。江夏王锋衡阳王钧并善待之。"又据《南齐书·竟陵文宣王子良传》，萧子良于隆昌元年因疾而薨。则王智深为竟陵王司徒参军至迟不过隆昌元年。故其卒年也应在隆昌元年之后。姑系于此。

孔逭约卒，生年不详。会稽人。有才藻。宋时，尝作《东都赋》，为时人所称。终于卫军武陵王萧晔东曹掾。逭著《三吴决录》，不传。事迹见《南史·丘巨源传附》。

齐建武二年　北魏太和十九年　乙亥　495 年

正月朔，北魏孝文帝飨群臣于悬瓠（《魏书·高祖孝文帝纪》）。

齐建武二年　北魏太和十九年　乙亥　495年

四月己未,北魏孝文帝行幸瑕丘,遣使以太牢祠岱岳(《魏书·高祖孝文帝纪》)。

是月,北魏孝文帝祠孔子庙,恩封孔氏后人(《魏书·高祖孝文帝纪》)。

五月,高丽、吐谷浑国遣使北魏贡献方物(《魏书·高祖孝文帝纪》)。

六月己亥,北魏孝文帝禁朝廷上用鲜卑语,违者免官(《魏书·高祖孝文帝纪》)。

按:魏孝文帝大力推行汉化政策。禁讲鲜卑语,改说汉语,是魏孝文帝接受汉族文化,促进民族大融合的改革方案之一。这对北魏的政治、经济、文化和社会习俗等的发展和北方的统一,有着积极的贡献。

癸丑,北魏诏求秘阁缺藏遗书(《魏书·高祖孝文帝纪》)。

丙辰,北魏诏迁洛之代人入籍为河南洛阳人(《魏书·高祖孝文帝纪》)。

戊午,北魏改长尺、大斗,依《周礼》制度(《魏书·高祖孝文帝纪》)。

七月辛卯,齐以氐帅杨馥之为北秦州刺史、仇池公(《南齐书·明帝纪》)。

八月,北魏立国子、太学,四门、小学于洛阳(《资治通鉴·齐纪六》)。

九月庚午,北魏六宫、文武官皆迁于洛阳(《魏书·高祖孝文帝纪》)。

十月辛酉,北魏诏选州郡有经行修敏、才长吏治、堪干政事之士庶(《魏书·高祖孝文帝纪》)。

十二月甲子,北魏孝文帝为群臣颁赐冠服(《资治通鉴·齐纪六》)。

按:《资治通鉴·齐纪六》胡三省注曰:"赐冠服以易胡服。"

是年,北魏诏改姓,定流品(《魏书·高祖孝文帝纪》、《资治通鉴·齐纪六》)。

按:《魏书·官氏志》曰:"太和十九年,诏曰:'代人诸胄,先无姓族,虽功贤之胤,混然未分。故官达者位极公卿,其功衰之亲,仍居猥任。比欲制定姓族,事多未就,且宜甄擢,随时渐铨。其穆、陆、贺、刘、楼、于、嵇、尉八姓,皆太祖已降,勋著当世,位尽王公;灼然可知者,且下司州、吏部勿充猥官,一同四姓。自此以外,应班士流者,寻绩别敕。'"《资治通鉴》卷一四〇系年在建武三年,曰:"魏主下诏,以为:'……宜改姓元氏。诸功臣旧族自代来者,姓或重复,皆改之。'于是始改拔拔氏为长孙氏,达奚氏为奚氏……其余所改,不可胜纪。"又载,魏孝文帝诏定汉族范阳卢敏、清河崔宗伯、荥阳郑羲、太原王琼四衣冠姓所生女子可为后宫之选,鲜卑族穆、陆、贺、刘、楼、于、嵇、尉八姓为魏高门之姓。孝文帝还规定娶嫁应据门第。此可见汉之门阀观念影响鲜卑族。

北魏孝文帝命铸太和五铢钱,并诏于是年公私用之(《资治通鉴·齐纪六》)。

按:《资治通鉴·齐纪六》曰:"先是,魏人未尝用钱。"

北魏孝文帝诏于少室山阴,立少林寺供西域沙门跋陀居之(《魏书·释老志》)。

北魏孝文帝至徐州白塔寺,令道登法师讲《成实论》(《魏书·释老志》)。

沈约仍官东阳太守(《梁书·沈约传》)。

按:系年详见林家骊《沈约研究·沈约事迹诗文系年》。

谢朓出为宣城太守(《南齐书·谢朓传》)。

按:谢朓文集中有《酬德赋》,其序曰:"建武二年,予将南牧。"故系于此。

王筠约十四岁,好抄书。

> **按**:《梁书·王筠传》载其《自序》曰:"余少好书,老而弥笃……自年十三四,齐建武年二年乙亥至梁大同六年,四十六载矣。"以建武二年,王筠十四岁为准,姑系于此。

常景为北魏律学博士。

> **按**:《洛阳伽蓝记》卷一曰:"大(按:"大"乃"太"之误)和十九年,为高祖所器,拔为律学博士。刑法疑狱,多访于景。"

郦道元为北魏御史中尉李彪引为治书侍御史。

> **按**:张鹏飞《郦道元年谱考略》曰:"《魏书·郦道元传》:'御史中尉李彪以道元秉法清勤,引为治书侍御史。'《北史》同。《魏书·李彪传》李彪被任为御史中尉,当在太和十九年五月之后,则道元之为治书侍御史只能在此后至二十二年李彪被劾之前。"

刘绘作《难何佟之南北郊牲色议》。

> **按**:据《南齐书·礼志上》载,何佟之认为南郊用骍牲,北郊用黝牲。前军长史刘绘议曰:"《语》云'犁牛之子骍且角,虽欲勿用,山川其舍诸。'未详山川合为阴祀不? 若在阴祀,则与黝乖矣。"

裴子野作《刘虬碑》。

> **按**:《南齐书·刘虬传》载刘虬卒于是年冬。其碑文载于《艺文类聚》卷三七。由碑文中"其所修孔氏之学,则儒者师之,所明释氏之教,则净行传之,所著文集,则辞人录之",可知刘虬儒佛兼宗的治学特点。

刘勰仍居定林寺协助僧祐整理佛经(牟世金《刘勰年谱汇考》)。

释法慧卒(411—)。法慧俗姓夏侯氏。少秉志精苦,律行冰严。宋大明末东游禹穴,隐于天柱山寺。诵《法华》一部。其斋食衣布,隔绝人世约三十年。不见名公王侯,唯与周颙相结纳。事迹见《高僧传》卷一二。

刘虬卒(438—)。虬字灵预,虬一作虯(今为"虬"异体)。原籍南阳涅阳,徙居江陵。宋世,为晋平王骠骑记室,当阳令。后罢官归家,累征不出。齐世,豫章王萧嶷、竟陵王萧子良屡征,固辞。虬笃信释氏,斋食礼佛,注《法华经》,并自讲佛义。《隋书·经籍志》著录征士《刘虬集》24卷,佚。今存其《答齐竟陵王萧子良书》,见《南齐书》本传,严可均辑入《全齐文》卷二〇。事迹见《南齐书》卷五四、《南史》卷五〇。

> **按**:刘虬的《无量义经序》,文载《释藏》草九又迹九,其主要宣扬"入空必顿"的观点。

江斅卒(452—)。斅字叔文,济阳考城人。幼即有"名器"之誉。尚宋孝武帝女临汝公主,拜驸马都尉,为著作郎、太子舍人、丹阳丞、侍中、国子祭酒、秘书监等职。入齐,历吏部郎、豫章王太尉谘议、竟陵王司徒司马、侍中、五兵尚书诸职。江斅本出身高门,曾对皇帝幸臣无礼,以表明其重门第观念。江斅好文辞,围棋第五品。事迹见《南齐书》卷四三、《南史》卷三六。

王逡之卒,生年不详。逡之字宣约,琅邪临沂人。少礼学博闻。初官宋江夏王刘义恭国常侍、大司马行参军。宋齐易代之际,以著作郎兼尚书左丞,参定齐国仪礼。逡之善治礼,常预议礼之事。王俭著《古今丧服集记》,逡之难俭 11 条,更著《世行》5 卷。《隋书·经籍志》著录其《丧服世行要记》10 卷。今佚。《永明起居注》据《隋书·经籍志》为 25 卷,梁 34 卷,未题逡之撰,其中或有其所作。今其书皆佚。严可均《全齐文》卷一一载其文 1 篇。事迹见《南齐书》卷五二、《南史》卷二四。

释法琳卒,生年不详。法琳俗姓乐,晋原临邛人。少出家,止蜀郡裴寺。专好戒品,研心《十诵》。法琳因蜀中无师,遂随来蜀隐公勤学,并追随其至陕西。后归蜀,止灵建寺,受益僧尼宗奉。是年,以疾卒。事迹见《高僧传》卷一一。

温子昇(—547)、羊侃(—548)、释法上(—580)生(《魏书·温子昇传》、《梁书·羊侃传》、《续高僧传·齐大统合水寺释法上传》)。

齐建武三年　北魏太和二十年　丙子　496 年

正月,北魏孝文帝与群臣论选调,强调先门第后贤才(《资治通鉴·齐纪六》)。

二月壬寅,北魏诏若非战事,须服三年丧(《魏书·高祖孝文帝纪》)。

癸丑,北魏诏介山之民寒食,以尊介子推(《魏书·高祖孝文帝纪》)。

八月,北魏太子元恂谋反(《资治通鉴·齐纪六》)。

按:据《资治通鉴·齐纪六》载,魏太子元恂居河南,恋北方故土及胡服。其乘魏孝文帝幸嵩山之际,密谋造反,败,囚于城西。是年十二月丙寅废为庶人。

十月,北魏恒州刺史穆泰谋反(《资治通鉴·齐纪六》)。

按:《资治通鉴·齐纪六》曰:"及帝南迁洛阳,所亲任者多中州儒士,宗室及代人往往不乐。……泰至,叡未发,遂相与谋作乱。"魏太子元恂和恒州刺史穆泰的谋反,反映了魏孝文帝汉化政策,尚未深入人心。

是年,北魏立四门博士。

按:《魏书·刘芳传》曰:"又去太和二十年,发敕立四门博士,于四门置学。"

张率举为秀才,除太子舍人(《梁书·张率传》)。

刘芳为魏国子祭酒,奏请立四门博士。

按:《魏书·刘芳传》曰:"又去太和二十年,发敕立四门博士,于四门置学。"又《魏书·郑道昭传》曰:"(魏孝文帝)命故御史中尉臣李彪与吏部尚书、任城王澄等妙选英儒,以崇文教。澄等依旨,置四门博士四十人,其国子博士、太学博士及国子助教,宿已简置。""四门博士"为学官名,是年国子祭酒刘芳上表请立。隋代隶属于国子监,唐始合于太学,管教七品以上侯伯子男以及有才干的庶人子弟。元以后不设。

崔鸿为北魏彭城王国左常侍。

> 按：《魏书·崔光传》曰："(鸿)太和二十年,拜彭城王国左常侍。"

道士陶弘景拒居蒋山。

> 按：贾嵩《华阳陶隐居内传》卷中曰："《本起录》云：宋明帝三年二月敕迎先生出居蒋山。先生固辞,并因江祐陈启乃停。从此使人往来,月有数四,饷赐重叠,随意所求。"

《盖拉修斯弥撒书》成,涉及祈祷、圣歌及弥撒仪式指导。

任昉作《为范始兴作求立太宰碑表》。

> 按：其表载于《文选》卷三八,文曰："故太宰竟陵文宣王臣某,与存与亡,则义刑社稷,严天配帝,则周公其人,体国端朝,出藩入守,进思必告之道,退无苟利之专,五教以伦,百揆时序。若夫一言一行,盛德之风,琴书艺业,述作之茂,道非兼济,事止乐善,亦无得而称焉。"系年据曹道衡、刘跃进《南北朝文学编年史》。

刘勰约是年整理和编定定林寺经藏(《梁书·刘勰传》)。

> 按：刘勰所编诸经目录,可参见姚名达著《中国目录学史》之《中国历代佛教目录表》,其中列有刘勰著《定林寺藏经录》。

北魏曹天护作石塔铭。

> 按：石质。全36行；经文32行；愿文4行,稍残,行18字。阴刻。1964年酒泉果园乡出土。文曰："己卯岁,有信士曹天护,仰维玄宗遐邈,非积诚无以阶；生死幽险,非智德无以断。是以每竭其私,建立斯塔。愿缘微诚,令三界群□□□□□□□□□□无上之庆。十方有识,普齐斯趣。"

北魏佚名约是年作造像铭。

> 按：在合水张家沟门石窟第5龛。阴刻。其铭文仅存3字,曰："大和廿。"其后有缺文,据推测,或是太和廿一至廿三年。姑系是年。

李谐(—544)、孔子祛(—546)生；邢邵(—569?)、释昙瑗(—577?)约生(《魏书·李谐传》、《梁书·孔子祛传》、《邢邵年谱》、《续高僧传·陈杨都光宅寺释昙瑗传》)。

齐建武四年　北魏太和二十一年　丁丑　497年

正月丙申,北魏立皇子元恪为太子(《魏书·高祖孝文帝纪》)。

齐正月庚午诏修国学。

> 按：《南齐书·明帝纪》曰："诏云：'……今华夏乂安,要荒慕向,缔修东序,实允适时。便可式依旧章,广延国胄,弘敷景业,光被后昆。'"国学在南朝几经兴废,这是南齐兴起的表现。

四月戊辰,北魏诏修尧、舜、夏禹庙(《魏书·高祖孝文帝纪》)。

五月丁亥朔,卫大国遣使向北魏贡献方物(《魏书·高祖孝文帝纪》)。

齐建武四年　北魏太和二十一年　丁丑　497年

是月壬辰,北魏遣使以太牢祭周文王于酆,祭周武王于鄗(《魏书·高祖孝文帝纪》)。

沈约仍官五兵尚书,迁国子祭酒。
按:系年详见林家骊《沈约研究·沈约事迹诗文系年》。

谢朓征为侍中、中书令,不应,仍居吴兴郡(《梁书·谢朓传》)。

江淹为黄门侍郎、领步兵校尉,寻为秘书监(《梁书·江淹传》)。
按:《梁书》本传载,江淹于建武元年出为宣城太守,"在郡四年",还京,任黄门侍郎等职。故系于此。

刘苞十六岁,移父母及两兄墓所,自营改葬(《梁书·刘苞传》)。
按:《梁书·刘苞传》曰:"苞年十六,始移墓所……天监十年,卒,时年三十。"以卒年推算,故系于此。

道士陶弘景住层楼上,欲与世隔绝。
按:贾嵩《华阳陶隐居内传》卷中曰:"《本起录》(建武)四年筑架层楼,规欲杜绝。"

释法云是年夏于妙音寺开《法华》、《净名》二经。序正条源,群分名类。学徒还凑,四众盈堂(《续高僧传·梁杨都庄严寺沙门释法云传》)。

姚方兴上伪造孔传《舜典》。
按:《尚书正义·尧典》"虞书",孔颖达《正义》曰:"时已亡失《舜典》一篇。晋末范宁为解时,已不得焉。至齐萧鸾建武四年,姚方兴于大航头得而献之。"《史通·古今正史》曰:"齐建武中,吴兴人姚方兴,采马、王之义以造孔传《舜典》,云于大航购得,诣阙以献。举朝集议,咸以为非。"

沈约约是年作《释法献碑文》。
按:《高僧传·齐上定林寺释法献传》,文曰:"献以建武末年卒,与畅同窆于钟山之阳。献弟子僧祐为造碑墓侧,丹阳尹吴兴沈约制文。献于西域所得佛牙及像,皆在上定林寺。"姑系于此。

孔稚珪作《祭外兄张长史文》。
按:张融死于是年,故系于此。《祭外兄张长史文》载于《艺文类聚》卷三八,曰:"惟君之德,高明秀挺,浩汗深度,昂藏风领,学不师古,因心则睿,筌蹄象繇,糠秕庄惠。吾与夫子,分协芳金,凭风共酒,藉月同琴。"由此文可从侧面获知张融学不师古的治学特点。

任昉作《为萧扬州荐士表》。
按:是文为萧遥光荐举王暕和王僧孺而作,此表可见任昉"英俊下僚,不可限以位貌"的取材标准。表载于《文选》卷三八。

张融作《遗令》、《戒子》。
按:据《南齐书·张融传》载,张融卒于建武四年,年五十四。遗令建白旐无疏,不设祭,令人捉麈尾登屋复魂。曰:"吾生平所善,自当凌云一笑。三千买棺,无制新衾。左手执《孝经》、《老子》,右手执小品《法华经》。妾二人,哀事毕,各遣还家。"又《南齐书·张融传》载,张融临卒,戒其子曰:"手泽存焉,父书不读!况父音情,宛在其韵。吾意不然,别遗尔音。吾文体英绝,变而屡奇,既不能远至汉魏,故无取嗟晋宋。……可号哭而看之。"

刘勰约是年作《灭惑论》。

按：《灭惑论》针对《三破论》立论，逐条进行辩驳。其文载于《弘明集》卷八，曰："《灭惑论》曰：二教真伪，焕然易辨。夫佛法练神，道教练形。形器必终，碍于一垣之里；神识无穷，再抚六合之外。明者资于无穷，教以胜慧；暗者恋其必终，诳以仙术，极于饵药。……《灭惑论》曰：太子弃妻落发，事显于经，而反白为黑，不亦周乎？夫佛家之孝，所苞盖远，理由乎心，无系于发，若爱发弃心，何取于孝？昔泰伯虞仲，断发文身，夫子两称至德中权。以俗内之贤，宜修世礼，断发让国，圣哲美谈。况般若之教，业胜中权；菩提之果，理妙克让者哉！理妙克让，故舍发取道，业胜中权，故弃迹求心。准以两贤，无缺于孝，鉴以圣境，夫何怪乎？"

释慧琳作《新安寺释玄运法师诔》。

按：释玄运，精通大小乘，张永、张融并升堂问道。文载于《广弘明集》卷二三，曰："维建武四年五月八日甲午，沙门玄运右卧不兴，神去危城。……春秋六十九，呜呼哀哉。"故系于此。

南齐张环造《金刚般若波罗蜜经》，卷一三六有题记。

按：纸质。墨书。敦煌藏经洞出品(?)。其卷一三六有题记，全20字，曰："建武四年岁在丁丑九月朔日，吴郡太守张环敬造。"

刘昶卒(436—)。昶字休道，京口人。本南朝宋文帝刘义隆第九子，封义阳王。前废帝刘子业即位，疑昶有异志，乃奔魏。入魏后，尚公主，历中书监、大将军诸职，受封为齐郡开国公，加宋王之号。《魏书》本传云"昶虽学不渊洽，略览子史，前后表启，皆其自制"。其在魏，颇见胡化现象，呵斥童仆，语杂夷夏。是年四月卒。其所作《断句》诗，逯钦立辑入《先秦汉魏晋南北朝诗·北魏诗》卷一。事迹见《魏书》卷五九、《北史》卷二九。

张融卒(444—)。融字思光，吴郡吴人。弱冠便得同郡道士陆修静赏识。其撰文思捷，好新变求奇。其行止诡激，但至孝。先后历任太傅掾、司徒从事中郎、太子中庶子、司徒左长史诸职。张融善言谈，曾与周颙遇，常以玄言相交，弥日不倦。其撰有《门律自序》及《戒子书》以训诫子侄辈。张融本传谓其有文集本数十卷，今所知者有《张融集》27卷、《玉海集》10卷、《大泽集》10卷、《金波集》60卷，俱佚。严可均《全齐文》卷一五载其文10余篇。逯钦立《先秦汉魏晋南北朝诗·齐诗》卷二载其诗5首。事迹见《南齐书》卷四一、《南史》卷三二。

按：《南齐书·张融传》曰："融自名集为《玉海》。司徒褚渊问《玉海》名，融答：'玉以比德，海崇上善。'"关于别集起源，历来颇多争论，但张融《玉海》则属于目前所能看到最早自编别集并命名的例子。关于这一点，《四库全书总目》"别集类·叙"说："集始于东汉，荀况诸集，后人追题也。其自制名者，则始张融《玉海集》。其区分部帙，则江淹有《前集》，有《后集》；梁武帝有《诗赋集》，有《文集》，有《别集》；梁元帝有《集》，有《小集》；谢朓有《集》，有《逸集》。与王筠之一官一集，沈约之《正集》百卷，又别选《集略》三十卷者，其体例均始于齐、梁。盖集之盛，自是始也。唐宋以后，名目益繁。"关于先唐别集的发展情况，也可参徐有富《先唐别集考述》。

又按：《汉魏六朝百三家题辞注·张长史集》曰："张氏世理音辞，修仪范，思光独诡越惊人，似一狂士。……自序文章云：'不阡不陌，非途非路'，后有状者，不如其善自状也。"张融之特立独行亦表现在他的学术思想上。《南齐书·张融传》曰："融玄义无师法，而神解过人，白黑谈论，鲜能抗拒。"正所谓"无师无友"，独行己道。张融在宗教、文学等方面成就颇高，他在思想上兼受儒、释、道、玄的影响，其自编文集，命以《玉海》之名，则开启了别集有专名的先例。

周弘正（　—574）生（《陈书·周弘正传》）。

齐建武五年　永泰元年　北魏太和二十二年　戊寅　498 年

三月戊申，齐明帝诏增孔子祭秩（《南齐书·明帝纪》）。

四月甲寅，齐改元永泰（《南齐书·明帝纪》）。

丁卯，会稽太守王敬则举兵反（《南齐书·明帝纪》）。

七月己酉，齐明帝萧鸾卒，齐皇太子萧宝卷继位（《南齐书·明帝纪》、《南齐书·东昏侯纪》）。

是月，北魏减皇亲俸禄（《魏书·高祖孝文帝纪》、《资治通鉴·齐纪七》）。

按：《资治通鉴·齐纪七》曰："魏彭城王勰表以一岁国秩、职俸、亲恤禅军国之用。魏主诏曰：'割身存国，理为远矣。职俸便停，亲、国听三分受一。壬午，又诏损皇后私府之半，六宫嫔御、五服男女供恤亦减半，在军者三分省一，以给军赏。"

九月己亥，北魏孝文帝以齐明帝死，下诏称"礼不伐丧"，止戈（《资治通鉴·齐纪七》）。

十月，齐诏删省科律（《南齐书·东昏侯纪》）。

齐议废学。

按：《南齐书·礼志上》载，东昏侯即位，尚书符依永明旧事废学。

沈约奏论河东王萧铉。

按：《南齐书·河东王铉传》曰："永泰元年，上疾暴甚，遂害铉，时年十九。"

萧衍行雍州府事，后都督雍梁南北秦四州、司州之随郡诸军事、辅国将军、雍州刺史（《梁书·武帝纪》）。

任昉迁中书侍郎。

按：《梁书·任昉传》曰："明帝崩，迁中书侍郎。"

谢朓迁尚书吏部郎（《南齐书·谢朓传》）。

按：据《南齐书》本传载，谢朓因启王敬则谋反而有功，迁为尚书吏部郎。故系是年。

到洽去职，避将乱之世，筑室岩阿以幽居（《梁书·到洽传》）。

法兰克人的国王克洛维一世约于此年皈依基督教。

郦道元因李彪被李冲弹劾免官,道元以属官坐免。

按:张鹏飞《郦道元年谱考略》曰:"《魏书·李彪传》:'魏孝文帝至悬瓠,仆射李冲弹劾李彪专恣,免彪所居官。……道元以属官坐免。'《北史·郦范本传》:'彪为仆射李冲所奏,道元以属官坐免。'又《魏书·高祖纪》曰:'(二十有二年春三月)辛亥,行幸悬瓠。'则可知此事发生在太和二十二年春。"

释僧范二十三岁,备通流略。

按:《续高僧传·齐邺东大觉寺释僧范传》曰:"幼游学群书,年二十三,备通流略,至于七曜九章,天文筮术,谘无再悟,徒侣万千,抵掌解颐,夸矜折角。时人语曰:相州李洪范,解彻深义;邺下张宾生,领悟无遗。……时当正午,遗诫而卒于邺东大觉寺。时春秋八十,即天保六年三月二日也。"

萧琛作《嗣君庙见议》。

按:《南齐书·礼志上》曰:"永泰元年,有司议应庙见不?尚书令徐孝嗣议:'嗣君即位,并无庙见之文,蕃支篡业,乃有虔谒之礼。'左丞萧琛议:'窃闻祗见厥祖,义著《商书》,朝于武宫,事光晋册。岂有正位居尊,继业承天,而不虔觐祖宗,格于太室。……夫时非异主,犹不疑二礼相因,况位隔君臣,而追以一谒兼敬。宜远纂周、汉之盛范,近黜晋、宋之乖义,展诚一庙,骏奔万国。'奏可。"萧琛引前代诸典故事反驳徐孝嗣之议,提出嗣君即位,理应朝庙的观点。

任昉作《齐明帝谥议》。

按:此文旨在宣扬明帝萧鸾推崇孝义的政绩,文载见于《艺文类聚》卷一四。

谢朓作《齐明皇帝谥策文》、《齐敬皇后哀策文》。

按:《齐明皇帝谥策文》载《艺文类聚》卷一四及《文苑英华》卷八三五。《敬皇后哀册文》,载于《文选》卷五八、《艺文类聚》卷一五及《初学记》卷一〇,曰:"惟永泰元年秋九月朔日,敬皇后梓宫启自先茔,将祔于某陵。"故系于此。

曹思文作《国讳不宜废学表》。

按:《南齐书·礼志上》曰:"建武四年正月,诏立学。永泰元年,东昏侯即位,尚书符依永明旧事废学。领国子助教曹思文上表曰:'……今制书既下,而废学先闻……古之教者,家有塾,党有庠,术有序,国有学,以讽诵相摩。今学非唯不宜废而已,乃宜更崇尚其道,望古作规,使郡县有学,乡闾立教。请付尚书及二学详议。'有司奏。从之。学竟不立。"《南齐书·武帝纪》载,建元四年正月,萧道成下诏建立国学。同年三月,萧道成去世,萧赜即位,九月以国丧废除国学,次年改元永明,也就是尚书省符表中所说"依永明旧事废学"。萧赜太子萧长懋于永明十一年正月去世。

刘勰约是年始著《文心雕龙》(牟世金《刘勰年谱汇考》)。

沈约作《桐柏山金庭馆碑》。

按:此文颇见沈约之道家思想倾向,载《艺文类聚》卷七八。参见林家骊《沈约研究·沈约事迹诗文系年》。

释僧懿约是年作《伐魔诏并序》、《奉伐敕启》、《慰劳魔书》、《檄魔文》、《魔主报檄文》、《破魔露布文》、《平魔赦文》、《奉平魔赦文启》、《平心露布文》等。

按:僧懿,俗姓王,字太兴,京兆王之推之子。《魏书·京兆王子推附传》曰:"子太兴,袭。拜长安镇都大将,以黩货,削除官爵。……未几便愈,遂请为沙门,表十余上,乃见许。时高祖南讨在军,诏皇太子于四月八日为之下发,施帛二千匹,既为沙门,更名僧懿。居嵩山,太和二十二年终。"胡全银《〈全后魏文〉编年补正》曰:"《魏书·高祖纪》载,太和二十年十一月,复封前京兆王太兴为西河王,故表请出家当在是年后,又,此后高祖南讨,惟有太和二十二年四月,高祖在悬瓠,皇太子当为李恪。太和二十二年终,故僧懿出家仅此一年。本文及以下八篇当作于是年或稍前。"

释法安卒(454—)。法安俗姓毕,东平人。三国魏司隶校尉毕轨之后。七岁出家,师从白马寺慧光。述《佛性》,张永为之叹赏。后显誉京朝,流名四远。随王僧虔出镇湘州,后南迁番禺,问论于攸公。齐永明中还建康,止中寺,讲《涅槃》、《维摩》、《十地》、《成实论》,相继不绝。齐竟陵王萧子良及张融、何胤、刘绘、刘瓛等并禀服文义,共为法友。著有《净名》、《十地义疏》,并《僧传》5卷。事迹见《高僧传》卷八。

颜协(—539)、苏绰(—546)、高琳(—572)生(《梁书·颜协传》、《周书·苏绰传》、《周书·高琳传》)。

齐东昏侯萧宝卷永元元年　北魏太和二十三年　己卯 499年

正月戊寅朔,齐改元永元(《南齐书·东昏侯纪》)。

是月,齐策孝廉、秀才,考课百司(《南齐书·东昏侯纪》)。

四月丙午朔,北魏孝文帝死。太子元恪即帝位(《魏书·高祖孝文帝纪》、《魏书·世宗宣武帝纪》)。

按:北魏孝文帝(467—),鲜卑族。原名拓跋宏,因改汉姓为元,故称元宏。三岁立为皇太子,五岁受禅,初由太皇太后冯氏临朝称制。魏孝文帝对汉族政治文化的学习和接受程度很深。太和十四年亲政后,制定并实施一系列汉化政策,如迁都洛阳,禁胡服胡语,改诸鲜卑姓为汉姓,等等。尽管鲜卑族的贵族对汉化政策有较多的抵制和反对,如废太子元恂等,但孝文帝坚持对北魏进行汉化改革。其大力改革政策,推进了汉民族和各少数民族的融合,加快了北方经济建设,同时也对各民族的文化学术交流起了推动作用。《魏书·高祖孝文帝纪》称:元宏"雅好读书,手不释卷。五经之义,览之便讲,学不师受,探其精奥。史传百家,无不该涉。善谈《庄》、《老》,尤精释义。才藻富赡,好为文章,诗赋铭颂,任兴而作。有大文笔,马上口授,及其成也,不改一字。自太和十年已后诏册,皆帝之文也。自余文章,百有余篇"。《隋书·经籍志》著录《后魏孝文帝集》39卷。其所作公文,多保存于《魏书》中,严可均辑入《全后魏文》,凡4卷。逯钦立《先秦汉魏晋南北朝诗·北魏诗》卷一载其诗1首、歌1首。事迹见《魏书》卷七、《北史》卷三。

八月,齐始安王萧遥光反,败(《南齐书·东昏侯传》)。

十月,邓至国王像舒彭向北魏朝贺(《魏书·世祖宣帝纪》)。

是年,北魏令王肃制官品百司,效南朝凡九品,每品各有正、从二品(《资治通鉴·齐纪八》)。

沈约迁左卫将军，寻加通直散骑常侍（林家骊《沈约研究·沈约事迹诗文系年》）。

陆倕、张率约是年为沈约所赏识。

按：《梁书·张率传》曰："与同郡陆倕幼相友狎，常同载诣左卫将军沈约，适值任昉在焉，约乃谓昉曰：'此二子后进才秀，皆南金也，卿可与定交。'由此与昉友善。"沈约是年迁左卫将军，故姑系是年。

孔稚珪为都官尚书，迁太子詹事，加散骑常侍（《南齐书·孔稚珪传》）。

王肃被诬告为暗通南齐，元澄欲治以叛逆罪，不成，反免官归第（《魏书·任城王澄传》）。

按：鲜卑人与汉人之矛盾尚未完全消除。

李彪请求复修国史，北魏世宗不许。

按：《魏书·李彪传》曰："高祖崩，世宗践祚，彪自托于王肃，又与邢峦诗书往来，迭相称重，因论求复旧职，修史官之事，肃等许为左右，彪乃表曰……时司空北海王详、尚书令王肃以其无禄，颇相赈饷，遂在秘书省同王隐故事，白衣修史。世宗亲政，崔光表曰：'伏见前御史中尉臣李彪，凤怀美意，创刊魏典……愚谓宜申以常伯，正绾著作……'世宗不许。"魏世宗宣帝于是年登祚，故系于此。

道士陶弘景移住，与物顿隔。

按：贾嵩《华阳陶隐居内传》卷中曰："永元元年移住，便与物顿隔。外间简牍亦削去。于是便与物顿隔，晨昏供侍一两人而已。"

释僧旻三十三岁，被敕入华林园，不就。

按：《续高僧传·梁杨都庄严寺沙门释僧旻传》曰："永元元年，敕僧局请三十僧入华林园夏讲。僧正拟旻为法主，旻止之。"

李彪作《求复修国史表》。

按：参见是年"李彪请求复修国史，北魏世宗不许"条。

萧遥光作《诛谢朓启》。

按：张卫宏《〈全齐文〉编年考》曰："《南齐书》卷四十七《谢朓传》：'东昏失德，江祏欲立始安王遥光，遥光密致意于朓，朓惧见引，即以祏等谋告左兴盛。祏闻，以告遥光，遥光大怒，乃称敕诏朓，付廷尉，与徐孝嗣、祏、暄等联名启诛朓。'又《南齐书·东昏侯纪》载：'永元元年八月丙午，扬州刺史始安王遥光据东府反，诏曲赦京邑，中外戒严。尚书令徐孝嗣以下屯卫宫城。遣领军将军萧坦之率六军讨之。戊午，斩遥光传首。'由上可判定，本文当作于永元元年（499年）八月丙午之前。"

道士陶弘景作《授陆敬游十赍文》。

按：贾嵩《华阳陶隐居内传》卷中曰："永元元年移住……是岁，命弟子戴坦秉策执简，授门人吴郡陆敬游建连石之邑并《十赍》。"文载于其本集，由此十文可见陶弘景的隐逸思想。尤以其一为著，其文曰："隐居先生遣总事弟子戴坦秉策执简，滕授前学弟子吴郡陆敬游建连石之邑，为栖静处士，策文曰……"

释僧印卒（435—　）。僧印俗姓朱，寿春人。性沉敏好学。初随彭城昙度学《三论》，得其精微。后从庐山释慧龙咨受《法华》，颇得新解。东适建康，止中兴寺，复陶思《涅槃》及其余经典。宋大明中，何点招僧大集，请印为法匠。竟陵王萧子良、东海徐孝嗣,并挹敬风猷,屡请讲说。印学涉众典,而偏以《法华》著名。事迹见《高僧传》卷八。

杜京产卒(437—)。京产,字景齐。吴郡钱唐人。其父道鞠,善弹棋,其家世传五斗米道至京产及子栖。杜京产恬静无宦意,泰始中,挂冠归山。其专精黄老,博学弘广,玄、儒、史、子皆通,且文艺亦擅,受到孔稚珪、周颙、陆澄、沈约等人推崇。建元中,请刘瓛至其舍讲书授学。永明中,受孔稚珪等人表荐,不报。建武初,征为员外散骑常侍,固辞。事迹见《南齐书》卷五四、《南史》卷七五。

徐孝嗣卒(453—)。孝嗣字始昌,东海郯人。宋司空徐湛之孙。少为宋孝武帝所赏,拜驸马都尉。明帝泰始时,尚康乐公主,除著作郎。齐台建,历晋陵太守、尚书吏部郎、御史中丞、五兵尚书、右仆射、丹阳尹诸职。其职位高,而不自矜伐,颇得民情物望。是年因废立事不和群小之议而遭杀害。《隋书·经籍志》著录齐太尉《徐孝嗣集》10卷,梁7卷。严可均《全齐文》卷二〇载其文4篇。逯钦立《先秦汉魏晋南北朝诗·齐诗》卷二载其诗3首。事迹见《南齐书》卷四四、《南史》卷一五。

谢朓卒(464—)。朓字玄晖,陈郡阳夏人。少好学,以文辞清丽著称。初为豫章王太尉行参军、随王萧子隆功曹、新安王中书记室等职,朓以文才见赏于诸王。后游于萧子良西邸学士府,成为著名"竟陵八友"之一,与沈约、王融等人共同推动声律说的发展。齐明帝即位后,历仕宣城太守、南东海太守、吏部尚书诸职。后因不从江祐、萧遥光等人谋反,而遭杀害。《隋书·经籍志》著录《谢朓集》本12卷,又《逸集》1卷。《旧唐书·经籍志下》、《新唐书·艺文志第五〇》云10卷,则唐时已有散佚。今本《谢宣城集》5卷,为南宋楼钥取其前5卷诗赋刻印,后之刊本皆从楼本出,然于诗赋外文章已多残缺。严可均《全齐文》卷二三载其文28篇。逯钦立《先秦汉魏晋南北朝诗·齐诗》卷三、卷四载其诗2卷。事迹见《南齐书》卷四七、《南史》卷一九。

按:谢朓诗歌实开唐律诗之先声,对五言诗律化影响很大。《汉魏六朝百三家集题辞注·谢宣城集》曰:"李青莲论诗,目无往古,惟于谢玄晖三四称服……梁武帝绝重谢诗,云:'三日不读,即觉口臭。'简文《与湘东书》,推为'文章冠冕,述作楷模'。刘孝绰日置几案,沈休文每称未有,其见贵当时,又复如是。今反覆诵之,益信古人知言。虽渐启唐风,微逊康乐,要已高步诸谢矣。"关于谢朓对诗歌的贡献可详参魏耕原、魏景波《南齐文运转关与谢朓诗风新变——兼论大小谢诗风的因革嬗变》。又,谢朓不仅工诗文,还精于书法。《南齐书》本传云"善草隶"。

崔慰祖卒(465—)。慰祖字悦宗,清河东武城人。解褐奉朝请。其性慷慨,散家财于宗族。又好学博览,聚书至万卷。沈约、谢朓尝问慰祖地理中所不悉者十余事,慰祖皆对答精详,朓叹谓"假使班马复生,无以过此"。历为始安王抚军墨曹行参军、记室等。著《海岱志》,自太公迄西晋人物,为40卷,未成而卒。《海岱志》,《隋书·经籍志》著录为20卷,今佚。事迹见《南齐书》卷五二、《南史》卷七二。

按:《南齐书·崔慰祖传》曰:"临卒,与从弟纬书云:'常欲注迁固二史,采《史》、

《汉》所(泥)[漏]二百余事，在厨簏，可检写之，以存大意。《海岱志》良未周悉，可写数本，付护军诸从事人一通，及友人任昉、徐夤、刘洋、裴揆。'"

陆厥卒(472—　)。厥字韩卿，吴郡吴人。州举秀才，为王晏少傅主簿，迁后军行参军。陆厥好属文，对五言诗的新变有较大贡献。齐永明末曾与沈约书，论"永明体"之得失。是年，萧遥光反，陆厥及父闲皆坐。后赦，厥悲亡父而卒。《隋书·经籍志》著录齐后军法曹参军《陆厥集》8卷，梁10卷。严可均《全齐文》卷三四载其文1篇。逯钦立《先秦汉魏晋南北朝诗·齐诗》卷五载其诗10首。事迹见《南齐书》卷五二、《南史》卷四八。

按：有关陆厥与沈约声律论争一事，吴正岚在《论沈约陆厥的声律之争与沈氏家族文化的关系》一文说："从表面来看，双方争论的焦点在于昔人有无宫商声律之用，实质上，沈、陆论争反映了双方对儒家传统五声与永明四声体系的不同看法。……由军功起家的吴姓新贵沈氏文化的尚俗，有别于陆氏等吴姓旧族文化的崇雅。"

韩显宗卒，生年不详。显宗字茂亲，昌黎棘城人。性刚直，有才学，早年颖悟。太和初除著作佐郎，后兼中书侍郎。历任右军府长史、征虏将军等。后为尚书张彝奏免官，郁郁而卒。魏迁都洛阳，显宗多次陈言建策。显宗善文，其《燕志》等得魏孝文帝称赏。《魏书》本传谓"撰冯氏《燕志》、《孝友传》各十卷，所作文章，颇传于世"，《隋书·经籍志》著录后魏著作佐郎《韩显宗集》10卷，然除《赠李彪诗》外，唯其本传所载奏章尚存。事迹见《魏书》卷五二、《北史·韩麒麟传》附。

虞炎约卒，生年不详。炎，会稽人。在齐，任散骑常侍、骠骑将军等职。齐武帝永明时，以文学与沈约俱为文惠太子萧长懋所遇，官至骁骑将军。曾奉萧长懋命，编定宋鲍照诗文为《鲍照集》并作序。《隋书·经籍志》著录《虞炎集》7卷，佚。严可均《全齐文》卷二五载其文2篇。逯钦立《先秦汉魏晋南北朝诗·齐诗》卷五载其诗4首。事迹散见《南齐书·陆厥传附》、《南史·陆慧晓传附》。

萧机(　—528)、张缵(　—549)生(《梁书·萧机传》、《梁书·张缵传》)。

齐永元二年　北魏宣武帝元恪景明元年　庚辰　500年

正月乙巳，北魏大赦，改元景明(《魏书·世宗宣武纪》)。

六月，大阳蛮田育丘等附北魏，北魏置四郡十八县(《资治通鉴·齐纪九》)。

七月庚子，吐谷浑国遣使向北魏贡献方物(《魏书·世宗宣武纪》)。

八月乙酉，齐陈伯之攻北魏寿阳，大败，淮南郡县入于北魏(《资治通鉴·齐纪九》)。

齐东昏侯大兴土木，营建芳乐、玉寿诸宫殿，盘剥百姓(《资治通鉴·齐纪九》)。

十月己卯,齐尚书令萧懿被害(《梁书·武帝纪》、《资治通鉴·齐纪九》)。

十一月甲寅,齐西中郎长史萧颖胄起兵江陵(《南齐书·东昏侯纪》、《资治通鉴·齐纪九》)。

十二月,雍州刺史萧衍起兵襄阳,欲尊奉萧宝融(《南齐书·东昏侯纪》、《梁书·武帝纪》)。

是年,北魏在洛阳南伊阙山为高祖孝文帝、文昭皇太后造石窟佛像。

按:《魏书·释老志》曰:"景明初,世宗诏大长秋卿白整准代京灵严寺石窟,于洛南伊阙山,为高祖、文昭皇太后营石窟二所。……从景明元年至正光四年六月已前,用功八十万二千三百六十六。"伊阙山又名龙门山,自魏太和十八年前后始凿石窟佛像,延续至唐代,历时四百余年。

沈约以母老表求解职,改授冠军将军、司徒左长史、征虏将军、南清河太守(《梁书·沈约传》)。

谢朓诏征为散骑常侍、中书监,不就(《梁书·谢朓传》)。

何胤诏征为散骑常侍、太常卿,亦不就(《梁书·谢朓传》、《梁书·何胤传》)。

刘绘十二月为雍州刺史以代萧衍,固辞(《南齐书·刘绘传》)。

江淹约是年以秘书监兼卫尉(《梁书·江淹传》)。

任昉约是年得幸臣梅虫儿提携,为中书郎(《南史·任昉传》)。

范云为国子博士(《梁书·范云传》)。

谢举为太常博士。

按:《南史·谢举传》曰:"弱冠丁父忧……服阕,为太常博士。"谢举为谢瀹之子,谢瀹卒于永泰元年(498年),至是年,服竟,故系于此。《南史》本传载:"举尤长玄理及释氏义,为晋陵郡时,常与义学僧递讲经论,征士何胤自虎丘山出赴之,其盛如此。先是,北度人卢广有儒术,为国子博士,于学发讲,仆射徐勉以下毕至。举造坐,屡折广,辞理遒迈。广深叹服,仍以所执麈尾、斑竹杖、滑石书格荐之,以况重席焉。"由上可知,谢举兼通儒、玄、释三教。

刘芳时为北魏侍中,上表请立学。

按:《魏书·刘芳传》曰:"及世宗即位,芳手加衮冕。……寻正侍中、祭酒、中正并如故。芳表曰:'夫为国家者,罔不崇儒尊道,学校为先……求集名儒礼官,议其定所。'从之。"

孙惠蔚时为北魏秘书丞,上疏请求校定东观典籍。

按:《魏书·孙惠蔚传》曰:"惠蔚既入东观,见典籍未周,乃上疏曰:'……臣今依前丞臣卢昶所撰《甲乙新录》,欲禅残补阙,损并有无,校练句读,以为定本,次第均写,永为常式。其省先无本者,广加推寻,搜求令足。然经记浩博,诸子纷纶,部帙既多,章篇纰缪。当非一二校书,岁月可了。今求令四门博士及在京儒生四十人,在秘书省专精校考,参定字义。如蒙听许,则典文允正,群书大集。'诏许之。"

袁翻约是年为北魏著作郎,参史事(《魏书·袁翻传》)。

释智藏重游禹穴,居法华山,继众弘业(《续高僧传·梁钟山开善寺沙门释智藏传》)。

释法上六岁，礼佛诵经，颇得时誉。

按：《续高僧传·齐大统合水寺释法上传》曰："诵《维摩》、《胜鬘》卷讫而卒于合水故房。春秋八十有六，即周大象二年七月。"以卒年推算，故系是年。

希腊文和拉丁文的《新约全书》成。

马其顿的约翰尼斯·斯多贝奥斯发表希腊文学选集。

沈约作《大赦诏》、《封李居士等诏》（林家骊《沈约研究·沈约事迹诗文系年》）。

常景约是年作《司马相如赞》、《王褒赞》、《严君平赞》、《扬雄赞》。

按：《魏书·常景传》曰："景淹滞门下积岁，不至显官。以蜀司马相如、王褒、严君平、扬子云等四贤皆有高才而无重位，乃托意以赞之……景在枢密十有余年，为侍中崔光、卢昶、游肇、元晖尤所知赏，累迁积射将军，给事中。延昌初，东宫建，兼太子屯骑校尉，录事皆如故。其年，受敕撰门下诏书，凡四十卷。"胡全银《〈全后魏文〉编年补正》曰："《魏书·世宗纪》载，延昌元年冬十月，乙亥，立皇子诩为皇太子。以'景在枢密十有余年'推，景淹滞门下积岁应在景明元年左右。"

刘芳约是年作《立学表》。

按：《魏书·刘芳传》曰："及南徐州刺史沈陵外叛，徐州大水，遣芳抚慰赈恤之。寻正侍中，祭酒、中正并如故。芳表曰：'夫为国家者，罔不崇儒尊道，学校为先，诚复政有质文，兹范不易，谅由万端资始，众务禀法故也。唐虞已往，典籍无据；隆周以降，任居虎门。《周礼·大司乐》云："师氏，掌以媺诏王。居虎门之左，司王朝，掌国中失之事，以教国子弟。"蔡氏《劝学篇》云："周之师氏，居虎门左，敷陈六艺，以教国子。"今之祭酒，即周师氏。《洛阳记》："国子学宫与天子宫对，太学在开阳门外。"案《学记》云："古之王者，建国亲民，教学为先。"郑氏注云："内则设师保以教，使国子学焉，外则有太学、庠序之官。"由斯而言，国学在内，太学在外，明矣。案如《洛阳记》，犹有仿像。臣愚谓：今既徙县崧瀍，皇居伊洛，宫阙府寺，金复故趾，至于国学，岂可舛替？校量旧事，应在宫门之左。至如太学，基所炳在，仍旧营构。又去太和二十年，发敕立四门博士，于四门置学。臣案：自周已上，学惟以二，或尚西，或尚东，或贵在国，或贵在郊。爰暨周室，学盖有六。师氏居内，太学在国，四小在郊。《礼记》云周人"养庶老于虞庠，虞庠在国之西郊"。《礼》又云："天子设四学，当入学而太子齿。"注云："四学，周四郊之虞庠也。"案《大戴·保傅篇》云："帝入东学，尚亲而贵仁；帝入南学，尚齿而贵信；帝入西学，尚贤而贵德；帝入北学，尚贵而尊爵；帝入太学，承师而问道。"周之五学，于此弥彰。案郑注《学记》，周则六学。所以然者，注云："内则设师保以教，使国子学焉，外则有太学、庠序之官。"此其证也。汉魏已降，无复四郊。谨寻先旨，宜在四门。案王肃注云："天子四郊有学，去王都五十里。"考之郑氏，不云远近。今太学故坊，基趾宽旷，四郊别置，相去辽阔，检督难周。计太学坊并作四门，犹为太广。以臣愚量，同处无嫌。且今时制置，多循中代，未审四学应从古不？求集名儒礼官，议其定所。'从之。"胡全银《〈全后魏文〉编年补正》《魏书·世宗纪》载，太和二十三年八月，南徐州刺史沈陵外叛，推出本文作于是时稍后。姑系文于景明初。

崔鸿始著《十六国春秋》。

按：此书撰著的时间，据崔鸿《上书表》（载《魏书·崔鸿传》），谓始于宣武帝景明元年（500年）。

道士陶弘景撰《肘后百一方》及《效验方》。

按：《肘后百一方序》曰："太岁庚辰，隐居曰：'余宅身幽岭，迄将十载，虽每植德施功,多止一时之设。可以传方远裔者,莫过于撰述,见葛氏《肘后救卒》,殊足申一隅之思。夫生人所为大患,莫急乎疾,疾而不治,犹救火而不以水也。今辇掖左右,药师易寻,郊郭之外,已似难值,况穷村迥野,遥山绝浦,其间枉夭,安可胜言。……抱朴此制,实为深益。然尚阙漏,未尽其善,辄更采集补阙,凡一百一首,以朱书甄别,为《肘后百一方》。于杂病单治,略为周遍矣。……上自通人,下达众庶,莫不各加缮写而究括之。余又别撰《效验方》五卷,具论诸病证候,因药变通,而并是大治。……寻葛氏旧方,至今已二百许年,播于海内,因而齐者,其效实多。余今重以该要,庶亦传之于千祀,岂止于空卫我躬乎!'"此序介绍了陶弘景著《肘后百一方》的源起。他欣赏葛洪《肘后救卒》,志在撰述,又虑及百姓疾病,忧其无药可医,故对葛氏之作加以补阙,撰成《肘后百一方》。此外,他还别撰论各种病症症状的《效验方》五卷以济世救人。据序首"太岁庚辰",故系是年。

北魏比丘昙兴写《维摩义记》,有题记。

按:纸质。墨书。敦煌藏经洞出品。其题记全1行,21字,曰:"景明元年二月廿二日,比丘昙兴于定州丰乐寺写讫。"

北魏比丘昙颜写《羯磨》,有题记。

按:纸质。墨书。敦煌藏经洞出品(?)。其题记全1行,12字,曰:"景明元年,比丘昙颜所写羯磨。"

又按:据王素、李方著《魏晋南北朝敦煌文献编年》考证,作于是年前的北魏敦煌佛教文献尚有:

1. 北魏沙门惠朗供养《增一阿含经》。纸质,墨书,敦煌藏经洞出品。其卷七有题记,全2行,行7—8字,曰:"沙门释惠朗经供养,第七、廿七纸,校已。"

2. 北魏杨法仲供养《华严经》。纸质,墨书,敦煌藏经洞出品。其卷四〇有题记,全1行,7字,曰:"杨法仲所供养经。"

3. 北魏尹黄睹供养《妙法莲华经》。纸质,墨书,敦煌藏经洞出品。其卷五有题记,全1行,10字,曰:"倩(清)信士尹黄睹所供养经。"

4. 北魏比丘智真供养《维摩诘经解》。纸质,墨书,敦煌藏经洞出品。其卷一有题记,全1行,8字,曰:"比丘智真所供养经。"

5. 北魏比丘法咸供养《大般涅槃经》。纸质,墨书,敦煌藏经洞出品。其卷二九有题记,全2行,行3—8字,曰:"比丘法咸所供养经,二校已。"

6. 北魏比丘善慈供养《大般涅槃经》。纸质,墨书,敦煌藏经洞出品。其卷三五有题记,全1行,7字,曰:"比丘善慈所供养。"

7. 北魏□保宗供养《中论》。纸质,墨书,1944年8月敦煌莫高窟土地庙残塑像中发现。其第二有题记,全1行,稍残,存6字,曰:"□保宗所供养经。"

8. 北魏法师政普供养《阿毗昙心》。纸质,墨书,敦煌藏经洞出品。其卷下有题记,全2行,行8—12字,曰:"法师政普所供养经。书拙趣存本而已。用纸十九张。"

9. 北魏尼元晖供养《十诵比丘尼波罗提木叉戒本》。纸质,墨书,敦煌藏经洞出品。其题记全1行,9字,曰:"比丘尼元晖所供养经。"

10. 北魏比丘道惠等供养《戒本》。纸质,墨书,敦煌藏经洞出品。其题记全2行,行8—9字,曰:"比丘道惠所恭(供)养经。太岁在卯,比丘须知书。"

11. 北魏道人惠达写《增一阿含经》。纸质,墨书,敦煌藏经洞出品。其卷二七有题记,全1行,10字,曰:"法师宝邙经,道人惠达写。"

12. 北魏比丘安弘嵩写《摩诃般若波罗蜜经》。纸质,墨书,敦煌藏经洞出品。其卷五九有题记,全1行,12字,曰:"法师帛慧融经,比丘安弘嵩写。"据考证,此经抄写于是年前。

13. 北魏佚名写《道行般若经》。纸质,墨书,敦煌藏经洞出品。其卷六、卷七有题记,全1行,5字,曰:"用纸十五枚。"

14. 北魏佚名写《道行般若经》。纸质,墨书,敦煌藏经洞出品。其卷九有题记,全2行,6字,曰:"一交(校)已,十七纸。"

15. 北魏比丘德贤写《大般涅槃经》。纸质,墨书,敦煌藏经洞出品。其卷七有题记,全1行,7字,曰:"一校,比丘德贤书。"

16. 北魏比丘德念写《大般涅槃经》。纸质,墨书,敦煌藏经洞出品。其卷二三有题记,全2行,行3—8字,曰:"一校竟,比丘德念写供养之。"

17. 北魏道人普惠写《大般涅槃经》。纸质,墨书,敦煌藏经洞出品。其卷二六有题记,全1行,13字,曰:"亡道人普惠所写,与弟弘翊供养。"

18. 北魏佚名写《大般涅槃经》。纸质,墨书,敦煌藏经洞出品。其卷三四有题记,全1行,2字,曰:"一校。"

19. 北魏郑天狗写《大般涅槃经》。纸质,墨书,1944年8月敦煌莫高窟土地庙残塑像中发现。其卷三八有题记,全24字,曰:"清信士郑天狗,为父奋所写供养经。一校定。苏阿陀所供养经。"

20. 北魏张双周写《佛说观佛三昧海经》。纸质,墨书,敦煌藏经洞出品。其卷四有题记,全2行,行3—16字,曰:"信士张双周,为命过妻令狐胤姬写供养。二校竟。"

21. 北魏比丘僧爱写《大方等陀罗尼经》。纸质,墨书,敦煌藏经洞出品。其卷二有题记,全3行,行3—8字,曰:"比丘僧爱所写供养。用纸十七张。一校已。"

22. 北魏比丘法腾写《十诵毗尼初诵》。纸质,墨书,敦煌藏经洞出品。其卷五有题记,全3行,行4—11字,曰:"比丘法腾书此毗尼一卷,拙。定法师经。萨波多毗尼。一校。"

23. 北魏沙门弘文写《四分律比丘戒本》。纸质,墨书,敦煌藏经洞出品。其题记全2行,行6—15字,曰:"沙门弘文手书诵读,愿一切比丘奉行,速成无上道果。"

24. 北魏惠业写《羯磨》。纸质,墨书,敦煌藏经洞出品。其第八有题记,全1行,3字,曰:"惠业记。"

25. 北魏比丘德朗写《大智度论》。纸质,墨书,敦煌藏经洞出品。其卷六七有题记,全1行,5字,曰:"比丘德朗经。"

26. 北魏佚名写《大比丘尼戒经》。纸质,墨书,敦煌藏经洞出品。其题记全1行,3字,曰:"一校竟。"

27. 北魏道人惠俊等校《大般涅槃经》。纸质,墨书,敦煌藏经洞出品。其卷一一有题记,全2行,行4—6字,曰:"一校道人惠俊,再校玄秀。"

28. 北魏法相校《佛说海龙王经》。纸质,墨书,敦煌藏经洞出品。其题记全3行,行2—3字,曰:"卅七纸。校竟。法相校。"

29. 北魏僧灵寂等校《十诵律》。纸质,墨书,敦煌藏经洞出品。其第七有题记,全1行,11字,曰:"已二校。僧灵寂、僧弘文、僧腾。"

30. 北魏道通等校《大智度论》。纸质,墨书,1944年8月敦煌莫高窟土地庙残塑像中发现。其卷二一有题记,全12字,曰:"纸廿二张。一校道通、比丘僧泰。"据考证,此经校于是年前。

31. 北魏进业校《大智度论》。纸质,墨书,敦煌藏经洞出品。其卷五七有题记,全2行,行3—5字,曰:"十一张。一校已。进业。"

齐永元二年　北魏宣武帝元恪景明元年　庚辰　500 年

释法愿卒（414—　）。法愿俗姓钟，名武厉，先颍川长社人。祖世避难，移居吴兴长城。家本事神，身习鼓舞，备精世间杂技及耆父占相。知阴阳秘术，因善相闻于宋太祖，敕住后堂。后启求出家，三启方遂，为上定林释慧远弟子。宗悫、萧子良等礼接之。太始六年，佼长生舍宅为寺，名正胜，请愿居之。愿又善唱导，及依经说法，率自心抱，无事宫商，言语讹杂，唯以适机为要。事迹见《高僧传》卷一三。

祖冲之卒（429—　）。冲之字文远，范阳蓟（《南史》本传作"遒"）人。宋齐两朝，历任南徐州从事史、公府参军、娄县令、长水校尉等职。祖冲之好稽古，能巧思。宋元嘉中，曾上表请求更造新历法，以代替何承天所制，是为《大明历》，但未施行。其改进指南车，造欹器、解钟律，还改造诸葛亮木牛流马，又制造千里船等。祖冲之一生著述宏富，有《缀术》和《九章术义注》等数学著作，及《释论语》、《释孝经》、《易义》、《老子义》、《庄子义》等儒、释、道方面的著作，并佚。又著《述异志》10卷，佚。鲁迅《古小说钩沉》有辑本。《隋书·经籍志》著录长水校尉《祖冲之集》51卷，佚。严可均《全齐文》卷一六载其文2篇。事迹见《南齐书》卷五二、《南史》卷七二。

按：《隋书·律历志上》曰："古之九数，圆周率三，圆径率一，其术疏舛。自刘歆、张衡、刘徽、王蕃、皮延宗之徒，各设新率，未臻折衷。宋末，南徐州从事史祖冲之，更开密法，以圆径一亿为一丈，圆周盈数三丈一尺四寸一分五厘九毫二秒七忽，朒数三丈一尺四寸一分五厘九毫二秒六忽，正数在盈朒二限之间。……指要精密，算氏之最者也。所著之书，名为《缀术》，学官莫能究其深奥，是故废而不理。"关于祖冲之自然科学方面的重大成就，可参看张小礼《祖率：古代数学的一座丰碑——纪念祖冲之逝世1500年》、张惠民《祖冲之家族的天文历算研究及其贡献》等研究论文。

释智称卒（429—　）。智称俗姓裴，本河东闻喜人，三国魏冀州刺史裴徽之后。其祖避难寓居京口。年十七，随王玄谟、申坦北讨狝狁。事宁解甲，遇读《瑞应经》，有所悟。遂请南涧禅房宗公为其受戒。后追依益州仰禅师。年三十六出家，又东下江陵，从隐、具二师受禅律。专精律部，大明《十诵》，又诵《小品》一部。竟陵王萧子良请于普弘讲律，僧众数百，皆执卷承旨。著《十诵义记》8卷，盛行于世。其事迹见《高僧传》卷一一。

释法度卒（437—　）。法度，黄龙人，少出家，游学北土。时有释法绍，业行清苦，誉齐于度，而学解优之，故时人号曰"北山二圣"。齐竟陵王萧子良、始安王萧遥光恭以师礼之，资给四事。法度偏讲《无量寿经》，积有遍数。事迹见《高僧传》卷八。

释法镜卒（437—　），法镜俗姓张，吴兴乌程人。幼有志于佛法，但未得师从。后因慧益而得度，事释法愿为师，研习唱导，有迈终古，得齐竟陵王萧子良非常礼遇。法镜誓心弘道，有请必行。齐建武初，以其信施立齐隆寺使居之。其义学未精深，但能领悟自然。事迹见《高僧传》卷一三。

陆慧晓约卒（439—　）。慧晓字叔明，吴郡吴人。宋时曾应州辟，举秀才，历卫尉史、诸府行参军、尚书殿中郎。齐代宋，历太子洗马、长沙王镇军谘议参军、始兴王前将军安西谘议、西中郎长史、吏部郎、五兵尚书、南兖州刺史等职。以疾归而卒。陆慧晓性耿介，居官清正不阿。曾预西邸府抄书活动。逯钦立《先秦汉魏晋南北朝诗·齐诗》卷五载其诗1首。事迹见《南齐书》卷四六、《南史》卷四八。

> **按：**《南齐书·崔慧景传》载，崔慧（一作"惠"）景是年起兵，攻京师。朝廷讨之，平。《南齐书·陆慧晓传》曰："崔惠景事平，领右军将军……至镇俄尔，以疾归，卒。"故系于此。

谢征（ —536）、周弘直（ —575）生（《梁书·谢征传》、《陈书·周弘直传》）。

齐永元三年　齐和帝萧宝融中兴元年
北魏景明二年　辛巳　501年

正月乙巳，齐南康王萧宝融称相国，以萧颖胄为左长史，萧衍为征东将军（《南齐书·和帝纪》、《资治通鉴·齐纪一〇》）。

辛酉，高丽国遣使向北魏贡献方物（《魏书·世宗宣武帝纪》）。

三月乙巳，萧宝融即位于江陵，是为齐和帝，改元中兴元年。以萧衍为左仆射（《南齐书·和帝纪》、《资治通鉴·齐纪一〇》）。

乙酉，加萧衍都督征讨诸军事，假黄钺（《南齐书·和帝纪》、《资治通鉴·齐纪一〇》）。

七月乙巳，柔然攻北魏（《魏书·世宗宣武帝纪》、《资治通鉴·齐纪一〇》）。

九月，萧衍东下，督军围建康（《梁书·武帝纪》）。

十一月，北魏东豫州刺史田益宗，乘萧齐内乱，率兵攻齐，大败之（《资治通鉴·齐纪一〇》）。

> **按：**据《资治通鉴·齐纪一〇》载，萧齐内乱，魏诸将纷纷上书请讨齐。镇南将军元英曰："萧宝卷荒纵日甚，虐害无辜。其雍州刺史萧衍东伐秣陵，扫土兴兵，顺流而下；唯有孤城，更无重卫，乃皇天授我之日，旷世一逢之秋；此而不乘，将欲何待！"东豫州刺史田益宗亦曰："萧氏乱常，君臣交争，江外州镇，中分为两，东西抗峙，已淹岁时。……不乘机电扫，廓彼蛮疆，恐后之经略，未易于此。"

十二月丙寅，萧宝卷被杀（《南齐书·东昏侯纪》、《南齐书·和帝纪》、《资治通鉴·齐纪一〇》）。

己卯，萧衍矫宣德太后令，追萧宝卷为东昏侯，自为中书监、大司马、录尚书事、骠骑大将军、扬州刺史，封建安郡公（《南齐书·东昏侯纪》、《南齐书·和帝纪》、《资治通鉴·齐纪一〇》）。

沈约与范云同心翊赞梁王萧衍，谋以梁代齐。

> **按：**《梁书·范云传》曰："及义兵至京邑，云时在城内。东昏既诛，侍中张稷使云衔命出城，高祖因留之，便参帷幄，仍拜黄门侍郎，与沈约同心翊赞。"

丘迟任萧衍骠骑主簿，并为其撰劝进文（《梁书·丘迟传》）。

柳恽为萧衍冠军将军，征东府司马、给事黄门侍郎、领步兵校尉(《梁书·柳恽传》)。

江淹于萧衍军次新林时微服出奔之，授为冠军将军，秘书监如故，寻兼司徒左长史，又迁吏部尚书(《梁书·江淹传》)。

江革因为萧衍制书与袁昂，得与徐勉同掌书记(《梁书·江革传》)。

徐勉为萧衍管记室，后拜中书侍郎，迁建威将军等职(《梁书·徐勉传》)。

伏挺为萧衍征东行参军(《梁书·伏挺传》)。

萧琛为萧衍骠骑谘议，领录事，迁给事黄门侍郎(《梁书·萧琛传》)。

刘绘由建安王车骑长史转为大司马从事中郎，投奔萧衍(《南齐书·刘绘传》)。

任昉为司徒右长史，后为萧衍骠骑记室参军(《梁书·任昉传》)。

按：《南齐书·刘绘传》曰："及梁王义师起……绘转建安王车骑长史，行府国事。义师围城，南兖州刺史张稷总城内军事，与绘情款异常，将谋废立……东昏殒，城内遣绘国子博士范云等送首诣梁王于石头，转大司马从事中郎。"故系于此。

袁峻随鄱阳王萧恢东镇破冈，知管记事。

按：《梁书·袁峻传》曰："袁峻字孝高，陈郡阳夏人……峻早孤，笃志好学，家贫无书，每从人假借，必皆抄写，自课日五十纸，纸数不登，则不休息。讷言语，工文辞。义师克京邑，鄱阳王恢东镇破冈，峻随王知管记事。"另据《梁书·鄱阳王恢传》曰："高祖义兵至，恢于新林奉迎，以为辅国将军。时三吴多乱，高祖命出顿破岗。"故系是年。

谢朓诏征为侍中、太子少傅，不就(《梁书·谢朓传》)。

何胤征为散骑常侍、太子詹事，亦不就(《梁书·谢朓传》)。

元英奏请北魏宣武帝校练州郡学生，以善学令，未得允。

按：《魏书·中山王英传》曰："谨案学令：诸州郡学生，三年一校所通经数，因正使列之，然后遣使就郡练考。……使就郡练考，核其最殿。……等教文肆。今外宰京官，铨考向讫，求遣四门博士明通五经者，道别校练，依令黜陟。"

郦道元为北魏颍川郡长社县宰。

按：张鹏飞《郦道元年谱考略》曰："《水经注·洧水注》'又东南过长社县北'条云：'余以景明中，出宰兹郡。'而据《魏书·地形志》当时长社县(今河南长葛县)属颍川郡(今许昌地区)。道元任冀州镇东府长史，为政严酷，吏人畏之，奸盗逃于他境。案《北史·郦范本传》：'景明中，为冀州镇东府长史。道元行事三年，为政严酷，吏人畏之，奸盗逃于他境。'可知：道元任冀州镇东府长史三年，而其于景明四年因王事复出海岱，则其任职必为：景明二年先任颍川郡长社县宰，后转任冀州镇东府长史。"

道士陶弘景向萧衍遗书赞奖，又使弟子向其奉献图谶。

按：贾嵩《华阳陶隐居内传》卷中曰："《本起录》云：先生自永元已来，深记向晦。闻义师西下，日夕以觊。及届于新林，便指毫赞奖，遣弟子戴猛之假道传送行，达皂荚桥，不能得造。至登石头，复使李嗣公仰奏，即获闻答，时十一月朔日也。台垾犹自严固，时人惩崔氏覆匮，多怀犹豫，先生不疑，庶事必决也。"又《梁书·武帝纪》曰："(中兴元年)八月……高祖登舟，命诸将以次进路……大军次新林。"故系是年。据《华阳陶隐居内传》所载，梁易齐之际，陶弘景已归隐多年，但其主动向梁武帝示好献书,显其对政治的热衷与关心,也反映出陶弘景并非与世隔绝,无心仕宦。其所谓的归隐,实因所司之职卑微。

任昉三月作《到大司马记室笺》。

> **按**:大司马,即萧衍。《到大司马记室笺》载《文选》卷四〇,文曰:"记室参军事任昉死罪死罪。伏承以今月令辰,肃膺典策,德显功高,光副四海,含生之伦,庇身有地。况昉受教君子,将二十年,咳唾为恩,眄睐成饰,小人怀惠,顾知死所。"任昉是年为萧衍记室参军,故系于此。

崔偃作《上书理父冤》、《又上书》。

> **按**:崔偃父崔慧景,字君山,清河东武城人,齐永明年间,因"辄[倾]资献奉,动数百万"(《南齐书·崔慧景传》),颇受重用,不断升迁。萧鸾即位后,猜忌慧景,将其调任边防。东昏侯萧宝卷即位后,不断诛杀勋臣武将,永元二年三月,慧景率军起事,最终失败被杀。此两书是崔偃为父申冤之作。

乐蔼作《奏定朝直》。

> **按**:《南齐书·萧颖胄传》曰:"中兴元年三月……左丞乐蔼奏曰:'敕旨以军旅务殷,且停朝直。窃谓匪懈于位,义昭凤兴,国容旧典,不可顿阙。与兼右丞江诠等参议,八座丞郎以下宜五日一朝,有事郎坐侍下鼓,无事许从实还外。'"

刘勰续著《文心雕龙》,兼佐僧祐(牟世金《刘勰年谱汇考》)。

萧颖胄十二月作《遗表》。

> **按**:《南齐书·萧颖胄传》曰:"时梁王已平郢、江二镇。颖胄辅帝出居上流,有安重之势。素能饮酒,啖白肉鲙至三升,既闻萧璝等兵相持不决,忧虑感气,十二月壬寅夜,卒。遗表曰……"

北魏尼道晴供养《大般涅槃经》,卷九有题记。

> **按**:纸质。墨书。敦煌藏经洞出品。其卷九有题记,全2行,行9—17字,曰:"景明二年太岁辛巳六月水亥朔(十)二日甲戌,比丘尼道晴所造供养。"

贾渊卒(440—)。渊字希镜,平阳襄陵人。历任丹徒令、大司马司徒府参军、句容令等职。世治谱牒,"渊父及渊三世传学,凡十八州士族谱,合百帙七百余卷,该究精悉,当世莫比"。贾渊入竟陵王府,曾撰《见客谱》,后与王俭参定《百家谱》,是年卒。撰有《氏族要状》及《人名书》,并行于世。事迹见《南齐书》卷五二、《南史》卷七二。

> **按**:贾氏精通谱学。《南齐书·贾渊传》曰:"世传谱学。孝武世,青州人发古冢,铭云'青州世子,东海女郎'。帝问学士鲍照、徐爰、苏宝生,并不能悉。渊对曰:'此是司马越女,嫁苟晞儿。'检访果然。由是见遇。敕渊注《郭子》。"

李彪卒(444—)。彪字道固,顿丘卫国人。家世贫寒,好学不倦,为平原王叡赏识,举为孝廉,历魏秘书丞、参著作事、中垒将军、员外散骑常侍诸职。李彪多次奉魏命使齐,沟通魏、齐两国关系,同时亦得齐武帝敬重。彪又精能律令。其以白衣修史,除通直散骑常侍。重修《国书》,改编年体为纪、传、表、志之目。又述《春秋三传》,合成10卷。其所著诗、赋、颂、诔、章、奏等百余篇,有集行于世,今皆佚。唯《魏书》所载章表存,严可均辑入《全后魏文》卷四二。事迹见《魏书》卷六二、《北史》卷四〇。

按：《魏书·李彪传》曰："自成帝以来至于太和，崔浩、高允著述《国书》，编年序录，为《春秋》之体，遗落时事，三无一存。彪与秘书令高祐始奏从迁固之体，创为纪传表志之目焉。"

孔稚珪卒（447— ）。稚珪，字德璋，会稽山阴人。早年为王僧虔所重，引为主簿。后为齐高帝记事参军，与江淹对掌辞笔。官至太子詹事，加散骑常侍。好文咏，喜山水、饮酒。是年以疾卒。《隋书·经籍志》著录齐金紫光禄大夫《孔稚珪集》10卷，已散佚。今存《孔詹事集》系明人张溥所辑，入《汉魏六朝百三名家集》。严可均《全齐文》卷一九载其文15篇。逯钦立《先秦汉魏晋南北朝诗·齐诗》卷二载其诗5首。事迹见《南齐书》卷四八、《南史》卷四九。

按：孔稚珪《北山移文》是为嘲讽周颙先隐后仕的行为而作。孔稚珪在文中表达了对隐逸山林道家思想的推崇，反对如周颙等辈始道终儒、亦仕亦隐的人生态度，同时也有对佛教的批判。有关孔稚珪《北山移文》所体现的宗教思想，可详参吴正岚《论孔稚珪的隐逸观念和宗教信仰的关系——兼论〈北山移文〉的主旨》。

张欣泰卒（456— ）。欣泰字义亨，竟陵人。虽然为将门之子，却不愿以武业自居，而处处以文士自诩。好隶书，读子史。曾任辟州主簿、直阁将军，领羽林监，官至持节督雍、凉、南北秦诸州军事，颇见武略。齐明帝即位，曾"上书陈便宜二十条，其一条言宜毁废塔寺"，可见其反对佛教。齐末，因参与废立之事，受诛。事迹见《南齐书》卷五一、《南史》卷二五。

王肃卒（464— ）。肃字恭懿，琅邪临沂人，王导之后。少即聪辩，广涉经史，颇长《礼》、《易》。父王奂，南齐尚书左仆射，为齐武帝所诛，肃因而奔魏。魏孝文帝与其论治国之道及图齐之策，深受器重，娶孝文帝妹陈留长公主。孝文帝卒后，肃为尚书令，与咸阳王元禧等同为宰辅。肃所作章表，见《魏书》本传，严可均辑入《全后魏文》卷四六。逯钦立《先秦汉魏晋南北朝诗·北魏诗》卷二载其诗《悲平城》1首。事迹见《魏书》卷六三、《北史》卷四二。

刘瑱约卒（459？— ）。瑱字士温，彭城人。刘绘之弟。历官至吏部郎。工文藻、篆隶、丹青。时荥阳毛惠远善画马，瑱善画妇女，并称当世第一。逯钦立《先秦汉魏晋南北朝诗·齐诗》卷五载其诗1首。事迹见《南齐书·刘绘传附》、《南史》卷三九。

按：《南齐书·刘绘传》曰："中兴二年，（刘绘）卒。……（刘瑱）先绘卒。"姑系于此。

萧统（ —531）、柳虬（ —554）生（《梁书·昭明太子传》、《周书·柳虬传》）。

齐中兴二年　梁武帝萧衍天监元年　北魏景明三年　壬午　502年

正月甲寅，齐大司马萧衍进位为相国，封梁公，加九锡（《南齐书·和帝纪》)。

二月戊辰,萧衍进爵梁王(《南齐书·和帝纪》)。

三月辛丑,齐鄱阳王萧宝夤奔北魏,萧衍诛杀齐明帝诸子(《南齐书·和帝纪》)。

丙辰,齐和帝萧宝融下诏禅位于梁王萧衍(《南齐书·和帝纪》)。

四月丙寅,萧衍称帝。

按:《梁书·武帝纪》曰:"天监元年夏四月丙寅,高祖即皇帝位于南郊。……封齐帝为巴陵王,全食一郡。"是为梁高祖武皇帝,建都建康,改元天监,国号梁,史称萧梁。另参《南史·梁本纪上》,未几杀萧宝融,追谥齐和帝。齐亡,共七帝,历二十四年。

癸酉,梁武帝诏于公车府谤木、肺石傍设函,命民可自申诉。

按:《梁书·武帝纪》曰:"癸酉,诏曰:'……可于公车府谤木肺石傍各置一函。若肉食莫言,山阿欲有横议,投谤木函。若从我江、汉,功在可策……若欲自申,并可投肺石函。'"

八月丁未,梁武帝命蔡法度、中书监王莹等人参定《梁律》(《梁书·武帝纪》、《隋书·刑法志》)。

是月,林邑、干陁利向梁奉献方物(《梁书·武帝纪》)。

十月庚子,魏宣武帝亲射,立御射碑(《魏书·世宗宣武帝纪》)。

按:《魏书·世宗宣武帝纪》曰:"(景明三年)冬,远及一里五十步,群臣勒铭于射所。"

十一月甲子,梁立皇子萧统为皇太子(《梁书·武帝纪》)。

是年,梁初兴雅乐。

疏勒、罽宾、婆罗捺、乌苌等22国并遣使向北魏进献(《魏书·世宗宣武帝纪》)。

中天竺王屈多约是年遣竺罗达向梁进献。

按:《梁书·海南传》曰:"天监初,其王屈多遣长史竺罗达奉表曰:'……今奉献琉璃唾壶、杂香、古贝等物。'"

范云迁侍中,转为散骑常侍、吏部尚书,又以佐命功,封霄城县侯。十一月,以本官领太子中庶子(《梁书·范云传》)。

按:范云与沈约二人均为协助萧衍篡齐登基作出巨大贡献,是为南朝文士在政治事件中扮演重要角色的突出代表。《南史·齐本纪下》曰:"初,梁武帝欲以南海郡为巴陵国邑而迁帝焉,以问范云,云俛首未对。沈约曰:'今古殊事,魏武所云,"不可慕虚名而受实祸"。'梁武领之。"由是,齐宗室对沈约多致忿恨。参见林家骊《沈约研究·沈约事迹诗文系年》。

沈约三月为散骑常侍、吏部尚书,兼右仆射。四月为尚书仆射,封建昌县侯,邑千户,常侍如故。曾为谢朓作书赠永世公主。

按:《梁书·沈约传》曰:"又拜约母谢为建昌国太夫人。奉策之日,右仆射范云等二十余人咸来致拜,朝野以为荣。"

又按:《南史·谢朓传》曰:"朓及殷叡素与梁武以文章相得……第二女永世公主适朓子谟。……及武帝即位,二主始随内还。武帝意薄谟……而谟不堪叹恨,为书状如诗赠主。……时以为沈约早与朓善，为制此书云。"

  沈约与何佟之、明山宾等参议五礼(《梁书·徐勉传》)。

  按：天监元年修正五礼，体现了梁武帝即位初期推重儒学、注重礼法的治国思想。沈约、何佟之及明山宾等多精修礼学，为这时期学术及文化繁荣奠定了基础。今人许道勋、徐洪兴《中国经学史》说："'三礼'之学为'五礼'典章制度提供了合法的理论，具有现实的应用效应。而编撰、审议、修定'五礼'，又推动或促进了'三礼'之学的研究与发达。六朝人礼学极精，就应用功能而言，超过了两汉'礼'学。"

  许懋约是年受范云荐而参详五礼。

  按：《梁书·许懋传》载，许懋为通礼大儒，其"十四入太学，受《毛诗》，旦领师说，晚而覆讲，座下听者常数十百人，因撰《风雅比兴义》十五卷，盛行于世。尤晓故事，称为仪注之学。……天监初，吏部尚书范云举懋参详五礼……待诏文德省"。

  柳恽兼侍中，与沈约等共定新律(《梁书·柳恽传》)。

  蔡法度家传律学，奉敕参定律令。

  按：《隋书·刑法志》曰："梁武帝……既即位，乃制权典，依周、汉旧事，有罪者赎。……时欲议定律令，得齐时旧郎济阳蔡法度，家传律学，云齐武时，删定郎王植之，集注张、杜旧律，合为一书……法度能言之，于是以为兼尚书删定郎，使损益植之旧本，以为《梁律》。"梁律较齐律为宽缓。

  谢朓四月被征为侍中、左光禄大夫、开府仪同三司，不就(《梁书·谢朓传》)。

  何胤被征为右光禄大夫，敕给白衣尚书禄，皆固辞(《梁书·谢朓传》、《梁书·何胤传》)。

  王泰迁秘书丞，表奏校定缮写秘书阁图书。

  按：《梁书·王泰传》曰："天监元年，迁秘书丞。齐永元末，后宫火，延烧秘书，图书散乱殆尽。泰为丞，表校定缮写，高祖从之。"

  萧琛为御史中丞，迁庶子，出为宣城太守，得《汉书》秘本。

  按：《梁书·萧琛传》曰："天监元年，迁庶子，出为宣城太守。征为卫尉卿，俄迁员外散骑常侍。三年，除太子中庶子、散骑常侍。九年，出为宁远将军、平西长史、江夏太守。始琛在宣城，有北僧南度，惟赍一葫芦，中有《汉书序传》。僧曰：'三辅旧老相传，以为班固真本。'琛固求得之，其书多有异今者，而纸墨亦古，文字多如龙举之例，非隶非篆，琛甚秘之。及是行也，以书饷鄱阳王范，范乃献于东宫。"

  萧子恪为辅国谘议参军。四月降爵为子，除散骑常侍，领步兵校尉，以疾不拜，徙为光禄大夫，俄为司空左长史(《梁书·萧子恪传》)。

  到沆约是年迁征虏主簿，转为太子洗马。

  按：《梁书·到沆传》曰："天监初，迁征虏主簿。高祖初临天下，收拔贤俊，甚爱其才。东宫建，以为太子洗马。时文德殿置学士省，召高才硕学者待诏其中，使校定坟史，诏沆通籍焉。"姑系是年。

  又按：据《梁书·庾于陵传》载，东宫官属，均为清选，"洗马掌文翰，尤其清者。近世用人，皆取甲族有才望，时于陵与周舍并擢充职，高祖曰：'官以人而清，岂限以甲族。'时论以为美"。萧衍注重选拔有才学的寒士，在位期间将九品官人法进一步发展为流内十八班、流外七班的选任制度。具体可参日本学者宫崎市定《科举前史——九品官人法研究》一书。这种制度虽然仍带有鲜明的贵族主义的色彩，但少数出身不高的才学之士也得到选拔。

到洽约是年为太子舍人。

按：《梁书·到洽传》曰："天监初，沼、溉俱蒙擢用，洽尤见知赏，从弟沆亦相与齐名。高祖问待诏丘迟曰：'到洽何如沆、溉？'迟对曰：'正清过于沆，文章不减溉；加以清言，殆将难及。'即召为太子舍人。"姑系是年。

江淹转萧衍相国右长史。入梁为散骑常侍、左卫将军，封临沮县伯，又以疾封醴陵伯（《梁书·江淹传》）。

刘峻约是年被召入西省，与贺踪典校秘书（《梁书·刘峻传》）。

刘之遴、孔休源同为太学博士。

按：《梁书·孔休源传》曰："梁台建，与南阳刘之遴同为太学博士，当时以为美选。"故系是年。

丘迟拜散骑常侍，迁中书侍郎、领吴兴邑中正，待诏文德殿（《梁书·丘迟传》）。

周舍由奉常丞，转拜尚书祠部郎。

按：《梁书·周舍传》曰："梁台建，为奉常丞。高祖即位，博求异能之士，吏部尚书范云与颙素善，重舍才器，言之于高祖，召拜尚书祠部郎。时天下草创，礼仪损益，多自舍出。"

王僧孺约是年除临川王后军记事参军，待诏文德省（《梁书·王僧孺传》）。

按：据《梁书·武帝纪》，萧宏是年被封临川王、后军将军、扬州刺史，则僧孺任职当在是时或稍后，姑系于此。

裴子野任齐江夏王行参军，去职丁父忧（《梁书·裴子野传》）。

按：《南史·裴昭明传》曰："（裴昭明）中兴二年卒。"故系于此。

郝骞奉梁武帝遣往西域求释迦檀像。

按：《佛祖统纪·法运通塞志》曰："天监元年，帝梦释迦檀像入国，乃遣郝骞等往西竺求之。"

崔鸿迁北魏员外郎、兼尚书虞曹郎中。敕撰起居注。

按：《魏书·崔光传》曰："景明三年，迁员外郎、兼尚书虞曹郎中。敕撰起居注。迁给事中，兼祠部郎，转尚书都兵郎中。诏太师、彭城王勰以下公卿朝士儒学才明者三十人，议定律令于尚书上省，鸿与光俱在其中，时论荣之。"

道士陶弘景四月助梁武帝定国号，择郊禅日。

按：《梁书·陶弘景传》曰："义师平建康，闻议禅代，弘景援引图谶，数处皆成'梁'字，令弟子进之。高祖即早与之游，及即位后，恩礼逾笃，书问不绝，冠盖相望。"是年，萧衍先后受命梁公、梁王。陶弘景积极参与，拥戴萧衍。贾嵩《华阳陶隐居内传》卷中载："建国之号，先生引王子年《归来歌》中水刃木处。王子年《归来歌》亟论水刃木皆是美词，兼引王君《回文谶》焉，萦牵三诗，并盛称梁字为应运之府。"

释慧约因沈约启敕请入省住（《梁书·沈约传》）。

按：《续高僧传·梁国师草堂寺智者释慧约传》曰："天监元年，沈为尚书仆射，启敕请入省住。"

梁初兴雅乐，沈约作《答诏访古乐》。又作郊庙乐曲《梁鼓吹曲》十二首、《四时白纻歌》五首等，撰歌曲《相和五引》、舞曲《梁大壮大观舞歌》二首等作品(林家骊《沈约研究·沈约事迹诗文系年》)。

  刘勰著成《文心雕龙》,并取定于沈约(牟世金《刘勰年谱汇考》)。

  按:《文心雕龙》为中国古代文学理论批评史中最为卓越之作。全书10卷,50篇。其体系宏大,结构完整,原分上、下两部。自《原道》至《辨骚》五篇为总论,揭示全书纲领。自《明诗》至《书记》二十篇为文体论,分论文学务体源流、特色,兼论作家、作品。自《神思》至《物色》(不包括《时序》)二十篇为创作论,论及创作原则、创作方法等诸多问题。《时序》、《才略》等四篇为文学史论及文学批评论。《自序》篇为自述著作宗旨。各篇各有中心,前后呼应补充,汇成一体。《文史通义》评此书"体大而虑周"。

  任昉作《求荐士诏》、《为梁武帝集坟籍令》。

  按:二诏表明萧梁对人才及文化事业的重视。《求荐士诏》载《初学记》卷二〇及《艺文类聚》卷五三,曰:"夫进贤茂赏,蔽善明罚,前王盛则,咸必由之。……便可博询卿士,各举所知,将量才授能,擢以不次,庶同则哲之明,副朕急贤之旨。"著《为梁武帝集坟籍令》,载于《文馆词林》卷六九五,曰:"令:近灾起柏梁,遂延渠阁,青编素简,一同煨烬,缃囊缇帙,荡然无余。故以痛深秦末,悲甚汉季,求之天道,昭然有征。岂不以昏嗣作孽,礼乐崩坏?及圣人有作,更俟兹辰,今虽百度草创,日不暇给,而下车所务,非此孰先?便宜选陈农之才,采河间之阙,怀铅握素,汗简杀青,依秘阁旧录,速加缮写,便施行。"

  沈约作《答诏访古乐》。又作《齐太尉王俭碑》(林家骊《沈约研究·沈约事迹诗文系年》)。

  按:《南齐书·王俭传》曰:"今上受禅,下诏为俭立碑,隆爵为侯,千户。"《艺文类聚》卷四六载有《梁沈约齐太尉王俭碑》。

  钟嵘作《上言军宫》(《梁书·钟嵘传》)。

  按:钟嵘奏请齐武帝求改革军队任命等级制度。其言曰:"军官是素族士人,自有清贯,而因斯受爵,一宜削除,以惩侥竞。若吏姓寒人,听极其门品,不当因军,遂滥清级。若侨杂伧楚,应在绥抚,正宜严断禄力,绝其妨正,直乞虚号而已。"对全面了解六朝时期的门阀制度有较大的参考价值。

  元澄作《请修立宗室四门学表》。

  按:《魏书·任城王澄传》曰:"除都督淮南诸军事、镇南大将军、开府,扬州刺史。下车,封孙叔敖之墓,毁蒋子文之庙。频表南伐,世宗不许。又辞母老乞解州任,寝而不报。加散骑常侍,澄表曰……诏曰……萧衍将张嚣之寇陷夷陵戍,澄遣辅国将军成兴步骑赴讨,大破之,复夷陵,嚣之遁走。"其表即为本文。据《魏书·世宗宣武帝纪》曰:"(景明三年十二月)甲辰,扬州破萧衍将张嚣之,斩级三千。"此事发生于是年,则任城王澄请立宗学一事当系于此。北魏宣武帝《报任城王澄立学诏》载于《魏书·任城王澄传》及《册府元龟》卷二八八。

  北魏张元伯为菩萨造石室,作发愿文。

  按:在麦积山115石窟。墨书。其文全13行,稍残,行7—18字,曰:"唯大代景明三年九月十五日,台遣上邽镇司□张元伯,稽首白常住三宝……"

  北魏张康得写《大般涅槃经》,卷二五有题记。

  按:纸质。墨书。敦煌藏经洞出品。其卷二五有题记,全1行,12字,曰:"壬午岁,弟子张康得所写供养。"据考证,壬午岁即是年。

伏曼容卒(421—)。曼容字公仪,平昌安丘人。宋任骠骑行参军、南海太守等职。齐时,为中书侍郎、武昌太守等职。后因齐明帝不好儒学乃致仕,聚徒讲授。萧衍登祚,以其为临海太守,是年卒。曼容笃学,精于《老子》《周易》。所作有《周易集解》8卷、《毛诗集解》、《丧服集解》、《老子注》、《庄子注》、《论语义》等。又有集,然均佚。严可均《全梁文》卷四〇载其文1篇。事迹见《梁书》卷四八、《南史》卷七一。

> **按**:《梁书·伏曼容传》曰:"卫将军王俭深相交好,令与河内司马宪、吴郡陆澄共撰《丧服义》,既成,又欲与之定礼乐。会俭薨……时明帝不重儒术,曼容宅在瓦官寺东,施高坐于听事,有宾客辄升高坐为讲说,生徒常数十百人。梁台建,以曼容旧儒,召拜司马,出为临海太守。"

刘绘卒(458—)。绘字士章,彭城人。刘勔之子,刘悛之弟。齐世,历任豫章王萧嶷左军主簿、太子洗马、南康相诸职。永明末,游于竟陵王西邸府。梁台建,为大司马从事中郎。是年卒于官。刘绘善隶书,以文章谈议闻于世。据《南齐书》本传,撰有《能书人名》。《隋书·经籍志》著录梁国从事中郎《刘绘集》10卷,佚。严可均《全齐文》卷一七载其文3篇。逯钦立《先秦汉魏晋南北朝诗·齐诗》卷五载其诗8首。事迹见《南齐书》卷四八、《南史》卷三九。

天竺僧求那毗地卒,生年不详。求那毗地,意谓安进。本中天竺人,弱年从道,师事天竺大乘法师僧伽斯。谙究大、小乘,近二十万言。兼学外典,明解阴阳,占时验事,征兆非一。齐建元初至建康,止毗耶离寺。僧伽斯曾抄《修多罗藏》中要切譬喻,撰为一部,教授新学,毗地于齐永明十年秋译为汉文,凡10卷,谓《百喻经》。又出《十二因缘》及《须达长者经》各1卷。南海商人咸宗事毗地,造正观寺于建康淮侧居之。事迹见《高僧传》卷三。

梁天监二年　北魏景明四年　癸未　503年

七月,扶南、龟兹、中天竺向梁进献(《梁书·武帝纪》)。

北魏复收盐池利入公(《资治通鉴·梁纪一》)。

十一月,北魏尚书左仆射源怀奏请削减边镇将官五分之二,魏宣武帝从之(《资治通鉴·梁纪一》)。

是年,梁武帝信道教,置大小道正。

> **按**:《太平御览》卷六六六引《道学传》曰:"梁武帝天监二年,置大小道正。平昌孟景翼,字道辅,时为大正,屡为国讲说。"

沈约正月乙卯由尚书仆射转尚书左仆射,十一月以母忧去职(《梁书·

武帝纪》)。

范云正月乙卯由吏部尚书迁尚书右仆射。不久,坐违诏用人而免吏部职,但尚司右仆射(《梁书·武帝纪》、《南齐书·范云传》、《南史·范云传》)。

谢朏六月诏为侍中、司徒、尚书令,辞以脚疾,不许。后以还东迎母方许(《梁书·谢朏传》)。

裴子野为吴平侯萧景冠军录事。

按:《梁书·裴子野传》曰:"(天监)二年,吴平侯萧景为南兖州刺史,引为冠军录事,府迁解职。"

徐勉拜给事黄门侍郎、尚书吏部郎,参掌大选(《梁书·徐勉传》)。

任孝恭约是年入西省撰史(《梁书·任孝恭传》)。

到洽为司徒主簿,直待诏省,抄甲部书(《梁书·到洽传》)。

到沆约是年参与校定史书。

按:《梁书·到沆传》曰:"东宫建,以为太子洗马。时文德殿置学士省,召高才硕学者待诏其中,使校定坟史,诏沆通籍焉。……三年,诏尚书郎在职清能或人才高妙者为侍郎,以沆为殿中曹侍郎。"到沆校定史书在任殿中曹侍郎前,故姑系于此。

任昉出为义兴太守,约聚文人为"山泽之游"。

按:《梁书·任昉传》曰:"天监二年,出为义兴太守。在任清洁,儿妾食麦而已。友人彭城到溉、溉弟洽,从昉共为山泽游。"

刘勰起家奉朝请,仍定居于定林寺内(牟世金《刘勰年谱汇考》)。

萧统始受《孝经》、《论语》(《梁书·昭明太子传》)。

按:《梁书·昭明太子传》曰:"太子以齐中兴元年九月生于襄阳。……三岁受《孝经》、《论语》,五岁遍读五经,悉能讽诵。"

郦道元因王事复出海岱,郭祚惠同石井赋诗言意(张鹏飞《郦道元年谱考略》)。

崔纂约于是年前不久为北魏太学博士,转员外散骑侍郎、襄威将军。

按:《魏书·崔挺附传》曰:"挺族子纂,字叔则,博学有文才。景明中,太学博士,转员外散骑侍郎、襄威将军。既不为时知,乃著《无谈子论》。"景明年间凡四年,此系于末年。

释法云受梁武帝诏出入诸殿。

按:《续高僧传·梁杨都光宅寺沙门释法云传》曰:"天监二年,敕使长召出入诸殿,影响弘通之端,赞扬利益之渐。"

释宝志应梁武帝诏任便宣化,武帝又令画工张僧繇写宝志像。

按:《佛祖统纪·法运通塞志》曰:"二年,帝问志公,国有难否?……尝诏张僧繇写志真。志以指劈破面门,出十二面观音相,或慈或威,僧繇竟不能写。"张僧繇擅长人物故事画及宗教画。

释智稜因通老庄,道士孟悉达劝其入道,是年受敕于五明殿竖义。

按:沈曾植《海日楼札丛》卷六曰:"梁武帝沙门智稜,善《涅槃》、《净名》,尤通《庄》、《老》。后值寇还俗,道士孟悉达劝为黄冠。见道家诸经,略无宗旨,遂引佛教为之润色,解《西升》、《妙真》诸经义,皆自稜始。武帝未舍道教时,引稜于五明殿竖义。"

释法上九岁,初读《涅槃经》,遂生厌世之心(《续高僧传·齐大统合水寺

梁武帝正月作《敕诸州月一讯狱诏》。

按：《敕诸州月一讯狱诏》载《梁书·武帝纪》中，曰："盖所以明慎用刑，深戒疑枉，成功致治，罔不由兹。朕自藩部，常躬讯录，求理得情，洪细必尽。……可申敕诸州，月一临讯，博询择善，务在确实。"可见，初一立朝，萧梁重滥施刑罚，务去冤狱。

蔡法度新修《梁律》20卷，《令》30卷，《科》40卷成，奏上（《梁书·武帝纪》）。

按：上年蔡法度奉敕新修律令，至此告成。《隋书·刑法志》载"科三十卷"，《资治通鉴·梁纪一》载"科四十卷"。今从《梁书》与《资治通鉴》。

沈约作《授蔡法度廷尉制》、《论选举疏》（林家骊《沈约研究·沈约事迹诗文系年》）。

裴子野约是年据沈约《宋书》删成《宋略》。

按：裴子野据沈约《宋书》删成《宋略》，具体时间不确定，存有争议。此据张岂之《中国学术思想编年》。参见507年"裴子野以所著《宋略》为萧琛、傅昭、周舍等推重，吏部尚书荐之于梁武帝，为著作郎，掌国史及起居注"条、508年"范缜作《以国子博士让裴子野表》，对《宋略》评价甚高"条。

张彝约是年作《上历帝图表》。

按：《魏书·张彝传》曰："彝爱好知己，轻忽下流，非其意者，视之蔑尔。虽疹疾家庭，而志气弥亮。上表曰……"胡全银《〈全后魏文〉编年补正》推断作于是年左右。

王僧孺作《至南海郡求士教》。

按：其文载《艺文类聚》卷五三，曰："此境三闽奥壤，百越旧都，汉开吴别，分星画部，风序泱泱，衣簪斯盛，其川岳所产，岂直明珠大贝，桂蠹翠羽而已哉。孝实人经，则有罗威唐颂，学惟业木，又闻陈元士燮，至于高尚独往，相望于山其岩，怀仁抱义，继踪于前史。"此文显见，南海诸地人文已有相当程度的发达。

崔纂约于是年前不久作《无谈子论》。

按：参见是年"崔纂约于是年前不久为北魏太学博士，转员外散骑侍郎、襄威将军"条。

到溉、周舍、虞阐编成《佛记》，凡30篇，沈约为作《佛记序》。

按：其文载于《广弘明集》卷一五，曰："乃诏中书侍郎虞阐、太子洗马刘溉、后军记室周舍，博寻经藏，搜采注说，条别流分，各以类附。日少功多，可用譬此。名曰《佛记》，凡三十篇。其有感应之流，事类相似，止取其一，余悉不书。或后死而更生，陈说经见，事涉杳冥，取验无所，亦皆靡载，同之阙疑；或凭人以言，托想成梦，尤难信晓，一无所录。"由此可见《佛记序》对民间死而更生等传言迷信是持否定态度的。

释道欢作《众经要揽法偈》21首。

按：事见《出三藏记集》卷五注曰："右一部梁天监二年，比丘释道欢撰。"

释法云受敕与诸名德著《成实义疏》。

按：《续高僧传·梁杨都光宅寺沙门释法云传》曰："天监二年，敕使长召出入诸殿，影响弘通之端，赞扬利益之渐。皇高亟延义集，未曾不敕令云先入后下，诏令时诸名德各撰《成实义疏》。云乃经论合撰，有四十科为四十二卷，俄寻究了。又敕于寺三遍敷讲，广请义学，充诸堂宇。"

北魏佚名作石塔造像铭。

按：石质。阴刻。平凉禅佛寺出品。其铭文后缺，存7行，行3—5字，曰："景明四年，太岁在癸未，太阴在巳，大将军在午，白虎在寅，清龙在□，四月癸。"

沈驎士卒（419— ）。驎士字云祯，名或作麟士，吴兴武康人。家贫，织帘诵书，乡里号为织帘先生。以操行高洁行于世，隐居余不吴差山，讲经授徒，从者数百。多次征辟均不就。著有《周易·两系》、《庄子内篇训注》，注《易经》、《礼记》、《春秋》、《尚书》、《论语》、《孝经》、《丧服》、《老子要略》数十卷，然《隋书·经籍志》皆未著录。《隋书·经籍志》著录齐太子舍人《沈驎士集》6卷，已佚。严可均《全梁文》卷四〇载其文4篇，其中《沈氏述祖德碑》，文不足信，恐为后人伪造，托名沈驎士。事迹见《南齐书》卷五四、《南史》卷七六。

按：《隋书·经籍志》虽著录齐太子舍人《沈驎士集》6卷，然据《南齐书·沈驎士传》考其生平，齐东昏侯永元二年征沈驎士为"太子舍人"，实未就。

何佟之卒（449— ）。佟之字士威，庐江灊人。少好"三礼"，刻苦自学，为王俭所推重。起家扬州从事，为总明馆学士。齐永明初，任国子助教，为诸生讲《丧服》。后为国子博士。入梁，授尚书左丞，撰著礼书。卒后特诏赠黄门侍郎。著有文章、《礼义》约百篇。《隋书·经籍志》录有《丧服经传义疏》1卷，《礼答问》10卷，《礼杂问答钞》1卷。均佚。严可均《梁文》卷四九载其奏议24篇。事迹见《梁书》卷四八、《南史》卷七一。

范云卒（451— ）。云字彦龙，南乡舞阴人。范抗之子，范缜从弟。八岁即能属文。历仕齐梁二朝，与沈约等共助萧衍称帝，先后任齐零陵内史、建武将军、广州刺史、国子博士、梁侍中、吏部尚书，官至尚书右仆射，封霄城县侯。因能识秦刻石文，为齐竟陵王萧子良招致门下，为"竟陵八友"之一。云位尊望高，与沈约同为齐梁文坛领袖。与竟陵府中文士交往酬酢，又与周颙、孔休源、到沆等善，与后进文秀如裴子野、刘孝绰等亦多往来。《隋书·经籍志》著录《范云集》11卷，并录。严可均《全梁文》卷四五载其文3篇。逯钦立《先秦汉魏晋南北朝诗·梁诗》卷二载其诗40余首。又《建康实录》记其有"策略"30卷，《隋书·经籍志》未录，当早佚。事迹见《梁书》卷一三、《南史》卷五七及沈约《尚书右仆射范云墓铭》。

按：沈约《尚书右仆射范云墓铭》曰："合契兴王，匪劳物色，乘风郁起，化成龙翼。乃作喉唇，帝猷必举，乃作铨衡，彝伦有序。北京徂峻，东川回薄，蕴吾名臣，终天靡作。"

萧纲（ —551）、虞荔（ —561）、释昙衍（ —581）生（《梁书·萧纲传》、《陈书·虞荔传》、《续高僧传·齐洛州沙门释昙衍传》）。

梁天监三年　北魏正始元年　甲申　504 年

正月丙寅,北魏改元正始(《魏书·世宗宣武帝纪》)。

四月辛卯,高丽国遣使向北魏进献方物(《魏书·世宗宣武帝纪》)。

六月癸未,梁武帝大赦天下,颁《恩赦诏》。

按:《梁书·武帝纪》曰:"(六月)癸未,大赦天下。"

九月,北天竺遣使向梁进献(《梁书·武帝纪》)。

十一月甲子,梁废除以金赎罪之条例,颁《除赎罪科诏》(《梁书·武帝纪》、《南史·梁本纪上》)。

按:《除赎罪科诏》载《梁书·梁武帝纪》,其曰:"冬十一月甲子,诏曰:'……可除赎罪之科。'"

十一月戊午,北魏诏营缮国学(《魏书·世宗宣武帝纪》、《资治通鉴·梁纪一》)。

是月,梁武帝下诏舍道事佛。

按:《佛祖统纪·法运通塞志》曰:"十一月,敕公卿百僚侯王宗族,并弃道教,舍邪归正。"又据上年"是年,梁武帝信道教,置大小道正"条,可知天监二年,梁武帝尚事道。故舍道事佛当于是年始。

十二月丙子,北魏诏殿中郎陈郡袁翻等议立律令,彭城王元勰等监之(《魏书·世宗宣武帝纪》、《资治通鉴·梁纪一》)。

是年,梁武帝下诏定历(《隋书·律历志》)。

梁武帝颁《斋日去庙二百步断哭诏》。

按:《斋日去庙二百步断哭诏》载《隋书·礼仪志二》:"天监三年,尚书左丞何佟之议曰……诏曰:'六门之内,士庶甚多……到斋日,宜去庙二百步断哭。'"

沈约正月癸丑起为镇军将军、丹阳尹(《梁书·武帝纪》、《梁书·沈约传》)。

任昉归京,除吏部郎中,转御史中丞,秘书监,始校秘阁四部书。刘孝绰、刘苞、刘孺、陆倕、张率、殷芸、刘显、到溉、到洽等后进皆宗而聚之,号曰"兰台之聚"。

按:《梁书·任昉传》曰:"既至无衣,镇军将军沈约遣裙衫迎之。重除吏部郎中,参掌大选,居职不称。寻转御史中丞,秘书监,领前军将军。自齐永元以来,秘阁四部,篇卷纷杂,昉手自雠校,由是篇目定焉。"据上条可知,沈约是年起为镇军将军,故系于此。

又按:《南史·到溉传》曰:"梁天监初,昉出守义兴,要溉、洽之郡,为山泽之游。昉还为御史中丞,后进皆宗之。时有彭城刘孝绰、刘苞、刘孺、吴郡陆倕、张率,陈郡殷芸,沛国刘显及溉、洽,车轨日至,号曰兰台聚。陆倕《赠任昉诗》云:'和风杂美气,下有真人游,壮矣荀文若,贤哉陈太丘。今则兰台聚,万古信为俦。任君本达识,张子复清修,既有绝尘到,复见黄中刘。'"此诗展现了梁初文人交往之盛,也表明当时文化事业的振兴。

曹景宗因义阳城陷落而不进救,被御史中丞任昉弹劾(《资治通鉴》卷一四五)。

陆襄为昭明太子洗马,迁中舍人,并掌管记。其母深受太子敬重,常遣人存问安健,加赐珍馐衣服。

按:据《梁书·陆襄传》曰:"天监三年,都官尚书范岫表荐襄,起家擢拜著作佐郎,除永宁令。秩满,累迁司空临川王法曹,外兵,轻车庐陵王记室参军。"故系于此。

萧琛除太子中庶子、散骑常侍(《梁书·萧琛传》)。

谢朏遭母忧,诏摄职如故(《梁书·谢朏传》)。

到沆为殿中曹侍郎。

按:《梁书·到沆传》曰:"沆从父兄溉、洽,并有才名,时皆相代为殿中,当世荣之。"

裴子野约是年为右军安成王参军,寻兼廷尉正。

按:《梁书·裴子野传》曰:"天监初,尚书仆射范云嘉其行,将表奏之,会云卒,不果。……久之,除右军安成王参军,俄迁兼廷尉正。"范云上年卒,则裴子野任右军安成王参军当在是年前后,姑系之。

刘勰为临川王萧恢记室(牟世金《刘勰年谱汇考》)。

丘迟出为永嘉太守,群公宴于东亭(《梁书·丘迟传》)。

祖暅时为员外散骑侍郎,奏请沿用祖冲之历法(《隋书·律历志》)。

按:祖暅,冲之之子,《隋书·律历志中》曰:"梁初因齐,用宋《元嘉历》。天监三年下诏定历,员外散骑侍郎祖暅奏曰:'臣先在晋已来,世居此职。仰寻黄帝至今十二代,历元不同,周天、斗分,疏密亦异,当代用之,各垂一法。宋大明中,臣先人考古法,以为正历,垂之于后,事皆符验,不可改张。'"后又几经奏请,终于九年正月用祖冲之所造甲子元历颁行。

道士陶弘景因感梦而命弟子陆逸冲、潘渊文开积金岭东,以为转炼之所。

按:贾嵩《华阳陶隐居内传》卷中曰:"天监三年,夜梦有人云:'丹亦可得作。'是夕帝亦梦人云:'有志无具,于何轻举,式歌汉武。'久之,方悟。登使舍人黄陆告先生:'想刀圭未就,三大丹有阙,宜及真人真心无难言也。'先生初难之:'吾宁学少君邪?'帝复以梦旨告焉。乃命弟子陆逸冲、潘渊文开积金岭东,以为转炼之所。"

释僧范二十九岁,投邺城僧始出家。

按:《续高僧传·齐邺东大觉寺释僧范传》曰:"年二十九,栖迟下邑,闻讲《涅槃》……遂投邺城僧始而出家。"释僧范天保六年,八十岁卒。以此推算,故系于此。

梁武帝萧衍四月作《舍道事佛疏文》、《命使者巡行诏》。

按:《佛祖历代通载》卷九曰:"天监三年四月八日,帝率道俗二万余人升重云殿,亲制文发愿,乞凭佛力永弃道教,不在崇奉。"《舍道事佛疏文》载于《广弘明集》四,题作《舍事李老道法诏》,曰:"天监三年四月八日,梁国皇帝兰陵萧衍稽首和南,十方诸佛、十方尊法、十方圣僧。"此文表明了萧衍舍道从佛的思想转变,标志着梁朝的统治思想的转变,对当时思想文化的影响是非常深远的。《命使者巡行诏》载《梁书》本纪。此条系年与是年"六月癸未,梁武帝大赦天下,颁《恩赦诏》"、"是月,梁武帝下诏舍道事佛"条互见。

郑道昭约是年作《求树汉魏石经表》、《请置学官生徒表》、《又表》。

按:《魏书·郑羲附传》曰:"迁国子祭酒,道昭表曰:'臣窃以为:崇治之道,必也须才;养才之要,莫先于学。今国子学堂房粗置,弦诵阙尔。城南太学,汉魏《石经》,丘墟残毁,藜藿芜秽。游儿牧竖,为之叹息;有情之辈,实亦悼心;况臣亲司,而不言露。伏愿天慈回神纡眄,赐垂鉴察。若臣微意,万一合允,求重敕尚书、门下,考论营制之模,则五雍可翘立而兴,毁铭可不日而就。树旧经于帝京,播茂范于不朽。斯有天下者之美业也。'不从。"胡全银《〈全后魏文〉编年补正》据《魏书·世宗纪》载,正始元年十一月世宗下诏,依汉魏旧章,营缮国学。与文中"今国子学堂房粗置,弦诵阙尔"吻合。推断本文及《请置学官生徒表》、《又表》作于正始元年左右。

崔鸿著《十六国春秋》草成100篇。

按:据崔鸿《上书表》(载《魏书·崔鸿传》),谓至是年已成草稿100篇。

任昉作《天监三年策秀才文》、《奏弹刘整》等文。

按:《天监三年策秀才文》载《文选》卷三六,其涉及兴复礼乐、广开言路、减轻民负等内容,从中亦可看到萧衍早年"本自诸生,弱龄有志,闭户自精,开卷独得,九流七略,颇常观览,六艺百家,庶无墙面"的学习经历。《奏弹刘整》载《文选》卷四〇,它是任昉为御史中丞时所作,任昉是年任御史中丞,姑系于此。该文为任昉的代表作之一。全文极为古朴,近似白话,是研究六朝散文和俗语的重要资料。又,此文认为刘整对亲属刻薄无礼,"人之无情,一何至此!实教义所不容,绅冕所共弃",足以展现南朝现实社会伦理疏隔的一面。

丘迟作《永嘉郡教》。

按:丘迟是年出任永嘉太守。该文载《艺文类聚》卷五〇,曰:"贵郡控带山海,利兼水陆,实东南之沃壤,一都之巨会。"言永嘉地理风土。

沈约作《佛记序》、《应诏进佛记序启》、《辩圣论》、《忏悔文》、《究竟慈悲论》、《因缘义》、《佛知不异众生知义》、《弥勒赞》、《释迦文佛像赞》、《弥陀佛铭》、《述僧中食论》等。又作《均圣论》、《答陶隐居〈难均圣论〉》。

按:系年依据详见林家骊《沈约研究·沈约事迹诗文系年》。沈约家世本奉天师道,因齐梁帝王多崇佛,尤以梁武帝为甚。为迎合梁武帝舍道事佛,沈约撰作许多佛教之作。沈约又作《均圣论》,陶弘景作《难镇军沈约〈均圣论〉》,沈约再以《答陶隐居〈难均圣论〉》回应,就"三圣并时"展开辩论,由此亦可见沈约对佛学研习之深。

道士陶弘景作《难镇军沈约〈均圣论〉》,对沈约《均圣论》予以辩驳。

按:参见上条。

释宝志六月作《谶诗》。

按:《隋书·五行志上》曰:"梁天监三年六月八日,武帝讲于重云殿,沙门志公忽然起舞歌乐,须臾悲泣,因赋五言诗曰:'乐哉三十余,悲哉五十里!但看八十三,子地妖灾起。佞臣作欺妄,贼臣灭君子。若不信吾语,龙时侯贼起。且至马中间,衔悲不见喜。'"因诗中所言与侯景之乱后萧衍的遭遇几乎一致,疑其诗为后人假托。

释僧盛依《四分律》著《教戒比丘尼法》1卷。

按:事见《出三藏记集》卷二注曰:"右一部,凡一卷。梁天监三年,钟山灵耀寺沙门释僧盛依《四分律》撰。"

北魏宝献、玄济上人校《胜鬘义记》,卷一有题记。

按:纸质。墨书。敦煌藏经洞出品(?)。其卷一有题记,全 4 行,行 3—20 字,曰:"慧掌蕴胜鬘义记一卷。正始元年二月十四日写讫。用纸十一张。胜鬘师子吼一乘方便广经。宝献共玄济上人校了。"

释慧球卒(431—)。慧球,俗姓马氏,扶风郡人,世为冠族。年十六出家,住荆州竹林寺,事道馨为师。后入湘州麓山寺,专业禅道。顷之,与同学慧度俱适京师,咨访经典。后又之彭城,从僧渊受《成实论》。二十三岁,返荆州,当法匠。频讲集,名扬荆楚。使西夏义僧得与京邑相抗衡者,球之力也。中兴元年,敕为荆土僧主。其事迹见《高僧传》卷八。

释僧韶卒(447—)。俗姓王,齐国高安人。情性温和,韵调清雅,如弘经教,名显州壤。元徽初至京邑,住建元寺。及齐,礼教夙被,《白黑》、《钻仰》,讲说频仍,后学知宗,前修改观。《毗昙》1 部,化流海内,咨听之徒,常有百数。齐文惠太子及竟陵王萧子良雅相钦礼。事迹见《续高僧传》卷五。

宗夬卒(456—)。夬字明敷,南阳涅阳人。世居江陵。宗炳孙。少勤学,有气局才具。齐竟陵王萧子良集学士于西邸,夬亦参与其中,曾与任昉并接魏使。仕齐历秣棱令、历官尚书都官郎、郢州治中、御史中丞等。入梁又仕东海太守、太子右卫率、五兵尚书,参掌大选。是年卒。《隋书·经籍志》著录梁司徒谘议《宗夬集》9 卷,并录。逯钦立《先秦汉魏晋南北朝诗·梁诗》卷二载其诗 5 首。事迹见《梁书》卷一九、《南史》卷三七。

释洪偃(—564)生(《续高僧传·陈杨都宣武寺释洪偃传》)。

梁天监四年　北魏正始二年　乙酉　505 年

正月癸卯朔,梁武帝颁诏置五经博士各 1 人以兴学(《梁书·武帝纪》)。

按:《资治通鉴·梁纪二》曰:"于是以贺玚及平原明山宾、吴兴沈峻、建平严植之补博士,各主一馆,馆有数百生,给其饩廪,其射策通明者即除为吏。期年之间,怀经负笈者云会。"《南史·儒林传序》曰:"洎魏正始以后,更尚玄虚,公卿士庶,罕通经业。时苟颜、挚虞之徒,虽议创制,未有能易俗移风者也。自是中原横溃,衣冠道尽。逮江左草创,日不暇给,以迄宋、齐,国学时或开置,而劝课未博,建之不能十年,盖取文具而已。是时乡里莫或开馆,公卿罕通经术,朝廷大儒,独学而弗肯养生,后生孤陋,拥经而无所讲习,大道之郁也久矣乎。至梁武创业,深愍其弊,天监四年,乃诏开五馆,建立国学,总以五经教授,置五经博士各一人。于是以平原明山宾、吴郡陆琏、吴兴沈峻、建平严植之、会稽贺玚补博士,各主一馆。馆有数百生,给其饩廪,其射策通明经者,即除为吏,于是怀经负笈者云会矣。又选学生遣就会稽云门山,受业于庐江何胤,分遣博士、祭酒,到州郡立学。七年,又诏皇太子、宗室、王侯始就学受业,武帝亲屈舆驾,释奠于先师先圣,申之以燕语,劳之以束帛,济济焉,洋洋焉,大道之行也如是。及陈武创业,时经丧乱,衣冠殄瘁,寇贼未宁,敦奖之方,所未遑也。天嘉以后,稍置学官,虽博延生徒,成业盖寡。其所采缀,盖亦梁之遗儒。"

二月,梁初置胄子律博士(《南史·梁本纪上》)。

四月乙丑,北魏诏选才学与资望兼善之士(《魏书·世宗宣武帝纪》)。

按:魏宣武帝诏曰:"任贤明治,自昔通规,宣风赞务。实惟多士。而中正所铨,但存门第……八座可审议往代贡士之方,擢贤之体,必令才学兼申,资望兼致。"于此可见魏宣武帝此举乃针对以门第选士进行改革,欲以才学、资望为擢用标准。

六月庚戌,梁立孔子庙(《梁书·武帝纪》)。

十月丙午,梁大举攻北魏,以临川王萧宏为都督,北讨诸军事,诏王公以下各上国租及田谷以助军饷(《梁书·武帝纪》、《南史·梁本纪上》)。

沈约与张充、徐勉、周舍、庾于陵等同参五礼。

按:《梁书·徐勉传》曰:"普通六年,上修五礼表曰:'……(何)佟之亡后,以镇北谘议参军伏暅代之。……以五经博士缪昭掌凶礼。复以礼仪深广,记载残缺,宜须博论,共尽其致,故更使镇军将军丹阳尹沈约、太常卿张充及臣(徐勉)三人同参厥务。……末又使中书侍郎周舍、庾于陵二人复豫参知。……"系年参见林家骊《沈约研究·沈约事迹诗文系年》。

任昉、殷钧校定秘阁四部书籍,制作目录。又将文德殿目录术数之书编成一部,合为《五部目录》。

按:据《梁书·任昉传》载,任昉于上年始校秘阁书,天监六年春出任新安太守。则其校定书籍约在是年任秘书监期间,此亦与《隋书·经籍志》所记官职相合,故系于此。

又按:据余嘉锡《目录学发微·目录学源流考中》曰:"《七录》序及《隋志》言文德殿书术数更为一部,为祖暅所撰。然据《七录》,则文德殿目已包括术数书在内,即《隋志》所谓《五部目录》。而志录刘孝标书仍称为四部,亦非是。"又《目录学发微·目录类例之沿革》曰:"六朝官撰目录,皆只四部而已。惟梁刘孝标撰《文德殿书目》,分术数之文,更为一部,使奉朝请祖暅撰其名录,谓之五部目录。盖取《七略》中数术方技之书,自子部内分出,使专门名家司其校雠也。此最得汉人校书分部之意。"由此可见,《五部目录》是一部书的书名,因这部目录书的分部,不仅有经史子集四部,还有术数部,故称《五部目录》。

到沆迁太子中舍人,又转北中郎谘议参军。

按:《梁书·到沆传》曰:"(天监)四年,迁太子中舍人。……其年,迁丹阳尹丞,以疾不能处职事,迁北中郎谘议参军。"

丘迟为临川王萧宏谘议参军,领记室(《梁书·丘迟传》)。

刘勰迁车骑将军夏侯详之仓曹参军(牟世金《刘勰年谱汇考》)。

陶弘景移居积金东涧,善辟谷导引之道,弟子从焉(《梁书·陶弘景传》)。

按:贾嵩《华阳陶隐居内传》卷中亦有载,曰:"四年春,先生出居岭东,使王法明守上馆,陆逸冲居下馆,潘渊文、许灵真、杨超远从焉。"

何子朗、孔寿等六人奉令往入会稽云门山，受学于何胤（《南史·何尚之列传》、《梁书·何胤传》）。

按：《资治通鉴·梁纪二》曰："（天监四年）春，正月，癸卯朔……又选学生，往会稽云门山从何胤受业，命胤选门徒中经明行修者，具以名闻。"故系于此。

萧统遍读五经，悉能讽诵（《梁书·昭明太子传》）。

按：系年依据见503年"萧统始受《孝经》、《论语》"条。萧统幼读五经，是年立五经博士，萧衍又别诏五经博士之一的贺场为其定礼乐，明山宾等亦服侍在萧统身边。这些都对萧统崇儒的思想产生重要影响。

周弘正十岁，通《老子》、《周易》，为伯父周舍赏识。

按：《陈书·周弘正传》曰："（太建）六年，卒于官，时年七十九。"以此推算，故系于此。

郑道昭上表请北魏置学官生徒，不许。

按：《魏书·郑道昭传》曰："道昭又表曰：'窃惟鼎迁中县，年将一纪……请依旧权置国子学生，渐开训业，使播教有章，儒风不坠，后生睹徒义之机，学徒崇知新之益。……'不报。"魏太和十八年迁都洛阳，"年将一纪"，至是年恰十二年。故系于此。

释宝唱还都为新安寺主。

按：据《续高僧传·梁杨都庄严寺金陵沙门释宝唱传》曰："天监四年便还都下，乃敕为新安寺主。帝以时会云雷，远近清晏，风雨调畅，百谷年登……下敕令唱揔撰《集录》，以拟时要。或建福禳灾，或礼忏除障，或缯接神鬼，或祭祀龙王，部类区分，近将百卷。"故系于此。

刘芳约是年或次年作《郊坛疏》。

按：《魏书·刘芳传》曰："转太常卿。芳以所置五郊及日月之位，去城里数于礼有违，又灵星、周公之祀，不应隶太常。乃上疏曰……"系年据胡全银《〈全后魏文〉编年补正》。

任昉等著《五部目录》。

按：《隋书·经籍志》曰："梁初，秘书监任昉，躬加部集，又于文德殿内列藏众书，华林园中总集释典，大凡二万三千一百六卷，而释氏不豫焉。梁有秘书监任昉、殷钧《四部目录》，又《文德殿目录》。其术数之书，更为一部，使奉朝请祖暅撰其名。故梁有《五部目录》。"

释僧祐作《贤愚经记》。

按：《贤愚经》由沙门释昙学成德等八僧于于阗大寺，"竞习梵音，析以汉义，精异通译，各书所闻。还至高昌，乃集为一部"，后传至凉州由沙门释慧朗改名为《贤愚经》。《贤愚经记》原载于《释藏》迹九，严可均辑《全梁文》卷七一曰："……元嘉二十二年岁在乙酉，始集此经，京师天安寺沙门释弘宗者，戒力坚净，志业纯白。此经初至，随师河西，时为沙弥，年始十四，亲预斯集，躬睹其事。洎梁天监四年，春秋八十有四，凡六十四腊，京师之第一上座也。经至中国，则七十年矣。祐总集经藏，访告遐迩，躬往谘问，面质其事，宗年耆德峻，心直据明，故标谍为录，以示后学焉。"

北魏张宝护供养《大般涅槃经》，卷四〇有题记。

按：纸质。墨书。敦煌藏经洞出品（?）。其卷四〇有题记，全6行，行20—27字，曰："正始二年正月八日。信士张宝护，武威人也。凉州刺史前安乐王行参军援护。盖闻志性虚寂,超于名像之表;冥化幽微,绝于玩寻之旨。是以弟子开发微心,咸(灭)割资分之余,雇文士敬写大般涅槃一部。为七世父母、所生父母、家眷大小、内外亲戚,远离参途,值遇三宝。覩闻者悟无生忍,能受持读诵者证于十住。龙化初会,躬为上首。一切含识之类,者(皆)同斯契。比丘僧照写。张援经。"

北魏令狐陀咒供养《妙法莲华经》,卷四有题记。

按:纸质。墨书。敦煌藏经洞出品(?)。其卷四有题记,全2行,行4—13字,曰:"正始二年四月,清信女令狐陀咒所供养经。"

江淹卒(444—)。淹字文通,济阳考城人。出身贫寒,少沉静笃学。宋时,任南徐州从事,后历仕齐梁,齐世为国子祭酒、御史中丞、吏部尚书等职,入梁为散骑常侍,迁金紫光禄大夫,封醴陵,晚年诗文大不如前,世谓"江郎才尽"。其赋以《恨赋》、《别赋》最为有名。所著诗、文、赋,论100余篇。《隋书·经籍志》著录梁金紫光禄大夫《江淹集》9卷,梁20卷,《江淹后集》10卷。后人辑为《江文通集》。严可均《全梁文》卷三三至卷三九载其文7卷。逯钦立《先秦汉魏晋南北朝诗·梁诗》卷三、卷四载其诗2卷。另有《齐史十志》行于世。事迹见《梁书》卷一四、《南史》卷五九。

按:钟嵘《诗品》将江淹列其入中品,曰:"文通诗体总杂,善于摹拟。筋力于王微,成就于谢朓。"张溥《汉魏六朝百三家集题辞注·江醴陵集》曰:"盖文通之学,华少于宋,壮盛于齐,及梁,则为老成人矣。身历三朝,辞该众体,《恨》、《别》二赋,音制一变。长短篇章,能写胸臆,即为文字,亦诗骚之意居多。"又江淹自言"爱奇尚异",正反映了其文学观念中追新求变的倾向。

王巾(巾一作中)卒,生年不详。字简栖,琅邪临沂人。仕齐为郢州从事、征南记室、护国录事参军。曾作《头陀寺碑文》,为世称颂。今仅存此文,以见录于《文选》卷五九,得保全貌。事迹见《文选》李善注。

按:王志坚《四六法海》曰:"作空门文字,须曾于宗教留心始得。简栖生平不详,于史传观其所作,虽不可谓门外汉,然亦仅入门而已。自来以文字作佛事者,唐有王摩诘、梁敬之、柳子厚,宋有苏氏兄弟、黄鲁直。若王子安辈,隔靴搔痒而已。"

褚翔(—548)生(《梁书·褚翔传》)。

梁天监五年　北魏正始三年　丙戌　506年

阿拉里克二世颁布法典《罗马西哥特人王国法律》。

正月丁卯朔,梁武帝诏举诸郡国旧族无在朝位者为官,使郡有1人(《梁书·武帝纪》)。

二月丙辰,北魏宣武帝诏王公以下百官献谋直谏(《魏书·世宗宣武帝纪》)。

四月甲寅,诏命建康县立三官,与廷尉三官分掌刑狱。

按:《南史·梁本纪上》曰:"号建康为南狱,廷尉为北狱。"

五月,梁武帝命置集雅馆以招远学(《南史·梁本纪上》、《续高僧传·梁杨都正观寺扶南国沙门僧伽婆罗传》)。

八月辛酉,梁作东宫(《南史·梁本纪上》)。

十月,柔然库者可汗卒,子伏图立,号"佗汗可汗",改元始平。戊申,遣使与北魏请和,魏宣武帝不从(《资治通鉴·梁纪二》)。

十一月甲子,北魏宣武帝元恪在式乾殿为京兆王愉、清河王怿、广平王怀、汝南王悦讲《孝经》(《魏书·世宗宣武帝纪》)。

沈约正月服阕,迁侍中、右光禄大夫、领太子詹事、扬州大中正,关尚书八条事(林家骊《沈约研究·沈约事迹诗文系年》)。

谢朏正月乙亥以前司徒任中书监、司徒、卫将军,固辞(《梁书·武帝纪》、《梁书·谢朏传》)。

萧纲正月甲申受封晋安郡王(《梁书·武帝纪》)。

庾肩吾为晋安王萧纲常侍。

按:《梁书·庾肩吾传》曰:"初,太宗在藩,雅好文章士,时肩吾与东海徐摛,吴郡陆杲,彭城刘遵、刘孝仪,仪弟孝威,同被赏接。"萧纲是年封晋安郡王,姑系于此。

到洽为给事黄门侍郎,领尚书左丞。

按:《梁书·到洽传》曰:"(天监)五年,复为太子中庶子,领步兵校尉,未拜,仍迁给事黄门侍郎,领尚书左丞。"

丘迟三月以临川王萧宏记室随军北伐魏,于军中受命作《与陈伯之书》。陈伯之率众来降(《资治通鉴》卷一四六)。

按:《梁书·丘迟传》曰:"(天监)四年,中军将军临川王宏北伐,迟为谘议参军,领记室。时陈伯之在北,与魏军来距,迟以书喻之,伯之遂降。"

范岫侍皇太子萧统。

按:《梁书·范岫传》曰:"天监五年,迁散骑常侍、光禄大夫,侍皇太子,给扶。"

萧统六月庚戌始出居东宫(《梁书·昭明太子传》)。

按:《梁书·昭明太子传》载,太子性仁孝,自出宫,常思亲不乐。梁武帝闻之,常前往探望。

刘潜举秀才(《梁书·刘潜传》)。

阳固时为治书侍御史,应北魏宣武帝下诏广访得失,上表并作赋谏止沙门。

按:《魏书·阳固传》曰:"初,世宗委任群下,不甚亲览,好桑门之法。尚书令高肇以外戚权宠,专决朝事;又咸阳王禧等并有衅故,宗室大臣,相见疏薄;而王畿民庶,劳敝益甚。固乃作南、北二都赋,称恒代田渔声乐侈靡之事,节以中京礼仪之式,因以讽谏。"《资治通鉴·梁纪二》言阳固是年二月上表,认为沙门虚耗国库,穷苦百姓,且荡逸君主之心,谏请止之。其赋应为同时之作,故系于此。

道士陶弘景正月元日开鼎炼丹无成,九月九日复营,亦无成。

按:贾嵩《华阳陶隐居内传》卷中曰:"(天监)四年春……明年元日,开鼎无成。《集卷》云:天监五年春正月旦,开鼎,唯近上二黄,轻华已飞,其余丹青始绿,边焕赤也。重九复燧,亟多不偶。"

释慧超约是年从扶南国僧伽婆罗译经。

按：《续高僧传·梁杨都灵根寺释慧超传》曰："武帝敕还为寿光学士，又敕与正观寺僧伽婆罗传译《阿育王经》，使超笔受，以为十卷。"

释僧旻四十岁，返回建康，受梁武帝优待。

按：《续高僧传·梁杨都庄严寺沙门释僧旻传》曰："天监五年游于都辇。"又曰："敕僧正、慧超衔诏到房，欲屈与法宠、法云，汝南周舍等入华园林道义。自兹以后优位日隆。"

释法上十二岁，投禅师道药出家。

按：系年依据参 500 年"释法上六岁，礼佛诵经，颇得时誉"条。

崔鸿著《十六国春秋》95 卷成。

按：《魏书·崔光附传》曰："鸿弱冠便有著述之志，见晋、魏前史皆成一家，无所措意，以刘渊、石勒、慕容儁、苻健、慕容垂、姚苌、慕容德、赫连屈孑、张轨、李雄、吕光、乞伏国仁、秃发乌孤、李暠、沮渠蒙逊、冯跋等，并因世故，跨僭一方，各有国书，未有统一，鸿乃撰为《十六国春秋》，勒成百卷，因其旧记，时有增损褒贬焉。……世宗闻其撰录，遣散骑常侍赵邕诏鸿曰……鸿以其书有与国初相涉，言多失体，且既未讫，迄不奏。鸿后典起居，乃妄载其表曰……"表中有"自景明之初搜集诸国旧史……七载于今"，"正始元年写乃向备……至三年之末草成九十五卷"语，当于是年末成 95 卷。参见胡全银《〈全后魏文〉编年补正》。

阳固作《南北二都赋》。

按：此赋当是仿效张衡《二京赋》而作，今已亡佚。参见是年"阳固时为治书侍御史，应北魏宣武帝下诏广访得失，上表并作赋谏止沙门"条。

沈约八月作《齐禅林寺尼净秀行状》，十一月作《答庾光禄书》。

按：《齐禅林寺尼净秀行状》曰："上以天监五年六月十七日得病，苦心闷，不下饮。""自入八月，体中亦转恶，不复说余事。"盖净秀之死，当在本年八月。著《答庾光禄书》，载于《封氏闻见记》卷六"忌日"，书曰："忌日制假，应是晋、宋之间，其事未久。制假前，止是不为宴乐，本不自封闭，如今世自处者也。居丧再周之内，每至忌日，哭临受吊，无不见人之义。而除服之后，乃不见人；实由世人以忌日不乐，而不能竟日兴感，以对宾客。或弛懈，故过自晦匿，不与外接。设假之由，实在于此。"据此可知齐梁士人丧居之习。

释宝唱、惠超、僧智、法云等奉梁武帝令于寿光殿、华林园、正观寺、占云馆、扶南馆等处传译《大育王经》、《解脱道论》等经。

按：据《续高僧传·梁杨都正观寺沙门僧伽婆罗传》，译经于是年始译，至天监十七年译完，凡十一部四十八卷。参与译经工作的有宝唱、惠超、僧智、法云等，相对疏出，"华质有序，不坠译宗"，梁武帝尝"躬临法座，笔受其文，然后乃付译人，尽其经本"。

梁谯良颙造《大般涅槃经》，卷一一有题记。

按：纸质。墨书。敦煌藏经洞出品(?)。其卷一一有题记，全 5 行，行 9—13 字，曰："天监五年七月廿五日，佛弟子谯良颙，奉为亡父，于荆州竹林寺敬造大般涅槃经一部。愿七世含识，速登法王无畏之地。比丘僧伦龚、弘亮二人为营。"

谢朏卒(441—　)朏字敬冲，陈郡阳夏人。谢庄之子。幼即聪慧，援笔立成,其父宝之,时人号为"神童"。宋世,起家抚军法曹行参军,迁太子舍人,以父忧去职。后历中书郎卫将袁粲长史。齐高帝辅政,欲行易代,谢朏不附,废于家。永明元年,历通直散骑常侍、侍中、国子博士等职。齐明帝萧鸾夺位之际,求外任,饮酒韬晦以避祸。后萧鸾登位,屡召不至。梁台建,梁武帝亦屡征,多固让不受,但备得帝之优待。《隋书·经籍志》著录谢朏与齐秘书丞王亮编《四部书目》,共18010卷。《隋书·经籍志》著录《谢朏集》15卷,《杂言诗钞》5卷,佚。严可均《全梁文》卷四五载其文2篇。事迹见《梁书》卷一五、《南史》卷二〇及沈约《司徒谢朏墓铭》。

释智欣卒(446—)。智欣俗姓潘,丹阳建康人。年七八岁,记忆异于常人。后就栖静寺僧审禅师求出家。笃好博学,多习近事。从东安寺道猛听《成实论》四遍,能够亭然独悟。及至讲说,文义精悉。齐永明末太子数幸东田,携诸内侍亟经进寺,欣因谢病钟山,居建康宋熙寺。事迹见《续高僧传》卷五。

到沆卒(477—)。沆字茂瀣,彭城武原人。到㧑之子。齐建武中,任后军法曹参军,入梁为太子洗马,入学士省参校史书,后任殿中曹侍郎,迁太子中舍人。其善诗文,工篆隶。著有诗赋100余篇行于世,今佚。事迹见《梁书》卷四九、《南史》卷二五。

魏收(—572)生(缪钺《魏收年谱》)。

梁天监六年　北魏正始四年　丁亥　507年

四月癸巳,曹景宗、韦叡等破北魏军于邵阳洲,班师回朝,梁武帝于华光殿宴饮连句,令左仆射沈约赋韵,曹景宗醉而赋诗。

按:《梁书·武帝纪》曰:"(天监六年四月)癸巳,曹景宗、韦叡等破魏军于邵阳洲。"可知曹景宗班师回朝当在是年。《南史·曹景宗传》曰:"景宗振旅凯入,帝于华光殿宴饮连句,令左仆射沈约赋韵。景宗不得韵,意色不平,启求赋诗。帝曰:'卿伎能甚多,人才英拔,何必止在一诗。'景宗已醉,求作不已,诏令约赋韵。时韵已尽,唯余竞病二字。景宗便操笔,斯须而成,其辞曰:'去时儿女悲,归来笳鼓竞。借问行路人,何如霍去病。'帝叹不已。约及朝贤惊嗟竟日,诏令上左史。"可见,梁时文武赋诗之风极盛,文学得到充分重视,即使武将也具备较高的文化修养。

六月己丑,魏立四门学。

按:《北史·魏本纪》卷四曰:"六月己丑诏有司准前式,置国子,立太学,树小学于四门。""四门学"为北魏学校名,因初设于京师四门,故名,此后与太学同在一处。

沈约四月己酉以右光禄大夫为尚书左仆射。闰十月,转尚书令,行太子少傅(《梁书·沈约传》、《梁书·武帝纪》)。

法兰克人国王克洛维一世约于此年之后颁布《萨利克法典》。

王筠除尚书殿中郎。

> 按：《梁书·王筠传》曰："王氏过江以来，未有居郎署者，或劝逡巡不就，筠曰：'陆平原东南之秀，王文度独步江东，吾得比踪昔人，何所多恨。'乃欣然就职。尚书令沈约，当世辞宗，每见筠文，咨嗟吟咏，以为不逮也。"

徐勉除给事中，五兵尚书。十月为吏部尚书（《梁书·武帝纪》）。

> 按：《梁书·徐勉传》曰："勉居选官，彝伦有序，既闲尺牍，兼善辞令，虽文案填积，坐客充满，应对如流，手不停笔。又该综百氏，皆为避讳。"

裴子野以所著《宋略》为萧琛、傅昭、周舍等推重，吏部尚书荐之于梁武帝，为著作郎，掌国史及起居注。

> 按：《梁书·裴子野传》曰："初，子野曾祖松之，宋元嘉中受诏续修何承天《宋史》，未及成而卒，子野常欲继成先业。及齐永明末，沈约所撰《宋书》既行，子野更删撰为《宋略》二十卷。其叙事评论多善，约见而叹曰：'吾弗逮也！'兰陵萧琛、北地傅昭、汝南周舍咸称重之。"而《南史·裴子野传》记载有所不同："及齐永明末，沈约所撰《宋书》称：'松之已后无闻焉。'子野更撰为《宋略》二十卷，其叙事评论多善，而云：'戮淮南太守沈璞，以其不从义师故也。'约惧，徒跣谢之，请两释焉。叹其述作曰：'吾弗逮也。'兰陵萧琛言其评论可与《过秦》、《王命》分路扬镳。"系年据曹道衡、刘跃进《南北朝文学编年史》。

袁峻除员外散骑侍郎，直文德学士省。

> 按：《梁书·袁峻传》曰："高祖雅好辞赋，时献文于南阙者相望焉，其藻丽可观，或见赏擢。（天监）六年，峻乃拟扬雄《官箴》奏之。高祖嘉焉，赐束帛。除员外散骑侍郎，直文德学士省。"

刘勰六月前继任车骑仓曹参军，七月后出为太末令（牟世金《刘勰年谱汇考》）。

柳恽为散骑常侍，迁左民尚书（《梁书·柳恽传》）。

吴均为建安王扬州刺史萧伟引为记室，掌文翰（《梁书·吴均传》）。

任昉是春出为宁朔将军、新安太守。

> 按：《梁书·任昉传》曰："（天监）六年春，出为宁朔将军、新安太守。在郡不事边幅，率然曳杖，徒行邑郭，民通辞讼者，就路决焉。"

刘杳为沈约郊居新宅赠赞二首，并以所撰文章呈沈约（《梁书·刘杳传》）。

何思澄为平南安成王萧秀行参军，兼记室，随府江州（《梁书·何思澄传》）。

> 按：《梁书·何思澄传》曰："随府江州，为《游庐山诗》，沈约见之，大相称赏，自以为弗逮，约郊居宅新构阁斋，因命工书人题此诗于壁。傅昭常请思澄制《释奠诗》，辞文典丽。"

刘孝绰出为平南安成王萧秀记室，随府之江州（《梁书·刘孝绰传》）。

陆倕迁骠骑将军临川王萧宏东曹掾。

> 按：据《梁书·陆倕传》曰："迁骠骑临川王东曹，是时，礼乐制度多所创革，高祖雅爱倕才，乃敕撰《新漏刻铭》，其文甚美。"又据《文选》卷五六载陆倕《新漏刻铭序》曰："天监六年，太岁丁亥，十月丁亥朔，十六日壬寅，漏成进御。"故系于是年。

何逊为建安王萧伟水曹行参军，兼记室（《梁书·何逊传》）。

释僧旻于京城五大法师至五寺首讲时,居其右,后请为皇帝家僧,四事供给。

按:释道宣《续高僧传》卷五《梁杨都庄严寺沙门释僧旻传》曰:"六年投注《般若经》以通大训,朝贵皆思弘厥典。又请京邑五大法师于五寺首讲,以旻道居其右。"

周舍五月著《嘉礼仪注》、《宾礼仪注》成。

按:参见《梁书·周舍传》及徐勉《上修五礼表》。《嘉礼仪注》凡12帙,116卷。《宾礼仪注》,凡17帙,133卷。

刘芳作《修理金石乐器表》。

按:《魏书·刘芳传》曰:"先是,高祖于代都诏中书监高闾、太常少卿陆琇、并公孙崇等十余人修理金石及八音之器。后崇为太乐令,乃上请尚书仆射高肇,更共营理。世宗诏芳共主之。芳表以礼乐事大,不容辄决,自非博延公卿,广集儒彦,讨论得失,研穷是非,则无以垂之万叶,为不朽之式。"据《魏书·礼志五》载,崇为太乐令,表求修乐,诏太常卿刘芳共主之,时在是年春。

沈约作《正会乘舆议》、《光宅寺刹下铭》、《上钱随喜光宅寺启》、《送育王像并上钱烛等启》、《上言宜校勘谱籍》,又作《憩郊园和约法师采药诗》、《还园斋酬华阳先生诗》。

按:《正会乘舆议》,据《隋书·礼仪志四》记载,天监六年,尚书仆射沈约议,诏可。《光宅寺刹下铭》,载于《广弘明集》卷一六及《艺文类聚》卷七七,曰:"……乃以大梁之天监六年岁次星纪月旅黄钟闰十月二十三日戊寅,仲冬之节也,乃树刹玄壤,表峻苍云,下洞渊泉,仰迫星汉。"故系于此。《上钱随喜光宅寺启》、《送育王像并上钱烛等启》均载于《艺文类聚》卷七七。《上言宜校勘谱籍》,部分载于《南史·王僧孺传》,又载于《通典》卷三,从中可见晋至梁的百家宗谱的存废情况。又,从《憩郊园和约法师采药诗》与《还园宅奉酬华阳先生诗》中两人的亲密关系,可见儒释道圆融的思想特征。

陆倕作《新漏刻铭》。

按:文载《文选》卷五六,参见是年"陆倕迁骠骑将军临川王萧宏东曹掾"条。

袁峻作《拟扬雄官箴》,梁武帝赐束帛。

按:参见是年"袁峻除员外散骑侍郎,直文德学士省"条。

刘峻是年或次年注《世说新语》。

按:据余嘉锡《世说新语笺疏》第232—233页考证,此注"当作于天监六七年之间也"。姑系于此。

又按:刘知几对刘孝标注《世说新语》颇不以为然,《史通·补注》曰:"以峻之才识,足堪远大,而不能探赜彪、峤,网罗班、马,方复留情于委巷小说,锐思于流俗短书;可谓劳而无功,费而无当者矣。"事实上,刘注《世说新语》赅洽详密,引书多至四百余种,后人考据,多所取资。故《四库全书总目提要》曰:"孝标所注,特为典赡。高似孙《纬略》亟推之。其纠正义庆之纰缪,尤为精核。所引诸书,今已佚其十之九,惟赖是注以传。故与裴松之《三国志注》、郦道元《水经注》、李善《文选注》,同为考证家所据焉。"

殷钧著《梁天监六年四部书目录》。

按:详见章宗源《隋书经籍志考证》。

释僧旻注《般若经》(《续高僧传·梁杨都庄严寺沙门释僧旻传》)。

释法护卒(439—)。法护俗姓张，东平人。年始十三而善于草隶。宋孝建中来都游观，住建元寺。雅好博古，多讲经论，常以《毗昙》命家。齐竟陵王总校玄释，定其虚实，仍于法云寺建竖义斋，以护为标领。解释胶结，每无遗滞。阮韬、阮晦、周颙等并心礼待。事迹见《续高僧传》卷五。

释智顺卒(447—)。智顺俗姓徐，琅琊临沂人。年十五出家，事钟山延贤寺智度为师。所作《法事赞》及《受戒》《弘法》等记，皆行于世。事迹见《高僧传》卷八。

柳惔卒(462—)。惔字文通，河东解人。柳世隆之子，柳恽兄。官至尚书右仆射。好学工文，尤善音律，尝预齐武帝烽火楼宴，赋诗，齐武帝称其遒丽。《隋书·经籍志》著录抚军将军《柳惔集》20卷。又著《仁政传》，佚。事迹见《梁书》卷二一、《南史》卷三八。

徐陵(—583)、释安廪(—583)生(《陈书·徐陵传》、《续高僧传·陈钟山耆阇寺释安廪传》)。

按：由《陈书·徐陵传》和《续高僧传·陈钟山耆阇寺释安廪传》"至德元年卒，时年七十七"，逆推两人生于本年。

梁天监七年　北魏正始五年　永平元年　戊子　508年

正月乙酉朔，梁武帝颁《立学诏》(《梁书·武帝纪》)。

按：《立学诏》曰："建国君民，立教为首。不学将落，嘉植靡由。朕肇基明命，光宅区宇，虽耕耘雅业，傍阐艺文，而成器未广，志本犹阙，非所以镕范贵游，纳诸轨度。思欲式敦让齿，自家刑国。今声训所渐，戎夏同风，宜大启庠教，博延胄子，务彼十伦，弘此三德，使陶钧远被，微言载表。"此文又见《梁书·儒林传》序，仅异二语，张溥本重出。《南史·儒林传序》曰："七年，又诏皇太子、宗室、王侯始就学受业，武帝亲屈舆驾，释奠于先师先圣，申之以燕语，劳之以束帛，济济焉，洋洋焉，大道之行也如是。"

是月，梁诏定百官九品为十八班，以班多者为贵(《梁书·武帝纪》)。

二月乙丑，梁增置州、卫将军以下为十品，共二十四班，不登十品者，别有八班。又置施于外国者二十四班，凡一百零九号(《梁书·武帝纪》、《资治通鉴·梁纪三》)。

庚午，梁武帝下诏，命各州郡县置州望、郡宗、乡豪各1人，专掌搜荐人才(《梁书·武帝纪》)。

五月乙亥，梁武帝下诏复置宗正、太府、太仆等卿，共十二卿。

按：《梁书·武帝纪》曰："(天监七年)五月己亥，诏复置宗正、太仆、大匠、鸿胪，又增太府、太舟，仍先为十二卿。"

八月丁卯，北魏改元永平(《魏书·宣武帝纪》)。

是月，北魏京兆王元愉因势位不及二弟，心怀不满，在信都称帝，改元建平（《资治通鉴·梁纪三》）。

乙丑，魏武帝命尚书李平讨京兆王元愉（《魏书·宣武帝纪》、《资治通鉴·梁纪三》）。

九月，萧衍作《诏详定郊祀冕服》。

按：文载于《隋书·礼仪志六》，曰："（天监）七年，周舍议……又帝曰：'《礼》："王者祀昊天上帝，则大裘而冕，祀五帝亦如之。"……'"是文可以看出虽然萧衍宣布佛教为国教，但是在礼仪制度的订立方面还是以儒家为宗。

是年，柔然又遣使求和于北魏，魏帝仍不许（《资治通鉴·梁纪三》）。

高车王弥俄突在蒲类海击杀柔然佗汗可汗，其子丑奴继立，号为豆罗伏跋豆伐可汗，改元建昌（《资治通鉴·梁纪三》）。

沈约与学士贺纵在任昉卒后，奉梁武帝命共勘其家藏书目。

按：《梁书·任昉传》曰："昉卒后，高祖使学士贺纵共沈约勘其书目，官所无者，就昉家取之。"

到洽为东宫太子中舍人，与太子中庶子陆倕对掌东宫管记（《梁书·到洽传》）。

张率除中权将军建安王记室参军，寻奉命直寿光省，修丙、丁部书钞（《梁书·张率传》）。

按：张率此举乃继天监二年钞乙部书而为，甲部书为到洽抄录。梁正月诏令立学，大启庠斅，又立神龙、仁虎阙于端门、大司马门外。

萧秀于荆州立学校，招隐逸，响应立学诏（《梁书·安成王萧秀传》）。

郦道元奉命至东荆州置郡（张鹏飞《郦道元年谱考略》）。

按：《北史·蛮獠列传》曰："永平初，东荆州表太守桓叔兴前后招慰大阳蛮，归附者一万七百户，请置郡十六、县五十，诏前镇东府长史郦道元检行置之。"姑系于永平元年。

道士陶弘景暂游南岳，又往永嘉楠江青嶂山游历，悠然忘归（萧纶《陶居贞白先生陶君碑》）。

释法宠被敕为齐隆寺主（《续高僧传·梁杨都光宅寺沙门释法宠传》）。

释法云为光宅寺主，为萧衍制注《大品》作讲解（《续高僧传·梁杨都光宅寺沙门释法云传》）。

周舍作《金辂议》、《衮服议》、《安成始兴二王为慈母服议》。

按：周舍精通儒家礼制，诸文皆可为据。著《金辂议》，据《通典》卷六四载："（天监）七年，帝据《周礼》'玉辂以祀，金辂以宾'，今祀乘金辂，诏下详议。周舍谓……"故系于此。

袁峻抄《史记》、《汉书》各为20卷，作《新阙铭》。

按：《梁书·袁峻传》曰："（天监）六年，峻乃拟扬雄《官箴》奏之……又奉敕与陆倕各制《新阙铭》，辞多不载。"又据《南史·梁本纪》载："（天监七年正月）戊戌，诏作神龙、仁兽阙于端门、大司马门外。"可知袁峻奉梁武帝命作《新阙铭》当在此时，故系于此。

范缜作《以国子博士让裴子野表》，对《宋略》评价甚高。

按：《梁书·裴子野传》曰："时中书范缜与子野未遇，闻其行业而善焉。会迁国子博士，乃上表让之曰：'伏见前冠军府录事参军河东裴子野，年四十，字几原，幼禀至人之行，长厉国士之风……脱置之胶庠，以弘奖后进，庶一夔之辩可寻，三豕之疑无谬矣。'"裴子野卒于中大通二年（530），时年六十二岁。据此而推，"年四十"即是年，故系于此。

刘峻始著《类苑》，作《广绝交论》。

按：《类苑》为南朝刘宋以来类书编纂之盛的表现之一。《梁书·文学下·刘峻传》曰："安成王秀好峻学，及迁荆州，引为户曹参军，给其书籍，使抄录事类，名曰《类苑》，未及成，复以疾去，因游东阳紫岩山，筑室居焉。"又据《梁书·武帝纪》曰："（天监七年五月）癸卯，以平南将军、江州刺史安成王秀为平西将军、荆州刺史。"故系于此。《广绝交论》为任昉后人生活困顿，曾得到任昉优遇的到溉兄弟此时正官运通显却无动于衷的情况而发，以此可见南朝士人交往薄情寡恩的一面。据文意可知本文作于任昉卒后一年内。

殷芸作《与到溉书》，悼念任昉。

按：《梁书·任昉传》曰："陈郡殷芸与建安太守到溉书曰：'哲人云亡，仪表长谢。元龟何寄？指南谁托？'其为士友所推如此。"又，《梁书·任昉传》称其出任新安太守运亨通，"视事期岁，卒于官舍。时年四十九"。故系于此。

沈约作《答释法云书难范缜神灭论》。

按：参见林家骊《沈约研究·沈约事迹诗文系年》。《续高僧传·梁杨都光宅寺沙门释法云传》曰："到七年……又与少傅沈约书曰：'主上令审《神灭论》。'"其文载于《弘明集》卷一〇，此文表明了沈约"神本不灭"的立场。

刘勰、释僧智、僧晃等三十人奉梁武帝萧衍令纂《众经要抄》，释智藏等奉敕撰《义林》。

按：《续高僧传·梁杨都庄严寺沙门释僧旻传》曰："（帝）仍选才学道俗释僧智、僧晃、临川王记室东莞刘勰等三十人，同集上定林寺，抄一切经论，以类相从，凡八十卷，皆令取衷于旻。"《续高僧传·梁杨都庄严寺金陵沙门释宝唱传》曰："天监七年，帝以法海浩瀚，浅识难寻，敕庄严僧旻于定林上寺缵《众经要抄》八十八卷。又敕开善智藏缵众经理义，号曰《义林》，八十卷。"

又按：据《高僧传·梁京师释宝志传》："释宝志……至天监十三年冬，于台后堂谓人曰：'菩萨将去。'未及旬日，无疾而终。""葬于钟山独龙之阜，仍于墓所立开善精舍。"释道宣《续高僧传·梁钟山上定林寺沙门释智藏传》："圣僧宝志迁神，窆窆于钟阜，于墓前建塔，寺名开善。敕藏居之。初藏未受具戒，遇志于定林上寺，遂推令居前。垂示崇敬之迹，识知德望有归告之先见矣。"由此可知，释宝志卒于天监十三年（514年），定林寺沙门释智藏约于天监十三年（514年）后居住开善寺。又据"初藏未受具戒，遇志于定林上寺，遂推令居前"知，此前宝志曾到定林寺与智藏有交往。极可能两人因有可纪念性交往经历，故宝志死后才选智藏居开善寺。但从《续高僧传·梁杨都庄严寺金陵沙门释宝唱传》所云："天监七年，帝以法海浩瀚……又敕开善智藏缵众经理义，号曰《义林》"推测，"又敕"之"又"喻时间短暂，当是同年（天监七年）智藏居定林上寺时，而非六年之后。或许《续高僧传》习惯称智藏的最后居住法名"开善智藏"，才致此处有分歧。据以上所推，故将《义林》始撰的时间定于是年。

释僧朗奉梁武帝萧衍令注《大般涅槃经》。

按：《续高僧传·梁杨都庄严寺金陵沙门释宝唱传》曰："天监七年，帝以法海浩瀚，浅识难寻……又敕建元僧朗，注《大般涅槃经》七十二卷，并唱奉别敕，兼赞其功。纶综终始，缉成部帙。"

北魏释道周集写《法华义记》，卷三有题记。

按：纸质。墨书。敦煌藏经洞出品。其卷三有题记，全3行，行2—19字，曰："比丘惠业许。正始五年五月十日，释道周所集，在中原广德寺写讫。"

释慧韶卒（455— ）。慧韶俗姓陈氏，本颍川太丘之后，避乱居于丹阳之田里。年十二厌世出家，具戒便游建康和扬州诸地。梁武陵王出镇庸蜀，邀之至蜀。于成都率诸听侣讽诵《涅槃》、《大品》，人各一卷，合而成部。武陵布政于蜀，每述《大乘》及《三藏》等论，僧宝彖、保该、智空等并参预撰集，勒卷既成，王赐钱十万，即于龙渊寺分赡学徒。卒于龙渊寺摩诃堂。事迹见《续高僧传》卷六。

曹景宗卒（457— ）。景宗字子震，新野人。幼时善骑射，兼爱史书。齐末始附萧衍，助萧衍称帝，为梁重要将领。天监五年，与韦睿救钟离，天监六年凯旋回朝，梁武帝设宴光华殿，即席分韵赋诗。曹景宗虽为武夫，强请得二险韵"竞"、"病"。其作震惊四座。后迁侍中、中卫将军、江州刺史，赴任途中卒。谥壮。逯钦立《先秦汉魏晋南北朝诗·梁诗》卷五载其诗1首。事迹见《梁书》卷九、《南史》卷五五。

严植之卒（457— ）。植之字孝源，秭归人。历任齐庐陵王国侍郎、梁五经博士、中抚军记室参军。好老、庄之学，曾详解《丧服》、《孝经》、《论语》，遍治《毛诗》、《郑氏礼》、《周易》、《左氏春秋》、《凶礼仪注》等。严可均《全梁文》卷四八载其文1篇。事迹见《梁书》卷四八、《南史》卷七一。

按：《梁书·儒林传论》曰："贺玚、严植之之徒，遭梁之崇儒重道，咸至高官，稽古之力，诸子各尽之矣。"

任昉卒（460— ）。昉字彦升，小字阿堆，乐安博昌人。历仕宋、齐、梁三朝，先后任太常博士、太子步兵校尉、侍中、扬州刺史、御史中丞等职。以善作表、奏、书、记著称，当时文诰奏表多出其手，与沈约齐名，世称"沈诗任笔"。昉好交游，陆倕、到溉、到洽、王僧孺、张率等均受其奖掖，时相宴聚，号"龙门之游"。家中藏书达万余卷，与沈约、王僧孺并称三大藏书家。作有《奏弹范缜》，极力反对范缜"神灭"之说，《文章缘起》1卷、《杂传》247卷、《地记》252卷、《文章》33卷，多已散佚。《隋书·经籍志》著录梁太常卿《任昉集》34卷，佚。今有明人张溥所辑《任彦升集》。严可均《全梁文》卷四一至卷四四载其文64篇。逯钦立《先秦汉魏晋南北朝诗·梁诗》卷五载其诗21首。事迹见《梁书》卷一四、《南史》卷五九、沈约《太常卿任昉墓铭》、王僧孺《太常敬子任府君传》。

按：任昉家藏书籍丰厚，又精通目录学。《隋书·经籍志》曰："齐末兵火，延烧秘阁，经籍遗散。梁初，秘书监任昉，躬加部集，又于文德殿内列藏众书，华林园中总集释典，大凡二万三千一百六卷，而释氏不豫焉。"

丘迟卒（464— ）。迟字希范，吴兴乌程人。丘灵鞠之子。幼即能属文。历仕齐梁，任太子博士、殿中郎、中书侍郎等职。梁武帝曾作《连珠》

诗,命群臣作者数十人,以迟文辞最美。天监四年,以谘议参军随临川王萧宏北伐,时陈伯之已投魏,率军来拒,迟以书信劝喻,说理透彻,感情真挚,伯之遂降。军还,以功授司空从事中郎。现有《丘司空集》为明人张溥所辑。严可均《全梁文》卷五六载其文13篇。逯钦立《先秦汉魏晋南北朝诗·梁诗》卷五载其诗11首。事迹见《梁书》卷四九、《南史》卷七二。

李骞（　—549）、萧纪（　—553）、萧绎（　—554）、杜之伟（　—559）、庾持（　—569）、释警韶（　—583）生（《魏书·李骞传》、《梁书·萧纪传》、《梁书·元帝本纪》、《梁书·杜之伟传》、《陈书·庾持传》、《续高僧传·陈杨都白马寺释警韶传》）。

按:《梁书·元帝本纪》中记萧绎"天监七年八月丁巳生"。《魏书·李骞》载李骞卒于"魏文帝大统十五年,年四十二",《梁书·杜之伟》载杜之伟卒于"陈永定三年,时年五十二岁",《陈书·庾持》载庾持卒于"陈太建元年,时年六十二岁",《续高僧传·陈杨都白马寺释警韶传》载释警韶"卒于陈至德元年,七十六岁",逆推四人生于本年。

梁天监八年　北魏永平二年　己丑　509年

春正月辛巳,梁武帝亲祠南郊（《梁书·武帝纪》）。

五月壬午,梁武帝颁《叙录寒儒诏》,诏试通经之士,唯才是举,不限门第授官（《梁书·武帝纪》）。

按:《叙录寒儒诏》,载于《梁书·武帝纪中》,此诏说明萧梁求贤不拘门限,一定程度上对望族的入仕造成冲击。

九月,昭明太子萧统于寿安殿讲《孝经》,尽通大义,讲毕,亲临释奠于国学（《梁书·昭明太子传》）。

北魏诏太常卿刘芳造乐器。

按:《魏书·乐志五》曰:"永平二年秋,尚书令高肇,尚书仆射、清河王怿等奏言:'案太乐令公孙崇所造八音之器并五度五量,太常卿刘芳及朝之儒学,执诸经传,考辨合否,尺寸度数悉与《周礼》不同。问其所以,称必依经文,声则不协,以情增减,殊无准据。……臣等参议,请使臣芳准依《周礼》更造乐器,事讫之后,集议并呈,从其善者。'诏:'可。'"

十一月乙丑,北魏宣武帝元恪于式乾殿为诸僧、朝臣讲《维摩诘经》（《魏书·梁纪三》、《资治通鉴·梁纪三》）。

按:时佛教盛于洛阳,中国沙门之外,自西域来者三千余人,魏主别为之立永明寺千余间以处之。处士南阳冯亮有巧思,魏主使与河南尹甄琛、沙门统僧暹择嵩山形胜之地,立闲居寺,极岩壑土木之美。由是远近承风,无不事佛,比及延昌,州郡共有一万三千余寺。

是年,北魏宗正卿元树归附于梁,赐爵邺王（《资治通鉴·梁纪三》）。

周舍为中书通事舍人、尚书吏部郎(《梁书·周舍传》)。

徐摛以周舍荐为晋安王萧纲侍读。

> 按：《梁书·简文帝》曰："(天监)八年，(萧纲)为云麾将军，领石头戍军事，量置佐吏。"又据《梁书·徐摛传》曰："会晋安王萧纲出戍石头，高祖谓周舍曰：'为我求一人，文学俱长兼有行者，欲令与晋安游处。'"舍曰：'臣外弟徐摛，形质陋小，若不胜衣，而堪此选。'高祖曰：'必有仲宣之才，亦不简其容貌。'以摛为侍读。"故系于此。

张缵尚萧衍第四女富阳公主，拜为驸马都尉，封利亭侯，召补为国子生(《梁书·张缵传》)。

张率为云麾中记室(《梁书·张率传》)。

张彝上奏北魏宣武帝请求制《历帝图》及效法汉代，拘采诗颂。

> 按：《北史·张彝传》曰："《历帝图》五卷，起元庖牺，终于晋末，凡十六代，一百二十八帝，历三千二百七十年，杂事五百八十九。宣武善之。"这是中国最早有关皇帝图像的记载，已佚。

郦道元除鲁阳郡太守，表立黉序，崇学劝教。

> 按：张鹏飞《郦道元年谱考略》曰："《北史·郦范本传》：'后试守鲁阳郡，道元表立黉序，崇劝学教。诏曰："鲁阳本以蛮人，不立大学。今可听之，以成良守文翁之化。"道元在郡，山蛮伏其威名，不敢为寇。'《水经注·汝水注》'出河南梁县勉乡西天息山'条云：'余以永平中，蒙除鲁阳太守。'宣武帝永平年间为三年(509—511)，故知永平二年道元除鲁阳郡太守。"

释僧若被敕为吴郡僧正(《续高僧传·梁吴郡虎丘沙门释僧若传》)。

释僧佑奉敕助释法悦铸丈八铜像。

> 按：《高僧传·梁京师正觉寺释法悦传》曰："释法悦者，戒素沙门也。齐末敕为僧主。止京师正觉寺，敦修福业，四部所归。……又昔宋明皇帝经造丈八金像，四铸不成，于是改为丈四。悦乃与白马寺沙门智靖率合同缘欲改造丈八无量寿像以申厥志。……以梁天监八年五月三日于小庄严寺营铸。……时悦、靖二僧相次迁化，敕以像事委定林僧祐，其年九月二十六日移像光宅寺。"故系于此。

徐勉作《释奠会升阶议》。

> 按：《隋书·礼仪志四》曰："梁天监八年，皇太子释奠。……吏部郎徐勉议……"故系于此。

祖暅之上其父著作《大明历》。

> 按：《新唐书·天文志》曰："大明八年，祖冲之上《大明历》，冬至在斗十一度，《开元历》应在斗十三度。梁天监八年，冲之子员外散骑侍郎暅之上其家术。"

裴延俊作《上宣武帝疏谏专心释典不事坟籍》。

> 按：《魏书·裴延俊传》曰："世宗初，为散骑侍郎。寻除雍州平西府长史，加建威将军，入为中书侍郎。时世宗专心释典，不事坟籍，延俊上疏谏曰……"曹道衡、刘跃进《南北朝文学编年史》系于是年。

沈约作《舍身愿疏》。约是年作《武帝集序》、《棋品序》等。

> 按：《舍身愿疏》为沈约向佛门皈依的直接记载。载于《广弘明集》卷二八上，疏曰："……以大梁天监之八年年次玄枵日躔乌度夹钟纪月十八，在于新所，创蒋陵皇宅，请佛及僧，仿佛祇树，息心上士，凡一百人。"《武帝集序》，序曰"日角之生，出自诸生"，"我皇诞纵自天，生知在御，清明内发，疏通外典，爰始贵游"云云，可见武帝生前

结集,由沈约作序,以理推之,当是本年前后。《棋品序》载《艺文类聚》卷七四,《棋品》作者未详,既请沈约作序,当亦是在天监年间沈约位高名盛之时,姑系于此。

刘勰等四月撰成《众经要抄》(《续高僧传·梁杨都庄严寺金陵沙门释宝唱传》)。

按:参见508年"刘勰、释僧智、僧晃等三十人奉梁武帝萧衍令纂《众经要抄》,释智藏等奉敕撰《义林》"条。又参见牟世金《刘勰年谱汇考》。

释宝亮五月奉梁武帝令撰《大涅槃义疏》。

按:《高僧传·梁京师灵味寺释宝亮传》曰:"天监八年初敕亮撰《涅槃义疏》十余万言,上为之序曰:'以天监八年五月八日乃敕亮撰《大涅槃义疏》,以九月二十日讫。'"

释惠深作《上言立僧尼制》。

按:《魏书·释老志》卷一一四曰:"(永平)二年冬,沙门统惠深上言……"

北魏佚名作嵩显禅寺碑记。

按:石质。碑阳全20行,下部多残,满行32字;碑阴全44行,稍残,行11—22字。阴刻。泾川高峰山嵩显寺出品。额曰:"敕赐嵩显禅寺碑记。"碑阳有序及题识,曰:"……大魏永平二年岁在己丑四月戊申朔八日乙卯,使持节都督泾□(州)■"。碑阴记载建碑之人,曰:"府长史张洪□,字宝□,辽东郡人也。威远将军司马吐谷浑,字伏□,吐谷浑国□也。别驾从事史皇甫轨,字文则,安定人。……"

北魏僧建晖写《入楞伽经》,卷二有题记。

按:纸质。墨书。敦煌藏经洞出品(?)。其卷二有题记,全8行,行15—24字,曰:"夫至妙冲玄,则言辞莫表;惠深理圆,则凝然常寂。淡泊(?)用纸十九张戒(?)净,随缘敀化。凡夫想识,岂能穷达。推寻圣典,崇善为先。是以比丘建晖,既集因殖,窠形女秽,婴罹病疾,抱难当今。仰(?)惟此若无由可拔迹,即减割衣资,为七世父母、先死后已,敬写入楞伽一部、法华一部、胜鬘一部、无量寿一部、仁王一部、方广一部、药[师]二部。因此微善,使得虽女身,后成男子。法界众生,一时成佛。大代大魏永平二年八月四日,比丘建晖敬写讫,流通供养。"

北魏华泾二州刺史奚康生造北石窟寺碑。

按:石质。情况不详。庆阳北石窟寺出品。

范述曾卒(431—)。述曾字子玄,一字颖彦,吴郡钱唐人。自幼好学,从余杭吕道惠受五经。曾任宋晋熙王国侍郎、齐南郡王国郎中令、中舍大夫等职。沈约比之为汲黯。曾注《易·文言》,又有杂诗赋数十篇,佚。事迹见《梁书》卷五三、《南史》卷七〇。

顾宪之卒(436—)。宪之字士思,吴郡吴人。历官建康令、会稽长史、豫章内、别驾从事史等。后以疾归官,清贫廉洁。著有诗、赋、铭、赞数十篇,以《衡阳郡记》尤为著名,然《隋书·经籍志》已不见著录,可见早佚。严可均《全梁文》卷四〇载其文3篇。事迹见《梁书》卷五二、《南史》卷三五。

释宝亮卒(449—)。宝亮俗姓徐,其先东莞胄族,晋乱,避地于东莱。年十二出家,师青州道明法师。亮就业专精,一闻无失。年二十一至建康,袁粲一见而异之,自是学名稍盛。竟陵王萧子良请为法匠,结菩提四部因缘。后移居建康灵味寺,续讲众经,讲《大涅槃经》八十四遍,《成实论》十四遍及其他经近十遍。天监八年,梁武帝敕亮著《涅槃义疏》十余万言,梁武帝亲自作序。事迹见《高僧传》卷八。

江德藻(　—565)、阳休之(　—582)生(《梁书·江德藻传》、《北齐书·阳休之传》)。

按:《梁书·江德藻传》载江德藻卒于"陈天嘉六年,时年五十七岁",《北齐书·阳休之传》载阳休之卒于"隋天皇二年(582),年七十四岁",逆推两人生于本年。

梁天监九年　北魏永平三年　庚寅　510年

正月,北魏秦州沙门刘光秀反,旋败亡(《魏书·宣武帝纪》)。

三月己丑,梁武帝亲临国子学,赐国子学诸员(《梁书·武帝纪》)。

乙未,梁武帝颁《遣皇子及王侯子弟入学诏》,令太子及王侯子弟入国子学。

按:其诏载于《梁书·武帝纪》,曰:"王子从学,著自礼经,贵游咸在,实惟前诰,所以式广义方,克隆教道。今成均大启,元良齿让,自斯以降,并宜肄业。皇太子及王侯之子,年在从师者,可令入学。"

是月,于阗向梁进献特产(《梁书·武帝纪》)。

四月丁丑,梁武帝诏:"尚书五都,职参政要,非但总领众局,亦乃方轨二丞;可革用士流,秉此群目。"遂改尚书五都(殿中都、吏部都、金部都、左右户部都、中兵都)令史之寒流为士流(《资治通鉴·梁纪三》)。

五月乙亥,梁武帝颁《使内外官各陈损益诏》(《梁书·武帝纪》)。

十月,梁武帝颁行祖冲之所作《大明历》(《资治通鉴·梁纪三》)。

按:万绳楠在《魏晋南北朝文化史》中说:"第一个把岁差用到历法制定上去的人,是祖冲之。"祖冲之创制的《大明历》亦称"甲子元历",成历于刘宋大明六年(462年),祖冲之时年三十三岁。《南史·祖冲之传》曰:"始元嘉中,用何承天所制历,比古十一家为密。冲之以为尚疏,乃更造新法(《大明历》),上表言之。孝武令朝士善历者难之,不能屈。会帝崩不施行。"此历最早把岁差引进历法;采用了391年加144个闰月的精密的新闰周;《大明历》中使用的回归年日数(365.2428)、交点月日数(27.21223)、木星公转周期、五大行星会合周期等数据十分精确;还发明了用圭表测量冬至前后若干天的正午太阳影长以定冬至时刻的方法。《隋书·律历志中》曰:"至九年正月,用祖冲之所造《甲子元历》颁朔。……陈氏因梁,亦用祖冲之历,更无所创改。"故系于是年。

是月,北魏宣武帝诏立医馆(《魏书·宣武帝纪》)。

十二月癸未,梁武帝再临国子学,策试胄子,赐国子学授学之官(《梁书·武帝纪》)。

是年，北魏宣武帝又下诏重求遗书于天下（《魏书·宣武帝纪》）。

> 按：《文献通考》曰："诏求天下遗书，秘阁所无、有裨时用者，加以厚赏。"

沈约正月乙亥以尚书令、行太子太傅为左光禄大夫，行少傅如故（《梁书·武帝纪》）。

萧琛出为宁远将军、平西长史、江夏太守。献《汉书》、《序传》真本于鄱阳王世子萧范，萧范转献东宫昭明太子（《梁书·萧琛传》）。

到洽迁国子博士。

> 按：据《梁书·到洽传》曰："九年，（到洽）迁国子博士。"

周弘正补国子生，为国子博士到洽所欣赏。

> 按：据《陈书·周弘正传》载："（周弘正）十五（岁），召补国子生，仍于国学讲《周易》……博士到洽议曰：'周郎年未弱冠，便自讲一经……'"

刘芳奏请来年施用所造乐器及教文、武二舞、登歌、鼓吹曲等，魏宣武帝诏曰："舞可用新，余且仍旧。"

> 按：《魏书·刘芳传》曰："永平三年冬，芳上言：'观古帝王，罔不据功象德而制舞名及诸乐章，今欲教文武二舞，施之郊庙，请参制二舞之名。窃观汉魏已来，鼓吹之曲亦不相缘，今亦须制新曲，以扬皇家之德美。'诏芳与侍中崔光、郭祚，黄门游肇、孙惠蔚等四人参定舞名并鼓吹诸曲。其年冬，芳又上言：'臣闻乐者，感物移风，讽诋变俗，先王所以教化黎元，汤武所以阐一版……自献春被旨，赐令博采经传，更制金石，并教文武二舞及登歌、鼓吹诸曲。今始校就，谨依前敕，延集公卿并一时儒彦讨论终始，莫之能异。谨以申闻，请与旧者参呈。若臣等所营形合古制，击拊会节，元日大飨，则须陈列。既岁聿云暮，三朝无远，请共本曹尚书及郎中部率呈试。如蒙允许，赐垂敕判。'曰：'舞可用新，余且仍旧。'鼓吹杂曲遂寝焉。"

> 又按：《御批历代通鉴辑览》卷四一载："（辛梁天监十年、魏永平四年）春正月，魏元会始用新舞。"故系于此。

到洽奉敕撰《太学碑》。

> 按：《梁书·到洽传》曰："九年，（到洽）迁国子博士，奉敕撰《太学碑》。"

徐勉等十月二十九日上《军礼仪注》（《梁书·徐勉传》）。

> 按：参见502年"沈约与何佟之、明山宾等参议五礼"条。

张彝约是年作《上采诗表》。

> 按：曹道衡、刘跃进《南北朝文学编年史》系于延昌三年，胡全银《〈全后魏文〉编年补正》系于永平四年，此从后说。

沈约作《谢赐新历表》。

> 按：梁初沿袭齐制，用宋何承天《元嘉历》，后用祖冲之《甲子元历》。《隋书·律历志中》曰："天监三年下诏定历……八年，晅（员外散骑侍郎祖晅）又上疏论之。……晅乃奏称：'史官今所用何承天历，稍与天乖，纬绪参差，不可承案。'……至九年正月，用祖冲之所造《甲子元历》颁朔。"故系于此。

释宝唱始著《名僧传》。

> 按：道宣《续高僧传·梁杨都庄严寺金陵沙门释宝唱传》载宝唱撰《名僧传》的经过："天监九年先疾后动，便发二愿，遍寻经论，使无遗失。搜括列代僧录，创区别

之,撰为部帙,号曰《名僧传》,三十一卷。至(天监)十三年,始就条例。"故系于此。宝唱前,撰历代释传的有宋法进《江东名德传》3卷及齐王巾《僧史》10卷,但影响及规模均不及宝唱。

北魏宗庆等写《大智度论》,卷三〇有题记。

按:纸质。墨书。敦煌藏经洞出品。其卷三〇有题记,全3行,行4—9字,曰:"宗庆写,用纸十七张。永平三年,课姚宋安写。比字校竟。"

北魏奚康生造南石窟寺碑。

按:石质。碑阳全23行,下残,满行38字;碑阴中缺,存70行,稍残,行7—19字。阴刻。泾川南石窟寺出品。碑额曰:"石窟寺主僧斌 南石窟寺之碑。"碑阳记载造碑主人及时间,曰:"大魏永平三年岁在庚寅四月壬寅朔十四日乙卯,使持节、都督泾州诸军事、平西将军、□(兼)□(华)泾二州刺史、武安县开国男奚康生造。"碑阴记载参造人员,曰:"平西府长史河南陈平。司马、敷西男安定皇甫慎。录事参军扶风马瓒。功曹参军、宁远将军、华容男屈□,字允府,昌黎人。仓曹参军、奋威将军、赭阳子梁瑞,字乡贡,天水人。中兵参军略阳王卯广。府主簿天水尹宁,字庆安。外兵参军金城赵忻,字兴庆。骑兵参军事、督护、安定内史辽西段迤,字丰国。长流参军昌黎韩洪超。城局参军新平冯澄,字清龙。参军事冯翊□□。鹰扬将军、参军事北海郈哲□。……"

丘仲孚约卒(460?—　)。仲孚字公信,吴兴乌程人。少好学,有"千里驹"之美誉。齐永明初,选为国子生。后历主簿、山阴令、豫章内史。为政清廉,甚有声称。撰有《皇典》20卷、《南宫故事》100卷及《尚书具事杂仪》,佚。事迹见《梁书》卷五三。

谢蔺(　—547)、颜晃(　—562)、刘璠(　—568)、虞寄(　—579)生(《梁书·谢蔺传》、《陈书·颜晃传》、《陈书·刘璠传》、《梁书·虞寄传》)。

按:《梁书·谢蔺传》载谢蔺"太清元年(547)……因夜临而卒,时年三十八",《陈书·颜晃传》载颜晃"(永定)三年卒,时年五十三",逆推生于本年。

梁天监十年　北魏永平四年　辛卯　511年

正月辛酉,梁武帝亲自上祀明堂(《梁书·武帝纪》)。

五月丙辰,北魏禁天文学(《资治通鉴·梁纪三》)。

是年,梁武帝集诸沙门制文立誓永断酒食。复集僧尼1448人于华林殿请云法师讲《涅槃经》中食肉断大慈悲种子之文,梁武帝亲席地与众同听(《佛祖统纪·法运通塞志》)。

北魏以品官为河南六部尉,有勋品者为里正。

按:《资治通鉴·梁纪三》曰:"魏以甄琛为河南尹,琛表曰:'国家居代,患多盗窃,世祖发愤,广置主司、里宰,皆以下代令长及五等散男有经略者乃得为之。又多

法兰克人的国王克洛维一世卒。王国分裂。

置吏士为其羽翼,崇而重之,始得禁止。今迁都已来,天下转广,四远赴会,事过代都,五方杂沓,寇盗公行,里正职轻任碎,多是下才,人怀苟且,不能督察。请取武官八品将军已下干用贞济者,以本官俸恤领里尉之任,高者领六部尉,中者领经途尉,下者领里正。不尔,请少高里尉之品,选下品中应迁者进而为之。督责有所,辇毂可清。'诏曰:'里正可进至勋品,经途从九品,六部尉正九品;诸职中简取,不必武人。'琛又奏以羽林辚游军,于诸坊巷司察盗贼。于是洛城清静,后常蹈焉。"

刘勰为南康王萧绩记事,兼东宫通事舍人(牟世金《刘勰年谱汇考》)。

王僧孺出为南康王萧绩长史,行府、州、国事、兰陵太守(《梁书·王僧孺传》)。

殷芸除通直散骑侍郎,兼尚书左丞(《梁书·殷芸传》)。

何点入钟山定林寺听内典,与其兄何胤分称大山、小山(《佛祖统纪·法运通塞志》)。

孙惠蔚以黄门郎代崔光领著作。

按:《魏书》卷六七《崔光传》曰:"永平四年,以黄门郎孙惠蔚代光领著作,惠蔚首尾五载,无所厝意。"

道士陶弘景涉海诣霍山,感略真境,心注玄关(萧纶《隐居贞白先生陶君碑》)。

释云法师于光宅寺讲《法华经》(《佛祖统纪·法运通塞志》)。

天竺僧菩提流支等在魏译成《十地经论》,分为12卷。崔光为之作序。

按:据崔光《十地经论》序文曰:"以永平元年(508年)岁次玄枵(戊子)四月上日,命三藏法师菩提留支、魏云道希、中天竺勒那摩提、魏译宝意,及传译沙门北天竺伏陀扇多(即佛陀扇多),并义学缁素一十余人,在太极紫庭译出斯论十有余卷,斯二三岁并以通俗之量,高步道门,群藏渊部,周不研揽,善会地情,妙尽论旨,皆手持梵文,口自敷唱,片辞只说,辩旨蔑遗,于时皇上,亲纡玄藻,飞翰轮首,臣僧徒毗赞下风,四年首夏,翻译周讫。"据此可知,《十地经论》译于魏永平年间(509年至511年),故系于此。

北魏经生曹法寿写《成实论》,卷一四有题记。

按:纸质。墨书。敦煌藏经洞出品。其卷一四有题记,全5行,行6—14字,曰:"经生曹法寿所写。用纸廿五张。永平四年岁次辛卯七月廿五日,敦煌镇官经生曹法寿所写论成讫。典经帅令狐崇哲。校经道人惠显。"

刘苞卒(482—)。苞字孝尝,一字孟尝,彭城人。刘孝绰从弟。好学,家有旧书残蠹,手自整理。为梁初后进文学之士,与刘孝绰、到氏兄弟、陆倕、张率等并以文藻见称,又预任昉"龙门之游"。《隋书·经籍志》著录太子洗马《刘苞集》10卷,佚。逯钦立《先秦汉魏晋南北朝诗·梁诗》卷八载其诗2首。事迹见《梁书》卷四九。

高爽约卒,生年不详。爽,广陵人。齐永明年间曾作诗赠王俭,为王俭所赏识。王俭领丹阳尹,举爽为孝廉。历官中军临川王参军、晋陵令建阳。坐事系治，作《镂鱼赋》以自况。后遇赦得免，寻卒。有集，佚。逯钦立《先秦汉魏晋南北朝诗·梁诗》卷二载其诗5首，另尚有与何逊《往晋陵联句》1首。事迹见《梁书》卷四九、《南史》卷七二。

王训（ —536）、陆云公（ —547）、王晞（ —581）、袁聿修（ —582）生（《梁书·王训传》、《梁书·陆云公传》、《北齐书·王晞传》、《陈书·袁聿修传》）。

按：王训，王暕之子，《梁书》本传不著卒于何年，此据传中"年十三，暕亡"语推算生于本年。《梁书·陆云公传》载陆云公卒于"太清元年，时年三十七岁"，《陈书·袁聿修传》载袁聿修卒于"隋开皇二年（582），年七十二"，逆推两人生于本年。

梁天监十一年　　北魏永平五年　　延昌元年　　壬辰　　512年

正月，梁武帝颁《停将送老小诏》（《萧纲萧绎年谱》）。

三月，梁筑西静坛于钟山（《梁书·武帝纪》）。

四月乙酉，北魏改元延昌（《魏书·宣武帝纪》）。

北魏宣武帝元恪四月下诏，命赶建国子学及太学、四门学（《魏书·宣武帝纪》）。

是月，百济、扶南、林邑等国向梁贡献方物（《梁书·武帝纪》）。

九月辛亥，宕昌遣使向梁贡献方物（《梁书·武帝纪》）。

十月乙亥，北魏立太子元诩（《魏书·宣武帝纪》）。

按：魏制规定：凡立嗣子，辄先杀其母。至是，始不杀其母。这也与外戚势力得到极大限制与削弱，以及汉化政策的推行有极大关系。

是年，梁武帝改革乐制，改《西曲》，制《江南上云乐》14曲、《江南弄》7曲。并于乐寿殿道义竟留十大德法师设乐，敕问音律，众人引经奉答（《萧纲萧绎年谱》）。

按：据《乐府诗集·清商曲辞七·江南弄上》卷五十梁·武帝《江南弄七首》引《古今乐录》曰："梁天监十一年冬，武帝改西曲，制《江南上云乐》十四曲，《江南弄》七曲：一曰《江南弄》，二曰《龙笛曲》，三曰《采莲曲》，四曰《凤笛曲》，五曰《采菱曲》，六曰《游女曲》，七曰《朝云曲》。"

昭明太子萧统开始习判案，梁武帝每有欲宽纵者，就命萧统决断（《南史·梁昭明太子萧统传》）。

按：《南史·梁昭明太子萧统传》曰："（萧统）年十二，于内省见狱官将谳事。问左右曰：'是皂衣何为者？'曰：'廷尉官属。'召视其书，曰：'是皆可念，我得判否？'有司以统幼，绐之曰：'得。'其狱皆刑罪上，统皆署杖五十。有司具狱，不知所为，具言于帝，帝笑而从之。自是数使听讼，每有欲宽纵者，即使太子决之。"萧统是年十二岁，故系于此。

沈约正月以左光禄大夫、行太子少傅加特进（《梁书·武帝纪》）。

钟嵘约是年随衡阳王萧元简出守会稽，为宁朔记室，专掌文翰（《梁书·钟嵘传》）。

按：系年据曹道衡、刘跃进《南北朝文学编年史》。

萧子云、谢举以释法通卒于定林上寺，为其撰写碑文（《高僧传·梁上定林寺释法通传》）。

萧绎五岁能诵《曲礼》（《梁书·元帝纪》）。

道士陶弘景夏乘海还永嘉木溜屿，十月，又奉敕由司徒慧明迎还茅山，并别给廨宇（见萧纶《陶居贞白先生陶君碑》）。

释法云与梁武帝论乐，奉敕改《中朝曲》为《相思曲》（《乐府诗集》卷四六引《古今乐录》）。

按：《乐府诗集·清商曲辞三·吴声歌曲三》卷四六中《懊侬歌十四首》引《古今乐录》曰："《懊侬歌》者，晋石崇绿珠所作，唯'丝布涩难缝'一曲而已。后皆隆安初民间讹谣之曲。宋少帝更制新歌三十六曲。齐太祖常谓之《中朝曲》，梁天监十一年，武帝敕法云改为《相思曲》。"

徐勉作《上修五礼表》，沈约与何佟之、明山宾等奉敕参议之。《五礼》1176卷8019条至此修成。

按：据《梁书·徐勉传》中引徐勉《上修五礼表》曰："……诏旨云：'礼坏乐缺，故国异家殊，实宜以时修定，以为永准。……'于是尚书仆射沈约等参议，请五礼各置旧学士一人，人各自举学士二人相助抄撰。……五礼之职，事有繁简，及其列毕，不得同时。《嘉礼仪注》以天监六年五月七日上尚书，合十有二秩，一百一十六卷，五百三十六条。《宾礼仪注》以天监六年五月二十日上尚书，合十有七秩，一百三十三卷，五百四十五条。《军礼仪注》以天监九年十月二十九日上尚书，合十有八秩，一百八十九卷，二百四十条。《吉礼仪注》以天监十一年十一月十日上尚书，合二十有六秩，二百二十四卷，一千五条。《凶礼仪注》以天监十一年十一月十七日上尚书，合四十有七秩，五百一十四卷，五千六百九十三条。大凡一百二十秩，一千一百七十六卷，八千一十九条。……"据此表可知，梁天监十一年、魏永平五年（512年）梁修《五礼》成，共八千零十九条。至本年十月十七日上《凶礼仪注》，十一月十日上《吉礼仪注》，《五礼》全部告成，故系于是年。

又按：另参见502年"沈约与何佟之、明山宾等参议五礼"条。

李谧作《明堂制度论》。

按：《魏书·李谧传》曰："谧以公子征拜著作佐郎，辞以授弟郁，诏许之。州再举秀才，公府二辟，并不就。惟以琴书为业，有绝世之心。览《考工记》、《大戴礼·盛德篇》，以明堂之制不同，遂著《明堂制度论》。"此文对认识明堂制度的历史沿革有着重要的作用。关于明堂制度在中国的产生和发展，可参张一兵著《明堂制度研究》。胡全银《〈全后魏文〉编年补正》曰："《魏书·礼志四》载，初，世宗永平、延昌中欲建明堂，而议者或云五室，或云九室，频属年饥，遂寝。至是，复议之。诏从五室，及元叉执政，遂改营九室。值世乱不成，宗配之礼迄无所设。可知，有两次议建明堂，一为世宗永平、延昌中，一为此次，按史书叙事顺序，本次议建明堂当在神龟元年左右。又，《魏书·封懿附传》曰：'寻除国子博士，加扬武将军，假通直散骑常侍，慰劳汾州山胡。司空清河王怿表修明堂，辟雍，诏百僚集议。'清河王怿为司空在延昌元年正月,延昌三年十二月,诏立明堂,期间正是水旱连连。故首次议建明堂当在延昌元年正月与延昌三年十二月间。《南北朝文学编年史》云延昌元年修明堂、辟雍,袁翻封轨并议,正在此时段内,可从之。而延昌四年李谧卒,故其明堂论当是首次。故本文作于延昌元年。"

贾思伯作《明堂议》。

按:《魏书·贾思伯传》曰:"思伯自以儒素为业,不好法律,希言事。俄转卫尉卿。于时议建明堂,多有同异。思伯上议曰……"时朝廷议建明堂,此文作年或与李谧《明堂制度论》同时。

袁翻作《明堂议》。

按:《魏书·袁翻传》曰:"正始初,诏尚书门下于金墉中书外省考论律令,翻参议。后除豫州中正,是时,修明堂、辟雍。翻议曰……"参见是年"贾思伯作《明堂议》"条。

封轨作《明堂辟雍议》。又作《务德戒》、《慎言戒》、《远佞戒》、《防奸戒》。

按:《魏书·封懿附传》曰:"寻除国子博士,加扬武将军。假通直散骑常侍,慰劳汾州山胡。司空、清河王怿表修明堂、辟雍,诏百僚集议。轨议曰……"参见是年"贾思伯作《明堂议》"条。

又按:《魏书·封懿附传》曰:"尚书令高肇拜司徒,(高)绰送迎往来,轨竟不诣。绰顾不见轨,乃遽归曰:'吾一生自谓无忝规矩,今日举措不如封生远矣。'轨以务德、慎言修身之本,奸回、谗佞世之巨害,乃为《务德》、《慎言》、《远佞》、《防奸》四戒,文多不载。"按:胡全银《〈全后魏文〉编年补正》据《魏书·世宗纪》载,延昌元年春正月,尚书令高肇拜司徒,推断其文作于是年春正月。

萧子云撰成《晋书》。

按:《梁书·萧子云传》曰:"天监初,降爵为子。既长勤学,以晋代竟无全书,弱冠便留心撰著。至年二十六,书成,表奏之,诏付秘阁。"萧子云于天监五年(505)弱冠之年始撰《晋书》,至此撰成。故系于此。《隋书·经籍志》曰:"《晋书》十一卷,本一百二卷,梁有,今残缺。萧子云撰。"汤球《九家旧晋书辑本》辑有两条。

按:《魏书·封宜附轨传》曰:"轨为四戒,文多不载。"皆为讽劝当朝以儒家思想规范自我约束。

沈约作《江南弄》4曲、《咏鹿葱》、《四城门》、《豫章行》、《君子行》、《长歌行》、《伤美人赋》(林家骊《沈约研究·沈约事迹诗文系年》)。

按:《江南弄》4曲为:《赵瑟曲》、《秦筝曲》、《阳春曲》、《朝阳曲》。《古今乐录》曰:"梁天监十一年冬,武帝改西曲,制《江南上云乐》十四曲,《江南弄》七曲……又沈约作四曲:一曰《赵瑟曲》,二曰《秦筝曲》,三曰《阳春曲》,四曰《朝云曲》,亦谓之《江南弄》云。"故沈约之《江南弄》亦当改制于此时。《咏鹿葱》、《四城门》、《豫章行》、《君子行》、《长歌行》等诗据诗意可知当作于此时。《伤美人赋》载《艺文类聚》卷三四,是学屈原赋以美人比君王抒己委屈之情。由此可以窥见沈约晚年的思想状况。

萧衍注《大品经》50卷,常躬事讲说(《萧纲萧绎年谱》)。

北魏李季翼写《大般涅槃经》,卷三二有题记。

按:纸质。墨书。敦煌藏经洞出品。其卷三二有题记,全11行,行9—25字,曰:"……弟子李季翼,生遇圣荫,恩斯勤斯,劫尘莫报。每思竭诚,以展微虑。不图离会有期,有姊适王氏家,灾命早背。兄弟之情,悬心楚切,不任所感。为亡姊敬写涅槃经一部……永平五年五月五日写。"

  北魏经生刘广周写《成实论》，卷一四有题记。

  按：纸质。墨书。敦煌藏经洞出品。其卷一四有题记，全5行，行5—21字，曰："用纸廿八张。延昌元年岁次壬辰八月五日，敦煌镇官经生刘广周所写论成讫。典经帅令狐崇哲。校经道人洪俊。"

  释法通卒（443— ）。法通俗姓褚，河南阳翟人。年十一出家，游学三藏，专精方等，《大品》《法华》尤所研审。年未登立，便为讲匠。后践迹建康，初止庄严寺，后憩定林上寺。齐竟陵王萧子良等，皆亲承顶礼。谢举、陆杲、张孝秀并禀其戒法。卒后，谢举、萧子云并为制文。事迹见《高僧传》卷八。

梁天监十二年　北魏延昌二年　癸巳　513 年

  正月辛卯，梁武帝亲祀南郊（《梁书·武帝纪》）。
  六月癸巳，梁新作太庙，增基九尺（《梁书·武帝纪》）。
  庚子，太极殿成（《梁书·武帝纪》）。
  八月，北魏恒、肆二州地震，民覆压死伤甚多（《资治通鉴·梁纪三》）。
  十月丁亥，梁武帝下诏命在明堂外筑围墙（《梁书·武帝纪》、《南史·梁纪上》）。

  按：《梁书·武帝纪》曰："冬十月丁亥，诏曰：'明堂地势卑湿，未称乃心。外可量就埤起，以尽诚敬。'"

  萧宏九月以扬州刺史为司空（《梁书·临川王萧宏传》、《梁书·武帝纪》）。
  何逊为建安王萧伟引为宾客，后随南平王萧伟返都，被荐之于武帝，在朝供职。

  按：据《南史·何逊传》，何逊被"南平王伟引为宾客，掌记室事。后荐之武帝，与吴均俱进幸"。

  吴均随南平王萧伟返都，任奉朝请。

  按：《梁书·吴均传》曰："王迁江州，补国侍郎，兼府城局，还，除奉朝请。"据施永庆《吴均行年著述考略》，吴均返都时间可据《梁书·太祖五王传·南平王伟传》推出，伟于天监九年（510）赴江州，任江州刺史，天监十一年（512）以本号（镇南将军）加开府，仪同三司，同年以疾表解，不许。天监十二年（513）九月征为中抚军，仪同常侍，以疾不拜。可知均于是年随萧伟返都，此时何逊亦还。

  周弘正为丹阳尹晋安王萧纲主簿（《陈书·周弘正传》）。
  萧绎六岁，好为诗赋及著述（《金楼子·杂记篇》）。

崔光为北魏太子少傅,令太子诣拜之(《魏书·崔光传》)。

释僧佑奉敕专任剡山石城寺佛像事,督造佛像。

  按:《高僧传·释僧护传》曰:"像以天监十二年春就功,至十五年春竟。"

吴均奉梁武帝敕著《通史》。

  按:《梁书·文学上·吴均传》曰:"先是,均表求撰《齐春秋》,书成奏之,高祖以其书不实,使中书舍人刘之遴诘问数条,竟支离无对,敕付省焚之,坐免职。寻有敕召见,使撰《通史》,起三皇,迄齐代,均草本纪、世家功已毕,惟列传未就。普通元年,卒。"

  又按:《册府元龟》六〇七曰:"吴均为奉朝请,敕撰《通史》,起三皇,讫齐代。均草本纪二十卷。"故系于此年。参见是年"吴均随南平王萧伟返都,任奉朝请"条。

沈约作《临终遗表》(林家骊《沈约研究·沈约事迹诗文系年》)。

  按:载于《广弘明集》卷三十及《艺文类聚》卷七七,《艺文类聚》题作"临终劝加笃信启",表曰:"臣约言:'臣抱疾弥留,迄今即化,形神欲离,月已十数,穷楚极毒,无言以喻,平日健时,不言若此。举刀坐剑,比此为轻。仰惟深入法门,厉兹苦节,内矜外恕,实本天怀。'"其表可见沈约深受佛家因果报应思想的影响,似在弥留之际为生前深抱愧悔之意。

北魏经生曹法寿写《华严经》,卷四一有题记。

  按:纸质。墨书。敦煌藏经洞出品。其卷四一有题记,全5行,行4—21字,曰:"延昌二年岁次水巳四月十五日,敦煌镇经生曹法寿(上盖黑印),所写此经成讫。用纸廿三张。典经帅令狐崇哲。校经道人。"

北魏经生令狐礼太写《华严经》,卷八有题记。

  按:纸质。墨书。敦煌藏经洞出品。其卷八有题记,全5行,行4—19字,曰:"延昌二年岁次癸巳四月十七日,敦煌镇官经生令狐礼太写经讫竟。用纸廿四张。典经帅令狐崇哲。校经道人。"

北魏经生马天安写《摩诃衍经》(《大智度论》),卷三二有题记。

  按:纸质。墨书。敦煌藏经洞出品。其卷三二有题记,全4行,行4—25字,曰:"用纸廿五。延昌二年岁次癸巳六月廿日,敦煌镇经生马天安所写经成讫。校经道人。典经帅令狐崇哲。"

北魏经生令狐崇哲写《华严经》,卷三五有题记。

  按:纸质。墨书。敦煌藏经洞出品。其卷三五有题记,全4行,行4—17字,曰:"延昌[二]年岁次癸巳六月廿三日,敦煌镇经生帅令狐崇哲所写经成讫竟。用纸廿一张(下盖黑印)。校经道人。"

北魏经生张显昌写《大楼炭经》,卷七有题记。

  按:纸质。墨书。敦煌藏经洞出品。其卷七有题记,全4行,稍残,行4—26字,曰:"延昌二年岁次癸巳六月□□日,敦煌镇经生张显昌所写经成讫。用纸廿(上盖墨印)。典经帅令狐崇哲、校经道人。"

北魏经生令狐崇哲写《华严经》,卷三九有题记。

  按:纸质。墨书。敦煌藏经洞出品。其卷三九有题记,全4行,行4—17字,曰:"延昌二年岁次癸巳七月十五日,敦煌镇官(下盖黑印)。经生帅令狐崇哲所写经成讫竟。用纸廿三张。校经道人。"

北魏经生张显昌写《华严经》,卷四七有题记。

按：纸质。墨书。敦煌藏经洞出品。其卷四七有题记，全5行，行4—16字，曰："延昌二年岁次癸巳七月十八日，敦煌镇（上盖墨印）经生张显昌所写经成讫竟。用纸廿二。典经帅令狐崇哲。校经道人。"

北魏经生令狐永太写《华严经》，卷一六有题记。

按：纸质。墨书。敦煌藏经洞出品。其卷一六有题记，全5行，行4—17字，曰："延昌二年岁次水巳七月十九日，敦煌镇经（上盖墨印）生令狐永太写此经成讫。用纸廿四张。校经道人。典经帅令狐崇哲。"

北魏经生令狐崇哲写《华严经》，卷二四有题记。

按：纸质。墨书。敦煌藏经洞出品。其二四有题记，全4行，行4—18字，曰："延昌二年岁次癸巳八月廿七日，敦煌镇经生令狐崇哲所写经成讫竟。用纸廿四张（盖墨印）。校经道人。"

北魏经生和常太写《华严经》，卷四六有题记。

按：纸质。墨书。敦煌藏经洞出品（？）。其卷四六有题记，全1行，行14字，曰："延昌二年，经生和常太写。用纸十九。"

北魏曹子元作造窟记。

按：石窟。全10行，行8字。阴刻。炳灵寺126窟。文曰："大代延昌二年岁次癸巳六月甲申朔十五日戊戌，大夏郡武阳部郡本国中政曹子元造窟一区，仰为皇帝陛下、群僚百官、士众人民、七世父母、所生父母、六亲眷属，超生西方，妙乐回生，含生之类，普同福□。"

沈约卒(441—)。约字休文，吴兴武康人。父璞，宋淮南太守，元嘉末被诛。沈约少孤贫好学，博览群书，起家奉朝请。历宋安西外兵参军、齐征虏记室、太子家令、国子祭酒等职，为齐竟陵王萧子良西邸重要学士，"竟陵八友"之一。后助萧衍建梁，历官尚书仆射、尚书令、中书令等。沈约著述颇多，有《宋书》、《晋书》、《宋文章志》、《齐纪》等。《隋书·经籍志》著录梁特进《沈约集》110卷，今有明人张溥所辑《沈隐侯集》传世。严可均《全梁文》卷二五至卷三二载其文8卷180篇左右。逯钦立《先秦汉魏晋南北朝诗·梁诗》卷六、卷七载其诗2卷260多首。事迹见《梁书》卷一三、《南史》卷五七。

按：沈约在齐梁时代引领文坛，被誉为"一代辞宗"。他提出的"四声八病说"，为五音古体诗向律诗转变做出了重要贡献。钟嵘《诗品》列为中品，称："观休文众制，五言最优。"《梁书·沈约传》曰："（沈约）历仕三代，该悉旧章，博物洽闻，当世取则。"又曰："谢玄晖善为诗，任彦升工于文章，（沈）约兼而有之，然不能过也。"陈朝史官姚察称赞他"高才博学，名亚迁、董"。目前关于沈约的研究日见丰富，除了近来新出的硕博论文之外，专著就有林家骊《沈约研究》，陈庆元《沈约集校笺》，姚振黎《沈约及其学术探究》，（日）铃木虎雄著、马导源编译《沈约年谱》，香港中文大学中国文化研究所刘殿爵教授、陈方正博士、何志华教授主编《沈约集逐字索引》等。

刘芳卒(453—)。芳字伯文，彭城人。父刘邕，与刘义宣事，身死彭城。芳逃窜青州，会赦免。慕容白曜瑀南讨青齐，芳徙为平齐民。早年不得志，乃著《穷通论》以自慰。曾与王肃论礼，肃服其博雅，呼之为"刘石经"。撰有郑玄所注《周官仪礼音》、干宝所注《周官音》、王肃所注《尚书音》、何休所注《公平音》、范宁所注《谷梁音》、韦昭所注《国语音》等十数种,至隋多已亡佚,唯存《毛诗笺音证》、《后汉书音》。今《魏书》本传所载章表尚存,严可均辑入《全后魏文》卷三八。事迹见《魏书》卷五五、《北史》卷四二。

按:《魏书·刘芳传》曰:"芳沉雅方正,概尚甚高,经传多通,高祖尤器敬之,动相顾访。"

庾信(　—581)生(王逌《庾子山集序》)。

按:《周书·庾信传》载庾信"隋开皇元年,卒",未系生年。今依王逌《庾子山集序》"自梁朝筮仕周世,驱驰至今,岁在屠维,龙居渊献,春秋六十有七",知己亥岁,即北周宣帝大象元年,庾信六十七岁,逆推生于本年。

梁天监十三年　北魏延昌三年　甲午　514年

二月丁亥,梁武帝亲耕籍田,作《籍田诗》(《梁书·武帝纪》)。

十二月,魏诏立明堂(《魏书·宣武帝纪》)。

是年,扶南、林邑、于阗各遣使向梁进献特产(《梁书·武帝纪》)。

崔灵恩等自魏归梁,任国子博士,聚徒讲学。

按:《南史·崔灵恩传》曰:"崔灵恩,清河东武城人也。少笃学,遍习五经,尤精《三礼》、《三传》。仕魏为太常博士,天监十三年归梁,累迁步兵校尉,兼国子博士。灵恩聚徒讲授,听者常数百人。"

又按:崔灵恩的讲学内容体现了北方经学之士在学术上的兼容和调整,也可见出南北经学既有侧重又彼此影响、共同发展的重要特点。《梁书·儒林·崔灵恩传》曰:"灵恩聚徒讲授,听者常数百人。(灵恩)性拙朴无风采,及解经析理,甚有精致。"

再按:崔灵恩于《三礼》和《三传》多有阐义发明,著作颇丰。据《梁书》本传,计有《集注毛诗》22卷、《集注周礼》40卷、《三礼义宗》47卷、《左氏经传义》22卷、《左氏条例》10卷、《公羊谷梁文句义》10卷。《隋书·经籍志》则著录为《集注毛诗》24卷、《集注周官礼》20卷、《三礼义宗》30卷、《春秋经传解》6卷、《春秋申先儒传论》10卷、《春秋左氏传立义》10卷、《春秋序》1卷。

庾仲容除安成王中记室,萧统饯宴赐诗,时人以为荣。

按:《梁书·文学下·庾仲容传》曰:"(庾仲容)除安成王中记室,当出随府,皇太子以旧恩,特降饯宴,赐诗曰:'孙生陟阳道,吴子朝歌县,未若樊林举,置酒临华殿。'时辈荣之。"又《梁书·武帝纪》曰:"(天监十三年春正月)丙寅,以翊右将军安成王秀为安西将军、郢州刺史。"知庾仲容除安成王中记室并蒙萧统赐诗在是年春,故系于此。

王筠为宁朔将军湘东王长史,行府、国、郡事(《梁书·王筠传》)。

江式三月奏请魏宣武帝撰集《古今文字》,诏许之。

按：《魏书·江式传》曰："式篆体尤工，洛京宫殿诸门板题，皆式书也。延昌三年三月，式上表曰……诏曰：'可如所请，并就太常，冀兼教八书史也。其有所须，依请给之。名目待书成重闻。'式于是撰集字书，号曰《古今文字》，凡四十卷，大体依许氏《说文》为本，上篆下隶。"

徐陵八岁，即能属文，为人称道（《陈书·徐陵传》）。

杜之伟八岁，习读《尚书》、《诗》、《礼》，略通其学（《陈书·杜之伟传》）。

道士陶弘景正月至茅山入住东涧，又敕买许长史旧宅、宋长沙馆，命潘渊文与材官师匠建朱阳馆（见萧纶《陶居贞白先生陶君碑》）。

按：陶弘景《登真隐诀》曰："甲午年，敕买故许长史宅宋长沙馆，仍使潘渊文与材官、师匠营起朱阳馆……既归，入住东涧。"又，陶弘景《许长史旧馆坛碑》有曰："梁天监十三年，敕质此精舍，立为朱阳馆，将远符先征，定祥火历，于馆西更筑隐居住止。"故系于是年。

释智藏居开善寺（《续高僧传·梁钟山开善寺沙门释智藏传》）。

郭祚作《奏停营明堂国学》。

按：《魏书·郭祚传》曰："时诏营明堂国学，祚奏曰：'今云罗西举，开纳岷蜀；戎旗东指，镇靖淮荆；汉沔之间复须防捍。征兵发众，所在殷广，边郊多垒，烽驿未息，不可于师旅之际，兴板筑之功。且献岁云暨，东作将始。臣愚量谓宜待丰靖之年，因子来之力，可不时而就。'从之。"又据《魏书·世宗纪》载，延昌三年冬十月，高肇率众十万西伐蜀。十二月，诏立明堂。本文当作于本年十二月。

江式奉敕始撰集字书《古今文字》。

按：参见是年"江式三月奏请魏宣武帝撰集古来文字，诏许之"条。

钟嵘约是年著《诗品》。

按：《诗品序》曰："其人既往，其文克定，今所寓言，不录存者。"《南史·钟嵘传》曰："及约卒，嵘品古今诗为评，言其优劣。"可知《诗品》当成书于是年或稍后，姑系于此。

道士陶弘景作《瘗鹤铭》。

按：是文只有碑拓本，或认为是伪托之作。《瘗鹤铭·序》曰："鹤寿不知其纪也。壬辰岁得于华亭，甲午岁化于朱方。"

陆倕作《志法师墓志铭》。

按：其文为奉敕所作，载《艺文类聚》卷七七，曰："法师自说姓朱，名保志。其生缘桑梓，莫能知之。齐故特进吴人张绪、兴皇寺僧释法义，并见法师于宋泰始初，出入钟山，往来都邑。年可五六十岁，未知其异也。齐宋之交，稍显灵迹。被发徒跣，负杖挟镜，或征索酒肴，或数日不食，豫言未兆，悉识他心。一时之中，分身数处。天监十三年，即化于华林园之佛堂……"亦见《宝华山志》卷七《塔铭》、《续金山志》卷下《禅宗》，文字各有异同。据铭文中有"天监十三年，即化于……"，故系于此。

释宝唱著《名僧传》成（《续高僧传·梁杨都庄严寺金陵沙门释宝唱传》）。

按：参见510年"释宝唱始著《名僧传》"条。

北魏经生张阿胜写《大方等陀罗尼经》，卷一有题记。

按：纸质。墨书。敦煌藏经洞出品。其卷一有题记，全5行，行4—19字，曰："一交（校）竟。延昌三年岁次甲午四月十二日，敦煌镇经生张阿胜所写成竟。用纸廿一张。校经道人。典经帅令狐崇哲。"

北魏经生令狐崇哲写《成实论》，卷八有题记。

按：纸质。墨书。敦煌藏经洞出品。其卷八有题记，全4行，行4—25字，曰："延昌三年岁次甲午六月十四日，敦煌镇经生帅令狐崇哲，于法海寺写此论成讫竟。用纸廿六张（下盖墨印）。校经道人。"

北魏经生曹法寿写《大品经》（摩诃般若波罗蜜经），卷八有题记。

按：纸质。墨书。敦煌藏经洞出品（？）。其卷八有题记，全5行，行4—17字，曰："延昌三年岁次甲午七月廿二日，敦煌镇经生曹法寿所写经成讫。用纸廿六张（下盖墨印）。校经道人。典经帅令狐崇哲。"

北魏佚名作石塔造像铭。

按：有三铭，石质，阴刻。平凉禅佛寺出品。王素、李方著《魏晋南北朝敦煌文献》注曰："陇东石窟仅称石塔上有'北魏延昌三年'纪年。"故系是年。

释保志卒（418—　）。保志俗姓朱，金城人。少出家，师事释僧俭，修习禅业。保志多去来兴皇、净名两寺。先是齐时多禁志出入，梁代齐，下诏许其随意出入禁内。知名显奇四十多年，卒后，陆倕为其制铭辞，王筠为其刻碑文。事迹见《高僧传》卷十。

范岫卒（440—　）。岫字懋宾，济阳考城人。历任齐太子家令、尚书左丞、梁祠部尚书、金紫光禄大夫，为官清廉，有政名。博涉多通，著有《礼论》、《杂仪》、《字书音训》及文集等，佚。其诗文均不存。事迹见《梁书》卷二六、《南史》卷六〇。

按：《梁书·范岫传》曰："文惠太子之在东宫，沈约之徒以文才见引，岫亦预焉。岫文虽不逮约，而名行为时辈所与，博涉多通，尤悉魏晋以来吉凶故事。约常称曰：'范公好事该博，胡广无以加。'南乡范云谓人曰：'诸君进止威仪，当问范长头。'以岫多识前代旧事也。"

刘昼（　—565）、孔奂（　—583）生（《陈书·刘昼传》、《北齐书·孔奂传》）。

梁天监十四年　北魏延昌四年　乙未　515年

正月辛亥，梁武帝亲祀南郊（《梁书·武帝纪》）。

丁巳，北魏宣武帝元恪卒，太子元诩继位，是为肃宗孝明帝。侍中于忠、崔光等议定高阳王雍决庶政，任城王澄为尚书令，主持朝政（《魏书·宣武帝纪》）。

是月，昭明太子萧统冠于太极殿。

按：据《梁书·昭明太子传》曰："天监十四年（515）正月朔旦，高祖临轩，冠太子于太极殿。"又据《南史·王锡传》曰："时昭明太子尚幼，武帝敕锡与秘书郎张缵使入宫，不限日数。与太子游狎，情兼师友。又敕陆倕、张率、谢举、王规、王筠、刘孝绰、到洽、张缅为学士，十人尽一时之选。"自此年起至陆倕死之普通七年，应是梁代诗风转变的关键十年。

三月，北魏侍中于忠专横朝政，令复百官所减之禄，废民税，以此收拢民心（《资治通鉴·梁纪四》）。

六月，北魏冀州沙门法庆与渤海李归伯聚众起义，推法庆为主，自称大乘，以归伯为十住菩萨、平魔军司，定汉王。所经之处，毁寺、杀僧、焚经、烧像，无所不为（《魏书·宣武帝纪》、《资治通鉴·梁纪四》）。

崔光是冬为侍中、国子祭酒，领著作郎，上表言考验历法之事，获准。

按：《魏书·崔光传》曰："延昌四年冬，侍中、国子祭酒领著作郎崔光表曰……灵太后令曰：'可如所请。'"

郦道元为北魏东荆州刺史，因治理刻峻而被弹劾免职（张鹏飞《郦道元年谱考略》）。

按：《北史·郦范传》曰："延昌中，为东荆州刺史，威猛为政，如在冀州。蛮人诣阙讼其刻峻，请前刺史寇祖礼。及以遣戍兵七十人送道元还京，二人并坐免官。"《水经注·比水注》"出比阳东北太胡山"条记载："余以延昌四年，蒙除东荆州刺史，州治比县故城。"

道士陶弘景徙居许长史旧馆（见萧纶《陶居贞白先生陶君碑》）。

按：《道藏·茅山志》载陶弘景《许长史旧馆坛碑》亦曰："（梁天监）十四年，别创郁冈斋室，追玄洲之踪。十七年，乃缮勒碑坛，仰述真轨。真人姓许，讳穆，世名谧，字思玄，本汝南平舆人……"由上可知，是年陶弘景迁居许长史旧馆，天监十七年方建造许长史馆碑坛。

元澄表上《皇诰宗制》并《训诂》各1卷，意欲胡太后览之，思劝诫之益（《魏书·任城王澄传》）。

郦道元约是年始著《水经注》。

按：张鹏飞《郦道元年谱考略》曰："《水经注原序》言及道元注疏《水经》之原委：'窃以多暇，空倾岁月，辄述《水经》，布广前文。'可知道元注疏《水经》必在其被免官赋闲在家之时。而由《魏书》及《北史》记载，道元一生曾两次被免职，首次是于孝文帝太和二十二年（498），因李彪被劾，以属官坐免。宣武帝景明二年（501）复出任颍川郡长社县宰，宣武帝延昌四年（515），任东荆州刺史，因当地士人以其刻峻上表朝廷弹劾而被免职。孝明帝正光四年（523），因南梁入侵，朝廷复诏道元为行台与河间王元琛前往抵御。前者赋闲仅为三年，不可能撰注《水经》；第二次长达八年，且为中年时期，注疏《水经》之条件成熟，故其注疏《水经》必在第二次罢官之初。"

道士陶弘景六月作《请雨词》。

按：据《道藏·华阳陶隐居集》载《请雨词》曰："华阳隐居陶弘景、道士周子良词。窃寻下民之命，粒食为本，农工所资，在于润泽。……谨词，天监十四年太岁乙未六月二十日词，诣句曲华阳洞天张理禁赵丞前。"

释僧绍、释宝唱奉梁武帝命先后著《华林佛殿经目》。

按：《续高僧传·梁杨都庄严寺金陵沙门释宝唱传》曰："（天监）十四年，敕安乐寺僧绍，撰《华林佛殿经目》，虽复勒成，未惬帝旨。又敕唱重撰。乃因绍前录，注述合离甚有科据，一帙四卷，雅惬时望。遂敕掌华林园宝云经藏，搜求遗逸，皆令具足备造三本以用供上。"

释宝唱约是年著《续法轮论》70余卷,《法集》140卷。

按:《续高僧传·梁杨都庄严寺金陵沙门释宝唱传》曰:"及简文之在春坊,尤耽内教,撰《法宝联璧》二百余卷。别令宝唱缀纰区别,其类遍略之流。帝以佛法冲奥,近识难通,自非才学无由造极。又敕唱自大教东流,道门俗士,有叙佛理著作弘义,并通鸠聚,号曰《续法轮论》,合七十余卷,使夫迷悟之宾见便归信,深助道法无以加焉。又撰《法集》一百四十卷,并唱独断专虑,缵结成部,既上亲览,流通内外。"

释僧佑是年前著《出三藏记集》成,行于世。

按:此书为现存佛经目录中最早一部经录。《长房录》卷一一曰:"《华林佛殿众经目录》四卷,天监十四年,敕安乐寺沙门释僧绍撰。绍略取佑《三藏集记》目录分为四色,余增减之,见《宝唱录》。"由此可见此书至少在天监十四年已成并行世。但书中记载尚有天监十六年的作品,故此书在著成后至僧佑天监十七年去世期间仍有不断的增补。关于本书内容,汤用彤《汉魏两晋南北朝佛教史》有言:"其编制分四部。第一撰缘记,略记出经之历史。第二诠名录,记译籍名目,人世,及异译,失译,疑伪等。考订颇多取材《安录》,而增补之。第三录经序,以见译籍之时代及其缘起。第四述列传,以见译者之风格。此后二部,贻后人以无数研究资料,极为可贵。但自目录之体裁言,未免喧宾夺主。"因作者僧佑之故,后又简称其书为《僧佑录》、《佑录》。其书共十五卷,其中诠名录著录佛经 2162 部 4328 卷,分 12 类,各类有小序,总经序汇集佛经的序、记 120 篇,述列传涵盖了中外 32 位译经高僧的传记。

北魏高昌客道人得受供养《胜鬘经疏》,有题记。

按:纸质。墨书。敦煌藏经洞出品。其题记全 4 行,行 3—26 字,曰:"一校竟。虬有照法师疏,延昌四年五月廿三日,于京永明寺写胜鬘疏一部。高昌客道人得受所供养许。"

北魏陈雷子等造窟,有题记。

按:在炳灵寺 169 石窟第 3 龛。墨书。其题记全 1 行,稍残,存 22 字,曰:"大代延昌四年,鄯善镇铠曹掾智南郡、书干陈雷子等,诣窟□□。"

释慧集卒(456—)。慧集俗姓钱,吴兴於潜人。年十八,于会稽乐林山出家,随释慧基受业。后出京,止招提寺,广访《大毗婆沙》及《杂心》、《捷度》等,互相辩校。于《毗昙》一部,擅步当时。释僧旻、法云亦向其执卷请益。于天监十四年还乌程,遇疾而卒。著《毗昙大义疏》10 多万字,盛行于世。事迹见《高僧传》卷八。

萧㧑(—573)、释慧勇(—583)、释慧暅(—589)生(《周书·萧㧑传》、《续高僧传·陈杨都不禅众寺释慧勇传》、《续高僧传·隋江表徐方中寺释慧暅传》)。

按:《续高僧传·陈杨都不禅众寺释慧勇传》载释慧勇卒于"陈至德元年,六十九岁",《续高僧传·隋江表徐方中寺释慧暅传》载释慧暅卒于"隋开皇九年,七十五岁",逆推两人生于本年。

梁天监十五年　北魏孝明帝元诩熙平元年　丙申　516年

正月己巳,梁武帝颁《务本诏》,号召以农为本,勿妨农事。

按：据《梁书·武帝纪》曰："十五年春正月己巳,诏曰:'观时设教,王政所先,兼而利之,实惟务本,移风致治,咸由此作。'"故系于此。

戊辰朔,北魏大赦,改元熙平(《魏书·宣明纪》)。

是春,剡山石城寺佛像建成。

按：据《高僧传·梁剡石城山释僧护传》曰："像以天监十二年(公元五一三年)春就功,至十五年春竟。坐躯高五丈,立形十丈,龛前架三层台。又造门阁殿堂。"

是年,北魏胡太后崇佛,于城内太社西建永宁寺(《魏书·释老志》)。

按：据北魏杨衒之《洛阳伽蓝记》卷一《城内》曰："永宁寺,熙平元年,灵太后胡氏所立也。"郭伟川《儒学礼治与中国学术》对寺内佛像有更详尽的记载："寺内有金像高一丈八尺一尊,一人高者十尊,玉像二尊。佛寺后面有僧房千间,供僧尼居住,又筑有九层浮图,高九十丈,上有幡柱高十丈,挂有铃铎,风吹铃响,声闻十里。"

徐勉以太子詹事奉敕举荐何思澄、顾协、刘杳、王子云、钟屿五人应选华林。

按：《梁书·何思澄传》曰："天监十五年,敕太子詹事徐勉举学士入华林撰《遍略》,勉举思澄等五人以应选。"故系于此。

萧综四月以安左将军兼护军(《梁书·武帝纪》)。

王莹六月为左光禄大夫,开府仪同三司(《梁书·武帝纪》)。

温子昇约是年补北魏东平王元匡御史。

按：《魏书·文苑·温子昇传》曰："温子昇,字鹏举,自云太原人。……初受学于崔灵恩、刘兰,精勤,以夜继昼,昼夜不倦。长乃博览百家,文章清婉,为广阳王渊贱客,在马坊教诸奴子书。作《侯山祠堂碑文》,常景见而善之,故诣渊谢之。景曰:'顷见温生。'渊怪问之,景曰:'温生是大才士。'渊由是稍知之。熙平初,中尉、东平王匡博召辞人,以充御史,同时射策者八百余人,子昇与卢仲宣、孙搴等二十四人为高第。于时预选者争相引决,匡使子昇当之,皆受屈而去。搴谓人曰:'朝来靡旗乱辙者,皆子昇逐北。'遂补御史,时年二十二。台中文笔皆子昇为之。"熙平凡三年,姑系于熙平元年。

道士陶弘景移居郁冈斋室静斋(萧纶《陶居贞白先生陶君碑》)。

按：《茅山志》卷二〇曰："十五年,移郁冈斋室静斋。"

释惠生使西域,采诸经律。

按：《魏书·释老志》曰："熙平元年,诏遣沙门惠生使西域,采诸经律。"

刘峻撰《类苑》成,约是年作《答刘之遴借〈类苑〉书》、《东阳金华山栖志》、《辨命论》及《论难书》。

按：《梁书·文学下·刘峻传》曰："安成王秀好峻学,及迁荆州,引为户曹参军,给其书籍,使抄录事类,名曰《类苑》。未及成,复以疾去,因游东阳紫岩山,筑室居焉。为《山栖志》,其文甚美。"萧秀迁荆州为天监七年(508),《类苑》始撰于此年。《山栖志》撰成于其后。《南史·刘峻传》曰："及峻《类苑》成,凡一百二十卷。帝即命诸学士撰《华林遍略》以高之,竟不见用。乃著《辨命论》以寄其怀。论成,中山刘沼致书以难之,凡再反,峻并为申析以答之。"《梁书·文学上·钟嵘传》曰："天监十五年,敕学士撰《华林遍略》。"是知《类苑》成于是年,《辨命论》成于是年后、刘沼卒前。

又按：《答刘之遴借〈类苑〉书》载《艺文类聚》卷五八,其曰："是用周流坟素,详观图谍,捃管联册,纂兹英奇,蛩蛩之谋,止于善草,周周之计,利在衔翼。故鸠集斯文,盖自缀其漏耳。"由此可见其编纂《类苑》的动机在会集文献,以备察览。《东阳金华山栖志》载于《释藏》九、《广弘明集》卷二四,又略见《艺文类聚》卷三六,曰："金华山,古马鞍山也,蕴灵藏圣,列名仙谍。"文中可见其仙道隐逸思想。《辨命论》载于《文选》卷五四、《梁书·刘峻传》及《艺文类聚》卷二一,其文重申"死生有命,富贵在天"的观点,认为应在儒家礼仪的规范下随遇而安,自能达观顺变,而远离不遇之忧。《论难书》为答复刘沼对《辨命论》的论难而作。

徐勉等始纂《华林遍略》。

按：参见是年"徐勉以太子詹事奉敕举荐何思澄、顾协、刘杳、王子云、钟屿五人应选华林"条。又《南史》卷七二曰："思澄少勤学工文,为《游庐山》诗,沈约见之,大相称赏,自以为弗逮。……天监十五年,敕太子詹事徐勉举学士入华林撰《遍略》,勉举思澄、顾协、刘杳、王子云、钟屿等五人以应选。八年乃书成,合七百卷。思澄重交结,分书与诸宾朋校定,而终日造谒。每宿昔作名一束,晓便命驾,朝贤无不悉狎,狎处即命食。有人方之楼护,欣然当之。"

又按：《隋书·经籍志》曰："《华林遍略》六百二十卷,梁绥安令徐僧权等撰。"又,《南史·刘峻传》曰："及峻《类苑》成,凡一百二十卷,帝即命诸学士撰《华林遍略》以高之。"

萧子云作《东宫新记》。

按：《梁书·萧子云传》曰："(萧子云)年三十,方起家为秘书郎。迁太子舍人,撰《东宫新记》奏之,敕赐束帛。"其本传另载萧子云卒于太清三年,年六十三。据此而推,则是年萧子云为三十岁。故系于此。

刘孝仪约是年作《为王仪同谢国姻启》。

按：南朝国婚鲜有和谐圆满者,多由公主娇纵所致,故士人亦视之为畏途,多托词以避。其启载于《艺文类聚》卷四〇："启梁刘孝仪为王仪谢国姻,启曰……"

崔光作《上妇人文章录表》。

按：《魏书·崔光传》曰："熙平元年四月,更封光平恩县开国侯,食邑一千户。时灵太后临朝,每于后园亲执弓矢,光乃表上中古妇人文章,因以致谏曰……"

李玚作《上言宜禁绝户为沙门》、《自理》。

按：《魏书·李孝伯附传》曰："太师、高阳王雍表荐玚为其友,正主簿。于时民多绝户而为沙门。玚上言,宜禁绝户为沙门。沙门都统僧暹等忿玚鬼教之言,以玚为谤毁佛法,泣诉灵太后,太后责之。玚自理曰……"《资治通鉴·梁纪四》曰："高祖武皇帝四 天监十五年(丙申,公元五一六年)太后好事佛,民多绝户为沙门,高阳王友李玚上言:'三千之罪莫大于不孝,不孝之大无过于绝祀。……今南服未静,众役仍烦,百生之情,实多避役,若复听之,恐捐弃孝慈,比屋皆为沙门矣。'都统僧逴等忿炀谓之'鬼教',以为谤佛,泣诉于太后。……太后虽知炀言为允,难违逴等之意,罚炀金一两。"

刘沼作《难〈辨命论〉书》,与刘峻往返论难。

按:参见是年"刘峻撰《类苑》成,约是年作《答刘之遴借〈类苑〉书》、《东阳金华山栖志》、《辨命论》及《论难书》"条。

周子良作《彭先生歌》。

按:《周氏冥通记》曰:"丙申年(梁天监十五年)二月七日,梦见定录云:临海烧山中有仙人,游在人门,自号彭先生……陆浑仙人也。其人亟乘一刀而歌曰……"此歌可见其仙道思想。

王僧孺作《中寺碑》(《艺文类聚》卷七七)。

按:碑文曰:"中寺者,晋太元五年会稽王司马道子之所立也,斜出旗亭,事非湫隘,傍超壁水,望异狭斜。天监十五年,上座僧慈等,更揳日缔架,赫然霞立。"故系于此。

刘勰作《梁建安王造剡山石城寺石像碑》(牟世金《刘勰年谱汇考》)。

释宝唱等著《经律异相》55卷,《饭圣僧法》5卷。

按:书序曰:"以天监七年敕释僧旻等,备钞众典,显证深文……又以十五年,敕宝唱钞经律要事,皆使以类相从,令览者易了。又敕新安寺释僧豪、兴皇寺释法生等相助检读。于是博综经籍,搜采秘要。上询宸虑,取则成规。凡为五十卷,又目录五卷,分为五帙,名为《经律异相》。将来学者可不劳而博矣。"《影印宋碛版大藏经》所收《经律异相》卷一序下题:"梁天监十五年沙门宝唱等奉敕撰。"

又按:《续高僧传·梁杨都庄严寺金陵沙门释宝唱传》曰:"遂敕掌华林园宝云经藏,搜求遗逸,皆令具足备造三卷以用供上缘。是又敕撰《经律异相》五十卷,《饭圣僧法》五卷。"据《经律异相》撰年推知《饭圣僧法》约撰于是年,故系于此。

天竺僧般若流支,从是年至兴和末,于邺城译《正法》、《念圣》、《善住》、《回诤》、《唯识》等经,共14部,85卷。僧昙林、僧昉等笔受。

按:《续高僧传·魏南台石窟寺恒安沙门菩提流支传》曰:"又熙平元年,有南天竺波罗奈城婆罗门。姓瞿昙氏,名般若流支,魏言智希。从元年至兴和末,于邺城译《正法》、《念圣》、《善住》、《回诤》、《唯识》等经论,凡一十四部,八十五卷。沙门昙琳、僧昉等笔受。"

北魏道人僧诞写《律抄》一卷,有题记。

按:纸质。墨书。敦煌藏经洞出品。其题记全1行,行27字,曰:"律抄壹卷。熙平元年七月十三日,于昌梨寺写讫。故记之。道人僧诞许。"

北魏庶令亲写《大方等陀罗尼经》,卷二有题记。

按:纸质。墨书。敦煌藏经洞出品。其卷二有题记,全1行,行21字,曰:"熙平元年,清信女庶令亲为亡夫,敬写流通读诵供养。"

北魏沙弥法生约是年前作造佛龛,有碑文。

按:石质。墨书。麦积山127窟发现。其碑文后缺,存12行,稍残,满行12字。王素、李方著《魏晋南北朝敦煌文献编年》注:"本件无纪年,麦积年表等定于公元503—516年间。下同。"据此姑系是年。以下三条同。

北魏阿奴等供佛,有题记。

按:麦积山159石窟。墨书。其题记全13行,稍残,行7—8字,曰:"亡息阿奴供养佛，亡侄孟虎供养佛，亡侄阿也（一作"乞"）供养佛，亡侄阿和供养佛，□□□女供养佛，亡兄阿□供养佛，亡兄阿金供养佛，亡息阿奴供养佛，亡父李道生供养佛，比丘僧果供养□，亡息□□□□，亡母龙欢姬供养□，王嫂王双供养□。"

北魏姜小晖等供佛，有题记。

按：麦积山160石窟。墨书。其题记全6行，稍残，行8—11字，曰："姜氏妹小晖持花供养佛时，妹小咳持花供□□□，妹□晖持花供养佛时，祖母齐供■，母田持花供养佛时，卫国洪妹晖持花供养佛时。"

北魏陈益公等供佛，有题记。

按：麦积山110石窟。墨书。其题记全15行，稍残，行8—11字，曰："陈益公亡父供养佛时，贾伏生亡父供养佛时，仵（一作"侔"）玄宝亡父供养佛时，□宗兄敬中供养佛时，□□界光供养佛时，□四女微□□□□，承宗姊阿乞供养佛时，宁妻□□□□□，白□妻□□□□□，玄宝妻□□□□，□□画工郑□女供养佛时，夏侯妻皇供养佛时，侨妻远□供养佛时，谈妻王胜供养佛时，比丘尼□□□□□。"

郑道昭卒，生年不详。道昭字僖伯，荥阳开封人。少而好学，综览群言。历任秘书郎、秘书丞、国子祭酒、青州刺史等职。《魏书》本传称"道昭好为诗赋，凡数十篇"。其诗风近于鲍照、谢灵运，在北人中辞藻趋于华丽，而尚具古气，与南人不同。道昭又善书法，今所存《郑文公碑》，论书者多系道昭所书。严可均《全后魏文》卷三九载其文5篇。逯钦立《先秦汉魏晋南北朝诗·北魏诗》卷一载其诗4首。事迹见《魏书》卷五六、《北史》卷三五。

徐伯阳（　—581）、毛喜（　—587）、释昙延（　—588）、王元规（　—589）生（《陈书·徐伯阳传》、《陈书·毛喜传》、《续高僧传·隋京师延兴寺释昙延传》、《陈书·王元规传》）。

按：《陈书·徐伯阳传》载徐伯阳卒于"陈太建十三年，时年六十六岁"，《续高僧传·隋京师延兴寺释昙延传》载释昙延"隋开皇八年八月十三日终于所位。春秋七十有三矣"，逆推两人生于本年。

梁天监十六年　北魏熙平二年　丁酉　517年

正月辛未，梁武帝亲祀南郊（《梁书·武帝纪》）。

三月，吐谷浑向梁进献（《梁书·武帝纪》）。

四月，梁武帝作《量代牲牢诏》，诏宗庙用祭，以面食为之，以免杀生，朝野喧哗（《梁书·武帝纪》、《资治通鉴·梁纪四》）。

按：《梁书·武帝纪》曰："（天监十六年）夏四月甲子，初去宗庙牲。"

八月，扶南、婆利国向梁奉献（《梁书·武帝纪》）。

十月,梁武帝作《荐蔬诏》,诏宗庙以饼代脯,余用蔬果(《梁书·武帝纪》、《资治通鉴·梁纪四》)。

按:《梁书·武帝纪》曰:"(天监十六年)冬十月,去宗庙荐脩,始用蔬果。"

乙卯,北魏高阳王元雍入居门下,参决尚书奏事。北魏朝政日衰(《魏书·宣明帝纪》、《资治通鉴·梁纪四》)。

是年,梁武帝敕废国内道观,道士皆还俗。又欲自御僧官,遭到沙门释智藏反对(《佛祖统纪·法运通塞志》)。

按:武帝欲自任白衣僧正未成实质上是皇权与教权之争中皇权的妥协之举,至此佛教势力得以进一步发展。

萧子显始预九日朝宴,赋诗受赏。

按:《梁书·萧子显传》曰:"天监十六年,始预九日朝宴,稠人广坐,独受旨云:'今云物甚美,卿得不斐然赋诗。'诗既成,又降帝旨曰:'可谓才子。'"

到洽迁太子中庶子(《梁书·到洽传》)。

何逊随庐陵王萧续之江州(《梁书·何逊传》)。

按:《梁书·武帝纪》曰:"(天监十六年)六月戊申,以庐陵王续为江州刺史。"

崔光数上疏谏北魏胡太后崇佛(《魏书·肃宗纪》)。

按:是时,胡太后数上佛寺,又游嵩山,崔光故数上书劝谏。

元晖约是年后不久作《上书论政要》。

按:《魏书·宗室元晖传》曰:"后诏晖与任城王澄、京兆王愉、东平王匡,共决门下大事。晖又上书论政要……"其上书是为本文。胡全银《〈全后魏文〉编年补正》推定作于熙平二年(517)二月与神龟二年(519)八月间。

李崇约是年作《请减佛寺功材以修学校表》。

按:《魏书·李崇传》曰:"平硖石后,崇寻除都督冀定瀛三州诸军事、骠骑大将军、冀州刺史、仪同如故。不行。崇上表曰:'……道发明令,重遵乡饮,敦进郡学,精课经业。如此,则元、凯可得之于上序,游、夏可致之于下国,岂不休欤! 诚知佛理渊妙,含识所宗,然比之治要,容可小缓。苟使魏道熙绲,元首唯康,尔乃经营,未为晚也。'"自魏孝文帝崇尚儒礼、推行汉化以来,国学一度兴盛,但是因为遭到战争及继任者汉化政策的执行力度不一、佛道争夺思想话语权等因素,国学校舍已经残破不堪,出现了《魏书》所云的"惟皇迁中县,垂二十祀。而明堂礼乐之本,乃郁荆棘之林;胶序德义之基,空盈牧竖之迹。城隍严固之重,阙砖石之工;墉堞显望之要,少楼榭之饰。加以风雨稍侵,渐致亏坠。又府寺初营,颇亦壮美,然一造至今,更不修缮,厅宇凋朽,墙垣颓坏"等情况,李崇正是针对上述事实而发的。此奏获胡太后允准。胡全银《〈全后魏文〉编年补正》据《资治通鉴》卷一百四十八载:"初,魏世宗作瑶光寺,未就。是岁,胡太后又作永宁寺,皆在宫侧。又作石窟寺于伊阙口,皆极土木之美。而永宁尤盛。"隶事于熙平元年冬十月,以为与本文内容"颇省永宁土木之功,并减瑶光材瓦之力"吻合,故李崇表当在此后也。又,文中言"伏闻朝议,以高祖大造区夏,道侔姬文,拟祀明堂,式配上帝",与《魏书·礼志二》曰"熙平二年三月癸未……太师、高阳王雍,太傅、领太尉公、清河王怿,太保、领司徒公、广平王怀,司空公、领尚书令、任城王澄,侍中、中书监胡国珍,侍中、领著作郎崔光等议……高祖孝文皇帝大圣膺期,惟新魏道,刑措胜残,功同天地,宜配明堂"吻合。则本文当作于是年三月左右。

梁比丘惠谛造《成实论》，卷二有题记。

按：纸质。墨书。敦煌藏经洞出品(?)。其卷二有题记，全3行，行9—14字，曰："梁天监十六年四月十五日，比丘惠谛敬造诚实论经一部。以兹胜业，奉福尊灵，早升佛地。"《魏书·释老志》曰："朕(北魏孝文帝)每玩《成实论》，可以释人染情。"

北魏传写《法华经疏》一卷，有题记。

按：纸质。墨书。敦煌藏经洞出品(?)。其题记全1行，行10字，曰："延昌六年八月，传写教读。"

柳恽卒(465—)。恽字文畅，河东解人。著名琴手柳世隆之子。为齐竟陵王萧子良所赏，引为法曹参军，累官至相国右司马，入梁，为侍中，官秘书监。曾与沈约共定梁新律。恽工诗，善弈棋，能作曲，通医术。王融叹赏其诗"亭皋木叶下，垄首秋云飞"句，书之斋壁及团扇。梁武帝每宴，必召其赋诗。《隋书·经籍志》著录中护军《柳恽集》12卷。另著有《棋品》3卷、《十杖龟经》、《清调论》等。逯钦立《先秦汉魏晋南北朝诗·梁诗》卷八载其诗18首。事迹见《梁书》卷二一。

按：《梁书·柳恽传》言恽"以多艺称"，传曰："恽善弈棋，帝每敕侍坐，仍令定棋谱，第其优劣。……恽既善琴，尝以今声转弃古法，乃著《清调论》，具有条流。"

释僧询卒(483—)。僧询俗姓明，明山宾兄之子。年十二出家，为奉诚寺释僧辩弟子。后居扬都冶城寺，从光宅寺释法云咨禀经论。历耳不忘，经目必忆。凡所听闻悉为注记，虽无大才，而弥纶深极。其事迹见《续高僧传》卷六。

按：《续高僧传·梁杨都冶城寺释僧询传》曰："辩性廉直，戒品冰严，好仁履信，精进勇励。常讲《十诵》。"

许亨(—570)生。

按：《陈书·许亨传》载许亨"太建二年(570)卒，时年五十四"，逆推当生于本年。

梁天监十七年　北魏熙平三年　神龟元年　戊戌　518年

正月，梁武帝颁诏安抚流民(《梁书·武帝纪》)。

二月己酉，北魏改元神龟(《魏书·宣明帝纪》)。

是月，嚈哒、高丽、勿吉、吐谷浑、宕昌、疏勒、久未陁、未久半诸国，遣使向北魏进贡(《魏书·宣明帝纪》)。

五月，干陀利国向梁进奉(《梁书·武帝纪》)。

七月丁未，波斯、疏勒诸国遣使至北魏(《魏书·宣明帝纪》)。

十一月，北魏胡太后派遣崇立寺僧惠生与敦煌人宋云西行求佛经。

按：《洛阳伽蓝记》卷五曰"神龟元年十一月冬，太后遣崇立寺比丘惠生向西域取经"，又云"闻义里有燉煌人宋云宅，云与惠生俱使西域也"。此行行程，《洛阳伽蓝记》均有详细记叙。事见《资治通鉴·梁纪四》。

刘勰因上年诏改宗庙始用蔬果而上表言二郊宜与七庙同改，诏准。寻迁步兵校尉，兼东宫通事舍人如故（牟世金《刘勰年谱汇考》）。

王僧孺为北中郎将南康王谘议参军，入直西省，知撰谱事。

按：《梁书·南康简王绩传》曰："十七年出为使持节都督南北兖徐青冀五州诸军事、南兖州刺史。在州著称，寻有诏征还，民曹嘉乐等三百七十人诣阙上表，称绩尤异一十五条，乞留州任，优诏许之，进号北中郎将。"《南史·王僧孺传》曰："先是，尚书令沈约以为'晋咸和初，苏峻作乱，文籍无遗……窃以晋籍所余，宜加宝爱'。武帝以是留意谱籍，州郡多离其罪，因诏僧孺改定《百家谱》。始晋太元中，员外散骑侍郎平阳贾弼笃好簿状，乃广集众家，大搜群族，所撰十八州一百一十六郡，合七百一十二卷。凡诸大品，略无遗阙，藏在秘阁，副在左户。及弼子太宰参军匪之、匪之子长水校尉深世传其业。太保王弘、领军将军刘湛并好其书。弘日对千客，不犯一人之讳。湛为选曹，始撰百家以助铨序，而伤于寡略。齐卫将军王俭复加去取，得繁省之衷。僧孺之撰，通范阳张等九族以代雁门解等九姓。其东南诸族别为一部，不在百家之数焉。"王僧孺善谱牒学，曾编集十八州姓氏谱学资料，成《十八州谱》710 卷、《百家谱集》15 卷、《东南谱集抄》10 卷。魏晋南北朝谱学兴盛，并形成了贾氏之学和王氏之学两大系统，分别以贾弼、王僧孺为代表。系年据曹道衡、刘跃进《南北朝文学编年史》。另参见张岂之主编《中国学术思想编年》。

钟嵘为西中郎晋安王萧纲记室，顷之，卒官（《梁书·钟嵘传》）。

按：《梁书·钟嵘传》曰："（梁武帝天监初）衡阳王元简出守会稽，引为宁朔记室，专掌文翰……迁西中郎晋安王记室……顷之，卒官。"又据《梁书·简文帝纪》曰："（天监）十七年，（萧纲）征为西中郎将、领石头戍军事。"萧纲在石头城任期仅一年，由此可确定，钟嵘任记室在是年，且卒于任上。

周兴嗣复为给事中，直西省（《梁书·周兴嗣传》）。

按：《梁书·周兴嗣传》曰："（天监）十七年，（兴嗣）复为给事中，直西省。左卫率周舍奉敕注高祖所制《历代赋》，启兴嗣助焉。"《隋书·经籍志》曰："《历代赋》十卷，梁武帝撰。"

徐陵十二岁，能通晓《老子》、《庄子》义。

按：《陈书·徐陵传》曰："十二，通《庄》、《老》义。"

崔光上表奏请北魏孝明帝修补洛阳石经。

按：《魏书·崔光传》曰："神龟元年夏，光表曰……刻乃圣典鸿经，炳勒金石，理为国楷，义成家范，迹实世模，事则人轨，千载之格言，百王之盛烈，而令焚荒污毁，积榛棘而弗扫，为鼯鼬之所栖宿，童竖之所登踞者哉！诚可为痛心疾首，拊膺扼腕。……寻石经之作，起自炎刘，继以曹氏《典论》，初乃三百余载，计末向二十纪矣。昔来虽屡经戎乱，犹未大崩侵。如闻往者刺史临州，多构图寺，道俗诸用，稍有发掘，基蹠泥灰，或出于此。皇都始迁，尚可补复，军国务殷，遂不存检。官私显隐，渐加剥撤。播麦纳菽，秋春相因，□生蒿杞，时致火燎，由是经石弥减，文字增缺。职忝胄教，参掌经训，不能缮修颓坠，兴复生业，倍深惭耻。今求遣国子博士一人，堪任干事者，专主周视，驱禁田牧，制其践秽，料阅碑牒所失次第，量阙补缀。'诏曰：'此乃学者之根源，不朽之永格，垂范将来，宪章之本，便可一依公表。'光乃令国子博士李郁与助教韩神固、刘燮等勘校石经，其残缺者，计料石功，并字多少，欲补治之。于后，灵太后废，遂寝。"

又按：《魏书·律历志》曰："光乃令国子博士李郁与助教韩神固、刘燮等勘校熹平石经。其残缺者，计料石工，并字多少，欲补治之。于后灵太后废，遂寝。"东魏武定四年（546），自洛阳徙石于邺都，行至河阳，值岸崩，遂没于水，其得至邺者，不盈太半（《隋书·经籍志》）。北周大象元年（579），复由邺城迁洛阳（《周书·宣帝纪》）。隋开皇六年（586），又自洛阳载至长安。其后，营造之司用作柱础（《隋书·刘焯传》、《隋书·经籍志》）。唐贞观初年，魏徵始收聚之，已十不存一（《隋书·经籍志》）。北宋时，曾在洛阳太学旧址出土过石经残片，但为数不多。直到近年，复络绎出土（洛阳最多，西安次之）一些，现分藏洛阳博物馆、河南省博物馆、辽宁省博物馆、上海博物馆、西安碑林、北京图书馆、中国社会科学院考古研究所、台湾故宫博物院以及日本书道博物馆等处。

元澄奏请使佛寺悉徙于郭外，诏从之，但未行。

按：《资治通鉴·梁纪四》记载，是年魏胡太后遣使者宋云与比丘惠生如西域求佛经。司空任城王澄奏："昔高祖迁都，制城内唯听置僧尼寺各一，余皆置于城外……正始三年，沙门统惠深，始违前禁，自是卷诏不行，私谒弥众，都城之中，寺逾五百，占夺民居，三分且一，屠沽尘秽，连比杂居。……昔如来阐教，多依山林，今此僧徒，恋着城邑，正以诱于利欲，不能自已，此乃释氏之糟糠，法王之社鼠，内戒所不容，国曲所共弃也。臣谓都城内寺未成可徙者，宜悉徙于郭外，僧不满五十者，并小从大；外州亦准此。"诏从之，然卒不能行。

张普惠上疏谏崇佛法不亲郊庙，又上表论时政得失。

按：《魏书·张普惠传》曰："以肃宗不亲视朝，过崇佛法，郊庙之事，多委有司。上疏曰……"此疏从维护民生利益及儒家礼制等角度出发，对佛教的盛行及皇帝荒政提出批评。《魏书·张普惠传》又曰："时史官克日蚀，豫敕罢朝，普惠以逆废非礼，上疏陈之。又表论时政得失，一曰……"《资治通鉴·梁纪四》系于神龟元年夏四月。

僧惠生十一月奉命与敦煌人宋云西行求佛经。

按：参见是年"十一月，北魏胡太后派遣崇立寺僧惠生与敦煌人宋云西行求佛经"条。

司马褧撰成《嘉礼仪注》112卷，庾肩吾辑其文集10卷。

按：《梁书·司马褧传》曰："十七年，（司马褧）迁明威将军、晋安王长史，未几卒。王命记室庾肩吾集其文为十卷，所撰《嘉礼仪注》一百一十二卷。"

崔光上《神龟历》。

按：《魏书·律历志》曰："神龟初，光复表曰：'……请定名为《神龟历》。今封以上呈，乞付有司重加考议。事可施用，并藏秘府，附于典志。'肃宗以历就，大赦改元，因名《正光历》，班于天下。"

刘歊作《革终论》。

按：《梁书·刘歊传》曰："天监十七年，无何而著《革终论》。其辞曰：'死生之事，圣人罕言之矣……'"此论广取孔子、季札、庄周等论断及张奂、王肃、范冉、郑玄等薄葬事件表达了豁达的死亡价值观，最后又称"余以孔、释为师，差无此惑"，更体现出儒、释、道兼宗的思想特点。

萧纲作《玄圃园讲颂》、《上皇太子玄圃园讲颂启》。

按：两文均写萧纲陪侍萧统在玄圃讲习佛颂的情景。《玄圃园讲颂》载于《释藏》轻五及《广弘明集》卷二〇，曰："皇上托应金轮，均符玉镜，俯矜苦习，续照慈灯……乃于玄圃园，栖聚息心之英，并命陈徐之士，枢谈永日，讲道终朝。"《上皇太子玄圃园讲颂启》载于《释藏》轻五及《广弘明集》卷二〇。

萧统作《答玄圃园讲颂启令》。

按：此为回应萧纲《上皇太子玄圃园讲颂启》者，文载于《广弘明集》卷二〇，曰："得书并所制讲颂，首尾可观，殊成佳作，辞典文艳，既温且雅。岂直斐然有意，可谓卓尔不群。"

萧衍作《孝思赋》，以表孝思之情（焦博《南朝梁萧氏家族全文编年考》）。

按：《孝思赋》载《广弘明集》卷二九、《释藏》策七，又略见《艺文类聚》卷二〇、《初学记》卷一七。曰："想缘情生，情缘想起，物类相感，故其然也。每读《孝子传》，未尝不终轴辍书悲恨，扪心呜咽。……治本归于三大，生民穷于五孝。置天地而德盈，横四海而不挠。履斯道而不行，吁孔门其何教。"从内容上看是一篇宣扬儒家孝道思想的作品，唐代道宣法师却将其当作弘扬佛法的护教文献加以收录。

萧子云作《玄圃园讲赋》。

按：此赋亦是以萧统讲佛颂为题，"《诗》、《史》遥集，《礼》、《易》翱翔"句，表明萧统在讲颂时亦探讨儒道玄义。其赋载于《广弘明集》卷二九上。

萧子晖作《讲赋》。

按：《梁书·萧子晖传》有载，但文已失传。

周舍注梁武帝所制《历代赋》，周兴嗣助之。

按：参见是年"周兴嗣复为给事中，直西省"条。

刘勰为王僧佑撰《墓碑》（牟世金《刘勰年谱汇考》）。

道士陶弘景作《许长史旧馆坛碑》。

按：系年依据见514年"道士陶弘景正月至茅山入住东涧，又敕买许长史旧宅、宋长沙馆，命潘渊文与材官师匠建朱阳馆"条。"许长史"即许穆，祖籍汝南平舆人，服膺道教，由此文可知许之世系以及从六世祖开始南渡并逐步由儒转道的过程，文载于其本集，又略见《艺文类聚》卷七八，曰："真人姓许，讳穆，世之谧，字思玄，本汝南平舆人。……今有玄孙灵真在山，敕立嗣真馆。以褒远祖之德。"

释法云翻译扶南国所献佛经3部，详决汉梵之异（《续高僧传·梁杨都光宅寺沙门释法云传》）。

扶南国僧伽婆罗天监五年开始在五处传译佛经，至是年完成11部，48卷。

按：《续高僧传·梁扬都正观寺扶南沙门僧伽婆罗传》曰："天监五年，被敕征召，于扬都寿光殿、华林园、正观寺、占云馆、扶南馆等五处传译。记十七年，都合一十一部，四十八卷，即《大育王经》、《解脱道论》等是也。"

北魏经生张凤鸾写《维摩诘经》，卷上有题记。

按：纸质。墨书。敦煌藏经洞出品。其卷上有题记，全2行，行5—19字，曰："神龟元年岁次戊戌七月十三日，经生张凤鸾写。用纸廿九张。"

北魏佚名作石塔造像铭一。

按：石质。情况不详。阴刻，平凉禅佛寺出品。王素、李方《魏晋南北朝敦煌文献》注曰:"陇东石窟仅称石塔上有'北魏神龟元年'纪年。"故系是年。

北魏佚名作石塔造像铭二。

按:石质。情况不详。阴刻,平凉禅佛寺出品。王素、李方《魏晋南北朝敦煌文献》注曰:"张宝玺谓该寺有神龟元年及二年石塔像铭。但陇东石窟图版目录仅录二件神龟元年石塔造像铭。见陇东石窟,图版目录17页。神龟二年石塔造像铭未见,二者必有一误。"姑系是年。

释慧弥卒(440—)。慧弥俗姓杨,弘农华阴人,汉太尉杨震之后裔。少诵《大品》,又精修三昧。弥闻江东有法之盛,乃观化京师,止于钟山定林寺,习业如先。为人温恭冲让,喜愠无色,戒范精明,奖化忘倦,咨贤求善,恒若未足。凡黑白造山礼拜者,皆为说法提诱,以代肴馔。爰自出家,至于衰老,荤醪鲜蔥,一皆永绝,足不出户三十余年。晓夜习定,常诵《波若》,六时礼忏,必为众先。事迹见《高僧传》卷一二。

释昙斐卒(443—)。昙斐俗姓王,会稽剡人。少出家,受业释慧基。性聪敏,老庄儒墨颇亦披览。后东西禀访,备穷经论之旨。居于乡邑法华台寺,讲说相仍,学徒成列。斐神情爽发,志用清玄,故于《小品》、《净名》尤成独步。加又谈吐蕴藉,辞辩高华,席上之风,见重当代。梁衡阳孝王元简及隐士庐江何胤,皆远揖徽猷,招延讲说。吴国张融、汝南周颙、颙子舍等,并结知音之狎焉。卒于法华台寺。其制作文辞,亦颇行于世。事迹见《高僧传》卷八。

释僧佑卒(445—)。僧佑俗姓俞,其先彭城下邳人,父世居建康。佑入道事僧范道人。初受业于释法颖,颖为律学所宗,佑竭思钻求,遂大精律部。齐永明中,敕令入吴,试简五众,并宣讲《十诵》,更申受戒之法。佑为性巧思,能目准心计。故光宅寺、摄山大像、剡县石佛等并请佑规划建立。梁武帝对僧佑甚为礼遇,凡僧事硕疑,皆敕僧佑审决。梁临川王萧宏、南平王萧伟并崇其戒范。著有《三藏记》、《法苑记》、《世界记》、《释迦谱》及《弘明集》,皆行于世。事迹见《高僧传》卷一一。

钟嵘卒(471—),嵘字仲伟,颍川长社(今河南长葛)人。好学,有思理,明《周易》。齐永明中,为国子生,颇得祭酒王俭赏识,举为秀才。历任王国侍郎、抚军行参军、安国令。入梁,任中军行参军、衡阳王萧元简会稽记室、晋安王记室,卒于官。所著《诗品》3卷,以"干之以风力,润之以丹采"为标准,分上、中、下三品,品评汉魏以来120多位诗人的创作,总结了五言古诗的发展,且提出了自己的诗歌理论,是我国第一部论诗专著。事迹见《梁书》卷四九、《南史》卷七二。

按:《四库全书总目提要》曰:"嵘学通《周易》,词藻兼长。所品古今五言诗,自汉魏以来一百有三人,论其优劣,分为上、中、下三品。每品之首,各冠以序,皆妙达文理,可与《文心雕龙》并称。"《诗品》是钟嵘的学术代表作,他强调诗歌认识功能和情感价值,他在诗歌发生论和本质论上提倡"吟咏情性"说、"滋味"说,其中"直寻"、"即目"、"文"、"质"、"风力"、"丹彩"、"骨气奇高"、"词采华茂"等众多相关范畴对后世文论发展产生了深远的影响。钟嵘《诗品》在北宋时已传到日本。据日本宽平三年(890),藤原佐世奉敕编纂《日本国见在书目》已著录《诗品》3卷,据曹旭考证,比此更早的日本天长四年(827)良峰安世等编纂的日本汉诗《经国集序》中,有模拟《诗品》成句的现象,疑为《诗品》传入日本之证(参见曹旭《诗品集注·前言》)。

萧秀卒(475—)。秀字彦达,南兰陵人。梁武帝七弟。在齐为著作佐郎、太子舍人。梁天监元年封安成郡王。七年,迁荆州刺史,立学校,招隐逸,留心学术,搜集经记,使刘孝标著《类苑》,书未及毕而已行于世。十六年,迁雍州刺史。萧秀长厚谨慎,礼贤下士。能文,《隋书·经籍志》著录梁《安成王集》30卷,佚。诗文均不存。事迹见《梁书》卷二二、《南史》卷五二。

何逊卒(479—)。逊字仲言,东海郯人。八岁即能属文,少有才华。弱冠,州举秀才。梁天监中,任安成王参军事、兼尚书水部郎,后为庐陵王记室,因勉强出任,郁郁而终。逊能诗善文,其文章与刘孝绰并称,世谓"何刘"。《隋书·经籍志》著录梁仁威记室《何逊集》7卷,现有明人张溥所辑《何记室集》行于世。严可均《全梁文》卷五九载其文4篇。逯钦立《全先秦汉魏晋南北朝诗·梁诗》卷八、卷九载其诗近120首。事迹见《梁书》卷四九、《南史》卷三三。

按:何逊以诗名见称,其诗多纪行役及酬赠之作。何逊诗虽留存不多,但自成一派,对杜甫有所影响。

沈不害(—580)、释灵裕(—605)生(《陈书·沈不害传》、《续高僧传·隋相州演空寺释灵裕传》)。

梁天监十八年　北魏神龟二年　己亥　519年

正月辛卯,梁武帝亲祀南郊(《梁书·武帝纪》)。

二月,北魏征西将军张彝之子张仲瑀上疏,请求铨削选格,排抑武人,使不得入清品(《资治通鉴·梁纪五》)。

按:张仲瑀之议引起大乱,羽林、虎贲近千人到尚书省诟骂,反对新法,并焚烧张仲胤府第,远近震惊。胡太后收杀为首者八人,仍令武官依资入选,乃平之。

北魏吏部尚书崔亮奏立选举"停年格"。

按:《资治通鉴·梁纪五》曰:"(梁武帝天监十八年)时官员既少,应选者多,吏部尚书李韶铨注不行,大致怨嗟;更以殿中尚书崔亮为吏部尚书。亮奏为格制,不问士之贤愚,专以停解月日为断,沉滞者皆称其能。……魏之选举失人,自亮始也。"

四月丁巳,梁武帝于无得殿受佛戒,法名冠达(《佛祖统纪》卷六)。

七月,扶南、于阗向梁进奉(《梁书·武帝纪》)。

按:《梁书·扶南传》曰:"(天监)十八年,复遣使送天竺旃檀瑞像、婆罗树叶,并献火齐珠、郁金、苏合等香。"《梁书·于阗传》曰:"(天监)十八年,又献琉璃罂。"这是外来香药和玻璃艺术品的记载。

是年前后，北魏胡太后好佛，营建佛寺，不计其数，各级官员亦仿效之，洛阳城内，建寺无数（《资治通鉴·梁纪五》）。

是年，北魏以郎选不精，大加沙汰，唯朱元旭、辛雄等8人以才用见留，余皆罢遣（《资治通鉴·梁纪五》）。

邢臧举秀才上第，为太学博士。

按：《魏书·邢臧传》曰："年二十一，神龟中，举秀才，问策五条，考上第，为太学博士。"

刘勰奉命与僧慧震于定林寺撰经（牟世金《刘勰年谱汇考》）。

陆云公九岁，读《汉书》，从祖陆倕、沛国刘显质问十事，所对无失（《梁书·文学下·陆云公传》）。

陈仲儒请求依据京房以调八音，北魏有司不许（《魏书·乐志》）。

按：《资治通鉴·梁纪五》载陈仲儒奏议准以调八音之文甚详："（天监十八年）魏人陈仲儒请依京房立准以调八音。有司诘仲儒：'京房律准，今虽有其器，晓之者鲜。仲儒所受何师，出何典籍？'仲儒对言：'性颇爱琴，又尝读司马彪《续汉书》，见京房准术，成数眹然。遂竭愚思，钻研甚久，颇有所得。夫准者本以代律，取其分数，调校乐器。……'尚书萧宝寅奏仲儒学不师受，轻欲制作，不敢依许。事遂寝。"此奏描述音调较为详尽，史料价值较高。

源子恭时为北魏起部郎上疏奏请修复明堂、辟雍，诏准。但因修寺费用庞大，终不能成（《魏书·源子恭传》）。

刘昭于是年前集注《后汉书》。

按：《南史·刘昭传》曰："梁天监中，累迁中军临川王记室。初，昭伯父肜集众家《晋书》注干宝《晋纪》为四十卷，至昭，集《后汉》同异以注范晔《后汉》，世称博悉。"姑系于天监末年。

薛椒作《上书论停年格》、《复陈请令大臣荐贤》。

按：《北史·薛彪子附椒传》曰："先是，吏部尚书崔亮奏立停年格，不简人才，专问劳旧。椒乃上书曰……"《资治通鉴》卷一四九梁武帝天监十八年（519年）曰："时官员既少，应选者多，吏部尚书李韶铨注不行，大致怨磋；更以殿中尚书崔亮为吏部尚书。亮奏为格制，不问士之贤愚，专以停解月日为断，沉滞者皆称其能。……洛阳令代人薛椒上书……"又《北齐书·薛椒传》载椒上书后"书奏不报，后因引见，复进谏曰……"

佚名作《魏兖州贾使君碑》。

按：此碑多有漫漶不清之处，故撰制时间历来有争议。骆承烈《石头上的儒家文献——曲阜碑文录》考论曰："此碑记贾思伯事，故又称《贾思伯碑》。碑上记思伯字士林，武威姑臧人。太和中，召拜荥阳太守，推迟未获。又云青龙中出为幽州刺史、齐郡太守。因碑文磨灭不清，不能看出更多的内容。赵明诚曾录《贾思同碑》，其《跋》中言思同与其兄思伯《魏书》皆有传，为青州益都人。今山东寿光有其墓，而思伯之碑已亡。《金石录补》则认为不是北魏，而是三国时人，因碑中所列官秩与'青龙'之年号均可证明是三国之魏，而非拓跋氏之魏。又曹魏有贾诩，姑臧人，疑为思伯的先人。但也认为曹魏大绘均用汉隶，则此碑则由隶到楷，应是正在演变之中。

而《山左金石志》等则认为是北魏孝明帝神龟二年(己亥,519年)之物。《魏书》《北史》均记思伯字'仕林',碑记'士林',当从碑。传中'休'作'烋',与司马元兴的墓志相同。按晋人草书'休'下多一画,后又变为'烋'。此碑言思伯为'晋太师贾佗之后',又云'九世祖□□魏青龙中为幽州刺史'。按《新唐书·宰相世系表》记贾诩,魏太尉肃侯,生玑,驸马都尉关内侯,又徙长乐。此碑九世祖下似是'玑'字。又其中有'因忠表士'之语,与唐表也不合,《潜研堂金石跋尾》对此提出怀疑。如依北魏说,正由隶书转向正书,则此碑为楷书,正讲得通,故以北魏说为妥。"

又按：此碑在书法艺术史具有重要的地位,宋绍圣三年温益《题贾使君碑阴》说:"余昔尝见此碑墨本于彭城刘希道家。希道语余曰,我先君与石曼卿善,曼卿酷爱此字,谓其行笔似遂良,疑褚书得此笔法。"

释慧皎撰成《高僧传》。

按：《释氏稽古略》卷二引《苇江集》曰:"(天监十八年)会稽释慧皎著《高僧传》十四卷,始汉永平,终于是岁,凡四百五十余载,二百五十七人,附见者二百余人。"《高僧传序》详细叙述释慧皎撰《高僧传》的原因、体例及命名"高僧"之含义。其序曰:"自汉之梁,纪历弥远。世涉六代,年将五百。此土桑门,含章秀起,群英间出,迭有其人。众家记录,叙载各异。……始于汉明帝永平十年,终于梁天监十八年,凡四百五十三载,二百五十七人,又傍出附见者二百余人。开其德业,大为十例:一曰译经,二曰义解,三曰神异,四曰习禅,五曰明律,六曰遗身,七曰诵经,八曰兴福,九曰经师,十曰唱导。……凡十科所叙,皆散在众记。今止删聚一处,故述而无作。俾夫披览于一本之内,可兼诸要。其有繁辞虚赞,或德不及称者,一皆省略。故述六代贤异,止为十三卷,并序录合十四轴,号曰《高僧传》。自前代所撰,多曰名僧。然名者本实之宾也。若实行潜光,则高而不名;寡德适时,则名而不高。名而不高,本非所纪;高而不名,则备今录。故省名音,代以高字。"因序文中时间系于此年。又,《高僧传》全面记载了自汉代佛教传入中国到梁代天监十八年的著名高僧近四百多人,为研究这一时期佛教发展状况提供了珍贵的史料,是研究一时期佛教不可或缺的重要历史资料,同时对文学的研究也有诸多参考价值。

梁敕写《出家人受菩萨戒法》,卷一有题记。

按：纸质。墨书。敦煌藏经洞出品。其卷一有题记,全5行,行4—16字,曰:"大梁天监十八年岁次己亥夏五月,敕写。用纸廿三枚。戴萌桐书,罩仚之读,瓦官寺释慧明奉持。"

北魏经书令狐世康写《摩诃衍经》(大智度论),卷三一有题记。

按：纸质。墨书。敦煌藏经洞出品。其卷三一有题记,全3行,行5—17字,曰:"神龟二年八月十五日,经书令狐世康所写。用纸卅三张,校竟道人惠敞。"

释道琳卒(447—)。道琳,会稽山阴人。少出家,有戒行,善《涅槃》《法华》,诵《净名经》。后居富阳县泉林寺,至梁初,道琳出居齐熙寺。事迹见《高僧传》卷一二。

元晖卒(465—),晖字景袭,北魏明帝初,征拜尚书左仆射,诏摄吏部选取事。幼涉经史,长爱儒术。雅好文学,招集儒士崔鸿等撰录百家要事,以类相从,名为《科录》,共270卷,上起伏羲,迄于晋、宋,凡十四代。《史通·六家》曰:"其编次多依放通史,而取其行事尤相似者共为一科,故以《科录》为号。"事迹见《魏书》卷一五。

刘歊卒(488—　)，歊字士光，平原人。刘怀慰第三子。博学有文才，六岁即能诵《论语》、《毛诗》，十一岁读《庄子·逍遥篇》即有所得。又有志佛学，不仕不娶，著有《古今文字序》1卷，佚。《隋书·经籍志》著录《刘歊集》8卷，佚。严可均《全梁文》卷五七载其文1篇，即《革终论》。事迹见《梁书》卷五一、《南史》卷四九。

按：《梁书·刘歊传》曰："歊既长，精心学佛，有道人释宝志者，时人莫测也，遇歊于兴皇寺，惊起曰：'隐居学道，清净登佛。'如此三说。"

张始均卒，生年不详。字子衡，征西将军张彝次子。历官魏司徒行参军、著作佐郎。魏神龟二年，魏羽林千余人焚烧张彝府第，始均被烧死。始均端洁好学，有文才，擅史学，曾改陈寿《魏志》为编年之体，广益异闻，为30卷。又著《冠带录》及诸赋数十篇，今并亡佚。事迹见《魏书》卷六四、《北史》卷四三。

张僧繇约卒，生年不详。僧繇，吴中人。梁天监中，历任右军将军、吴兴太守。精于绘画，尤擅画云龙人物及佛教画。梁武帝常命之作佛寺壁画，评者谓其所作骨气奇伟，规模宏逸，而"六法"精备。又常工画龙，有"画龙点睛，破壁飞去"之说。有《庐舍那佛像》及《仲尼十哲》等作品。事迹见《历代名画记》卷七。

萧詧(　—562)、岑之敬(　—579)、顾野王(　—581)、江总(　—594)生(《周书·萧詧传》、《陈书·岑之敬传》、《南史·顾野王传》、《陈书·江总传》)。

按：《陈书·岑之敬传》载岑之敬卒于"陈太建十一年，年六十七"，《陈书·江总传》载江总卒于"隋开皇十四年，年七十六岁"，逆推两人生于是年。

梁武帝普通元年　北魏神龟三年　正光元年
庚子　520年

正月乙亥朔，梁改元普通，大赦天下(《梁书·武帝纪》)。

庚子，扶南、高丽遣使向梁贡献方物(《梁书·武帝纪》)。

三月，滑国遣使向梁贡献方物(《梁书·武帝纪》)。

北魏侍中、领军将军元叉、卫将军刘腾谋杀辅政多年的清河王元怿，并幽禁胡太后，以太师高阳王元雍为丞相，共决庶务(《资治通鉴·梁纪五》)。

四月，吐谷浑向梁贡献方物(《梁书·武帝纪》)。

七月，北魏改元正光(《魏书·宣明帝纪》)。

九月，柔然内乱，伏跋可汗被杀，弟阿那瑰立，为族兄示发所败。阿那瑰奔北魏，北魏立为蠕蠕王(《资治通鉴·梁纪五》)。

十二月，北魏遣使刘善明访梁，始复通好(《资治通鉴·梁纪五》)。

按：《梁书·张缵传》曰："普通初，魏遣彭城人刘善明诣京师请和，求识(张)缵。"

北魏诏立国学,以三品以上及五品清官之子充实生选。然未及设置就停行(《魏书·宣明帝纪》)。

是年,梁昭明太子萧统在东宫创慧义殿,招天下名僧居之。

按:据《梁书》曰:"普通元年四月,甘露降于慧义殿,咸以为至德所感焉。"可知慧义殿元年已经建成。

北魏敕僧尼与道士于殿庭论辩释道先后(《广弘明集》卷一)。

按:《佛祖历代通载》卷九曰:"魏正光元年,孝明帝加元服,命沙门道士讲道于禁中。"

萧纲十月以丹阳尹为平西将军、益州刺史,未拜,改授云麾将军、南徐州刺史(《梁书·武帝纪》)。

按:《南史·陶弘景传》曰:"后简文临南徐州,钦其风素,召至后堂。以葛巾进见,与谈论数日而去。简文甚敬异之。"

萧绎能诵百家谱(《金楼子·自序篇》)。

刘杳复任建正(《梁书·文学下·刘杳传》)。

道士陶弘景奉梁武帝命造神剑13口(《太平御览》卷三四三)。

按:陶弘景《古今刀剑录》曰:"梁武帝萧衍,以天监二年即位,至普通中,岁在庚子,命弘景造神剑十三口,用金、银、铜、铁、锡五色合为之,长短各依剑术法,文曰'服之者永治四方',并小篆书。"

又按:此剑亦称大梁氏剑。《剑记》曰:"梁武帝命陶弘景造神剑十三口,以象闰月。"又引《水经注》:"梁国多沼,时池中出神剑,至令其民像而作之,号大梁氏剑。"

道士姜斌与僧昙谟最辩论释道先后,姜斌败,徙配马邑(《广弘明集》卷一)。

按:北魏敕僧尼与道士论义,讨论释道先后,以清通观道士姜斌与融觉寺僧昙谟最对论为主。由此番论难可以看出,佛教所持理论较道教圆满,然关于佛释先后年代,则没有结论。道教企望从历史中求得根据,强调道佛合一,以塞佛口,但为佛教徒所驳。

伏挺约是年因获罪而出家为僧人(《梁书·伏挺传》)。

按:大同三年(537),遇赦还俗。

傅大士二十四岁,感悟出家(《释氏稽古略》卷二)。

释昙衍十八岁,举秀才,贡上邺都(《续高僧传·齐洛州沙门释昙衍传》)。

印度僧菩提达磨经三年航行,于九月抵南海。十一月,抵建业,与梁武所言不契,遂渡江向北,至少林寺。

按:《传法正宗记》卷五《菩提达磨尊者传》曰:"菩提达磨之东来也,凡三载。初至番禺,实当梁武普通元年庚子九月之二十一日也。或曰,普通八年丁未之岁。州刺史萧昂以其事奏。即诏赴京师,其年十一月一日遂至建业。……二十三日北趋魏境,寻至雒邑,实当后魏孝明正光之元年也。"

拉丁语语法家普里兴著《语法惯例》。

僧众养于扬都译《文殊般若经》等11部,帝亲笔受,令宣唱继之(《佛祖统纪·法运通塞志》)。

天竺僧佛陀扇多在洛阳译经多部。

按：《续高僧传·魏南台永宁寺北天竺沙门菩提流支传》曰："又有北天竺僧佛陀扇多，魏言觉定。从正光元年至元象二年，于洛阳白马寺及邺都金华寺，译出《金刚上味》等经十部。当翻经日，于洛阳内殿，流支传本，余僧参助。其后三德乃徇流言。各传师习，不相询访。帝以弘法之盛，略叙曲烦。敕三处各翻讫乃参校，其间隐没，互有不同。致有文旨，时兼异缀。后人合之共成通部。见宝唱等录。"

释僧若卒（451— ）。僧若，庄严寺僧璩之兄子。年十五出家，住虎丘东山精舍。后住冶城寺二十余年。陆惠晓、陆澄深相待接。年三十二志绝风尘，东返虎丘。天监八年敕为郡僧正。事迹见《续高僧传》卷五。

游肇卒（452— ）。肇字伯始，广平任人。父游明根，魏孝文帝时儒学名家。历任太子中庶子、侍中、迁中书令、光禄大夫、相州刺史、尚书右仆射等职。肇幼为中书学生，博通苍（《三苍》、《埤苍》）雅（《尔雅》、《广雅》、《小尔雅》）林（《字林》）说，耽好经传，手不释书。治《周易》、《毛诗》，尤精《三礼》。为《易集解》，著《冠婚仪》、《白珪论》，诗赋表启凡75篇，皆传于世。其所著书，《隋书·经籍志》已不见著录。今唯本传所载表奏存，严可均辑入《全后魏文》卷二九。事迹见《魏书》卷五五。

吴均卒（469— ）。均字叔庠，吴兴故鄣人。家世贫寒，在梁历任吴兴郡主簿、奉朝请等职。吴均好学，通史学，尝私著《齐春秋》，梁武帝恶其非实录，被焚稿免职，后奉诏著《通史》，自三皇至齐代，未成而卒。吴均又有文才，沈约颇赏其文。其文清拔有古气，尤以书札小品见长，擅于写景，时人效之，世称"吴均体"。注范晔《后汉书》90卷，著《齐春秋》30卷、《庙记》10卷、《十二州记》16卷、《钱唐先贤传》5卷、《续文释》5卷、文集20卷等，又有小说《续齐谐记》1卷。《隋书·经籍志》著录《齐春秋》30卷，《隋书·经籍志》著录梁奉朝请《吴均集》20卷。现存明人张溥所辑《吴朝请集》。严可均《全梁文》卷六〇载其文14篇。逯钦立《先秦汉魏晋南北朝诗·梁诗》卷十、卷十一载其诗近150首。事迹见《梁书》卷四九、《南史》卷七二。

按：吴均的学术成就，主要集中在史书的撰写与注疏，惜其《齐春秋》、《通史》的未成稿及《后汉书》注今均亡佚不存。《汉魏六朝百三名家集·吴朝请集题辞》曰："萧梁之世，史学蔚兴，隐侯既撰《宋书》，叔庠追辔，综成齐代，志慕甚广，乃借书不得，私撰被诃，虽幸免伯深之诛，已书焚身废，本愿乖塞。"

王延（ —604）生。

梁普通二年　北魏正光二年　辛丑　521年

正月辛巳，梁武帝颁诏在建康置孤独园，以恤孤幼（《南史·梁纪中》、《梁书·武帝纪》）。

按：《梁书·武帝纪》曰："（普通二年正月）辛巳，舆驾亲祠南郊。诏曰：'……又于京师置孤独园，孤幼有归，华发不匮。若终年命，厚加料理。尤穷之家，勿收租赋。'"

是月，北魏孝明帝元诩幸临国子学，讲《孝经》，三月又幸国子学祠孔子，以颜渊配（《魏书·宣明帝纪》）。

二月，梁武帝亲祠明堂（《梁书·武帝纪》）。

十一月，百济、新罗各遣使贡献方物（《梁书·武帝纪》）。

十二月甲戌，北魏孝明帝诏议定服章（《魏书·宣明帝纪》）。

萧纲为徐州刺史，临行时，萧统作诗饯行。

按：《梁书·帝纪中》曰："（普通二年春正月甲戌）新除益州刺史晋安王纲为徐州刺史。"《文馆词林》卷一百五十二载昭明太子《示徐州弟诗》，共十二章。诗其十有"纶言遄降，伊尔有行"，知萧纲临行时昭明作此以示友爱之情。

徐陵参晋安王萧纲宁蛮府军事。

按：《陈书·徐陵传》曰："梁普通二年，晋安王为平西将军、宁蛮校尉，父摛为王谘议，王又引陵参宁蛮府军事。"

刘勰弃官出家，先削发以自誓，获梁武帝敕许，遂于寺变服，改名慧地（牟世金《刘勰年谱汇考》）。

按：综考刘勰一生思想及行事，其遁入佛门，实非初衷。刘勰本有"待时而动，发挥事业"之伟大抱负，然年已五十有五，壮志难酬，已成定局。虽身负舍人一职，而实为末品，可谓备受冷落，因此心灰意冷加上佛教思想影响，遂有此抉择。

崔光、延明等奉北魏孝明帝诏议定服章（《魏书·宣明帝纪》）。

袁翻时为魏凉州刺史，议处柔然阿那瑰之法（《魏书·袁翻传》）。

按：《读史方舆纪要》曰："魏正光二年，柔然国乱，其王阿那瑰、婆罗门相继来降。凉州刺史袁翻请并存之，分统其民，修西海故城，以处婆罗门。"

释法贞与僧建共同渡江求法，法贞为追兵所杀，而僧建达于江阴，住何园寺（《续高僧传·魏洛下广德寺释法贞传》）。

萧统作《示徐州弟诗》。

按：参见是年"萧纲为徐州刺史，临行时，萧统作诗饯行"条。

郦道元著成《水经注》，凡40卷。

按：三国时魏人桑钦著有《水经》，郦道元为之作注。此书为中国重要的地理著作，以水道为纲，描述了各地的地理情况、历史事迹、民间传说，内容丰富，文章生动富有文采，比原著《水经》多记述河流水道一千多条，引用书籍多达四百三十七种。全书约三十多万字，比《水经》原文多出二十多倍。

北魏写《大方等陀罗尼经》，卷一有题记。

按：纸质。墨书。敦煌藏经洞出品。其卷一有题记，全1行，行10字，曰："正光二年十月上旬写讫。"

北魏张阿宜写《护身命经》，有题记。

按：纸质。墨书。敦煌藏经洞出品。其题记全2行，行20—23字，曰："正光二年十二月十五日，信士张阿宜写护身命经，受持读诵供养经。上及七世父母，下及己身,皆诚(成)菩提之道。"

北魏经生李道胤写《十地论》,卷一有题记。

按:纸质。墨书。敦煌藏经洞出品。其卷一有题记,全1行,行15字,曰:"正光二年经生李道胤写,用纸廿七张。"

刘峻卒(462—)。峻字孝标,平原人。梁天监初,典校秘书。安成王萧秀引为户曹参军,使著《类苑》,未成,以疾去职。讲学东阳紫岩山,从学者甚众。著《山栖志》,文甚美。梁武帝引见,峻占对失旨,不见用。曾作《辨命论》,以自然命定论反对佛教有神论。所注《世说新语》,引书400余种,世称详博,为世所重。《隋书·经籍志》著录梁平西刑狱参军《刘孝标集》6卷,已散佚,今传明人张溥所辑《刘户曹集》。严可均《全梁文》卷五七载其文13篇。逯钦立《先秦汉魏晋南北朝诗·梁诗》卷一二载其诗4首。事迹见《梁书》卷五〇、《南史》卷四九。

按:《梁书·刘峻传》曰:"峻居东阳,吴、会人士多从其学。"可见刘峻的学识在当时颇有影响。《史通·外篇·杂说中·诸晋史》第四条曰:"宋临川王义庆著《世说新语》,上叙两汉三国及晋中朝江左事。刘峻注释,摘其瑕疵,伪迹昭然,理难文饰。"亦知其注《世说》的成就。

周兴嗣卒,生年不详。字思纂,陈郡项人。历任安成王国侍郎、给事中。善文学,其《铜表铭》、《檄魏文》、次韵王羲之书《千字文》等,颇受梁武帝赏识。著有《皇帝实录》、《起居注》、《皇德记》等100余卷及集10卷。严可均《全梁文》卷五八载其文1篇。逯钦立《先秦汉魏晋南北朝诗·梁诗》卷一一载其诗3首。事迹见《梁书》卷四九、《南史》卷七二。

按:周兴嗣的《千字文》,是将王羲之所写的一千个字编成有内容的韵文,对后世产生了极大影响。如宋侍其良器摭周兴嗣《千字文》所遗之字,仍仿其体制编为四言韵语《续千文》1卷;明张士佩撰《六书赋音义》3卷,所收诸字依偏旁分为85部,每部之字皆仿周兴嗣千字文体以四言韵语连贯之;又明杨士奇编《文渊阁书目》4卷,以千字文排次。另外,唐朝以后,《千字文》这种形式被人们广泛地加以采用和学习,出现了一大批以《千字文》为名的作品,如唐朝僧人义净编纂了《梵语千字文》,宋人胡寅著有《叙古千字文》,元人夏太和有《性理千字文》,明人卓人月有《千字大人颂》,吕裁之有《吕氏千字文》,清人吴省兰有《恭庆皇上七旬万寿千字文》,太平天国有《御制千字诏》等等。这些所谓的《千字文》内容各异,但都以《千字文》为名,足见《千字文》影响之大。

梁普通三年　北魏正光三年　壬寅　522年

五月癸巳,梁武帝颁诏命郡国举贤良方正,直言之士(《梁书·武帝纪》、《南史·梁纪中》)。

按：《梁书·武帝纪》曰："(普通三年五月)癸巳，赦天下，并班下四方，民所疾苦，咸即以闻，公卿百僚各上封事，连率郡国举贤良、方正、直言之士。"

八月辛酉，梁作二郊及籍田并成(《梁书·武帝纪》)。

是月，婆利、白题国遣使向梁奉献(《梁书·武帝纪》)。

北魏颁行《正光历》(《魏书·宣明帝纪》、《魏书·律历志》)。

按：《魏书·帝纪第九》曰："(正光三年十有一月)丙午，诏曰：'治历明时，前王茂轨；考辰正律，奕代通规。是以北平革定于汉年，杨伟草算于魏世。自皇运肇基，典章犹缺，推步昏曜，未尽厥理。先朝仍世，每所慨然。至神龟中，始命儒官，改创疏踳，回度易宪，始会枢璇衡。今天正斯始，阳煦将开，品物初萌，宜变耳目，所谓魏虽旧邦，其历维新者也。便可班宣内外，号曰《正光历》。又首节嘉辰，获展丘禋，神人交和，理契幽显，思与亿兆共此维新，可大赦天下。'"

十一月甲午，梁始兴王萧憺卒，昭明太子萧统命议所服之仪。

按：《梁书·昭明太子传》曰："(普通)三年十一月，始兴王憺薨。旧事，以东宫礼绝傍亲，书翰并依常仪。太子意以为疑，命仆刘孝绰议其事。孝绰议曰……仆射徐勉、左率周舍、家令陆襄并同孝绰议。太子令曰：'……刘仆之议，即情未安。可令诸贤更共详衷。'司农卿明山宾、步兵校尉朱异议，称'慕绰之解，宜终服月'。于是令付典书遵用，以为永准。"

刘孝绰等奉萧统命议梁始兴王萧憺卒所服之仪。

按：参见是年"十一月甲午，梁始兴王萧憺卒，昭明太子萧统命议所服之仪"条。

袁昂为中书监、丹阳尹。进号中卫将军，复为尚书令，又领国子祭酒。

按：《梁书·袁昂传》曰："齐初，起家冠军安成王行参军，迁征虏主簿，太子舍人，王俭镇军府功曹史。……普通三年，为中书监、丹阳尹。其年进号中卫将军，复为尚书令，即本号开府仪同三司，给鼓吹，未拜，又领国子祭酒。"

杜之伟十五岁，遍读群籍，深为徐勉所激赏，重其文有笔力(《陈书·杜之伟传》)。

释司马达等赴日本传佛教(《日本书纪》卷二〇、《元亨释书》卷一七、《尘添壒囊钞》卷一八)。

按：释司马达等于日本继体天皇十六年(522)至日本，结庵于大和(奈良县)高市郡参田原，安置所携佛像。其时，民间未知有佛，遂称此佛为异域之神。其后，获赐姓鞍部。又奉苏我马子之命，前往四方求请修行者，后于播磨国(兵库县)求得高丽还俗者惠便。其子鞍部多须奈与女鞍部岛皆出家，号为德齐、善信尼；孙为鞍作鸟，乃著名的佛师，为飞鸟佛像的制作人之一。此外，曾献佛舍利于马子，马子乃分别以铁锤锤打及投入水中试验，舍利既未被摧毁，亦能随其心愿浮沉，马子因此笃信佛法，修行不懈。综上所述，可知达等对于日本初期佛教推展，贡献良多。

释惠生是冬自西域返回洛阳。

按：《魏书·释老志》曰："熙平元年，诏遣沙门惠生使西域，采诸经律。正光三年冬，还京师。所得经论一百七十部，行于世。"

崔鸿著《十六国春秋》最终成稿。

按：《魏书·崔鸿传》曰："鸿弱冠便有著述之志，见晋魏前史皆成一家，无所措意;以刘渊、石勒、慕容儁、符健、慕容垂、姚苌、慕容德、赫连屈子、张轨、李雄、吕光、乞伏国仁、秃发乌孤、李暠、沮渠蒙逊、冯跋等,并因世故,跨僭一方,各有国书,未有统一,鸿乃撰为《十六国春秋》,勒成百卷,因其旧记,时有增损褒贬焉。"又《魏书考证》卷六十七孙人龙按语曰:"唐史臣所作《晋书》载记大都出于此书。"

又按:此书撰著的时间,据崔鸿《上书表》(载《魏书·崔鸿传》),谓始于宣武帝景明元年(500),到宣武帝正始元年(504)写成草稿100篇,又过了二年成书95卷。主要是因为常璩所撰关于成汉政权历史的《蜀李书》,长期寻访不获,致未全部定稿;直到孝明帝正光三年(522),购访始得,这才完成全部定稿工作,共102卷,其中有《序例》一卷,《年表》一卷。

萧绎始著《金楼子》。

按:《金楼子·序》曰"由是年在志学,躬自搜纂,以为一家之言",可知他十五岁即开始《金楼子》的搜集。《金楼子》为类书,以儒家三不朽之"立言"为价值追求。此书基本上由萧绎一人撰成,形式多样,有札记、随感,有劝诫、追思,也有传闻辑录,交游叙情。此书自萧绎青年时起搜集,历时多年,因而是当时历史、生活、文化的综合缩影,它不仅反映了萧绎的思想、生平、著述情况,也是研究齐梁社会历史,以及南北文化和中外文化大交流、南北民族大融合的珍贵资料。关于《金楼子》的成书时间,迄今尚无定论,有陈振孙的"湘东王时"说、王鸣盛的"元帝即位后"说和余嘉锡的"此书当作于未平侯景之前"等说法。钟仕伦《〈金楼子〉成书时间考辨》认为,《金楼子》全书各篇写作时间先后不一,全书最终绝笔于承圣三年(554)。可备一说。

刘孝绰编《昭明太子集》10卷,并为之序。

按:《梁书·刘孝绰传》曰:"时昭明太子好士爱文,孝绰与陈郡殷芸、吴郡陆倕、琅邪王筠、彭城到洽等,同见宾礼。太子起乐贤堂,乃使画工先画孝绰焉。太子文章繁富,群才皆欲撰录,太子独使孝绰集而序之。"足见刘孝绰深受萧统所重。

萧统作《议东宫礼绝傍亲会》。

按:《议东宫礼绝傍亲会》,普通三年十一月,始兴王憺薨。萧统诏仆射刘孝绰、仆射徐勉、左率周舍、家令陆襄议其事,并同孝绰议。而萧统仍以为有所不足,由其自立义可见其精通礼仪之制。参见是年"十一月甲午,梁始兴王萧憺卒,昭明太子萧统命议所服之仪"条。

郭祖深作《舆榇诣阙上封事》,共29条,陈时弊,其中有请检括僧尼。梁武帝不纳,然嘉许其直。

按:《南史·郭祖深传》曰:"(梁武)帝溺情内教,朝政纵弛,祖深舆榇诣阙上封事,其略曰……"其中曰:"都下佛寺五百余所,穷极宏丽。僧尼十余万,资产丰沃。所在郡县,不可胜言。道人又有白徒,尼则皆畜养女,皆不贯人籍,天下户口几亡其半。而僧尼多非法,养女皆服罗纨,其蠹俗伤法,抑由于此。请精加检括,若无道行,四十已下,皆使还俗附农。罢白徒养女,听畜奴婢。婢唯着青布衣,僧尼皆令蔬食。如此,则法兴俗盛,国富人殷。不然,恐方来处处成寺,家家剃落,尺土一人,非复国有。"此段文字,对认识梁代中期佛教盛行给社会带来的弊端等,有一定参考价值。系年据刘汝霖《东晋南北朝学术编年》、牟世金《六朝作家年谱辑要》等。

徐勉作《上疏请禁速敛》。

按:《上疏请禁速敛》引《礼记问丧》,以正丧葬之礼。其文见《梁书·徐勉传》普通六年,曰:"时人间丧事,多不遵礼,朝终夕殡,相尚以速。勉上疏曰……"

佚名作《魏鲁郡太守张府君清颂碑》。

按：此碑记载了鲁郡太守张猛龙兴劝儒学的重要业绩，在北魏儒学发展史上有一席之地。关于张猛龙提倡儒学的贡献，骆承烈有考曰："此碑建于北魏孝明帝正光三年，能列入孔林，乃因其有兴起学校之功。……此碑立于正光三年，与上一年皇帝尊孔崇儒正相呼应。《金石后录》谓其'碑文镌永，开齐梁风'。"此外，《张猛龙碑》还具有重要的艺术价值。据骆承烈《石头上的儒家文献——曲阜碑文录》言："此碑艺术价值较高，历代赞颂者甚多。从书法上来说，此碑结体精绝，形态峻整，笔势浑厚，意态跳宕，长短大小各因其体，分行布白自妙其致。……杨守敬在其《评碑记》中说此碑'书法潇洒古雅，奇正相生，六代所以高出唐人者以此'。此处所说'奇正相生'，即'烟霏露结，状若断而还连；凤翥龙蟠，势如斜而反正'的高度概括。明代金石学家赵崡，在他的《石墨镌华》中指出：此碑'书法虬健，已开欧、虞之门户。碑首十二字尤险劲，又兰台（欧阳通）之所自出也'。欧阳询父子与虞世南均为唐代大书法家，皆受此碑很大影响，可见此碑地位之高。"

　　道士陶弘景作《许长史旧馆坛碑》刻于石。

按：据《道藏·茅山志》记载，该碑碑阴记下注有："此碑梁普通三年太岁壬寅金石刊。"故系于此。

　　荀济约是年作《论佛教表》。

按：系年见胡全银《〈全后魏文〉编年补正》。

　　萧纲作《大爱敬寺刹下铭》。

按：大爱敬寺为萧衍所造，《大爱敬寺刹下铭》载于《文苑英华》卷七八五。铭文中所言"夫波若真空，导大生于假域；涅槃有岸，引未度于无边。……因心孝爱，道契神明；昭事诚享，日隆哀敬"，即宣扬大乘佛教孝爱之义。

　　释明彻作《将卒上武帝表告辞》。

按：文载《续高僧传·梁扬都建初寺释明彻传》，系释明彻给萧衍的临终遗言。萧衍因于定林寺设三百僧会而令释明彻忏悔并自制忏愿文。事后，释明彻卒寺房，即是年十二月七日，故系于此。

　　北魏翟安德写《大般涅槃经》，有题记。

按：纸质。墨书。敦煌藏经洞出品。其题记全1行，行21字，曰："正光三年正月八日，翟安德所写涅槃经一部，所供养。"

　　北魏翟安德写《妙法莲华经》，有题记。

按：纸质。墨书。敦煌藏经洞出品。其题记全1行，行8字，曰："正光三年，翟安德写。"

　　北魏比丘法定写《华严经》，卷三有题记。

按：纸质。墨书。敦煌藏经洞出品。其卷三有题记，全9行，行5—22字，曰："用纸廿五七。夫妙旨无言，故假教以通理；圆礼非形，必藉以表真。是以亡兄沙门维那慧超，悟财命难恃，识三圣易依。故资竭贿，唯福是务。图金容于灵刹，写冲典于竹素。而终功未就，倏迁异世。弟比丘法定，仰瞻遗迹，感慕遂甚。故莹饰图刹，广写众经，华严、涅槃、法华、维摩、金刚、般若、金光明、胜鬘。冀福钟亡兄，腾神梵乡，游形净国。体悟无生，早苦海。普及含灵，齐成正觉。大魏正光三年岁次壬寅四月八日都讫。"

　　梁比丘道舒（？）受持《大般涅槃经》，卷三六有题记。

按：纸质。墨书。敦煌藏经洞出品（？）。其卷三六有题记，全1行，行13字，曰："梁普通三年六月，比丘道舒（？）受持。"

梁普通三年　北魏正光三年　壬寅　522年

释智藏卒(458—　)。智藏俗姓顾氏，本名净藏，吴郡吴人。年十六，代宋明帝出家，于泰初六年敕住兴皇寺，事师上定林寺僧远、僧佑、天安寺弘宗。竟陵王萧子良将讲《净名》，召集众僧，藏虽居末坐而义理之述惊道俗。梁武帝崇信释门，欲自御僧官，遭其反对。卒后，萧机为作碑文，梁湘东王萧绎作墓志铭，殷钧作墓志。智藏凡讲《大小品》、《涅槃》、《般若》、《法华》、《十地》、《金光明》、《成实》、《百论》、《阿毗昙心》等，各著义疏行世。与僧旻、法云并称梁代三大法师。事迹见《续高僧传·梁钟山开善寺沙门释智藏传》。

王僧孺卒(465—　)。东海郯人。幼年好学而家贫，常抄书以养母。仕齐为治书御史，出为钱塘令，为西邸重要文士。入梁后任南海太守、尚书左丞、御史中丞等职。好聚书，与沈约、任昉为梁代三大藏书家。又精谱牒之学。其文丽逸，多用新事，世重其富博。《隋书·经籍志》著录梁中军府谘议《王僧孺集》30卷。又著有《十八州谱》、《百家谱集》、《东南谱集抄》、《两台弹事》、《东宫新记》等。今存《王左丞集》系明人张溥所辑。严可均《全宋文》卷五一载其文1卷21篇。逯钦立《先秦汉魏晋南北朝诗·梁诗》卷一二载其诗近40首。事迹见《梁书》卷三三、《南史》卷五九。

按：王僧孺卒年，有异说。一说卒于普通三年(522)，《梁书》本传曰："普通三年，卒，时年五十八。"一说卒于普通二年(521)，《南史》本传曰："普通二年卒。"今从《梁书》之说，系于本年。

又按：王僧孺尝辑何逊文，编为8卷，为保存何逊著作做出了贡献。

刘勰卒(467—　)，勰字彦和，东莞莒县人。梁武帝时任东宫通事舍人、步兵校尉等职。后刘勰从僧佑研习佛理，晚年出家为僧，法号慧地。其所著《文心雕龙》10卷见录于《隋书·经籍志》，共计50篇，是中国古代第一部体系较为完整的文学理论著作，对后世影响很大。刘勰文辞瑰丽，当时建康寺塔及名僧碑志多出其手，惜皆亡佚。严可均《全梁文》卷六〇载其文3篇。事迹见《梁书》卷五〇、《南史》卷七二。

按：《梁书·刘勰传》曰："初，勰撰《文心雕龙》五十篇，论古今文体，引而次之。其序曰：'夫文心者，言为文之用心也。'"可见是书主要论为文之道。《四库全书总目·集部·诗文评类》曰："其勒为一书，传于今者，则断自刘勰、钟嵘。勰究文体之源流，而评其工拙；嵘第作者之甲乙，而溯厥师承：为例各殊。"叙《文心雕龙》十卷之提要："其书，《原道》以下二十五篇，论文章体制；《神思》以下二十四篇，论文章工拙；合《序志》一篇，为五十篇。"可见《文心雕龙》一书体大思精。刘勰广汲博纳了六朝儒、道、佛、玄学文化，融化为博大型文学思想，从而丰富、提升了六朝文化。

何子朗约卒(479?—　)。子朗字世明，东海郯人。历官员外散骑侍郎、国山令。有才思，工清言，与宗人何思澄、何逊并擅文名，时人称"东海三何"。尝拟庄周《马棰》作《败冢赋》，其文甚工。有集，已佚。逯钦立《先秦汉魏晋南北朝诗·梁诗》卷二六载其诗3首。事迹见《梁书》卷五〇、《南史》卷七二。

马枢(　—581)、释慧藏(　—605)生(《陈书·马枢传》、《续高僧传·隋西京空观道场释慧藏传》)。

按：《续高僧传》卷九本传载释慧藏"以大业元年十一月二十九日，遘疾卒于空观寺，春秋八十有四"，逆推生于本年。

梁普通四年　北魏正光四年　癸卯　523年

正月辛卯，梁武帝祠南郊（《梁书·武帝纪》）。

丙午，梁武帝祠明堂（《梁书·武帝纪》）。

二月，柔然俟匿伐向北魏进献（《魏书·宣明帝纪》、《资治通鉴·梁纪五》）。

乙亥，梁武帝亲躬籍田（《梁书·武帝纪》）。

四月，柔然阿那瑰引兵入北魏大掠，至平城而退。北魏发兵追之，不及而还。长史魏兰根向尚书令李崇建议，改边镇为州，免"府户"为民（《资治通鉴·梁纪五》）。

北魏怀荒镇民因柔然劫掠，向镇将武卫将军于景请求赈济，不许。引起民愤，杀于景起事。未几，沃野镇民破六韩拔陵聚众起义，杀镇将，改元真王，诸边镇汉夷各族皆响应。六镇起义自此始（《资治通鉴·梁纪五》）。

按：破六韩拔陵等六镇起义，沉重打击了北魏的统治，并引发了后来的关陇莫折大提起义和河北杜洛周起义。

六月，梁分益州置信州，分交州置爱州，分广州置成州、南定州、合州、建州，分霍州置义州（《梁书·武帝纪》）。

十二月戊午，梁始铸铁钱（《梁书·武帝纪》）。

是月，狼牙修国向梁进贡（《梁书·武帝纪》）。

是年，梁东宫新置学士。

按：此所谓"东宫新置学士"当相对于"东宫十学士"而言。其所以新置东宫学士者，似又与编撰《文选》有关。盖《历代赋》十卷、《正序》十卷、《诗苑英华》二十卷撰集既成，昭明受梁武之命，更欲合赋、诗、文一编，与新成之类书《华林遍略》相匹配，故特新置东宫学士以司选文之事。

北魏龙门石窟佛龛部分完成（《魏书·释老志》）。

按：魏自景明之初（500）建龙门石窟，先后由宦官白整及侍郎刘腾负责。至是年佛龛部分完成。又据《魏书·释老志》曰："景明初，世宗宣武帝诏大长秋卿白整，准代京灵岩寺石窟，于洛南伊阙山，为太祖、文昭皇太后营石窟……凡为三所，从景明元年至正光孝明帝年号四年六月以前，用功八十万二千三百六十六个。"由此可知，从宣武帝景明元年至正光四年，共历28年，仅造石窟三所就耗资如此，可知其工程之大。

明山宾迁散骑常侍，领青冀二州大中正。又以东宫学士兼国子祭酒。

按：《梁书·明山宾传》曰："（普通）四年，迁散骑常侍，领青冀二州大中正。东宫新置学士，又以山宾居之，俄以本官兼国子祭酒。……（普通）五年，又为国子博士,常侍、中正如故。其年以本官假节,权摄北兖州事。"据《梁书》所载,故系于此。

萧纲为雍州刺史,命庾肩吾、刘孝威、江伯摇、孔敬通、申子悦、徐防、徐摛、王囿、孔铄、鲍至等十人抄撰众籍,号"高斋学士"。

按:据《梁书·简文帝纪》曰:"(普通)四年,(萧纲)徙为使持节、都督雍梁南北秦四州郢州之竟陵司州之随郡诸军事、平西将军、宁蛮校尉、雍州刺史。"可知,是年萧纲督管雍州。又据《南史·庾肩吾传》曰:"(晋安)王每徙镇,肩吾常随府。在雍州被命与刘孝威、江伯摇、孔敬通、申子悦、徐防、徐摛、王囿、孔铄、鲍至等十人抄撰众籍,丰其果馔,号'高斋学士'。"故系于是年。

萧正德自魏返国,萧衍复其封爵。正德后启侯景之乱(《南史·萧正德传》)。

常景奉北魏孝明帝命出使柔然,经涉山水,怅然怀古,乃拟刘琨《扶风歌》,作诗纪之。

按:《魏书·常景传》曰:"阿那瑰之还国也,境上迁延,仍陈窘乏。遣尚书左丞元孚奉诏振恤,阿那瑰执孚过柔玄,奔于漠北。遣尚书令李崇、御史中尉兼右仆射元纂追讨,不及。乃令景出塞,经瓮山,临瀚海,宣敕勒众而返。景经涉山水,怅然怀古,乃拟刘琨《扶风歌》十二首。"由阿那瑰还国事,知此组诗作于是年。

郦道元以南朝遣裴邃等攻打淮南,受诏为大军行台,与都督河间王元琛共讨之,停师城父,累月不进(张鹏飞《郦道元年谱考略》)。

岑之敬五岁,读《孝经》,每晚烧香正坐,亲戚咸加叹异(《陈书·岑之敬传》)。

释僧旻时在虎丘,昭明慕其重名,遣东宫通事舍人何思澄衔命致礼。

按:《续高僧传·梁杨都庄严寺沙门释僧旻传》曰:"暨普通之后,先疾连发,弥怀退静。夜还虎丘,人无知者。时萧昂出守吴兴,欲过山展礼。……及萧至,旻从后门而遁。其年,皇太子遣通事舍人何思澄衔命致礼,赠以几杖、炉奁、褥席、麈尾、拂扇等。五年,下敕延还住开善。"

萧纲作《临雍州原减民间资教》、《临雍州革贪惰教》、《图雍州贤能刺史教》、《南郊颂》等。

按:《临雍州原减民间资教》、《临雍州革贪惰教》、《图雍州贤能刺史教》等皆体现了悯农思贤之情怀。《南郊颂》(并序)则为郊祀之颂,共十章,多有谀颂之处,其文载于《文苑英华》卷七七二,又见《艺文类聚》卷三八,《初学记》卷一三,皆有删节。曰:"我梁皇帝之御天下也……于今二十有二载也。……若乃回舆降跸,荐礼帝仪,揖太清,秩群望,被大裘,服山冕,恭苍璧之明祀,穆灵坛之礼敬……方当巡云云之礼,启亭亭之业,封天答眘,礼地征灵,南山之寿无极,七百之基长固,岂不懋哉!岂不盛哉!"萧纲是年任雍州刺史,故诸篇作品系于是年。

袁昂奉敕作《古今书评》。

按:其文见《太平御览》卷七四八。为奉敕品评之作,共评述25人,比较推崇的人物是钟繇、王羲之、王献之。值得注意的是,书中评价了许多还在世的书法家,如庾肩吾、殷钧、萧子云等。《历代书法论文选》收录有《古今书评》校订本,文末曰:"右二十五人,自古及今,皆善能书。奉敕,遣臣评古今书,臣既愚短,岂敢辄量江海。但圣主委臣斟酌是非,谨品字法如前。伏愿照览,谨启。普通四年二月五日,内侍中、尚书令袁昂启。"

阮孝绪始著《七录》，总结前人目录学成就。

按：阮孝绪《七录序》曰："凡在所遇，若见若闻，校之官目，多所遗漏。遂总集众家，更为新录。其方内经史至于术伎，合为五录，谓之内篇；方外佛道，各为一录，谓之外篇。凡为录有七，故名《七录》。……有梁普通四年，岁维单阏，仲春十有七日，于建康禁中里宅，始述此书。"孝绪并言及《七录》赖刘杳之助。由序文内容知为是年所作。

又按：《隋书·经籍志》言《七录》内容为："一曰《经典录》，纪六艺；二曰《记传录》，纪史传；三曰《子兵录》，纪子书、兵书；四曰《文集录》，纪诗赋；五曰《技术录》，纪数术；六曰《佛录》；七曰《道录》。"《七录》收图书六千余种，八万多卷。书目兼收儒道佛典籍，自此始。

道士陶弘景作《吴太极左仙公葛公碑》。

按：这是有关葛玄事迹最早的碑文。葛公即葛玄，葛洪三代从祖。由此文可见葛洪之先辈世系。文载于其本集，碑文曰："仙公姓葛，讳玄，字孝先，丹阳句容都乡吉阳里人也。……孙权虽爱赏仙异，而内怀猜害，翻、琰之徒，皆被挫斥，敬惮仙公，动相谘禀。……仙公赤乌七年太岁甲子八月十五日平旦升仙，长往不返。"据王家葵《陶弘景丛考·新订华阳陶隐居年谱》系于是年。

梁正法无尽藏写《律序》，卷上有题记。

按：纸质。墨书。敦煌藏经洞出品。其卷上有题记，全3行，稍残，行3—18字，曰："梁普通四年太岁，卯四月，正法无尽藏写律，流通供养。用纸■。"

北魏比丘法修造《大般涅槃经》，卷八有题记。

按：纸质。墨书。敦煌藏经洞出品。其卷八有题记，全1行，行18字，曰："大魏正光四年五月七日，比丘法修造讫，一校。"

崔光卒（451—　）。光本名孝伯，字长仁，东清河鄃人。家贫好学，博通经史，昼耕夜诵，佣书以养父母。太和六年，拜中书博士。转著作郎，参著《国书》，为魏孝文帝器重，以为当代文宗。魏孝明帝在东宫，光为太子师傅。后封博平县开国公，谥文宣公。崔光崇信佛法，常讲《维摩十地经》，著有《二经义疏》30余卷。又作百三郡国诗，国别为卷，共103卷。所作诗、赋、铭、赞、咏、颂、表、启数百篇，集50余卷。《隋书·经籍志》已不见著录，可见早佚。唯《魏书》本传所载章表存，严可均辑入《全后魏文》卷二三、卷二四。事迹见《魏书》卷六七、《北史》卷四四。

阳固卒（467—　）。固字敬安，北平无终人。少任侠，不拘小节，年二十六始折节读书，有文才。历仕魏北平太守、步兵校尉、前军将军。固居官清廉，终殁之日，家唯四壁。作有《南都赋》、《北都赋》、《演赜赋》及《绪制》等文。《隋书·经籍志》著录后魏太常卿《阳固集》3卷。严可均《全后魏文》卷四四载其文2篇。逯钦立《先秦汉魏晋南北朝诗·北魏诗》卷一载其诗2首。事迹见《魏书》卷七二、《北史》卷四七。

江式卒，生年不详。字法安，陈留济阳人，北魏书法家。历官骁骑将军兼著作佐郎，世传篆籀训诂之学。洛京宫殿诸门榜题署，皆式所书。延昌间撰集字书40卷，本许氏《说文》，上篆下隶，号曰《古今文字》，惜其未成。事迹见《魏书》卷九一、《北史》卷三四。

颜之仪（　—591）、释慧远（　—592）生（《周书·颜之仪传》、《续高僧传·隋京师净影寺释慧远传》）。

按：《续高僧传·隋京师净影寺释慧远传》载释慧远曰："开皇十二年春，下敕令知翻译，刊定辞义，其年卒于静影寺，春秋七十矣。"逆推当生于本年。

梁普通五年　北魏正光五年　甲辰　524 年

六月庚子，梁武帝命员外散骑常侍元树为平北将军、北青兖二州刺史，率军北伐（《梁书·武帝纪》）。

八月，北魏孝明帝采用李崇上年建议，宣布改镇为州。因六镇已尽叛，不得实行（《魏书·宣明帝纪》）。

徐陵为萧纲幕府幕僚（《陈书·徐陵传》）。

郦道元八月为大使，奉魏孝明帝令抚慰六镇（《魏书·宣明帝纪》）。

贾思伯为侍讲，授北魏孝明帝以《春秋》（《魏书·贾思伯传》）。

崔鸿奉北魏孝明帝诏修国史（《魏书·崔光传附崔鸿传》）。

按：崔光为崔鸿伯父。据《魏书》曰："光撰《魏史》，徒有卷目，初未考正，阙略尤多。每云此史会非我世所成，但须记录时事，以待后人。临薨，言鸿于肃宗。（正光）五年正月，诏鸿以本官修缉国史。"故系于是年。

又按：《北史·山伟传》曰："国史自邓彦海（渊）、崔深、崔浩、高允、李彪、崔光以还，诸人相继撰录。綦儁及伟等谄悦上党王天穆及尔朱世隆，以为国书正应代人修缉，不宜委之余人。是以(谷)綦、伟等更主大籍。守旧而已，初无述著。故自崔鸿死后，迄终伟身，二十许载，时事荡然，万不记一。后人执笔无所凭据。史之遗阙，伟之由也。"鸿死后二十许载，史之遗阙，实是鲜卑汉化过程中的民族矛盾在史学史上的反映。

郦道元除河南尹，征辟赵肃为主簿。又应诏为持节兼黄门侍郎，与都督李崇推行改镇为州之策。

按：张鹏飞《郦道元年谱考略》曰："《北周书·赵肃本传》：'魏正光五年，郦道元为河南尹，辟肃为主簿。'可知道元除河南尹之事当在正光五年。又曰：《魏书·郦道元传》：'孝明帝以沃野、怀朔、薄骨律、武川、抚冥、柔玄、怀荒、御夷诸镇并改为州，其郡县戍名令准古城邑。诏道元持节兼黄门侍郎，与都督李崇筹宜置立，裁减去留，储兵积粟，以为边备。'《北史》同，另载：'会诸镇叛，不果而还。'又案《魏书·肃宗本纪》：'（正光）五年三月，沃野镇人破落汗拔陵聚众反，杀镇将，号真王元年。'可知北方六镇发生叛乱当在正光五年春。"

道士陶弘景复涂鼎起火。

按：《本起录》曰："普通五年，复涂鼎起火。"

释灵裕七岁，博览群籍（《续高僧传·隋相州演空寺释灵裕传》）。

罗马学者包伊夏斯著《关于安慰哲学》。

萧绎作《善觉寺碑》。

按：《建康实录》卷十七曰："（普通五年）置善觉尼寺，在县东七里，穆贵妃造，其殿宇房廊，刹置奇绝，元帝绎为寺碑。"《艺文类聚》卷七六引其文有"金盘上疏，非求承露"云。

萧统作《谢敕赉铜造善觉寺塔露盘启》。

按：文见《艺文类聚》卷七七。是年置善觉尼寺，此启盖作于是年。

徐勉作《答客喻》。

按：《梁书·徐勉传》曰："勉第二子悱卒，痛悼甚至，不欲久废王务，乃为《答客喻》。其辞曰：'普通五年春二月丁丑，余第二息晋安内史悱丧之问至焉……诸贤既贻格言，喻以大理，即日辍哀，命驾修职事焉。'"知其子亡于是年，故系于此。

徐悱之妻刘令娴作《祭夫文》，为词凄切，悱父徐勉见而搁笔。

按：系年依据见上条"徐勉作《答客喻》"。是文载于《艺文类聚》卷三八，曰："维梁大同五年，新妇谨荐少牢于徐府君之灵曰……"其文与徐勉之《答客喻》并见南朝人重视家庭伦理的实况。

释法宠卒（451—　）。法宠俗姓冯，南阳冠军人。后遭世难，寓居海盐。年十八舍家服道，住光兴寺。其后出都住兴皇寺，从释道猛、释昙济学《成实论》，二公雅相叹赏。又从庄严寺释昙斌历听众经。齐竟陵王萧子良甚加礼遇。梁天监七年，齐隆寺法镜殁，僧正慧超启宠镇之。梁武帝每义集，以礼致之，敕常居坐首，不呼其名，号为"上座法师"。事迹见《续高僧传》卷五。

僧伽婆罗卒（480—　），僧伽婆罗，梁言僧养，亦云僧铠，扶南国人。早年出家，偏业《阿毗昙论》。闻齐国弘法，随舶至建康，住正观寺，为求那跋陀罗之弟子，从其研精方等。梁天监五年，被敕召于扬都寿光殿、华林园、正观寺、占云馆、扶南馆五处传译《大育王经》、《解脱道论》等，至十七年始译完。梁太尉临川王萧宏接遇隆重。事迹见《高僧传》卷三。

徐悱卒（494？—　）。悱字敬业，东海郯人。徐勉次子。初为著作郎、太子舍人，累迁中舍人、掌书记。以足疾，出为湘东王友，迁晋安内史。早卒。徐勉《答客喻》称其"文章之美，得之天然，好学不倦，居无尘杂，多所著述，盈帙满笥"，然其文多佚。严可均《全梁诗》卷一二载其五言诗 4 首。事迹见《梁书》卷二五、《南史》卷六〇。

甄琛卒，生年不详。琛字思伯，中山无极人。少敏悟，好戏狎，不以礼法自居，颇学经史，称有刀笔。历魏中书博士、谏议大夫、营州刺史、吏部尚书。《魏书》本传称琛"所著文章，鄙碎无大体，时有理诣，《磔四声》、《姓族废兴》、《会通缁素三论》及《家诲》20 篇，《笃学文》1 卷，颇行于世"，今并佚。唯《魏书》本传所载章表存，严可均辑入《全后魏文》卷三九。事迹见《魏书》卷六八、《北史》卷四〇。

按：南齐沈约等人对诗歌创作提出"四声八病"之论，当时评价褒贬不一。甄琛作《磔四声》，对沈约的诗论提出异议。对甄琛的异议，沈约也曾作文答辩。可见当时南北人之间有广泛的学术交流。

梁普通六年　北魏正光六年　孝昌元年　乙巳　525年

　　正月辛亥,梁武帝亲祠南郊(《梁书·武帝纪》)。
　　庚申,北魏徐州刺史元法僧据州称帝,建元天启,立诸子为王。北魏发兵攻之,法僧遣子归降(《魏书·宣明帝纪》)。
　　四月辛卯,北胡太后复临朝摄政(《魏书·宣明帝纪》)。
　　六月癸未,北魏改元孝昌(《魏书·宣明帝纪》)。
　　是月,梁豫章王萧综投北魏(《梁书·武帝纪》)。
　　十二月,北魏山胡刘蠡升反魏,自称天子,置百官,建元神嘉,居云阳谷(《魏书·宣明帝纪》)。

　　徐勉因修成《五礼》甚得武帝赏识。加中书令,给亲信20人。以疾自陈,求解内任,诏不许,乃令停下省,三日一朝。有事遣主书论决。
　　按：据《梁书·徐勉传》曰:"普通六年,上修《五礼表》曰……"具体参见502年"沈约与何佟之、明山宾等参议五礼"条。
　　到洽迁御史中丞,弹纠无所顾望,号为劲直,当时肃清(《梁书·到洽传》)。
　　刘孝绰迁员外散骑常侍,兼廷尉卿,为到洽弹劾,言其"携少妹于华省,弃老母于下宅",坐免官(《梁书·刘孝绰传》)。
　　按：参上条,到洽是年任御史中丞,故系于此。
　　萧统游钟山开善寺,作《钟山解讲诗》,陆倕、萧子显、刘孝绰、刘孝仪四人和之。
　　按：《广弘明集》卷三〇上载有昭明太子《开善寺法会诗》,以及陆倕、萧子显、刘孝绰、刘孝仪四人《奉和昭明太子钟山解讲诗》各1首,当与昭明游钟山开善寺时所作,故系于此。
　　王规以应诏赋诗,援笔立奏,任为侍中。
　　按：《梁书·王规传》曰:"(普通)六年,高祖于文德殿饯广州刺史元景隆,诏群臣赋诗,同用五十韵,规援笔立奏,其文又美。高祖嘉焉,即日诏为侍中。"
　　王筠除尚书吏部郎,迁太子中庶子,领羽林监,又改领步兵(《梁书·王筠传》)。
　　殷芸直东宫学士省(《梁书·殷芸传》)。
　　谢几卿为西昌侯萧渊藻军师长史,加威戎将军,随军北伐,退败,坐免官,居宅白杨石井,朝中交好者载酒从之,宾客满座。
　　按：《梁书·谢几卿传》曰:"普通六年,诏遣领军将军西昌侯萧渊藻督众军北伐,几卿启求行,擢为军师长史……"

庾仲容免左丞，与谢几卿二人意气相得（《梁书·谢几卿传》）。

郦道元奉魏孝明帝诏为持节兼侍中、摄行台尚书率军，平徐州刺史元法僧叛军（张鹏飞《郦道元年谱考略》）。

按：《魏书·肃宗本纪》曰："孝昌元年春正月庚申，徐州刺史元法僧据城反。"《北史·郦范本传》曰："孝昌初，遣将攻扬州，刺史元法僧又于彭城反叛。诏道元持节、兼侍中、摄行台尚书，节度诸军，依仆射李平故事。军至涡阳，败退。道元追讨，多有斩获。"

道士陶弘景正旦甲子开鼎，光气照烛，丹成，形质似前而加以彩虹杂色。至此，凡七营乃成（《本起录》）。

按：据《华阳陶隐居内传》记载，陶弘景自归返后，"鼎事累营不谐"。每次开鼎，"皆获霜华，门人金谓此为成"，但陶弘景以丹成的各种标准加以检验，认为未成。天监十八年（519），陶再次炼丹，虽"光彩特异"，但仍未成。普通五年（524），已六十九岁的陶弘景又一次"涂鼎起火"。是年"正旦甲子开鼎，光气照烛，动心焕目，形质似前者而加以彩虹杂色。"《华阳陶隐居内传》也指出，"始天监四年（505）初有志于此，及是凡七营乃成。"即陶弘景从五十岁开始，到六十九岁为止的长达20年的岁月中，经历了七次炼丹的尝试，这次才算是获得成功。

释法云为大僧正，于同泰寺设千僧会，广集诸寺知事（《续高僧传·梁杨都光宅寺沙门释法云传》）。

科普卢斯特斯沿尼罗河旅行并著《人类地志》。

徐勉著《五礼注》成，上《五礼表》陈述五礼修成的过程及五礼轻重。

按：据《梁书·徐勉传》曰："普通六年，上修《五礼表》曰……"具体参见502年"沈约与何佟之、明山宾等参议五礼"条。

常景作《汭颂》。

按：《洛阳伽蓝记》卷三曰："神龟中，常景为《汭颂》。其辞曰……"此颂可见常景以中原为正统的政治心态，同时强调了"恃德则固，失道则亡"的治国道理。《魏书·常景传》曰："孝昌初，兼给事黄门侍郎……徐州刺史元法僧叛入于萧衍。衍遣其豫章王萧综……既而萧综降附，徐州清复，遣景兼尚书，持节驰与行台都督观机部分。景经洛汭，乃作铭焉。"故系于此年。

释法超著《出要律仪》14卷成，受敕于平等殿讲解。魏崔延伯与万俟丑奴、宿勤明达战于泾川，败没。其部下田僧超能为《壮士歌》、《项羽吟》，闻之者懦夫成勇，剑客思奋（《续高僧传·梁杨都天竺寺释法超传》）。

北魏宣景达夫妻造佛像，有题记。

按：铜质鎏金。1934年天水南店通庙出土。其题记全44字，曰："正光六年六月十日，北林庭村宣景达夫妻二人敬造弥勒像一区，上为国家四方安静，一切洽生之类，普同其愿。"

萧洽卒（471—　）。洽字宏称，南兰陵人。幼敏寤，年七岁，诵《楚辞》略上口。及长，好学博涉，通经典，善诗文。齐永明中，为国子生，举明经。初为著作佐郎，迁西中郎外兵参军。入梁累官至司徒左长史。曾奉敕作《当涂堰碑》。有文集20卷（《隋书·经籍志》作2卷）。事迹见《梁书》卷四一、《南史》卷一八。

按：《梁书·萧洽传》曰："洽少有才思，高祖令制同泰、大爱敬二寺刹下铭，其文甚美。"可见萧洽因文才为梁武帝所重。

崔鸿卒(478—)，鸿字彦鸾，北魏东清河鄃人。崔光侄。少博综经史，魏孝文帝末任彭城王国左常侍。魏宣武帝景明三年，迁员外郎，奉命撰起居注，迁给事中。以儒学才明，参议定律令于尚书上省。魏孝明帝正光元年，受命修魏孝文帝、宣武帝二朝起居注。五年，奉命修辑国史。孝昌初，任给事黄门侍郎，寻加散骑常侍、齐州大中正。《新唐书·艺文志》载其著有《十六国春秋》120卷。事迹见《魏书》卷六七、《北史》卷四四。

按：《十六国春秋》是记载十六国(304年—439年)历史的纪传体史书，西晋灭亡后中原地区先后出现了匈奴族刘渊、羯族石勒、氐族符坚等建立的政权，历史上总称为十六国，这些政权各有自己的史书，但是体例不一，记述差距也较大。所以，崔鸿根据旧的记载，加以综合汇编，写成100卷，此外还有序例1卷，年表1卷。后来的魏收编写《魏书》，唐朝时编修《晋书》，都将此书作为重要参考资料。不过到北宋时已经残缺得只剩20多卷。司马光编修《资治通鉴》时曾引用过，但已非全貌。

裴敬宪卒(493—)，敬宪字孝虞，河东闻喜人。曾任魏太学博士。工隶草，解音律，以擅五言诗行于世。史评"其文不能赡逸，而有清丽之美"。其诗今佚。事迹见《魏书》卷四五、《北史》卷三九。

裴庄伯卒(498—)，庄伯字孝夏，河东闻喜人。裴敬宪之弟。魏任城王元澄辟为行参军。文笔与兄相亚，作《神龟颂》，甚得知赏。后因兄卒，抑郁病卒。所作诗文，今传世不多。事迹见《北史》卷三九。

刘逖(—573)、明克让(—594)生(《北史·刘逖传》、《北齐书·明克让传》)。

按：《北史·刘逖传》载刘逖于武平四年(573)被杀，年四十九，当生于本年。

梁普通七年　北魏孝昌二年　丙午　526年

三月乙卯，高丽遣使向梁贡献方物(《梁书·武帝纪》)。

九月，北魏怀朔镇将葛荣北攻瀛洲。辛亥，击斩魏元融，据州自称天子，国号齐，建元广安(《魏书·宣明帝纪》、《资治通鉴·梁纪七》)。

十一月，梁夏侯亶等攻北魏，克寿阳，先后攻陷52城，以寿阳为豫州，改合肥为南豫州(《资治通鉴·梁纪七》)。

萧纲权进都督荆、益、南梁三州诸军事。时母丁贵嫔丧，上表陈解，诏还摄本位(《梁书·简文帝纪》)。

萧绎出为使持节、都督荆湘郢益宁南梁六州诸军事、西中郎将、荆州刺史(《梁书·元帝纪》)。

刘之遴奉太子敕与张缵、到溉、陆襄等参校《汉书》真本,列具异状十事。

按：《梁书·刘之遴传》曰："时鄱阳嗣王范得班固所上《汉书》真本,献之东宫,皇太子令之遴与张缵、到溉、陆襄等参校异同。之遴具异状十事,其大略曰:'案古本《汉书》称"永平十六年五月二十一日己酉,郎班固上";而今本无上书年月日字。又案古本《叙传》号为中篇;今本称为《叙传》。又今本《叙传》载班彪事行;而古本云"稚生彪,自有传"。又今本纪及表、志、列传不相合为次,而古本相合为次,总成三十八卷。又今本《外戚》在《西域》后;古本《外戚》次《帝纪》下。又今本《高五子》、《文三王》、《景十三王》、《武五子》、《宣元六王》杂在诸传秩中;古本诸王悉次《外戚》下,在《陈项传》前。又今本《韩彭英卢吴》述云"信惟饿隶,布实黥徒,越亦狗盗,芮尹江湖,云起龙骧,化为侯王";古本述云"淮阴毅毅,杖剑周章,邦之杰子,实惟彭、英,化为侯王,云起龙骧"。又古本第三十七卷,解音释义,以助雅诂,而今本无此卷。'"

郦道元除安南将军、御史中尉。

按：《魏书·郦道元传》曰："未几,除安南将军、御史中尉。"《北史》同。依《北史》记载,道元除安南将军、御史中尉当在其征讨元法僧之乱之后,即孝昌元年之后,而道元上表举荐宋游道为殿中侍御史在是年秋,道元必在此前即是年初除安南将军、御史中尉。道元在御史中尉一职任上,刚直不阿、严猛为治,百官忌惮之。

梁武帝作《赠谥临川王宏诏》、《赠鄱阳王恢诏》、《敕太子进食》、《敕答萧子云请改郊庙歌辞》、《敕萧子云撰定郊庙歌辞》等。又有《赠周舍诏》、《又恤周舍诏》。

按：《赠谥临川王宏诏》、《赠鄱阳王恢诏》,萧宏、萧恢皆为萧衍兄弟,诏令可见友爱之情。《敕太子进食》,为萧统守母孝过制而担忧。《敕答萧子云请改郊庙歌辞》曰："此是主者守株,宜急改也。"《敕萧子云撰定郊庙歌辞》,载于《梁书·萧子云传》,认为："郊庙歌辞,应须典诰大语,不得杂用子史文章浅言。而沈约所撰,亦多舛谬。"姑系于此。

裴子野作《喻虏檄文》（《梁书·裴子野传》）。

萧绎作《太常卿陆倕墓志铭》。

按：《太常卿陆倕墓志铭》载于《艺文类聚》卷四九,曰："如金有矿,如竹有筠,体二方拟,知十可邻,两升凤诏,三侍龙楼,南皮朝宴,西园夜游,词峰飙竖,逸气云浮,日往月来,暑流寒袭,东耀方远,北芒已及,坠露晓团,悲风暮急。"陆倕卒于是年秋天,故系于此。

张缵作《丁贵妃哀策文》。

按：丁贵妃即萧统之母丁贵嫔。《梁书·丁贵嫔传》曰："普通七年十一月庚辰薨,殡于东宫临云殿,年四十二。诏吏部郎张缵为哀策文曰……"故系于此。

北魏比丘法□供养《戒经》一卷,有题记。

按：纸质。墨书。敦煌藏经洞出品。其题记全2行,稍残,行7—11字,曰："比丘法□所供养。孝昌二年十二月三日写讫。"

周舍卒（469— ）。舍字升逸,汝南安成人。周颙子。初为齐太子博士,入梁历任尚书祠部郎、太子右卫率、骁卫将军、知太子詹事。虽居职屡徙,而常留省内,预机密二十余年,自奉俭素,人称贤相。舍善作诗,诗风淳朴。亦通声韵,梁武帝尝问何谓四声,舍答"天子圣哲"。《隋书·经籍志》著录梁护军将军《周舍集》20卷。又著有《礼疑义》52卷、《书仪疏》1卷、《正览》6卷,均佚。严可均《全梁文》卷五八载其文8篇。逯钦立《先秦汉魏晋南北朝诗·梁诗》卷一三载其诗6首。事迹见《梁书》卷二五、《南史》卷三四。

按:《梁书·周舍传》曰:"舍幼聪颖,颙异之,临卒谓曰:'汝不患不富贵,但当持之以道德。'既长,博学多通,尤精义理,善诵书,背文讽说,音韵清辩。"

陆倕卒(470—)。倕字佐公,吴郡吴人。为"竟陵八友"之一,又预"龙门之游"。官至太常卿。梁武帝颇爱其才,尝敕作《新漏刻铭》、《石阙铭》。有文集20卷(《隋书·经籍志》作14卷),佚,明张溥辑为《陆太常集》。严可均《全梁文》卷五二载其文24篇。逯钦立《先秦汉魏晋南北朝诗·梁诗》卷一三载其诗4首。事迹见《梁书》卷二七、《南史·陆慧晓传》附。

按:梁武帝对陆倕的才华很是欣赏。《梁书·陆倕传》曰:"倕少勤学,善属文。……刺史竟陵王子良开西邸延英俊,倕亦预焉。……高祖雅爱倕才,乃敕撰《新漏刻铭》,其文甚美。……又诏为《石阙铭记》,奏之。敕曰:'太子中舍人陆倕所制《石阙铭》,辞义典雅,足为佳作。'"明张溥《汉魏六朝百三名家集·陆太常集》题辞曰:"《漏刻》、《石阙》二铭,见美高祖,敕称佳作。昭明《宴阑思旧》诗云:佐公持文介才,学罕为俦。"

释慧超卒(475—),慧超俗姓廉,阳平人。八岁入道,从临菑县建安寺释惠通问学,广采经部,并明数论。入南涧寺,从僧宗受《涅槃经》,通《无量寿经》。慧超多艺兼通,又善俳谐,工草隶、占卜、星相诸技。梁初,梁武帝任其为僧正,并请为家僧,从受戒法。事迹见《续高僧传》卷六。

按:《续高僧传》卷六载有两个释慧超。均卒于是年。一为《梁大僧正南涧寺沙门释慧超传》,一为《梁杨都灵根寺释慧超传》。

梁普通八年　大通元年　北魏孝昌三年　丁未　527年

三月辛未,梁武帝第一次到同泰寺舍身(《梁书·武帝纪》)。

按:初,梁武帝建同泰寺,至此开大通门以对同泰寺之南门,取反语比协同泰。此后,晨夕讲义,多由此门。

甲戌,梁武帝还宫,赦天下,改元为大通(《梁书·武帝纪》)。

是月,林邑、师子国向梁奉献(《梁书·武帝纪》)。

四月己酉,柔然向北魏进贡(《魏书·宣明帝纪》)。

七月,北魏陈郡民刘获、郑辩在西华起兵,建元天授,与湛僧智通谋,未几为北魏所平(《魏书·宣明帝纪》)。

十月,北魏尚书令萧宝夤据关中反。甲寅,自称齐帝,改元隆绪,置百

拜占庭帝查士丁尼一世继位。

官(《魏书·宣明帝纪》)。

十一月,高丽国遣使向梁奉献(《梁书·武帝纪》)。

刘孝绰起为西中郎湘东王谘议。
按:《梁书·刘孝绰传》曰:"孝绰免职后,高祖数使仆射徐勉宣旨慰抚之,每朝宴常引与焉。及高祖为《籍田诗》,又使勉先示孝绰。时奉诏作者数十人,高祖以孝绰尤工,即日有敕,起为西中郎湘东王谘议。"《艺文类聚》卷三九、《初学记》卷一四并引梁武帝《籍田诗》,但不知何时作,《梁书·武帝纪》载徐勉在大通元年正月以尚书左仆射为尚书仆射,则孝绰起为西中郎湘东王谘议当在此时之后,时湘东王在荆州。

袁昂十一月戊辰以尚书令、中卫将军、开府仪同三司加中书监(《梁书·武帝纪》)。

萧子云除黄门侍郎,俄迁轻车将军,兼司徒左长史(《梁书·萧子云传》)。

庾信侍梁昭明太子萧统讲读。
按:北周滕王宇文逌《庾信集序》曰:"(庾信)年十五,侍梁东宫侍讲。"推此而定,庾信十五岁任昭明太子萧统东宫侍读,时梁武帝大通元年。故系于此。

刘杳迁步兵校尉,仍兼东宫通事舍人(《梁书·刘杳传》)。

裴子野转鸿胪卿,寻领步兵校尉(《梁书·裴子野传》)。

徐摛为宁蛮府长史。
按:据《梁书·徐摛传》曰:"大通初,王总戎北伐,以摛兼宁蛮府长史,参赞戎政,教命军书,多自摛出。"

张缵出为宁远华容公长史,行琅琊、彭城二郡国事(《梁书·张缵传》)。

郦道元时为御史中尉,为魏尚书令萧宝夤所杀(《魏书·宣明帝纪》)。
按:《魏书·郦道元传》曰:"是时雍州刺史萧宝夤反状稍露,悦等讽朝廷遣为关右大使,遂为宝夤所害,死于阴盘驿亭。"

道士陶弘景献二刀于梁武帝,一名善胜,一名威胜。
按:《梁书·陶弘景传》曰:"令献二刀于高祖(梁武帝),其一名善胜,一名威胜,并为佳宝。"陶弘景在《本草经集注》中也记载,以白青炼制"铜剑之法,具在《九元子术》中"。而在《本草经集注》中还有:"钢铁是杂炼生鍒作刀镰者。"这是最早明确记载用生铁和熟铁合炼成钢(即灌钢)的文献资料。
又按:梁元帝萧绎在《金楼子·终制篇》中要求在死后要带"陶华阳剑一口以自随"。可见陶弘景炼制的刀剑闻名于当时。

天竺僧达摩九月东渡梁朝至广州。十月一日至京城,与梁武帝相见。十月十九日潜过江北。
按:达摩来华,史籍记载纷错,此据《祖堂集》卷二"第二十八祖菩提达摩和尚"。

萧统作《与晋安王令》、《与殷芸令》,深惋到洽、明山宾、陆倕之亡。
按:《与晋安王令》见《梁书·到洽传》:"大通元年,卒于郡,时年五十一。赠侍中。谥曰理子。昭明太子与晋安王纲令曰:'明北兖、到长史遂相系凋落,伤怛悲惋,不能已已……'"《与殷芸令》见《梁书·明山宾传》,云:"大通元年,卒,时年八十五。诏赠侍中、信威将军。谥曰质子。昭明太子为举哀,赙钱十万,布百匹,并使舍人王颙监护丧事。又与前司徒左长史殷芸令曰……"

刘孝绰作《谢西中郎湘东王谘议启》。

按：系年依据参见是年"刘孝绰起为西中郎湘东王谘议"条。

北魏尹波写《观世音经》，有题记。

按：纸质。墨书。敦煌藏经洞出品。其题记全17行，行9—22字，曰："盖至道玄凝，洪济有无之境，妙理寂廓，超拔群品于无垠之外。是以如来愍弱类昏迷，旗大悲于历劫。故众生无怙，唯福所恃。清信士佛弟子尹波……写《观世音经》册卷，施诸寺读诵。……大魏孝昌三年岁次丁未四月癸巳朔八日庚子，佛弟子假冠军将军乐城县开国伯尹波敬写。"

明山宾卒(443—)，字孝若，平原鬲人，明僧绍之子。幼承家学，七岁能言名理，十三岁博通经传，仕齐为广阳令。入梁，选为五经博士。历中书侍郎，假节摄北兖州刺史、御史中丞，后累官东宫学士，兼国子祭酒。甚有训导之益，然性颇疏通，诸生以其平易而皆爱之。大通元年卒，年八十五，赠侍中信威将军，卒谥质子。著有《吉礼仪注》二百二十四卷、《礼仪》二十卷、《孝经丧礼服仪》十五卷。事迹见《梁书》卷二七、《南史》卷五〇。

释僧旻卒(467—)。僧旻俗姓孙，家于吴郡之富春。七岁出家，住虎丘西山寺，为僧回弟子，从其受五经。张辩、张绪见而叹异。年十三从僧回出都住白马寺。安贫好学，《大明》数论，究统经律。齐竟陵王萧子良深相贵敬。梁天监五年，游于建康，梁武帝礼接。六年，注《波若经》。又请为梁武帝家僧。所著《论疏杂集》、《四声指归》、《诗谱决疑》等100余卷，行于世。事迹见《续高僧传》卷五。

按：释僧旻虽入佛门，而实则深受儒学影响。据《续高僧传》曰："晋安太守彭城刘业，尝谓旻曰：'法师经论通博，何以立义多儒？'答曰：'宋世贵道生，顿悟以通经。齐时重僧柔，影毗旻以讲论。贫道谨依经文，文玄则玄，文儒则儒耳。'"从其与刘子业的问答中，可以看出其对佛学的态度实则是以儒学为根基的，援儒入佛之意甚浓。

郦道元卒(469?—)。道元字善长，范阳涿人。历任魏东荆州刺史、河南尹、御史中尉等职，以刚毅峻刻著称。时雍州判史萧宝夤反状渐露，汝南王元悦等讽朝迁遣道元为关右大使，遂为宝夤所害，死于阴盘驿亭。曾主持北魏改镇为州郡建制。《新唐书·艺文志》载郦道元撰有《水经注》40卷。旁征博引，详记水道，叙述地理风情等等，文笔清丽，为中国有文学价值的地理著作。又撰《本志》13篇及《七聘》等文。事迹见《魏书》卷八九、《北史》卷二七。

张率卒(475—)。率字士简，吴郡吴人。少年时作诗，日限一篇。稍进，作赋颂。曾奏《待诏赋》，深得梁武帝激赏。初为著作佐郎，与同郡陆倕及任昉、沈约友善，迁秘书丞，又出为新安太守。曾直文德待诏省，敕使抄乙部书，又使撰妇人事20余条，勒成100卷，使工书人琅邪王深、吴郡范怀约、褚洵等缮写，以给后宫。天监七年，敕直寿光省，治丙丁部书抄。《梁书》本传载张率著《文衡》15卷、文集30卷。《隋书·经籍志》载梁黄门郎《张率集》38 卷。事迹见《梁书》卷三三、《南史》卷三一。

江蒨卒(475—)。蒨字彦标,济阳考城人。初为秘书郎,官至光禄大夫。谥肃子。蒨好学,尤熟谙朝仪故事,著有《江左遗典》30 卷,未成。又有文集 15 卷。其诗文均不存。事迹见《梁书》卷二一、《南史》卷三六。

到洽卒(477—)。洽字茂,彭城武原人。清警有学行,为谢朓、任昉、丘迟所称赏。梁武帝天监初召为太子舍人,曾侍宴华光殿,赋 20 韵诗,到洽辞最工。天监二年,迁司徒主簿,直待诏省,敕使抄甲部书。后累迁御史中丞,出为贞威将军、云麾长史、浔阳太守。《隋书·经籍志》著录镇西录事参军《到洽集》11 卷,佚(此记载不见于《隋志》,但见于《通志》)。严可均《全梁文》卷六二载其残文 2 篇。逯钦立《先秦汉魏晋南北朝诗·梁诗》卷十三载其诗 2 首。事迹见《梁书》卷二七。

刘臻(—598)生。

按：《隋书·刘臻传》载,刘臻卒于"隋开皇十八年(598),年七十二岁"。逆推当生于本年。

梁大通二年　北魏武泰元年　北魏孝庄帝元子攸建义元年　永安元年　戊申　528 年

正月乙酉,柔然遣使向梁进献(《宋书·武帝纪》)。

丙寅,北魏改元武泰(《魏书·宣明帝纪》)。

二月,北魏胡太后杀孝明帝(《资治通鉴·梁纪八》)。

按：魏孝明帝因与胡太后不和,密诏六州讨虏大都督尔朱荣举兵南下。尔朱荣未至,孝明帝即被胡太后毒杀,并立临洮王世子元钊为帝。尔朱荣闻之,大怒,上表陈胡太后罪状,以"问侍臣帝崩之由"发兵赴阙。

四月戊戌,尔朱荣抵河阳,拥立北魏长乐王元子攸为帝,是为敬宗孝庄帝。溺杀胡太后及幼主元钊,改元建义。史称"河阳之变"(《魏书·宣明帝纪》、《资治通鉴·梁纪八》)。

六月,北魏邢杲集河北流民 10 万余,在青州北海起义,自称汉王,建元天统(《资治通鉴·梁纪八》)。

七月壬子,北魏光州民刘举聚众起义于濮阳,自称皇武大将军(《魏书·宣明帝纪》)。

是月,万俟丑奴自称天子,置百官。会波斯国献狮子于北魏,丑奴留之,改元神兽(《魏书·宣明帝纪》)。

九月,葛荣以"众号百万"之兵围邺城,为魏将尔朱荣所败,被俘囚至洛阳。冀、定、沧、瀛、殷五州复入北魏(《魏书·宣明帝纪》、《资治通鉴·梁纪八》)。

乙亥,北魏改元永安(《魏书·宣明帝纪》)。

萧子恪出为宁远将军,吴郡太守(《梁书·萧子恪传》)。

萧子云入为吏部(《梁书·萧子云传》)。

张缵仍迁华容公北中郎长史,南兰陵太守,加贞威将军,行府州事(《梁书·张缵传》)。

释昙鸾约是年渡江从道士陶弘景问方术之学。

按:《续高僧传·义解篇·魏西河石壁谷玄中寺释昙鸾传》曰:"承江南陶隐居者,方术所归,广博弘赡,海内宗重,遂往从之。既达梁朝,时大通中也。乃通名云:'北国房僧昙鸾,故来奉谒。'……帝降阶礼接,问所由来。鸾曰:'欲学佛法,恨年命促减,故来远造陶隐居,求诸仙术。'帝曰:'此傲世遁隐者,比屡征不就,任往造之。'鸾寻致书通问。陶乃答曰:'去月耳闻音声,兹辰眼受文字,将由顶礼岁积,故使应真来仪。正尔整拂藤蒲,具陈花水,端襟敛思,伫聆警锡也。'及届山,所接对欣然,便以《仙经》十卷,用酬远意。……行至洛下,逢中国三藏菩提留支。鸾往启曰:'佛法中颇有长生不死法,胜此土《仙经》者乎?'留支唾地曰:'是何言欤?非相比也。此方何处有长生法?纵得长年,少时不死,终更轮回三有耳。'即以《观经》授之曰:'此大仙方,依之修行,当得解脱生死也。'鸾寻顶受。所赍仙方并火焚之。"可见,当时佛道相争甚为激烈。由《续高僧传》载此事为"梁大通中",约在527年至528年间,姑系于此。

释法朗从青州到杨都求学,就大明寺宝志禅师受诸禅法,兼听同寺象律师讲律本文。又受业南涧寺仙师《成论》、竹涧寺靖公《毗昙》等(《续高僧传·陈杨都兴皇寺释法朗传》)。

萧统约是年编成《文选》。又作《祭达摩大师文》。

按:《文选》,世称《昭明文选》。据《隋书·经籍志》记载,自晋至隋,诗文总集共有249部,早于《文选》的有挚虞的《文章流别集》、李充的《翰林论》、刘义庆的《集林》等,均已亡佚,只存编者的序论及一些佚文。因而《文选》就成为所能见到的最早的也是影响最大的总集,萧统在文学上主张文质并重,认为文章应该"丽而不浮,典而不野"(《答湘东王求文集及诗苑英华书》)。入选文章应符合"事出于沉思,义归乎翰藻"的标准。选录自先秦至梁的诗文辞赋,不选经子,吏书也只略选"综缉辞采"、"错比文华"的论赞,已初步注意到文学与其他类型著作的区分。编排的标准是"凡次文之体,各以汇聚。诗赋体既不一,又以类分。类分之中,各以时代相次"(《文选序》)。从分类的实际情况来看,大致划分为赋、诗、杂文3大类,又分列赋、诗、骚、七、诏、册、令、教等38小类。赋、诗所占比重最多,又按内容把赋分为京都、郊祀、耕籍等15门,把诗分为补亡、述德、劝励等23门,这样的分类体现了萧统对古代文学发展,尤其是对文体分类及源流的理论观点,反映了文体辨析在当时已经进入了非常细致的阶段。

又按:达摩卒于本年,萧统作《祭达摩大师文》,其文曰:"洪惟圣胄大师,荷十力之智印,乘六通而泛海,运悲智于梵方,拯颠危于华土。"

道士陶弘景约是年作《答昙鸾书》。

按:释昙鸾欲从陶弘景得长生不死之仙方,此为陶弘景作答之书,后又赠之《仙经》十卷。参见是年"释昙鸾约是年渡江从道士陶弘景问方术之学"条。

北魏比丘僧辩等译《妙法莲华经论》,有题记。

按:纸质。墨书。敦煌藏经洞出品。其题记全2行,行7—9字,曰:"大魏永安元年岁次戊申十二月,洛阳永宁寺译。执笔人比丘僧辩。"

袁翻卒(476—)。翻字景翔,陈郡项人。初为魏奉朝请。景明初为著作郎,参与修史。后历官豫州中正、都官尚书、加抚军将军。尔朱荣举兵时被害。曾作《思归赋》及诗文数百篇。今唯《魏书》本传所载《思归赋》及章表4篇存,严可均辑入《全后魏文》卷四八。事迹见《魏书》卷六九、《北史》卷四七。

按:北朝骚体与南朝相比,题材上舍风花雪月而为怀古怨世,风格上舍华艳精工而保持古拙自然,其主要倾向是效法汉魏旧制。只有袁翻的《思归赋》表现出一种对南朝作品,尤其是鲍照、江淹赋作的有意模仿,在艺术上已接近南朝骚体的风格。

刘杳卒(479—)。杳字士深,平原人。刘怀慰次子。历官太学博士、临津令、迁尉正、太子舍人、著作郎等,终尚书左丞。刘杳广闻博识,沈约、任昉以下,每有遗忘,皆向其征询。所作《林庭赋》为王僧孺所激赏。著述甚丰,曾参与著《国史》、《编略》,又著有《要雅》、《楚辞草木疏》、《高士传》、《古今四部书目》等。其中《楚辞草木疏》1卷,仿陆玑《毛诗草木鸟兽虫鱼疏》,在植物学史上有一定的价值。事迹见《梁书》卷五〇、《南史·刘怀珍传》卷四九。

按:《梁书·刘杳传》曰:"杳自少至长,多所著述。撰《要雅》五卷,《楚辞草木疏》一卷,《高士传》二卷,《东宫新旧记》三十卷,《古今四部书目》五卷,并行于世。"其中《古今四部书目》在阮孝绪《七录》成书过程中起到了很大借鉴作用。阮孝绪《七录·序》称:"……刘杳从余游,因说其事。杳有志积久,未获操笔。闻余已先着鞭,欣然会意。凡所抄集,尽以相与。广其闻见,实有力焉。"由此可知,阮孝绪所编撰的《七录》,也得益于刘杳所抄记的资料和《古今四部书目》草稿。

元顺卒(494—)。顺字子和。魏任城王元澄之子。年十六,通杜预注《左传》,下帷读书,笃志爱古。起家给事中,官至尚书左仆射。尔朱荣杀朝士,谓顺"但在省,不须来",顺不达其旨,为陵户鲜于康所害。《元顺墓志》曰:"身甘枯槁,妻子衣食不充,尝无担石之储,惟有书数千卷。"《魏书》本传称顺撰"《帝录》二十卷,诗赋表颂数十篇,今多亡失"。唯所作《蝇赋》以载于本传而存。严可均《全后魏文》卷一八载其文2篇。事迹见《魏书·任城王云传》卷一九、《北史·魏任城王云传》卷一八。

萧机卒(499—)。机字智通,南兰陵人。萧秀之子,袭封梁安成郡王。历官太子洗马、中书侍郎、宁远将军、湘州刺史等职。专意聚敛,频被案勘。及卒,梁武帝谓其"好纳苞政",谥曰炀。作诗赋数千首,梁元帝收集成集并为之作序,今佚。诗文均不存。《隋书·经籍志》载《梁萧机集》2卷。事迹见《梁书·安成康王秀传》卷二二、《南史·梁安成康王秀传》卷五二。

萧方等(—549)、傅縡(—582)、徐俭(—588)生(《梁书·萧方等传》、《陈书·傅縡传》、《陈书·徐俭传》)。

按:《梁书·萧方等传》载萧方等"行至蕤水,值侯景乱(548)……军败,遂溺死,时年二十二",《陈书·徐俭传》载徐俭"侯景乱,陵使魏未反,俭时年二十一",上推两

梁大通三年　中大通元年　北魏永安二年　己酉　529年

正月辛酉,梁武帝亲祠南郊(《梁书·武帝纪》)。

辛巳,梁武帝祠明堂(《梁书·武帝纪》)。

二月,梁诏更定二百四十号将军为四十四班(《资治通鉴·梁纪九》)。

二月辛丑,柔然遣使向梁贡献方物(《梁书·武帝纪》)。

四月,北魏北海王元颢在梁陈庆之的护送下入洛争帝位,在睢阳称帝,改元孝基(《魏书·宣明帝纪》、《资治通鉴·梁纪九》)。

五月,梁军克荥阳,北魏元天穆大败。元颢引梁兵入洛阳,改元建武(《梁书·武帝纪》、《资治通鉴·梁纪九》)。

按:护送元颢之陈庆之部仅7千人,凡取32城,经47战,每战皆胜,可见北魏国势的确已衰。

闰六月,北魏尔朱荣南下,击败陈庆之,杀元颢,孝庄帝还洛阳(《资治通鉴·梁纪九》)。

九月癸巳,梁武帝亲临同泰寺,设四部无遮大会(《梁书·武帝纪》、《南史·梁纪中》)。

甲午,梁武帝升讲堂法坐,为四部大众开《涅槃经》题(《梁书·武帝纪》、《南史·梁纪中》)。

癸卯,群臣以钱一亿万奉赎梁武帝菩萨大舍,僧众默许(《梁书·武帝纪》、《南史·梁纪中》)。

乙巳,梁百官诣寺东门奉表,请还临宸,三请乃许。梁武帝三答书,前后并称顿首(《梁书·武帝纪》、《南史·梁纪中》)。

按:《南史·梁纪中》曰:"(大通三年)癸巳,幸同泰寺,设四部无遮大会。上释御服,披法衣,行清净大舍,以便省为房,素床瓦器,乘小车,私人执役,甲午,升讲堂法坐,为四部大众开《涅槃经》题。癸卯,群臣以钱一亿万奉赎皇帝菩萨大舍,僧众默许。乙巳,百辟诣寺东门奉表,请还临宸,三请乃许。帝三答书,前后并称顿首。冬十月己酉,又设四部无遮大会,道俗五万余人。会毕,帝御金辂还宫。"

十月己酉,梁改元中大通(《梁书·武帝纪》)。

是月,梁武帝又设四部无遮大会,道俗5万余人(《梁书·武帝纪》、《南史·梁纪中》)。

十二月丁巳,盘盘国向梁奉献(《梁书·武帝纪》)。

袁昂以中抚大将军、开府仪同三司加中书监(《梁书·武帝纪》)。

张缵入为度支尚书,母忧去职(《梁书·张缵传》)。

查士丁尼封闭雅典学院。

《查士丁尼民法典》颁布。

杜之伟补东宫学士,与刘陟等钞撰群书。

按:《陈书·杜之伟传》曰:"中大通元年,梁武帝幸同泰寺舍身,敕勉撰定仪注,勉以台阁先无此礼,召之伟草具其仪。乃启补东宫学士,与学士刘陟等钞撰群书,各为题目。所撰《富教》、《政道》二篇,皆之伟为序。"

寇俊为北魏梁州刺史(《周书·寇俊传》)。

李谐作《述身赋》。

按:此赋抒发自古治少而乱多的事实,最后以道家隐逸思想为寄托,以图免除灾祸,展现了北魏后期易代之际文人的思想状况。《魏书·李平附李谐传》曰:"元颢入洛,以为给事黄门侍郎。颢败,除名,乃为《述身赋》"。由"元颢入洛"知此赋当作于是年。

王筠为释法云作墓志铭。

按:《续高僧传·梁扬都光宅寺释法云传》曰:"及遭父忧,由是疾笃,至于大渐。以(梁)大通三年三月二十七日初夜,卒于住房。春秋六十有三。二宫悲惜,为之流恸。敕给东园秘器,凡百丧事皆从王府。下敕令葬定林寺侧,太子中庶琅琊王筠为作铭志。"

萧绎为释法云作碑文。

按:《续高僧传·梁扬都光宅寺释法云传》曰:"以大通三年三月二十七日初夜,卒于住房。……弟子周长胤等有犹子之慕,创造二碑立于墓所,湘东王萧绎各为制文。"

佚名作大赵王真保墓志。

按:石质。阴刻。1972年张家川出土。其墓志全二方,共40行,稍残,满行20字,曰:"王司徒墓志。君讳真保,秦州略阳人。……高祖擢龙骧将军、宁夷校尉,赵显美侯。石虎之子……明帝置席,建师贤之礼,分土南安,托殊常之寄。将欲问策帷中,委戈厝门。不幸寝疾,薨于京师。翼赞之功未宣,六奇之谋掩发。秦后痛之,追谥曰庄。曾祖陵,抚军将军、梁州刺史。烈祖伏仁,乞伏世、祁连、汉阳二郡太守。父润,陇西太守。……魏苞余善,赠龙骧将军、交州刺史。君气品渊澄,资含玉质,……孝文嘉之,策授广武将军、城都侯。……寝疾不豫,奄然即世。时年六十,豪友痛之。自魏道历终,大赵应期,寻仁恋德,望坟追赠。加使持节、大都督西道诸军事、骠骑大将军、司徒公,天水郡开国公、太原王,谥曰懿。使持节即柩宣策,祭以大牢,仰述美绩,镌铭记德。颂曰……大赵神平二年岁次己酉十一月戊寅朔十三日庚寅记。"

释法云卒(467—)。法云俗姓周,义兴阳羡人。七岁出家,从师住庄严寺。年十三始就受业,释僧达甚相称赞。与同寺释僧旻等年腊,齐名。建武四年,于妙音寺开《法华》、《净名》二经,学徒云集。讲经之妙,独步当时。与周颙、王融、刘绘、徐嗣等相交莫逆。梁天监二年,梁武帝敕使长召入诸殿,与诸名僧著《成实论义疏》。七年,为梁武帝制注《大品》作讲解,又为光宅寺主持。曾作《与少傅沈约书》,与范缜《神灭论》相驳。天监末翻译扶南国所献佛经三部。卒后,王筠为作铭。萧绎为制文。

按:成实学派是中国佛教学派,亦称成实宗,以传习、弘扬《成实论》而得名。梁代是该派最隆盛的时代,其时成实师中最有名的是法云、僧旻和智藏,法云著有《成实论义疏》42卷,智藏著有《成实论大义记》和《成实论义疏》,从者云集,他们发扬大乘的学说,对后世佛学有重大的影响。

殷芸卒(471—　)。芸字灌蔬,陈郡长平人。齐永明中,为宜都王行参军。梁天监中,历任通直散骑侍郎兼尚书左丞、国子博士、昭明太子侍读。普通末,直东宫学士省。梁武帝好文学,曾命其著《小说》10卷,世称《殷芸小说》。此书隋时已不全。宋时避宋太祖父赵弘殷之讳,改称《商芸小说》,至明代失传。鲁迅《古小说钩沉》中有辑本,余嘉锡、周楞伽亦有辑本考证。逯钦立《先秦汉魏晋南北朝诗·梁诗》卷一五载其诗1首。事迹见《梁书》卷四一、《南史》卷六〇。

按:《隋书经籍志考证》卷三二曰:"《殷芸小说》十卷,宋殷芸撰,述秦汉以来杂事。"《史通·杂说中》曰:"又刘敬叔《异苑》称晋武库失火,汉高祖斩蛇剑穿屋而飞。其言不经,故梁武帝令殷芸编诸《小说》。"《史通》的这段话,恰恰说明古代最基本的小说概念:"其言不经",也是此书为奉梁武帝命所著的辅证。余嘉锡《余嘉锡论学杂著·殷芸小说辑证》曰:"考芸所纂集,皆取之故书雅记,每条必注书名,与六朝人他书随手抄撮不注出处者不同。"《殷芸小说》杂纂故书的这一特点,使此书具有很高的史料文献价值,对于六朝古书的辑佚考证大有裨益。此书集志怪与志人于一体,对小说文体的形成和完善作了极有意义的探索和尝试。

萧子恪卒(478—　)。子恪字景冲,南兰陵人。齐以王子封南康县侯。入梁,累官至宁远将军、吴郡太守。十二岁时,曾和从兄竟陵王萧子良作《高松赋》,被王俭赏识。所作诗文,随作随弃,故无文集传世。事迹见《梁书》卷三五、《南史》卷四二。

刘霁卒(478—　)。霁字士烜,平原人。刘怀慰之子。九岁能诵《左传》。与弟刘杳、刘歊皆博学多才。初为奉朝请,梁天监中,累官至尚书主客侍郎、海盐令。刘霁天性至孝。《梁书》本传曰:"十四居父忧,有至性,每哭辄呕血。……母明氏寝疾,霁年已五十,衣不解带者七旬,诵《观世音经》数至万遍……后六十余日乃亡。霁庐于墓,哀痛过礼。"《梁书》和《南史》本传载著有《释俗语》8卷及文集10卷,《释俗语》又见载于《隋书·经籍志》,佚。其事迹见《梁书》卷四七、《南史》卷四九。

按:一般以为俗语研究始自东汉服虔的《通俗文》,其后南朝齐梁沈约的《俗说》与刘霁的《释俗语》,也是此类研究的书籍。此二书和唐代有关俗语词汇的研究书籍虽今已不传,但其对后世尤其是明清两代的俗语研究应具有一定的影响。

褚玠(　—580)生。

按:《陈书·褚玠传》载褚玠"十二年,迁御史中丞,卒于官,时年五十二"。逆推当生于本年。

梁中大通二年　北魏永安三年　北魏长广王元晔建明元年　庚戌　530年

四月癸丑,梁武帝亲临同泰寺,设平等会(《南史·梁武帝纪》)。

八月庚戌,梁武帝至德阳堂,设丝竹会,祖送魏主元悦(《梁书·武帝纪》)。

十月,北魏汾州刺史尔朱兆与尔朱世隆等反,拥立长广王元晔为帝,改元建明(《魏书·宣明帝纪》、《资治通鉴·梁纪一〇》)。

十二月,尔朱兆入洛阳,擒北魏孝庄帝,囚至晋阳而杀之。孝庄帝作《临终诗》(《魏书·宣明帝纪》、《资治通鉴·梁纪一〇》)。

按:孝庄帝元子攸于是年十二月甲子日被绞杀。尔朱兆杀孝庄帝事,《洛阳伽蓝记》记之甚详。孝庄帝被囚时曾作诗曰:"权去生道促,忧来死路长。怀恨出国门,念悲入鬼乡。隧门一时闭,幽庭岂复光。思鸟吟青松,哀风吹白杨。昔来闻死苦,何言身自当。"至太昌元年(532)葬帝时,遂以为挽歌词,此亦见魏主文化修养之高。

是月,北魏河西首领纥豆陵步蕃大破尔朱兆于秀容,直逼晋阳。晋州刺史高欢应召率兵救援,斩步蕃于石鼓(《魏书·宣明帝纪》、《资治通鉴·梁纪一〇》)。

按:高欢自此崛起。

北魏元悦改元更兴,得知尔朱兆入洛,自知不及,遂南还(《资治通鉴·梁纪一〇》)。

萧子显迁长兼侍中。

按:《梁书·萧子显传》曰:"中大通二年,迁长兼侍中。高祖雅爱子显才,又嘉其容止吐纳,每御筵侍坐,偏顾访焉。尝从容谓子显曰:'我造《通史》,此书若成,众史可废。'子显对曰:'仲尼赞《易》道,黜《八索》,述职方,除《九丘》,圣制符同,复在兹日。'时以为名对。"

萧纲正月由雍州刺史转为骠骑大将军、扬州刺史(《梁书·武帝纪》)。

王筠迁司徒左长史(《梁书·王筠传》)。

杜之伟为湘阴侯江州刺史萧昂记室(《梁书·杜之伟传》)。

徐伯阳十五岁,以文笔称,学《春秋左氏传》,家有史书,所读者近3000余卷(《陈书·徐伯阳传》)。

魏收除北主客郎中。

按:《北齐书·魏收传》曰:"永安三年,除北主客郎中。"

释警韶讲《大品经》(《续高僧传·陈扬都白马寺释警韶传》)。

高道穆奉敕编集秘书图籍,编比次第。

按:《魏书·高崇传》载诏曰:"秘书图籍所在,内典口书,又加缮写。缃素委积,盖有年载,出内繁芜,多致零落,可令御史中尉兼给事黄门侍郎道穆总集帐目,并牒儒学之士,编比次第。"道穆即高恭之,高谦之弟,以字行。学涉经史,非名流俊士,不与交结。据任继愈主编《中国藏书楼》系于是年。

梁武帝萧衍作《赠裴子野诏》、《裴子野墓志铭》。

按:《梁书·裴子野传》曰:"先是子野自克死期,不过庚戌岁。是年自省移病,谓同官刘之亨曰:'吾其逝矣。'遗命俭约,务在节制。高祖悼惜,为之流涕。诏曰:'鸿胪卿、领步兵校尉、知著作郎、兼中书通事舍人裴子野,文史足用,廉白自居,劬劳通事,多历年所。奄致丧逝,恻怆空怀。可赠散骑常侍,赙钱五万,布五十四,即日举哀。谥曰贞子。'"由本传"不过庚戌岁"知裴子野亡于是年,故诏书系于此。《裴子野墓志铭》载于《艺文类聚》卷四八。

萧绎作《散骑常侍裴子野墓志铭》。

按：系年依据参上条,其文载于《艺文类聚》卷四八,曰："几原博闻,裁为典坟。比良班马,等丽卿云。熏莸既别,泾渭以分。圣皇御极,钦贤旰顾。储后特圣,降情文苑。既匹严、朱,复同徐、阮。如何不憗,卜期不远。"

北魏东阳王元荣造《仁王般若经》,卷上有题记。

按：纸质。墨书。敦煌藏经洞出品。其卷上有题记,全10行,行3—30字,曰："大代永[安]三年岁次庚戌七月甲戌朔廿三日丙申,佛弟子使持节、散[骑]常侍、都督岭西诸军事、车骑大将军、瓜州刺史、东阳王元荣……惟庶心天人,仰奉诸佛,敬造仁王般若经三百部:一百部,仰为梵天王;一百部,仰为帝释天王;一百[部],仰为比沙门天王等。……"

北魏元太荣写《仁王般若经》,有题记。

按：纸质。墨书。敦煌藏经洞出品(?)。其题记存2行,曰："永安三年七月廿三日,佛弟子元太荣,为梵释天王■若经一百部,合三百部,并前立愿,乞延年■。"

北魏元太荣约是年供养《无量寿经》,卷下有题记。

按：纸质。墨书。敦煌藏经洞出品。其卷下有题记,全3行,行5—17字,曰："无量寿经卷下瓜州刺史元太荣所供养经。比丘僧保写。"据王素、李方著《魏晋南北朝敦煌文献编年》考证,此经供养于公元530年前后。

裴子野卒(469—　),子野字几原,河东闻喜人。有家学渊源,曾祖裴松之、祖裴骃均为著名史学家。子野初为齐武陵王国左常侍,武帝以为著作郎,掌国史及起居注,再迁员外郎。普通七年梁大举北伐,敕子野著《喻魏文》,受诏立成。梁武帝谓"其形虽弱,其文甚壮"。自是符令檄文皆令具草,迁中书侍郎、鸿胪卿。子野与兄黎、楷、绰均负盛名,时称"四裴"。曾据沈约《宋书》著《宋略》20卷,沈约自叹不及。著有《众僧传》、《续裴氏家传》、《方国伎图》等。其中《雕虫论》一篇最负盛名,批评当时重文藻之不良风气,是其文学思想的集中表现。《隋书·经籍志》著录梁鸿胪卿《裴子野集》14卷。严可均《全梁文》卷五三载其文14篇,逯钦立《先秦汉魏晋南北朝诗·梁诗》卷一四载其诗3首。事迹见《梁书》卷三〇、《南史》卷三三。

按：裴子野文章有别于当时文风,"不尚丽靡之词,其制作多法古,与今文体异"。他的《雕虫论》,反对"摈落六艺","非止乎礼义'的文风,对当时"深心主卉木,远致极风云"、"巧而不要,隐而不深"的颓废文风进行批评。其文清新秀美,质朴无华,体现"复古"笔法,与堆砌典故的骈体文差别甚大,颇有秦汉遗风。

梁中大通三年　北魏建明二年　北魏节闵帝(前废帝)元恭普泰元年　后废帝元郎中兴元年　辛亥　531年

二月己巳,北魏尔世隆等废长广王元晔,立广陵王元恭为帝,是为节闵帝(前废帝),改元普泰(《魏书·前废帝广陵王纪》)。

  按：据《资治通鉴·梁纪一一》曰："(梁武帝中大通三年)广陵王奉表三让,然后即位,大赦,改元普泰。黄门侍郎邢子才为赦文,叙敬宗枉杀太原王荣之状,节闵帝曰：'永安手翦强臣,非为失德,直以天未厌乱,故逢成济之祸耳。'因顾左右取笔,自作赦文。"

  五月丙申,梁武帝立萧纲为皇太子(《梁书·武帝纪》、《梁书·昭明太子传》)。

  按：梁昭明太子萧统四月卒后,初众意欲立萧统长子华容公萧欢为太子,但武帝于萧统颇为忌恨。梁武帝改立萧纲为太子,朝野哗然,均以为废嫡立庶,于义不顺。梁武帝乃立华容公萧欢为豫章王,枝江公萧誉为河东王,曲阿公萧詧为岳阳王,以慰人心。梁武帝此举实已开启梁末期宫廷斗争之端。

  六月,丹丹国遣使向梁奉献(《梁书·武帝纪》)。

  十月己酉迄于乙卯,梁皇太子萧纲至同泰寺,升法座,为四部众讲《大般若涅槃经》(《太平御览·偏霸部》)。

  十月壬寅,高欢于信都立渤海太守元朗为帝,是为后废帝,改元中兴。高欢自为丞相(《资治通鉴·梁纪一一》)。

  十一月乙未迄于十二月辛丑,梁皇太子萧纲至同泰寺,升法座,四部众讲《摩诃般若波罗蜜经》(《梁书·武帝纪》、《梁书·昭明太子传》)。

  萧子显以本官领国子博士(《梁书·萧子显传》)。

  萧纲置东宫学士,徐摛与徐陵、庾肩吾与庾信父子同事之,以作艳体诗名世,时称"徐庾体"或"宫体"(《梁书·徐摛传》、《陈书·徐陵传》、《梁书·庾肩吾传》、倪璠《庾子山年谱》)。

  按：徐摛与徐陵、庾肩吾与庾信,父子同事东宫,均受太子赏识。文才绮艳,以写艳体诗闻名,当时后进,竞相模仿,每一文出,莫不传诵,世称"徐庾体",又名为"宫体","宫体"之称,始于此时。徐摛先为太子家令,寻复为新安太守；徐陵为东宫学士；庾肩吾兼东宫通事舍人；庾信为东宫抄撰学士。

  沈文阿为东宫学士,萧纲深相礼遇(《梁书·许懋传》)。

  按：《陈书·沈文阿传》曰："梁简文在东宫,引为学士,深相礼遇,及撰《长春义记》,多使文阿撮异闻以广之。及侯景寇逆,简文别遣文阿招募士卒,入援京师。"

  江从简年约十七岁,作《采荷调》讽刺宰相何敬容。

  按：《太平御览》卷九九九引《三国典略》曰："梁江从简,光禄大夫革之子也,颇有才学,年十七,为《采荷调》以刺何敬容。"《乐府广题》称江诗作于"何敬容为宰相"时。何敬容是年七月为宰相,故系于是年。

  羊深约是年上疏请求魏节闵帝重修国学,广延胄子,从之。

  按：据《魏书·羊深传》曰："羊深,字文渊,太山平阳人,梁州刺史祉第二子也。早有风尚,学涉经史,好文章,兼长几案。少与陇西李神俊同志相友。自司空府记室参军转轻车将军、尚书骑兵郎。寻转驾部,加右军将军。于时沙汰郎官,务精才实,深以才堪见留。在公明断,尚书仆射崔亮、吏部尚书甄琛咸敬重之。肃宗行释奠之礼,讲《孝经》,侪辈之中独蒙引听,时论美之。"据《魏书·羊深传》卷七十七载"普泰初……深乃上疏曰"句,姑系于是年。

魏收迁北魏散骑侍郎,寻敕典起居注,并修国史,兼中书侍郎。

按:《北齐书·魏收传》曰:"节闵帝立,妙简近侍,诏试收为《封禅书》……迁散骑侍郎,寻敕典起居注,并修国史,兼中书侍郎,时年二十六。"北魏前后八次撰修国史,为魏收纂修《魏书》积累了材料。魏收506年出生,是年二十六。

释安廪启敕出家,乃游方寻道(《续高僧传·陈钟山耆阇寺释安廪传》)。

释昙延出家为僧(《续高僧传·隋京师延兴寺释昙延传》)。

魏收作《封禅书》,下笔立成(《北齐书·魏收传》)。

萧纲召许懋与诸儒编纂《长春义记》100卷。

按:据《梁书·许懋传》曰:"中大通三年,皇太子召诸儒参录《长春义记》。"故系于此年。参见是年"沈文阿为东宫学士,萧纲深相礼遇"条。

萧纲作《上昭明太子文集别传等表》、《征君何先生墓志》。

按:从《上昭明太子文集别传等表》可知萧统死后,文集由萧纲编辑而成,其文载于《艺文类聚》卷一六及《初学记》卷一〇,曰:"昭明太子禀仁圣之姿,纵生知之量,孝敬兼极,温恭在躬,明月西流,幼有文章之敏,羽翥东序,长备元良之德……臣以不肖,妄作明离。出入铜龙,瞻仰故实,思所以揄扬盛轨,宣记德音,谨撰昭明太子别传文集,请备之延阁,藏诸广内。"因萧统卒于是年,故系于此。

萧子范作《求撰昭明太子集表》。

按:其文载于《艺文类聚》卷一六,系年依据同上条。

萧统作《与张缅弟缵书》。

按:中大通三年,张缅迁侍中,未拜,卒,时年四十二。诏赠侍中,加贞威将军,侯如故。赙钱五万,布五十匹。萧衍为之举哀。

萧绎作《特进萧琛墓志铭》。

按:《特进萧琛墓志铭》载于《艺文类聚》卷四七。因萧琛卒于是年,故系于此。

周弘正作《奏记晋安王》(《陈书·周弘正传》)。

按:此奏是周弘正因萧统长子华容公萧欢不能立为太子而上书。

崔光韶作《诫子孙》。

按:《魏书·崔亮附传》曰:"光韶以世道屯邅,朝廷屡变,闭门却扫,吉凶断绝。诫子孙曰……"胡全银《〈全后魏文〉编年补正》推定作于普泰元年二月稍后。

北魏元荣造《仁王般若经》,有题记。

按:纸质。墨书。敦煌藏经洞出品。其题记全6行,行9—24字,曰:"大代建明二年四月十五日,佛弟子元荣,既居末劫,生死是累,离乡已久,归慕常心。是以身及妻子、奴婢、六畜,悉用为比沙门天王,布施三宝。以银钱[三]千文赎:钱一千文赎身及妻子,一千文赎奴婢,一千文赎六畜。入法之钱,即用造经,愿天生成。佛弟子家眷、奴婢、六畜,滋益长命,乃至菩提。悉蒙还阙,所愿如是。"

萧琛卒(465?—)。萧琛字彦瑜,南兰陵人。少聪明,有才辩。在齐起家太学博士。出入萧子良西邸,为"竟陵八友"之一。事迹见《梁书》卷二六。

何胤卒(446—)。胤字子季,庐江人。师从刘瓛学《易》、《礼记》及《毛诗》,又入钟山定林寺听习内典。梁武帝即位,召为光禄大夫,辞谢不受。于秦望山隐居，注《百法论》、《十二门论》各1卷，又著《周易》10卷、《毛诗总集》6卷、《毛诗隐义》10卷、《礼记隐义》20卷、《礼答问》55卷等。逯钦立《先秦汉魏晋南北朝诗·梁诗》卷一五载其诗1首。事迹见《梁书》卷五一、《南史》卷三〇。

张缅卒(490—　)。缅字元长，范阳方城人。官梁豫章内史，后迁侍中，未拜而卒。缅前后数入东宫，与陆倕、王筠、刘孝绰等并为梁昭明太子萧统所礼遇，为东宫十学士之一。缅勤学淹通，尤精熟后汉及晋代故事。曾抄《后汉书》、《晋书》各家异同为《后汉纪》40卷、《晋抄》30卷，又抄《江左集》，未成。另有文集5卷，佚。《新唐书·艺文志二》著录其《后汉略》27卷。严可均《全梁文》卷五九载其文1篇。事迹见《梁书》卷三四、《南史》卷五六。

按：《梁书·张缅传》曰："缅少勤学，自课读书，手不辍卷，尤明后汉及晋代众家。客有执卷质缅者，随问便对，略无遗失。……缅性爱坟籍，聚书至万余卷。"

萧统卒(501—　)。统字德施，南兰陵人。梁武帝长子。生而聪睿，三岁受《孝经》、《论语》，五岁遍读五经，悉能讽诵，曾聆寿安殿讲《孝经》，尽通大义。讲毕，亲临释奠于国学。天监元年立为太子，未及即位而病卒，谥昭明，世称昭明太子。萧统好文信佛，多宣扬佛学，诗歌多表现上层贵族生活情趣。在东宫时曾招聚文学之士，选取秦汉以来诗文，编成中国现存最早的文学总集《文选》。其选录标准，只取"事出于沉思，义归乎翰藻"者。凡"以立意为宗，不以能文为本"者，皆所不录。是书对后代文学颇有影响。另撰古今典诰文言为《正序》10卷、《文章英华》20卷。《隋书·经籍志》著录梁《昭明太子集》20卷，佚。后人辑有《昭明太子集》。严可均《全梁文》卷一九至卷二一载其文3卷。逯钦立《先秦汉魏晋南北朝诗·梁诗》卷一四载其诗33首。事迹见《梁书》卷八、《南史》卷五三。

按：萧统自幼受到了良好的教育，为他作侍讲的都是当时著名的学者文士。《南史·王锡传》曰："时昭明太子尚幼，武帝敕(王)锡与秘书郎张缵使入宫，不限日数。与太子游狎，情兼师友。又敕陆倕、张率、谢举、王规、王筠、刘孝绰、到洽、张缅为学士，十人尽一时之选。"《梁书·徐勉传》曰："昭明太子尚幼，敕(徐勉)知宫事。太子礼之甚重，每事询谋。尝于殿内讲《孝经》，临川靖惠王、尚书令沈约备二傅，勉与国子祭酒张充为执经，王莹、张稷、柳憕、王暕为侍讲。"除此以外，他于佛经典籍，亦曾通览。《梁书·昭明太子传》曰："高祖大弘佛教，亲自讲说；太子亦崇信三宝，遍览众经。乃于宫内别立慧义殿，专为法集之所。招引名僧，谈论不绝。太子自立二谛、法身义，并有新意。"这都为他以后编订《文选》并确定其编纂准则奠定了基础。

又按：梁武帝在登上帝位后，对儒家经典、历代史籍和许多子书都作了新解，唯独文学方面他除了编过一部《赋集》外，很少亲自涉足，而萧统所编的《文选》正补其缺。又，《梁昭明集》题辞："昭明述作，《文选》最有名，后人见其选，即可以知其志。集中诸篇，范金合土，虽天趣微损，而章程颇密，亦文家之善虑彼己者也。"隋平陈后，政治上南并于北，而文化上却北并于南。关于萧统及《文选》的研究成果颇丰，可参看穆克宏《萧统年谱》，曹道衡、傅刚《萧统评传》，曹道衡《萧统的文学观和〈文选〉》等。

释慧命(　—568)、阮卓(　—587)、李德林(　—591)、释智颛(　—

597)生(《续高僧传·周涵阳仙城山善光寺释慧命传》、《陈书·阮卓传》、《隋书·李德林传》、《续高僧传·智者天台山国清寺释智𫖮传》)。

按:《续高僧传·周涵阳仙城山善光寺释慧命传》载释慧命"以梁大通五年辛亥之岁生于湘州长沙郡",知当生于是年;《隋书·李德林传》载,李德林得罪于开皇十年,年余卒,则卒年为开皇十一年(591),年六十一,上推生于本年;《陈书·阮卓传》载阮卓卒于陈祯明三年,五十七岁,逆推当生于本年。

梁中大通四年　北魏普泰二年　中兴二年　北魏孝武帝元修太昌元年　永兴元年　永熙元年　壬子　532年

二月,梁以元法僧为东魏主,遣其北还(《梁书·武帝纪》)。

四月壬申,盘盘国遣使向梁贡献方物(《梁书·武帝纪》)。

是月,高欢前部斛斯椿至洛阳,破尔朱余党,斩尔朱世隆。高欢入洛阳,废节闵帝,立平阳王元修为帝,是为魏孝武帝,改元太昌,欢自为丞相(《魏书·后废帝纪》、《资治通鉴·梁纪一一》)。

七月壬寅,高欢于晋阳建大丞相府(《资治通鉴·梁纪一一》)。

十一月乙酉,高丽遣使向梁贡献方物(《梁书·武帝纪》)。

十二月,北魏改元永兴,未几又改元永熙(《魏书·出帝纪》)。

拜占庭人与波斯人盟。

君士坦丁堡发生尼卡暴动。

圣索菲亚教堂始建于君士坦丁堡。

裴子显上表置《孝经》助教。

按:《梁书·武帝纪》曰:"三月庚午,侍中、领国子博士萧子显上表置制旨《孝经》助教一人,生十人,专通高祖(萧衍)所释《孝经义》。"又,《梁书·萧子显传》载:"高祖所制经义,未列学官,子显在职,表置助教一人,生十人。又启撰高祖集,并《普通北伐记》。其年迁国子祭酒,又加侍中,于学递述高祖《五经义》。"

萧纲九月由东府移还东宫(《梁书·简文帝传》)。

徐陵迁尚书度支郎,出为上虞令,因与御史中丞刘孝仪有隙,被弹劾赃污而免官(《陈书·徐陵传》)。

江德藻为梁南平王萧伟东阁祭酒(《梁书·江德藻传》)。

裴伯茂为北魏中书侍郎。不久,李武帝兄子广平王赞盛选幕僚,以伯茂为文学,后加抚军大将军(《魏书·裴伯茂传》)。

释慧暅十八岁,出家为僧(《续高僧传·隋江表徐方中寺释慧暅传》)。

祖鸿勋作《与阳休之书》。

按:文载《北齐书·祖鸿勋传》。此文淡雅秀逸,颇有晋代文章的气息,可见北朝文士玄远的精神境界和追求,在北朝文中较有特色。

温子昇作《韩陵山寺碑》、《大觉寺碑文》。

按:唐代张鷟《朝野佥载》云,梁庾信从南朝初至北方,文士多轻之。信将《枯树赋》以示之,于后无敢言者。时温子昇作《韩陵山寺碑》,信读而写其本,南人问信曰:"北方文士何如?"信曰:"惟有韩陵山一片石堪共语。薛道衡、卢思道少解把笔,自余驴鸣犬吠,聒耳而已。"韩陵乃高欢破尔朱氏之地。《朝野佥载》所记未必属实,因庾信访北时已后于《韩陵山寺碑》之作。又,《洛阳伽蓝记》卷四,孝武帝元修即位,造砖浮图一所,诏温子昇为碑文,佚文见《艺文类聚》卷七七。

魏收作《平等寺碑》文。

按:《洛阳伽蓝记》卷二曰:"永熙元年,平阳王入纂大业,始造五层塔一所。平阳王、武穆王少子、诏中书侍郎魏收等为寺碑文。"

北魏东阳王元荣造《大智度论》,二六品有题记。

按:纸质。墨书。敦煌藏经洞出品。其二六品有题记,全11行,行20—28字,曰:"大代普泰二年岁次壬子三月乙丑朔廿五日己丑,弟子持侍节、散骑常侍、都督领(岭)[西]诸军事、车骑大将军、开国(府)仪同三司、瓜州刺使(史)、东阳王元荣,惟天地妖荒,王路否塞,君臣失礼,于慈(兹)多载。天子中兴,是以遣息叔和,诣阙修受。弟子年老疹患,冀望叔和早得还回。敬造无量寿经一百部:卅卷(部)为毗沙门天王,卅部为帝释天王,卅部为梵释天王。造摩诃衍一百卷:卅卷为毗沙门天王,卅部为帝释天王,卅部为梵释天王。内律一部五十卷:一分为毗沙门天王,一分为帝释天王,一部为梵释天王。贤愚一部,为毗沙门天王;观佛三昧一部,为帝释天王;大云一部,为梵释天王。愿天王等早成佛道。又愿元祚无穷,帝嗣不绝,四方付化,恶贼退散,国丰民安,善愿从心。含生有识,咸同斯愿。"

北魏东阳王元荣造《摩诃衍经》(大智度论),卷二六有题记。

按:纸质。墨书。敦煌藏经洞出品。其卷二六有题记,存24字,曰:"■天子中兴,是以遣息叔和,诣阙修受。■(又愿)含生有识之类,早成正觉。"据王素、李方著《魏晋南北朝敦煌文献编年》考证,此经造于是年三月二十五日。

庾诜卒(455—)。诜字彦宝,新野人。少年时与梁武帝交好,后官平西府记室参军。平生寡交游,河东柳恽欲与之交,诜拒而不纳。晚年笃信佛教。卒,谥贞节处士。著述甚富,著有《帝历》20卷、《易林》20卷、《续伍端休江陵记》1卷,《晋朝杂事》5卷、《总抄》80卷,均佚。事迹见《梁书》卷五一、《南史》卷七六。

陆杲卒(459—)。杲字明霞,吴郡吴人。少好学,工书画。初为齐中军法曹行参军,入梁为骠骑记室参军。历御史中丞、义兴太守、扬州大中正等职。陆杲虔信佛教,持戒甚精。著有《沙门传》30卷,佚。严可均《全梁文》卷五三载其文2篇。事迹见《梁书》卷二六、《南史》卷四八。

许懋卒(464—)。懋字昭哲,高阳新城人。年十四入太学,受《毛诗》。初为齐后军豫章王萧行参军,后齐文惠太子萧长懋闻而召见,侍讲于崇明殿。后官至太子中庶子。著有《述行记》、《毛诗风雅比兴义类》等,又有文集15卷,并佚。严可均《全梁文》卷五八载其文3篇。事迹见《梁书》卷四〇、《南史》卷六〇。

孔休源卒(469—)。休源字庆绪,会稽山阴人。自幼孤苦,后师从吴兴沈驎士受经略。与王融友善,融荐之于齐竟陵王萧子良,为西邸学士之一。入梁,与南阳刘之遴同为太学博士。历任尚书仪曹郎、尚书左丞兼御史中丞、宣惠将军等职。休源聚书7000卷,皆其亲手校治。所撰奏仪弹文,收为15卷,佚。其诗文均不存。事迹见《梁书》卷三六、《南史》卷六〇。

何思澄卒(479—)。思澄字元静,东海郯人。初为南康王侍郎,累迁安成王行参军,兼记室,随府之江州。曾著《游庐山诗》,为沈约激赏,命工书人题于郊居壁。天监十五年,奉敕入华林著《华林遍略》。著有文集15卷,佚。逯钦立《先秦汉魏晋南北朝诗·梁诗》卷一五载其诗3首。事迹见《梁书》卷五〇、《南史》卷七二。

按:《华林遍略》是南北朝时期最重要的类书之一,此书由梁武帝萧衍令徐勉集华林园学士编纂,成书后流传甚广,价值亦高。何思澄能参著此书,可见其为梁武帝及徐勉所重。

萧综卒(502—)。综字世谦,梁武帝次子,封豫章王。一向疑自己为齐东昏侯之子,梁普通年间,叛国奔魏。后萧宝夤据长安反,萧综自洛阳北遁将赴之,为吏人所执,但并没有被魏孝庄帝治罪。《魏书》本传称萧综有才学"机辩,文义颇有可观"。逯钦立《先秦汉魏晋南北朝诗·北魏诗》卷二载其诗2首。事迹见《梁书》卷五五、《南史》卷五三。

梁中大通五年　北魏永熙二年　癸丑　533年

二月癸未至乙丑,梁武帝幸同泰寺,设四部大会,升法座讲《金字摩诃波若经》(《梁书·武帝纪》)。

按:从萧子显《御讲金字摩诃般若波罗蜜经序》,可以概见当时的盛况。其文见《广弘明集》卷一九,曰:"《金字摩诃般若波罗蜜经》者,盖法部之为尊,乃圆圣之极教。……以中大通七年太岁癸丑二月己未朔二十六日甲申,舆驾出大通门,幸同泰寺发讲,设道俗无遮大会。……自皇太子、王侯已下,侍中、司空袁昂等六百九十八人,其僧正慧令等义学僧镇座一千人,昼则同心听受,夜则更述制意。其余僧尼及优婆塞、优婆夷、众男冠道士、女冠道士、白衣居士、波斯国使、于阗国使、北馆归化人。讲肆所班,供帐所设,三十一万九千六百四十二人,又二宫武卫宿直之身,植葆戈,驻金甲,并蒙讲馔。别锡泉府,复数万人,不在听众之例。……上区其心迹,列有十条:或舍财同今法事者,或舍财以供养者,或舍财行慈悲者,或舍财乞诵经者,或舍财入节供者,或舍财入放生者,或舍财入布施者,或舍身施大众者,或烧指供养三宝者,或闻讲启求出家者。昔如来化导,获悟不同,故法眼无生,根性非一。上并与其人,同发大愿。别见愿文。小臣陪侍讲筵,谨立今序。"文中"中大通七年"当为"五年"之误。

八月甲子,波斯国向梁贡献方物(《梁书·武帝纪》)。

九月,盘盘国向梁贡献方物(《梁书·武帝纪》)。

十二月,北魏贺拔胜攻梁雍州诸城戍,梁军屡败,沔北悉成丘墟(《资治

拜占庭将军贝利萨留取迦太基。汪达尔王国亡。

通鉴·梁纪一二》)。

是年,梁武帝宴群臣乐游苑(《梁书·褚翔传》)。

萧子显十月以侍中、国子祭酒为吏部尚书(《梁书·武帝纪》)。
褚翔与王训于梁武帝宴群臣乐游苑时奉敕三刻内作二十韵诗,褚翔于坐立奏,武帝异之,即日补宣城王文学(《梁书·褚翔传》)。
长孙稚、祖莹等奉北魏孝武帝命典造太常乐库成(《魏书·乐志》)。

裴景融约是年奉敕著《四部要略》。
按:《魏书·裴景融传》曰:"子景融,字孔明,笃学好属文。正光初,举秀才,射策高第,除太学博士。永安中,秘书监李凯以景融才学,启除著作佐郎,稍迁辅国将军、谏议大夫,仍领著作。出帝时,诏撰《四部要略》,令景融专典,竟无所成。"
萧纲作《大法颂》、《吴郡石像铭》等。
按:此年,帝幸同泰寺设法席,讲《金字摩诃波若经》,萧纲献《大法颂》。《大法颂》并序载于《广弘明集》卷二〇及《艺文类聚》卷七六,对佛教揄扬到无以复加的地步。《吴郡石像铭》中多夹杂民间传说,以证佛之灵验,载于《苏州府志》及《艺文类聚》卷七七。
魏收作《南狩赋》。
按:《魏书·魏收传》:"旬有六日,时既寒苦,朝野嗟怨。帝与从官皆胡服而骑,宫人及诸妃主杂其间,奇伎异饰,多非礼度。收欲言则畏惧,欲默不能已,乃上《南狩赋》以讽焉。年二十七,虽富言淫丽,而终归雅正。帝手诏报焉,甚见褒美。"由"年二十七"可知此赋作于是年,而北齐之主也甚爱文学。
释善惠作《与朝士书》。
按:系年据《佛祖通载》卷一〇。
释昙宁作《深密解脱经序》。
按:据文中"以永熙二年龙次星纪月吕蕤宾诏命三藏于显阳殿,高升法座,披匣挥麈,口自翻译,义语无滞",故系于是年。
北魏忧生供养《大般涅槃经》,卷一有题记。
按:纸质。墨书。敦煌藏经洞出品(?)。其卷一有题记,全2行,行3—15字,曰:"永兴二年二月十日,水曹参军忧生所供养经。"
北魏夏生供养《大般涅槃经》,卷三八有题记。
按:纸质。墨书。敦煌藏经洞出品。其卷三八有题记,全2行,行3—18字,曰:"永兴二年二月十日,水曹参军夏生所供养经。一校竟。"
北魏陈晏堆供养《妙法莲华经》,卷十有题记。
按:纸质。墨书。敦煌藏经洞出品。其卷十有题记,全3行,行25—31字,曰:"永兴二年岁次癸丑三月辛丑朔廿五日乙丑开,弟子陈晏堆,南无一切三世常住三宝……"
北魏比丘惠恺写《宝梁经》,卷上有题记。
按:纸质。墨书。敦煌藏经洞出品。其卷上有题记,全8行,行3—29字,曰:"夫至智渊深,非宣教法,无已可会,其真教法要,须言誓深崇而得。是以比丘惠恺……是以即仰写宝梁经一部两卷……永熙二年岁次壬子(癸丑)四月八日讫。"

北魏东阳王元太荣造《大方等大集经》，卷二有题记。

按：纸质。墨书。敦煌藏经洞出品。其卷二有题记，全5行，行3—35字，曰："大代大魏永熙二年五月七日，清信士、使持节、散骑常侍、开府仪同三司、都督领岭西诸军事、骠骑大将军、瓜州刺史、东阳王元太荣，自惟福助微浅，每婴缠志，无方自救。仰恃天王，发誓之重。仰为比沙门天王，敬造大集一部十卷、法华一部十卷、维摩一部三卷、药师一部一卷，合廿四卷。观天王成佛，弟子所患永除，四体休宁，所愿如是。"

北魏东阳王元太荣造《大般涅槃经》，卷三一有题记。

按：纸质。墨书。敦煌藏经洞出品。其卷三一有题记，全5行，行3—35字，曰："大代大魏永熙二年七月十三日，清信士、使持节、散骑常侍、开府仪同三司、都督岭西诸军事、斗骑大将军、瓜州刺史、东阳王元太荣，敬造涅槃、法华、大云、贤愚、观佛三昧、祖持、金光明、维摩、药师各一部，合一百卷。仰为比沙门天王，愿弟子所患永除。四体休宁，所愿如是。一交（校）竟。"

姚察（ —606）生（《陈书·姚察传》）。

梁中大通六年　北魏永熙三年　东魏孝静帝元善见天平元年　甲寅　534年

二月癸亥，梁武帝亲耕籍田（《梁书·武帝纪》）。

三月甲辰，百济向梁贡献方物（《梁书·武帝纪》）。

八月，北魏丞相高欢推清河王元亶为大司马，承制决事（《魏书·出帝纪》、《北齐书·神武帝纪》、《资治通鉴·梁纪一二》）。

北魏宇文泰遣使迎孝武帝入长安，军国之政，咸由其决（《魏书·出帝纪》、《北齐书·神武帝纪》、《资治通鉴·梁纪一二》）。

十月，北魏丞相高欢于洛阳立清河王世子元善见为帝，是为东魏孝静帝，改元天平，迁都于邺，史称东魏。自是魏分东西（《资治通鉴·梁纪一二》）。

按：东魏迁都，书下三日即行。十月丙子，东魏主发洛阳，40万户狼狈上路。以拓跋浚建魏至此，共历14主，149年。

闰十二月癸巳，北魏孝武帝遇鸩而亡。宇文泰立南阳王元宝炬为帝，是为文帝（《魏书·出帝纪》、《资治通鉴·梁纪一二》）。

是年，魏洛阳佛事大盛，有寺1367所，各地有寺3万余，僧尼200万人（《魏书·释老志》）。

宇文泰为大将军、雍州刺史兼尚书令（《魏书·出帝纪》、《北齐书·神武帝纪》、《资治通鉴·梁纪一二》）。

查士丁尼一世以《法典汇纂》取代《查士丁尼民法典》。

邢昕约是年入为侍读，与温子昇、魏收参掌文诰。东魏迁都于邺，乃归河间（《魏书·文苑·邢昕传》）。

邢昕与侍中从叔邢卲、魏季景、魏收同征赴都，寻还乡里，既而复征（《魏书·文苑·邢昕传》）。

刘芳仪奉梁武帝令使东魏，邢昕应诏兼正员郎迎于境上（《魏书·文苑·邢昕传》）。

岑之敬十六岁，除童子奉车郎（《陈书·岑之敬传》）。

释法上游化怀卫，为魏大将军高澄奏入在邺（《魏书·文苑·邢昕传》）。

萧纲等纂《法宝联璧》220卷成。

按：据《南史·陆罩传》曰："初，简文在雍州，撰《法宝联璧》，（陆）罩与群贤并抄掇区分者数岁。中大通六年而书成，命湘东王为序。其作者有侍中国子祭酒南兰陵萧子显等三十人，以比王象、刘劭之《皇览》焉。"由此知该书为佛教类书，非萧纲一人一时纂成，为多人数年合纂而成。又，释宝唱也参与其事，《续高僧传·梁杨都庄严寺金陵沙门释宝唱传》曰："及简文之在春坊，尤耽内教，撰《法宝联璧》二百余卷。别令宝唱缀比，区别其类，遍略之流。"书成，湘东王萧绎著《法宝联璧序》言此书"号曰《法宝联璧》"。此序尚记有参与编纂此书之人爵位年龄，有史料价值。

徐陵编《玉台新咏》10卷。

按：此书是一部收录东周至南朝梁代的诗歌总集。现存古诗总集，《诗经》、《楚辞》之后，以此书为最早。共收诗769篇，计有五言诗8卷，歌行1卷，五言四句诗1卷，共为10卷。据《玉台新咏序》所言，此书旨在"撰录艳歌"。

裴伯茂作《迁都赋》。

按：《魏书·文苑·裴伯茂传》曰："天平初迁邺，又为《迁都赋》，文多不载。"由"天平初"意，姑系于此。

辛术作《奏邺都营构宜访询李业兴》。

按：《魏书·李业兴传》曰："迁邺之始，起部郎中辛术奏曰……"魏宏利《〈全北齐文〉编年考》："东魏迁邺在天平元年十月，揆之本文文意，当是迁邺之后营建新都，因业兴精于建筑之术，故辛术上表荐之，其时在本年十月后无疑。又业兴传于辛术表后称业兴于天平二年除镇南将军，则本文之作不出天平元年十二月，今姑系本文于天平元年十一月。"

北魏权昙腾、权景宣父子等约是年供佛，有铭文。

按：石质。阴刻。天水北乡石佛镇出土。其铭文后缺，存40余字，曰："使持节、抚军将军、大都督权□□，使持节、车骑大将军、仪同三司、大都督、□（秦）州刺史、秦州大中正□（子）景□，州主簿、都督子景□、侄景□及父母菩萨■。"据王素、李方著《魏晋南北朝敦煌文献编年》考证，此铭文作于是年七月后。姑系是年。

北魏佚名于是年前作君遐碑记。

按：石质。前后缺，碑阳存28行，碑阴存3段26行，多处残损。阴刻。1925年天水县关帝庙前广场出土。碑阳说明墓主，曰："君讳遐，字乐延，河南洛阳人。侍中、柱国、■州诸军事、镇西大将军、青梁二州刺史。外■皇基绵远，□□□□。十一世祖体强，温良■徒■明五教，照理二义。梁州总戎，五牧连化雨著□玉洁方年，敬学垂髫，业隆总髦，过庭之训早闻，孝悌风■凤自卷阿驹维场藿地尽国望华穷海美君才荫之重实■显星□□移迁司州功曹。……"碑阴则为献碑之人，曰："兼治中从事史、主簿、都护略阳清水二郡事、天水姜胡■怀远■主簿、督护汉阳郡事■云■兼主簿、西曹书佐、天水■兼主簿、西曹书佐、都护上封显亲二县事王俭■伏恭■兼西曹书佐、祭酒从事史、略阳垣恒■道■从事史、督护汉安中城■。安子平凉员献永■■上谷寇德敬■治中、督护清水郡略阳王达迁■襄威将军■军、兼别驾、督护略阳清水■水二郡京兆韦祉元■长史、行陇西镇、督护天水陇西二部、河东侯■。郡汉阳从事史、南安□从事史、兼略阳郡、督护黄令■从事史、兼清水郡、陇西■李逊■道恭■从事史、兼典签南安焦绪■从■从■从■。"据王素、李方著《魏晋南北朝敦煌文献编年》考证，此碑文作于是年前。

王锡卒(499—)。锡字公嘏，琅邪临沂人。年十二为国子生。年十四授秘书郎。与张缵齐名，俱为梁昭明太子东宫属官。梁普通元年，魏使刘善明使梁，王锡、张缵与之遍论经史，令刘善明大为推崇。普通三年，迁吏部郎中，自以外戚而多受爵禄，辞不就。卒赠侍中，谥贞子。《隋书·经籍志》著录梁吏部郎《王锡集》7卷，并录。严可均《全梁文》卷五九载其文1篇。逯钦立《先秦汉魏晋南北朝诗·梁诗》卷一五载其诗3首。事迹见《梁书》卷二一、《南史》卷二三。

宇文毓(—560)、刘祥(—580)生(《周书·宇文毓传》、《南齐书·刘祥传》)。

按：《周书·宇文毓传》载"永熙三年，太祖临夏州，生帝于统万城"，太祖为孝闵帝宇文觉，宇文毓之父，故系生年于此。

梁武帝大同元年　西魏文帝元宝炬大统元年
东魏天平二年　乙卯　535年

正月戊申朔，梁改元为大同(《梁书·武帝纪》)。

北魏文帝元宝炬于长安城西即位，改元大统，史称西魏(《魏书·孝静帝纪》)。

己酉，宇文泰进为都督、录尚书事，大行台，封公定郡公，斛斯椿为太保(《魏书·孝静帝纪》)。

二月辛巳，梁武帝亲祠明堂(《梁书·武帝纪》)。

是月，高丽、丹丹国遣使向梁奉献(《梁书·武帝纪》)。

三月丙寅，梁武帝亲幸同泰寺，设无遮大会(《南史·梁纪中》)。

辛未，滑国王安乐萨丹遣使向梁进奉(《梁书·武帝纪》)。

是月，西魏宇文泰以军旅未息、吏民劳弊，命有司斟酌古今可以适治者，定为二十四条新制(《周书·文帝纪》)。

四月庚子，波斯国遣使向梁进献(《梁书·武帝纪》)。

贝利萨留取那不勒斯。

梁攻东魏城父等城,高欢发兵御之(《资治通鉴·梁纪一三》)。

壬戌,梁武帝又幸同泰寺,铸十方银像,设无碍会(《南史·梁纪中》)。

七月,扶南向梁进奉(《梁书·武帝纪》)。

十二月甲午,东魏始行文武百官量事给禄(《魏书·孝静帝纪》)。

赵伯休于庐山遇律师弘度,得梵本《善见律毗婆沙》,上有众圣点记。伯休由点记推至大同初,发现与传记世尊生灭之年皆异(《佛祖统纪》卷三七)。

按:赵伯休为梁隐士。"众圣点记"是确定佛灭时代的重要依据,《历代三宝纪》卷十一"善见毗婆沙律"条有详细记载,可参。

苏绰三月为西魏行台郎中,始制文案程序朱出、墨入及计账、户籍之法,后人多遵用之(《周书·苏绰列传》)。

阳休之北返,抵西魏邺城(《北齐书·阳休之传》)。

裴伯茂因内宴失礼被劾。

按:据《魏书·裴伯茂传》曰:"(天平)二年,因内宴,伯茂侮慢殿中尚书、章武王景哲,景哲遂申启,称:'伯茂弃其本列,与监同行;以梨击案,傍污冠服;禁庭之内,令人挈衣。'诏付所司,后竟无坐。"

李谐四十岁,遭母忧,还乡里。征为魏尹,将军如故,以禫制未终,表辞(《魏书·李平附李谐传》)。

释安廪北诣魏国,于司州光融寺容公所采习经论,在魏十二年(《续高僧传·陈钟山耆阇寺释安廪传》)。

释慧远十三岁,往泽州东山古贤谷寺,时有华阴沙门僧思禅师见而称之,有出家相(《续高僧传·隋京师净影寺释慧远传》)。

萧纲作《与刘孝仪令悼刘遵》。

按:《梁书·刘遵传》曰:"大同元年,(刘遵)卒官。皇太子深悼惜之,与遵从兄阳羡令孝仪令曰……"萧纲在文中追述了与刘遵的交游情谊,由文中时间故系于此。

李骞作《释情赋》。

按:李骞,西魏人,字希义。博涉经史,文藻富盛。年十四,国子学生。以聪达见知。历大将军府法曹参军、太宰府主簿,转中散大夫,迁中书舍人,加通直散骑常侍。此赋叙述半生仕宦经历,并以庄老之旨为志,颇见经永平之乱后的文士的心态面貌。赋具见《魏书·李顺附李骞传》,其赋曰:"单阏之年,无射之月,余承乏摄官,直于本省……"《尔雅·释天》曰:"太岁在……卯曰单阏。"又《礼记·月令》载,季秋之月,律中无射,即为九月。因此,可以推知此赋作于本年九月。

释慧约卒(452—)。慧约俗姓娄,字德素,东阳乌场人。七岁入学,诵《孝经》《论语》乃至史传,披文见意。十七出家,事南林寺释慧静为师,齐竟陵王萧子良雅相叹赏。周颙出为剡会,于钟山雷次宗旧馆造草堂寺亦号"山茨",使慧约知寺任。沈约隆昌中外任,携其同往。后又启武帝携慧约入台省住。慧约留心方等,研精九部。天监十一年,始敕引见。事迹见《续高僧传》卷六。

按：释慧约与沈约私交甚好。隆昌中沈约外任,携与同行,沈约罢郡,相携还都,还住本寺,恭事勤肃,礼敬弥隆,文章往复,相继昏漏。沈约还写有《与约法师书》,见《广弘明集》卷二八。

徐勉卒(466—　)。勉字修仁,东海郯人。六岁即作《祈霁文》,见称耆宿。既长,初为国子生,太尉王俭每称勉有宰辅之量。射策举高第,补官西阳王国侍郎,历吏部尚书,累官至中书令。为官刚正,与范云并称贤相。卒,谥简肃。云善属文,有文采,《诫子书》尤为传诵。著《流别起居注》600卷、《左丞弹事》5卷、《选品》5卷、《太庙祝文》2卷。以孔、释二教殊途同归,著《会林》50卷;凡所著前后二集45卷,又为《妇人章表集》10卷。并佚。《隋书·经籍志》载梁仪同三司《徐勉前集》35卷、《徐勉后集》16卷,并序录。《新唐书·艺文志二》载徐勉《梁选簿》3卷、《百官谱》20卷;《新唐书·艺文志三》载徐勉《华林遍略》600卷;严可均《全宋文》卷五〇载其文15篇。逯钦立《先秦汉魏晋南北朝诗·梁诗》卷一五载其诗8首。事迹见《梁书》卷二五、《南史》卷六〇。

按：徐勉的《流别起居注》600卷,是对《起居注》进行系统研究和分类整理的一部大型专著。又,《南史·文学·何思澄传》曰:"天监十五年,敕太子詹事徐勉举学士入华林撰《遍略》。勉举思澄、顾协、刘杳、王子云、钟屿等五人以应选。八年乃书成,合七百卷。"《华林遍略》是南北朝时期最重要的类书之一,成书后流传甚广,北齐《修文殿御览》、隋朝《长洲玉镜》皆以《华林遍略》为蓝本,且今日可见的古类书《艺文类聚》亦充分利用了它。此书的编成,徐勉有总监之功。

江革卒(466—　)。革字休映,济阳考城人。九岁丁父忧。家贫,与弟江观读书不倦。齐永明中,补国子生,为王融、谢朓推重。朓尝雪中往访,解衣割毡与之。萧子良开西邸,引为学士。赴家奉朝请,官至度支尚书,深受梁武帝赏识。卒,谥强子。江革有集20卷(《隋书·经籍志》作6卷),佚。《旧唐书·经籍下》、《新唐书·艺文志四》作10卷。严可均《全梁文》卷五〇载其文1篇。逯钦立《先秦汉魏晋南北朝诗·梁诗》卷九载其诗2首。事迹见《梁书》卷三六、《南史》卷六〇。

刘遵卒(487—　)。遵字孝陵,彭城人。少清雅,有学行,工属文。起家著作郎,历任梁太子舍人、晋安王记室,随萧纲入东宫,甚为萧纲敬重,恩礼隆洽。卒官,萧纲深悼惜之,作书与其从兄孝仪,称遵"文史该富"、"辞章博赡"。著《梁东宫四部目录》4卷,佚。逯钦立《先秦汉魏晋南北朝诗·梁诗》卷一五载其诗9首。事迹见《梁书》卷四一、《南史》卷三九。

按：《梁书·文学上·庾肩吾传》曰:"初,太宗在藩,雅好文章士,时肩吾与东海徐摛、吴郡陆杲、彭城刘遵、刘孝仪、仪弟孝威,同被赏接。"可知刘遵在东宫为萧纲所重,因此有机会编成《梁东宫四部目录》。我国文献图书目录分类法经历了由"七分"到"四分"的演变过程。刘遵所撰《梁东宫四部目录》为我国文献目录学的发展做出了贡献。

卢思道(　—586)生。

按:《隋书·卢思道传》载卢思道卒于开皇中,时年五十岁。又据张说所作碑文,卢思道卒于开皇六年(586),较可信。故系生年于此。

梁大同二年　西魏大统二年　东魏天平三年　丙辰　536年

贝利萨留取罗马。

三月,梁武帝驾临同泰寺,设法会(《南史·梁纪中》)。

梁武帝颁《求言诏》(《梁书·武帝纪》)。

按:《求言诏》为广开言路之诏,诏书只笼统提及治道不明,希望朝野各献谠言,对其崇信释教所产生之后果,却略不涉及。

五月癸卯,梁武帝颁《检括江子四等封事诏》,表彰尚书左丞江子四上封事言政(《梁书·武帝纪》)。

按:《检括江子四等封事诏》亦为广开言路之诏。先是尚书右丞江子四上封事,极言政治得失,然不敢言帝崇信佛释,只举穷兵广地适以毒民,用法宽于权贵而急于细民等琐事。

六月丁亥,梁武帝颁诏,令明堂陵庙等令,改视散骑侍郎(《南史·梁纪中》)。

九月,梁武帝再次驾临同泰寺,设法会(《南史·梁纪中》)。

十月乙亥,梁武帝下诏大举北伐(《梁书·武帝纪》)。

是月,梁武帝又驾临同泰寺,设法会(《南史·梁纪中》)。

十一月己亥,梁武帝颁诏,命北伐众军班师(《南史·梁纪中》)。

十二月壬申,东魏遣使向梁请和,许之(《资治通鉴·梁纪一三》)。

是年,梁建造慈恩寺、普光寺、化成寺、福兴寺、善业尼寺、寒林寺。

按:《建康实录》卷一七载,大同二年(536)邵陵王萧纶造慈恩寺,三年又造一乘寺;天监四年礼部侍郎卢法震造敬业寺;天监六年后阁舍人王昙明造明庆寺;普通元年东阳太守王均造果愿尼寺;普通三年后阁主书高僧猛造猛信尼寺;普通五年,后阁舍人吴庆之建众造寺;大通四年舍人袁頵造园居尼寺;大同二年建康造寺最多,除上述慈恩寺外,还有安丰县令张延造普光寺,江陵县令陶道宗造化成寺,袁平造福兴寺,萧恪造善业尼寺,常侍陈景造寒林寺等。《南史·循吏·郭祖深传》曾描述建康"佛寺五百余所,穷极宏丽。僧尼十余万,资产丰沃"。由此可窥见梁时佛教发展鼎盛的状况。

萧子云迁员外散骑常侍、国子祭酒,领南徐州大中正。

张缵由吴兴太守任还京,为吏部尚书。

按:《梁书·张缵传》曰:"大同二年征为吏部尚书。缵居选,其后门寒素,有一介皆见引拔,不为贵要屈意,人士翕然称之。"

岑之敬除太学限内博士,寻为寿光殿学士、司义郎(《陈书·岑之敬传》)。

梁大同二年　西魏大统二年　东魏天平三年　丙辰　536年

裴让之举东魏秀才，对策高第。省中语曰："能赋诗，裴让之。"（《北齐书·裴让之传》）。

道士陶弘景修为有道，晚岁眸子忽尔正方，顾盼皆有奇异光象，年逾八十而有壮容，真仪灵气，令人畏服。自知将逝，令弟子薄葬（《陶隐居内传》）。

张缵作《让吏部尚书表》。

按：参见是年"张缵由吴兴太守任还京，为吏部尚书"条。文载《艺文类聚》卷四八。

梁张瑗造石塔，有铭文。

按：石质。阴刻。1929年敦煌三危山观音堂出土。其铭文全23字，曰："大同二年，信士张瑗敬造此塔，祈亡母超升天界，今俱完好。"

西魏王吉造佛像，有铭记之。

按：铜质。阴刻。敦煌出土。其铭文全24字，曰："大统二年三月十五日，信士王吉敬造佛躯。愿亡父永生天界。"

西魏尼建晖写《大般涅槃经》，卷一六有题记。

按：纸质。墨书。敦煌藏经洞出品。其卷一六有题记，全6行，行8—25字，曰："夫至妙冲玄，则言辞莫表；惠深理固，则凝然常寂。淡泊夷净，随缘改化，凡夫想识，岂能穷达。推寻群典，崇善为先。是以比丘尼建晖，为七世师长父母，敬写涅槃一部，法华二部、胜鬘一部、无量寿一部、方广一部、仁王一部、药师一部。因此微福，使得虽女身后成男子，法界众生，一时成佛。大统二年四月八日。"

西魏比丘昙延写《法华经义记》，卷一有题记。

按：纸质。墨书。敦煌藏经洞出品。其卷一有题记，全5行，行6—21字，曰："利都法师释之，比丘昙延许，丙辰岁，用纸卅八。大统二年岁次丙辰六月庚仵朔三日水酉，写此法华仪记一部。愿令此福，逮及含生有识之类，齐悟一实无二之理。"

西魏都维那惠超写分《大般涅槃经》，卷二八有题记。

按：纸质。墨书。敦煌藏经洞出品。其卷二八题记，全184字，曰："夫玄门重阁，非四目之所窥；旨理冲壑，岂素策之所铭。……是以建文寺主、瓜州沙门都维那惠超，敬写大涅槃经一部、法华一部、维摩一部、胜鬘一部。以斯微善，愿七世师长父母，今古觉亡，来各之丧。晶案三业，志行高俊，游陟十圣之纵，速登常住之果。庶以此庆，普沾蠢类，齐升法云，同获兹契。大统二年九月三日讫。"

道士陶弘景卒（456—　）。弘景字通明，自号华阳隐居，丹阳秣陵人。曾任左卫殿中将军。由于家世信奉天师道，少时即潜心研读葛洪《神仙传》。后隐居句曲山，从孙游岳受符图经法。武帝以手敕召之，不出。朝廷每有大议，必先咨询，时人谓之"山中宰相"。善琴棋，工草隶，对老庄哲学、神仙道术及医学、地理、文学均有研究。著有《真诰》、《真灵位业图》以及《神农本草经集注》、《肘后百一方》、《古今刀剑录》、《帝王年历》、《梦记》等。《真诰》是道教上清派的经典著作之一。《神农本草经集注》最早确立后世行用的医药学分类。《隋书·经籍志》著录梁隐居先生《陶弘景集》30卷，又有《陶弘景内集》15卷，均佚。又《新唐书·艺文志》第四九载《陶弘景注老子》4卷,《宋史·艺文志》载陶弘景《养生延命录》2卷、《导引养生图》1卷、《神仙玉芝瑞草图》2卷、《上清握中决》3卷、《登真隐决》35卷,《宋史·艺文志》载陶弘景《五行运气》1卷、《握镜图》1卷、《握鉴方》3卷,《宋史·艺文志》载陶弘景《真人水照》13卷。其文集,明人张溥辑为《陶隐居集》。严可均《全梁文》卷四六、四七载其文2卷30篇。逯钦立《先秦汉魏晋南北朝诗·梁诗》卷一五载其诗7首。事迹见《梁书》卷五一、《南史》卷七六、《华阳隐居先生本起录》及《华阳陶先生墓志铭》、《隐居贞白先生陶君碑》。

按:《南史·陶弘景传》曰:"无疾,自知应逝,逆克亡日,仍为《告逝诗》。大同二年卒,时年八十一。颜色不变,屈申如常,香气累日,氛氲满山。遗令:'既没不须沐浴,不须施床,止两重席于地,因所著旧衣,上加生袚裙及臂衣靺冠法服。左肘录铃,右肘药铃,佩符络左腋下。绕腰穿环结于前,钗符于髻上。通以大袈裟覆衾蒙首足。明器有车马。道人道士并在门中,道人左,道士右。百日内夜常燃灯,旦常香火。'弟子遵而行之。昭赠太中大夫,谥曰贞白先生。"陶弘景因创建茅山宗而成为道教史上重要的人物。

又按:《梁书》本传云其卒于大同二年,年八十五。但萧纲《华阳陶先生墓志铭》、邵陵王萧纶《隐居贞白先生陶君碑》、《南史》本传均云其八十一岁卒,今从八十一岁卒。

阮孝绪卒(479—)。孝绪字士宗,陈留尉氏人。品行高洁,不事权贵。外史王晏贵显,屡至门,孝绪穿篱逃匿不与相见。孝绪曾博采宋齐以来公私图书记录,集为《七录》一书,总结前人目录学成就。又著有《高隐传》、《正史削繁》、《杂文》等。严可均《全梁文》卷六六载其文2篇。事迹见《梁书》卷五一、《南史》卷七六。

王规卒(492—)。规字威明,琅邪临沂人。王俭之孙。梁天监中,献《新殿赋》,颇受梁武帝赞赏,除中书黄门侍郎。后侍东宫,为梁昭明太子所重。卒,谥曰章。尝集《后汉书》诸家异同,注《续汉书》200卷及作文集20卷,佚。逯钦立《先秦汉魏晋南北朝诗·梁诗》卷一五载其诗2首。事迹见《梁书》卷四一、《南史》卷二二。

谢征卒(500—)。征字玄度,陈郡夏阳人。初为安西安成王法曹,累迁豫章王记室、兼中书舍人。与裴子野等友善,常以诗文酬唱。子野尝作《寒夜值宿赋》以赠征,征为《感友赋》以酬之。时值魏中山王元略北还,武帝设宴武德殿,令其三刻成诗30韵,征二刻即成,文甚美。后为南兰陵太守,卒官。征友王籍集其文为20卷,佚。逯钦立《先秦汉魏晋南北朝诗·梁诗》卷一五载其诗1首。事迹见《梁书》卷五○。

王训卒(511—),训字怀范,琅邪临沂人。王暕之子。文采出众,为后进领袖。年十六,梁武帝召见于文德殿,应对爽彻。补国子生,射策高第。中大通五年,梁武帝宴群臣于乐游苑,诏王训、褚翔为20韵诗,限三刻成。后拜侍中,武帝以为"无谢褚渊"。卒,谥温子。逯钦立《先秦汉魏晋南北朝诗·梁诗》卷九载其诗6首,风格靡丽,属宫体。事迹见《梁书》卷二一、《南史》卷二二。

诸葛颖（　—612）生(《隋书·诸葛颖传》)。

按：《中国文学者生卒考》作生于大同元年，卒于大业八年，享年七十七。其生年系误推。此依《隋书》本传重新推算得出。

梁大同三年　　西魏大统三年　　东魏天平四年　　丁巳　　537 年

正月，东魏高欢派兵侵西魏，分三路逼关中。西魏宇文泰以计袭败窦泰，窦泰自杀，高欢撤兵(《资治通鉴·梁纪一三》)。

七月，东魏遣以"风流著称"的李谐、卢元明等访梁。梁武帝与之谈，大为倾倒(《梁书·武帝纪》、《资治通鉴·梁纪一三》)。

按：《魏书·自序》曰："先是，南北初和，李谐、卢元明首通使命，二人才器，并为邻国所重。至此，衍称曰：'卢、李命世，王、魏中兴，未知后来复何如耳？'"

十月，西魏宇文泰至沙苑，以伏兵击败东魏高欢，高欢渡河而逃(《资治通鉴·梁纪一三》)。

宇文泰攻陷东魏洛阳，河南诸郡多归附西魏(《资治通鉴·梁纪一三》)。

按：高欢所部多鲜卑人；高敖曹汉人，所统亦多汉人。时始有"汉人"、"汉民"以及"一钱汉"(贱称)等名称。

是年，梁武帝萧衍于乐游苑宴群臣，制武宴诗三十韵以示侃，羊侃即席应诗，颇得嘉许，谓"吾闻仁者有勇，今见勇者有仁，可谓邹鲁遗风，英贤不绝"(《梁书·武帝纪》、《梁书·羊侃传》)。

萧续二月庚寅以安南将军为中卫将军、护军将军(《梁书·武帝纪》)。

谢举以尚书右仆射为右光禄大夫，同年出为云麾将军、吴郡太守(《梁书·谢举传》)。

刘孝仪迁中书郎，以公事左迁安西谘议参军，兼散骑常侍(《梁书·刘潜传》)。

陆云公为张缵所赏识，言之高祖，诏兼尚书仪曹郎，又以本官知著作郎(《梁书·陆云公传》)。

徐陵迁镇西湘东王中记室参军(《陈书·徐陵传》)。

江德藻服阕，被征为武陵王萧纪记室，不就(《梁书·江德藻传》)。

岑之敬除武陵王萧纪安西府刑狱参军事(《陈书·岑之敬传》)。

何之元为萧纪安西府刑狱参军，不攀附宗人何敬容(《陈书·何之元传》)。

按：《陈书·何之元传》曰："会安西武陵王为益州刺史，以之元为安西刑狱参军。"故知在是年。

江总为何敬容府主簿。

按：《陈书·江总传》曰："年十八，解褐宣惠武陵王府法曹参军。中权将军、丹阳尹何敬容开府，置佐史，并以贵胄充之，仍除敬容府主簿。"由年龄而系于此。

褚玠九岁，父褚蒙卒，为叔父褚随所养（《陈书·褚玠传》）。

王延十八岁，入道依贞懿先生，居于楼观，与真人李顺兴特相友善。

按：《云笈七签》卷八五"王延"条曰："王延字子玄，扶风始平人也。九岁从师。西魏大统三年丁巳入道，依贞懿先生陈君宝炽，时年十八，居于楼观，与真人李顺兴特相友善。又师华山真人焦旷，共止石室中，餐饮松泉，绝粒幽处。"

寇俊为东魏洛州刺史（《周书·寇俊传》）。

释伏挺还俗，随梁邵陵王萧纶赴江州（《梁书·伏挺传》）。

按：普通元年（520）前后，伏挺因获罪而出家为僧人。此年遇赦还俗。

张缵作《中书令萧子显墓志》。

按：萧子显卒于是年，张缵为其撰墓志，云："帝尝顾谓君曰：'我撰《通史》若成，众史可废。'乃答诏云：'仲尼赞《易》道，黜《八索》，述《职方》，除九丘。圣制符同，复在兹日。'储君毓德少阳，情协陈阮，亲妙思式表玄右。"文载《艺文类聚》卷四八。

西魏释琼写《维摩经义记》，卷三有题记。

按：纸质。墨书。敦煌藏经洞出品。其卷三有题记，全3行，行4—11字，曰："一校流通。释琼许，琼琼。大统三年正月十九日写讫。"

西魏法师智严等供养梁武帝《东都发愿文》，有题记。

按：纸质。墨书。敦煌藏经洞出品。其题记全4行，行6—24字，曰："大统三年五月一日，中京广平王大觉寺涅槃法师智严，供养东都发愿文一卷。仰奉明王殿下，在州施化，齐于受（？）称之世流润，与姬文同等。十方众生同含生，同于上愿。令狐休宝书之。"

萧子显卒（489— ）。子显字景阳，南兰陵人。齐高帝萧道成之孙。在齐拜给事中。入梁曾官建康令、中书郎、临川内史、吏部尚书、侍中等职。卒于吴兴太守任上。所作《鸿庐赋》为沈约称道。一生主要致力于史书编撰，有《南齐书》60卷、《后汉书》100卷、《普通北伐记》5卷、《贵俭传》30卷及文集20卷。唯《南齐书》今尚存，收入《二十四史》。严可均《全梁文》卷二三载其文2篇。逯钦立《先秦汉魏晋南北朝诗·梁诗》卷一五载其诗20余首。事迹见《梁书》卷三五、《南史》卷四二。

按：萧子显是齐高帝萧道成之孙，入梁后以不凡的才智受到梁武帝萧衍的礼遇和信任，官至吏部尚书。萧子显才思敏捷，勤于著述。他主动请求并得到梁武帝的批准而撰写《齐书》。萧子显在《南齐书》的论赞中表露了对一些历史和现实问题的独特见解，但他作为萧齐皇朝的宗室和宠臣，在撰书时难免对萧道成进行了一些遮掩和避讳，正如《四库全书总目提要》所言："齐高好用图谶，梁武崇尚释氏，故子显于《高帝纪》卷一引太乙九宫占，《祥瑞志》附会纬书，《高逸传》论推阐禅理。盖牵于时尚，未能厘正。又如《高帝纪》载王蕴之抚刀、袁粲之郊饮，连缀琐事，殊乖纪体。至列传尤为冗杂。然如纪建元创业诸事，载沈攸之书于《张敬儿传》，述颜灵宝语于《王敬则传》，直书无隐，尚不失是非之公。《高十二王传》引陈思之表、曹冏之论，感怀宗国,有史家言外之意焉,未尝无可节取也。"但毕竟"子显虽文伤蹇躓,而义甚优长,为序例之美者",因而仍具一定的史学价值。

陆琼(　—586)、释慧弼(　—599)生(《陈书·陆琼传》、《续高僧传·隋常州安国寺释慧弼传》)。

按:《陈书·陆琼传》载陆琼"至德四年卒,时年五十",《续高僧传·隋常州安国寺释慧弼传》载释慧弼卒于开皇十九年,六十三岁。逆推两人当生于本年。

梁大同四年　西魏大统四年　东魏孝静帝元象元年
戊午　538年

正月,东魏因在砀郡捕获巨象,改元元象(《资治通鉴·梁纪一四》)。

二月,东魏侯景与西魏争河南,收复西魏南汾、颍、豫、广四州(《资治通鉴·梁纪一四》)。

是月,西魏文帝以宗女为公主身份嫁与柔然头兵可汗之弟塔寒为妻,又纳头汗可汗阿那瑰之女为后(《资治通鉴·梁纪一四》)。

三月,吐谷浑、柔然遣使向梁进献方物(《梁书·武帝纪》)。

五月甲戌,东魏遣郑伯猷聘问(《梁书·武帝纪》)。

七月,梁武帝因上虞县民李胤之掘地得一牙像进献而下诏"奉迎法身,还台供养"(《广弘明集》卷一五)。

按:《以李胤之得牙像赦诏》载于《广弘明集》卷一五,曰:"大同四年七月,诏曰:'天慈普覆义无不摄,方便利物岂有方所,虞县民李胤之,掘地得一牙像,方减二寸,两边双合,俱成兽形,其内一边,佛像一十二躯,一边一十五躯,刻画明净,巧迹妙绝,将神灵所成,非人功也。中有真形舍利六焉,东州昔经奏上,未以为意,而胤之衔怨,缧绁东治,真形舍利,降在中署,光明显发,示希有相,大悲救苦,良有以乎!宜承佛力,弘兹宽大。凡天下罪无轻重,在今月十六日昧爽已前,皆赦除之,即日散出,奉迎法身,还台供养。'"

八月,梁武帝改造长干寺阿育王塔,出佛舍利发爪。乘舆到长干寺,设无碍法喜食(《广弘明集》卷一五)。

十二月,东魏因民避役多为尼僧,已至200万人,3万余区寺,遂下诏禁擅立佛寺(《资治通鉴·梁纪一四》)。

朱异迁右卫将军(《梁书·朱异传》)。

顾野王、王褒并为宣城王萧大器宾客。

按:《陈书·顾野王传》曰:"梁大同四年,除太学博士。迁中领军临贺王府记室参军。宣城王为扬州刺史,野王及琅邪王褒并为宾客,王甚爱其才。野王又好丹青,善图写,王于东府起斋,乃令野王画古贤,命王褒书赞,时人称为二绝。"

刘孝仪七月出访东魏(《南史·梁纪中》)。

贝利撒留取米兰。

高澄摄东魏吏部尚书,改革崔亮"不问贤愚,以资历选拔官吏"的停年格,开始选拔才名之士。

> 按:据《北齐书·文襄纪》载,高澄"于才名之士,咸被荐擢,假有未居显位者,皆致之门下,以为宾客,每山园游燕,必见招携,执射赋诗,各尽其长,以为娱适"。

杜弼为东魏丞相府法曹参军,署记室,转大行台郎中,寻加镇南将军。

> 按:《北齐书·杜弼传》曰:"元象初,高祖征弼为大丞相府法曹行参军,署记室事,转大行台郎中,寻加镇南将军。"东魏孝静帝元象年间只有元象元年,次年即改为兴和元年,故系于是年。

明克让十四岁,释褐为梁湘东王法曹参军(《隋书·明克让传》)。

释慧远往邺学经(《续高僧传·隋京师净影寺释慧远传》)。

皇侃向梁武帝上所撰《礼记义疏》50卷(《梁书·武帝纪》、《建康实录·梁高祖武皇帝纪》)。

> 按:《梁书·武帝纪》曰:"(大同四年)冬十二月丁亥,兼国子助教皇侃表上所撰《礼记义疏》五二卷。"除《礼记义疏》,皇侃还撰有《礼记讲疏》、《孝经义疏》等,均佚。清马国翰《玉函山房辑佚书》中有辑本。

刘孝仪作《北使还与永丰侯书》。

> 按:此文写行役时的苦辛和回南后的欣喜,生动有情致。

西魏比丘瞽化造佛像,有题名。

> 按:在莫高窟285窟北壁。墨书。其题名全19行,行6—19字,曰:"夫至极阒旷,正为尘罗所约;圣道归趣,非积垒何能济拔。是以佛弟子比丘瞽化,仰为七世父母、所生父母,敬造迦叶佛一区并二菩萨。因此微福,愿亡者神游净土,永离三途;现在居眷,位太安吉;普及蠕动之类,速登常乐。大代大魏大统四年岁次戊午八月中旬造。比丘瞽化供养时,清信士阴安归所供养时,信士阴苟生供养,信士阴无忌供养,信士阴胡仁供养,信士阴普仁供养,信息在和供养,清信女史崇姬所供养时,信女阿丑供养,信女干归供养,信女干理士供养,信女阿媚供养,信女娥女供养。"

西魏比丘惠遵造佛像,有题名。

> 按:在莫高窟285窟北壁。墨书。其题名全8行,较残,行8—17字,曰:"夫从缘至果,非积集无以成功。是以佛弟子比丘惠遵,仰为有识之类,敬造拘那含牟尼佛一区并二菩萨。因斯微福,□佛法兴隆,魔事□灭,■■安吉■■齐登正觉。大代大魏■[大统四年岁次戊午]八□(月)中旬造。比丘尼惠胜供养时。"

梁大同五年　西魏大统五年　东魏元象二年
兴和元年　己未　539年

三月己未,梁武帝作《使州郡县进言诏》,以广开言路(《梁书·武帝纪》)。

按：此文系为广开言路之诏，《梁书·武帝纪》载诏曰："朕四聪既阙，五识多蔽，画可外牒，或致纰缪。凡是政事不便于民者，州郡县即时皆言，勿得欺隐。如使怨讼，当境任失，而今而后，以为永准。"

八月，扶南国向梁奉献生犀及特产（《梁书·武帝纪》）。

九月甲子，东魏发畿内10万人筑邺城，40日罢（《魏书·孝静帝纪》、《资治通鉴·梁纪一四》）。

十月癸亥，东魏改元兴和（《资治通鉴·梁纪一四》）。

十一月乙亥，东魏遣使王元景、魏收访梁（《魏书·孝静帝纪》）。

是年，东魏颁行《兴光历》，以甲子为元（《资治通鉴·梁纪一四》）。

按：《资治通鉴·梁纪一四》高祖武皇帝十四条云，东魏人以《正光历》浸差，命校书郎李业兴更加修正，以甲子为元，号曰《兴光历》，既成，行之。

何敬容正月乙卯为尚书令（《梁书·武帝纪》）。

按：晋、宋以来，宰相都以文义自逸，独敬容亲自批阅文书，终日忙碌，为时俗所笑。张缵以吏部尚书为尚书仆射，与何敬容不和，即以此为口实。《梁书·张缵传》曰："（大同）五年，高祖手诏曰：'缵外氏英华，朝中领袖，司空以后，名冠范阳。可尚书仆射。'"

到溉九月以都官尚书为吏部尚书（《梁书·武帝纪》）。

庾肩吾为太子舍人（《陈书·殷不害传》）。

宇文泰在行台置学，从西魏丞郎、府佐中选取聪敏者充当学生，令白天治公务，晚上就学（《资治通鉴·梁纪一四》）。

周惠达、唐瑾受命整理旧章，置备礼乐，以改西魏西迁以来礼乐散佚之局面（《资治通鉴·梁纪一四》）。

寇俊为东魏秘书监，下令设令史一职，查阅四部群书，抄集经籍（《周书·寇俊传》）。

信都芳《驳李业兴甲子元历》。

按：《魏书·律历志》曰："兴和元年十月齐献武王入邺，复命李兴业，令其改正，立甲子元历。事讫，诏以新历示齐献武王参军信都芳，驳兴业曰……兴业对曰……"

李兴业作《对信都芳驳新历》。

按：参见上条。

司马子如作《上兴和历表》。

按：《魏书·律历志三下》曰："孝静世，《壬子历》气朔稍违，荧惑失次，四星出伏，历亦乖外。兴和元年十月，齐献武王入邺，复命李业兴，令其改下，立《甲子元历》。事讫，尚书左仆射司马子如、右仆射隆之等表曰……"《资治通鉴·梁纪一四》载："东魏人以《正光历》浸差，命校书郎李业兴更加修正，以甲子为元，号曰《兴光历》，既成，行之。"

萧绎作《黄门侍郎刘孝绰墓志铭》。

按：《黄门侍郎刘孝绰墓志铭》载《艺文类聚》卷四八。因刘孝绰卒于是年，故系于此。

西魏比丘惠龙写《维摩经义记》，卷四有题记。

按：纸质。墨书。敦煌藏经洞出品。其卷四有题记，全2行，行14—17字，曰："龙华二儒共校定也。更比字一校也。大统五年四月十二日，比丘惠龙写讫流通。"

西魏佚名写《大般涅槃经义记》，卷四有题记。

按：纸质。墨书。敦煌藏经洞出品。其卷四有题记，全1行，16字，曰："大统五年六月十三日写讫，流通末代也。"

西魏滑□安造佛像，有题名。

按：在莫高窟285窟北壁。墨书。其题名全17行，稍残，行4—19字，曰："夫从缘至果，非积集无以成功。是以佛弟子滑□安，上为有识之类，敬造无量寿佛一区并二菩萨。因斯微福，愿佛法兴隆，魔事微灭；后愿含灵抱识，离舍三途于八难，现在老苦，往生妙乐，齐登正觉。大代大魏大统五年四月廿八日造。清信士滑□安供养像，清信士□□，□（清）信女丁爱供养佛时，清信女□□，信女□□，信女□□，信女■，比丘昙珠之像，清信士僧一供养，比丘尼■清女■。"

西魏滑黑奴造佛像，有题名。

按：在莫高窟285窟北壁。墨书。其题名全17行，稍残，行4—18字，曰："夫从缘至果，非积集无以成功。是以佛弟子滑黑奴，上为有识之类，敬造无量寿佛一区并二菩萨。因斯微福，愿佛法兴隆，魔事微灭；后愿含灵抱识，离舍三途八难，现在老苦，往生妙乐，齐登正觉。大代大魏大统五年五月廿一日造讫。清信士滑黑奴供养，孙昔海，清信士滑一供养，清信士□友，比丘尼道容供养之像，清女何□，息女□媳，息女阿建，息女头女，息女难当，息女处胜。"

刘孝绰卒（481— ）。孝绰原名冉，小字阿士，彭城人。七岁能属文，母舅王融称为神童。历官尚书水部郎、秘书丞等。梁昭明太子萧统好士爱文，孝绰与殷芸、陆倕、王筠、到洽等同为萧统所重。善文，所作文章，好事者即讽诵传写，为后进领袖。曾为《昭明太子集》作序。其诗风格清新自然，然多写生活琐事。《隋书·经籍志》著录梁廷尉卿《刘孝绰集》14卷，已散佚。今存明人张溥所辑《刘秘书集》。严可均《全梁文》卷六〇载其文17篇。逯钦立《先秦汉魏晋南北朝诗·梁诗》卷一六载其诗近70首。事迹见《梁书》三三、《南史》三九。

颜协卒（498— ）。协字子和，琅琊临沂人。幼孤，养于舅氏。博学，工草隶。仕梁，历任湘东王国常侍、兼府记室。梁元帝出镇荆州，转正记室。与吴郡顾协同僚，二人同名，才学亦相亚，府中称为"二协"。颜协因父愤梁受齐禅而卒，故一生不求显达，屡辞征辟。卒，萧绎作《怀旧诗》以伤之。著有《晋仙传》、《日月灾异图》及文集20卷。事迹见《梁书》卷五〇、《南史》卷七二。

萧圆肃（ —584）、**陆爽**（ —591）生（《周书·萧圆肃传》、《隋书·陆爽传》）。

梁大同六年　西魏大统六年　东魏兴和二年　庚申　540年

四月癸未,梁武帝颁诏,命勤加守护晋、宋、齐三代诸陵有职司者(《梁书·武帝纪》)。

五月,吐谷浑遣使向梁奉献名马及特产,并求释迦像及经论十四条。梁给予释迦像并《制旨涅槃》、《般若》、《金光明讲疏》103卷(《南史·梁武帝纪》)。

七月丁亥,东魏遣使李象访梁,梁遣陆晏子访东魏(《梁书·武帝纪》、《资治通鉴·梁纪一四》)。

八月辛未,梁诏尚书于朝堂参议(《梁书·武帝纪》)。

是月,盘盘国遣使向梁进献方物(《梁书·武帝纪》)。

是年,吐谷浑遣使经柔然访东魏(《资治通鉴·梁纪一四》)。

按:自莫折念生起兵后,吐谷浑与东魏的联系已经中断。是年,伏连筹死,子夸吕立,始称可汗,居伏俟城。

沈众为镇南将军湘东王记室参军(《陈书·沈众传》)。

柳虬以史官密书善恶,未足惩劝,建言诸史官记事者,请皆当朝显言其状,然后付之史阁,西魏采以施行(《周书·柳虬传》)。

按:《北史·柳虬传》曰:"虬以史官密书善恶,未足惩劝,乃上疏曰:'古者人君立史官,非但记事而已,盖所为鉴诫也。动则左史书之,言则右史书之,彰善瘅恶,以树风声。故南史抗节,表崔杼之罪;董狐书法,明赵盾之愆。是知执笔于朝,其来久矣。而汉、魏已还,密为记注,徒闻后世,无益当时。非所谓将顺其美,匡救其恶者。且著述之人,密书纵能直笔,人莫知之。何止物生横议,亦自异端互起。故班固致受金之名,陈寿有求米之论。著汉、魏者非一氏,造晋史者至数家。后代纷纭,莫知准的。伏惟陛下则天稽古,劳心庶政,开诽谤之路,纳忠谠之言。诸史官记事者,请皆当朝显言其状,然后付之史阁。庶令是非明著,得失无陷,使闻善者日修,有过者知惧。'事遂施行。"

贾思同与卫冀隆辩《春秋》学之异。

按:《魏书·贾思伯传》曰:"迁邺后,除黄门侍郎、兼侍中,河南慰劳大使。仍与国子祭酒韩子熙并为侍讲,授静帝《杜氏春秋》。又加散骑常侍,兼七兵尚书。寻拜侍中。"系年据张岂之主编《中国学术思想编年》。

李象、邢昕五月由东魏聘梁(《魏书·孝静帝纪》)。

阳休、崔长谦由东魏使梁(《魏书·孝静帝纪》)。

沈众为镇南将军湘东王记室参军。

按:《陈书·沈众传》曰:"(众)吴兴武康人也……好学,颇有文词,起家梁镇卫南平王法曹参军、太子舍人。是时,梁武帝制《千字诗》,众为之注解。与陈郡谢景同

贝利萨留取拉文纳。

波斯人侵拜占庭,毁安提阿。

时召见于文德殿,帝令众为《竹赋》,赋成,奏,帝善之,手敕答曰:'卿文体翩翩,可谓无忝尔祖。'当阳公萧大心为郢州刺史,以众为限内记室参军。寻除镇南湘东王记室参军。"

萧纲作《疑礼启》。

按:此文系议婚冠之礼。《隋书·礼仪志三》曰:"大同六年,皇太子启……"故系于此。

袁昂作《临终敕诸子》。

按:此敕系关于薄葬的遗言,由此可见南朝士人之生死荣辱观。《梁书·袁昂传》曰:"初,昂临终遗疏,不受赠谥。敕诸子不得言上行状及立志铭,凡有所须,悉皆停省。复曰:'吾释褐从仕,不期富贵,但官序不失等伦,衣食粗知荣辱,以此阖棺,无惭乡里……'"袁昂于是年卒,故系文于此。

杨愔于是年前作《文德论》。

按:《北史·温子昇传》曰:"永熙中为侍读,兼舍人、镇南将军、金紫光禄大夫。迁散骑常侍、中军大将军,后领本州大中正。……杨遵彦作《文德论》。"魏宏利《〈全北齐文〉编年考》曰:"《北史》子昇传不言本文作时,所知者当在永熙年间之后。又《北史·温子昇传》于本文之后续云:'齐文襄引子昇为大将军谘议。'据《北史》卷六《齐本纪上》载:'兴和二年,(澄)加大将军,领中书监',则文襄引子昇为大将军谘议至早当在兴和二年,而杨遵彦作《文德论》亦当在兴和二年之前。"

宗士标作《孝敬寺刹下铭》。

按:其文见于《古刻丛钞》,其文曰:"孝敬寺者,公上斑为亡母杨叔女之所立也。……大同六年太岁庚申五月十五日壬戌建刹,四众围绕,歌呗成群,采凤珠幡,含凤曜日。与大地而长存,随贤劫以永久。"据文中建刹日期,故系于此。

释昙林作《善住意天子所问经翻译记》。

按:据文中"兴和二年岁次实沉,佛法加持,出此经典,名善住意天子所问。建午闰月朔次丁丑,戊寅建功,乙巳毕功",故系于是年。

袁昂卒(461—),昂字千里,陈郡阳夏人。袁颛之子。善画,因父死于非命,终身不听音乐。仕齐为吴兴太守,梁武帝时为吏部尚书,寻迁尚书令,位至司空。谥穆正公。有文集20卷。严可均《全梁文》卷四八载其文6篇。事迹见《梁书》卷三一、《南史》卷二六。

陆琰(—573)、薛道衡(—609)生(《陈书·陆琰传》、《隋书·薛道衡传》)。

按:《陈书·陆琰传》载陆琰"(太建)五年卒,时年三十四"。《隋书·薛道衡传》载薛道衡以大业五年(609)卒,年七十。逆推两人当生于本年。

梁大同七年　西魏大统七年　东魏兴和三年
辛酉　541 年

三月,高丽、百济、宕昌等国遣使向梁进献(《梁书·武帝纪》)。

梁大同七年　西魏大统七年　东魏兴和三年　辛酉　541年

六月，梁遣明少遐等访问东魏(《魏书·孝静帝纪》)。

九月，西魏用苏绰议，省官员，置屯田，并颁六条诏书，即治心身、敦教化、尽地利、擢贤良、恤狱讼、均赋役。宇文泰命百司诵习，并规定牧守令长照此办事(《资治通鉴·梁纪一四》)。

十月甲寅，东魏颁行新法令，号曰麟趾格。

按：《魏书·孝静帝纪》曰："(兴和三年)冬十月癸卯，齐文襄王自晋阳来朝。先是，诏文襄王与群臣于麟趾阁议定新制，甲寅，班于天下。"此法因群臣在麟趾阁议定而得名。

十二月丙辰，梁武帝于宫城西立士林馆，延集学者(《梁书·梁武帝纪》)。

壬寅，东魏遣李骞访梁，梁遣袁狎回访(《梁书·武帝纪》)。

是月，百济求《涅槃》诸经疏及《毛诗》博士，许之。

按：《南史·梁武帝纪》曰："百济求《涅槃》等经疏及医工、画师、《毛诗》博士，并许之。"许嵩《建康实录》卷一七曰："(大同)七年十二月，于宫城西立士林馆，延集学者。宕昌、蠕蠕各遣使贡物。百济王求《涅槃经疏》及医工、画师、《毛诗》博士，并许之。"

是年，宕昌、柔然、高丽、百济、滑国等各遣使向梁进献(《南史·梁纪中》)。

西魏增新制十二条(《资治通鉴·梁纪一四》)。

按：《周书·帝纪第二》曰："(魏大统元年)三月，太祖以戎役屡兴，民吏劳弊，乃命所司斟酌今古，参考变通，可以益国利民便时适治者，为二十四条新制，奏魏帝行之。……(魏大统七年)冬十一月，太祖奏行十二条制，恐百官不勉于职事，又下令申明之。……(魏大统十年)秋七月，魏帝以太祖前后所上二十四条及十二条新制，方为中兴永式，乃命尚书苏绰更损益之，总为五卷，班于天下。于是搜简贤才，以为牧守令长，皆依新制而遣焉。数年之间，百姓便之。"新制内容丰富，据此采取了一系列措施，对政治、经济、思想、文化各方面均有一定促进作用。

周弘正为国子博士，在士林馆讲授。

按：《陈书·周弘正传》曰："(周弘正)累迁国子博士。时于城西立士林馆，弘正居以讲授，听者倾朝野焉。"又《梁书·梁武帝纪》云"梁武帝十二月丙辰在宫城西立士林馆，延集学者"，故系于此。

虞荔为士林馆撰制碑文，武帝命勒之于馆，荔被引为士林学士(《梁书·梁武帝纪》)。

纪少喻始为东宫学士(《南史·纪少喻传》)。

释智文于光业寺首开律藏，殷均为檀越(《续高僧传·陈杨都奉诚寺大律都释智文传》)。

按：据《续高僧传·陈杨都奉诚寺大律都释智文传》载，释智文驻锡于扬都奉诚寺，是年被武帝敕请于光业寺首开律藏，相趋常听者二百多人。

萧绎作《职贡图序》。

按：此序可见萧绎的史地观念及对《职贡图》的政治意义的重视。文载《金楼子》卷五《著述篇》。《职贡图序》将"职贡图"命名之义进行了诠释,曰:"窃闻职方氏掌天下之图,四夷八蛮,七闽九貉,其所由来久矣。汉氏以来,南羌旅距,西域凭陵,创金城,开玉关,绝夜郎,讨日逐……尼丘乃圣,犹有图人之法;晋帝君临,实闻乐贤之象。甘泉写阏氏之形,后宫玩单于之图,臣以不佞,推毂上游,夷歌成章,胡人遥集,款开蹶角,沿沂荆门,瞻其容貌,讯其风俗,如有来朝京辇,不涉汉南,别加访采,以广闻见,名为职贡图云尔。"今暂系于此。

周弘正作《请梁武帝释乾坤二系义表》。

按:周弘正与受业诸生清河张讥等三百一十二人,讨论乾坤二系之象爻之义,并请梁武帝予以平议。《陈书·周弘正传》曰:"累迁国子博士。时于城西立士林馆,弘正居以讲授,听者倾朝野焉。……"士林馆立于是年,故此表亦系于此。

杜之伟作乐府孔子、颜子登歌辞。

按:由此可见萧梁对儒学的重视,《陈书·杜之伟传》曰:"(大同)七年,梁皇太子释奠于国学,时乐府无孔子、颜子登哥词,尚书参议令之伟制其文,伶人传习,以为故事。"

邢邵与温子昇撰《麟趾新制》。

按:参见是年"十月甲寅,东魏颁行新法令,号曰麟趾格"条。又《洛阳伽蓝记》卷三载:"暨皇居徙邺,民讼殷繁,前革后沿,自相与夺,法更疑狱,薄邻成山,乃敕(邢)子才与散骑常侍温子昇撰《麟趾新制》十五篇。"

王长儒作《兴和三年李仲璇修孔子庙碑》。

按:李仲璇事迹,可详《魏书》本传。碑文详细记载李仲璇修建孔庙的过程,可补史阙。此碑文曰:"惟大魏徙邺之五载,皇[帝]兴和之元年,天子□咨,黉宾出日,实惟济岱,宣风敷化,义属英良,以君理思优敏,实惟旧德,升朝牧民,物望斯允,必能弦歌邹鲁,克振斯[文],乃制□□册拜我君公使持节都督兖州诸军事、车骑大将军、□州大都督、兖州刺史,姓李讳斑,字仲璇,赵国柏仁人也。……乃作颂曰……惟君体道,布政优优。既缮孔像,复立十贤。诚兼岱宇,勤尽重玄。仰圣仪之焕烂,嘉鸿业之蝉联。长无绝兮终古,永万亿兮斯年。"另外,此碑碑阴还记载了六十三位立碑之人,此碑书写者为任城王长儒。此碑藏于曲阜孔庙汉魏碑刻博物馆北屋,它的碑文及字体在思想史及书法史上均具有重要价值(详见骆承烈汇编《石头上的儒家文献——曲阜碑文录》)。

陆云公作《御讲波若经序》。

按:《广弘明集》卷一九曰:"上以天监十一年注释《大品》。自兹以来,躬事讲说,重以所明《三慧》,最为奥远,乃区出《一品》,别立经卷。亦由观音力重。……爰以大同七年三月十二日,讲《金字波若波罗蜜三慧经》于华林园之重云殿。……凡诸听众自皇太子王侯宗室外戚,及尚书令何敬容,百辟卿士,虏使主崔长谦使副阳休之,及外域杂使一千三百六十人,皆路逾九驿,途遥万里,仰皇化以载驰。闻天华而踊跃,头面伸其尽礼。赞叹从其下陈,又别请义学僧一千人,于同泰寺,夜覆制义,并名擅龙象,智晓江河。传习譬于泻瓶,讽诵同于疾雨。沙门释法隆,年将百岁,学周三藏,识洞八禅,说法度人,显名于关塞之北。闻中国应讲《摩诃波若经》,故自远而至。时僧正慧令,犹未启讲,京师道俗亦不知御应讲也。至发讲之日,又有外国僧众,不可胜数。"详细记载了是年梁武帝于华林园之重云殿讲《金字波若波罗蜜三慧经》时的盛大场面。

释昙林作《回诤论翻译记》、《转法轮经翻译记》、《三具足经翻译记》。

按：《回诤论翻译记》文中有"兴和三年岁次大梁建辰之月朔次癸酉辛卯之日"，月建在辰为三月。《转法轮经翻译记》文中有"兴和三年岁次大梁建酉之月朔次庚子十一日"，建酉之月为八月。《三具足经翻译记》文中有"兴和三年岁次辛酉月建在戌朔次庚午十三日"，译千百"卜吉"，月建在戌为九月。参见胡全银《〈全后魏文〉编年补正》。

西魏比丘输伽摩陀奉持《金光明最胜王经》，卷十有题记。

按：纸质。墨书。敦煌藏经洞出品。其卷十有题记，全1行，21字，曰："大统七年，比丘输伽摩陀奉持，为人天忏业，永居净土。"

西魏王明供养《金光明经》，卷五有题记。

按：纸质。墨书。敦煌藏经洞出品。其卷五有题记，后缺，存6行，下残，曰："大统七年■信女王明■为(?)清(?)■金光明■长与无■之敬■。"

西魏聂僧奴写《大般涅槃经》，卷二一有题记。

按：纸质。墨书。敦煌藏经洞出品。其卷二一有题记，全1行，16字，曰："大统七年六月廿八日，聂僧奴敬写供养。"

西魏比丘昙远供养《佛说犯戒罪报轻重经》，有题记。

按：纸质。墨书。敦煌藏经洞出品。其题记全2行，行7—28字，曰："大统七年岁次辛酉七月一日，于瓜州城西大法师倚勤化告招提禅[寺]比丘昙远所供养。"

刘孺卒(480—)。孺字孝稚，彭城安上里人。起家中军法曹参军，为沈约赏识，引为主簿。累迁太子舍人、尚书殿中郎。曾奉诏作《李赋》，梁武帝甚赏之。后侍梁武帝宴寿光殿，诏群臣赋诗，孺与张率并醉，未及成，但仍获帝称赏。卒，谥孝子。少与从兄刘苞、刘孝绰齐名。有文集20卷，佚。逯钦立《先秦汉魏晋南北朝诗·梁诗》卷一七载其诗2首，另尚有与何逊联句诗。事迹见《梁书》卷四一、《南史》卷三九。

杨坚(—604)、释智脱(—607)生(《隋书·杨坚传》、《续高僧传·隋东都内慧日道场释智脱传》)。

按：《续高僧传·隋东都内慧日道场释智脱传》载释智脱"(大业)三年正月九日……端坐正念无常，时年六十有七"。卒于隋大业三年，逆推当生于本年。

梁大同八年　西魏大统八年　东魏兴和四年　壬戌　542年

正月，梁安成大族刘敬躬据郡起兵，建元永汉，攻庐陵，逼豫章(《梁书·武帝纪》)。

四月，东魏遣李绘访梁(《魏书·孝静帝纪》)。

十二月辛亥，东魏遣阳斐访梁(《魏书·孝静帝纪》)。

鼠疫自君士坦丁堡蔓延整个欧洲。

拜占庭帝查士丁尼一世取消罗马执政官职务。

庾信为郢州别驾,随湘东王萧绎讨刘敬躬众,与萧绎在江陵商讨中流水战战术(倪璠《庾子山年谱》)。

按：刘敬躬众闻庾信之名,皆四散而逃。梁廷讨刘敬躬一役,庾信实有其功。

江总转为侍郎,与张缵、王筠、刘之遴等交游甚密,其和萧衍《述怀诗》,深为衍称赏(《陈书·江总传》)。

袁宪十四岁,被召为国子《正言》生(《陈书·袁宪传》)。

陆琼六岁,为五言诗,颇有词采(《陈书·陆琼传》)。

圣吉尔达斯著书《关于大不列颠的兴起和征服》,是不列颠早期历史的重要资料。

萧衍著《孔子正言章句》20卷,诏下国学,宣制旨义,又作《撰孔子正言章句竟述怀诗》、《赠谥顾协诏》。

按：据《陈书·袁宪传》曰："大同八年,武帝撰《孔子正言章句》,诏下国学,宣制旨义。"故将同内容的述怀诗亦系于此。又,《梁书·顾协传》曰："大同八年,(顾协)卒,时年七十三。高祖悼惜之,手诏曰：'员外散骑常侍、鸿胪卿、兼中书通事舍人顾协,廉洁自居……可赠散骑常侍,令便举哀,谥曰温子。'"故将此诏系于是年。

释昙林作《毗邪娑问经翻译记》、《奋迅王问经翻译记》、《金色王经翻译记》、《不必定入定入印经翻译记》。

按：文中有"兴和四年岁次壬戌月建在申朔次乙丑建功,辛巳甲午毕功",月建在申为七月。《奋迅王问经翻译记》文中有"兴和四年岁次壬戌月建在申朔次乙丑甲午之日,启夹创笔,凡有一万八千三百四十一字"。《金色王经翻译记》文中有"兴和四年岁次壬戌月建在酉朔次乙未癸丑日译,乙卯毕功",月建在酉为八月。《不必定入定入印经翻译记》文中有"兴和四年岁次降娄月建在戌朔次甲子壬午之日",月建在戌为九月。参见胡全银《〈全后魏文〉编年补正》。

东魏高澄主持重译《不必定入定入印经》,有题记。

按：纸质。墨书。敦煌藏经洞出品。其题记稍残,存9行,行15—17字,曰："出世治道,亦名为印。此经印记,或然不然。私情有指,未许官用。何者私情？今且当向发心修行证会,名入所乘,强劣有定不定,证说定,入说不定,入言义。如是决定名印说,如是故名如是经。其门要密通□。魏尚书令仪同高公,深知佛法,出自中天,翻为此典,万末有一采挟集人,在第更译。沙门昙林、瞿昙流支。兴和四年岁次降楼(娄),月建在戌,朔次甲子,壬午之日。出此如左。九千一百九十三字。"

西魏维那僧救写《大般涅槃经》,卷一五有题记。

按：纸质。墨书。敦煌藏经洞出品。其卷一五有题记,全52字,曰："瓜州沙门维那僧救,咸(减)割衣钵之余,敬写涅槃经一部。因此之福,愿七世师尊父母,及一切含生有识,早成正觉。大统八年八月廿七日。"

西魏维那僧救写《大般涅槃经》,卷三有题记。

按：纸质。墨书。敦煌藏经洞出品。其卷三有题记,全2行,行22—25字,曰："瓜州沙门维那僧救,减割衣钵之余,敬写涅槃经一部。因此之善,愿七世师尊父母,及一切含生有识,发菩提心,早成正觉。"

西魏敦煌太守邓季彦妻元法英供养《贤愚经》,卷一有题记。

按：纸质。墨书。敦煌藏经洞出品。其卷一有题记,全2行,行8字,曰："敦煌太守邓季彦妻元法英供养为一切。"

西魏瓜州刺史邓彦妻昌乐公主元写《摩诃衍经》(大智度论),卷八有题记。

> **按**：纸质。墨书。敦煌藏经洞出品。其卷八有题记，全85字，曰："大魏大代大统八年十一月十五日，佛弟子瓜州刺史邓彦妻昌乐公主元，敬写摩诃衍经一百卷。……"

顾协卒（470—　），字正礼，吴郡吴人。晋待中顾和七世孙。起家扬州议曹从事史，兼太学博士，举秀才。临川王肃宏闻其名，召掌书记。官至员外散骑常侍、鸿胪卿，兼中书通事舍人。博览群书，于文字与禽兽草木尤称精详。撰《异姓苑》五卷，《琐语》十卷，现存于世。事迹见《梁书》卷三〇、《南史》卷六二。

释昙鸾卒（476—　）。昙鸾，雁门人。出家即观内外经籍，尤研《四论佛》。读大集而恨词义深密，因而注解文言。大通中，尝渡江从陶弘景问方术之学。后至洛下，遇菩提流支，弃陶弘景方术，更受佛法。返魏后魏帝重之，称其"神鸾"，敕住并州大寺，晚移住汾州玄中寺。事迹见《续高僧传》卷六。

> **按**：昙鸾为佛教净土宗之祖师。据《续高僧传》载：昙鸾晚年聚徒蒸业，撰写《往生论注》，又称《无量寿经优婆提舍愿生偈注》和《略论安乐净土义》，从理论上和方法上对净土教义作了全面阐述，使净土宗成为一个成熟的教派。详见梁锦秀《玄中寺非昙鸾建寺考》。

裴伯茂卒（504—　）。伯茂，河东人。少有风望，学涉群书，文藻富赡。释褐奉朝请，京兆王继引为铠曹参军。后迁散骑常侍、典起居注。永熙时为广平王元赞文学，尝作《豁情赋》。迁都于邺，伯茂又为《迁都赋》。伯茂曾作《晋书》，未就而卒。所作赋今佚，唯《豁情赋序》存《魏书》本传，严可均辑入《全后魏文》卷三九。事迹见《魏书》卷八五、《北史》卷三七。

陆琛（　—583）、萧岿（　—585）、释昙迁（　—607）、柳䛒（　—610）生（《陈书·陆琛传》、《隋书·萧岿传》、《续高僧传·隋西京禅定道场释昙迁传》、《隋书·柳䛒传》）。

> **按**：《隋书·柳䛒传》谓从幸扬州，卒年六十九。检《隋书·炀帝纪》，初幸扬州在大业六年，再幸在十二年。时天下尚未乱，当是六年（610）事，逆推当生于是年。《续高僧传·隋西京禅定道场释昙迁传》载释昙迁卒于隋大业三年，时年六十七岁，逆推当生于本年。

梁大同九年　西魏大统九年　东魏孝静帝武定元年
癸亥　543年

正月壬戌，东魏改元武定（《魏书·孝静帝纪》）。

八月，东魏遣李浑访梁（《魏书·孝静帝纪》）。

十一月,东魏在肆州北山筑长城,西自马陵、东至土隥,40日而罢(《魏书·孝静帝纪》)。

谢举三月以太子詹事为尚书仆射(《梁书·武帝纪》)。

张缵四月为湘州刺史,述职途中作《南征赋》(《梁书·张缵传》)。

祖珽以《华林遍略》数帙,质钱樗蒲,为东魏高澄杖四十(《北齐书·祖珽传》)。

按:《华林遍略》是萧梁编辑的一部700卷的类书,纸质卷轴形式。《北齐书·祖珽传》曰:"(祖珽)事文襄(高澄)。州客至,请卖《华林遍略》。文襄多集书人,一日一夜写毕,退其本曰:'不须也。'珽以《遍略》数帙质钱樗蒲,文襄杖之四十。"由此可见,当时扬州书商(即州客)已远至东魏贩卖图书。而文襄为节省钱财,招雇佣书人,一日一夜竟然将如此浩繁的书籍抄写完毕,足见佣书业极为繁荣发达。又因祖珽以数帙便得质钱,可知此书之昂贵和当时北魏访求书籍、特别是对南朝书籍的重视程度。故可推知,南北虽因战事对峙,但文化学术的交流并未阻断。

顾野王著《玉篇》成。

按:《玉篇》仿《说文解字》体例,以反切注音,引书证详加解说,对字形重视篆隶之流变,为《说文解字》之后又一部大型字书。《隋书·经籍志》著录30卷,与今本同。又据宋本《玉篇》卷首云:"梁大同九年三月二十八日黄门侍郎兼太学博士顾野王撰本,唐上元元年甲戌岁四月十三日南国处士富春孙强增加字三十卷,凡五百四十二部。"故系于此。此书至宋真宗大中祥符六年(1013),陈彭年等又重修。故宋本《玉篇》已非顾野王时原貌。

刘之遴作《乞皇太子为刘显志铭启》、《应皇太子令为刘显墓志铭》。

按:《梁书·刘显传》曰:"大同九年,王迁镇郢州,(刘显)除平西谘议参军,加戎昭将军。其年卒,时年六十三。友人刘之遴启皇太子曰:'……窃痛友人沛国刘显,韫椟艺文,研精覃奥,聪明特达,出类拔群。阖棺郢都,归魂上国,卜宅有日,须镌墓板。之遴已略撰其事行,今辄上呈。'"

张缵作《南征赋》。

按:此赋颇长,结构宏大,在南朝诸赋中当称翘楚,它表达了张缵随遇而安的宇宙人生观。《梁书·张缵传》曰:"九年,迁宣惠将军、丹阳尹,未拜,改为使持节、都督湘桂东宁三州诸军事、湘州刺史。述职经途,乃作《南征赋》……"又由文中"月惟中吕,余谒帝于承明",更确知张缵于是年四月回都述职,故系于此。缵尚有《离别赋》、《怀音赋》、《妒妇赋》等,亦有清致。

释僧畴作《解脱戒本经序》。

按:据文中"大魏武定癸亥之年,在邺京都侍中、尚书令高澄请为出焉",故系于是年。

佚名作《正法念处经序》。

按:据文中"起自兴和岁阳玄黓,终于武定渊献之年,条流积广,合七十卷",知为武定元年时作。太岁纪年法,渊献,太岁在亥,武定渊献之年为武定癸亥,即武定元年。参见胡全银《〈全后魏文〉编年补正》。

西魏尼贤玉写《大比丘尼羯磨》一卷,有题记。

按:纸质。墨书。敦煌藏经洞出品。其题记全5行,行21—31字,曰:"大统九年七月六日己丑朔写讫。比丘尼贤玉所供养。比丘尼贤玉起发写羯磨经一卷……"

刘显卒(481—)。显字嗣芳,本名颢,沛郡柤人。幼聪敏,张融誉为神童。梁天监初,举秀才。曾任中军临川王行参军、尚书仪曹郎。又为鄱阳王萧恢记室,兼中书舍人,与裴子野、刘之遴、顾协连职禁中,递相师友。显博学多通,识古文字,任昉尝得一缺简书,人莫能识,显定为古文《尚书》逸篇。北魏人曾献古器,上有文字,显读之,考校年月,一字不差。刘显能诗,尝作《上朝诗》,沈约命人书之于壁。逯钦立《先秦汉魏晋南北朝诗·梁诗》卷一七载其诗1首。事迹见《梁书》卷四〇、《南史》卷五〇。

蔡凝(—589)生(《陈书·蔡凝传》)。

按:《陈书·蔡凝传》载"陈亡入隋,于道病卒,明年四十七"。祯明三年(589)陈亡,据此逆推当生于本年。

梁大同十年　西魏大统十年　东魏武定二年　甲子　544年

正月,交州李贲在交趾自称越帝,置百官(《梁书·武帝纪》)。

三月甲午,梁武帝至故乡南兰陵谒陵。

按:《梁书·武帝纪》曰:"大同十年三月,帝幸兰陵,谒建陵;壬寅,诏曰……又作《还旧乡》诗。……己酉,幸京口城北固楼,改名北顾。……秋九月,诏曰:'今兹远近……凡天下罪无轻重,已发觉未发觉,时捕未擒者,皆赦宥之。'"

己酉,梁武帝登京口城北固楼,改名北顾(《梁书·武帝纪》)。

庚戌,梁武帝幸回宾亭,宴请故乡奉迎候者数千人,各奖钱2千(《梁书·武帝纪》)。

五月甲午,东魏遣魏季景访梁(《魏书·孝静帝纪》)。

十月,东魏遣使括户(《资治通鉴·梁纪一四》)。

按:东魏因丧乱之后,户口失实,徭赋不均。丁巳,以孙腾、高隆之为括户大使,分行诸州,得无籍之户六十余万,侨居者均勒还本籍。

是年,西魏苏绰为官员制六条诏书,又增删律令(《六朝建康通纪纲目·梁都建康篇》)。

按:《周书·苏绰传》曰:"(西魏大统)十年,授大行台度支尚书,领著作,兼司农卿。太祖方欲革易时政,务弘强国富民之道,故绰得尽其智能,赞成其事。减官员,置二长,并置屯田以资军国。又为六条诏书,奏施行之。其一,先治心……其二,敦教化……其三,尽地利,其四,擢贤良……其五,恤狱讼……其六,均赋役……太祖甚重之,常置诸座右。又令百司习诵之。其牧守令长,非通六条及计帐者,不得居官。"

萧纲三月随梁武帝回故乡(《梁书·简文帝纪》)。

刘孝仪为伏波将军,出为临海太守(《梁书·刘潜传》)。

苏绰授大行台度支尚书,领著作,兼司农卿。

按:《周书·苏绰传》曰:"(西魏大统)十年,授大行台度支尚书,领著作,兼司农卿。"

魏收除东魏正常侍,领兼中书侍郎,奉命修撰国史(《北齐书·魏收传》)。

杜弼奉上《老子道德经注》,东魏孝静帝敕杀青编藏于延阁(《北齐书·杜弼传》)。

梁武帝返里期间,作《赦诏》、《还旧乡诗》、《登北顾楼诗》。

按:参见是年"三月甲午,梁武帝至故乡南兰陵谒陵"条。

萧纲作《奉和登北顾楼诗》、《大同十年十月戊寅诗》、《饯临海太守刘孝仪蜀郡太守刘孝胜诗》、《大同十年十一月庚戌诗》。

按:萧纲这几篇文章皆系随梁武帝回故乡时奉和梁武帝诗作的作品,故系于此。

陆云公受诏校定《棋品》。

按:《陈书·陆琼传》曰:"大同末,云公受梁武帝诏校定《棋品》,到溉、朱异以下并集,琼时年八岁,于客前覆局,由是京师号曰神童。异言之武帝,有敕召见,琼风神警亮,进退详审,帝甚异之。"此为中国较早的关于棋艺评论的著作,据文中所言,故系于是年。

贾思勰约是年著成《齐民要术》。

按:《齐民要术》是中国完整保存至今最早的一部古农书。全书10卷92篇。《史记》曰:"齐民无盖藏。集解如淳曰:齐等,无有贵贱,故谓之'齐民',若今言'平民'矣。"又序言曰:"今采摭经传,爰及歌谣,询之老成,验之行事。起自耕农,终于醯醢,资生之业,靡不毕书。号曰《齐民要术》。"此书比较系统地总结了六世纪以前黄河中下游地区劳动人民的丰富的农业生产经验,显示出当时农业水平达到了相当高度。

李谐卒(496—)。谐字虔和,顿丘人。袭父爵为彭城侯。自太尉参军累官至金紫光禄大夫。东魏孝静帝初,官散骑常侍,曾奉使至梁,江南人称其有才辩。《隋书·经籍志》著录后魏司农卿《李谐集》10卷。严可均《全后魏文》卷三五载其文1篇。逯钦立《先秦汉魏晋南北朝诗·北魏诗》卷二载其诗2首。事迹见《魏书》卷六五、《北史》卷六六。

按:《魏书·李谐传》曰:"(李谐)风流闲润,博学有文辩,当时才俊,咸相钦赏。"可见其亦有才名。

刘焯(—610)生(《隋书·刘焯传》)。

按:《隋书·刘焯传》载刘焯卒于隋炀帝大业六年,年六十七岁,逆推当生于本年。

梁大同十一年　西魏大统十一年　东魏武定三年
乙丑　545年

正月，东魏遣使李奖访梁(《魏书·孝静帝纪》)。

东魏仪同尔朱文畅、任胄等谋杀高欢，事泄皆死。东魏从高欢所奏，正月丁未，置晋阳官；二月庚申，孝静帝纳吐谷浑可汗从妹(《资治通鉴·梁纪一五》)。

西魏遣使安诺盘陀与突厥通好，其国人皆喜曰："大国使者至，吾国将兴矣。"(《资治通鉴·梁纪一五》)

六月东魏高欢惧柔然与西魏连兵，遂娶柔然头兵可汗之女为妻，号曰蠕蠕公主(《资治通鉴·梁纪一五》)。

十月乙未，梁武帝颁诏复开赎刑(《梁书·武帝纪》)。

是月，东魏遣尉瑾访梁(《魏书·孝静帝纪》)。

十二月，西魏在城南修筑圜丘(《资治通鉴·梁纪一五》)。

贺琛启陈时弊四条，主张省事息费，养民聚财，遭武帝斥责(《资治通鉴·梁纪一五》)。

庾信为通直散骑常侍、正员郎，七月与散骑常侍徐君房出使东魏。返国后，为东宫学士、东宫领直(《周书·庾信传》、《北史·庾信传》)。

按：自大同二年至十一年，东魏数次来聘，梁亦报聘。初，侯景内附而与东魏绝。是年，梁再与东魏通好，庾信等人作为使臣出使东魏。然东魏再次通好而侯景反。

杜弼作《上〈老子道德经注〉表》。

按：《北齐书·杜弼传》曰："弼性好名理，探味玄宗，自在军旅，带经从役。注老子《道德经》二卷，表上之曰……"魏宏利《〈全北齐文〉编年考》曰："据弼本传，其上表在武定元年高欢破宇文泰于邙山后，传于本文后续称'武定中，迁卫尉卿。会梁遣贞阳侯萧明等入寇彭城'云云，贞阳侯萧明侵齐在武定五年，又《道德经注》完成后曾上于高欢，高欢于武定五年正月卒，则本文作时至晚不出武定四年，或在二、三年间，今姑系本文于武定三年。"

萧纲作《谢上降为开讲启》。

按：此文为萧纲谢梁武帝来年讲解《三慧经》所作，文见《广弘明集》卷一九，曰："臣纲启，舍人徐俨奉宣敕旨，无碍大慈，不违本誓。来岁正月，开说《三慧经》……"

苏绰作《大诰》。

按：据《周书·苏绰列传》曰："自有晋之季，文章竞为浮华，遂成风俗。太祖欲革其弊，因魏帝祭庙，群臣毕至，乃命绰为大诰，奏行之。其词曰：'惟中兴十有一年，仲夏,庶邦百辟,咸会于王庭。柱国泰泊群公列将,罔不来朝。时乃大稽百宪,敷于庶邦,用绥我王度。……'六月丁巳,皇帝朝格于太庙,凡厥具僚,罔不在位……自是之后,文笔皆依此体。"苏绰此文完全模仿《尚书》,后世论者认为其"虽属词有师古之美,矫枉非适时之用,故莫能常行焉"。

皇侃卒(488—)。侃,吴郡人。少好学,师从会稽贺场,尽通其学,尤明《三礼》、《孝经》、《论语》。曾任国子助教,于学讲说,听者数百人。性至孝,常日限诵《孝经》二十遍。著有《论语义疏》,略于名物制度,而以老、庄、玄学解经。另撰有《丧服文句义疏》、《丧服问答目》、《礼记义疏》、《礼记讲疏》、《孝经义疏》,均已散佚。清马国翰《玉函山房辑佚书》中辑有《礼记皇氏义疏》4卷。事迹见《梁书》卷四八、《南史》卷七一。

按:皇侃的《论语义疏》至南宋时亡佚。清乾隆间从日本引回,收进当时所编的《四库全书》中;另外,清代的《古经解汇函》中亦有刻本,这是南朝经疏仅存的一部。

牛弘(—610)生(《隋书·牛弘传》)。

梁大同十二年 中大同元年 西魏大统十二年 东魏武定四年 丙寅 546年

东哥特国王托提拉入罗马。

三月庚戌,梁武帝出驾同泰寺,停寺省,讲《金字三慧经》,舍身(《梁书·武帝纪》)。

四月丙戌,梁皇太子以下赎还。梁武帝仍在同泰寺解讲,设法会,大赦,改元中大同。当夜浮图失火,梁武帝诏令重造十二层浮图(《梁书·武帝纪》、《佛祖统纪·法运通塞志》)。

七月壬寅,东魏遣元廓访梁(《魏书·孝静帝纪》)。

十月,东魏高欢率兵大举围攻西魏玉壁,西魏守将韦孝宽随机应付,坚守城郭50日,东魏丧兵7万人(《北齐书·神武纪下》)。

十一月,高欢染病,东魏大军退兵(《资治通鉴·梁纪一五》)。

是年,高欢败于西魏,使斛律金唱民歌《敕勒歌》,而自和之,以激励士气(《资治通鉴·梁纪一五》)。

按:据《北齐书·神武纪》载,歌本鲜卑语,易以齐言。《敕勒歌》由此传播于世。

杜之伟为东宫学士,与刘陟等抄撰群书(《陈书·杜之伟传》)。
庾信仍为东宫学士,领建康令(《周书·庾信传》)。
高澄迁东魏洛阳《石经》五十二碑于邺(《资治通鉴·梁纪一五》)。
魏收兼东魏著作郎(《北齐书·魏收传》)。
李铉以去圣久远,文字多有乖谬,遍览《说文》、《仓雅》,删正六艺经注之谬字(《北齐书·李铉传》)。

按：李铉时仕于东魏。

赵文深、黎季明、沈遐等奉西魏命正定古今文字，依《说文》及《字林》刊定六体，成万余言(《北史·赵文深传》)。

西天竺僧拘那罗陀(释真谛)抵南海。

按：《续高僧传·陈南海郡西天竺沙门拘那罗陀传》曰："拘那罗陀，陈言'亲依'，或云波罗末陀，译名真谛，并梵文之名字也。……以大同十二年八月十五日，达于南海，沿路所经，乃停两载。"

梁武帝萧衍作《犯罪者父母祖父母勿坐诏》。

按：《犯罪者父母祖父母勿坐诏》载于《梁书·武帝纪》，诏中以孝慈为怀的心境当与萧衍虔诚的崇佛态度相关。

谢郁作《致书戒何敬容》。

按：《梁书·何敬容传》曰："(中大同)十一年，坐妾弟费慧明为导仓丞，夜盗官米，为禁司所执，送领军府。……御史中丞张绾奏敬容挟私罔上，合弃市刑，诏特免职。……中大同元年三月……寻起为金紫光禄大夫，未拜，又加侍中。敬容旧时宾客门生喧哗如昔，冀其复用。会稽谢郁致书戒之曰：'草莱之人，闻诸道路，君侯已得瞻望朝夕，出入禁门，醉尉将不敢呵，灰然不无其渐，甚休，甚休！敢贺于前，又将吊也。……仆东皋鄙人，入穴幸无衔窭，耻天下之士不为执事道之，故披肝胆，示情素，君侯岂能鉴焉。'"

刘之遴上《春秋义》，梁武帝萧衍作《答刘之遴上春秋义诏》。

按：《答刘之遴上春秋义诏》载于《梁书·刘之遴传》，文曰："省所撰《春秋义》，比事论书，辞微旨远。编年之教，言阐义繁，丘明传洙、泗之风，公羊禀西河之学，铎椒之解不追，瑕丘之说无取。继踵胡母，仲舒云盛，因循《谷梁》，千秋最笃。张苍之传《左氏》，贾谊之袭荀卿，源本分镳，指归殊致，详略纷然，其来旧矣。昔在弱年，乃经研味，一从遗置，迄将五纪。兼晚冬晷促，机事罕暇，夜分求衣，未遑搜括。须待夏景，试取推寻，若温故可求，别酬所问也。"

祖珽因陈元康荐作并州《定国寺碑》文。

按：《北齐书·祖珽传》曰："(祖珽)又与令史李双、仓都成祖等作晋州启，请粟三千石，代功曹参军赵彦深宣神武教……神武大怒，决鞭二百，配甲坊，加钳刑，其谷备征。未及科，会并州定国寺新成，神武谓陈元康、温子昇曰：'昔作《芒山寺碑》文，时称妙绝，今《定国寺碑》当使谁作词也？'元康因荐珽才学，并解鲜卑语。乃给笔札，就禁所具草。二日内成，其文甚丽。神武以其工而且速，特恕不问，然犹免官散参相府。"温子昇于东魏孝静帝武定元年(543)作《芒山寺碑》文，神武谓"昔"，则说话时间当在几年之后，而神武帝高欢死于武定五年(547)正月，故此事姑系于此。

孔子祛卒(496—　)。子祛，会稽山阴人。初为长沙嗣王侍郎，兼国子助教，迁西省学士，累官至通直正员郎。著有《尚书义》20卷、《集注尚书》30卷、续朱异《集注周易》100卷、续何承天《集礼论》150卷。事迹见《梁书》卷四八、《南史》卷七一。

按：孔子祛为孔子三十二代孙，精通儒经。《梁书·孔子祛传》曰："(子祛)少孤贫好学，耕耘樵采，常怀书自随，投闲则诵读。勤苦自励，遂通经术，尤明《古文尚书》。初为长沙嗣王侍郎，兼国子助教，讲《尚书》四十遍，听者常数百人。……高祖撰《五经讲疏》及《孔子正言》，专使子祛检阅群书，以为义证。事竟，敕子祛与右卫朱异、左丞贺琛于士林馆递日执经。"可见孔子祛由儒学造诣而为梁武帝所重。

苏绰卒（498— ）。绰字令绰，武功人。为西魏宇文泰所信任，官至大行台度支尚书，兼司农卿，朝政文诰多出其手。曾拟六条诏书，改革时政。又撰写《大诰》，以斥西晋以来浮华文风。晚年奉命依《周礼》改定官制，未成而卒。又尝著《佛性论》、《七经论》行于世，今佚。严可均《全后魏文》卷五五载其文2篇。事迹见《周书》卷二三、《北史》卷六三。

梁中大同二年　太清元年　西魏大统十三年东魏武定五年　丁卯　547年

正月丙午，东魏渤海献武王高欢死。世子高澄秘不发丧（《北齐书·文襄帝纪》）。

辛亥，东魏侯景以河南叛，归附西魏。东魏派司空韩轨攻侯景（《资治通鉴·梁纪一六》）。

二月，侯景又遣使欲以河南十三州归附梁朝，武帝不听群臣劝谏，决定接纳侯景，任为河南王（《资治通鉴·梁纪一六》）。

三月甲辰，并遣羊鸦仁等将兵3万去悬瓠迎接侯景（《资治通鉴·梁纪一六》）。

三月庚子，梁武帝幸同泰寺，设无遮大会，行清净大舍，名曰"羯磨"。以五明殿为房，设素木床、葛帐、土瓦器（《梁书·武帝纪》）。

乙巳，梁武帝升光严殿，讲《金字三慧经》，舍身（《梁书·武帝纪》）。

是月，西魏以侯景为太傅、上谷公（《资治通鉴·梁纪一六》）。

四月庚午，群臣以钱一亿万奉赎皇帝菩萨（《梁书·武帝纪》）。

丁亥，梁改元太清（《梁书·武帝纪》）。

五月丁酉，梁武帝幸德阳堂，宴群臣，设丝竹乐（《梁书·武帝纪》）。

六月，西魏宇文泰恐侯景投降有诈，召其入朝，欲解除武装，景不从，遂遗书降梁，西魏援将任约及部众千余人随景奔梁（《资治通鉴·梁纪一六》）。

七月丁酉，东魏为高欢举丧，赠相国、齐王，备九锡殊礼（《资治通鉴·梁纪一六》）。

十一月乙亥，梁以侯景之请，立元贞为咸阳王，资以兵力，使还北即位（《资治通鉴·梁纪一六》）。

萧子云复为侍中,国子祭酒,领南徐州大中正(《梁书·萧子云传》)。

萧绎正月为镇西将军,荆州刺史(《梁书·元帝纪》)。

刘孝仪出为明威将军、豫章内史(《梁书·刘孝仪传》)。

按:《梁书·刘孝仪传》曰:"太清元年,出为明威将军,豫章内史。"

岑之敬表请试吏,除南沙吏。

按:《陈书·岑之敬传》曰:"太清元年,表请试吏,除南沙吏。"

陆琼十一岁,丁父忧,毁瘠有至性(《陈书·陆琼传》)。

按:陆琼为陆云公之子。

荀济上书论佛教十等罪恶(《北史·荀济传》)。

释安廪是年回到江南,住天安寺,讲《华严经》(《续高僧传·陈钟山耆阇寺释安廪传》)。

梁武帝萧衍作《赗陆云公手诏》、《敕贞阳侯渊明》(《梁书·陆云公传》、《南史·萧渊明传》)。

按:《赗陆云公手诏》载于《梁书·陆云公传》,是梁武帝萧衍为陆云公离世而作,颇见敬贤之意,曰:"给事黄门侍郎、掌著作陆云公,风尚优敏,后进之秀。奄然徂谢,良以恻然,可克日举哀,赗钱五万,布四十匹。"《敕贞阳侯渊明》则是命萧渊明镇彭城时作,据《南史·萧渊明传》:"武帝既纳侯景,大举北侵……诏改以明代为都督水陆诸军趣彭城,大图进取。敕曰:'侯景志清邺、洛,以雪仇耻。其先率大军,随机抚定。汝等众军可止于寒山筑堰,引清水以灌彭城。大水一泛,孤城自殄,慎勿妄动。'"

崔昂作《齐献武王庙制议》。

按:《魏书·礼志二》曰:"武定六年二月,将营齐献武王庙,议定室数、形制。兼度支尚书崔昂、司农卿卢元明、秘书监王元景、散骑常侍裴献伯、国子祭酒李浑、御史中尉陆操、黄门侍郎李骞、中书侍郎阳休之、前南青州刺史郑伯猷、秘书丞崔劼、国子博士邢峙、国子博士宗惠振、太学博士张毓、太学博士高元寿、国子助教王显季等议……"

张缵作《与陆襄、陆晏子书》以哀悼陆云公(《梁书·陆云公传》)。

杨衒之著《洛阳伽蓝记》。

按:《洛阳伽蓝记序》曰:"至武定五年,岁在丁卯,余因行役,重览洛阳。城郭崩毁,宫室倾覆,寺观灰烬,庙塔丘墟。墙被蒿艾,巷罗荆棘。野兽穴于荒阶,山鸟巢于庭树。游儿牧竖,踯躅于九逵;农夫耕老,艺黍于双阙。麦秀之感,非独殷墟,黍离之悲,信哉周室!京城表里,凡有一千余寺,今日寮廓,钟声罕闻。恐后世无传,故撰斯记。"可见此书是表现北魏洛阳佛寺兴衰的寺院志。此书共分城内、城东、城南、城西、城北五卷,每卷以佛寺为纲记载其兴废,也描绘了附近的一些建筑,并记述了北魏宋云承旨往佛教发源地天竺国求经的情景,内容涉及当时政治、经济、社会、人物、风俗、文学、艺术、思想、宗教、地理及传说掌故等多方面,极为丰富。全书叙事繁而不乱,文字骈散结合,清新简洁。《四库全书总目》曰:"体例绝为明晰。其文秾丽秀逸,烦而不厌,可与郦道元《水经注》肩随。其兼叙尔朱荣等变乱之事,委曲详尽,多足与史传参证。其它古迹艺文,及外国土风道里,采撷繁富,亦足以广异闻。"此书有很高的史料和文学价值。今有周祖谟《洛阳伽蓝记校释》、范祥雍《洛阳伽蓝记校注》。

王籍卒(480—　)。籍字文海，琅邪临沂人。王僧佑之子。少有才气，为沈约、任昉所称赏。历余姚、钱塘令、湘东王谘议参军。曾至会稽，游若耶溪，留下"蝉噪林逾静，鸟鸣山更幽"的佳句，当时以为文外独绝。王籍为诗慕谢灵运，时人咸谓康乐之有王籍，犹仲尼之有丘明，老聃之有庄周。善书法，庾肩吾《书品》将其列入下中品。梁萧绎集其遗文为10卷，佚。逯钦立《先秦汉魏晋南北朝诗·梁诗》卷一七载其诗2首。事迹见《梁书》卷五○、《南史》卷二一。

温子昇卒(495—　)。子昇字鹏举，自云太原人，家居济阴冤句。家世贫寒，初为广阳王渊贱客，在马坊教诸奴子书，常景赏其所作《侯山祠堂碑文》，由是少知名。读书刻苦，博览百家。熙平初，对策高第，补御史，掌台中文书，高澄引为谘议参军。后元瑾、刘思逸等作乱，高澄疑其同谋，下狱死。著有《永安记》3卷。《隋书·经籍志》著录后魏散骑常侍《温子昇集》39卷，已散佚，今传有明人张溥所辑《温侍读集》。严可均《全后魏文》卷五一载其文27篇。逯钦立《先秦汉魏晋南北朝诗·北魏诗》卷二载其诗11首。事迹见《魏书》卷八五、《北史》卷八三。

按：温子昇是晋温峤的后代，北魏孝明帝初年，选拔辞人充御史之职，温子昇在八千名考生中名列榜首而得中。他的诗文与文学家邢卲齐名，与邢卲、魏收并称"北地三才"。济阴王元晖夸他的诗文胜过南朝宋谢灵运、梁沈约，梁武帝萧衍也曾经称赞他如"曹植、陆机复生于北土"。

谢蔺卒(510—　)。蔺字希如，陈郡阳夏人。阮孝绪之甥。历任王府法曹参军、外兵记室参军散骑常侍等。曾奉敕作过《北兖州刺史萧楷德政碑》、《宣城王奉述》、《中庸颂》。所作诗、赋、碑、颂凡数十篇，皆不存。事迹见《梁书》卷四七、《南史》卷七四。

陆云公卒(511—　)，云公字子龙，吴郡吴人。五岁诵《论语》、《毛诗》，九岁读《汉书》，略能记忆。尝著《太伯庙碑》，张缵读其文，赞为"今之蔡伯喈"。梁武帝召为仪曹郎，累迁中书黄门侍郎，兼掌著作。尝奉诏校定《棋品》。《隋书·经籍志》著录梁黄门郎《陆云公集》10卷。严可均《全梁文》卷五三载其文3篇。逯钦立《先秦汉魏晋南北朝诗·梁诗》卷一七载其诗1首。事迹见《梁书》卷五○、《南史》卷四八。

梁太清二年　西魏大统十四年　东魏武定六年
戊辰　548年

正月己亥，侯景为东魏慕容绍宗所败，袭据梁寿阳(《资治通鉴·梁纪一七》)。

乙卯，梁以侯景为南豫州牧(《梁书·武帝纪》)。

二月，东魏悉复旧境，大将军高澄遗书于梁，请求复通友好。武帝命群臣朝议。朱异、傅歧各执一词,武帝终从异言,赐书东魏同意通好(《资治通鉴·梁纪一七》)。

五月,梁遣谢挺、徐陵等访东魏,复通友好(《资治通鉴·梁纪一七》、《陈书·徐陵传》)。

八月庚寅,东魏略江淮之北,约获二十三州(《资治通鉴·梁纪一七》)。

戊戌,侯景据寿阳,以诛中领军朱异等为名举兵反梁,梁武帝下诏讨伐侯景(《资治通鉴·梁纪一七》)。

十月,侯景连下谯州、历阳,引兵临江,直入建康,围攻台城(《资治通鉴·梁纪一七》)。

十一月,侯景立临贺王萧正德为帝,即位于仪贤堂,建元正平,立世子见理为皇太子,景自为丞相(《资治通鉴·梁纪一七》)。

十二月,梁各方援军屡屡败于侯景(《资治通鉴·梁纪一七》)。

萧纶三月己未以镇东将军、南徐州刺史为平南将军、湘州刺史、同三司之仪。五月辛丑又为安前将军、开府仪同三司,八月督军讨侯景(《梁书·武帝纪》)。

朱异八月以右卫将军为中领军(《梁书·武帝纪》)。

沈众被梁武帝遥授为太子右卫率(《陈书·沈众传》)。

江总敕与徐陵使魏,以疾辞(《陈书·江总传》)。

谢挺、徐陵等五月奉敕使东魏,徐陵自此羁留东魏达七年之久(《陈书·徐陵传》、《资治通鉴·梁纪一七》)。

按:《陈书·徐陵传》载,徐陵为通直散骑常侍,六月出使东魏,魏人授馆宴会。是日甚热,其主客魏收嘲陵曰:"今日之热,当由徐常侍来。"陵即答曰:"昔王肃至此,为魏始制礼义;今我来聘,使卿复知寒暑。"收大惭。后陵遇侯景叛乱,留东魏不得归,长达七年之久。

颜晃西奔荆州依萧绎(《陈书·颜晃传》)。

徐伯阳浮海南至广州,依于刺史萧勃(《陈书·徐伯阳传》)。

许亨避地郢州(《陈书·许亨传》)。

杜之伟逃往山中(《陈书·杜之伟传》)。

萧子云逃往民间(《梁书·萧子云传》)。

陆琼携母避地县之西乡,昼夜苦读,遂博学(《陈书·陆琼传》)。

杜弼四月与邢邵、魏收等讲说佛理(《北齐书·杜弼传》)。

柳虬除西魏秘书丞,领著作。

按:《北史·柳虬传》曰:"十四年,柳虬除西魏秘书丞,领著作。旧丞不参史事,自虬为丞,始令监掌焉。"

道士张远游、河间赵静通等为东魏厚待,在魏都别置馆宇(《魏书·释老志》)。

天竺僧拘那罗陀(真谛)受敕至建康定居,梁武帝常与之论佛理,供养于宝云殿。

按:《续高僧传·陈南海郡西天竺沙门拘那罗陀传》曰:"以太清二年闰八月,始届京邑。武皇面申顶礼,于宝云殿竭诚供养。"

裴让之作《公馆燕酬南使徐陵诗》。
> 按：此诗见载于《艺文类聚》卷五三,曰:"嵩山表京邑,钟岭对江津。方域殊风壤,分野居星辰。出境君图事,寻盟我恤邻。有才称竹箭,无用忝丝纶。列乐歌钟响,张旗玉帛陈。皇华徒受命,延誉本无因。韩宣将聘楚,申胥欲去秦。方期饮河朔,翻属卧漳滨。礼酒盈三献,宾筵盛八珍。岁稔鸣铜雀,兵戢坐金人。云来朝起盖,日落晚摧轮。异国犹兄弟,相知无旧新。"从中可见南北文化之交流,北方文坛的地位有日益上升之势。

西魏比丘昙惠写《羯磨文》,有题记。
> 按：纸质。墨书。敦煌藏经洞出品。其题记全1行,16字,曰:"大统十四年五月十二日,比丘昙惠所写。"

西魏僧法鸾写《维摩经义记》,卷一有题记。
> 按：纸质。墨书。敦煌藏经洞出品。其卷一有题记,全4行,行3—16字,曰:"释法鸾,共校经道人昙朗、李师即竟。僧法师释大统十四年十月五日,普济寺僧法鸾写讫。"

西魏比丘法众造《大般涅槃经》,卷八有题记。
> 按：纸质。墨书。敦煌藏经洞出品。其卷八有题记,全3行,行7—9字,曰:"大统十四年抄讫比丘法众造大般涅槃经一部,敬写流通。"

到溉卒(477—)。溉字茂灌,彭城武原人。早为任昉所知。初为王国左常侍,历江夏太守、御史中丞、吏部尚书、国子祭酒。因疾失明,以散骑常侍金紫光禄大夫就第养疾。与弟到洽俱有文才,时人比之"二陆"。有文集20卷,佚。事迹见《梁书》卷四〇、《南史》卷二五。
> 按：《南史·到溉传》曰:"梁天监初,昉出守义兴,要溉、洽之郡,为山泽之游。昉还为御史中丞,后进皆宗之。时有彭城刘孝绰、刘苞、刘孺,吴郡陆倕、张率,陈郡殷芸,沛国刘显及溉、洽,车轨日至,号曰兰台聚。"可见到溉兄弟为任昉所重。

刘之遴卒(477—)。之遴字思贞,南阳涅阳人。八岁能属文,十五岁举茂才对策,为沈约、任昉称异。历官宁朔主簿、宣惠记室、中书通事舍人等职。好古爱奇,在荆州聚古器数十百种。好属文,多学古体,通经义,后被梁湘东王萧绎毒杀。《隋书·经籍志》著录刘之遴所著《神录》5卷,梁太常卿《刘之遴前集》11卷、《刘子遴后集》21卷。严可均《全梁文》卷五六载其文8篇。逯钦立《先秦汉魏晋南北朝诗·梁诗》卷一七载其诗1首,残句2句。事迹见《梁书》卷四〇、《南史》卷五〇。
> 按：《梁书·刘之遴传》曰:"之遴笃学明审,博览群籍。……时鄱阳嗣王范得班固所上《汉书》真本,献之东宫,皇太子令之遴与张缵、到溉、陆襄等参校异同。"刘之遴在校定时录其异状数十事,可见其学术洞鉴力。

谢举卒(479—)。举字言扬,陈郡阳夏人。谢朏次子,与兄谢览齐名。年十四赠沈约五言诗,为约称赏。历官秘书郎、仁威将军、晋陵太守。太清中,任尚书令,侯景围建康,卒于围内。曾注《净名经》,擅长玄理及释氏义,常自讲说。所著文集于战乱中散佚。严可均《全梁文》卷四五载其文 1 篇。逯钦立《先秦汉魏晋南北朝诗·梁诗》卷一七载其诗 1 首。事迹见《梁书》卷三七、《南史》卷二〇。

按：《梁书·谢举传》曰："举少博涉多通，尤长玄理及释氏义。为晋陵郡时，常与义僧递讲经论。"可见其与佛学有缘，谢举注《净名经》，当是其佛学造诣的体现。

伏挺卒(484—)。挺字士标(《南史》作士操)，平昌安丘人。七岁通《孝经》、《论语》。少有才思，好属文，其五言诗善仿谢灵运体。其父友任昉见，大加叹异。齐末，州举秀才，对策为当时第一。十八岁被萧衍引为征东行参军，入梁官至晋隆、武康令。卒于侯景乱中。著有《迩说》10 卷、文集 20 卷。严可均《全梁文》卷四〇载其文 1 篇。逯钦立《先秦汉魏晋南北朝诗·梁诗》卷一九载其诗 1 首。事迹见《梁书》卷五〇、《南史》卷七一。

江子一卒(489—)。子一字元贞(《梁书》作元贞，《南史》作元亮)，济阳考城人。初为王国侍郎，奉朝请。其上奏求观秘阁书籍，梁武帝许之，迁尚书仪曹郎，除通直散骑侍郎，出为戎昭将军，南津校尉，卒于侯景之难。曾续著《黄图》及班固《九品》，作辞赋诗文数十篇，均佚。事迹见《梁书》卷四三、《南史》卷六四。

按：《梁书·江子一传》曰："子一少好学，有志操。"从其上奏求观秘阁书籍及续著之作，可见其为学之诚。

羊侃卒(495—)。侃字祖忻，泰州梁甫人。自魏归梁，历官徐州刺史，累迁都官尚书。雅爱文史，博涉书记，尤好《左氏春秋》及《孙吴兵法》。性豪侈，善音律。大同三年因在梁武帝乐游苑宴席上应诏《武宴诗》而深受武帝赞赏。侃自造《采莲》、《棹歌》两曲，亦甚有新致。是年，侯景陷历阳，羊侃率军民苦战，景不能进。其作品今均不存。事迹见《梁书》卷三九、《南史》卷六三。

褚翔卒(505—)。翔字世举，河南阳翟(今河南禹州)人。梁以国子生举高第，除秘书郎，累迁太子舍人、黄门侍郎、长兼侍中、宁远将军北中郎庐陵王长史等职。太清二年，褚翔于侯景围内丁母忧而卒。逯钦立《先秦汉魏晋南北朝诗·梁诗》卷一七载其诗 1 首。事迹见《梁书》卷四一、《南史》卷二八。

江从简卒，生年不详。从简，济阳考城人。江德藻之弟。年十七，作《采荷调》以刺何敬容，为当时所赏。历官司徒从事中郎，卒于侯景之乱。逯钦立《先秦汉魏晋南北朝诗·梁诗》卷一九载其诗 1 首。事迹见《梁书》卷三六、《南史》卷六〇。

按：《梁书·江从简传》曰："(从简)少有文情。"年十七作《采荷调》是一证。

任孝恭卒，生年不详。孝恭字孝恭，临淮人。幼以孝闻，精力勤学。梁武帝召入西省撰史。奉敕制《建陵刹下铭》、《武帝集》序文等。专掌公家书翰，为文敏速，甚得武帝称赞。任孝恭笃信佛教，性颇自伐。卒于侯景之难。《隋书·经籍志》著录梁中书郎《任孝恭集》10 卷。严可均《全梁文》卷六七载其文 12 篇。事迹见《梁书》卷五〇、《南史》卷七二。

梁太清三年　西魏大统十五年　东魏武定七年
己巳　549 年

三月丁卯,侯景攻陷台城(《资治通鉴·梁纪一八》)。

己巳,侯景幽禁梁武帝,废萧正德为大司马。自为都督中外诸军事,大丞相,录尚书事(《资治通鉴·梁纪一八》)。

四月甲辰,东魏高澄进位相国,封齐王,加殊礼(《资治通鉴·梁纪一八》)。

五月丙辰,梁武帝死于净居殿,时年八十六(《梁书·梁武帝纪》、《资治通鉴·梁纪一八》)。

辛巳,梁太子萧纲即皇帝位,是为太宗简文帝(《梁书·简文帝纪》、《资治通鉴·梁纪一八》)。

六月,东魏攻陷西魏长社城(《资治通鉴·梁纪一八》)。

是月,湘东王萧绎承制在江陵起兵讨伐侯景(《资治通鉴·梁纪一八》)。

八月,东魏高澄被膳奴所杀,其弟高洋继掌大权(《资治通鉴·梁纪一八》)。

十一月,百济遣使至梁进献,见建康城残落败象,于台城端门大哭,被侯景幽禁于庄严寺(《资治通鉴·梁纪一八》)。

徐摛为太子中庶子,时侯景攻陷台城,举兵入殿,群臣溃奔,独摛岿然不动,以言折之。梁简文帝即位后,进授左卫将军,固辞不拜(《梁书·徐摛传》)。

庾肩吾为侯景将宋子仙所俘,欲杀之。肩吾乃作诗求释,以为建昌令。后间道奔江陵(《南史·庾肩吾传》)。

萧范据合州求救于东魏,东魏取合州而不救萧范,萧范西行至溢城(《梁书·萧范传》)。

杜弼为东魏高洋兼长史,加卫将军,转中书令,仍长史,进爵定阳县侯(《梁书·萧范传》)。

魏收与崔季舒等奉东魏高洋令掌机密,又撰禅代诏册文(《北齐书·魏收传》)。

萧韶约是年奉诏著《太清纪》。

按:据《梁书·萧韶传》,太清初,萧韶为舍人,台城既陷,乃奉诏西奔,至江陵,人士多令其说台城内事。韶乃作疏一卷,以示问客。湘东王萧绎闻而取看,谓曰:"昔王韶之为隆安纪十卷,说晋末之乱离。今之萧韶亦可为《太清纪》十卷矣。"萧韶乃更为《太清纪》。诏既承旨撰书,多非实录。

萧子范作《简皇后哀策文》。

按：《梁书·太宗王皇后传》："太清三年三月,薨于永福省,时年四十五。其年,太宗即位,追崇为皇后,谥曰简。"《梁书·萧子范传》曰："太宗即位,召为光禄大夫,加金章紫绶,以逼贼不拜。其年葬简皇后,使与张缵俱制哀策文,太宗览读之,曰：'今葬礼虽阙,此文犹不减于旧。'"故系于此年。这是侯景之乱时的作品,从中可见萧梁王室在战乱中尽力维护其皇家尊严的艰难。

张保洛作《造像碑》。

按：碑首有"大魏武定七年十二月八日,前使持节都督夏蔚二州诸军事……安武县开国侯张保洛"云云,姑系于武定七年。

萧衍卒(464—)。萧衍即梁武帝,字叔达,又字练儿,南兰陵人,齐萧道成族弟。齐时任雍州刺史,镇襄阳,乘齐内乱起兵夺位,建立梁朝。即位后重用士族,对宗室诸王多有宽贷,对百姓则用法极严。侯景作乱,困饿忧愤而卒。事迹见《梁书》卷一、《南史》卷六、卷七。

按：萧衍的学术成就是多方面的。据史书可知,萧衍少小能文,及长博学多通,为齐竟陵王萧子良西邸文士"竟陵八友"之一。他颇喜作诗,其《子夜四时歌》、《白纻辞》、《江南弄》等均有名当代。亦通音律,曾自创音器,制乐辞。并善草隶,好骑射。在文学创作方面,他强调客体对主体情感的感发作用,提倡雅正文风,并重视音乐与文学的相互关系,对词的产生有一定影响。他著作弘富,今大都已亡佚,今传有明人张溥所辑《梁武帝集》。严可均《全梁文》卷一至卷七载其文7卷,逯钦立《先秦汉魏晋南北朝诗·梁诗》卷一载其诗1卷。萧衍的学术思想中兼容了儒、释、道三家经义。"尚雅"的文学观即与其浓厚的儒学底蕴有关。《梁书》本纪载其"洞达儒玄",又记其"造《制旨孝经义》、《周易讲疏》,及六十四卦,二《系》、《文言》、《序卦》等义,《乐社义》、《毛诗答问》、《春秋答问》、《尚书大义》、《中庸讲疏》、《孔子正言》、《老子讲疏》,凡二百余卷,并正先儒之迷,开古圣之旨。""天监初,则何佟之、贺玚、严植之、明山宾等覆述制旨,并撰吉凶军宾嘉五礼,凡一千余卷,高祖称制断疑。"可见萧衍在即位之初尚尊儒学,其自身亦有较高成就。除儒学以外,萧衍"兼笃信正法,犹长释典,制《涅槃》、《大品》、《净名》、《三慧》诸经义记,复数百卷"。其著作具体说有：《制旨大涅槃经讲疏》101卷、《大品注解》50卷、《三慧经讲疏》、《净名经义记》、《制旨大集经讲疏》16卷、《发般若经题论义并问答》12卷,还有《立神明成佛性义记》、《净业赋》、《注解大品经序》、《宝亮法师制涅槃义疏序》、《金刚般若忏文》、《摩诃般若忏文》等若干篇重要佛教论文。另在梁武帝的主持下,中外名僧对大批佛教经典进行了编集和注释,主要有《众经要钞》88卷、《华林佛殿众经目录》4卷、《众经目录》4卷、《经律异相》55卷、《名僧传并序目》31卷、《众经饭供圣僧法》5卷、《众经护国高神名录》3卷、《众经诸佛名》3卷、《般若抄》12卷、《大般涅槃子注经》72卷、《义林》80卷、《众经忏悔灭罪方》3卷、《出要律仪》20卷、《法集》140卷、《续法轮论》70余卷、《大般涅槃经讲疏》101卷等。梁武帝第三次敕编的佛经目录——僧佑撰的《出三藏记集》,是中国较古而且较为完善的经录。

萧衍与道教高人陶弘景的关系也比较密切。陶弘景之称"山中宰相",就是为萧衍所重的表现。萧衍一生接受过儒释道三家熏陶并各有学术上的建树,其三教杂糅的思想使其成为一个一位出色的文士、将军、皇帝和佛教徒。另外,他在天文学史上也有一席之地(参见江晓原、钮卫星《天学史上的梁武帝》)。关于萧衍的研究,还有林大志《四萧研究——以文学为中心》。

王筠卒(481—)。筠字元礼,一字德柔,小字养,琅邪临沂人。王僧虔之孙。起家中军临川王萧宏行参军,历太子舍人、太子洗马、太子家令等职,累官至太子詹事,受盗贼惊吓坠井而亡。筠撰文,以一官为一集,有《洗马》、《中书》、《中庶子》、《吏部》、《左佐》、《临海》、《太府》各10卷,《尚书》注30卷,凡100卷,佚。今有明人张溥辑《王詹事集》。严可均《全梁文》卷六五载其文18篇。逯钦立《先秦汉魏晋南北朝诗·梁诗》卷二四载其诗47首。事迹见《梁书》卷三三、《南史》卷二二。

按:王筠七岁能属文,清静好学,与从兄泰齐名,时人谓之"王有养、炬"。文才出众,沈约见之,咨嗟吟咏,以为不逮。沈约曾作《郊居赋》,与筠商讨,赞其曰:"晚来名家,唯见王筠独步。"《梁书·王筠传》曰:"年十六,为《芍药赋》,甚美。……昭明太子爱文学士,常与筠及刘孝绰、陆倕、到洽、殷芸等游宴玄圃,太子独执筠袖抚孝绰肩而言曰:'所谓左把浮丘袖,右拍洪崖肩。'其见重如此。筠又与殷芸以方雅见礼焉。"又载王筠自序曰:"幼年读五经,皆七八十遍。爱《左氏春秋》,吟讽常为口实,广略去取,凡三过五抄。余经及《周官》、《仪礼》、《国语》、《尔雅》、《山海经》、《本草》并再抄。子史诸集皆一遍。未尝倩人假手,并躬自抄录,大小百余卷。"其勤学精神可见一斑。

朱异卒(483—)。异字彦和,吴郡钱塘人。少年时,好群聚蒲博,颇为乡党所患。既长,折节从师,遍治五经,尤明《礼》、《易》,涉猎文史,兼通杂艺,以明山宾表荐,召直西省,后兼太学博士,甚为梁武帝所重。累迁散骑常侍,加侍中。诏诰敕书,并为所掌。朱异贪财索贿,欺罔视听,朝臣莫不侧目。及侯景以讨异为名举兵反,其惭愤而卒。所著《礼易讲疏》及《仪经》、文集等,乱中多亡佚。严可均《全梁文》卷六二载其文11篇。逯钦立《先秦汉魏晋南北朝诗·梁诗》卷一七载其诗2首。事迹见《梁书》卷三八、《南史》卷六二。

按:《梁书·朱异传》曰:"高祖召见,使说《孝经》、《周易》义,甚悦之,谓左右曰:'朱异实异。'……其年,高祖自讲《孝经》,使异执读。……(大同)六年,异启于仪贤堂奉述高祖《老子义》,敕许之。及就讲,朝士及道俗听者千余人,为一时之盛。时城西又开士林馆以延学士,异与左丞贺琛递日述高祖《礼记中庸义》,皇太子又召异于玄圃讲《易》。"可见朱异因明山宾荐见梁武帝后,以经学见赏,并深得朝野道俗的宠信。

萧子云卒(487—)。子云字景乔,南兰陵人。齐高帝萧道成之孙,梁豫章文献王萧嶷第九子。少好学,有文采。十二岁封新浦县侯。年三十为秘书郎。迁太子舍人,曾官侍中、国子祭酒等职。侯景之乱时,东逃晋陵,饿死于显灵寺僧房。《隋书·经籍志》著录梁国子祭酒《萧子云集》19卷。尚著有《晋书》、《东宫新记》,皆佚。严可均《全梁文》卷二三载其文5篇。逯钦立《先秦汉魏晋南北朝诗·梁诗》卷一九载其诗17首。事迹见《梁书》卷三五、《南史》卷四二。

按:据《南史》、《旧唐书·艺文志》、《新唐书·艺文志》、《广川书跋》、《书断》、唐崔备《壁书飞白萧字记》、《虞荔鼎录》诸文献记载,萧子云兼通文史,擅长书法,善草、行、小篆,诸体兼备,而创造小篆飞白。圆卷侧掠,体法备焉。轻浓得中,如蝉翼掩素。尝飞白大书"萧"字,李约得之,建一室曰"萧斋"。《南史》载其自云:"善效钟元常(繇)、王逸少(羲之)而微变字体。"又载其为东阳太守时百济国使人至建邺求书,甚为谦恭:"逢子云为郡,维舟将发,使人于渚次候之,望船三十许步,行拜行前,子云遣问之。答曰:'侍中尺牍之美,远流海外,今日所求,唯在名迹。'子云乃停舟三日,书三十纸与之。"

张缵卒(499—)。缵字伯绪,范阳方城人。张缅三弟。尚梁武帝第四女富阳公主。初为秘书郎,累官至平北将军、宁蛮校尉。后为梁岳阳王萧詧所杀。缵能文,今存赋6篇,皆有文采,《梁书》本传所录《南征赋》,仿潘岳《西征赋》,尤奇峻。著有《鸿宝》100卷及文集20卷(《隋书·经籍志》作11卷),均佚。严可均《全梁文》卷六四载其文16篇。逯钦立《先秦汉魏晋南北朝诗·梁诗》卷一七载其诗3首。事迹见《梁书》卷三四、《南史》卷五六。

按:《梁书·张缵传》曰:"好学,兄缅有书万余卷,昼夜披读,殆不辍手。"曾参校《汉书》,事见《梁书·刘之遴传》。

徐份(—570)生。

按:《陈书·徐份传》曰:"份少有父风……太建二年卒,时年二十二。"依其卒年年岁推知生于是年。

梁简文帝萧纲大宝元年　西魏大统十六年　东魏武定八年　北齐文宣帝高洋天保元年　庚午　550年

正月辛亥朔,梁改元大宝,梁简文帝作《改元大宝大赦诏》(《梁书·简文帝纪》)。

按:《改元大宝大赦诏》显出了侯景之乱期间萧纲为君的悲凉与无奈。文曰:"朕以寡昧,哀茕孔棘,生灵已尽,志不图全,俛俛视阴,企承鸿绪。悬旌履薄,未足云喻。痛甚愈迟,谅闇弥切。方当玄默在躬,栖心事外。即王道未直,天步犹艰,式凭宰辅,以弘庶政。履端建号,抑惟旧章。可大赦天下,改太清四年为大宝元年。"

二月,西魏军威胁江陵,湘东王萧绎送子方略质于西魏以求和(《资治通鉴·梁纪一九》)。

侯景遣兵攻下广陵(《资治通鉴·梁纪一九》)。

梁简文帝萧纲被侯景逼迫幸西州(《梁书·简文帝纪》)。

三月辛酉,东魏进高洋爵为齐王(《北齐书·文宣帝纪》)。

五月,东魏丞相、齐郡王高洋废孝静帝自称皇帝,改元天保,国号为齐,是为北齐文宣帝。史称北齐,亦称高齐。封东魏孝静帝为中山王,寻杀之(《魏书·孝静帝纪》、《北齐书·文宣帝纪》)。

按:东魏自此亡,共历17年。

八月,北齐诏郡国修立黉序。

按:《北齐书·文宣帝纪》曰:"八月,诏郡国修立黉序,广延髦儁,敦述儒风。其国子学生亦仰依旧铨补,服膺师说,研习《礼经》。往者文襄皇帝所运蔡邕石经五十

托提拉复入罗马。

斯拉夫部落定居于梅克伦堡。

二枚,即宜移置学馆,依次修立。"

十月,梁简文帝萧纲再次被侯景逼迫幸西州(《梁书·简文帝纪》)。

是年,北齐向官民征集史料。

按:南北朝时期重史之风较为普遍。《北齐书·文宣帝纪》曰:"庚寅,诏曰:'朕以虚寡,嗣弘王业,思所以赞扬盛绩,播之万古。虽史官执笔,有闻无坠,犹恐绪言遗美,时或未书。在位王公文武大小,降及民庶,爰至僧徒,或亲奉音旨,或承传傍说,凡可载之文籍,悉宜条录封上。'"

萧大圜封乐梁郡王,除宣惠将军、丹阳尹。

按:《周书·萧大圜传》曰:"梁大宝元年,封乐梁郡王,邑二千户,除宣惠将军、丹阳尹。"

徐陵仍滞留东魏。东魏亡而为齐臣,累求回梁不遂。闻知故国惨遭涂炭,忧念之情日甚(《陈书·徐陵传》)。

江总避难于会稽龙华寺。

按:《陈书·江总传》曰:"总避难崎岖,累年至会稽郡,憩于龙华寺,乃制《修心赋》,略序时事。其辞曰:'太清四年秋七月,避地于会稽龙华寺。……'"

柳虬迁西魏中书侍郎,修起居注(《周书·柳虬传》)。

宋景业时为北齐散骑侍郎,奉敕造天保历,齐帝颁诏施用(《北齐书·宋景业传》)。

按:《隋书·律历志中》曰:"陈氏因梁,亦用祖冲之之历,更无所创改。后齐文宣受禅,命散骑侍郎宋景业叶图谶,造《天保历》。景业奏:'依《握诚图》及《元命包》,言齐受录之期,当魏终之纪,得乘三十五以为蔀,应六百七十六以为章。'文宣大悦,乃施用之。"

李铉与邢邵、魏收参议北齐礼律。

按:《北史·李铉传》曰:"天保初,诏铉与殿中尚书邢邵,中书令魏收等参议礼律,仍兼国子博士。"天保凡二年,姑系于是年。

魏收除北齐中书令,仍兼著作郎。

按:《北史·魏收传》曰:"天保元年,除中书令,仍兼著作郎,封富平县子。"

释法常入禁内讲《涅槃经》,拜为国师(《佛祖统纪·法运通塞志》)。

张老作《上书请改律令》。

按:《隋书·刑法志》曰:"齐神武、文襄,并由魏相,尚用旧法。及文宣天保元年,始命群官刊定魏朝《麟趾格》。是时军国多事,政刑不一,决狱定罪,罕依律文,相承谓之变法从事。……即而司徒功曹张老上书……"《资治通鉴·梁纪一九》载:"司都功曹张老上书请定齐律,诏右仆射薛椒等取魏《麟趾格》,更讨论损益之。"

宋景业作《上言图纬》。

按:《北齐书·宋景业传》曰:"显祖作相,在晋阳,景业因高德政上言……"后乃续云:"是时,魏武定八年五月也。"

萧纶作《与湘东王书》。

按:此书见于《南史·萧纶传》,大宝元年,萧纶至郢州,此时萧绎正兴兵围困河东王萧誉于长沙,萧誉求救于萧纶,萧纶欲往救之,因为军粮不继作罢。乃作此书,

---

库德拉卡的印度戏剧《瓦森塔塞纳》成。

米利都的赫西奇奥斯编写了一部希腊作家百科全书。

穆塞乌斯的希腊史诗《英雄和依赖者》成。

普罗科匹厄斯《查士丁尼战争史》成。

对萧绎兄弟相残提出批评。

　　徐陵作《在齐尚书仆射杨遵彦书》。
　　按：此文载于《陈书·徐陵传》，文中有"吾今年四十有四"语，以徐陵生于天监六年推测，当作于此时。文曰："天道穷剥，钟乱本朝，情计驰惶，公私哽惧，而骸骨之请徒淹岁寒，颠沛之祈空盈卷轴，是所不图也，非所仰望也。"体现出徐陵强烈的思归望返之意。

　　萧纲作《秀林山铭并序》。
　　按：《秀林山铭并序》曰："神山本名秀林山，或称辰山，在华亭西北二十余里，列九峰第四，僻左一方。虽非巨丽，未经标品，而自古神仙，往往托迹，实震旦之灵阜也。余以机暇，结驾游衍，览兹佳胜，倦焉有怀。乃作铭曰：'……梁大宝元年岁次庚午春三月十五日题写。'"

　　江总作《修心赋》。
　　按：参见是年"江总避难于会稽龙华寺"条。

　　柳虬作《文质论》。
　　按：此论是南朝文体观念日趋成熟的显著标志，惜已佚。《周书·柳虬传》曰："（大统）十六年，迁中书侍郎，修起居注，仍领丞事。时人论文体者，有古今之异。虬又以为时有今古，非文有今古，乃为《文质论》。文多不载。"

　　杜弼作《与邢邵议生灭论》。
　　按：《北齐书·杜弼传》曰："践祚之后，敕命左右扈入柏阁。以预定策之功，迁骠骑将军、卫尉卿，别封长安县伯。尝与邢邵扈从东山，共论名理。邢以为……"魏宏利《〈全北齐文〉编年考》曰："传不言本文作时，揆之文意当在天保初也。又传于文后续称：'又以本官行郑州事，未发，为家客告弼谋反，收下狱，案治无实，久乃见原。因此绝朝见。复坐第二子廷尉监台卿断狱稽迟，与寺官俱为郎中封静哲所讼。事既上闻，显祖发忿，遂徙弼临海镇。时楚州人东方白额谋反，南北响应'云云，据《通鉴》卷一百五十六所载，东方白额之叛在天保四年十二月，在此之前弼已两经诉讼，则本文当作于天保初无疑，今姑系本文于天保元年。"

　　释慧大约于是年后作《命笔回示向居士》。
　　按：《景德传灯录》卷三《第二十九祖慧可师》曰："向居士幽栖林野，木食涧饮，北齐天保初，闻二祖盛化，乃致书通好……二祖大师命笔回示曰……"具体时间不详，姑系于是年。

　　西魏比丘法虬写《大般涅槃经》，有题记。
　　按：纸质。墨书。敦煌藏经洞出品。其题记前缺，存4行，亦残，满行26字，曰："以比丘法虬，遂即劝率俗缘父母兄弟等，减割资财，敬写此经一部。因此微善，愿上及七世师尊父母，及所生父母，齐登法云，同阶■□（三）涂八难，永共长辞。现今家眷，福庆日臻，普及含生，同斯■大统十六年正月■。"

　　西魏比丘僧宝写《大义章》，卷五有题记。
　　按：纸质。墨书。敦煌藏经洞出品。其卷五有题记，全3行，行3—22字，曰："僧宝许，断结，四无量，八解脱，八胜处，禅支，四无，六通，十智。大统十六年岁次庚午二月廿一日，比丘僧宝城门寺写。"

　　西魏祀马部司马丰祖写《十方佛名》，有题记。
　　按：纸质。墨书。敦煌藏经洞出品。其题记全9行，行8—26字，曰："夫真容常湛……大统十七年岁次辛未五月六日抄讫。"

刘潜卒(486—)。潜字孝仪，彭城人。刘孝绰之弟。天监中举秀才。初为镇右始兴王法曹参军，累迁尚书殿中郎。奉敕作《雍州平等寺金像碑文》，文甚宏丽。大同中，迁御史中丞，出为临海太守，卒于官。为人宽厚。工骈文，于刘氏弟兄中特为秀出，其兄孝绰常曰"三笔六诗"，三即孝仪。《隋书·经籍志》著录梁都官尚书《刘孝仪集》20卷，佚。明张溥辑其兄弟遗文为《刘孝仪刘孝威集》1卷。严可均《全梁文》卷六一载其文39篇。逯钦立《先秦汉魏晋南北朝诗·梁诗》卷一九载其诗12首。事迹见《梁书》卷四一、《南史》卷三九。

按：刘氏一门，以才学名重当时。《汉魏六朝百三家集·刘孝仪孝威集题辞》曰："刘士章文章谈义，领袖后进，七子三女，多擅才学……假使时清国晏，兄弟连骑，续玄圃之旧游，领高斋之述作，扶风世业，邺苑清吟，重篇大帙，必伟观听。而长鲸疾驱，逃死不暇，林焚池竭，遗章阙如。就所披涉，则孝仪笔胜，孝威诗胜，伯兄之言，良不谬也。"

萧子范卒(487—)。子范字景则，南兰陵人。有孝性，居丧以毁闻。齐封祁阳县侯，官太子洗马，入梁降爵为子。为南平王府户曹属，甚得恩遇。奉命制《千字文》，其辞甚美。有文集30卷（《隋书·经籍志》作13卷）。严可均《全梁文》卷二三载其文13篇。逯钦立《先秦汉魏晋南北朝诗·梁诗》卷一九载其诗10首。事迹见《梁书》卷三五、《南史》卷四二。

按：关于《千字文》，可参521年"周兴嗣卒"条按语。千字文传本共有三种，第一种为王羲之临钟繇所书的古千字文；第二种为萧子范所撰千字文；第三种为周兴嗣撰千字文。前二种已不传。萧子范任大司马南平王从事中郎时奉命制《千字文》，可见他甚受南平王器重。

常景卒，生年不详。景字永昌，河内人。少聪敏，初读《论语》、《毛诗》，一受便览。及长，有才思，博通文史，雅好文章，所作《高显碑铭》称颂一时。初为太学博士，历官长安令、中书舍人，累迁给事中。在枢密十余年，最为崔光、卢昶所赏识。曾出使宣敕漠北，临翰海，怅然怀古，作《拟刘琨扶风歌十二首》。官至黄门侍郎，赐爵高阳子。所作诗文数百篇，又删定张华《博物志》，著《儒林传》、《列女传》各数10篇、《门下诏书》40卷。严可均《全后魏文》卷三二载其文4篇。释空海《文镜秘府论》天卷有《四声赞》1篇，《洛阳伽蓝记》卷一有《永宁寺碑》佚文，严可均失收。逯钦立《先秦汉魏晋南北朝诗·北魏诗》卷二载其诗4首。事迹见《魏书》卷八二、《北史》卷四二。

按：常景的儒学造诣很高。据《洛阳伽蓝记·永宁寺》载，正始初，常景与刘芳为洛阳城里坊之宫殿门阁命名，取名典雅，多出儒家经书。常景又曾作五言诗4首，分别咏叹司马相如、王褒、严君平、扬雄，以四人"皆有高才而无重位"的命运自喻。这四首诗押韵虽然还不是十分严整，但留意平仄与对仗，有南朝颜延之《五君咏》、鲍照《蜀州四贤咏》影响的痕迹。常景另有《四声赞》，接受南朝周颙、沈约"四声说"的启发。常景的诗歌主张和创作，体现出北魏后期诗歌近体诗化的趋势，这种趋势与南朝齐梁诗歌理论与创作倾向相类。

李广约卒，生年不详。广字弘基，涿郡范阳人。博涉群书，有才思文议之美，少与赵郡李謇齐名，为邢、魏之亚。魏安丰王延明镇徐州，署为参军。崔暹精选御史,所选皆为世胄,独广是以才学兼御史,修国史。北齐天保初,欲以为中书郎,会疾笃而止。广卒后,毕义云集其文10卷,托魏收为之序,今佚。事迹见《北齐书》卷四五、《北史》卷八三。

按:《北齐书》本传曰:"广曾欲早朝,未明假寐,忽惊觉,谓其妻云:'吾向似睡,忽见一人出吾身中,语云:"君用心过苦,非精神所堪,今辞君去。"'因而惝恍不乐,数日便遇疾,积年不起,资产屡空,药石无继。广雅有鉴识,度量弘远,坦平无私,为士流所爱,岁时共赡遗之,赖以自给。竟以疾终。"李广染疾积年而卒,何时染病并无确切记载。本传又曰:"天保初,欲以为中书郎,遇其病笃而止。"可知其在天保元年左右病笃,今将其卒年暂系于此。

崔赜(　—618)生。

按:《隋书·崔赜传》曰:"宇文化及之弑帝也,引为著作郎,称疾不起。在路发疾,卒于彭城,时年六十九。"宇文化及弑帝在618年,依崔赜卒年年岁推知生于是年。

梁大宝二年　西魏大统十七年　北齐天保二年　辛未　551年

正月,北齐与梁湘东王萧绎通使(《北齐书·文宣帝纪》)。

三月庚戌,西魏文帝卒,太子元钦立,是为废帝(《资治通鉴·梁纪二〇》)。

六月甲辰,萧绎遣胡僧祐、王僧辩等围攻侯景(《梁书·简文帝纪》)。

是月,突厥土门可汗击败铁勒,恃其强盛向柔然求婚。柔然不许,遂转向西魏求婚。西魏丞相宇文泰以长乐公主与之(《资治通鉴·梁纪二〇》)。

七月丁亥,侯景溃败,退还建康(《梁书·简文帝纪》、《资治通鉴·梁纪二〇》)。

八月戊午,侯景遣彭俊等率兵入殿,废梁简文帝萧纲为晋安王,幽禁于永福省。杀皇太子萧大器、浔阳王萧大心等皇室20余人。又矫梁简文帝诏,逼迫萧纲禅位于豫章嗣王萧栋,改元天正(《梁书·简文帝纪》、《南史·梁纪下》、《资治通鉴·梁纪二〇》)。

十月壬寅,侯景遣王伟等杀简文帝萧纲(《梁书·简文帝纪》)。

十一月己丑,侯景逼萧栋禅位于己,国号为汉,改元太始(《资治通鉴·梁纪二〇》)。

十二月,北齐杀中山王(东魏孝静帝)并其三子(《资治通鉴·梁纪二〇》)。

是年,齐人始建天龙山石窟,并在太原风洞内建石佛,环列所刻《华严经》,凡石柱126根(顾亭林《金石文字记》、《太原县志》、《山西通志》)。

东地中海及希腊震。

江总赴广州依刺史萧勃。

> 按：《陈书·江总传》曰："总第九舅萧勃先据广州，总又自会稽往依焉。梁元帝平侯景，征总为明威将军、始兴内史，以郡秩米八百斛给总行装。会江陵陷，遂不行，总自此流寓岭南积岁。"依前考，江总避难会稽是在太清四年(550)；梁元帝平侯景于元帝承圣元年(552)，遂知江总自会稽至广州在此年。

王褒赴江陵，为忠武将军、南平内史、吏部尚书、侍中(《周书·王褒传》)。

郑述祖迁北齐太子少师、仪同三司、兖州刺史。

> 按：郑述祖，郑道昭之子。据《北齐书·郑述祖传》，郑道昭曾为光州，于城南小山起斋亭，刻石为记，时述祖九岁。及述祖为刺史，往寻郑道昭刻石及遗迹，以寄哀思。述祖能鼓琴，自造《龙吟十弄》。

祖珽以善文章、音律、通四夷语及阴阳占候、医药之术，为北齐文宣帝所宠，直中书省，掌诏诰(《北齐书·祖珽传》)。

魏收受诏始著《魏史》。

> 按：《北齐书·魏收传》曰："(天保)二年，诏撰魏史。四年，除魏尹，故优以禄力，专在史阁，不知郡事。"魏初邓彦海撰《代记》10余卷，其后崔浩掌史官，与游雅、高允、程骏、李彪、崔光、李琰等人续修。浩为编年体，彪始分作纪、表、志、传。宣武时，命邢峦追撰《孝文起居注》，书至太和十四年，又命崔鸿、王遵业补续，下讫孝明。济阴王晖业撰《辨宗室录》三十卷。这些均成为《魏书》修纂的基础条件。

梁简文帝萧纲作《题壁自序》、《被幽述志诗》4篇，又作《连珠》2首。

> 按：《梁书·简文帝纪》曰："初，太宗见幽絷，题壁自序云：'有梁正士兰陵萧世缵，立身行道，始终如一，风雨如晦，鸡鸣不已。弗欺暗室，岂况三光，数至于此，命也如何！'又为《连珠》二首，文甚凄怆。"将国破命危归于运数，足见心境颓唐。

西魏比丘惠袭写《菩萨璎珞本业经》，卷下有题记。

> 按：纸质。墨书。敦煌藏经洞出品。其卷下有题记，全4行，行9—18字，曰："大统十七年岁次辛未，比丘惠袭，仰为七世师僧父母、善恶知识，并及法界含灵，有识众生，手自敬写流通。愿七世师尊父母、善恶知识、一切含生，齐登妙觉。"

徐摛卒(471—)。摛字士秀，东海郯人。徐陵之父。南朝梁文学家，与庾肩吾等10人并为"高斋学士"。少而好学，及长，才学广博，遍览经史。后因周舍推荐而为萧纲侍读，以博学多才深受其器重。严可均《全梁文》卷五○载其文2篇。逯钦立《先秦汉魏晋南北朝诗·梁诗》卷一九载其诗5首。事迹见《梁书》卷三○、《南史》卷六二。

> 按：徐摛具有深厚的儒学底蕴和鲜明求新的文学思想。《梁书·徐摛传》曰："(摛)属文好为新变，不拘旧体。……'宫体'之号，自斯而起。高祖闻之怒，召摛加让，及见，应对明敏，辞义可观，高祖意释。因问五经大义，次问历代史及百家杂说，末论释教。摛商较纵横，应答如响。"

庾仲容卒(478—)。仲容字子仲，颍川鄢陵人。幼孤，为叔父庾泳所养。少专精笃学，昼夜手不辍卷。初为安西法曹行参军，历任梁昭明太子萧统太子舍人、安成王主簿、永康令、钱塘令安成王中记室等职，为梁昭明太子萧统所重。后又曾参与修著萧纲主持的《法宝联璧》。仲容博学多闻,抄辑诸子书30卷、诸家文集30卷、众家地理书20卷、《列女传》3卷,有文集20卷,并佚。《隋书·经籍志》著录梁黟令庾仲容撰《子抄》30卷。逯钦立《先秦汉魏晋南北朝诗·梁诗》卷一七载其诗1首。事迹见《梁书》卷五〇。

　　按:《梁书》本传曰:"及太清乱,客游会稽,遇疾卒,时年七十四。"

　　又按:《法宝联璧》是一部佛教类书,为梁简文帝萧纲在雍州时集文士所著。庾仲容参修此书,可见为萧纲所重。另庾仲容抄辑诸子书而成《子抄》,唐人马总据其增损而成《意林》,亦可见《子抄》对后世的影响。

　　萧纲卒(503—　)。萧纲字世缵,小字六通,南兰陵人。梁武帝萧衍第三子,昭明太子萧统之弟。中大通三年立为皇太子,太清三年即帝位,在位二年。事迹见《梁书》卷四、《南史》卷八。

　　按:萧纲天资聪颖,好学博才。《梁书·简文帝纪》曰:"(太宗)九流百氏,经目必记;篇章辞赋,操笔立成。博综儒书,善言玄理。……引纳文学之士,赏接无倦,恒讨论篇籍,继以文章。"萧纲的文学主张集中体现在他的《诫当阳公大心书》和《与湘东王书》两篇书信中,明张溥《梁简文帝集题辞》曰:"帝《答湘东书》,颇厌时人效谢康乐、裴鸿胪,余谓帝诗文适在谢后裴前耳。昭明称帝佳作,止云首尾裁净,一字之评,从来论六朝者所未逮。《诫当阳书》:'立身须谨重,文章须放荡',是则其生平所处也。"这诠释了萧纲追求自由和新变的学术理想。在此学术理想指引下,萧纲为太子时,常与文士庾肩吾、徐摛等共游赋诗,诗文内容主要描写宫廷贵族生活,风格轻艳绮丽,时称"宫体"。长期以来,"宫体"多受贬抑,《梁书·简文帝纪》后姚思廉所评"文则时以轻华为累,君子所不取焉"可为代表。张溥《梁简文帝集题辞》则曰:"盖朱邸日久,会逢清晏,兼以昭明为兄,湘东为弟,文辞竞美,增荣棠棣。储极既正,宫体盛行,但务绮博,不避轻华,人挟曹丕之资,而风非黄初之旧,亦时世使然乎!"体现出对宫体之风既有微词又有所理解的复杂态度。除了宫体之作外,萧纲另有《昭明太子传》5卷、《诸王传》30卷、《法宝联璧》300卷、《庄子义》20卷、《易林》17卷、《沐浴经》3卷、《长春义记》100卷、《谢客文泾渭》3卷、《玉简》50卷、《光明符》12卷、《灶经》2卷、《马槊谱》1卷、《棋品》5卷、《如意方》10卷及文集100卷(《隋书·经籍志》作85卷)。已散佚。今传明人张溥所辑《梁简文帝集》。严可均《全梁文》卷八至卷一四载其文7卷。逯钦立《先秦汉魏晋南北朝诗·梁诗》卷二〇至卷二二载其诗3卷。所存诗文,在梁代作家中仍为数较富。张溥《梁简文帝集题辞》曰:"史言梁简文帝文集一百卷,杂著六百余卷,自古皇家撰论,未有若是其多者。"可知萧纲博通儒玄,兼爱释理,并针对时弊,提出全新的学术思想。

　　萧纶卒(507—　)。纶字世调,小字六真,南兰陵人。梁武帝萧衍第六子,梁简文帝萧纲之弟。博学善文,尤工尺牍。天监中,封邵陵郡王,历扬、郢等州刺史。太清中以征讨大都督讨侯景,兵败,还京口。复与史大连等入援,进位司空。梁元帝萧绎遣西魏师逼萧纶,萧纶遂溃死。《隋书·经籍志》著录《梁邵陵王纶集》6卷,又有注梁武帝《制旨连珠》10卷、《梁中表》10卷,并佚。严可均《全梁文》卷二二载其文10篇。逯钦立《先秦汉魏晋南北朝诗·梁诗》卷二四载其诗6首。事迹见《梁书》卷二九、《南史》卷五三。

按：大宝元年，萧纶欲讨侯景，为萧绎遣将王僧辩所逼，溃走武昌；后屯于齐昌郡，欲引魏军共攻南阳，为侯景袭，败走定州而复归齐昌，途径汝南，汝南城主、纶之故吏李素迎纶入城，西魏得信，遣大将军杨忠等来攻。《梁书·萧纶传》曰："（大宝）二年二月，忠等至于汝南，纶婴城自守。会天寒大雪，忠等攻之不能克，死者甚众。后李素中流矢卒，城乃陷。忠等执纶，纶不为屈，遂害之。"

梁大宝三年　梁元帝萧绎承圣元年　西魏废帝元钦元年　北齐天保三年　壬申　552年

拜占庭大将纳西斯取拉文纳。

拜占庭军取伊比利亚半岛的科多巴、直布罗陀。

二月，梁湘东王萧绎派王僧辩、陈霸先等大将东伐侯景。陈霸先以3万甲士为先锋，与征东将军王僧辩会于白茅湾（《资治通鉴·梁纪二〇》）。

三月，梁大将陈霸先辅佐王僧辩平定侯景之乱（《梁书·元帝纪》）。

按：侯景之乱是南北政治格局对立的转折点，对江南社会造成极大的破坏和影响。据《南史·侯景传》载，战乱造成简文帝大宝元年江南的大饥荒："时江南大饥，江、扬弥甚，旱蝗相系，年谷不登，百姓流亡，死者涂地。父子携手共入江湖，或兄弟相要俱缘山岳。芰实荇花，所在皆罄，草根木叶，为之凋残。虽假命须臾，亦终死山泽。……于是千里绝烟，人迹罕见，白骨成聚如丘陇焉。"《颜氏家训·涉务篇》亦曰："梁世士大夫，皆尚褒衣博带，大冠高履，出则车舆，入则扶侍，郊郭之内，无乘马者。……及侯景之乱，肤脆骨柔，不堪行步，体羸气弱，不耐寒暑，坐死仓猝者，往往而然。"关于侯景之乱对南北政局及文化的影响，可参看李万生《侯景之乱与北朝政局》一书及徐辉《"侯景之乱"论析》。

乙巳，梁益州刺史、太尉武陵王萧纪称帝于蜀，改元天正（《梁书·元帝纪》）。

五月，北齐遣曹文皎访湘东王萧绎，湘东王亦遣柳晖等访齐及西魏，并告平定侯景（《资治通鉴·梁纪二〇》）。

十一月丙子，梁湘东王萧绎在江陵称帝，改元承圣，是为梁元帝（《梁书·元帝纪》）。

按：是时，梁州郡半数以上为西魏所占。从巴陵以下至建康，以长江为界，梁岳阳王萧詧、武陵王萧纪各据一方，萧勃也割据岭南等地。梁元帝诏令之地，不过千里，民户不满3万。梁湘州长史陆纳据长沙，攻衡州，梁元帝派王僧辩攻之，纳败退。

庾信为梁元帝右卫将军，封武康县侯，加散骑侍郎（《周书·庾信传》）。

萧大圜归建康，无所依托，乃寓居善觉佛寺，得王僧辩助而往江陵（《周书·萧大圜传》）。

按：《周书·萧大圜传》曰："明年，（侯）景平，大圜归建康。时既丧乱之后，无所依托，乃寓居善觉佛寺。人有以告王僧辩者。僧辩乃给船饩，得往江陵。梁元帝见之甚悦，赐以越衫胡带等。"

周弘正受命校秘阁旧书（《陈书·周弘正传》）。

梁大宝三年　梁元帝萧绎承圣元年　西魏废帝元钦元年　北齐天保三年　壬申　552年

按：梁元帝平侯景后，遂将梁室藏书移至江陵。乃诏比校，部分为正御、副御、重杂三本。命左民尚书周弘正、黄门郎彭僧朗、直省学士王瑉、戴陵校经部，左仆射王褒、吏部尚书宗怀正、员外郎颜之推、直学士刘仁英校史部，廷尉卿殷不害、御史中丞王孝纪、中书郎邓荩、金部郎中徐报校子部，右卫将军庾信、中书郎王固、晋安王文学宗善业、直省学士周确校集部。

薛寘领西魏著作佐郎，受命修国史。寻拜中书侍郎，修起居注（《北史·薛寘传》）。

释真谛止金陵正观寺译经。

按：《续高僧传·陈南海郡西天竺沙门拘那罗陀传》曰："会元帝启祚承圣清夷，乃止于金陵正观寺。与愿禅师等二十余人，翻《金光明经》。"

梁湘东王萧绎作《讨侯景檄》。

按：《梁书·元帝纪》曰："二月，王僧辩众军发自寻阳。世祖驰檄告四方曰：'……若执迷不反，拒逆王师，大军一临，刑兹罔赦。孟诸焚燎，芝艾俱尽；宣房河决，玉石同沉。信赏之科，有如皦日；黜陟之制，事均白水。檄布远近，咸使知闻。'"

徐陵作《与王僧辩书》、《劝进梁元帝表》。

按：《与王僧辩书》载于《文苑英华》卷六七七，其曰："太清六年六月五日，孤子徐君顿首……今日憔惶，弥布洪泽，虽复孤骸不返，方为漠北之尘，营魄知归，终结江南之草，孤子徐君顿首。"表达归国的意愿，颇为感人。《劝进梁元帝表》载《梁书·元帝纪》，曰："八月，萧纪率巴、蜀大众连舟东下，遣护军陆法和屯巴峡以拒之。兼通直散骑常侍、聘魏使徐陵于邺奉表曰……"徐陵的骈文与庾信齐名，是后世骈文的典范。

释真谛与愿禅师等20余人于金陵正观寺翻译《金光明经》。

按：《续高僧传·陈南海郡西天竺沙门拘那罗陀传》曰："梁季寇羯凭陵，法为时崩不果宣述，乃步入东土。又往富春令陆元哲，创奉问津将事传译，招延英秀沙门宝琼等二十余人，翻《十七地论》，适得五卷。而国难未静，侧附通传。至天保三年，为侯景请，还在台供养。于斯时也，兵饥相接，法几颓焉。会元帝启祚承圣清夷，乃止于金陵正观寺。与愿禅师等二十余人，翻《金光明经》。三年二月，还返豫章。"

西魏辛兴升写《妙法莲华经》，卷四有题记。

按：纸质。墨书。敦煌藏经洞出品。其卷四有题记，全9行，行21—29字，曰："元年岁次壬申正月庚午朔廿五日甲午成，弟子辛兴升，南无一切三世常住三宝。……"

鲍泉卒，生年不详。泉字润岳，东海人。少为常侍，累迁信州刺史。侯景之乱时，为郢州长史，城陷被杀。博学，兼有文笔。精于《仪礼》，著有《新仪》30卷、《六经通数》30卷，均佚。《隋书·经籍志》著录梁平北府长史《鲍泉集》1卷。逯钦立《先秦汉魏晋南北朝诗·梁诗》卷二四载其诗9首。事迹见《梁书》卷三〇、《南史》卷六二。

梁承圣二年　西魏废帝二年　北齐天保四年　癸酉　553年

<small>第二次君士坦丁堡公会议召开。</small>

四月,吐谷浑可汗夸吕与北齐通好(《资治通鉴·梁纪二一》)。

七月,武陵王萧纪兵败,被杀(《梁书·元帝纪》)。

按:武陵王萧纪于承圣元年四月称帝于蜀,八月起兵,至此已一年有余。以讨景为名,实与其兄梁元帝萧绎争图天下。

十一月己未,突厥再次攻柔然,柔然举国奔齐。癸亥,齐帝废可汗库提,立阿那瓌之子庵罗辰为可汗,置居于马邑川。又亲追突厥,突厥请降,自此往来不绝(《资治通鉴·梁纪二一》)。

丙寅,梁元帝萧绎派王琛访问西魏,欲依靠西魏再除萧詧(《北齐书·文宣帝纪》、《资治通鉴·梁纪二一》)。

王褒正月为尚书右仆射,十一月转任尚书左仆射(《梁书·元帝纪》)。

岑之敬除晋安王萧方智宣惠府中记室参军,奉旨至岭南慰喻萧勃(《陈书·岑之敬传》)。

周弘正授学吴明彻。

按:《陈书·吴明彻传》曰:"及高祖镇京口,深相要结,明彻乃诣高祖,高祖为之降阶,执手即席,与论当世之务。明彻亦微涉书史经传,就汝南周弘正学天文、孤虚、遁甲,略通其妙,颇以英雄自许,高祖深奇之。承圣三年,授戎昭将军、安州刺史。"《陈书·高祖纪上》曰:"十一月,湘东王即位于江陵,改大宝三年为承圣元年。湘州平,高祖旋镇京口。"梁元帝萧绎即位在十一月,陈武帝镇京口当在此后,可知吴明彻诣陈武帝及就学周弘正在承圣二年。

<small>普罗科匹厄斯记录查士丁尼、提娥多拉和贝利萨里乌斯丑闻的《秘史》发表。</small>

西魏尼道辉写《佛说决罪佛经》上下二卷,有题记。

按:纸质。墨书。敦煌藏经洞出品。其题记全104字,曰:"元二年岁次水酉三月四月丙寅,僧尼道建辉,自惟福浅,无所施造。……"

萧纪卒(508—　)。纪字世询,别字大智,南兰陵人。梁武帝第八子,梁元帝萧绎之弟。天监十三年封武陵王,梁武帝特为钟爱。大同中为益州刺史。侯景之乱起,纪不遣兵平乱。梁武帝卒后,纪称帝于蜀,改元天正。率军东下,以讨侯景为名,将图京陕。后被巴东民苟升、徐子初等斩于硖口。纪颇有武略,又勤学有文才,属辞不好轻华,甚有骨气。《隋书·经籍志》著录梁《武陵王纪集》八卷。逯钦立《先秦汉魏晋南北朝诗·梁诗》卷一九载其诗六首。事迹见《梁书》卷五五、《南史》卷五三。

陈叔宝(　—604)生(《陈书·后主本纪》)。

梁承圣三年　西魏废帝三年　恭帝元廓元年
北齐天保五年　甲戌　554年

正月,西魏太师宇文泰始作九命之典,以叙内外官爵,改流外品为九秩。又废魏帝元钦,立齐王元廓,是为恭帝,去年号,称元年,复姓拓跋氏,99姓改为单者,皆复其旧(《资治通鉴·梁纪二一》)。

三月己酉,西魏及齐皆遣使访梁。因元帝接西魏使不及齐使,又辞拒西魏据旧图以定疆界之请,故西魏遂定取梁三计(《资治通鉴·梁纪二一》)。

四月丙寅,梁元帝派庾信等访西魏(《资治通鉴·梁纪二一》)。

庚戌,西魏宇文泰鸩杀废帝元钦(《资治通鉴·梁纪二一》)。

九月,西魏命崔猷开通关中与汉的道路,以阔车道(《资治通鉴·梁纪二一》)。

辛卯,梁元帝萧绎于龙光殿讲述《老子义》(《梁书·元帝纪》)。

十一月,西魏军攻陷江陵,大败梁军,俘梁元帝(《资治通鉴·梁纪二一》)。

甲寅,西魏攻陷江陵,梁元帝焚古今图书24万卷(《资治通鉴·梁纪二一》)。

按:梁元帝萧绎江陵焚书是中国文献学史上一大"书厄"。《隋书·牛弘传》载牛弘上表,请开献书之路,历数书劫,其中包括秦始皇焚书、王莽末年农民起义焚烧长安图书、东汉末年董卓焚书洛阳、八王之乱及五胡乱华洛阳焚书及萧绎焚书。其文具体描述萧绎焚书的情况说:"及侯景渡江,破灭梁室,秘省经籍,虽从兵火,其文德殿内书史,宛然犹存。萧绎据有江陵,遣将破平侯景,收文德之书,及公私典籍,重本七万余卷,悉送荆州。故江表图书,因斯尽萃于绎矣。及周师入郢,绎悉焚之于外城,所收十才一二。此则书之五厄也。"张彦远《历代名画记》卷一曰:"元帝将降,乃聚名画法书及典籍二十四万卷,遣后阁舍人高善宝焚之。"

十二月辛未,梁元帝萧绎为萧詧所杀,太子元良、始安王方略等均被杀(《资治通鉴·梁纪二一》)。

是月,西魏掠收府库珍宝,尽俘王公以下,选男女百姓数万口为奴婢,赏给将士,驱回长安。西魏以萧詧为梁主,居守江陵空城(《资治通鉴·梁纪二一》)。

王褒九月以尚书左仆射为萧绎执经,十一月都督城西城南诸军事,旋被降为护国将军。江陵陷,与王克、宗懔、殷不害、沈炯等被俘至长安,拜为车骑大将军,仪同三司(《周书·王褒传》)。

庾信奉命出使西魏,正逢西魏大军进攻江陵,遂滞留长安,从此仕于西魏,拜使持节、抚军将军、右金紫光禄大夫、大都督(《周书·庾信传》)。

东哥特王国亡。

按：庾信时年四十二岁。宇文泰将所俘庾信妻儿交付庾信,从此仕于西魏。

颜之推在江陵为西魏所俘,入关,后又奔北齐(《北齐书·颜之推传》)。

岑之敬于上年奉旨至岭南慰喻萧勃,因江陵陷于西魏,仍滞留广州(《陈书·岑之敬传》)。

何之元为司空王琳召为司空府谘议参军,领记室。

按：《陈书·何之元传》曰："俄而江陵陷,刘恭卒,王琳召为记室参军。梁敬帝册琳为司空,之元除司空府谘议参军,领记室。"

江总于江陵陷时流寓岭南(《陈书·江总传》)。

周弘正逃入京师(《陈书·周弘正传》)。

樊逊举北齐梁州秀才(《北齐书·樊逊传》)。

释真谛二月离开京城,返还豫章,又往新吴、始兴,后又随萧勃度岭至于南康(《续高僧传·陈南海郡西天竺沙门拘那罗陀传》)。

释昙迁十三岁,随舅父权会学习。

按：《续高僧传·隋西京禅定道场释昙迁传》曰："春秋六十有六。即大业三年十二月六日也。葬于终南北麓胜光寺之山园。"可知释昙迁生于541年。本传又曰："年十三父母嘉其远悟,令舅氏传授,即齐中散大夫国子祭酒博士权会也。"可知其随舅父学习在此年。

梁元帝萧绎作《幽逼诗》4首。

按：《南史·梁元帝纪》曰："在幽逼,求酒饮之,制诗四绝……"4首诗为死前所作,故系于此。

王褒作《祭梁王僧辩母贞敬魏太夫人文》。

按：《梁书·王僧辩传》曰："承圣三年三月甲辰……丁母太夫人忧,世祖遣侍中谒者监护丧事,策谥曰贞敬太夫人。……灵柩将归建康,又遣谒者至舟渚吊祭。命尚书左仆射王褒为其文曰……"

魏收三月上所著《魏书》。

按：《北齐书·魏收传》载《魏书》成书经过,曰："初帝令群臣各言尔志,收曰：'臣愿得直笔东观,早成《魏书》。'故帝使收专其任。又诏平原王高隆之总监之,署名而已。帝敕收曰：'好直笔,我终不作魏太武诛史官。'……收于是部通直常侍房延祐、司空司马辛元植、国子博士刁柔、裴昂之、尚书郎高孝干专总斟酌,以成《魏书》。辨定名称,随条甄举,又搜采亡遗,缀续后事,备一代史籍,表而上闻之。勒成一代大典,凡十二纪,九十二列传,合一百一十卷,五年三月奏上之。秋,除梁州刺史。收以志未成,奏请终业,许之。十一月,复奏十志：《天象》四卷,《地形》三卷,《律历》二卷,《礼乐》四卷,《食货》一卷,《刑罚》一卷,《灵征》二卷,《官氏》二卷,《释老》一卷,凡二十卷,续于纪传,合一百三十卷,分为十二帙。其史三十五例,二十五序,九十四论,前后二表一启焉。"此书北宋初其书已亡佚不全。《北齐书》本传又载,书成,论者多言魏收是书多以爱憎褒贬,故时人谓之"秽史"。齐主诏令收于尚书省与诸家子孙共加讨论,前后投诉百有余人。时尚书左仆射杨愔、右仆射高德正与收有亲,收为其家并作传,二人不欲言史不实,为之抑塞诉辞,故终文宣世更不重论。

萧詧作《愍时赋》。

按：萧詧将领严德毅劝詧袭西魏军以收民心,然后招降王僧辩,东下建康称帝。

詧不从。后西魏夺詧襄、邓之地，仅留江陵一空城置之，又虏江陵民入关，詧失襄阳之地，遂悔之，故作此赋。此赋见于《周书·萧詧传》，赋中多有《诗经》、《尚书》之典，充满家国兴亡之感。

樊逊作《释道两教对策》。

按：此对策见于《北齐书·樊逊传》，将释道精义加以对比，指出其"左道怪民"的弊端，希望君主能斟酌百家，予以扬弃。

梁道士朱世元写《太上洞玄灵宝妙经》，"众篇序章"有题记。

按：纸质。墨书。敦煌藏经洞出品(?)。其题记全1行，14字，曰："承圣三年三月七日，道士朱世元书。"

西魏贺拔长武写《大般涅槃经》，卷一三有题记。

按：纸质。墨书。敦煌藏经洞出品。其卷一三有题记，全2行，行9—18字，曰："元年四月十四日写记。弟子贺拔长武，为一切众生，敬造涅槃经一部。"

释慧皎卒(497—   )。慧皎，会稽上虞人，住会稽嘉祥寺。学通内外，善讲经律。著《涅槃义疏》10卷、《梵网经疏》等，并为世轨。又著《高僧传》14卷。梁末承圣二年避侯景难，至溢城，不废弃经讲。事迹见《续高僧传》卷六。

按：慧皎在佛学方面有较高造诣，其所编《高僧传》的体例对《宋高僧传》的编写有重要的范式作用。《四库全书总目·宋高僧传》曰："《高僧传》之名起于梁释惠敏，分《译经》、《义解》两门，释慧皎复加推扩，分立十科。"《高僧传》的内容十分广博，据《郡斋读书志·后志》卷一《传记类》曰："慧皎以刘义宣《灵验记》、陶潜《搜神录》等数十家并书诸僧，殊疏略，乃博采诸书，咨访古老，起于永平十年，终于天监十八年，凡四百五十二载，二百五十七人，又附见者二百余人。分为《译经》、《义解》、《神异》、《习禅》、《明律》、《遗身》、《诵经》、《兴福》、《经师》、《唱道》十科。"

柳虬卒(501—   )。虬字仲蟠，河东解人。年十三即专精好学，遍受五经，略通大义，兼博涉子史，雅好属文。魏孝明帝时为兖州府主簿。后又为宇文泰丞相府记室，尝上疏论史官书善恶皆应显言于朝。魏文帝大统十六年为中书侍郎，修起居注。又为《文质论》。有文章数十篇行于世，佚。严可均《全后魏文》卷五三载其文2篇。事迹见《周书》卷三八、《北史》卷六四。

按：据《史通·外篇·史官建置》条曰："唯周建六官，改著作之正郎为上士，佐郎为下士，名谥虽易，而班秩不殊，如魏收之擅名河朔，柳虬之独步关右，王劭、魏澹展效于开皇之朝，诸葛颖、刘炫宣功于大业之世，亦各一时也。"侧面证明了柳虬在史学上的建树。

萧绎卒(508—   )。萧绎，字世诚，小字七符，南兰陵人。梁武帝第七子，萧纶之弟。梁天监中封湘东王。后为荆州刺史，都督荆、雍九州岛诸军事。侯景之乱起，依附西魏攻灭萧纶、萧纪势力。继命王僧辩等讨平侯景，即位于江陵。承圣三年，雍州刺史萧詧引西魏军来攻，萧绎战败遭俘后被杀。谥元帝。萧绎爱好文学，生平著述甚富，著有《周易讲疏》10卷、《老子讲疏》4卷、《忠臣传》30卷、《孝德传》30卷、《内典博要》100卷、《连山》30卷、《洞林》3卷、《玉韬》10卷、《补阙子》10卷、《丹阳尹传》10卷、

《全德志》《荆南志》《江州记》《贡职图》《古今同姓名录》各1卷、《筮经》12卷、《式赞》3卷、注《汉书》115卷等。今存《金楼子》辑本。原有文集50卷(《隋书·经籍志》作52卷,且尚有《梁元帝小集》10卷),佚,今传明人辑《梁元帝集》。严可均《全梁文》卷一五至卷一八载其文4卷。逯钦立《先秦汉魏晋南北朝诗·梁诗》卷二五载其诗124首。事迹见《梁书》卷五、《南史》卷八。

按：萧绎的《金楼子》是南北朝时期著名的文学理论著作。梁元帝自号金楼子,因以名其书。《隋书·经籍志》、《新唐书·艺文志》、《旧唐书·艺文志》、《宋史·艺文志》俱载其目为20卷。晁公武《郡斋读书志》著录其书15篇,据《四库全书总目》,"是书宋代尚无阙佚。至宋濂《诸子辨》、胡应麟《九流绪论》所列子部,皆不及是书。知明初渐已湮晦,明季遂竟散亡"。今存本6卷,14篇,系自《永乐大典》辑出。《四库全书总目》论曰："其书于古今闻见事迹,治忽贞邪,咸为苞载。附以议论,劝戒兼资,盖亦杂家之流。而当时周秦异书未尽亡佚,具有征引。如许由之父名,兄弟七人,十九而隐,成汤凡有七号之类。皆史外轶闻,他书未见。又《立言》、《聚书》、《著书》诸篇,自表其撰述之勤,所纪典籍源流,亦可补诸书所未备。惟永明以后,艳语盛行,此书亦文格绮靡,不出尔时风气。其故为古奥,如纪始安王遥光一节,句读难施,又成伪体。至于自称'五百年运,余何敢让'!俨然上比孔子,尤为不经。是则瑕瑜不掩,亦不必曲为讳尔。"此书内容广泛,所征引之周秦古籍,有为近世所未见者。

萧绎在《金楼子》中强调了"立言"的重要性。《金楼子序》曰："余于天下为不贱焉,窃念臧文仲既殁,其立言于世。曹子桓云:'立德著书,可以不朽。'杜元凯言:'德者非所企及,立言或可庶几。'故户牖悬刀笔而有述作之志矣。"《立言篇》又曰："与人善言,暖于布帛;伤人以言,深于矛戟。赠人以言,重于金石珠玉;观人以言,美于黼黻文章;听人以言,乐于钟鼓琴瑟。"其中发扬《论语》、《荀子》重"言"的评论,体现出萧绎强烈的"立言"思想。在《立言篇》中,萧绎又对"文"、"笔"之别做了区分："屈原宋玉枚乘长卿之徒,止于辞赋则谓之文。今之儒博穷子史,但能识其事,不能通其理者,谓之学。至如不便为诗如阎纂,善为章奏如柏松,若此之流,泛谓之笔,吟咏风谣,流连哀思者,谓之文。"这对认识南朝时期文笔之辨,亦即了解文体意识的演变具有重要的意义。除了对文、笔加以论述外,他还对铭颂等文体有所论及,他说："铭颂所称,兴公而已。夫披文相质,博约温润,吾闻斯语,未见其人。班固硕学,尚云赞颂相似,陆机钩深,犹称碑赋如一。"他注重辨明文体产生及发展源流及文体之间关系的意识,也对文体研究本身颇有启发。至于他在《立言篇》中说为文"惟须绮穀纷披,宫徵靡曼,唇吻遒会,情灵摇荡",则体现了梁朝文学家对文学的审美特征尤其是抒情特征的高度重视。

又按：萧绎多才多艺,是梁朝有重大影响的文学家、书法家、画家与学者。他所作诗赋,风格轻艳绮靡,与其兄梁简文帝萧纲相近。《汉魏六朝百三家集题辞·梁元帝集》曰："帝不好声色,颇有高名,独为诗赋,婉丽多情,妾怨回文,君思出塞,非好色者不能言。"是宫体诗派的代表作家。萧绎又善书画,《南史·梁本纪下》载："帝工书善画,自图宣尼像,为之赞而书之,时人谓之三绝。"他所编《古今同姓名录》开创中国古代类书先河,被《四库全书总目》录之于《类书》冠首,并称："类事之书,莫古于是编矣。"萧绎在诸多领域的成就,使他成为萧梁王朝的一位学者型帝王。

梁承圣四年　梁建安公萧渊明天成元年
梁敬帝萧方智绍泰元年　后梁宣帝萧詧大定元年
西魏恭帝二年　北齐天保六年　乙亥　555年

正月，梁王萧詧在江陵称帝，改元大定，称藩于西魏，是为中宗宣皇帝，史称"后梁"(《周书·萧詧传》)。

二月癸丑，王僧辩、陈霸先等拥戴梁晋安王萧方智于建康即梁王位，年十三(《梁书·敬帝纪》)。

五月庚子，王僧辩迎贞阳侯萧渊明至建康即皇位，改元天成，而以萧方智为皇太子，称藩于齐(《资治通鉴·梁纪二二》)。

六月庚戌朔，齐发民180万修筑长城，自幽州夏口，西至恒州九百余里(《资治通鉴·梁纪二二》)。

壬子，北齐文宣帝因梁称藩，诏凡梁民悉遣南还(《北齐书·文宣帝纪》)。

九月，陈霸先于京口举兵，袭杀王僧辩，废贞阳侯萧渊明(《梁书·敬帝纪》)。

丙午，陈霸先拥立萧方智为帝(《梁书·敬帝纪》)。

是月，北齐文宣帝令禁断道教(《集古今佛道论衡卷甲》)。

按：北齐因佛、道二教不同，欲去其一，集二家论难于前，至此下诏。《佛祖历代通载》卷九曰："北齐敕二教角试。天保六年九月下诏，敕诸沙门与道士达者十人亲自对校。于时金陵道士陆修静等初为梁王所弃，遂奔入魏，至是颇盛。而齐文帝复事佛，静等忌之，诣阙请与释子角法。有旨令上统法师克日较胜负……(修)静气咽无对。群臣皆呼万岁，忻跃而罢。显风度弘旷，趣向叵测，后不知终。帝亲鉴臧否于十月乙卯朔日也。是月丙辰，文帝诏曰：'法门不二，真法在一。求之正路，寂泊为本。祭酒道者，中世假妄，俗人未悟，乃有祇崇。鞠薛是味，丧眛虚宗。既乖仁祀之源，复违祭典之式。宜从禁止，无或遵风应。道士自谓得神仙者可上三爵台，飞腾远举。不能尔者，并宜改迷归正，诣昭玄上统，剃度出家。'由是齐境道流遂绝矣。"

十月己巳，萧方智诏改元绍泰，是为敬皇帝，仍称藩于齐(《梁书·敬帝纪》)。

十二月癸丑，陈霸先部将侯安都大破徐嗣徽，俘数百人，围石头城。庚申，北齐柳达摩遣使向霸先求和。霸先因建康虚弱，粮运不济，与之和，定盟约。齐兵北去(《资治通鉴·梁纪二二》)。

是年，突厥击败柔然，又攻嚈哒，驱赶契丹，吞并契骨，成为北方大国，并诛杀西魏使者，断其交往(《资治通鉴·梁纪二二》)。

沈文阿为国子博士，寻领步兵校尉，兼掌仪礼(《陈书·沈文阿传》)。

按：《陈书·沈文阿传》曰："绍泰元年，入为国子博士，寻领步兵校尉，兼掌仪礼。自太清之乱，台阁故事，无有存者，文阿父峻，梁武世尝掌朝仪，颇有遗稿，于是斟酌裁撰，礼度皆自之出。"

庾信在长安，拜为西魏车骑大将军，仪同三司（《周书·庾信传》）。

徐陵奉命随北齐兵送贞阳侯萧渊明南还建康，为尚书郎，掌诏诰。寻以为贞威将军、尚书左丞。于南返渡江之际，沉魏收文集于江中。

按：据唐人刘悚《隋唐嘉话》曰："梁常侍徐陵聘于齐，时魏收文学北朝之秀，收录其文集以遗陵，令传之江左。陵还，济江而沉之，从者以问，陵曰：'吾为魏公藏拙。'"于此可见南朝文人对北朝文人较为轻视的态度。

庾季才因江陵之陷，入西魏，由是与西魏文人多所交往（《北史·庾季才传》）。

徐陵作《为梁贞阳侯与王太尉僧辩书》、《为梁贞阳侯答王僧辩书》、《梁贞阳侯重与王太尉书》、《又为梁贞阳侯答王太尉书》等。

按：《陈书·徐陵传》曰："及江陵陷，齐送贞阳侯萧渊明为梁嗣，乃遣陵随还。太尉王僧辩初拒境不纳，渊明往复致书，皆陵词也。"

西魏比丘法渊及尼乾英写《比丘尼戒经》，有题记。

按：纸质。墨书，有乌丝栏。敦煌藏经洞出品。其题记全8行，行6—24字，曰："二年九月六日，瓜州城东建文寺比丘法渊写迄。夫玄门重阁，非四目之所窥；旨理冲壑，岂素策之所铅。……是以梵释寺比丘尼乾英，敬写《比丘尼戒经》一卷。以斯微善，愿七世父母，所生父母，现在家眷，及以己身，弥勒三会，悟在首初，所愿如是。一校竟。"

释僧范卒(476—　)。僧范俗姓李氏，平乡人。戒德清高，守禁无亏。年二十三备通流略，年二十九始出家。讲《华严》、《十地》、《地持》、《维摩》、《胜鬘》各有疏记，复变疏引经制成为论，故《涅槃》、《大品》等并称论焉，《地持》10部独名述也，然属词繁壮，不偶世情，亦是一家之作，可观采而言行相辅。事迹见《续高僧传》卷八、《法苑珠林》卷四八。

傅奕（　—639）生。

按：《旧唐书·傅奕传》曰："贞观十三年卒，年八十五。"依其卒年年岁推知生于是年。

梁绍泰二年　太平元年　后梁大定二年
西魏恭帝三年　北齐天保七年　丙子　556年

正月丁丑，西魏初建六官，以宇文泰为太师、大冢宰，百官皆仿《周礼》（《资治通鉴·梁纪二二》）。

按：六官即大冢宰、大司徒、大宗伯、大司马、大司寇、大司空，依《周礼》之例。

梁绍泰二年 太平元年 后梁大定二年 西魏恭帝三年 北齐天保七年 丙子 556年

从西魏官制的设置可见其政治思想文化领域内的复古倾向,这与南朝的摇荡性情、标新立异的思潮对应存在。

五月,北齐毁和约,遣萧轨、徐嗣徽等10万军攻梁(《北齐书·文宣帝纪》《资治通鉴·梁纪二二》)。

按:齐兵自方山渡江到芜湖,进逼建康。陈霸先等分兵抗之,侯安都率十二骑突入齐阵,生擒齐将乞伏无劳。双方苦战。六月甲辰,齐兵潜至钟山,陈霸先截其粮运,自将军断齐军要冲,并借连日大雨之势,击破齐兵,斩杀数千人,生擒萧轨、徐嗣徽等四十六人。

九月壬寅,梁改元太平,以陈霸先为丞相,录尚书事(《梁书·敬帝纪》)。

是月,突厥木杆可汗假道凉州突袭吐谷浑,大破之(《资治通鉴·梁纪二二》)。

十月,北齐发山东寡妇2600人配军士,有夫而滥夺者五分之一(《北齐书·文宣帝纪》)。

西魏太师宇文泰死,其子宇文觉嗣,为太师,柱国,年十五。召中山公宇文护总理国事(《资治通鉴·梁纪二二》)。

十二月庚子,西魏宇文护迫魏恭帝拓跋廓禅位于宇文觉(《北齐书·文宣帝纪》《资治通鉴·梁纪二二》)。

按:魏至是亡。北魏自拓跋圭建魏,共历17主,171年。西魏共历3主,24年。

是月,北齐自西河总秦戍筑长城,东至于海,前后达3千余里,每10里一戍,置州镇于其要害,凡25所(《资治通鉴·梁纪二二》)。

是年,北齐发丁匠30万人,修广城三台宫殿(《北齐书·文宣帝纪》)。

周弘正拜侍中,领国子祭酒,迁太常卿,都官尚书(《陈书·周弘正传》)。

杜之伟为陈霸先记室参军,迁中书侍郎,领大著作(《陈书·杜之伟传》)。

徐陵又使于齐,归则除给事黄门侍郎、秘书监(《陈书·徐陵传》)。

樊逊、高乾和、马敬德、许散愁、韩同宝、傅怀德、古道子、李汉子、鲍长暄、景孙、王九元、周子深等11人奉北齐文宣帝诏校定群书。

按:《北齐书·樊逊传》曰:"七年,诏令校定群书,供皇太子。逊与冀州秀才高乾和、瀛州秀才马敬德、许散愁、韩同宝、洛州秀才傅怀德、怀州秀才古道子、广平郡孝廉李汉子、渤海郡孝廉鲍长暄、阳平郡孝廉景孙、前梁州府主簿王九元、前开府水曹参军周子深等十一人同被尚书召共刊定。"

北天竺僧那连提黎耶舍游方东土,居于北齐邺都。受齐主恩礼,后居天平寺,译经50卷。

按:《续高僧传·隋西京大兴善寺北天竺沙门那连提黎耶舍传》曰:"那连提黎耶舍,隋言尊称,北天竺乌场国人。正音应云邬荼(荼音持耶反),其王与佛同氏,亦姓释迦,刹帝利种,隋云土田主也。由劫初之时先为分地主,因即号焉。今所谓国王者是也。舍年十七发意出家,寻值名师,备闻正教,二十有一得受具篇。……曾竹园寺一住十年。……循路东指到芮芮国。值突厥乱,西路不通。反乡意绝,乃随流转,北至泥海之旁。南距突厥七千余里,彼既不安,远投齐境。天保七年届于京邺,文宣皇帝极见殊礼,偏异恒伦。耶舍时年四十,骨梗雄雅,物议惮之。缘是文宣礼遇隆重,安置天平寺中,请为翻经。"

樊逊作《刊定秘府书籍议》。

按:《北齐书·樊逊传》曰:"诏令校定群书……时秘府书籍纸缪者多,逊乃议曰……"

沈炯作《归魂赋》。

按:《归魂赋》见载于《艺文类聚》卷七九,其序曰:"古语称收魂升极,《周易》有归魂卦,屈原著招魂篇,故知魂之可归,其日已久。余自长安反,乃作魂归赋,其辞曰……"《陈书》本传:"荆州陷,为西魏所虏,魏人甚礼之,授炯仪同三司。……绍泰二年至都,除司农卿,迁御史中丞。"可知此赋为是年沈炯自西魏首都长安归梁时之作。此赋拟屈原《招魂》的做法,自招其魂,表现出对萧梁浓厚的家国意识,以此可见南朝使节滞北时的思想状况。此赋更开创了叙乱亡、述身世的自传体赋,拓宽了南朝赋的表现题材。

西魏英秀供养《摩诃衍僧祇比丘尼戒本》,有题记。

按:纸质。墨书。敦煌藏经洞出品。其题记全2行,行9—10字,曰:"三年三月十三日写讫。大比丘尼戒英秀所供养。"

西魏赵保义等写《诸佛菩萨咒》,有题记。

按:纸质。墨书。敦煌藏经洞出品(?)。其题记全3行,稍残,满行约35字,曰:"大魏三年岁次丙子五月辛酉朔,赵保义写记。五月乙丑,比丘洪珍发弘誓,愿谨画二万佛■写一百卷佛名,写诸大菩萨名一万五千,写七佛八菩萨咒一百卷,写诸杂咒三千■■含生,睹弥勒初会。"

刁柔卒(501—)。柔字子温,渤海人。少好学,综习经史,尤留心礼仪。性强记,至于氏族内外,多所谙悉。初为魏世宗挽郎,出身司空行参军。天保初,除国子博士、中书舍人。魏收撰《魏史》,启柔等与同其事。柔性颇专固,自是所闻,收常所嫌惮。又参议律令。严可均《全北齐文》卷六载其文1篇。事迹见《北齐书》卷四四、《北史》卷二六。

梁太平二年　陈武帝陈霸先永定元年　后梁大定三年
北周闵帝宇文觉元年　明帝宇文毓元年
北齐天保八年　丁丑　557年

君士坦丁堡震,毁圣索菲亚大教堂。

正月辛丑,西魏周公宇文觉即天王位,国号周,建都长安,是为孝闵帝。史称北周,又称宇文周(《周书·孝闵帝纪》)。

是月,北周废市门税(《周书·孝闵帝纪》)。

按:《周书·孝闵帝纪》曰:"甲辰,祠太社。初除市门税。"市门税为北魏与北周税名。入市者征税一钱。西魏末盗贼群起,国用不足,实行入市门者税一钱,至此除之。

九月,北周宇文护废孝闵帝宇文觉为略阳公,立宁都公宇文毓为天

梁太平二年　陈武帝陈霸先永定元年　后梁大定三年　北周闵帝宇文觉元年　明帝宇文毓元年　北齐天保八年　丁丑　557年

王,是为世宗明皇帝,不建年号。寻杀略阳公宇文觉(《周书·孝闵帝纪》、《资治通鉴·陈纪一》)。

十月戊辰,陈霸先进爵为陈王(《梁书·敬帝纪》、《陈书·高祖纪》)。

辛未,梁敬帝逊位,陈霸先代梁为帝,是为陈武帝(《梁书·敬帝纪》、《陈书·高祖纪》)。

乙亥,陈武帝改元永定。追谥陈克为孝怀太子,以梁敬帝为江阴王,寻杀之(《梁书·敬帝纪》、《陈书·高祖纪》)。

按：梁自此亡,共历6主,56年。

是月,陈置删定郎,治定律令(《陈书·高祖纪》)。

按：删定郎,我国晋代以来修改审定律令的官名。《资治通鉴·陈纪一》曰:"置删定郎,治律令。"胡三省注:"删定郎,自晋、宋以来多置之。"

是年,北齐于长城内修筑重城,从库洛拔至坞纥戍,共长四百余里(《北齐书·文宣帝纪》)。

周弘正为侍中、国子祭酒,衔使长安(《陈书·周弘正传》)。

姚察约是年拜始兴王府功曹参军,寻补嘉德殿学士,转中卫、仪同始兴王府记室参军。

按：《陈书·姚察传》曰:"永定初,拜始兴王府功曹参军,寻补嘉德殿学士,转中卫、仪同始兴王府记室参军。"姑系于永定元年。

杜之伟除鸿胪卿,迁太中大夫(《陈书·杜之伟传》)。

沈文阿弃官还武康,陈武帝羁而赦之。

按：《陈书·沈文阿传》曰:"及高祖受禅,文阿辄弃官还武康,高祖大怒,发使往诛之。时文阿宗人沈恪为郡,请使者宽其死,即面缚锁颈致于高祖,高祖视而笑曰:'腐儒复何为者?'遂赦之。"

庾信被北周孝闵帝擢为司水大夫,弘农郡守,又拜为骠骑大将军开府,进爵义城县侯(《周书·庾信传》)。

魏收夏除北齐太子少傅,监国史,复参议律令(《北齐书·魏收传》)。

樊逊对策问为当时第一,北齐左仆射杨愔辟为其府佐(《北齐书·樊逊传》)。

释安廪是年春入内殿手传香火,接足尽虔,长承戒范,有敕住耆阇寺(《续高僧传·陈钟山耆阇寺释安廪传》)。

杜之伟奉敕著《梁史》(《陈书·杜之伟传》)。

魏收作《皇居新殿台赋》。

按：《北齐书·魏收传》曰:"三台成,文宣曰:'台成须有赋。'愔先以告收,收上《皇居新殿台赋》,其文甚壮丽。时所作者,自邢邵已下咸不逮焉。"此赋今佚。

庾信约于是年至后年间作《哀江南赋》、《小园赋》、《伤心赋》等。

按：三赋集中体现了滞北南士的节操观和处世心态。《哀江南赋》以痛悼萧梁的终结、生灵涂炭为主题,载于《周书·庾信传》,其序并文曰:"粤以戊辰之年,建亥之月,大盗移国,金陵瓦解,余乃窜身荒谷,公私涂炭,华阳奔命,有去无归,中兴道销,穷于甲戌,三日哭于都亭,三年囚于别馆,天道周星,物极不反,傅燮之但悲身世,无所求生;袁安之每念王室,自然流涕。……余烈祖于西晋,始流播于东川。洎余身而七叶,又遭时而北迁,提挈老幼,关河累年。死生契阔,不可问天。"《小园赋》载于《艺文类聚》卷六五及《文苑英华》卷九七,曰:"余有数亩弊庐,寂寞人外,聊以拟伏腊,聊以避风霜。……非淮海兮可变,非金丹兮能转。不曝骨于龙门,终低头于马阪。"表面写在北地的自足状态,实含家国之悲。《伤心赋》以伤悼家人夭亡、谴责战争为主题。载于《艺文类聚》卷三四和《文苑英华》卷一二九,其序并文曰:"余五福无征,三灵用谴,至于继体,多从夭折。……苗而不秀,频有所悲,唯觉伤心,遂以《伤心》为赋。"

释彦琮(—610)生。

按:《续高僧传·隋东都上林园翻经馆沙门释彦琮传》曰:"春秋五十有四。即大业六年七月二十四日也。"依其卒年年岁推知生于是年。

陈永定二年　后梁大定四年　北周明帝二年
北齐天保九年　戊寅　558 年

君士坦丁堡再次爆发鼠疫。

二月壬申,梁南豫州刺史沈泰归附于齐(《陈书·高祖纪》)。

三月,北齐发兵送梁永嘉王萧庄南还为梁帝,即位于郢州,改元天启。以王琳为侍中,大将军,录尚书事(《资治通鉴·陈纪一》)。

四月乙丑,陈武帝遣人弑梁敬帝萧方智(《资治通鉴·陈纪一》)。

按:梁敬帝(543—),讳方智,字慧相,小字法真,为梁世祖第九子。太清三年,封兴梁侯,承圣元年封晋安王,邑 2 千户。承圣二年,出为平南将军江州刺史。梁元帝江陵被杀,陈霸先、王僧辩拥立萧方智以太宰承制于建康。后北齐将贞阳侯萧渊明送回,王僧辩拥立萧渊明为帝,陈霸先杀王僧辩。梁太平二年,敬帝禅位,陈霸先代梁为帝,以梁敬帝为江阴王,次年杀之。事迹见《梁书》卷六、《南史》卷八。

五月辛酉,陈武帝陈霸先效梁武帝,至大庄严寺舍身,群臣表请还宫(《陈书·高祖纪》)。

六月乙丑,北齐置大都督府,与尚书省分理众务,开府置佐(《资治通鉴·陈纪一》)。

九月,周明帝宇文毓幸同州,过(岐州)故宅,作《过故宅诗》(《周书·明帝纪》)。

按:周明帝即位前曾为岐州刺史,故云"故宅"。

十月乙亥,陈武帝幸庄严寺,发《金光明经》题(《陈书·高祖纪》)。

十二月甲子,陈武帝复舍舆驾法物,群臣表求还宫(《陈书·高祖纪》)。

沈众兼起部尚书,监起太极殿(《陈书·沈众传》)。

陈永定二年　后梁大定四年　北周明帝二年　北齐天保九年　戊寅　558年

何之元于郢州为王琳署为中书侍郎(《陈书·何之元传》)。

按：《陈书·何之元传》曰："王琳之立萧庄也,(之元)署为中书侍郎。"

樊逊为员外将军(《北齐书·樊逊传》)。

释法朗十一月奉敕入京,住兴皇寺,镇讲相续(《续高僧传·陈杨都兴皇寺释法朗传》)。

释慧弼出家惠殿寺,为领法师弟子(《续高僧传·隋常州安国寺释慧弼传》)。

杜之伟作《求解著作启》。

按：著作郎为南朝历来清选之职,为当朝所重,其任者多为才高学优者。据《陈书·杜之伟传》,高祖受禅,之伟启求解著作,优敕不许。其文曰："臣以绍泰元年,忝中书侍郎,掌国史,于今四载。……著作之材,更宜选众。御史中丞沈炯、尚书左丞徐陵、梁前兼大著作虞荔、梁前黄门侍郎孔奂,或清文赡笔,或强识稽古,迁、董之任,允属群才,臣无容遽变市朝,再妨贤路。尧朝皆让,诚不可追,陈力就列,庶几知免。"杜氏此启,可见陈代之初,文官之盛。

北齐邺下之台成,邢邵作《新宫赋》。

按：此赋见于《艺文类聚》卷六二,文中有"拟二仪而构路寝,法三山而起翼室"之句,所描者为三台。据《北齐书·文宣帝纪》："(天保九年)八月乙丑,至自晋阳。甲戌,帝如晋阳。……至是,三台成。……十一月甲午,帝至自晋阳,登三台,御乾象殿,朝宴群臣,并命赋诗。以新宫成,丁酉,大赦,内外文武普泛一大阶。"可知此赋作于是年。

北齐比丘法慧造《羯摩》一卷,有题记。

按：纸质。墨书。敦煌藏经洞出品(?)。其题记全1行,23字,曰："天保九年四月廿五日,比丘法慧敬造羯磨供养,愿愿从心。"

北周尼天英写《入楞伽经》,卷九有题记。

按：纸质。墨书。敦煌藏经洞出品。其卷九有题记,全3行,行13—18字,曰："岁次戊寅十月卅日,比丘尼天英敬写大集经一部、楞伽经一部。为七世师宗父母,法界众生,三途八难,速令解脱,一时成佛。"

沈众卒(503—　)。众字仲师,吴兴武康人。沈约之孙。历任梁镇卫将军南平王萧法曹参军、太子舍人、湘东王萧绎记室参军。侯景乱,率义故部曲援台城。乱平,为元帝萧绎太子中庶子。陈武帝代梁,先后任中书令、起部尚书,监起太极殿,以衣食俭约为同列所讥,怒,诋公卿,因及朝廷,被赐死。事迹见《陈书》卷一八。

按：沈众为齐梁著名诗人沈约之孙,颇有家学渊源,《陈书·沈众传》曰："众好学,颇有文词……是时,梁武帝制《千字诗》,众为之注解。与陈郡谢景同时召见于文德殿,帝令众为《竹赋》,赋成,奏,帝善之,手敕答曰:'卿文体翩翩,可谓无忝尔祖。'"

王胄(　—613)、许善心(　—618)、虞世南(　—638)、褚亮(　—645)、萧德言(　—654)生(《隋书·王胄传》、《隋书·许善心传》、《新唐书·虞世南传》、《新唐书·褚亮传》、《旧唐书·萧德言传》)。

陈永定三年　后梁大定五年　北周明帝武成元年
北齐天保十年　己卯　559 年

<small>贝利萨留败保加尔人于君士坦丁堡。</small>

正月己酉，北周太师宇文护上表归政，周明帝宇文毓开始亲政，军旅之事，仍由护总统（《周书·明帝纪》）。

三月，梁永嘉王萧庄遣使向齐进献（《北齐书·文宣帝纪》）。

闰四月戊子，北周命有司更定新历（《资治通鉴·陈纪一》）。

六月戊子，北周诏群臣上封事极谏（《周书·明帝纪》）。

癸卯，陈武帝陈霸先死，其侄临川王陈蒨继位，是为陈文帝（《陈书·高祖纪》、《陈书·世祖纪》）。

七月，北齐大杀元氏宗室，前后死者达 721 人，悉弃尸漳水（《资治通鉴·陈纪一》）。

八月乙亥，北周天王始称皇帝，改元武成，九月封宗室功臣为国公（《周书·明帝纪》）。

八月癸卯，齐诏民间冒姓元氏或假托携养者，不问世数远近，悉听改复本姓（《北齐书·文宣帝纪》）。

十月甲午，北齐文宣帝高洋卒（《北齐书·文宣帝纪》）。

癸卯，皇太子高殷即位，是为北齐废帝（《北齐书·文宣帝纪》）。

按：北齐文宣帝高洋在位共十年，酗酒残暴，屠杀文武官员、宗室及元氏皇族，不计其数。

陈置西省学士（《陈书·高祖纪》）。

按：闰四月甲午，陈诏依前代置西省学士，兼以伎术者预焉。

是年，北周明帝立麟趾学，设麟趾学士，诏集文儒 80 余人于麟趾殿校刊经史。

按：《周书·明帝纪》曰："（明帝）幼而好学，博览群书，善属文，词彩温丽。及即位，集公卿已下有文学者八十余人于麟趾殿，刊校经史。"又《周书·于翼传》曰："世宗雅爱文史，立麒趾学，在朝有艺业者，不限贵贱，皆预听焉。乃至萧㧑、王褒等与皁郥之徒同为学士。"关于设麟趾学士的设立时间，主要有本年与次年两种意见，而麟趾学士八十人的庞大队伍也是逐步形成的，今尚可考者仅十余人。宋燕鹏、张素格在《北周麟趾学士的设置、学术活动及其意义》一文中将其分为两类：第一类是北周本土文士，如杨宽、韦孝宽、元伟；第二类就是南来文士，这部分人在麟趾学士中不占多数，但在文化层次上却是占据着上游。后者列为《麟趾学士中有姓名之南来文士一览表》，共计九人：

1. 颜之仪："幼颖悟，三岁能读《孝经》。及长，博涉群书，好为词赋。尝献《神州颂》，辞致雅赡。梁元帝手敕报曰：'枚乘二叶，俱得游梁；应贞两世，并称文学。我求才子，鲠慰良深。'"（《北史》）

2. 萧㧑："梁武帝弟安成王秀之子也。性温裕，有仪表。年十二，入国学，博观

经史,雅好属文。"(《周书》)

3. 萧大圜:"梁简文帝之子也。幼而聪敏,神情俊悟。四岁,能诵《三都赋》及《孝经》、《论语》……恒以读《诗》、《礼》、《书》、《易》事。(梁)元帝尝自问五经要事数十条,大圜辞约指明,答无滞。元帝甚叹美之。因曰:'昔河间好学,尔既有之;临淄好文,尔亦兼之。'"(《周书》)

4. 宗懔:"少聪敏,好读书,昼夜不倦。语辄引古事,乡里呼为小儿学士。梁普通六年,举秀才,以不及二宫元会,例不对策。及梁元帝镇荆州,谓长史刘之遴曰:'贵乡多士,为举一有意少年。'之遴以懔应命。即日引见,令兼记室。尝夕被召宿省,使制《龙川庙碑》,一夜便就,诘朝呈上。梁元帝叹美之。"(《周书》)

5. 姚最:"博通经史,尤好著述。"(《北史》)

6. 柳裘:"少聪慧,弱冠有令名。"(《北史》)

7. 鲍宏:"年十二,能属文,尝和湘东王绎诗,绎嗟赏不已。"《北史》

8. 明克让:"少好儒雅,善谈论,博涉书史,所览近万卷。《三礼》礼论,尤所研精,龟策历象,咸得其妙。年十四,释褐湘东王法曹参军。时舍人朱异在仪贤堂讲《老子》,克让预焉。堂边有修竹,异令克让咏之。克让揽笔辄成,其卒章曰:'非君多爱赏,谁贵此贞心。'异甚奇之。"(《北史》)

9. 庾季才:"季才幼颖悟,八岁诵《尚书》,十二通《周易》,好占玄象。居丧以孝闻。梁庐陵王续辟荆州主簿,湘东王绎重其术艺,引授外兵参军。"(《隋书》)

沈文阿与尚书左丞徐陵、中书舍人刘师知等议大行皇帝灵座侠御衣服之制,寻迁通直散骑常侍,兼国子博士,领羽林监,仍令于东宫讲《孝经》、《论语》。

按:《陈书·沈文阿传》曰:"高祖崩,文阿与尚书左丞徐陵、中书舍人刘师知等议大行皇帝灵座侠御衣服之制,语在师知传。及世祖即皇帝位,克日谒庙,尚书右丞庾持奉诏遣博士议其礼。"

何之元赴北齐吊文宣帝,还至寿春,为扬州别驾。

按:《陈书·何之元传》曰:"会齐文宣帝薨,令之元赴吊,还至寿春,而王琳败,齐主以为扬州别驾,所治即寿春也。"

魏收与中山太守阳休之于北齐文宣帝卒后参议吉凶之礼,并掌诏诰。仍除侍中,迁太常卿(《北齐书·魏收传》)。

萧扔、萧大圜、宗懔等为北周麟趾学士,于麟趾殿参与刊校经史(《周书·明帝纪》、《周书·萧大圜传》)。

按:参见是年"是年,北周明帝立麟趾学,设麟趾学士,诏集文儒八十余人于麟趾殿校刊经史"条。又《周书·萧大圜传》曰:"俄而开麟趾殿,招集学士,大圜预焉。《梁武帝集》四十卷,《简文集》九十卷,各止一本,江陵平后,并藏秘阁。大圜既入麟趾,方得见之。乃手写二集,一年并毕。识者称叹之。"

释慧晒应侯安都之命,从南徐州至京师,住白马寺,讲《涅槃经》及《成实论》(《续高僧传·隋江表徐方中寺释慧晒传》)。

释宝琼夏开讲于陈京师重云殿(《续高僧传·陈杨都大彭城寺释宝琼传》)。

宇文毓诏集文儒始著《世谱》。

按:《周书·明帝纪》曰:"(明帝)……及即位,集公卿已下有文学者八十余人于麟趾殿，刊校经史。又捃采众书，自羲、农已来，讫于魏末，叙为《世谱》，凡五百卷云。"

徐陵作《决断大行侠御服议》、《重答朝臣书》。

按：二文并见于《陈书·刘师知传》，高祖崩，六日成服，朝臣共议大行皇帝灵座侠御人所服衣服吉凶之制，博士沈文阿议，宜服吉服。刘师知、蔡景历、江德藻、谢岐等议宜服缞绖，时以二议不同，乃启取左丞徐陵决断，陵曰："按山陵卤簿吉部[伍]中，公卿以下导引者，爰及武贲、鼓吹、执盖、奉车，并是吉服，岂容侠御独为缞绖邪？断可知矣。若言公卿胥吏并服缞苴，此与梓宫部伍有何差别？若言文物并吉，司事者凶，岂容袥经而奉华盖，缞衣而升玉辂邪？同博士议。"徐陵决断大行侠御服同博士议，时八座以下并请从师知议，陵重答，曰："老病属纩，不能多说，古人争议，多成怨府，傅玄见尤于晋代，王商取陷于汉朝，谨自三缄，敬同高命。若万一不死，犹得展言，庶与朝贤更申扬搉。"

释道朏作《造像记》。

按：本文载《金石萃编》卷三三，题"大齐天保十年七月十五"，故系于是年。

北周尉迟迥、释道成造释迦牟尼佛像，有题记。

按：在武山拉梢寺石窟。墨书。其题记全12行，行4—10字，曰："维大周明皇帝三年岁次己卯二月十四日，使持节，柱国大将军，陇右大都督，秦、渭、河、鄯、凉、甘、瓜、成、武、岷、洮、兆、邓、文、康十四州诸军事，秦州刺史，蜀国公尉迟迥，与比丘释道成，于渭州仙崖敬造释迦牟尼佛一区，愿天下和平，四海安乐，家国与天地长久，周祚与日月俱永。"

北周比丘道全写《妙法莲华经》，卷三有题记。

按：纸质。墨书。敦煌藏经洞出品。其卷三有题记，全3行，行9—23字，曰："武成元年十二月廿日，高昌丁谷窟比丘道全，咸（减）割身才（财），写法华一部。上为七世师长父母，现及己身，下为一切群生，闻此经文者，普共成佛。"

杜弼卒（491—　）。弼字辅玄，中山曲阳人。弼幼聪敏，为魏任城王高澄及甄琛所赏叹。魏宣武帝延昌中，以军功起家，除广武将军、恒州征虏府墨曹参军，典管记。长于笔札，为时辈所推。后为高欢大丞相府法曹行参军，署记室事。曾与魏孝静帝论佛性、法性，又注《道德经》，上之于高欢、高澄。齐竟陵王引为长史。高洋询问治国当用何人，杜弼谓"鲜卑车马客，会须用汉人"，遂得罪。严可均《全北齐文》卷五载其文5篇。事迹见《北齐书》卷二四、《北史》卷五五。

按：《北齐书·杜弼传》曰："弼儒雅宽恕，尤晓史职，所在清洁，为吏民所怀。耽好玄理，老而愈笃。又注《庄子·惠施篇》、《易·上下系》，名《新注义苑》，并行于世。"杜弼精通佛教与玄理，注玄学经典颇多，对当时的思想界有较大影响。

杜之伟卒（508—　）。之伟字子大，吴郡钱塘人。梁中大同元年为东宫学士，与刘陟等抄撰群书。历邵陵王田曹参军、转刑狱参军。虽年位甚卑，然以强识俊才，颇有名当世。陈武帝受禅，除鸿胪卿，迁太中大夫。奉敕著《梁史》，未成而卒。其诗文朴质，不尚浮华，有文集17卷（《隋书·经籍志》作12卷），多散佚。事迹见《陈书》卷三四、《南史》卷七二。

按：杜之伟家世儒学，专治三礼。《陈书·杜之伟传》曰："之伟幼精敏，有逸才。

七岁,受《尚书》,稍习《诗》、《礼》,略通其学。十五,遍观文史及仪礼故事,时辈称其早成。仆射徐勉尝见其文,重其有笔力。中大通元年,梁武帝幸同泰寺舍身,敕勉撰定仪注,勉以台阁先无此礼,召之伟草具其仪。乃启补东宫学士,与学士刘陟等钞撰群书,各为题目。所撰《富教》、《政道》二篇,皆之伟为序。"又曰:"[大同]七年,梁皇太子释奠于国学,时乐府无孔子、颜子登哥词,尚书参议令之伟制其文,伶人传习,以为故事。"则杜之伟不仅精通文史,学问广博,且善著诗文,在文学上颇有造诣。

王昕卒,生年不详。昕字元景,祖籍北海剧人。少笃学读书,魏太尉汝南王元悦辟为骑兵参军。累迁东莱太守、迁秘书监。齐文宣帝时,被徙幽州,后征还,除银青光禄大夫。以比北齐文宣帝为桀纣,得罪,被杀,投尸漳水。《北齐书》本传谓昕有文集20卷,今佚。事迹见《北齐书》卷三一。

陈文帝天嘉元年　后梁大定六年　北周武成二年
北齐废帝高殷乾明元年　北齐孝昭帝高演皇建元年
庚辰　560年

正月癸丑,陈改元天嘉(《陈书·世祖纪》)。

庚辰,北齐改元乾明(《北齐书·废帝纪》)。

三月,陈遣使与周通好(《资治通鉴·陈纪二》)。

四月,北周晋公宇文护杀北周明帝宇文毓,立其弟宇文邕,是为北周武帝。

按:宇文毓(534—)即北朝周明帝。小名统万突,代郡武川鲜卑人。周文帝宇文泰长子。西魏大统十四年封宁都郡公。历任大将军、岐州刺史等。及宇文护废孝闵帝,乃迎立毓。武成初,以称王不足以威天下,始称皇帝,建年号,宇文护颇畏之,遂进毒杀之。宇文毓博学多才,善属文,词采温丽。曾集公卿以下八十余人于麟趾殿刊校经史,又捃采众书,自羲、农以讫魏末,叙成《世谱》。著有文章10卷(《隋书·经籍志》作9卷)。严可均《全后周文》卷一载其文14篇。逯钦立《先秦汉魏晋南北朝诗·北周诗》卷一载其诗3首。事迹见《北史》卷九、《周书》卷四。

又按:《周书·明帝纪》曰:"世宗宽仁远度,睿哲博闻。处代邸之尊,实文昭之长。豹姿已变,龙德犹潜,而百辟倾心,万方注意。及乎迎宣黜贺,入篡大宗,而礼貌功臣,敦睦九族,率由恭俭,崇尚文儒,亹亹焉其有君人之德者矣。"明帝以帝王之尊崇尚文儒,又善属文,对后周的文坛与学术有重大贡献。

六月,陈文帝诏葬梁元帝于江宁,车旗礼章皆用《梁典》(《陈书·世祖纪》)。

七月乙卯,陈诏令民不分侨、旧,悉令著籍(《陈书·世祖纪》)。

八月壬午,北齐娄太后废高殷为济南王,常山王高演即位,改元皇建,是为北齐孝昭帝(《北齐书·废帝纪》)。

是月,北齐诏命国子寺置生员。

按：《北齐书·孝昭帝纪》载诏曰："国子寺可备立官属，依旧置生，讲习经典，岁时考试。其文襄帝所运石经，宜即施列于学馆。外州大学亦仰典司勤加督课。"

周弘正迁侍中、国子祭酒，往长安迎高宗(《陈书·周弘正传》)。

庾季才与王褒、庾信奉诏同补麟趾学士。

按：《北史·庾季才传》曰："武成二年，(庾季才)与王褒、庾信同补麟趾学士。"

杨宽奉诏与麟趾学士参定经籍。

按：《周书·杨宽传》曰："武成二年，诏宽与麟趾学士参定经籍。"

张崖为尚书仪曹郎，出为丹阳令、王府谘议参军，御史中丞宗元饶表荐为国子博士。

按：《陈书·张崖传》曰："天嘉元年，为尚书仪曹郎……出为丹阳令、王府谘议参军。御史中丞宗元饶表荐为国子博士。"

顾野王补撰史学士，寻加招远将军(《陈书·顾野王传》)。

魏收除兼侍中，右光禄大夫，仍仪同、监史(《北齐书·魏收传》)。

祖珽除为章武太守，会杨愔等诛，不之官，除著作郎。数上密启，为孝昭帝所忿，敕中书门下二省断珽奏事(《北齐书·祖珽传》)。

释智𫖮于大苏山谒慧思禅师。

按：《景德传灯录》卷二七曰："陈天嘉元年，(智𫖮)谒光州大苏山慧思禅师，思一见乃谓曰：'昔灵鹫同听《法华经》，今复来矣。'即示以普贤道场，说四安乐行。师入观三七日，身心豁然，定慧融会，宿通潜发，唯自明了。"

张崖著《五礼》。

按：《陈书·张崖传》曰："时有晋陵张崖、吴郡陆诩、吴兴沈德威、会稽贺德基，俱以礼学自命。张崖传《三礼》于同郡刘文绍，仕梁历王府中记室。天嘉元年，为尚书仪曹郎，广沈文阿《仪注》，撰《五礼》。"

李概约于是年前作《达生丈人集序》。

按：《北史·李公绪附概传》曰："撰《战国春秋》及《音谱》并行于世。又自简诗赋二十四首，谓之《达生丈人集》。其序曰……"魏宏利《〈全北齐文〉编年考》曰："《北史》概传所言甚略，但称其'为齐文襄大将军府行参军……修国史。后为太子舍人，为副使聘于江南。停客，出入常祖露。还，坐事解。后卒于并州功曹参军。'传亦不言集成于何时，据《北齐书·崔瞻传》，概于齐皇建年间尚在，卒年不详。"皇建仅一年多而已，姑系于皇建元年。

方道显作《造释迦像碑》。

按：碑首云："唯大齐皇建元年岁次庚辰十月己卯朔份日戊申……"故系于是年。

王妙晖作《造释迪像记》。

按：本文载《金石萃编》卷三六，文云"武成二年岁次庚辰二月癸未八日辛丑"，故系于是年。

佚名作《乡老举孝义隽修罗碑》。

按：本文载《金石续编》卷二，末题"皇建元年岁次庚辰十二月戊寅朔廿日丁酉功讫"，故系于是年。

北齐佚名作《郑述祖夫子庙碑》。

按：此碑残缺较为严重，但由此碑开篇"齐乾明元年岁"字样，可判断作于是年。

北周僧欢释写《梵纲经》，下卷有题记。

按：纸质。墨书。敦煌藏经洞出品。其卷下有题记，全2行，行9—14字，曰："比丘僧欢释敬写供养。武成二年岁在辰年三月廿三日写。"

北周沙门慧觉写《诸经钞》一卷，有题记。

按：纸质。朱书。敦煌藏经洞出品(?)。其题记全1行，14字，曰："武成二年六月八日，沙门慧觉写记。"

陈天嘉二年　后梁大定七年　北周武帝宇文邕保定元年　北齐皇建二年　北齐武成帝高湛太宁元年　辛巳　561年

正月戊申，北周改元保定（《资治通鉴·陈纪二》）。

乙巳，北周主享太庙，颁太祖宇文泰所述六官之法（《周书·武帝纪》）。

二月，北齐诏命内外执事之官，从五品以上及诸王文学等，每二年之内各举1人（《北齐书·孝昭帝纪》）。

六月乙酉，北周遣使殷不害访陈（《周书·武帝纪》）。

十一月，北齐孝昭帝高演死，其弟长广王高湛即位，是为北齐武成帝，改元太宁（《北齐书·孝昭帝纪》、《武成帝纪》）。

高丽遣使向陈奉献（《陈书·世祖纪》）。

陈遣使至北周（《周书·武帝纪》）。

十二月，陈因国用不足，作盐赋、榷酤法（《陈书·世祖纪》、《资治通鉴·陈纪二》）。

按：榷酤法，亦称"榷酒酤"、"榷酒"、"酒榷"，是汉代以后历代政府实行的酒水专卖制度。汉武帝天汉三年（前98年），汉代开始实行榷酒酤，对酒的产销实行垄断；自此以后，历代政府或设店专卖，或通过对酤户及酤肆加征酒税，将榷酒钱匀配，按亩征收等方式实行榷酒酤制度，用以增加政府财政收入。

徐伯阳为晋安王侍读，寻除司空侯安都府记室参军事（《陈书·徐伯阳传》）。

刘逖从北齐武成帝赴晋阳，除散骑侍郎，兼仪曹郎中（《北齐书·刘逖传》）。

祖珽为北齐中书侍郎，为和士开所忌，出为安德太守，转齐郡太守（《北齐书·祖珽传》）。

樊逊为主书，迁北齐员外散骑侍郎（《北齐书·樊逊传》）。

释慧暅应学士宝持等270人之请，于湘宫寺讲经（《续高僧传·隋江表徐方中寺释慧暅传》）。

魏收改定《魏书》，又作《缮写三部一切经愿文》。

按：魏收改定《魏书》见《北齐书·魏收传》。《缮写三部一切经愿文》作年记载不详。魏宏利《〈全北齐文〉编年考》："本文见《广弘明集》卷二十五《法义篇第四之五》，集未言作时，只录其文。文内但称'金口所宣，总勒缮写，各有三部，合若干卷'，亦不知在何时。又释道宣《释迦方志·教相篇第八》、释道世《法苑珠林·兴福部》中历述北齐诸帝兴佛事迹，内称孝昭帝高演在位时，曾'为先皇写经一十二藏，合三万八千四十七卷'，于他人并无大规模写经之记载，则魏收所谓'金口所宣，总勒缮写'者，应指高演无疑。按：孝昭帝高演在位不过两年，即公元五六〇年至五六一年，今姑系本文于五六一年，即皇建二年。"

刘昼作《上书诋佛法》。

按：本文载《广弘明集》卷六《辩惑篇第二之三》，其文略曰："刘昼，渤海人，才术不能自给，齐不士之，著《高才不遇传》以自况也。上书言……"魏宏利《〈全北齐文〉编年考》曰："集不言昼何时上书，据《北齐书·刘昼传》载，昼'河清初，还冀州，举秀才入京，考策不第。……昼又撰《高才不遇传》三篇。在皇建、太宁之朝，又频上书，言亦切直，多非世要，终不见收采。……天统中，卒于家'。以此言之，其上书或在皇建、太宁一朝，今姑系本文于太宁元年。"

北周豆卢子光等造佛像，有铭文。

按：石质。释迦佛像座身四面：东面25行，南面26行，西面26行，北面27行，稍残，行5—16字。铭刻。1984年正宁县罗川乡聂店队出土。此铭载造像者姓名甚详。

北周玄觉抄《律戒本疏》，有题记。

按：纸质。墨书。敦煌藏经洞出品。其题记全1行，19字，曰："保定元年岁次辛巳三月丁未朔八日，玄觉抄记。"

北齐佚名写《自归三宝》，有题记。

按：纸质。墨书。敦煌藏经洞出品(?)。其题记全1行，17字，曰："皇建二年六月十五日，重依欢行对勘定事。"

北周张瓮生写《大般涅槃经》，卷一八有题记。

按：纸质。墨书。敦煌藏经洞出品。其卷一八有题记，全2行，行13—15字，曰："保定元年九月十七日，佛弟子张瓮生，为家内大小，一切众生，敬写流通。"

北周元圣威供养《大集经》，卷一九有题记。

按：纸质。墨书。敦煌藏经洞出品。其卷一九有题记，全1行，9字，曰："清信女元圣威所供养。"

北周高弼写《悲华经》，卷四有题记。

按：纸质。墨书。敦煌藏经洞出品。其卷四有题记，全1行，11字，曰："高弼为亡妻元圣威所写经。"据考证，此经抄写于保定元年(561年)十月十二日前后。

北周高弼写《大般涅槃经》，卷八有题记。

按：纸质。墨书。敦煌藏经洞出品。其卷八有题记，全2行，行2—11字，曰："一校。高弼为亡妻元圣威所写经。"据考证，此经抄写于保定元年(561年)十月十二日前后。

北周尼道英写《大般涅槃经》，卷三一有题记。

按：纸质。墨书。敦煌藏经洞出品。其卷三一有题记，全4行，行3—21字，曰："大周保定元年岁次辛巳，比丘尼道英，谨惟常乐幽玄，我净难识。故割衣资，敬写涅槃经一部。愿佛性沿神,永蠲苦域。师宋(宗)父母,眷属同学,悉如此契,齐获无为。"

虞荔卒(503—)。荔字山披,会稽余姚人。博览群书,善属文。梁武帝置士林馆,荔制碑奏上,帝命勒之馆,以为士林学士。陈文帝时,除太子中庶子,领大著作。著有《鼎录》传世。事迹见《陈书》卷一八、《南史》卷六九。

按:《陈书·虞荔传》曰:"荔幼聪敏,有志操。年九岁,随从伯阐候太常陆倕,倕问五经凡有十事,荔随问辄应,无有遗失,倕甚异之。"其《鼎录》一书对鼎的起源、诸鼎尺寸功能及沿革故实等进行专门记载,是最早的鼎学专著。其二子虞世基、虞世南为隋唐之际著名文学家。

沈炯卒(503—)。炯字礼明,一字初明,吴兴武康人。少有隽才,为当时所重。侯景之难时,固辞侯景将宋子仙任命,幸免于难。梁元帝征为给事黄门侍郎,领尚书左丞。后为西魏所虏,礼遇之,然炯思归之心甚重,多次上表请归。西魏恭帝二年返梁,后以疾卒于吴中。《隋书·经籍志》著录陈侍中《沈炯前集》7卷,陈侍中《沈炯后集》13卷,今皆佚。严可均《全陈文》卷一四载其文1卷。逯钦立《先秦汉魏晋南北朝诗·陈诗》卷一载其诗19首。事迹见《陈书》卷一九、《南史》卷六九。

按:《陈书·沈炯传》曰:"僧辩素闻其名,于军中购得之,酬所获者铁钱十万,自是羽檄军书皆出于炯。及简文遇害,四方岳牧皆上表于江陵劝进,僧辩令炯制表,其文甚工,当时莫有逮者。"沈炯作羽檄军书、制表等散文颇工,为时人所重,而其诗赋对后世影响亦甚大。沈炯诗不重辞藻而颇见朴质之气,在陈时特色鲜明。《汉魏六朝百三家集题辞·沈侍中集》曰:"劝进三表,长声慷慨,绝近刘越石,陈情辛宛,又有李令伯风,至为陈太傅让表,义正辞壮,即阮嗣宗上晋王笺,曷加焉。"又曰:"存诗颇少,咏十二神尤惊创体,亦戏谑类耳。江南文体,入陈更衰,非徐仆射沈侍中,代无作者。乃故崎岖其遇,俾光词苑,斯文之际,天岂无意乎!"以沈炯与徐陵并峙,皆为陈代文学成就最高者。南宋吴曾《能改斋漫录·系日》条曰:"白乐天:'既无长绳系白日,又无大药驻朱颜。'盖本陈沈炯《幽庭赋》:'那得长绳系白日,年年月月俱如春。'然江总《岁暮还宅诗》亦云:'长绳岂系日,浊酒倾一杯。'"以为白居易诗歌受其《幽庭赋》影响。又陈寅恪《读哀江南赋》曰:"今观《归魂赋》,其体制结构固与《哀江南赋》相类,其内容次第亦少差异,至其词句……则更符同矣。颇疑南北通使,江左文章本可以流传关右,何况初明失喜南归之作尤为子山思归北客所亟欲一观者耶?子山殆因缘得见初明此赋,其作《哀江南赋》之直接动机实在于是。"认为庾信《哀江南赋》深受《归魂赋》影响。凡此种种,可见沈炯诗、赋、文在文学史上之成就。

陈天嘉三年　后梁大定八年　后梁孝明帝萧岿天保元年　北周保定二年　北齐太宁二年　河清元年　壬午　562年

闰二月,后梁宣帝萧詧死,谥宣帝。皇太子萧岿立,改元天保,是为世

拜占庭人与波

斯人盟。

圣索菲亚大教堂再次建成。

宗孝明帝(《周书·萧詧传》)。

按：萧詧(519—)即后梁宣帝。詧字理孙，南兰陵人。萧统第三子。封岳阳王，曾任东扬州刺史、会稽太守。父萧统卒，梁武帝立简文帝萧纲而舍其兄弟，詧常怀不平。侯景乱后，梁元帝建都江陵，詧据襄阳归附西魏，借助西魏之力平江陵，杀梁元帝萧绎，被立为梁主，后自称皇帝，年号大定，在位八年，史称后梁。萧詧幼而好学，善属文，尤长佛义。为诸佛经作义疏，又能文善诗。著有《华严》、《般若》、《法华》、《金光明》诸经义疏及文集15卷。存诗多为咏物诗，风格婉丽，属对精工。严可均《全梁文》卷六八载其文6篇。逯钦立《先秦汉魏晋南北朝诗·梁诗》卷二七载其诗10首。事迹见《周书》卷四八。

四月乙巳，北齐改元河清(《北齐书·武成帝纪》)。

乙巳，齐遣使访陈(《陈书·世祖纪》)。

七月戊午，陈遣使访北齐(《北齐书·武成帝纪》)。

十一月丁丑，北齐遣封孝琰访陈(《北齐书·武成帝纪》)。

徐俭迁中书侍郎(《陈书·徐陵传》)。

按：徐俭为徐陵子。

周弘正自周还，授金紫光禄大夫，加金章紫绶，领慈训太仆(《陈书·周弘正传》)。

萧大圜为北周始宁县公，加车骑大将军，仪同三司。

按：《周书·萧大圜传》曰："保定二年，诏曰：'梁汝南王萧大封、晋熙王萧大圜等，梁国子孙，宜存优礼，式遵茅土，寔允旧章。大封可封晋陵县公，大圜封始宁县公，邑各一千户。'寻加大圜车骑大将军，仪同三司。并赐田宅、奴婢、牛马、粟帛等。"

释真谛九月泛海西行，本拟回国，因遇大风，仍飘回广州。广州刺史欧阳頠请其为菩萨戒师，迎住制旨寺(《续高僧传·陈南海郡西天竺沙门拘那罗陀传》)。

释昙迁出家师事昙静。

按：《续高僧传·隋西京禅定道场释昙迁传》曰："又从定州贾和寺昙静律师而出家焉。时年二十有一。"可知其出家师事昙静在此年。

王褒作《与周弘让书》、《赠周处士诗》。

按：周处士即周弘让，是周弘正之弟，王褒与周弘让相识，故借弘正归陈之际托弘正致书诗。《与周弘让书》载于《周书·王褒传》，曰："所冀书生之魂，来依旧壤；射声之鬼，无恨他乡。白云在天，长离别矣，会见之期，邈无日矣。援笔揽纸，龙钟横集。"《赠周处士诗》见于《艺文类聚》卷三六，云："我行无岁月，征马屡槃桓。崤曲三危阻，关重九折难。犹持汉节使，尚服楚臣冠。巢禽疑上幕，惊羽畏虚弹。飞蓬去不已，客思渐无端。壮志与时歇，生年随事阑。百龄悲促命，数刻念余欢。云生陇坻黑，桑疏蓟北寒。鸟道无蹊径，清溪有波澜。思君化羽翮，要我铸金丹。"由王氏书诗可以看出南士对北使的畏难之情。

庾信作《集周公处连句》、《别周尚书弘正》、《送周尚书弘正二首》、《重别周尚书》等诗。七月，又作《终南山义谷铭》。

按：《别周尚书弘正》为周弘正将归时所作，《送周尚书弘正二首》、《重别周尚书》亦为送行之诗,据周弘正行迹系于此年。《终南山义谷铭》见载于《初学记》卷五和《文苑英华》卷七八七,其文曰:"周保定二年……大冢宰、晋国公命凿石关之谷,下南山之材。维公匡济彝伦,弘敷庶绩,燮理余暇,披阅山经……桂栋凌波,栢梁乘雨。疏川剪谷,落实摧柯。事均刊木,功侔凿河。"又,赵王即周武帝弟宇文招。史称他好属文,学庾信体,词多轻艳。

徐陵作《孝义寺碑》。

按:陈霸先建陈后,继续奉行萧梁尊佛的政策,通过广建佛寺、旌扬佛教孝义来巩固政权,此碑当为此张目。《孝义寺碑》见于《艺文类聚》卷七七,文曰:"臣闻道阶八地,犹见后妃,愿生千佛,无匪贤圣,汲引之义虽同,随机之感非一……元嘉三年正月二十一日诏旨,仰惟圣德,方彼兆民,乃敕有司,改东成里为孝义里。昔岱山徙号,重华著其受终,德水移名,秦人表其嘉运,岂若尽在舆地,书兹里门,仰述天经,光临父母?"

北周听讲《维摩经义记》,卷四有题记。

按:纸质。墨书。敦煌藏经洞出品。其卷四有题记,全2行,行13—16字,曰:"保定二年岁次壬午,于尔绵公斋上榆树下,大听僧雅讲维摩经一遍私记。"

颜晃卒(510—　)。晃字元明,琅邪临沂人。少孤贫好学,有辞采。与庾信接善对,为当世所称。奉元帝命助掌杜龛书翰。尝作《甘露颂》以献武帝,词义该典,武帝甚奇之。累官至员外散骑常侍,兼中书舍人。家世单门,傍无戚援,而介然修立,为当世所知。其表奏诏诰,下笔立成,既得事理,又雅有气质。有文集20卷,今佚。事迹见《陈书》卷三四、《南史》卷七二。

陈天嘉四年　后梁天保二年　北周保定三年　北齐河清二年　癸未　563年

正月乙亥,北齐武成帝诏临朝堂策试秀才(《北齐书·武成帝纪》)。

三月乙丑,北齐诏斛律光督五营军士,在轵关筑戍(《北齐书·武成帝纪》)。

六月乙卯,北齐遣崔子武访陈(《北齐书·武成帝纪》)。

八月辛丑,北齐以三台宫为大兴圣寺(《北齐书·武成帝纪》)。

十月庚戌,陈遣使聘周(《周书·武帝纪》)。

是年,北齐侍中和士开劝齐主宜及少壮,极意为乐,武成帝大喜,三四天视朝一次,须臾即入(《资治通鉴·陈纪三》)。

北周武帝至太学行养老礼,由此"天下慕向,文教远覃"。

按:《周书·儒林传序》曰:"自有魏道消,海内版荡,彝伦攸斁,戎马生郊。先王之旧章,往圣之遗训,扫地尽矣。及太祖受命,雅好经术。求阙文于三古,得至理于千载,黜魏、晋之制度,复姬旦之茂典。卢景宣学通群艺,修五礼之缺;长孙绍远才称洽闻,正六乐之坏。由是朝章渐备,学者向风。世宗纂历,敦尚学艺。内有崇文之观,外重成均之职。握素怀铅重席解颐之士,间出于朝廷;圆冠方领执经负笈之生,著录于京邑。济济焉足以逾于向时矣。泊高祖保定三年,乃下诏尊太傅燕公为三老。帝于是服衮冕,乘碧辂,陈文物,备礼容,清跸而临太学。袒割以食之,奉觞以酳之。斯固一世之盛事也。其后命辌轩以致玉帛,征沈重于南荆。及定山东,降至尊而劳万乘,待熊生以殊礼。是以天下慕响,文教远覃。衣儒者之服,挟先王之道,开黉舍延学徒者比肩;励从师之志,守专门之业,辞亲戚甘勤苦者成市。虽遗风盛业,不逮魏、晋之辰,而风移俗变,抑亦近代之美也。"

北周武帝颁《大律》15篇,其制罪包括杖、鞭、徒、流、死凡25等(《资治通鉴·陈纪三》)。

侯安都六月癸巳因恃功骄横,为陈文帝赐死(《陈书·世祖纪》)。
按：文帝虽下诏称侯安都"骄暴滋甚、密怀异图"予以赐死,但未忍对侯家加以连坐族诛,"宥其妻口家小,葬以士礼"。陈霸先有知人之明,登基之际,品评诸将,就曾说侯安都:"侯郎傲狠而无厌,轻佻而肆志,并非全身之道。"

江德藻兼散骑常侍,与刘师知使齐(《陈书·江德藻传》)。

熊安生约是年以阳休之特奏为北齐国子博士。
按：《北史·熊安生传》曰:"齐河清中,阳休之特奏为国子博士。"河清凡三年,姑系于河清二年。

释警韶受200余人之请,长住白马寺,广弘传化,十有余年(《续高僧传·陈杨都白马寺释警韶传》)。

释慧藏奉北齐武成帝诏讲《华严经》于太极殿(《佛祖统纪·法运通塞志》)。
按：初,孙敬德造观音像,后有罪当死,梦沙门教诵此经可免,既觉诵千遍,临刑刀三折。主者以闻,诏赦之。还家见像颈上有三刀痕,此经遂行。目为《高王观世音经》。

拓跋迪奉北周武帝令造《大律》15篇(《资治通鉴·陈纪三》)。

王褒作《周经藏愿文》。
按：本文载《广弘明集》卷二二。张鹏《〈全后周文〉编年考》曰:"文云'以岁在昭阳,龙集天井',昭阳为癸,龙集天井,龙指岁星,岁星在井为未,则本文当作于癸未年,即周武帝保定三年(563年)。"

释真谛为扬州建元寺沙门僧宗、法准、僧忍等翻《摄大乘》等论。
按：《续高僧传·陈南海郡西天竺沙门拘那罗陀传》曰:"真谛虽传经论,道缺情离本意不申。更观机壤,遂欲泛舶往楞伽修国。道俗虔请结誓留之,不免物议,遂停南越。便与前梁旧齿,重复所翻。其有文旨乖竞者,皆镕冶成范,始末轮通。至文帝天嘉四年,扬都建元寺沙门僧宗法准僧忍律师等,并建业标领,钦闻新教。故使远浮江表亲承劳问。谛欣其来意,乃为翻《摄大乘》等论。首尾两载覆疏宗旨。"

北周敦煌官吏张緫等家人约是年后供养佛时题名。
按：在莫高窟442窟北壁。墨书。其题名前后缺,存5行,曰:"■县开国子张□供养□□弟■主簿鸣沙县张緫供养佛时弟□□将军、帅都督、前敦煌郡主簿张□□息■州■张诣供养佛时■前敦煌郡主■"。

释僧实卒(476—)。僧实,俗姓程,咸阳灵武人。年二十六出家,师从勒那三藏。魏大统中,周太祖宇文泰诏其为国三藏。大中兴寺释道安及义城公庾信作碑文。事迹见《续高僧传》卷一六、《法苑珠林》卷六五。

按:《法苑珠林·救厄篇·释僧实传》曰:"幼怀雅亮,清卓不群。魏孝文太和末年,从京至洛。因遇勒那三藏,授以禅法。三学虽通,偏以九次调心。故得定水清澄,禅林荣蔚。于是陶化京华,久而逾盛。"

沈文阿卒(502—)。文阿字国卫,吴兴武康人。沈峻之子。举孝廉,被梁简文帝引为东宫学士,助其著《长春义记》。后领步兵校尉,兼掌礼仪,因尊儒辞陈武帝授官,得其宗人搭救而免罪,仍在东宫讲《孝经》、《论语》。著有《仪礼》、《经典大义》等,世儒多传其学。事迹见《陈书》卷三三。

按:沈文阿出身学术世家,自己亦颇精经术。《陈书·沈文阿传》曰:"少习父业,研精章句。祖舅太史叔明、舅王慧兴并通经术,而文阿颇传之。又博采先儒异同,自为义疏。治《三礼》、《三传》。"《新唐书·艺文志》著录其《丧服经传义疏》4卷、《丧服发题》2卷、《义略》27卷、《经典玄儒大义序录》10卷,今不传。

侯安都卒(519—)。安都字成师,始兴郡曲江人。工隶书,能鼓琴,涉猎书传,为五言诗,亦颇清靡,兼善骑射。侯景之乱,归附陈霸先,乱平,以功受使持节、散骑常侍。先后拥立陈霸先、临川王陈蒨为帝。功绩卓著,先后进爵为清远郡公、侍中、征北大将军等。后自恃功高过人,日渐骄逸,为陈文帝所杀。事迹见《陈书》卷九、《南史》卷六六。

按:《陈书·侯安都传》曰:"数招聚文武之士,或射驭驰骋,或命以诗赋,第其高下,以差次赏赐之。文士则褚玠、马枢、阴铿、张正见、徐伯阳、刘删、祖孙登,武士则萧摩诃、裴子烈等,并为之宾客,斋内动至千人。"可见其对文艺的爱好与提倡。

陈天嘉五年　后梁天保三年　北周保定四年
北齐河清三年　甲申　564年

三月辛酉,北齐颁行新修《齐律》,定刑名共十五等。又规定十五家为比邻,五十家为闾里,百家为族党。并敕官家子弟讲习(《北齐书·武成帝纪》、《资治通鉴·陈纪三》)。

按:我国法典编纂工作自秦始皇《秦律》君命立法开始,其体例已大体完备。汉代先后制定有《九章律》、《越宫律》、《朝律》等汉律六十篇,《齐律》作为北齐法典编纂的成果,上承魏律之精神,下启隋唐律之先河,在中国立法史上地位显著,对后世影响深远。

北齐立丁租法(《资治通鉴·陈纪三》)。

按:丁租法规定,民十八受田输租调,二十充兵,六十免力役,六十六还田,免租调。一夫受露田八十亩,妇人四十亩,奴婢依良人,牛受六十亩。大率一夫一妇调绢一匹,绵八两,垦租二石,义租五斗;奴婢准良人之半;牛调二尺,垦租一斗,义租五升。

  庚辰,北周初令百官执笏(《周书·武帝纪》)。
  按:《礼记·玉藻》曰:"笏度,二尺有六寸。其中博三寸,其杀六分而去一。"按周制,一寸为2.31厘米,以此推算,笏长60.06厘米,宽6.93厘米,窄端宽5.775厘米。笏在纸张发明之前,主要用以记录君命或将提示上奏的要点以备忘。纸张普及后,笏渐成为上朝的礼节性用品,直到清朝才完全弃用。
  四月庚子,北周遣使访陈(《陈书·世祖纪》)。
  五月丁亥,陈改礼部为司宗,大司礼为礼部,大司乐为乐部(《周书·武帝纪》)。
  十一月戊戌,北齐遣刘逖访陈(《北齐书·武成帝纪》)。

  阳休之出为北齐西兖州刺史,诸朝士俱有诗相赠(《北齐书·阳休之传》)。
  释慧勇奉敕陈文帝出讲于太极殿,声名大起。住大禅众寺,共18年(《续高僧传·陈杨都大禅众寺释慧勇传》)。
  释灵裕应北周范阳卢氏之请,至止讲寺。
  按:《续高僧传·隋相州演空寺释灵裕传》曰:"春秋八十有八。即大业元年正月二十二日也。"可知释灵裕生于517年。又曰:"年四十有七,将邻知命,便即澄一心想禅虑岩阿,未盈炎凉。范阳卢氏闻风远请,裕乘时弘济不滞行理,便往赴焉,至止讲供。"知应请之事在此年。

  刘逖约是年作《荐辛德源表》。
  按:《隋书·辛德源传》曰:"齐尚书仆射杨遵彦、殿中尚书辛术皆一时名士,见德源,并虚襟礼敬,因同荐之于文宣帝。起家奉朝请,后为兼员外散骑侍郎,聘梁使副。后历冯翊、华山二王记室。中书侍郎刘逖上表荐德源曰……"魏宏利《〈全北齐文〉编年考》曰:"传不言本文作时,所知者,其时刘逖任中书侍郎一职。据《北齐书·刘逖传》载:'皇建元年,除太子洗马。肃宗崩,从世祖赴晋阳,除散骑侍郎,兼仪曹郎中。久之,兼中书侍郎。和士开宠要,逖附之,正授中书侍郎,入典机密。兼散骑常侍,聘陈使主,还,除通直散骑常侍……世祖崩,出为江州刺史。'刘逖附和士开乃正授中书侍郎,后兼散骑常侍聘陈。据《资治通鉴·陈纪三》载,逖聘陈在河清三年十一月,则逖之任中书侍郎当在河清二、三年间,又世祖崩,其已被外放江州刺史,而高湛崩于天统四年,则本文当作于河清年间至天统四年之间。今姑系本文于河清三年。"
  王瓮生作《造像记》。
  按:本文载《金石萃编》卷三六。文曰:"保定四年岁次甲申十月乙卯朔十五日己巳。"故系于是年。
  佚名作《朱昙思等造像记》。
  按:本文载《金石萃编》卷三三,曰:"大齐河清四年岁次乙酉三月癸未朔四日丙戌。"故系于是年。
  佚名作《在孙寺造像铭》。
  按:本文载《金石萃编》卷三三,末曰:"齐号河清三年岁次甲申四月己丑朔廿日戊申。"故系于是年。

北周比丘道济写《大般涅槃经》，卷一有题记。

按：纸质。墨书。敦煌藏经洞出品。其卷一有题记，全7行，行4—21字，曰："保定四年六月戊子朔廿五壬午，比丘道济减割衣钵之余，敬写涅槃经一部……"

释洪偃卒(504—　)。洪偃俗姓谢，会稽山阴人。笃信佛教，游学建康，曾师从龙光寺绰法师。善草隶，文采洒落，一时无比。以貌、文、诗、书"四绝"称名于世。梁简文帝欲令其还俗，引为学士，不从。会讲重云抗言高论，甚为梁武帝所优礼。梁乱，避地于缙云。是年卒，年六十一。《续高僧传》谓其有论疏二十余卷。逯钦立《先秦汉魏晋南北朝诗·陈诗》卷一〇载其诗3首。《隋书·经籍志》著录《释洪偃集》8卷，今佚。事迹见《续高僧传》卷七。

蔡大宝卒，生年不详。大宝字敬位，济阳考城人。少孤，笃学不倦，善属文。萧詧镇会稽，引为记室。及萧詧为后梁主，累官尚书仆射、雍州刺史。詧称帝江陵，征为侍中、尚书令，封安丰侯。萧詧子萧岿嗣位，授中权大将军，领吏部尚书。《隋书·经籍志》著录其《尚书义疏》及文集30卷，今佚。事迹见《周书》卷四八。

按：《周书·蔡大宝传》曰："尝以书干仆射徐勉，大为勉所赏异。乃令与其子游处，所有坟籍，尽以给之。遂博览群书，学无不综。"又曰："大宝性严整，有智谋。雅达政事，文词赡速。詧之章表书记教令诏册，并大宝专掌之。"据孔颖达《尚书正义》原序，则曾依蔡大宝之义疏。

陈天嘉六年　后梁天保四年　北周保定五年　北齐河清四年　北齐后主高纬天统元年　乙酉　565年

四月丙子，北齐武成帝高湛禅位于皇太子高纬，改元天统，是为北齐后主。北齐武成帝高湛自号太上皇帝(《北齐书·后主纪》)。

辛酉，北周遣使访陈(《陈书·世祖纪》)。

六月己巳，北齐使王季高访陈(《北齐书·后主纪》)。

拜占庭帝查士丁尼一世卒。贝利萨留卒。

萧大圜封始宁县公，加车骑大将军、仪同三司。手写《梁武帝集》40卷，《简文集》90卷(《周书·萧大圜传》)。

徐陵除散骑常侍、御史中丞，大胆弹劾纵容直兵鲍僧叡为非作歹的安成王陈顼(《陈书·徐陵传》)。

阳休之约是年征为北齐光禄卿，监国史(《北齐书·阳休之传》)。

魏收除北齐左光禄大夫。

按：《北齐书·魏收传》曰："天统元年，除左光禄大夫。"

张景仁为北齐通直散骑常侍(《北齐书·张景仁传》)。

王褒约是年为北周内史中大夫(《周书·王褒传》)。

沈重约是年被周武帝征召至长安,诏令其讨论五经并校定钟律(《周书·沈重传》)。

萧大圜作《文言志》。

按:《文言志》即《全隋文》卷一三《闲放之言》,载《周书·萧大圜传》。

于阗僧求那跋陀、释智昕等在江州兴业寺译《胜天王般若》经。

按:《续高僧传·陈南海郡西天竺沙门拘那罗陀传》曰:"至太清二年,忽遇于阗僧求那跋陀。陈言德贤,赍《胜天王般若》梵本。那因祈请乞愿弘通,嘉其雅操豁然授与。那得保持用为希遇。属侯景作乱,未暇翻传,携负东西讽持供养。至陈天嘉乙酉之岁,始于江州兴业寺译之。沙门智昕笔受陈文,凡六十日,覆疏陶练勘阅俱了。江州刺史同黄法𣰰为檀越。僧正释慧恭等监掌。具经后序,那后不知所终。"宋释志磐《佛祖统纪》卷三十七"法运通塞志"作"六年,西天竺王子月婆首那来游庐山译《胜天王般若经》"。

又按:敦煌出土文献有《胜天王般若经序》,纸质,墨书,敦煌藏经洞出品。其序文全13行,行24—43字,曰:"经序行王般若经,初众相谓曰,大觉世尊,前已为我廿九年说摩诃般若、金刚般若、天王问般若、光赞般若,则此经目题,久传上国。有梁太清二年六月,于阗沙门求那跋陀(原注:陈言德贤)赍一部梵文凡十六品,始泊京师。时中天竺优禅尼国王子月首那,生知俊朗,世传释学,尤释义味,兼善方言,避难本邦,登仕梁,被敕总知外国使命,忽见德贤,有此经典,敬恋置怀,如对真佛,因从祈请,毕命弘宣。德贤嘉其雅掺,虚心授与首那。即有启敕,求使岭表,奉迎杂华经。辞阙甫尔,便值侯景称兵寇乱,顶戴逃亡,未暇翻译。民之所欲,天必从焉。属我大陈,应期启运,重光累叶,再清四海,车书混同,华夷辑睦。首那负笈怀经,自远而至。江州刺使(史)、仪同黄法𣰰,驱传本州岛,锡珪分陕,护持正法,渴仰大乘。以天嘉六年岁次乙酉七月辛巳朔廿三日癸卯,劝请首那于州听事略开题序,设无遮大会,四众云集五千余人。匡山释僧杲法师,及远尔名德,并学冠百家,博通五部,各有硕难纷纶,靡不涣然冰释。到其月廿九日,文句乃尽。还兴业伽蓝。捷槌既响,僧徒咸萃。首那躬执梵文,译为陈语。扬州阿育王寺释智昕,暂游彭进,伏膺至教,耳听笔疏,一言敢失,再三循环,撰为七卷讫。其年九月十八日。江州僧正释慧恭法师,戒香芬郁,定水澄明,楷则具瞻,陈梁是寄。别驾豫章万骢,州之股肱,材之杞梓,信慧并修,文武兼用。教委二人,经始功德,辄附卷余,略述时事。庶将来君子,无或猜焉。"此可与《续高僧传·陈南海郡西天竺沙门拘那罗陀传》所载相印证。

佚名作《姜纂造老君像铭》。

按:本文载《金石萃编》卷三四,首曰"大齐天统元年太岁乙酉九月庚辰朔八日丁亥",故系于是年。

北周比丘智辩写《十地义疏》,卷三有题记。

按:纸质。墨书。敦煌藏经洞出品。其卷三有题记,全6行,行7—18字,曰:"从校量离垢地记。用纸卅五张。一校竟。保定五年岁次乙酉,比丘智辩为法界众生,敬写大乘十地义记。若有寻玩之者,智慧逾明,悟空会旨,使僧闻解,终乎出世。以法匡物,导化苍生,同登妙觉。"

北周比丘洪珍写《大般涅槃经》,卷一一有题记。

按：纸质。墨书。敦煌藏经洞出品。其卷一一有题记，全5行，行24—27字，曰："周保定五年乙酉朔，比丘洪珍自慨，摩心集于愚怀，宿郢摄于正轨。仰惟大圣，遂劝化道俗，写千五百佛名一百卷、七佛八菩萨咒一百卷、诸杂咒三千三头，写涅槃经一部，写法华经一部，写方广经二部、仁王经一部并疏、药师经一部，写药王药上菩萨经一部，戒一卷并律。评讁兹福，普为尽法一切众生。用纸十八张。登弥勒初会，一时成佛。"

江德藻卒（509—　）。德藻，济阳考城人。江革之子，江从简之弟。好学善属文。起家梁南中郎武陵王行参军。入陈，为秘书郎，兼尚书左丞、中书舍人、散骑常侍和御史中丞，后出补新喻令。曾奉使至齐，著有《北征道里记》3卷及文集15卷，今佚。事迹见《陈书》卷三四。

李昶卒（516—　）。昶小名那，顿丘临黄人。幼年已解属文，有声洛下。时洛阳创置明堂，昶年十余，为《明堂赋》。初见宇文泰，泰奇之，令入太学。后为二千石郎中、典仪注、宇文泰丞相府记室参军、著作郎、御正中大夫。赐姓宇文氏。宇文泰当政时，所有诏册文笔，皆出其手，起笔立就，一无草稿。逯钦立《先秦汉魏晋南北朝诗·北周诗》卷一载其诗2首。事迹见《周书》卷三八。

拜占庭学者普罗科匹厄斯卒（500?—　）。

按：李昶是北周较为有名的文学家，徐陵《与李那书》见于《文苑英华》卷六七九，描述了李那作品在南朝的接受盛况和轰动效应："循环省览，用忘饥渴。握之不置，恒如赵璧；玩之不足，同于玉枕。京师长者，好事才人，争造蓬门，请观高制。轩车满路，如看太学之碑；街巷相填，无异华阴之市。但丰城两剑，尚不俱来；韩子双环，必希皆见，莫不以好龙无别。"虽不乏过誉之辞，但对李那作品成就的肯定毋庸置疑。李昶创作推动了南北朝文学双向交流，对此前南朝文学单向影响北朝文学的状况有所冲击。

李百药（　—648）生。

按：《旧唐书·李百药传》曰："（贞观）二十二年卒，年八十四，谥曰康。"依其卒年年岁推知生于是年。

陈天嘉七年　天康元年　后梁天保五年　北周武帝宇文邕天和元年　北齐天统二年　丙戌　566年

正月癸未，北周改元天和（《周书·武帝纪》）。

是月，北周遣使杜杲访陈（《周书·武帝纪》）。

二月丙子，陈改元天康（《陈书·世祖纪》）。

四月癸酉，陈文帝陈蒨死，皇太子伯宗即位，是为陈废帝（《陈书·世祖纪》、《陈书·废帝纪》）。

按：陈蒨（522—　）即陈文帝，字子华。陈武帝侄，始兴昭烈王陈道谭长子。少沉敏有识量，留意经史，举动方雅，造次必遵礼法。起家梁吴兴太守。绍泰元年，平定杜龛、张彪有功,授会稽太守。陈武帝即位,立为临川王。后率军驻南皖。永定三年,武帝死,即位为帝。卒,谥文帝,庙号世祖。

六月,北齐遣使韦道儒访陈(《北齐书·后主纪》)。

五月,北周武帝御正武殿,集群臣亲讲《礼记》(《周书·武帝纪》)。

八月,北周信州蛮冉令贤、向五子王等据巴峡起事,攻陷白帝,后为北周将陆腾等讨平(《资治通鉴·陈纪三》)。

周武帝十月诏令初造《山云舞》,以备六代之乐(《周书·武帝纪》)。

十一月乙亥,北周遣使来陈为文帝吊丧(《陈书·废帝纪》)。

是年,北周颁行《天和历》(《隋书·律历志中》)。

徐陵以御史中丞迁吏部尚书,领大著作。以梁末以来,选授多失其所,遂提举纲维,综核名实,针对冒进求官之现象,为书示众,众咸服焉(《陈书·徐陵传》)。

阳休之约是年为北齐吏部尚书,食武阳县干,除仪同三司,又加开府(《北齐书·阳休之传》)。

陆琰约是年副王厚聘齐(《陈书·陆琰传》)。

释彦琮十岁,出家为僧,改名道江(《续高僧传·隋东都上林园翻经馆沙门释彦琮传》)。

按:释彦琮为北周人。

甄鸾造《天和历》(《隋书·律历志中》)。

按:北周甄鸾精通天文历法,所编《天和历》在此年颁行,是我国古代历法名篇。《隋书·律历志中》曰:"逮于周武帝,乃有甄鸾造《甲寅元历》,遂参用推步焉。"《甲寅元历》即《天和历》。

徐陵作《答诸求官人书》、《与顾记室书》。

按:《答诸求官人书》见载于《文苑英华》卷六七七、《陈书·徐陵传》、《南史·徐陵传》,并有删节。其文中曰:"自古吏部尚书者,品藻人伦,简其才能,寻其门胄,逐其大小,量其官爵。梁元帝承侯景之凶荒,王太尉接荆州之祸败,尔时丧乱,无复典章,故使官方,穷此纷杂。永定之时,圣朝草创,干戈未息,亦无条序。府库空虚,赏赐悬乏,白银难得,黄札易营,权以官阶,代于钱绢,义存抚接,无计多少,致令员外、常侍,路上比肩,谘议、参军,市中无数,岂是朝章,应其如此?"可见梁末陈初选官曾一度混乱。徐陵掌管铨选之后,仍以门第阶级为限取官,维护九品中正制。《与顾记室书》记述与陈庆之子陈暄事。书称因在去年正月十五日尚书官大朝之际,陈暄"帽簪钉额,条布裹头,廒袍通踝,胡靴至膝,直来郎座,遍相排抱,或坐或立,且歌且咏",不合朝仪而被徐陵呵斥,陈记恨在心,于六月初写匿名信告徐陵受徐枢贿赂而选徐枢为郎官。徐陵此书即为此事辩白。由此事件可知,庶族武将与世族文臣之间的矛盾冲突之巨。

卢思道作《卢记室诔》。

按:此文载见于《文苑英华》卷八四二,曰:"齐正统二年秋七月,司徒记室、参军事、永安乡男范阳卢询祖卒。先民有言,惟德可久。抑又闻之,惟名为寿,尔之无禄,没而不朽!乃授弱翰,告哀哀友。"

魏收作《枕中篇》。

按：《北齐书·魏收传》曰："天统元年，除左光禄大夫。二年，行齐州刺史，寻为真。收以子侄少年，申以戒厉，著《枕中篇》，其词曰……"魏宏利《〈全北齐文〉编年考》曰："《太平御览》引《三国典略》亦载其事，据收传本文当为天统二年收行齐州刺史后所作。"

北周比丘法定造《大般涅槃经》，卷九有题记。

按：纸质。墨书。敦煌藏经洞出品。其卷九有题记，全6行，行18—25字，曰："天和元年岁在辰巳十二月七日，比丘法定发愿造涅槃经一部。……"

陈天康二年　临海王陈伯宗光大元年　后梁天保六年 北周天和二年　北齐天统三年　丁亥　567年

正月乙亥，陈改元光大（《陈书·废帝纪》）。
四月癸丑，北齐遣司马幼之访陈（《北齐书·后主纪》）。
七月甲辰，北周武帝立露门学，置生72人（《周书·武帝纪》）。
七月戊申，陈立皇子至泽为太子（《陈书·废帝纪》）。
九月，百济向陈奉献（《陈书·废帝纪》）。
十二月，陈以孔子后裔孔英哲为奉圣亭侯，奉孔子祀（《陈书·废帝纪》）。

顾野王除镇东鄱阳王谘议参军（《陈书·顾野王传》）。
庾持迁秘书监，知国史事（《陈书·庾持传》）。
刘轨思为北齐国子博士（《北齐书·刘轨思传》）。
魏收为齐开府、中书监（《北齐书·魏收传》）。
樊深为北周县伯中大夫，加开府仪同三司（《周书·樊深传》）。
萧㧑、唐瑾、元伟、王褒4人为北周文学博士（《周书·萧㧑传》）。

按：是年七月，北周立露门学，置生72人。周武帝以萧㧑、唐瑾、元伟、王褒4人为文学博士。

邢邵约于是年前作《萧仁祖集序》。

按：魏宏利《〈全北齐文〉编年考》曰："本文见《邢邵集》，不言作时。萧仁祖即萧悫，仁祖为其字，《北齐书》有传，然所述甚略，但云：'天保中入国，武平中太子洗马。'后入隋，任记室参军。《萧悫集》，《隋书·经籍志》、《旧唐书·经籍志》、《新唐书·艺文志》皆有著录，大约宋代亡佚。据《上言毕善昭事》一文之考证，邢邵至天统三年时尚在，萧仁祖卒于隋，其年龄当小于邢邵、魏收诸人，编集时间亦当稍后，故本文或作于河清、天统年间矣。"姑系于天统三年。

宇文护五月作《遗释亡名书》。

按：《续高僧传·周渭滨沙门释亡名传》曰："天和二年五月，大冢宰宇文护遗书曰……名答云……"

释亡名作《答宇文护书》。

按：参见"宇文护五月作《遗释亡名书》"条。

释卫元嵩作《上书请造平延大寺》。

按：《广弘明集》卷七曰："卫元嵩，本河东人。远祖从宦，遂家于蜀。梁末为僧，佯狂浪宕。周氏平蜀，因而入关。天和二年，上书，略云……"武帝纳其言，嵩亦自此还俗。

佚名作《洛阳合邑诸人造像铭颂》。

按：本文载《金石萃编》卷三四，末曰："天统三年岁次丁亥三月壬申朔十五日丙戌建。"故系于是年。

佚名作《邑义造丈八大像颂》。

按：本文载《金石续录》卷一，曰："以今大齐天统三年岁在丁亥五月十五日。"故系于是年。

佚名作《宋买等造天宫石像碑》。

按：本文载《金石萃编》卷三四，末题"天统三年岁次丁亥四月辛丑朔八日戊申建立"，故系于是年。

北周比丘僧济写《大般涅槃经》，卷一四有题记。

按：纸质。墨书。敦煌藏经洞出品。其卷一四有题记，全70字，曰："比丘僧济减割衣钵之余，仰为七世师长父母，所生父母，先死后亡，敬写涅槃经一部。愿亡者并生佛国，同成正觉。普及法界含生，一时成佛，广度一切。天和二年岁次丁亥五月卅日。"

北周鲁恭姬造佛像，有铭文。

按：石质。铭刻。清道光初年清水县古城出土。其铭文全8行，行8—15字，曰："天和二年六月十□□和□□左员□□郎南阳军二郡太守郡功曹郡平望清水句法袭，为亡妻鲁恭姬造释迦定光并等身像二躯。息刺史蔡国公士曹从事功曹长晖，次息长荣，侄仕遵、僧允、僧进、显昌、孙怀□，杨氏妹凤姜，垣氏女永妃，毕氏女如女女保妃。"

陈光大二年　后梁天保七年　北周天和三年
北齐天统四年　戊子　568年

伦巴底人取意大利大部。

正月癸亥，北齐遣郑大护访陈(《北齐书·后主纪》)。

七月壬寅，北周隋国公杨忠死，子杨坚袭爵(《周书·武帝纪》)。

丙午，新罗向陈奉献(《陈书·废帝纪》)。

八月乙丑，北齐请和于北周，北周遣陆程访北齐(《周书·武帝纪》)。

癸酉，北周武帝亲幸大德殿，集百僚及沙门、道士等亲讲《礼记》(《周书·武帝纪》)。

陈光大二年　后梁天保七年　北周天和三年　北齐天统四年　戊子　568年

九月丙申,北齐使斛斯文略回访北周(《资治通鉴·陈纪四》)。
是月,林邑、狼牙国向陈奉献(《陈书·废帝纪》)。
十一月壬辰,北齐遣李翥访陈(《北齐书·后主纪》)。
十二月辛未,北齐武成帝高湛卒(《北齐书·后主纪》)。

徐陵年末封为建昌县侯(《陈书·徐陵传》)。
许亨拜卫尉卿。
　　按:《陈书·许亨传》曰:"光大初,高宗入辅,以亨贞正有古人之风,甚相钦重,常以师礼事之。及到仲举之谋出高宗也,毛喜知其诈,高宗问亨,亨劝勿奉诏。高宗即位,拜卫尉卿。"
蔡凝除太子洗马,司徒主簿(《陈书·蔡凝传》)。
魏收议北齐武成帝之葬所颁赦令,遂掌诏诰(《北齐书·魏收传》)。
刘逖除假仪同三司,聘周使副(《北齐书·刘逖传》)。
祖珽为海州刺史。寻遗书陆令萱弟悉达,短赵彦深。陆令萱为言之后主,遂入为银青光禄大夫、秘书监,加开府仪同三司(《北齐书·祖珽传》)。
释真谛厌倦世尘,欲入北山,道俗请还止王园寺。时论欲请之入建康,建康沙门不从(《续高僧传·陈南海郡西天竺沙门拘那罗陀传》)。
释慧思六月自光州入南岳(《佛祖历代通载》卷一〇)。
释彦琮十二岁,诵《法华经》,至北周邺下寻究(《续高僧传·隋东都上林园翻经馆沙门释彦琮传》)。

僧智匠著《古今乐录》13卷。
　　按:《隋书·经籍志》曰:"《古今乐录》十二卷,陈沙门智匠撰。"新、旧《唐书》、《宋史》著录十三卷。《玉海》卷一〇五"音乐"引《中兴书目》曰:"《古今乐录》十三卷,陈废帝光大二年,僧智匠撰,起汉迄陈。"是书内容丰富,起汉迄陈,惜已久佚。《乐府诗集》、《太平御览》多所征引。对研究汉魏六朝乐府诗有重要参考价值。
北周为亡龙泉窟主永保写《金光明经》,卷四有题记。
　　按:纸质。墨书。敦煌藏经洞出品。其卷四有题记,全5行,行10—20字,曰:"为亡比丘龙泉窟主永保,敬写金光明一部、胜鬘一部、方广一部。愿亡者托生佛国,面奉慈颜,苌永三途,永与苦别。生生之处,遇善知识,发菩提心,普及含生,早成佛道。天和三年岁次戊子五月廿一日。"

刘璠卒(510—　)。璠字宝义,沛国沛人。初仕梁,江陵陷,例随长安,仕周。任中外府记室、黄门侍郎、内史中大夫、同和郡守。著有《梁典》30卷及文集20卷。其集《隋书·经籍志》已不见著录,《梁典》今佚,尚有零星佚文,见《文选》李善注引。严可均《全后周文》卷一九载其文1篇。《周书》本传尚有其诗4句,逯钦立失收。事迹见《周书》卷四二、《北史》卷七〇。
释智恺卒(517—　)。智恺俗姓曹。本住杨都寺,时有天竺僧释真谛至广州,智恺遂住岭南。与真谛对翻《摄论》,凡25卷;又对翻《俱舍论》83

卷,为真谛所赏叹。至光大中,有僧宗、法准、惠忍等就真谛求学。第二年,又请智恺讲《俱舍论》,至第九卷,未尽,遘疾,作诗1首,卒。逯钦立《先秦汉魏晋南北朝诗·陈诗》卷一〇载其诗1首。事迹见《续高僧传》卷一。

释慧命卒(531—)。慧命俗姓郭,太原晋阳人。八岁能《诗》《书》,年十五诵《法华经》。不久出家,学无常师,专一于《华严》。后游仙城山。晚于州治讲《维摩经》。事迹见《续高僧传》卷一七。

陈宣帝陈顼太建元年　后梁天保八年
北周天和四年　北齐天统五年　己丑　569年

正月甲午,陈安成王陈顼即皇帝位,改元太建,是为陈宣帝,以世子叔宝为太子(《陈书·宣帝纪》)。

辛卯朔,北周遣李纶赴北齐会葬(《周书·武帝纪》)。

三月,北周武帝召集百僚、道士、沙门2千余人议三教优劣废立,引发佛道之争(《广弘明集》卷八)。

按:《续高僧传·周京师大中兴寺释道安传》曰:"至天和四年岁在己丑三月十五日,敕召有德众僧、名儒、道士、文武百官二千余人于正殿。帝升御座,亲量三教优劣废立。众议纷纭,各随情见,较其大抵,无与相抗者。至其月二十日,又依前集,众论乖咎,是非滋生,并莫简帝心,索然而退。至四月初,敕又广召道俗,令极言陈理。又敕司隶大夫甄鸾详佛道二教,定其先后浅深同异。鸾乃上《笑道论》三卷,合三十六条,用笑三洞之名,及笑经称三十六部。文极详据,事多扬激。至五月十日,帝又大集群臣,详鸾上论,以为伤蠹道士,即于殿庭焚之。道安慨时俗之混并,悼史藉之沈网,乃作《二教论》取拟武帝。详三教之极,文成一卷,篇分十二。"

五月甲午,北齐遣使访陈(《陈书·宣帝纪》)。

九月辛卯,北周遣宇文宪、李穆将兵往宜阳,修筑崇德等五城(《周书·武帝纪》《资治通鉴·陈纪四》)。

是月,陈宣帝怀疑广州刺史欧阳纥谋反,召其进京,纥恐惧,遂举兵反(《资治通鉴·陈纪四》)。

十月辛未,陈宣帝诏章昭达讨伐欧阳纥(《资治通鉴·陈纪四》)。

十二月,北周遣杜杲访陈,请复通友好。陈帝许之,遣使回访(《资治通鉴·陈纪四》)。

周弘正正月进号特进,重领国子祭酒,豫州大中正,加扶(《陈书·周弘正传》)。

徐陵五月为尚书右仆射(《陈书·徐陵传》)。

徐伯阳是年后与当时文士多有往还,结为文会之友。

陈宣帝陈顼太建元年　后梁天保八年　北周天和四年　北齐天统五年　己丑　569年

按：《陈书·徐伯阳传》曰："太建初，中记室李爽、记室张正见、左民郎贺彻、学士阮卓、黄门郎萧诠、三公郎王由礼、处士马枢、记室祖登、比部贺循、长史刘删等为文会之友，后有蔡凝、刘助、陈暄、孔范亦预焉，皆一时之士也。游宴赋诗，勒成卷轴，伯阳为其集序，盛传于世。"姑系于此。

陆琼以本官掌东宫管记（《陈书·陆琼传》）。

陆琰约是年为武陵王功曹史，兼东宫管记（《陈书·陆琰传》）。

蔡凝迁太子舍人，以名公子选尚信义公主，拜驸马都尉，中书侍郎（《陈书·蔡凝传》）。

岑之敬还朝，授东宫义省学士，为太子陈叔宝所赏接（《陈书·岑之敬传》）。

陆瑜与兄陆琰同为东宫学士（《陈书·陆瑜传》）。

甄鸾时为司隶大夫，奉敕详佛道二教，定其先后浅深同异（《广弘明集》卷八）。

按：参见是年"三月，北周武帝召集百僚、道士、沙门二千余人议三教优劣废立，引发佛道之争"条。

沈重于北周紫极殿讲三教义，为诸儒所推（《周书·沈重传》）。

庾信作《奉和阐弘二教应诏诗》、《象戏赋》、《进象经赋表》。

按：《奉和阐弘二教应诏诗》即针对周武帝集议三教优劣而言。《象戏赋》和《进象经赋表》两文分别见载于《艺文类聚》卷七四、《文苑英华》卷六一〇，则是为周武帝制《象经》而作。象戏为古代弹棋一类，是一种赌博游戏，《周书·武帝纪》载，"五月己丑，帝制象经成，集百僚讲说"。庾信《象戏赋》对象戏有所美化，《进象经赋表》对武帝所制《象经》多有赞赏。

王褒为周武帝《象经》作注，又作《象戏经序》。

按：王褒《象经》注及《象戏经序》的作因与庾信《象戏赋》、《进象经赋表》相同。《象戏经序》载于《艺文类聚》卷七四及《太平御览》卷七五五，从儒家教义的角度对象戏的规则与象征意义进行了美化和引申。《周书·武帝纪》曰："（天和四年）五月己丑，帝制《象经》成，集百僚解说。"故系于是年。

徐陵作《与智顗书》、《释慧云碑》。

按：《与智顗书》，《续高僧传·隋国师智者天台山国清寺释智顗传》曰："与法喜等三十余人在瓦官寺，创弘禅法。仆射徐陵、尚书毛喜等，明时贵望，学统释儒，并禀禅慧俱传香法，欣重顶戴，时所荣仰。长干寺大德智辩延入宋熙。天宫寺僧晃，请居佛窟。斯由道弘行感，故为时彦齐迎，顗任机便动，即而开悟。"《释慧云碑》，《续高僧传·隋东川沙门释慧云传》曰："释慧云，范阳人。"卒于太建元年，传后注曰："陈仆射徐陵为碑铭。"

周弘正作《测狱刻数议》，以论新旧法律。

按：《陈书·沈洙传》曰："梁代旧律，测囚之法，日一上，起自晡鼓，尽于二更。及比部郎范泉删定律令，以旧法测立时久，非人所堪，分其刻数，日再上。廷尉以为新制过轻，请集八座丞郎并祭酒孔奂、行事沈洙五舍人会尚书省详议。时高宗录尚书，集众议之，都官尚书周弘正曰：'未知狱所测人，有几人款？几人不款？须前责取人名及数并其罪目，然后更集。'……'凡小大之狱，必应以情，正言依准五听，验其虚实,岂可全恣考掠,以判刑罪。且测人时节,本非古制,近代已来,方有此法。起自晡鼓,迄于二更,岂是常人所能堪忍?……愚谓依范泉著制,于事为允。'"即此《测狱刻数议》,赞同范泉。其文又见于《南史》卷七一。

甄鸾作《笑道论》。

按:参见是年"三月,北周武帝召集百僚、道士、沙门二千余人议三教优劣废立,引发佛道之争"条。

道安作《二教论》。

按:参见是年"三月,北周武帝召集百僚、道士、沙门二千余人议三教优劣废立,引发佛道之争"条。

优婆夷作《造像记》。

按:文曰:"天和四年岁次己丑八月戊午朔一日戊午。"故系于是年。

僧藏称于长安译经,僧至德译《法华经》、《普门重颂偈》(《佛祖统纪·法运通塞志》)。

北周尼智王宝供养《大比丘尼羯磨经》一卷,有题记。

按:纸质。全2行,行6—24字。墨书。敦煌藏经洞出品。文曰:"天和四年岁次己丑六月八日写竟,永晖寺尼智王宝受持供养。比丘庆仙抄讫。"

北周比丘庆仙等约是年供养佛经,有题名。

按:在莫高窟428窟东壁南侧。墨书。其题名全4行,行10—11字,曰:"晋昌郡沙门比丘庆仙供养。晋昌郡沙门比丘□吉供养。凉州沙门比丘道玲琼?□(供)养。晋昌郡沙门比丘道宾供养。"据王素、李方《魏晋南北朝敦煌文献编年》考证,此题名作于天和四年(569)前后。姑系是年。

顾越卒(493—)。越字思南,一作允南,吴郡盐官人。幼有口辩,明慧勤学。梁时任国子博士。后归乡,栖隐于虎丘山。陈天嘉中,迁给事中,黄门侍郎。被谮坐免。顾越精《毛诗》,善持论,与贺文发俱为梁南平王伟所重,时并称"发越"。著作有《毛诗义疏》、《老子义疏》、《孝经义疏》等40余卷,并诗、颂、笺、表凡200余篇。严可均《全陈文》卷一五载其文1篇。事迹见《陈书》卷三三、《南史》卷七一。

按:《南史·顾越传》曰:"弱冠游学都下,通儒硕学,必造门质疑,讨论无倦。至于微言玄旨,《九章》七曜,音律图纬,咸尽其精微。……越遍该经艺,深明《毛诗》,傍通异义。特善《庄》、《老》,尤长论难,兼工缀文,闲尺牍。"

释真谛卒(499—)。本名拘那罗陀,本西天竺优禅尼国人。适融佛理,以通知名。梁太清二年至建康,梁武帝使其传翻经教。自梁武之末至陈宣即位,凡二十三载,所出经论记传64部,合278卷。译有《摄大乘论》、《唯识论》等。法相唯识之学乃传中国。事迹见《续高僧传》卷一。

庾持卒(508—)。持字允德,一字元德,颖川鄢陵人。笃志好学,尤善书记,以才艺闻名。梁武帝大同年间为河东王萧誉行参军,兼尚书郎。入陈,为安东临川王府谘议参军、尚书左丞、秘书监、太中大夫领步兵校尉。卒,诏赠光禄大夫。善字书,每属辞,好为奇字,文士多以此讥之。有文集10卷,今佚。严可均《全陈文》卷一三载有其文1篇。事迹见《陈书》卷三四。

杨广（　—619）生。

　　按：《隋书·炀帝纪》曰："开皇元年，立为晋王，拜柱国、并州总管，时年十三。"可知其生于是年。

陈太建二年　后梁天保九年　北周天和五年
北齐后主高纬武平元年　庚寅　570年

　　正月乙酉朔，北齐改元武平（《北齐书·后主纪》）。
　　戊申，北齐使裴谳之访陈（《北齐书·后主纪》）。
　　五月壬午，北齐遣使吊陈太后丧（《陈书·宣帝纪》）。
　　六月戊子，新罗遣使向陈奉献（《陈书·宣帝纪》）。
　　十一月辛酉，高丽向陈奉献（《陈书·宣帝纪》）。

　　魏收、薛道衡、阳休之、熊安生、魏澹等奉诏纂修《五礼》（《北史·薛道衡传》、《隋书·魏澹传》）。
　　薛道衡与陈使傅縡赋诗酬唱，时人叹美（《隋书·薛道衡传》）。
　　按：此时南北文化的交流，北方无论在政治军事还是文化修养方面都有了较大的提高，有逐步超越南方之势。
　　徐陵食建昌邑，禄俸与亲族共享（《陈书·徐陵传》）。
　　张思伯为北齐国子博士（《北齐书·儒林·张思伯传》）。
　　按：张思伯善说《左氏传》，为《刊例》10卷，亦治《毛诗》章句。
　　乐逊请以年老致仕，北周武帝不许，授湖州刺史，封安邑县子（《周书·乐逊传》）。
　　释慧乘从徐州抵达扬州（《续高僧传·唐京师胜光寺释慧乘传》）。
　　释彦琮两入晋阳，且讲且听，为北齐名士所重（《续高僧传·隋东都上林园翻经馆沙门释彦琮传》）。

　　佚名作《董洪达造像铭》。
　　按：本文载《金石萃编》卷三四，称"大齐武平元年岁次庚寅正月乙酉朔廿六日"，故系于是年。
　　北周沙弥昙崙写《法华经注》，第一有题记。
　　按：纸质。墨书。敦煌藏经洞出品。其第一有题记，全4行，行5—15字，曰："法华经王，崙许之（中略）天和五年四月五日沙弥昙崙写敬也。□遍（?）一校竟。■释子崙撰也。"

　　许亨卒（517—　）。亨字亨道，高阳新城人。许懋之子。仕梁为安东王行参军，兼太学博士。入陈，任中散大夫、卫尉卿。亨博通群书，熟识前

穆罕默德生。

代旧事,为南阳刘子遴所重。初著《齐书》并志50卷,遇乱失。后著《梁史》58卷及文集6卷。严可均《全陈文》卷一五载其文3篇。事迹见《陈书》卷三四、《南史》卷六〇。

徐份卒(549—)。份,东海郯人。徐陵次子。少有父风,九岁作《梦赋》,为徐陵称赏。历仕秘书郎、太子舍人、太子洗马等职。事迹见《陈书》卷二六、《南史》卷六二。

陈太建三年　后梁天保十年　北周天和六年　北齐武平二年　辛卯　571年

正月丁巳,北齐遣刘环俦访陈(《北齐书·后主纪》)。

四月壬辰,北齐遣使访陈(《陈书·宣帝纪》)。

五月癸亥,北周遣郑诩访陈(《资治通鉴·陈纪四》)。

辛亥,高丽、新罗、丹丹、天竺、槃槃等国向陈贡献(《陈书·宣帝纪》)。

八月辛丑,陈皇太子陈叔宝亲释奠于太学(《陈书·宣帝纪》)。

十月乙未,北周遣使访齐(《周书·武帝纪》)。

庚戌,北齐遣使回访(《资治通鉴·陈纪四》)。

是年,北周因后梁民少国贫,诏以基、平、鄀三州以资后梁(《资治通鉴·陈纪四》)。

徐陵以尚书右仆射,领大著作迁尚书左仆射。抗表固辞,举荐周弘正、王劢、张种等人(《陈书·徐陵传》)。

沈重授北周骠骑大将军,开府仪同三司,露门博士,仍于露门馆为皇太子讲论(《周书·沈重传》)。

萧㧑为北周少保(《周书·萧㧑传》)。

祖珽在北齐晋阳,通密启请诛琅邪王高俨。其计既行,渐被任遇(《北齐书·祖珽传》)。

释法泰携天竺僧释真谛所译诸经返回建康(《续高僧传·陈杨都金陵沙门释法泰传》)。

天竺僧释真谛弟子释曹毗请陈建兴寺僧正明勇法师续讲《摄论》(《续高僧传·陈杨都金陵沙门释法泰传》)。

魏收约是年前作《与李德林书论齐书起元事》、《重遗李德林书》。

按:《隋书·李德林传》曰:"魏收与阳休之论《齐书》起元事,敕集百司会议。收与德林书曰……"《北齐书·阳休之传》亦载休之与魏收论齐起元事,其略曰:"又魏收监史之日,立《高祖本纪》,取平四胡之岁为齐元。收在齐州,恐史官改夺其意,上表论之。武平中，收还朝，敕集朝贤议其事。休之立议从天保为限断。魏收存日，犹两议未决。"以此知休之与收论《齐书》起元在武平年间。魏宏利《全北齐文〉编年考》曰："《隋书·李德林传》于魏书书后续云：'德林复书曰："即位之元……"收重遗书曰："惠示二事……"德林答曰……是时中书侍郎杜台卿上《世祖武成皇帝颂》，齐主以为未尽善，令和士开以颂示德林。宜旨云，'则收遗书德林时和士开尚在。据《北齐书·后主纪》载，武平二年七月琅琊王高俨矫诏杀和士开，以此，则本文作时至晚不出武平二年七月。"

佚名作《比丘僧道略等造神碑称像铭》。

按：本文载《金石萃编》卷三四，末题"大齐武平二年岁次辛卯九月十五日建"，故系于是年。

北周佚名作赵佺墓志。

按：石质。盖文12字。隶书。志文全29行，行29字。楷书。1936年天水三阳川出土。由此墓志可以看出北周士人世系及家学传承。盖文曰："开府仪同凤州刺史尉迟（赵）墓志。"志文曰："公本姓赵，讳佺，字元昌，天水上邽人也……十世祖融，汉司隶校尉。祖宾育，秦州别驾，卒赠豫州刺史。父琨冲，广州长史、顺阳郡守……年十四，魏郡王临蕃，辟为主簿……及皇室勃兴，冢宰做相，乃召公为中外府集曹，加前将军、左银清光禄大夫……时值大将军、邵国公出镇捕反，妙简英俊，除公大都督、蒲州治中、总府司马、河东郡守。董戎仕切，骥足务繁；主武望隆，股肱寄重。自非忠公干略，无以克膺兹选。前后称职，帝心简在。乃授公使节、车骑大将军、仪同三司。同桓冲之戎号，兼邓骘之仪比，传呼甚盛，宗党荣之。寻除小司成，俄迁载师中大夫，共治之美，未易其人。乃出为秦郡守。求马问羊，犹遵前荣；带牛佩犊，自改旧风。教化大行，威怀兼著。而与善无征，不救所疾。以天和六年正月九日，春秋卌八，卒于位。赠骠骑大将军、开府仪同三司、大都督凤州诸军、凤州刺史，谥曰敬。以其年十月廿八日，窆上邽里之山，礼也。惟公资孝为忠，禀礼成敬。服膺儒术，则负笈从师；志隆堂构，则弹冠入仕。御下以宽，与人以信，约身以俭，处物以公……死而可作，吾当与旋。"

北周比丘昙卿写《金光明经》，卷五有题记。

按：纸质。墨书。敦煌藏经洞出品。其卷五有题记，全6行，行10—25字，曰："……是以比丘昙卿，减割衣钵之资，敬写法华金光一部。……天和六年十二月六日写讫。"

释法琳（ —639）生。

按：《续高僧传·唐终南山龙田寺释法琳传》曰："（贞观）十三年冬……因疾而卒。时年六十九。"依其卒年年岁推知生于是年。

陈太建四年　后梁天保十一年　北周天和七年
建德元年　北齐武平三年　壬辰　572年

二月癸酉，北周分别遣昌城公宇文深访突厥，李除、贺遂礼访齐（《周书·武帝纪》)。

三月丙辰,北周诛大冢宰、晋国公宇文护,改元建德(《周书·武帝纪》)。

按:北周武帝与卫国公宇文直等不满晋国公宇文护专权,遂于宫中杀护及其诸子,改元建德。以尉迟迥为太师,齐国公宇文宪为大冢宰,赵国公宇文招为大司空,卫国公宇文直为大司徒。

乙丑,扶南、林邑向陈奉献(《陈书·宣帝纪》)。

四月己卯,北周遣使访齐(《周书·武帝纪》)。

七月戊辰,北齐杀左丞相咸阳王斛律光(《北齐书·后主纪》、《资治通鉴·陈纪五》)。

按:初,齐尚书右仆射祖珽等忌斛律光。时周韦孝宽造歌谣,令间谍传入邺中,祖珽等借此诬光将反。后主杀光,灭其家,废斛律后。齐政日衰。

十月辛未,北周遣杨勰等访陈(《周书·武帝纪》)。

是年,突厥木杆可汗死,舍其子而位其弟,是为佗钵可汗。佗钵以土门之子摄图为尔伏可汗,统其东部,又以其侄为步离可汗,统西面(《资治通鉴·陈纪五》)。

按:时突厥强盛,北周、北齐均畏之,厚赂其财物。佗钵曰:"但使我在南两儿常孝,何忧于贫!"

李德林为北齐中书侍郎,与修国史(《隋书·李德林传》)。

唐邕为尚书令。

按:《北齐书·后主纪》曰:"(武平三年二月)庚寅,以左仆射唐邕为尚书令。"

祖珽为左仆射。

按:《北齐书·后主纪》曰:"(武平三年二月)庚寅……侍中祖珽为左仆射。"

萧㧑为北周少傅(《周书·萧㧑传》)。

王褒为北周太子少保。

按:《周书·宣帝纪》曰:"建德元年四月癸巳,高祖亲告庙,冠于阼阶,立为皇太子。"《周书·王褒传》:"东宫既建,授太子少保,迁小司空,仍掌纶诰。"

释慧暅奉敕主讲陈东安寺(《续高僧传·隋江表徐方中寺释慧暅传》)。

释僧玮应北周诏入京,敕后妃公卿咸受十善;敕住京城天宝寺;及东归敕为安州三藏(《释氏稽古略》)。

按:于此可见,此时周武帝仍奉佛法。

释彦琮丁父忧,潜心篇章(《续高僧传·隋东都上林园翻经馆沙门释彦琮传》)。

按:释彦琮为北齐僧。

宋士素等奉敕纂《修文殿御览》360卷成,祖珽上之。

按:《北齐书·后主纪》曰:"(武平三年二月)……敕撰《玄洲苑御览》,后改名《圣寿堂御览》。……是月(八月),《圣寿堂御览》成,敕付史阁,后改为《修文殿御览》。"此书为我国早期大型类书之一,其书南宋时已不存。《太平御览》卷六〇一《文部十七·著书上》引唐代丘悦《三国典略》曰:"初,齐武成令宋士素录古来帝王言行要事三卷,名为《御览》,置于齐主巾箱。杨休之创意取《芳林遍略》,加《十六国春秋》《六经拾遗录》《魏史》等书,以士素所撰之名,称为《玄洲苑御览》,后改为《圣寿堂御览》。至是(祖)珽又改为《修文殿》上之。徐之才谓人曰：'此可谓床上之床,屋下之屋也。'"

徐陵九月奉陈宣帝诏作《东阳双林寺傅大士碑》(《释氏稽古略》)。

按：傅大士为梁时著名佛教人士,因感于侯景之乱,为救俗世苦难而自裁,诸弟子亦多断肢、焚身,影响颇大。傅大士于太建元年卒,陈帝诏为傅大士建碑在是年九月,其文载于《艺文类聚》卷七六,由此文可见梁末陈初,佛教人士如何应对兵祸。

赵桃科妻刘氏作《造像记》。

按：本文载《金石萃编》卷三四,首称"武平三年十二月十八日",故系于是年。

佚名作《邑义主一百人造灵塔铭》。

按：本文载《金石萃编》卷三四,末题"大齐武平三年岁次壬辰镌,十二月十六日功讫",故系于是年。

北周写《十方千五百佛名》一卷,有题记。

按：纸质。墨书。敦煌藏经洞出品。其题记全1行,11字,曰："建德元年九月十五日写竟。"

高琳卒(497—)。琳字季珉,祖籍高句丽,五世祖归魏。琳起家卫府都督,因屡有战功,官至骠骑大将军、开府仪同三司。北周明帝武成二年,于宴会中赋诗言志,为明帝所赏。后位至柱国。逯钦立《先秦汉魏晋南北朝诗·北周诗》卷一载其诗1首,即《宴诗》。事迹见《周书》卷二九、《北史》卷六六。

魏收卒(506—)。收字伯起,小字佛助,巨鹿下曲阳人。东魏时任散骑常侍,奉敕撰起居注,编修国史。北齐时任中书令兼著作郎,奉诏编著《魏书》。后累官至尚书右仆射,监修国史。魏收颇有文才,工于诗赋。与邢邵同为北朝文士之冠,有"邢魏"之称。《北齐书》本传谓有集70卷,《隋书·经籍志》著录为68卷。今传《魏特进集》,系清人所辑。严可均《全北齐文》卷四载其文13篇。逯钦立《先秦汉魏晋南北朝诗·北齐诗》卷一载其诗16首。魏收诗文,古人多谓其学南朝任昉。今存魏收诗及骈文,俱重辞藻。事迹见《北齐书》卷三七、《北史》卷五六。

按：魏收所编《魏书》虽叙事详赡,惟条例未密,因此颇为后代史家所驳正。《北史·魏收传》曰："勒成魏籍,追踪班马,婉而有则,繁而不芜,持论序言,钩深致远。但意存实录,好抵阴私,至于亲故之家,一无所说,不平之议,见于斯矣。"该书宋初已残缺,后经宋人校补,清人列其为二十四史之一。

陈太建五年　后梁天保十二年　北周建德二年
北齐武平四年　癸巳　573年

正月庚辰,北齐遣崔象访陈(《北齐书·后主纪》)。

二月丙午,北齐后主高纬置文林馆,并召引文学士,谓之待诏文林馆(《北齐书·后主纪》、《北齐书·文苑传》)。

> 按:齐后主好文学,从祖珽奏请,二月丙午置文林馆,招引文学之士入馆,李德林、颜之推同判馆事。

壬戌,北周遣侯莫陈凯等访齐(《周书·武帝纪》)。

六月丙辰,北齐遣王紘访周(《北齐书·后主纪》)。

九月壬午,北周太子宇文赟纳杨坚之女为妃(《周书·武帝纪》)。

十二月癸巳,北周武帝召集道俗辨释三教先后(《周书·武帝纪》)。

> 按:《周书·武帝纪上》曰:"(建德二年)十二月癸巳,集群臣及沙门、道士等,帝升高座,辨释三教先后,以儒教为先,道教为次,佛教为后。"

陈周弘正十月为尚书右仆射,敕赴东宫讲《论语》、《孝经》,为陈太子所重(《陈书·周弘正传》)。

阳休之五月丙子受北齐武帝诏,裁正魏收所著《魏书》(《北齐书·后主纪》、《北齐书·阳休之传》)。

沈重于露门馆为北周皇太子宇文赟讲论(《周书·沈重传》)。

庾信作《贺新乐表》。

> 按:《周书·武帝纪》曰:"(建德二年)冬十月……甲辰,六代乐成,帝御崇信殿,集百官以观之。"故系于是年。

佚名作《临淮王造像碑》。

> 按:本文载《金石萃编》卷三五,首题"大齐武平四年岁次癸巳六月乙未朔廿七日辛酉建",故系于是年。

北周吐知勤明造《大般涅槃经》,卷九有题记。

> 按:纸质。墨书。敦煌藏经洞出品。其卷九有题记,全6行,行13—21字,曰:"建德二年岁次癸巳正月十五日,清信弟子大都督吐知勤明,发心普为法界众生,过去七世父母,亡灵眷属,逮及亡儿亡女,并及现在妻息,亲戚知识,敬造大涅槃、大品并杂经等,流通供养。愿弟子生生世世,值佛闻法,恒念菩提,心心不断。又愿一切众生,同厌四流,早成正觉。"

北周王令猥造佛像,有碑文。

> 按:石质。愿文四处:碑右下部4行,行13字;碑阳下部14行,行4字;碑左下部5行,行4字;碑左上部11字,行5字。文字衔接。供养人题名五条,在碑阴上部。阴刻。1973年张家川出土。其碑右下部曰:"建德二年岁次癸巳五月丙寅朔,正信佛弟子堡主王令猥,嗢值伯(百)陆(六),盈缩无常,知德可舍,知善可崇,以减割妻子衣食之人,为忘息延。"碑阳下部曰:"庆、延明、父母等,敬造石铭一区,高四尺;弥勒一堪(龛),释加门一堪(龛),前有二师子。伏令忘息等神生净土,值愚(遇)诸佛,龙花三会。愿在□首合家眷属,一年。"碑左下部曰:"以来,百年以还,众灾消灭,含生之类,普同斯愿。佛弟。"碑左上部曰:"子堡主王令猥,息旷哩,将军殿中司马别将嵩庆孙子彦、子茂、子开、子初,清信梁定姿,清信张女妃,清信权男婴,清信权影晖女子晖、□晖。"碑阴上部(数字为条)曰:"猥清信息女□容、清信女颜容、清信□容供养(龛右)猥弟永世法□,侄元庆,弟主簿王安绍先孙何□(龛左)忘息女□女乘车供养

佛时（浮雕近旁）忘息延庆乘马供佛时（浮雕近旁）忘息延明乘车马供养佛时，忘父元寿供养佛时，忘母皇甫男奸供养佛时，忘息女香□供养佛时，扶车奴□德（浮雕近旁）。"

萧㧑卒（515— ）。㧑字智遐，南兰陵人。梁武帝弟安成王萧秀之子。仕梁，任益州刺史。后以成都归魏，累官至少傅。㧑善草隶，通算数医方，作有诗、赋、杂文数万言，行于世。《隋书·经籍志》著录后周少傅《萧㧑集》10卷。严可均《全后周文》卷一九载其文1篇。逯钦立《先秦汉魏晋南北朝诗·北周诗》卷一载其诗5首。事迹见《周书》卷四二、《北史》卷二九。

陆琰卒（540— ）。琰字温玉，吴郡吴人。陆琼从弟。仕陈，任宣惠始兴王行参军、法曹外兵参军、嘉德殿学士。陈文帝以其博学，命侍左右。尝敕制《刀铭》，援笔立成，无所点窜。又尝聘北齐，风度言语为齐朝士大夫所赏。所著文笔多不存。陈后主求其遗文，撰成2卷。《隋书·经籍志》著录陈司农卿《陆琰集》2卷，今佚。事迹见《陈书》卷三四、《南史》卷四八。

陈叔达（ —635）约生。

按：陈叔达传见于《陈书》卷二八、《旧唐书》卷六一、《新唐书》卷二五，均未载生年。叔达为陈高宗第十七子，高宗第十六子叔慎为其兄。据《陈书·高宗二十九王·岳阳王叔慎传》曰："太建十四年，（叔慎）立为岳阳王，时年十一。"可知叔慎生于陈太建四年，叔达年岁略小于叔慎，暂将其生年系于是年。

陈太建六年　后梁天保十三年　北周建德三年　北齐武平五年　甲午　574年

四月乙卯，北齐遣薛孤康至周吊周太后丧（《周书·武帝纪》）。

五月辛酉，北周诏行三年之丧（《周书·武帝纪》）。

按：公卿上表固请俯就权制，过葬即吉，武帝不许，遂行三年之制。

丙子，北周废释道（《周书·武帝纪》、《资治通鉴·陈纪五》）。

按：是年五月十六日，北周武帝宇文邕在太极殿召僧人、道士辨二教优劣。道士张宾与法师智炫舌战，张宾败北。宇文邕亲自登台，指斥佛教是"不净"之教。五月十七日，周俱废二教，经像悉毁，罢沙门道士，并令还俗，并禁诸淫祀。六月，又诏令立通道观，以壹圣贤之教，简选著名僧人、道士学习《老子》、《庄子》、《周易》等。于此可见，周武帝实对道教有所保留。

十月丙申，北周遣杨尚希、卢恺访陈（《周书·武帝纪》）。

顾野王除为陈太子率更令，寻领大著作，掌国史，知梁史事，又兼东宫通事舍人(《陈书·顾野王传》)。

徐陵加侍中(《陈书·徐陵传》)。

孔奂迁为吏部尚书(《陈书·孔奂传》)。

阳休之领北齐中书监(《北齐书·阳休之传》)。

孙灵晖为南阳王高绰师,恒为绰请僧设斋,转经行道(《北齐书·后主纪》、《北齐书·孙灵晖传》)。

李德林与黄门侍郎李孝贞、中书侍郎李若别掌北齐宣传。寻除通直散骑常侍,兼中书侍郎(《隋书·李德林传》)。

萧圆肃作《少傅箴》。

按:少傅为辅佐东宫太子之官,此文载于《周书·萧圆肃传》,以《易》、《礼》等儒家经典为旨归,深见博文约礼之义。

章仇子陀作《请禁抑僧尼表》。

按:本文载《广弘明集》卷七《辩惑篇第二之三》,其文略称:"齐章仇子陀者,魏郡人,齐武平中为儒林学士。于时崇重佛法,造制穷极,凡厥良沃,悉为僧有,倾竭府藏,充佛福田,俗氏不及。子陀微官,固非所幸,乃上疏陈曰……"魏宏利《〈全北齐文〉编年考》曰:"集不言本文之确切作年,所知者当在武平年间。又集言'经二年,周武平齐,出之'云云,周武帝伐齐在武平七年(576年),至承光元年(577年)北齐亡,以此子陀上书被禁当在武平五、六年间矣,今姑系本文于武平五年。"

释道安是年后作《训门人遗诫九章》。

按:《法苑珠林》卷六一曰:"周京师大中兴寺释道安,姓姚氏,冯诩故城人,识悟玄理,早附法门,神气高朗,挟操清远,乃作遗诫九章,以训门人,其词曰……"魏宏利《〈全北齐文〉编年考》以为作于武帝建德三年(574)灭佛之后。

北周佚名作《建崇寺造像记》。

按:石质。阳面为记,阴面为题名。1888年秦安郑家川出土。

北周曹某作题记。

按:在莫高窟428窟中心柱北龛。墨书。其题记全2行,行8—10字,曰:"永隆寺曹□□供养建德三年一月二十一日。"

周弘正卒(496—)。弘正字思行,汝南人。周颙之孙。十岁通《老子》、《周易》,十五岁补国子生,于国学讲《易》,诸生传习其义。初为梁太学博士,后为梁国子博士。入陈,累官至尚书右仆射。著有《周易讲疏》16卷、《论语疏》11卷、《庄子疏》8卷、《老子疏》5卷、《孝经疏》2卷。《隋书·经籍志》著录陈尚书仆射《周弘正集》20卷。严可均《全陈文》卷五载其文8篇。逯钦立《先秦汉魏晋南北朝诗·陈诗》卷二载其诗14首。其文多为应用文字,然不如徐、庾之浓丽。其诗亦较质朴,与梁陈"宫体"颇异,于梁陈诗人中自具特色。事迹见《陈书》卷二四、《南史》卷二四。

按:周弘正儒玄兼修,特善玄学,对梁陈玄学的发展具有重要影响。《陈书·周弘正传》曰:"弘正特善玄言,兼明释典,虽硕学名僧,莫不请质疑滞。"《颜氏家训·勉学篇》曰:"洎于梁世,兹风复阐,《庄》、《老》、《周易》,总谓《三玄》。武皇、简文,躬自讲论。周弘正奉赞大猷,化行都邑,学徒千余,实为盛美。元帝在江、荆间,复所爱习,召置学生,亲为教授,废寝忘食,以夜继朝,至乃倦剧愁愤,辄以讲自释。"弘正于当时讲学论道,名士云集。

陈太建七年　后梁天保十四年　北周建德四年　北齐武平六年　乙未　575年

二月,北齐后主高纬因口吃,不喜见朝士,生活骄奢无度,朝政大事全由"三贵"宰制,宦官并预,政道无序(《北齐书·后主纪》、《资治通鉴·陈纪六》)。

> 按:据《资治通鉴·陈纪六》载:"二月……齐主言语涩呐,不喜见朝士……虽三公、令、录奏事,莫得仰视……凿晋阳西山为大佛,一夜燃油万盆,光照宫中。……于华林园立贫儿村,帝自衣褴褛之服,行乞其间为乐……宦官邓长颙、陈德信、胡儿何洪珍等并参预机权,各引亲党,超居显位。"

三月丙辰,北周遣伊娄谦、元卫等访北齐,以探北齐之虚实(《周书·武帝纪》)。

七月丁丑,北周武帝发兵17万,分兵六路大举攻北齐(《周书·武帝纪》、《北齐书·后主纪》、《资治通鉴·陈纪六》)。

八月,北周师入洛川,攻逼洛城(《北齐书·后主纪》)。

癸卯,北周遣使访陈(《资治通鉴·陈纪六》)。

十月戊子,北周诏初置上柱国、上大将军官,改开府仪同三司为开府仪同大将军,仪同三司为仪同大将军,又置上开府、上仪同官(《周书·武帝纪》)。

徐陵领陈国子祭酒、南徐州大中正,以公事免侍中、仆射,寻加侍中,给扶,又除领军将军(《陈书·徐陵传》)。

释宝暹等10人往西天求经,还得梵本260部(《佛祖统纪·法运通塞志》)。

智𫖮九月入天台山创立伽蓝。

> 按:《续高僧传·智𫖮传》曰:"……𫖮乃梦岩崖万重云日半垂,其侧沧海无畔,泓澄在于其下,又见一僧摇手伸臂至于岐麓,挽𫖮上山云云。𫖮以梦中所见,通告门人,咸曰:'此乃会稽之天台山也,圣贤之所托矣,昔僧光、道猷、法兰、昙密,晋、宋英达,无不栖焉。'因与慧辩等二十余人,挟道南征,隐沧斯岳……时以陈太建七年秋九月矣。"

佚名作《都邑师道兴造石像记并治疾》。

> 按:本文载《金石萃编》卷三五,末曰"大齐武平六年岁次乙未六月甲申日功讫",故系于是年。

佛教在日本得到正式确立。

色雷斯的亚历山大著成《关于妇女内科》。

周弘直卒(500—)。弘直字思方,汝南人。周弘正之弟。曾为梁太学博士、昌州刺史。入陈,历太常卿、光禄大夫。所作《赋得荆轲诗》为人称道,著有文集20卷。严可均《全陈文》卷五载其文1篇。逯钦立《先秦汉魏晋南北朝诗·陈诗》卷二载其诗1首。事迹见《陈书》卷二四、《南史》卷三四。

王绒卒,生年不详。绒字师罗,太安狱那人。东魏兴和中,除奉朝请,官终侍中。作有《鉴诫》24篇,颇有文义。其事迹见《北齐书》卷二五、《北史》卷五五。

萧瑀(—648)生。

按:《旧唐书·萧瑀传》曰:"(贞观)二十一年,征授金紫光禄大夫,复封宋国公。从幸玉华宫,遘疾薨于宫所,年七十四。"

陈太建八年　后梁天保十五年　北周建德五年
北齐武平七年　隆化元年　丙申　576年

四月甲寅,陈宣帝陈顼在乐游苑设丝竹之乐,大会文武百官(《陈书·宣帝纪》)。

十月乙酉,北周武帝再次发兵14万人大举攻齐(《周书·武帝纪》、《资治通鉴·陈纪六》)。

按:北周此次攻齐,以隋公杨坚等为右三军,以丘崇等为左三军,齐王宇文宪为前军,攻齐晋州。齐晋州刺史崔景嵩告急朝廷,适逢齐后主出猎天池,无暇顾及,援兵不至,景嵩遂降于周。周军入晋州,俘获甲士8千人。

十二月丁巳,北周武帝率部众大破北齐军,北齐后主兵败至晋阳,改元隆化(《周书·武帝纪》、《北齐书·后主纪》)。

是月,北齐后主逃至邺城,斛律孝卿请齐后主亲劳将士(《北齐书·后主纪》)。

按:《资治通鉴·陈纪六》曰,齐主命立重赏以募战士,而竟不出物。广宁王孝珩请"使任城王(高)湝将幽州道兵入土门,扬声趣并州,独孤永业将洛州道兵入潼关,扬声趣长安,臣请将京畿兵出滏口,鼓行逆战。敌闻南北有兵,自然逃溃"。又请出宫人珍宝赏将士,齐主不悦。斛律孝卿请齐主亲劳将士,为之撰辞,且曰:"宜慷慨流涕,以感激人心。"齐主既出,临众,将令之,不复记所受言,遂大笑,左右亦笑。将士怒曰:"身尚如此,吾辈何急!"皆无战心。于是自大丞相以下,太宰、三师、大司马、大将军、三公等官,并增员而授,或三或四,不可胜数。

北齐后主与尚书令高元海等商议禅位皇太子(《北齐书·后主纪》)。

稽胡刘蠡升孙刘没铎自立为主,号圣武皇帝,改元石平(《周书·稽胡传》)。

陈太建八年　后梁天保十五年　北周建德五年　北齐武平七年　隆化元年　丙申　576年

徐陵加翊右将军、太子詹事，置佐史。寻迁为右光禄大夫（《陈书·徐陵传》）。

何之元除中卫府功曹参军事，寻迁谘议参军（《陈书·何之元传》）。

按：《陈书·何之元传》曰："太建八年，除中卫府功曹参军事，寻迁谘议参军。以及叔陵诛，之元乃屏绝人事，锐精著述。"

颜之推劝募吴士千余人共取青、徐路奔陈（《北齐书·颜之推传》）。

释昙迁因北周武帝平北齐，佛法颓毁，逃难至金陵（《续高僧传·隋西京禅定道场释昙迁传》）。

黄峻、郑元伟作《非宋景业〈天保历〉议》。

按：《隋书·律历志中》曰："后齐文宣受禅，命散骑侍郎宋景业叶图谶，造《天保历》。景业奏：'依《握诚图》及《元命包》，言齐受录之期，当魏终之纪，得乘三十五以为蔀，应六百七十六以为章。'文宣大悦，乃施用之……至后主武平七年，董峻、郑元伟立议非之曰……"

徐陵作《答族人梁东海太守长孺书》。

按：此文载见于《文苑英华》卷六七八，曰："吾七十之岁，崦嵫已迫，朽老之疾，随年而甚……吾自归来乡国，亟徒炎凉，牵课疲朽，不无辞制，而应物随时，未曾编录，既承今告，辄复搜检，行人相继，别简知音，但既乏新声，全同古乐，正恐多惭于协律，致睡于文侯耳。"书中有"吾七十之岁"语，据《陈书·徐陵传》曰："至德元年卒，时年七十七"可推此书约作于是年。书中所表明的徐陵晚年诗文"既乏新声，全同古乐"的复古倾向，与其时追求新变的诗歌创作不同。

朱元洪妻孟阿妃作《造老君像记》。

按：本文载《金石萃编》卷三五，首曰"大齐武平七年岁次丁酉二月甲辰朔廿三日丙寅，清信弟子孟阿妃"，故系于是年。

释法上作《和高丽国丞相王高德问法教始末叙略》。

按：时高丽国丞相王高德崇重大乘佛教，欲推行于本国，然不明佛教始末缘由及流传之年代帝世，故向北齐询问，高僧法上答之。《续高僧传·和高丽国丞相王高德问法教始末叙略》曰："佛以姬周昭王二十四年甲寅岁生，十九出家，三十成道，当穆王二十四年癸未之岁。穆王闻西方有化人出，便即西人而竟不还。以此为验，四十九年在世。灭度以来，至今齐代武平七年丙申，凡经一千四百六十五年。后汉明帝永平十年，经法初来，魏晋相传，至今流布。"

陈沙门慧湛造《佛说生经》，卷一有题记。

按：纸质。墨书。敦煌藏经洞出品。其卷一有题记，全5行，行16—17字，曰："陈太建八年岁次丙申，白马寺禅房沙门慧湛敬造经藏。……"

陆玠卒（539—　）。玠字润玉，吴郡吴人。陆瑜从兄。雅有识度，好学，能属文。举秀才，对策高第。吏部尚书袁枢荐之于陈文帝，授衡阳王文学。陈后主为太子，闻其名，征为东宫管记。除中舍人。以疾失明，还乡。《隋书·经籍志》著录陈少府卿《陆玠集》10卷。逯钦立《先秦汉魏晋南北朝诗·陈诗》卷二载其诗1首。事迹见《陈书》卷三四、《南史》卷四八。

陈太建九年　后梁天保十六年　北周建德六年
北齐幼主高恒承光元年　丁酉　577年

正月乙亥,北齐太子高恒即皇帝位,年仅八岁,是为北齐幼主,改元承光,尊后主高纬为太上皇帝(《北齐书·幼主纪》)。

甲午,北周师攻陷邺城,北齐太上皇以百骑东走。北周师入邺,齐王、公以下皆降。北周武帝亲临北齐国子博士熊安生家,赏赐甚厚(《周书·武帝纪》、《周书·熊安生传》)。

乙未,北齐幼主禅位于大丞相任城王高湝,尊太上皇为无上皇,幼主为守国天王,命斛律孝卿送禅文及玺绂至瀛洲。北齐太上皇、幼主逃至青州,为北周师擒获(《周书·武帝纪》、《资治通鉴·陈纪七》)。

二月,北周师攻陷信都,俘北齐任城王高湝(《周书·武帝纪》、《资治通鉴·陈纪七》)。

北齐范阳王高绍义图谋复辟,为北周师所败,北逃突厥(《周书·武帝纪》、《资治通鉴·陈纪七》)。

按:至是,齐亡,共历7主,28年。周灭齐,得其50州,162郡,380县,3032500户,至此,统一北方。

北周武帝平齐废佛(《高僧传》、《广弘明集》卷一〇)。

按:是年平北齐,周武帝亲到邺宫,宣扬废佛,当时有僧人净影、慧远抗议之,但了无效用。宇文邕认为大量译佛经,大肆建塔寺,不仅不能从中得益惠,反而耗财困民。在他看来,真正的佛是无像的,敬佛于心即可。慧远则认为众生必须"赖经闻佛,藉像表真。今若废之,无以兴教"。此次废佛,规模极大,大量寺庙被分赐给王公贵胄使用,并废僧籍,令其还俗者近三百万。大批佛经、佛像遭毁,寺庙财产充官。由此可见周武帝之废佛决心之坚。此番废佛,虽然不乏政治上的考虑,但经济上之考虑是主要因素。

十一月,北周发兵讨刘没铎,大败铎军,刘没铎被擒,余众皆降(《周书·武帝纪》、《周书·稽胡传》)。

十二月,北齐营州刺史高宝宁拥立高绍义为帝,改元武平,突厥佗钵可汗举兵助之(《资治通鉴·陈纪七》)。

李德林至长安,除北周内史上士(《隋书·李德林传》)。

卢思道赴长安,为北周仪同三司(《隋书·卢思道传》)。

熊安生至长安为北周武帝所礼。在大乘佛寺参议五礼(《周书·熊安生传》)。

薛道衡为北周御史二命士,后归乡里(《隋书·薛道衡传》)。

杜台卿归于乡里,以《礼记》、《春秋》讲授子弟(《隋书·杜台卿传》)。

释彦琮预通道观学士，与宇文恺等北周朝贤以《易》、《老》、《庄》陪侍周武帝讲论。

按：《续高僧传·隋东都上林园翻经馆沙门释彦琮传》曰："及周武平齐，寻蒙延入，共谈玄藉深会帝心，敕预通道观学士。"

宋孝王著成《关东风俗传》。

按：据《北史·宋隐传》，宋孝王亦好缉缀文藻。为北齐高平王高贞文学，求入文林馆不遂，因非毁朝士，撰《朝士别录》20卷。会周武灭齐，改为《关东风俗传》，更广见闻，勒成30卷以上。《旧唐书·经籍志上》著录宋孝王撰《关东风俗传》63卷。

释僧勔是年后不久作《难道论》。

按：《续高僧传·周新州愿果寺释僧勔传》曰："释僧勔，未详氏族，住新州愿果寺。周武季世，将丧释门，崇上老氏，受其符箓，凡有大醮，帝必具其巾褐，同其拜伏。而道经诞妄，言无本据，国虽奉事，未详雠校，遂不远乡关，躬闻帝阙，面陈至理，以邪正相参，侥情趋竞，未辨真伪，更递毁誉。乃著论十有八条，难道本宗。文以三科释其前执，圣贤既序，凡位皎然，其词略云……虽复著论周世，垂名朝野，通人罕遇，终以事迷，竟不行用。及后法毁逃难，不测所终。"张鹏《〈全后周文〉编年考》曰："言周武季世，当在武帝灭齐后，姑订本文作于武帝建德六年（577年）后不久。"

荀士逊卒，生年不详。士逊，广平人。东魏孝静帝武定末（549）举司州秀才，十年不调。北齐皇建中为中书舍人。后主即位，累迁中书侍郎。荀士逊好学有思理，为文清典。曾与李若等著《典言》行于世，今佚。事迹见《北齐书》卷四五、《北史》卷八三。

孔绍安（　—622?）生。

按：《旧唐书·孔绍安传》曰："（年）十三，陈亡入隋。"陈亡于589年，可推孔绍安生于是年。

陈太建十年　后梁天保十七年　北周建德七年　宣政元年　戊戌　578年

三月壬辰，北周改元宣政（《周书·武帝纪》）。

六月丁酉，北周武帝崩，太子宇文赟继位，是为北周宣帝（《周书·武帝纪》）。

甲子，北周宣帝杀齐王宇文宪（《资治通鉴·陈纪七》）。

闰六月乙亥，北周宣帝以杨坚女为皇后（《周书·武帝纪》）。

辛巳，北周宣帝以赵王宇文招为太师，陈王宇文纯为太傅（《资治通鉴·陈纪七》）。

七月壬戌，北周以亳州总管杨坚为上柱国、大司马(《周书·武帝纪》)。

戊戌，新罗国向陈奉献(《陈书·宣帝纪》)。

徐陵重为领军将军。寻迁安右将军、丹阳尹(《陈书·徐陵传》)。

卢思道入北周，以母疾还乡，参与同郡祖英伯及从兄卢昌期、宋护等举兵起事，为北周遣柱国宇文神举所执。神举素闻其名，引出之，令作露布，思道援笔立成，文无加点，神举嘉而宥之(《隋书·卢思道传》)。

熊安生为北周露门博士、下大夫。

按：《北史·熊安生传》曰："宣政元年，拜露门博士、下大夫，时年八十余。"《北史·儒林传序》曰："及定山东，降至尊而劳万乘，待熊安生以殊礼。是以天下慕向，文教远覃。"

乐逊为北周上仪同大将军(《周书·乐逊传》)。

牛弘为北周内史下大夫，进位使持节大将军、仪同三司(《隋书·牛弘传》)。

释慧弼受敕于长城报德寺讲《涅槃》、《法华》(《续高僧传·隋常州安国寺释慧弼传》)。

释慧远就北周废教之事，与武帝宇文邕往还对驳多次，以示抗议。帝固执己废佛之念，慧远以为大恨，遂隐于汲郡西山。

按：《续高僧传·隋京师净影寺释慧远传》曰："及承光二年春，周氏克齐，便行废教，敕前修大德，并赴殿集，武帝自升高座叙废立义命，章云：'朕受天命，养育兆民，然世弘三教，其风弥远……凡是经像，尽皆废灭。……'远顾以佛法之寄，四众是依，岂以杜言谓理伏，乃出众，答曰……帝理屈，言前所图意盛，更无所答……(慧远)即辞诸德曰……遂潜于汲郡西山。"文中"承光二年"，即宣政元年。

释智琳归返故里，南徐州刺史萧摩诃请其敷说(《续高僧传·隋丹阳仁孝道场释智琳传》)。

庾信作《周上柱国齐王宪神道碑》。

按：碑文载于《文苑英华》卷八九〇，其文曰："公讳宪，字毗贺突，恒州武川人也。……宣政元年六月二十八日薨，春秋三十有四……以某年月日葬于石安县洪渎川之里，原隰凄怆，埋于盛德几年；丘陵摇落，蕴于才良永矣。"是年六月宇文宪为周宣帝所杀，此神道碑可补史阙。

道士王延是年前编纂《珠囊》。

按：《云笈七签》卷八五《尸解》曰："大统三年丁巳入道，依贞懿先生陈君宝炽，时年十八……周武以沙门邪滥，大革其讹，玄教之中，亦令澄汰。而素重于延，仰其道德，又召至京，探其道要。乃诏云台观，精选道士八人，与延共弘玄旨。又敕置通道观，令延校三洞经图，缄藏于观内。延作《珠囊》七卷，凡经传疏论八千三十卷，奏贮于通道观藏。由是玄教光兴。"因具体时间不详，姑系于武帝末年。

通道观道士是年后不久奉敕编纂《无上秘要》。

按：《续高僧传·隋东都上林园翻经馆沙门释彦琮传》曰："及周武平齐，武帝自缵道书，号《无上秘要》。"此为道教史上第一部官方组织道士编纂的大型道教类书，成于周武平齐(578)之后不久。

释静蔼作《列偈题石壁》。

> 按：《续高僧传·周终南山避世藂释静蔼传》曰："……遂累石封外，就而殒焉。即周宣政元年七月十六日也。春秋四十有五。……亲侍沙门慧宣者，内外博通，奇有志力，痛山颓之莫仰，悲梁坏之无依，爰述芳猷，树碑塔所。后有访道思贤者入山礼敬，徇诸崖嶮，乃见蔼书遗偈在于石壁，题云……"系年据张鹏《〈全后周文〉编年考》。

蔡景历卒（519—　）。景历字茂世，济阳考城人。家贫好学，善尺牍，工草隶。初为梁诸王府佐、海阳令、陈霸先记室参军。入陈，历秘书监、中书通事舍人、度支尚书。景历为文不尚雕琢，长于叙事。著有文集30卷（《隋书·经籍志》著录为5卷）。严可均《全陈文》卷一五载其文3篇。事迹见《陈书》卷一六、《南史》卷六八。

> 按：据《陈书·蔡景历传》、《陈书·吴明彻传》及《资治通鉴·陈纪七》，太建五年陈宣帝诏令吴明彻北伐，蔡景历曾进谏阻止，为帝所恶而出居会稽。太建十年吴明彻兵败，宣帝追念蔡景历言，将其召回，复以为征南鄱阳王谘议参军。蔡景历于是年卒官。

陈太建十一年　后梁天保十八年　北齐宣帝宇文赟大成元年　北周静帝宇文阐大象元年　己亥　579年

正月癸巳，北周君臣改穿汉魏衣冠贺朝，改元大成，初置四辅官（《周书·宣帝纪》、《周书·静帝纪》）。

> 按：四辅官为大前疑、大右弼、大左辅、大后承，均仿夏商周时三公四辅官制而设。

北周宣帝以为《刑书要制》量刑过重而废之，颁行《刑经圣制》，刑法却更为严酷（《周书·宣帝纪》、《资治通鉴·陈纪七》）。

> 按：《刑书要制》规定："正、长隐五户以上，隐地三顷以上者，至死。"这是通过户籍管理和严密的"什伍相保"、"什伍连坐"制度以达到钳制百姓、把农民牢牢束缚在土地上的策略。但此刑也约束了骄横不法的豪强地主和贪官污吏，在一定程度上减轻了农民的负担。不久，在《刑书要制》的基础上，加强了酷法，制成《刑经圣制》。规定："宿卫之官，一日不直，罪至削除。逃亡者皆死，而家口籍没。上书字误者，科其罪。鞭杖皆百二十为度，名曰天杖。其后又加至二百四十。又作辟历车，以威妇人。其决人罪，云与杖者，即一百二十，多打者，即二百四十。"由于酷刑过重，以至于"下自公卿，内及妃后，咸加棰楚，上下愁怨。及帝不豫，而内外离心，各求苟免"，俱怀危惧。

二月癸亥，北周诏以洛阳为东京，发山东诸州兵修治洛阳宫殿，常役4万人。徙相州六府于洛阳（《周书·宣帝纪》）。

辛卯，北周诏徙邺城《石经》回洛阳（《周书·宣帝纪》）。

> 按：此碑系东魏武定四年（546）八月自洛阳迁至邺都。此次迁移，石经遭到极大破坏，宋董逌《广川书跋·蔡邕石经》曰："周大象中，诏徙邺城石经于洛阳时，为军

人破毁,至有窃载还邺者。船坏没溺,不胜其众也。其后得者,尽破为桥基。"

辛巳,北周宣帝传位于太子宇文阐,是为北周静帝,改元大象,宣帝自称天元皇帝(《周书·宣帝纪》、《周书·静帝纪》)。

九月乙卯,北周遣军攻陈淮南,仍遣杜杲、薛舒访陈(《周书·宣帝纪》)。

十二月乙丑,陈南北兖、晋三州及盱眙、山阳、阳平等九郡民自拔还江南,北周又取谯、北徐州,淮南之地尽入北周(《陈书·宣帝纪》)。

是年,北周宣帝复兴佛教。

按:《广弘明集》卷一〇《周祖巡邺请开佛法事》曰:"至大成元年正月十五日,诏曰:'弘建玄风,三宝尊重,特宜修敬,法化弘广,理可归崇。其旧沙门中德行清高者七人,在正武殿西安置行道。'二月二十六日,改元大象,又敕:'佛法弘大,千古共崇,岂有沉隐,舍而不行。自今以后,王公已下,并及黎庶,并宜修事,知朕意焉。即于其日,殿严尊像,具修虔敬。'至四月二十八日,下诏曰:'佛义幽深,神奇弘大,必广开化仪,通其修行。崇奉之徒,依经自检;遵道之人,勿须剪发,毁形以乖大道。宜可存须发、严服,以进高趣。'"

乐逊进爵北周崇业郡公,增邑通前2千户,又为露门博士(《周书·乐逊传》)。

释智琳为陈曲阿僧正(《续高僧传·隋丹阳仁孝道场释智琳传》)。

释道林力争崇佛,周宣帝下诏恢复佛教(《佛祖统纪·法运通塞志》)。

按:参见是年"是年,北周宣帝复兴佛教"条。

马显制《大象历》,颁行(《隋书·律历志》)。

按:《隋书·律历志》曰:"大象元年,太史上士马显等,又上《丙寅元历》,抗表奏曰……"《丙寅元历》即《大象历》。

徐陵作《皇太子临辟雍颂》。

按:此文记是年陈太子释奠以《论语》问学时的情景。载于《艺文类聚》卷三八,其辞有曰:"粤以十一年三月二十一日,受诏宏宣,发论语题,摄齐升堂,抠衣即席,对扬天人,开辟大训,清言既吐,精义入神,副德爰动,音辞锋起,问难泉涌,辩论纶之异,定伦理之疑,玉振锵锵,云浮雨布。"故系于此。

徐伯阳作《辟雍颂》。

按:据《陈书·徐伯阳传》,太建十一年,皇太子幸太学,新安王命伯阳为《辟雍颂》,严可均疑即《皇太子释奠颂》,其文曰:"穆穆皇储,峨峨副主。道尊上邕,德崇监抚。春诵夏弦,冬书秋羽。汉召趋帷,周朝问竖。翔集礼闱,逍遥义府。四海无浪,三阶已平。储驾戾止,和鸾有声。宏风讲肆,崇儒肃成。丹书贵道,黄金贱籝。洙泗兴业,合室增荣。青槐阴市,玄冕飞缨。"

宇文逌作《庾信集序》。

按:本文载《文苑英华》。张鹏《〈全后周文〉编年考》:"文云:'自梁朝筮仕,周氏驱驰,至今岁在屠维,龙居渊献,春秋六十有七。'岁在屠维为己,龙居渊献为亥,故本文作于己亥年,即周宣帝大成元年(579年)。"

庾信作《谢滕王集序启》。

按:倪璠《年谱》系于本年。《周书》本传谓庾信"大象初,以疾去职"。周滕王宇文迪编《庾信集》成,并作序。序称:"岁在屠维,龙居渊献,春秋六十有七。"是年为己亥年,故系于此。

僧任道林作《修述邺宫新殿废佛诏对事》。

按:本文载《广弘明集》卷一〇。文曰:"周大象元年五月二十八日,任道林法师在同州卫道虔宅修述其事呈上。"故系于是年。

僧王明广作《上书宣帝请重兴佛法》。

按:《广弘明集》卷一〇《周祖天元立对卫元嵩上事》,即为本文。文曰:"大象元年二月二十七日,邺城故赵武帝白马寺佛图澄弟子王广明诚惶诚恐死罪上书。"故系于是年。

虞寄卒(510—)。寄字次安,会稽余姚人。虞荔之弟。幼聪敏,及长,好学善属文。弱冠举秀才。梁武帝大通中,为宣城王国左常侍。大同中,上《瑞雨颂》,武帝称"典裁清拔"。入陈,历衡阳王掌书记、国子博士,未几辞官。所制文笔,遭乱多不存。严可均《全陈文》卷一二载其文1篇。事迹见《陈书》卷一九、《南史》卷六九。

岑之敬卒(519—)。之敬字思礼,南阳人。精通《孝经》,博涉文史。性情谦谨,士君子以笃行称之。历仕梁太学限内博士、南河沙令等职。入陈,累迁鄱阳王中卫府记室、南台治书侍御史诸官。《陈书》本传载有文集10卷行于世,《隋书·经籍志》已不见著录。逯钦立《先秦汉魏晋南北朝诗·陈诗》卷六载其诗4首。事迹见《陈书》卷三四、《南史》卷七二。

按:《陈书·岑之敬传》曰:"年十六,策《春秋左氏》、制旨《孝经》义,擢为高第……之敬始以经业进,而博涉文史,雅有词笔,不为醇儒。"

房玄龄(—648)生。

按:《旧唐书·太宗纪下》曰:"(贞观二十二年)秋七月癸卯,司空、梁国公房玄龄薨。"《旧唐书·房玄龄传》:"寻薨,年七十。"依其卒年年岁推知生于是年。

陈太建十二年　后梁天保十九年
北周大象二年　庚子　580年

二月戊午,突厥遣使入贡于北周,迎娶千金公主(《周书·宣帝纪》)。

五月己酉,北周宣帝宇文赟死,周静帝年八岁,以天元杨后父杨坚辅政,以为假黄钺,左大丞相,总理国政(《周书·宣帝纪》)。

十二月癸亥,北周诏诸改姓者,皆复旧姓(《周书·静帝纪》)。

甲子,北周以杨坚为相国,总百揆,进爵为王,加九锡。杨坚由是大杀周宗室诸王(《周书·静帝纪》)。

李德林被杨坚辟为丞相府从事内郎(《隋书·李德林传》)。

李孝贞从韦孝宽击尉迟迥于相州,以功授北周上仪同三司(《隋书·李孝贞传》)。

杨素为北周汴州刺史,行至洛阳,会尉迟迥起兵,杨坚以杨素为大将军,发河内兵击宇文胄,迁徐州总管,进位柱国(《隋书·杨素传》)。

薛道衡从元帅梁睿击王谦,摄北周陵州刺史(《隋书·薛道衡传》)。

卢思道为北周武阳太守(《隋书·卢思道传》)。

辛德源为尉迟迥所辟,逃亡(《隋书·辛德源传》)。

释彦琮为北周朝贤讲释《般若》(《续高僧传·隋东都上园林翻经馆沙门释彦琮传》)。

释僧猛受敕住北周长安大兴善寺,讲《十地》(《续高僧传·隋京师云花寺释僧猛传》)。

颜之推约是年作《观我生赋》。

按：此赋见载于《北齐书·颜之推传》,追述了他坎坷艰辛的一生,折射出南朝末期南方文士的生存状态。文中有曰:"赵郡李穆叔调妙占天文算术,齐初践祚计止于二十八年。至是如期而灭。"可知约作于是年。此赋效仿谢灵运《山居赋》的自注形式,注云:"中原冠带随晋渡江者百家,故江东有《百谱》(《百家谱》)。至是,在都者覆灭略尽。"由于梁末战乱,典籍焚毁,许多史料都已亡佚,所以,赋中的不少记载都成了现存的珍贵史料。

卢思道作《孤鸿赋》以感叹身世。

按：卢思道为武阳太守,非其好,乃作此赋感叹身世。其赋云:"余志学之岁,自乡里游京师,便见识知音,历受群公之眷。年登弱冠,甫就朝列,谈者过误,遂窃虚名……余五十之年,忽焉已至,永言身事,慨然多绪,乃为之赋,聊以自慰云。"《孤鸿赋》亦可见北朝文士的生存及思想状态。

庾信作《周大将军怀德公吴明彻墓志铭》。

按：吴明彻为北周名将,此墓志碑见载于《文苑英华》卷九四七,其文曰:"公讳明彻,字通昭,兖州秦郡人也……大象二年七月二十八日,气疾增暴,奄然宾馆,春秋七十七,即以其年八月十九日寄瘗于京兆万年县之东郊,诏赠某官,谥某,礼也。"

释法上卒(495—)。法上俗姓刘,朝歌人。年十二投禅师道药出家。年四十,游化怀卫,为魏大将军高澄奏入在邺。隆化元年,高句丽国遣僧至北齐,启问所未闻事,释法上答之。事迹见《续高僧传》卷八。

沈不害卒(518—)。不害字孝和,吴兴武康人。初为梁太学博士。陈天嘉初,除衡阳王府中记室参军,兼嘉德殿学士。奉诏制《三朝乐歌》8首,合28曲,行之乐府。自梁季丧乱,未立国学,不害上书请建儒宫,又表定乐章。通经术,善属文。每制文,操笔立成。著有《五礼仪》及文集14卷。事迹见《陈书》卷三三、《南史》卷七一。

褚玠卒(529—)。玠字温理,河南阳翟人。博学能属文,词义典实,不尚艳靡。仕于陈,历官王府法曹、外兵记室、太子庶子、中书侍郎等。陈太子爱其文辞,令入直殿省。后迁御史中丞。卒于官。褚玠制章奏杂文

200余篇。《隋书·经籍志》著录陈御史中丞《褚玠集》10卷。严可均《全陈文》卷一六载其文1篇。逯钦立《先秦汉魏晋南北朝诗·陈诗》卷六载其诗1首。事迹见《陈书》卷三四、《南史》卷二八。

刘祥卒(534—)。祥字休征,沛国沛人。刘璠之子。十岁能属文,十二岁通五经。初仕梁,为宜丰侯主簿,迁记室参军。江陵平,遂入北周。因善辞令,征召为齐国公宇文宪记室。累迁车骑大将军、仪同大将军,领万年令、长安令等职。是年卒官。初,刘璠著《梁典》始就,未及刊定而卒,刘祥始定缮写,勒成一家,行于世。事迹见《周书》卷四二、《南史》卷一五。

宇文逌卒,生年不详。逌字尔固突,代郡武川人。周文帝宇文泰之子。周明帝武成初,封滕周公。武帝天和末拜大将军。建德初进位柱国,三年为滕王。宣政元年为上柱国。静帝大象二年为杨坚所杀。少好经史,解属文。《隋书·经籍志》著录后周《滕简王集》8卷。另《庾信集》即逌所编,并作序1篇,该文今存。严可均《全后周文》卷四载其文2篇。逯钦立《先秦汉魏晋南北朝诗·北周诗》卷一载其诗1首。

魏徵(—643)、魏澹(—645)生。

按:《旧唐书·魏徵传》曰:"(贞观)十六年……太宗夜梦徵若平生,及旦而奏徵薨,时年六十四。"依其卒年年岁推知生于是年。

陈宣帝太建十三年　北周静帝大定元年
隋文帝杨坚开皇元年　辛丑　581年

二月甲子,周静帝被迫禅位,杨坚称帝,改国号隋,建元开皇,是为隋文帝,奉周静帝为国公(《隋书·高祖纪》、《周书·静帝纪》)。

按:杨坚出身鲜卑贵族之家,承父爵为隋国公,其女系北周宣帝皇后。周宣帝病死,周静帝继位,因幼冲未能理政,杨坚遂以大丞相之职总揽军政大权。至是,废周帝自立。北周自宇文觉废魏恭帝自立,历5主,凡25年而亡。

是月,隋废周六官之制,复汉魏之旧。

按:《资治通鉴》卷一七五载,六官之制初设于西魏恭帝三年,北周时趋于完善。隋文帝即位,从少内史崔仲方之议,除六官,改置三师、三公及尚书、门下、内史、秘书、内侍五省,御史、都水二台,太常等十一寺,左、右卫等十二府,以分司统职。又置上柱国至都督十一等勋官,以酬勤劳;特进至朝散大夫七等散官,以加文武官之有声德者。《隋书·百官志下》载,"三师不主事,不置府僚,盖与天子坐而论道者也";"三公参议国之大事","其位多旷,皆摄行事"。寻省府及僚佐,凡置公,则于尚书都省内理事。于是,"朝之众务,总归于台阁";尚书省总理朝务,下设吏、礼、兵、都官(后改称刑部)、度支(后改称民部)、工六部;门下省和内史省则分掌审议、决策。由此形成的三省六部制,对后世影响深远。

闰三月,隋文帝诏于五岳各立佛寺。

按：隋文帝即位后，倡兴佛教。隋费长房《历代三宝纪》卷一二引文帝诏曰："朕膺伏道化，念存清静，其五岳之下，宜各置僧寺一所。"明梅鼎祚《释文纪》卷三八、清严可均《全隋文》卷一均载有文帝《五岳各置僧寺诏》全文。是年七月和八月，文帝又先后下诏，令于襄阳、隋郡、江陵、晋阳、相州等地各立佛寺，并普诏天下，听任百姓出家和营造经像。《隋书·经籍志四》曰："开皇元年，高祖普诏天下，任听出家，仍令计口出钱，营造经像。而京师及并州、相州、洛州等诸大都邑之处，并官写一切经置于寺内，而又别写藏于秘阁。天下之人从风而靡，竞相景慕，民间佛经多于《六经》数十百倍。"

四月戊戌，隋悉放太常散乐为民，仍禁杂乐百戏。

按：《资治通鉴》卷一七五载，北齐之季有散乐，北周灭齐后，悉征诣长安，隶太常寺。至是，隋文帝悉罢遣之。

六月癸未，隋诏郊庙冕服必依《礼经》，其朝会之服饰、旗帜、牺牲皆尚赤，戎服以黄，常服通用杂色（《隋书·高祖纪上》、《资治通鉴·陈纪九》）。

十月戊子，隋颁新律。

按：隋文帝即位后，命尚书左仆射、勃海公高颎，上柱国、沛公郑译，上柱国、清河郡公杨素，大理寺少卿、平源县公常明，刑部侍郎、保城县公韩濬，比部侍郎李谔，兼考功侍郎柳雄亮等，修订律法，至是完成，诏颁天下。新律定死、流、徒、杖、笞五种刑名，去除枭、鞭等刑。《隋书·刑法志》载文帝诏曰："夫绞以致毙，斩则殊刑，除恶之体，于斯已极。枭首、轘身，义无所取，不益惩肃之理，徒表安忍之怀。鞭之为用，残剥肤体，彻骨侵肌，酷均脔切。虽云远古之式，事乖仁者之刑。枭、轘及鞭，并令去也。"该律颁行不久，文帝复命更定。参见583年"隋敕苏威、牛弘等，更定新律"条。

是年，隋崇道教，诏重修楼观和玄都观。

按：隋文帝倡兴佛教，又力振道教。其所用"开皇"年号，即来自道教。唐王悬河《三洞珠囊》卷八曰："似元皇君号开皇元年，隋家亦象号开皇元年是也。"五代王松年《仙苑编珠》卷下引《楼观传》曰："隋开皇初，重修宫宇，度道士满一百二十员。"元赵道一《历世真仙体道通鉴》卷三〇《严达传》曰："至隋室，道教复振。文帝开皇中诏重修二庙，精择羽流，累致墨词，以祈景福。于是朝野宗奉焉。""二庙"即指楼观和玄都观。参见是年"道士王延奉隋文帝敕，为长安玄都观主"条。

高颎因预隋文帝受禅，拜尚书左仆射，兼纳言，进封渤海郡公。位高权重，朝臣莫与为比。

按：《隋书·高颎传》载，高颎颇为隋文帝亲重，欲避权势，上表逊位，让于苏威。未几复位，进拜左卫大将军，本官如故。奉诏镇遏沿边，以御突厥。及还，领新都大监。以母忧去职，历二旬即奉诏视事。

苏威仕隋，拜太子少保，兼纳言、民部尚书，上表陈让，有诏慰留，遂与高颎共掌朝政。

按：《隋书·苏威传》载，隋文帝为相时，对苏威颇为赏识。及践祚，便征召威入朝，委以重任。威奏减赋役，务从轻典，文帝悉从之。未几，威复兼大理卿、京兆尹、御史大夫。

杨素仕北周为徐州总管，封清河郡公。及隋文帝受禅，加上柱国（《隋书·杨素传》）。

李德林因助隋文帝禅代之功，授内史令、上仪同，进爵为子。奉敕参修新律(《隋书·李德林传》)。

庾季才仕隋,迁通直散骑常侍,深精天象之学,预知文帝迁都之事。

按:《隋书·庾季才传》曰:"开皇元年,授通直散骑常侍。高祖将迁都,夜与高颎、苏威二人定议,季才旦而奏曰:'臣仰观玄象,俯察图记,龟兆允袭,必有迁都。且尧都平阳,舜都冀土,是知帝王居止,世代不同。且汉营此城,经今将八百岁,水皆咸卤,不甚宜人。愿陛下协天人之心,为迁徙之计。'高祖愕然,谓颎等曰:'是何神也!'遂发诏施行,赐绢三百段,马两匹,进爵为公。谓季才曰:'朕自今已后,信有天道矣。'于是令季才与其子质撰《垂象》、《地形》等志,上谓季才曰:'天地秘奥,推测多途,执见不同,或致差舛。朕不欲外人干预此事,故使公父子共为之也。'及书成奏之,赐米千石,绢六百段。"

辛彦之为北周少宗伯,爵封五原郡公。及隋文帝受禅,除太常少卿,改封任城郡公,进位上开府,寻转国子祭酒(《隋书·辛彦之传》)。

何妥仕隋,除国子博士,加通直散骑常侍,进爵为公。

按:《隋书·何妥传》载,何妥性劲急,有口才,好是非人物。时纳言苏威提出,读《孝经》一书足可立身治国。妥以为威之言有违"圣人之训",又奏威不可信任,上八事以谏,由是与威有隙。

刘臻为北周畿伯下大夫,及隋文帝受禅,进位仪同三司,随左仆射高颎伐陈,典文翰,进爵为伯,皇太子杨勇引为学士(《北史·刘臻传》)。

按:刘臻字宣挚,沛国相人。其人喜读经史,长于覃思。《北史》本传载其"精于两《汉书》,时人称为汉圣"。

魏澹出为隋行台礼部侍郎,寻为散骑常侍,聘陈主使,还除太子舍人(《隋书·魏澹传》)。

杨汪为北周夏官府都上士,及隋文帝受禅,赐爵平乡县伯。

按:杨汪以精研《汉书》名于世。稍后历尚书司勋、兵部二曹侍郎,秦州总管长史,迁尚书左丞,坐事免职,复起为荆、洛二州长史。其于政务之余,聚徒讲学。《隋书》卷五六本传曰:"每听政之暇,必延生徒讲授,时人称之。"

房晖远仕隋,为太常博士。以博通五经名于世,人称"五经库"。

按:《隋书·房晖远传》曰:"晖远幼有志行,治《三礼》、《春秋三传》、《诗》、《书》、《易》,兼善图纬。恒以教授为务,远方负笈而从者,动以千计。……高祖受禅,迁太学博士,太常卿牛弘每称为'五经库'。"稍后,房晖远为吏部尚书韦世康所荐,转太学博士,又与沛公郑译修正乐章。

明克让为北周司调大夫、历城县伯,及隋文帝受禅,拜太子内舍人,转率更令,进爵为侯。以博学多识,颇为太子杨勇敬重。

按:《隋书·明克让传》谓克让"博涉书史,所览将万卷",尤精研《三礼》。太子杨勇"以师道处之,恩礼甚厚"。"时东宫盛征天下才学之士,至于博物洽闻,皆出其下。"又奉诏与牛弘等修订礼乐,"当朝典故,多所裁正"。

陆爽为北周宣纳上士,及隋文帝受禅,转太子内直监,寻迁太子洗马(《隋书·陆爽传》)。

薛道衡为北周邛州刺史,及隋文帝受禅,坐事除名(《隋书·薛道衡传》)。

按:薛道衡后从河间王杨弘北征突厥,还除内史舍人。

王劭仕隋，授著作佐郎（《隋书·王劭传》）。

按：王劭以博物为时人所称。北周时不得调，及隋文帝受禅，遂授史职。

裴矩仕隋，为给事郎。

按：《隋书·裴矩传》载，裴矩"好学，颇爱文藻，有智数"。隋文帝践祚前，"甚亲敬之"，召为相府记室。及受禅，遂迁矩为给事郎。

杨尚希为北周司会中大夫，及隋文帝受禅，拜度支尚书，进爵为公。

按：《隋书·杨尚希传》载，杨尚希系隋室宗亲，隋文帝待之甚厚。岁余，出为河南道行台兵部尚书，加银青光禄大夫。

宇文弼为北周南定州刺史，入隋，以前功封平昌县公。

按：《隋书·宇文弼传》载，宇文弼"慷慨有大节，博学多通"。后奉召入朝，为尚书右丞，又迁尚书左丞。

卢思道为北周武阳太守，隋文帝受禅后，不得迁，遂以母老表请解职。有诏许之。

按：卢思道才学兼著，名闻于世，然不持操行，好轻侮人，故仕途多起伏。《隋书·卢思道传》曰："思道聪爽俊辩，通侻不羁……高祖为丞相，迁武阳太守，非其所好也。为《孤鸿赋》，以寄其情。"又曰："开皇初，以母老，表请解职，优诏许之。思道自恃才地，多所凌轹，由是官途沦滞。既而又著《劳生论》，指切当时。"《孤鸿赋》、《劳生论》两文，《隋书》本传皆载录，又收录于清严可均《全隋文》卷一六。

卢昌衡为北周授司玉中士，隋文帝平受禅后，拜尚书祠部侍郎。

按：《隋书·卢昌衡传》载，卢昌衡"博涉经史，工草、行书"。北周武帝时，曾与大宗伯斛斯征修礼令。

张衡为北周掌朝大夫，及隋文帝受禅，拜司门侍郎（《隋书·张衡传》）。

刘焯以儒学知名。约是年稍后为州博士，刺史赵煚引为从事。寻举秀才，登甲科，与王劭等同修国史，兼参议律历，仍直门下省，以待顾问。授员外将军，与诸儒于秘书省考定群言。

按：《隋书》卷七五、《北史》卷八二本传载隋文帝开皇初期刘焯事迹，多未详明具体年份，姑系于此。

颜之仪为北周西疆郡守，及隋文帝受禅，奉召还京，进爵新野郡公。

按：《周书·颜之仪传》载，颜之仪"博涉群书，好为词赋"，为世人所称。

庾质仕周为齐炀王记室，及隋文帝践祚，除奉朝请。

按：《隋书·庾质传》载，庾质通晓天文占候，后历鄩陵令，迁陇州司马。

萧吉为北周仪同，及隋文帝践祚，进位上仪同，以本官太常考定古今阴阳书。

按：《隋书·萧吉传》载，萧吉"博学多通，尤精阴阳算术"。然其"性孤峭，不与公卿相沉浮，又与杨素不协"，由是郁郁不得志。见文帝好征祥之说，"欲干没自进，遂矫其迹为悦媚"。

姚最仕隋，除太子门大夫。

按：《周书·姚最传》载，姚最"博通经史，尤好著述"。

萧该仕隋，拜国子博士，赐爵山阴县公。奉诏与何妥正定经史，彼此各执己见，久不能定（《隋书·萧该传》）。

陈宣帝太建十三年　北周静帝大定元年　隋文帝杨坚开皇元年　辛丑　581年

王隆仕隋，以国子博士待诏云龙门（《全唐文·文中子世家》）。

元善仕隋，拜内史侍郎。凡有奏疏，词气抑扬，为时人称道。

按：元善系隋初学者。《隋书·元善传》谓其"博涉五经，尤明《左氏传》"。

张羡致仕在家，隋文帝受禅后，奉召入京，颇受礼遇。

按：张羡为北朝知名学者，为时人所重。北周时累官仪同三司、司成中大夫等职，以年老致仕，至是奉召复起。《隋书·张羡传》载隋文帝征羡书曰："朕初临四海，思有政术，旧齿名贤，实怀勤伫。仪同昔在周室，德业有闻，虽云致仕，犹克壮年。即宣入朝，用副虚想。"

荣建绪为北周息州刺史，及隋文帝受禅，遂仕隋，仍守旧职。

按：荣建绪字号、生卒年不详，北平无终人。性亮直，有学业。与隋文帝有旧，文帝欲行禅代时，私与之谋，不豫。后历始、洪二州刺史，俱有能名。著有《齐纪》30卷，早佚。事迹见《隋书》卷六六、《北史》卷七七。

李谔为北周天官都上士，隋文帝受禅后，拜比部侍郎，奉诏参与修定新律（《隋书·李谔传》、《隋书·刑法志》）。

鲍宏为北周少御正、平遥县伯，及隋文帝受禅，加开府，除利州刺史，进爵为公（《隋书·鲍宏传》、《北史·鲍宏传》）。

李孝贞约是年为北周上仪同三司，入隋，拜冯翊太守（《隋书·李孝贞传》、《北史·李孝贞传》）。

裴政为北周刑部少司，及隋文帝受禅，转率更令，加位上仪同三司，奉诏与苏威等参定律令。

按：《隋书·裴政传》载，裴政预修律令，"采魏、晋刑典，下至齐、梁，沿革轻重，取其折衷。同撰著者十有余人，凡疑滞不通，皆取决于政"。

又按：裴政（一作正）生卒年不详，字德表，祖籍河东闻喜，世居寿阳。博闻强记，达于时政，为时人所称。历仕梁、北周，入隋历散骑常侍、左庶子等职，累官襄州总管，年八十九卒。著有《承圣降录》10卷，已佚。《旧唐书·经籍志上》著录佚名《梁太清实录》8卷，《新唐书·艺文志二》作10卷，清姚振宗《隋书经籍志考证》卷一三以为该书系裴政所撰。清严可均《全隋文》卷一二收录其文4篇。事迹见《隋书》卷六六、《北史》卷七七。

孙万寿仕隋，为王府文学。坐衣冠不整，配防江南。

按：《隋书·孙万寿传》载，孙万寿"博涉子史，善属文"。其配防江南后，为行军总管宇文述招入幕中，令典军书。"万寿本自书生，从容文雅，一旦从军，郁郁不得志"，作五言诗赠京邑知友，为时人吟诵，"天下好事者多书壁而玩之"。后归乡里，十余年不得调。

杨异仕隋，拜宗正少卿，加上开府（《隋书·杨异传》）。

王贞有文名，汴州刺史樊叔略约是年引为主簿。

按：《隋书·王贞传》载此事于"开皇初"，未详具体年份，姑系于此。

来和为北周仪同、洹水县男，及隋文帝受禅，进爵为子（《隋书·来和传》、《北史·来和传》）。

临孝恭约是年以天文算术名闻于世，隋文帝甚亲遇之。

按：此为隋文帝年间之事，姑系于文帝即位之年。临孝恭字号、生卒年不详，京兆人。官至上仪同。著述颇丰。《隋书》本传谓其撰《欹器图》3卷、《地动铜仪经》1卷、《九宫五墓》1卷、《遁甲月令》10卷、《元辰经》10卷、《元辰厄》109卷、《百怪书》18卷、《禄命书》20卷、《九宫龟经》110卷、《太一式经》30卷、《孔子马头易卜书》1卷,并行于世。《隋书·经籍志三》又著录其撰《风角鸟情》2卷、《遁甲立成法》1卷、《阳遁甲用局法》1卷。诸书后多佚。事迹见《隋书》卷七八、《北史》卷八九。

刘祐约是年以天文历算、阴阳术数闻名于世,颇为隋文帝亲重,拜大都督,封索卢县公。

按:《隋书·刘祐传》载此事于"开皇初",未详具体年份,姑系于此。刘祐字号、生卒年不详,荥阳人。后与张宾、刘晖、马显定历法,又奉诏撰兵书《金韬》10卷。另著有《阴策》(《隋书》本传谓20卷,同书《经籍志》谓22卷)、《观台飞候》6卷、《玄象要记》5卷、《律历术文》1卷、《婚姻志》3卷、《产乳志》2卷、《式经》4卷、《四时立成法》1卷、《安历志》12卷、《归正易》10卷,并行于世,后多佚。事迹见《隋书》卷七八、《北史》卷八九。

孔颖达八岁,始就学,日诵千余言(《旧唐书·孔颖达传》、《新唐书·孔颖达传》)。

道士王延奉隋文帝敕,为长安玄都观主。

按:宋张君房《云笈七签》卷八五"王延"条曰:"至隋文禅位,置玄通观,以延为观主。"

道士张宾擢升华州刺史,与仪同刘晖等一同开始议造新历。

按:《隋书·律历志》曰:"时高祖作辅,方行禅代之事,欲以符命曜于天下。道士张宾,揣知上意,自云玄相,洞晓星历,因盛言有代谢之征,又称上仪表非人臣相。由是大被知遇,恒在幕府。及受禅之初,擢宾为华州刺史,使与仪同刘晖、骠骑将军董琳、索卢县公刘祐、前太史上士马显、太学博士郑元伟、前保章上士任悦、开府掾张彻、前荡边将军张膺之、校书郎衡洪建、太史监侯粟相、太史司历郭翟、刘宜、兼算学博士张乾叙、门下参人王君瑞、荀隆伯等,议造新历,仍令太常卿卢贲监之。"

释慧远至洛阳,大弘法门,闻风而来者络绎不绝。隋文帝闻其名,敕授洛州沙门都。

按:慧远于北周武帝毁佛时隐居汲郡西山,周宣帝时始出,曾于少林寺讲筵。及隋文帝即位,倡兴佛教,遂赴洛阳。见《续高僧传·隋京师净影寺释慧远传》。

释昙迁由江南北返,入彭城慕圣寺,讲说《摄大乘论》、《楞伽经》等,由是佛教摄宗论始弘扬于北方。

按:昙迁系佛教摄宗论高僧,北周武帝毁佛时南下避祸,住建康道场寺。闻隋文帝即位后,倡兴佛教,遂北归。见《续高僧传·隋西京禅定道场释昙迁传》。

释彦琮在长安,是年再度出家。讲经弘法,四时不绝,"长安道俗,咸拜其尘",颇为隋文帝敬重。

按:《续高僧传·隋东都上林园翻经馆沙门释彦琮传》载,彦琮十岁出家,北周武帝禁佛时,被迫易服,然"外假俗衣,内持法服",无亏戒行。及隋文帝受禅,重倡佛法,遂再度落发。

释昙延谒见隋文帝,奏请隆兴佛教,广度僧众。敕授沙门大昭玄都。

按:宋释志磐《佛祖统纪》卷三九曰:"开皇元年,帝初受禅,沙门昙延谒见,劝兴复佛法。乃下诏,周朝废寺咸与修营,境内之人任听出家,仍令户口出钱,建立经像。

由是民间佛经,多于六艺之籍。"《续高僧传·隋京师延兴寺释昙延传》曰:"延以寺宇未广,教法方隆,奏请度僧,以应千二百五十比丘、五百童子之数。敕遂总度一千余人以副延请,此皇隋释化之开业也。尔后递多,凡前后别请度者应有四千余僧,周废伽蓝并请兴复。"昙延为大昭玄都事,见宋释赞宁《大宋僧史略》卷中。

释宝暹等自西天竺还,是冬抵长安。所赍梵经 260 部,隋文帝敕付有司翻译。

按:隋费长房《历代三宝纪》卷一二曰:"相州沙门宝暹、道邃、智周、僧威、法宝、僧昙、智照、僧律等十有一人,以齐武平六年相继西游,往返七载,凡得梵经二百六十部。……大隋受禅,佛法即兴,暹等赍经先来应运,开皇元年季冬届止,敕旨付司访人令翻。"《续高僧传·隋西京大兴善寺北贤豆沙门阇那崛多传》所载略同,又见《佛祖统纪》、《大唐内典录》、《贞元新定释教目录》等。宝暹系隋代高僧。《全唐文》卷二〇一李俨《益州多宝寺道因法师碑文》曰:"宝暹法师,东海人也。植艺该洽,尤善大乘。昔在隋朝,英尘久播。学徒来请,接武摩肩。暹公傲尔其间,仰之弥峻。"

释僧猛奉敕为隋国大统三藏法师,住长安陟岵寺。

按:《续高僧传·隋京师云花寺释僧猛传》曰:"隋文作相,佛日将明。以猛年德俱重,玄儒凑集,追访至京,令崇法宇。于大象二年,敕住大兴善寺,讲扬十地。……寻振为隋国大统三藏法师,委以佛法,令其弘护。"宋释志磐《佛祖统纪》卷三九曰:"开皇元年……敕僧猛法师住大兴善寺,为隋国大统。"事又载宋释赞宁《大宋僧史略》卷中。长安大兴善寺原名陟岵寺,开皇二年改称。

释智周自西天竺还,赍梵经 260 部,诣阙上进(《佛祖统纪·法运通塞志》)。

中天竺僧达磨般若奉隋文帝敕,掌佛经翻译事。

按:达磨般若一作优婆塞达磨阇那,生卒年不详,姓瞿昙氏,隋称法智,般若流支之子。其先来华,流寓东川,遂接受华俗,世传佛经翻译之业。北齐末,达磨般若为昭玄都。周武帝毁佛时,由僧职转为俗官,授洋州洋川郡守。及隋文帝受禅,奉敕召还,执掌译事。后译成《业报差别经》等。事迹见《续高僧传·隋西京大兴善寺北贤豆沙门阇那崛多传》附传、《贞元新定释教目录》卷一〇。

王隆约是年或稍后奉诏撰《兴衰要论》7 篇。

按:《全唐文》卷一三五杜淹《文中子世家》曰:"府君讳隆……隋开皇初,以国子博士待诏云龙门。时国家新有揖让之事,方以恭俭定天下。帝从容谓府君曰:'朕何如主也?'府君曰:'陛下聪明神武得之于天,发号施令不尽稽古,虽负尧、舜之姿,终以不学为累。'帝默然,曰:'先生朕之陆贾也,何以教朕?'府君承诏著《兴衰要论》七篇,每奏,帝称善。"是则隆撰《兴衰要论》当在本年或稍后,姑系于此。隆子王通《中说》卷一《王道篇》曰:"府君之述曰《兴衰要论》七篇,其言六代之得失明矣。"宋阮逸注云:"六代,晋、宋、后魏、北齐、后周、隋也。"该书早佚。

萧该是年后撰《汉书音义》12 卷、《后汉书音义》3 卷、《文选音义》3 卷(一说 10 卷)。

按:萧该著诸书在开皇中,具体年份史载不详,姑系于此。《隋书·萧该传》曰:"开皇初,赐爵山阴县公,拜国子博士。奉诏书与妥正定经史,然各执所见,递相是非,久而不能就,上谴而罢之。该后撰《汉书》及《文选》音义,咸为当时所贵。"同书《经籍志二》著录:"《汉书音义》十二卷,国子博士萧该撰";"《范汉音》三卷,萧该撰";

"《文选音》三卷，萧该撰"。"范汉"即指范晔《后汉书》。该所撰《文选音义》，《旧唐书·经籍志上》、《新唐书·艺文志二》皆著录为10卷，与《隋志》不同，未详孰是。

庾季才与其子庾质奉敕撰《垂象》、《地形》等志（《隋书·庾季才传》）。

按：《垂象志》，《隋书》本传作"一百四十二卷"，同书卷三四《经籍志三》著录"一百四十八卷"；《地形志》，《隋书》本传作"八十七卷"，同书《经籍志三》前后著录两次，一作"八十七卷"，一作"八十卷"。未详孰是。两书新、旧《唐书》皆未著录，或唐时已不传。参见是年"庾季才仕隋，迁通直散骑常侍，深精天象之学，预知文帝迁都之事"条。

魏澹是年后注《庾信集》，撰《笑苑》、《词林集》，又奉诏著《魏书》。

按：魏澹注、撰诸书在开皇前期，具体年份史载不详，姑系于此。《隋书·魏澹传》曰："除太子舍人，废太子勇深礼遇之，屡加优锡。令注《庾信集》，复撰《笑苑》、《词林集》，世称其博物。"又曰："高祖以魏收所撰书褒贬失实，平绘为《中兴书》事不伦序，诏澹别成《魏史》。澹自道武下及恭帝，为十二纪，七十八传，别为史论及例一卷，并《目录》合九十二卷。"澹书与魏收《魏书》之不同，本传有详述。澹所著《魏书》，《旧唐书·经籍志上》、《新唐书·艺文志二》皆谓"《后魏书》，一百七卷"，与《隋书》所载卷数不同。因该书早佚，未知孰是。两《唐书》又著录魏澹撰"《魏纪》十二卷"，当系由澹《魏书》中析出，至宋时仅残存1卷。宋王尧臣《崇文总目》卷三《正史类》曰："《后魏纪》一卷，魏澹撰。……世以收史为主，故澹史亡阙，今才《纪》一卷存。"

宇文恺、陆爽等是年稍后撰《东宫典记》70卷。

按：该书早佚。《隋书·经籍志二》谓"左庶子宇文恺撰"，然《隋书·宇文恺传》却未提及。考《隋书·陆爽传》，其曰："高祖受禅，转太子内直监。寻迁太子洗马，与左庶子宇文恺等撰《东宫典记》七十卷。"由是可知该书当系开皇初宇文恺与陆爽等人合撰，故《旧唐书·经籍志上》著录为"宇文恺等撰"。

杜台卿撰《玉烛宝典》12卷，约是年或稍后奏上。

按：《隋书·杜台卿传》曰："开皇初，被征入朝。台卿尝采《月令》，触类而广之，为书名《玉烛宝典》。至是，奏之。"该书今存，以《古逸丛书》影日本钞卷子本最为完整，仅阙卷九。今人崔富章、朱新林撰有《〈古逸丛书〉本〈玉烛宝典〉底本辨析》（载《文献》2009年第3期）。另有日本贞和五年(1349年)影刻旧钞卷子本、清光绪遵义黎氏影印旧钞卷子本，皆仅为1卷。

释彦琮与陆彦师、薛道衡、刘善经、孙万寿等一代文宗撰《内典文会集》。

按：《续高僧传·隋东都上林园翻经馆沙门释彦琮传》曰："大定元年正月，沙门昙延等，同举奏度方蒙落发，时年二十有五。至其年二月十三日，高祖受禅改号开皇。即位讲筵四时相续，长安道俗咸拜其尘。因即通会佛理，邪正沾濡，沐道者万计。又与陆彦师、薛道衡、刘善经、孙万寿等一代文宗，著内典文会集。又为诸沙门撰唱导法。皆改正旧体，繁简相半，即现传习祖而行之。"

又按：该书已佚。陆彦师，生卒年不详，字云房，魏郡临漳人。长而好学，解属文。历仕东魏、北齐、北周，入隋拜尚书左丞，转吏部尚书，卒于汾州刺史任。事迹见《隋书》卷七十二。刘善经，生卒年不详，河间人。博物洽闻，尤善词笔。历仕著作佐郎、太子舍人。著有《酬德传》30卷、《诸刘谱》30卷、《四声指归》1卷，后皆佚。事迹见《隋书》卷七六、《北史》卷八三。

陈宣帝太建十三年　北周静帝大定元年　隋文帝杨坚开皇元年　辛丑　581年

北周张阿真写《大集经》，卷一○有题记。

按：纸质。墨书。敦煌藏经洞出品（?）。其卷一○有题记，全5行，稍残，行14—21字，曰："大定元年岁次辛丑正（二）月壬子朔十五日丙寅，清信女张阿真，自唯（惟）往业做因，生居女秒。有女阿华、训华等，并奄女刑，□年损折。遂为减割衣资，敬写大集经一部。愿亡者乘此□□，面奉诸佛。又愿见在家卷（眷），一际（切）。含生，速离忧苦，行齐法云，一时成佛。"

北朝郭法姬写《大般涅槃经》，卷二三有题记。

按：纸质。全6行，行8—24字。墨书。敦煌藏经洞出品。文曰："一校竟。用纸廿二张。夫晓雾连昏……以是弟子郭法姬，抑（仰）感慈训，俯自克厉。抑（仰）为亡夫杨群豪，敬写大般涅槃经一部。……"系年见王素、李方著《魏晋南北朝敦煌文献编年》。

又按：据王素、李方著《魏晋南北朝敦煌文献编年》考证，约于是年前，敦煌出土的北朝时期佛教题记尚有：

1. 北朝比丘善慧供养《摩诃衍经》。纸质，墨书，敦煌藏经洞出品。其卷四三有题记，全2行，3—6字，曰："一校竟。比丘善慧所供养经。"

2. 北朝比丘道祥供养《大方广佛华严经》。纸质，墨书，敦煌藏经洞出品。其卷三三有题记，全1行，7字，曰："比丘僧道祥供养。"

3. 北朝比丘僧道祥供养《大方广佛华严经》。纸质，墨书，敦煌藏经洞出品。其卷三六有题记，全1行，6字，曰："比丘僧道祥供养。"

4. 北朝苏成供养《大方广佛华严经》。纸质，墨书，敦煌藏经洞出品。其卷二二有题记，全2行，行3—8字，曰："一校竟。佛弟子苏成（?）供养经。"

5. 北朝比丘道祥供养《华严经》。纸质，墨书，敦煌藏经洞出品。其卷四有题记，全2行，行3—7字，曰："一校竟。比丘僧道祥供养。"

6. 北朝比丘善慧写《摩诃衍经》。纸质，墨书，敦煌藏经洞出品。其卷四八有题记，全1行，8字，曰："比丘善慧所写供养。"

7. 北朝尼昙咏供养《大方广佛华严经》。纸质，墨书，敦煌藏经洞出品。其卷二有题记，全2行，行3—8字，曰："比（丘）尼昙咏所供养。一校竟。"

8. 北朝比丘洪琇校《无量寿经义记》。纸质，墨书，敦煌藏经洞出品。其卷下有题记，全2行，行3—5字，曰："一校竟。比丘洪琇许。"

9. 北朝定明校《妙法莲华经》。纸质，墨书，敦煌藏经洞出品。其第八品有题记，全1行，6字，曰："定明经。一校竟。"

10. 北朝写《佛藏经》。纸质，墨书，敦煌藏经洞出品。其卷四有题记，全1行，3字，曰："一校竟。"据考证，此经抄写于581年前。姑系是年。以下同。

11. 北朝校《大智度论》。纸质，墨书，敦煌藏经洞出品。其卷五七有题记，全1行，3字，曰："一校竟。"

12. 北朝校《华严经》。纸质，墨书，敦煌藏经洞出品。其卷四四有题记，全2行，行3—5字，曰："一校竟。用纸廿三张。"

13. 北朝校《妙法莲华经》。纸质，敦煌藏经洞出品。其卷六有题记，全1行，3字，曰："一校竟。"

14. 北朝尚生书《华严经》。纸质，墨书，敦煌藏经洞出品。其卷二七有题记，全2行，3—6字，曰："一校竟。尚生书。十九张。"

15. 北朝经生泛亥仁写《十诵律》。纸质，墨书，敦煌藏经洞出品，其卷七有题记，全3行，行3—12字，曰："用纸廿六张。五月四日经生泛亥仁所写记。一校竟。"

16. 北朝比丘德贤书《大般涅槃经》。纸质,墨书,全1行,7字。敦煌藏经洞出品。其第七品题记曰:"一校,比丘德贤书。"

17. 北朝写《观佛三昧海经》。纸质,墨书,敦煌藏经洞出品。其卷五有题记,全1行,3字,曰:"一校竟。"

18. 北朝中散大夫安法相题记(残)。在麦积山90窟。墨书,其题记后缺,存4行,曰:"□水渭州都□道□中散大夫□(安)法相□□□略□□□首高□□□世□□□□菩萨。"

19. 北周商胡竹某题名。在莫高窟294窟南壁。墨书,其题名全2行,稍残,行约11字,曰:"清信商胡竹□□居□供养。清信商胡竹■供养佛时。"

再按:据王素、李方著《魏晋南北朝敦煌文献编年》考证,以下所列敦煌出土的其他文献皆为六朝写本,故姑系是年。

1. 六朝写本《古文尚书·目录》残卷。纸质,墨书,存20行。兼有朱笔校注及墨笔乌丝栏。敦煌藏经洞出品。

2. 六朝写本《古文尚书·费誓》残卷。纸质,墨书,前缺,存8行。兼有朱笔校注及墨笔乌丝栏。敦煌藏经洞出品。

3. 六朝写本《古文尚书·秦誓》残卷。纸质,墨书,全26行。兼有朱笔校注及墨笔乌丝栏。敦煌藏经洞出品。

4. 六朝写本《古文尚书·夏书》残卷。纸质,墨书,前后缺,存108行。敦煌藏经洞出品。

5. 六朝写本《毛诗郑笺·邶风》残卷。纸质,墨书,前后缺,存91行。敦煌藏经洞出品。

6. 六朝写本《毛诗郑笺·小雅》残卷一。纸质,墨书,存219行。敦煌藏经洞出品。

7. 六朝写本《毛诗郑笺·小雅》残卷二。纸质,墨书,前缺,存47行。敦煌藏经洞出品。

8. 六朝写本《毛诗郑笺·小雅》残卷三。纸质,墨书,存144行。敦煌藏经洞出品。

9. 六朝写本《毛诗郑笺·小雅》残卷四。纸质,墨书,前后缺,存13行,下残。1944年8月敦煌莫高窟土地庙残塑像中发现。

10. 六朝写本《毛诗郑笺·周颂》残卷。纸质,前后缺,墨书,存8行。敦煌藏经洞出品。

11. 六朝写本《礼记郑注》残卷。纸质,墨书,前后缺,存42行。敦煌藏经洞出品。

12. 六朝写本杜预《春秋左传集解》残卷一。纸质,墨书,存338行。敦煌藏经洞出品。

13. 六朝写本杜预《春秋左传集解》残卷二。纸质,墨书,前后缺,存212行。敦煌藏经洞出品。

14. 六朝写本杜预《春秋左传集解》残卷三。纸质,墨书,前后缺,存140行。敦煌藏经洞出品。

15. 六朝写本杜预《春秋左传集解》残卷四。纸质,墨书,前后缺,存143行。敦煌藏经洞出品。

16. 六朝写本杜预《春秋左传集解》节本残卷。纸质,墨书,前后缺,存127行。敦煌藏经洞出品。

陈宣帝太建十三年　北周静帝大定元年　隋文帝杨坚开皇元年　辛丑　581年

17. 六朝写本郭璞《尔雅注》残卷一。纸质，墨书。与下件共存169行。敦煌藏经洞出品。

18. 六朝写本郭璞《尔雅注》残卷二。纸质，墨书。与上件共存169行。敦煌藏经洞出品。

19. 六朝写本邓粲《晋纪》残卷。纸质，墨书，前后缺，存151行。敦煌藏经洞出品。

20. 六朝写本《孔子家语》残卷。纸质，墨书，前缺，存73行。敦煌藏经洞出品。

21. 六朝写本《瑞应图》残卷。纸质，上图下文，图为彩绘，文为墨书。前后缺，存图22幅，文188行。敦煌藏经洞出品。

22. 六朝写本《阴阳书》残卷。纸质。前缺，存240行。墨书。敦煌藏经洞出品。

23. 六朝写本《刘子新语》残卷。纸质，墨书，存289行，行19—20字。敦煌藏经洞出品。

24. 六朝写本《老子想尔注》残卷。纸质，前缺，墨书，存580行。敦煌藏经洞出品。

25. 六朝写本张湛《列子注》残卷。纸质，墨书，前后缺，存18行。敦煌藏经洞出品。

26. 六朝写本葛洪《抱朴子》残卷。纸质。墨书。敦煌藏经洞出品。

27. 六朝写本《文选》残卷。纸质，墨书，前后缺，存34行。敦煌藏经洞出品。

28. 六朝写本《文选》残卷。纸质，墨书，前后缺，存26行。敦煌藏经洞出品。

29. 六朝校《十地论》题记。纸质，墨书，存2字。敦煌藏经洞出品。

30. 六朝写残经疏题记。纸质，朱书，存5字。敦煌藏经洞出品。

乐逊卒(500—　)。逊字遵贤，河东猗氏人。北朝经学家。尝师从徐遵明，研习《孝经》、《丧服》、《论语》、《诗》、《书》、《礼》、《易》、《左氏春秋》大义，名闻于世。入仕北周，以经学术教授皇室弟子。累拜开府仪同、大将军，以东扬州刺史致仕，卒于家。著有《孝经》、《论语》、《毛诗》、《左氏春秋》序论凡10余篇，另有《春秋序义》，通贾、服说，发杜氏违，辞理并可观。今皆不存。清严可均《全后周文》卷一收录其奏疏1篇。事迹见《周书》卷四五、《北史》卷八二。

释法朗卒(507—　)。法朗俗姓周，徐州沛郡人。梁大通二年二月二日，在青州出家，后从扬州大明寺释宝志，兼听僧豙讲律论。永定二年十一月，奉敕入京住兴皇寺，一时听者云集。太建十三年九月二十五日中夜，卒。事迹见《续高僧传》卷七。

按：《周书》本传曰："逊性柔谨，寡于交游，立身以忠信为本，不自矜尚。每在众言论，未尝为人之先，学者以此称之。"

王晞卒(511—　)。晞字叔朗，小名沙弥，北海剧人，前秦丞相王猛六世孙。魏永安初，除员外散骑侍郎，征署广平王开府功曹史，不就。入北齐，任太原郡守、吏部郎中、东徐州刺史、秘书监、大鸿胪、仪同三司。齐亡入北周，为仪同大将军、太子谏议大夫。卒，赠仪同三司曹州刺史。事迹见《北齐书》卷三一、《北史》卷二四。

庾信卒(513—)。信字子山,小字兰成,原籍新野,祖父庾易始徙居江陵。北朝学者、文学家。自幼聪敏,博览群书,精研《春秋左氏传》,又以文章名闻于世。初仕南朝萧梁,累迁东宫学士,领建康令。后奉使西魏,遂留居长安。北周时,颇受礼遇,官至骠骑大将军、开府仪同三司,故世称"庾开府"。后以疾去职,卒于家。有《庾开府集》20卷(一说21卷),已散佚。明人屠隆辑有《庾子山集》16卷,清人倪璠有《庾子山集注》16卷,吴兆宜有《庾开府集笺注》10卷,严可均《全后周文》卷八至一八辑录庾信作品编为11卷。另有今人舒宝章选注《庾信选集》,杜晓勤编《谢朓、庾信诗选》等。事迹见《周书》卷四一、《北史》卷八三。倪璠撰有《庾子山年谱》,今人徐宝余著有《庾信研究》,叶慕兰著有《庾信年谱新编及其诗歌论析》。

按:庾信文词与徐陵齐名,为当时骈文之典范,人称"徐庾体"。《周书·庾信传》曰:"庾信……既有盛才,文并绮艳,故世号为'徐庾体'焉。当时后进竞相模范,每有一文,京都莫不传诵。"又评曰:"王褒、庾信奇才秀出,牢笼于一代。……然则子山之文,发源于宋末,盛行于梁季,其体以淫放为本,其词以轻险为宗,故能夸目侈于红紫,荡心逾于郑、卫。昔杨子云有言:'诗人之赋丽以则,词人之赋丽以淫。'若以庾氏方之,斯又词赋之罪人也。"隋文帝尝令魏彦深为庾信文集作注,已不存。严可均《全后周文》辑录信之作品,分别有:赋15篇、表12篇、启15篇、教1篇、文2篇、书1篇、序1篇、诗72首、传1篇、铭文10篇、碑文12篇、墓志铭19篇。

又按:庾信十九岁在萧纲东宫做抄撰学士,与父亲庾肩吾和徐摛、徐陵父子因宫体诗风驰誉东宫内外。庾信入周之后,家国之思使其文风一变而为苍凉。杜甫诗曰:"庾信文章老更成,凌云健笔意纵横。"又曰:"庾信平生最萧瑟,暮年诗赋动江关。"庾信是南北朝文学集大成者,他把南朝文学的华美绮艳与北朝文学的刚健清新熔铸为一炉,形成了自己独特的艺术风格,在中国文学发展史上起到了承前启后的重要作用。

徐伯阳卒(516—)。伯阳字隐忍,东海人。梁中大通中,对策高第,历河东王国右常侍、东宫学士、临川王府墨曹参军。侯景之乱,浮海至广州,依萧勃,勃败,还居吴郡。入陈,历任晋安王侍读、侯安都司空记室参军、新安王镇北记室参军兼南徐州别驾、东海郡丞、临海王限外谘议参军、新安王镇右谘议参军等职。今存其诗2首,一首见《艺文类聚》及《乐府诗集》,一首见于《文苑英华》。事迹见《陈书》卷三四、《南史》卷七二。

顾野王卒(519—)。野王字希冯,吴郡吴县光福人。幼好学,七岁读五经,略知大旨。长而遍观经史,所通极博。梁大同四年除太学博士。入陈,为国子博士、黄门侍郎、光禄卿等职。多有著述。撰《玉海》30卷、《舆地志》30卷,另著有《符瑞图》10卷、《顾氏谱传》10卷、《分野枢要》1卷、《玄象表》1卷及志怪小说《续洞冥记》1卷等。还撰著《通史要略》100卷、《国史纪传》200卷,未竟而卒。另有文集20卷。事迹见《陈书》卷三〇、《南史》卷六九。

按:顾野王所著《舆地志》是全国总地志,清末王仁俊《玉函山房辑佚书补编》收录《舆地志》一卷,该书只有稿本,藏于上海图书馆。《玉海》30卷是我国现存第一部楷书字典,为顾氏搜罗古今字体,于梁大同九年仿《说文解字》体例改进而成。书中收542部16917字,以义类相从,以反切与《说文》古训参证,解释字义,现只存残卷。

马枢卒(522—)。枢字要理,扶风郿人。幼失怙恃,为其姑所养。六岁,能诵《孝经》、《论语》、《老子》。及长,博极经史,尤善佛经及《周易》、《老子》义。梁邵陵王萧纶为南徐州刺史,素闻其名,引为学士。侯景之乱,萧纶举兵援台,乃留书2万卷,付于马枢。枢隐于茅山,文帝征之,不应。于竹林间,自营茅茨以居。撰有《道觉论》20卷,行于世。事迹见《陈书》卷一九、《南史》卷七六。

按:《陈书·马枢传》曰:"梁邵陵王纶为南徐州刺史……纶时自讲《大品经》,令枢讲《维摩》、《老子》、《周易》,同日发题,道俗听者二千人。"

王一卒,生年、字号不详。祖籍太原祁县,世居绛州龙门。精于《礼》,曾撰《皇极谠义》9篇,早佚。事迹散见隋王通《中说》、《全唐文》卷一三五杜淹《文中子世家》、唐王绩《王无功文集》卷一《游北山赋序》等。

按:王一世传家学,其四世祖王玄则为南朝宋国子博士,著《时变论》6篇。三世祖王焕在江州,著《五经决录》5篇。祖王虬投奔北魏,历并州刺史等职,著《政大论》8篇。父王彦历同州刺史等职,始居龙门,著《政小论》8篇。子王隆、孙王度亦有名。

颜师古(—645)生。

按:《旧唐书·颜师古传》曰:"(贞观)十九年,从驾东巡,道病卒,年六十五。"依其卒年年岁推知生于是年。

王度(—618?)约生。

按:王度生年,史无明载。或谓北周后期,或谓开皇四年。今人孙望《王度考》以为本年,从之。

孙思邈(—682)约生。

按:孙思邈生年,历来说法不一。清刘毓崧《通义堂集》谓梁天监十七年,今人于祖望《孙思邈评传》谓梁大同七年。《旧唐书·孙思邈传》引卢照邻曰:"上元元年,辞疾请归……思邈自云开皇辛酉岁生,至今年九十三矣。"开皇年间无辛酉年,"辛酉"恐系"辛丑"之误。《四库全书总目》卷一〇三考曰:"卢照邻《病梨树赋序》称癸酉岁于长安见思邈,自云开皇辛酉岁生,今年九十二,则思邈生于隋朝。照邻乃思邈之弟子,记其师言必不妄。惟以《隋书》考之,开皇纪号凡二十年,止于庚申,次年辛酉已改元仁寿,与史殊不相符;又由唐高宗咸亨四年癸酉上推九十二年,为开皇二年壬寅,实非辛酉,干支亦不相应。然自癸酉上推九十三年,正得开皇元年辛丑。盖《卢照邻集》传写讹异,以辛丑为辛酉,以九十三为九十二也。史又称思邈卒于永淳元年,年百余岁,自是年上推至开皇辛丑,正一百二年,数亦相合。则生于后周隐居不仕之说,为史误审矣。"今从《四库全书总目》之说。

陈太建十四年　　隋开皇二年　　壬寅　　582年

正月甲戌,隋文帝诏举贤良(《隋书·高祖纪》)。

是月,南朝陈宣帝陈顼卒,太子陈叔宝继位,是为陈后主。陈请和于隋(《陈书·后主纪》、《隋书·高祖纪》)。

六月丙申,隋文帝诏建新都于龙首山(《隋书·高祖纪》、《资治通鉴·陈纪九》)。

按:隋文帝嫌长安城制度狭小,宫内又多妖异,纳言苏威等奏请更造新都,遂有此诏。龙首山在渭水之滨,邻近长安。至十二月丙子,命新都曰大兴城。

十二月丙戌,隋文帝"赐国子生经明者束帛"(《隋书·高祖纪》)。

是年,隋改长安陟岵寺为大兴善寺,于寺置译场,召僧人翻译佛经。

按:北周武帝废佛后,佛学经典多有焚毁。隋文帝即位后,倡兴佛学,征集佛经,组织高僧进行整理、抄录和翻译。事见《续高僧传·隋西京大兴善寺北贤豆沙门阇那崛多传》。

高颎为隋左领军大将军,奉命节度诸路军南下攻陈。会陈宣帝卒,以礼不伐丧,奏请班师。隋文帝从之(《隋书·高颎传》)。

颜之推上言乐事,谓太常雅乐不合古制,请用梁乐。隋文帝不从。

按:《隋书·音乐志》载颜之推奏曰:"礼崩乐坏,其来自久。今太常雅乐并用胡声,请冯梁国旧事,考寻古典。"隋文帝不从,曰:"梁乐亡国之音,奈何遣我用邪?"

天竺僧那连提黎耶舍奉隋文帝召移居长安大兴善寺,草创译场,主持翻译。

按:《续高僧传·隋西经大兴善寺北天竺沙门那连提黎耶舍传》曰:"(开皇)二年七月,弟子道密等侍送入京住大兴善寺,其年季冬草创翻业。……凡前后所译经论一十五部,八十许卷。即《菩萨见实》、《月藏》、《日藏》、《法胜毗昙》等是也。并沙门僧琛、明芬、给事李道宝等度语笔受,昭玄统沙门昙延、昭玄都沙门灵藏等二十余僧,监护始末。至五年冬,勘练俱了,并沙门彦琮制序,具见齐周隋三代录。"

何之元撰《梁典》30卷。

按:《梁典》系南朝萧梁断代史。《陈书·何之元传》曰:"及叔陵诛,之元乃屏绝人事,锐精著述。以为梁氏肇自武皇,终于敬帝,其兴亡之运,盛衰之迹,足以垂鉴戒,定褒贬。究其始终,起齐永元元年,迄于王琳遇获,七十五年行事,草创为三十卷,号曰《梁典》。"《陈书》本传载有之元所作《序》,从中可窥该书之基本思路和特点。该书后佚。

傅縡作《狱中上陈后主书》。

按:此书可见陈末期昏庸腐败的情况。《建康实录》本年正月下曰:"是月,右卫将军、秘书监傅縡下狱死。……縡素刚,因狱中上书曰:'夫人君者,恭事上帝,子爱下人,省嗜欲,远谄佞,未明求衣,日旰忘食,是以泽被区宇,庆流子孙。陛下顷来酒色过度,不虔郊庙;小人在侧,宦竖弄权,恶忠直若仇雠,视百姓如草芥。公行货贿,众叛亲离,臣恐东南王气,至斯而尽!'"

中天竺僧达磨般若在长安译佛经,三月译成《业报差别经》1卷。

按:达磨般若奉隋文帝之召至长安事,参见581年"中天竺僧达磨般若奉隋文帝敕,掌佛经翻译事"条。《续高僧传》卷二曰:"法智妙善方言,执本自传,不劳度语。译《业报差别经》等,成都沙门释智铉笔受,文词铨序,义体日严。寺沙门彦琮制序。"唐释圆照《贞元新定释教目录》卷一〇著录:"《业报差别经》一卷,开皇二年三月译。"

阳休之卒(509—)。休之字子烈,右北平无终人。北朝学者。少勤学,弱冠有声誉。历仕魏、北齐、北周,累拜上开府、和州刺史。隋开皇初去职,卒于洛阳。撰有《幽州古今人物志》30卷(一说13卷),《韵略》1卷,《辨嫌音》2卷,另有集30卷(一说40卷)。后皆佚。清严可均《全隋文》卷九收录其文1篇。事迹见《北齐书》卷四二、《北史》卷四七。

按:阳休之所撰《幽州古今人物志》,《北齐书》、《北史》本传皆未明言卷数,《新唐书·艺文志二》谓30卷,《旧唐书·经籍志上》谓13卷;休之文集,《北齐书》本传及《新唐书·艺文志四》皆谓30卷,《北史》本传谓40卷。未详孰是。《韵略》、《辨嫌音》两书,见录于《新唐书》卷五七《艺文志一》。

傅縡卒(531—)。縡字宜事,北地灵州人。幼聪敏,七岁诵古诗赋至10余万言。长好学,能属文。梁末,为王琳记室。琳败,入陈,历撰史学士、司空府记室参军、骠骑安成王中记室、散骑侍郎、镇南始兴王谘议参军、兼东宫管记、太子庶子仆。陈后主即位,迁秘书监、右卫将军兼中书通事舍人,被谮下狱,后赐死。有集10卷。事迹见《陈书》卷三〇、《南史》卷六九。

按:《陈书·傅縡传》曰:"縡笃信佛教,从兴皇惠朗法师受三论,尽通其学。……縡为文典丽,性又敏速,虽军国大事,下笔辄成,未尝起草,沉思者亦无以加焉,甚为后主所重。"

陈后主陈叔宝至德元年　隋文帝开皇三年　癸卯　583年

正月壬寅,陈改元至德元年(《陈书·后主纪》)。

二月癸酉,陈遣兼散骑常侍贺彻、兼通直散骑常侍萧褒使于隋(《隋书·高祖纪》)。

三月丙辰,隋文帝迁居新都大兴城。于新都大造道观,度道士。

按:《隋书·食货志》谓文帝于正月迁居新都,与同书《高祖纪》所载不同。今从《高祖纪》。《全唐文》卷九三三杜光庭《历代崇道记》曰:"隋高祖文皇帝迁都龙首原,号'大兴城'。乃于都下畿内造观三十六所,名曰元坛,度道士一千人。"

丁巳,隋文帝下诏购求天下遗书(《资治通鉴·陈纪九》)。

按:《资治通鉴·陈纪九》载秘书监牛弘于本年上表曰:"典籍屡经丧乱,率多散逸。周氏聚书,仅盈万卷。平齐所得,除其重杂,裁益五千。兴集之期,属膺圣世。为国之本,莫此为先。岂可使之流落私家,不归王府!须勒之以天威,引之以微利,则异典必臻,观阁斯积。"文帝从之,诏天下每献书一卷,赏缣一匹。参见是年"牛弘为隋散骑常侍、秘书监。三月以典籍遗逸,上表请开献书之路。寻拜礼部尚书,奏请依古制修立明堂"条。

四月丙戌,隋文帝诏天下劝学行礼。

按:《隋书·柳昂传》载,泸州刺史柳昂"见天下无事,可以劝学行礼",乃上表文帝，以为"帝王受命，建学制礼，故能移既往之风，成惟新之俗"，"世若行礼劝学，道教相催，必当靡然向风，不远而就。家知礼节，人识义方，比屋可封，辄谓非远"。文帝"览而善之"，因下诏曰："建国重道，莫先于学；尊主庇民，莫先于礼。……古人之学，且耕且养。今者民丁非役之日，农亩时候之余，若敦以学业，劝以经礼，自可家慕大道，人希至德。岂止知礼节，识廉耻，父慈子孝，兄恭弟顺者乎！始自京师，爰及州郡，宜祇朕意，劝学行礼。"于是，"天下州县皆置博士习礼焉"。魏晋以来一度相对低落的儒学走向复兴，隋朝始确立起三教并用之基本国策。

是月，隋改度支尚书为民部，都官尚书为刑部，废光禄、卫尉、鸿胪寺及都水台。以左仆射判吏、礼、兵三部事，右仆射判民、刑、工三部事(《资治通鉴·陈纪九》)。

诏行新钱，禁止使用前代旧钱。

按：《隋书·食货志》曰："三年四月，诏四面诸关，各付百钱为样。从关外来，勘样相似，然后得过。样不同者，即坏以为铜，入官。诏行新钱已后，前代旧钱，有五行大布、永通万国及齐常平，所在用以贸易不止。"

五月甲辰，高句丽遣使来隋(《隋书·高祖纪》)。

六月庚辰，隋行军总管梁远破吐谷浑(《隋书·高祖纪》)。

十一月己酉，隋文帝遣使巡省各地风俗，考察人才。

按：《隋书·高祖纪》载文帝诏曰："朕君临区宇，深思治术，欲使生人从化，以德代刑，求草莱之善，旌闾里之行，民间情伪，咸欲备闻。已诏使人所在赈恤，扬镳分路，将遍四海，必令为朕耳目。如有文武才用，未为时知，宜以礼发遣，朕将铨擢。其有志节高妙，越等超伦，亦仰使人就加旌异，令一行一善，奖劝于人。远近官司，遐迩风俗，巨细必纪，还日奏闻。庶使不出户庭，坐知万里。"

甲午，隋悉罢天下诸郡为州(《隋书·高祖纪》、《资治通鉴·陈纪九》)。

是年，隋文帝召集儒、佛、道三教学者，讨论"老子化胡"事。

按：《续高僧传·隋东都上林园翻经馆沙门释彦琮传》曰："开皇三年，隋高祖幸道坛，见画老子化胡像，大生怪异。敕集诸沙门、道士，共论其本；又敕朝秀、苏威、杨素、何妥、张宾等有参玄理者，详计奏闻。"时释彦琮撰《辩教论》，以驳"老子化胡"说之妖妄。参见是年"释彦琮著《辩教论》，斥道教《老子化胡经》之妖妄"条。

隋敕苏威、牛弘等，更定新律。

按：隋之律法，初颁于开皇元年，至是，重加修订。《隋书·刑法志》曰："三年，因览刑部奏，断狱数犹至万条。以为律尚严密，故人多陷罪。又敕苏威、牛弘等，更定新律。除死罪八十一条，流罪一百五十四条，徒杖等千余条，定留唯五百条。凡十二卷。……自是刑网简要，疏而不失。于是置律博士弟子员。断决大狱，皆先牒明法，定其罪名，然后依断。"

隋文帝诏尽复北周所废寺院，佛教聿盛。

按：隋文帝即位后，大兴佛教，参见581年"闰三月，隋文帝诏于五岳各立佛寺"条。唐释法琳《辩正论》卷三载本年隋文帝诏，有"周朝所废之寺，咸可修复"云云。唐释道世《法苑珠林》卷一二曰："隋高祖文皇帝开皇三年，周朝废寺咸乃与立之，名山之下，各为立寺，一百余州立舍利塔。度僧尼二十三万人，立寺三千七百九十二所，写经四十六藏，一十三万二千八十六卷，修故经三千八百五十三部，造像十万六千五百八十躯，自余别造，不可具知之。"隋炀帝时，又"修故经六百一十二藏，二万九千一百七十二部，治故像三千八百五十区，度僧六千二百人"。终隋一代，"寺有三千九百八十五所,度僧二十三万六千二百人,译经八十二部"。事又见隋费长房《历代三宝纪》卷一二、唐释道宣《释迦方志》卷下。

隋文帝诏禁天下正月十五游灯观戏。

按:《隋书·柳彧传》载,隋文帝是诏,系从治书侍御史柳彧奏请。《资治通鉴·陈纪九》系此事于本年,从之。

苏威为隋刑部尚书,奉敕与牛弘等更定新律,去繁就简,唯留存五百条,是为《开皇律》。

按:参见是年"隋敕苏威、牛弘等,更定新律"条。《隋书·苏威传》曰:"隋承战争之后,宪章踳驳,上令朝臣厘改旧法,为一代通典。律令格式,多威所定,世以为能。"《开皇律》对后世影响颇大,《唐律》即以此为底本编撰。隋炀帝时,该律为《大业律》取代。

牛弘为隋散骑常侍、秘书监。三月,以典籍遗逸,上表请开献书之路。寻拜礼部尚书,奏请依古制修立明堂。

按:《隋书·牛弘传》载弘上表曰:"经籍所兴,由来尚矣。……后魏爰自幽方,迁宅伊、洛,日不暇给,经籍阙如。周氏创基关右,戎车未息。保定之始,书止八千。后加收集,方盈万卷。高氏据有山东,初亦采访,验其本目,残缺犹多。及东夏初平,获其经史,四部重杂三万余卷,所益旧书五千而已。今御书单本合一万五千余卷,部帙之间,仍有残缺。比梁之旧目,止有其半。至于阴阳河洛之篇,医方图谱之说,弥复为少。臣以经书自仲尼已后,迄于当今,年逾千载,数遭五厄,兴集之期,属膺圣世。伏惟陛下受天明命,君临区宇,功无与二,德冠往初。……方当大弘文教,纳俗升平,而天下图书尚有遗逸,非所以仰协圣情,流训无穷者也。……今秘藏见书,亦足披览,但一时载籍须令大备,不可王府所无,私家乃有。然士民殷杂,求访难知,纵有知者,多怀吝惜,必须勒之以天威,引之以微利。若猥发明诏,兼开购赏,则异典必臻,观阁斯积,重道之风,超于前世,不亦善乎!"文帝从之,"一二年间,篇籍稍备"。同书《经籍志一》亦载:"开皇三年,秘书监牛弘表请分遣使人搜访异本,每书一卷,赏绢一匹,校写既定,本即归主。于是民间异书,往往间出。……于是总集编次,存为古本,召天下工书之士京兆韦霈、南阳杜頵等于秘书内补续残缺,为正、副二本,藏于宫中,其余以实秘书内、外之阁,凡三万余卷。"弘又上议明堂之制,纵论历代沿革。《隋书·牛弘传》载弘奏曰:"明堂者,所以通神灵,感天地,出教化,崇有德。……帝王作事,必师古昔。今造明堂,须以《礼经》为本,形制依于周法,度数取于《月令》,遗阙之处,参以余书,庶使该详沿革之理。"奏上,文帝"以时事草创,未遑制作",不从。

刘炫为隋殿内将军,以牛弘奏请购求天下遗书,遂伪造书百余卷,题名《连山易》、《鲁史记》等,录上送官。为人检举,"经赦免死,坐除名"。遂归于家,以教授为务(《隋书·刘炫传》)。

辛德源仕隋,为牛弘奏荐,与著作郎王劭同修国史。

按:《隋书·辛德源传》载,辛德源于北周末年遇乱亡匿,及隋文帝受禅,"隐于林虑山,郁郁不得志,著《幽居赋》以自寄"。因与武阳太守卢思道交往,为魏州刺史崔彦武奏劾,"由是谪令从军讨南宁,岁余而还"。卢思道于开皇初去职,则辛德源赴南宁岁余而还,为牛弘奏荐,当在本年前后,姑系于此。

又按:辛德源生卒年不详,字孝基,陇西狄道人。少沉静好学,博览群书,通六经,有文藻,为时人所称。历仕北齐、北周,入隋,官至蜀王谘议参军。著有《集注春秋三传》30卷，注扬子《法言》23卷，《政训》《内训》各20卷，另有集20卷。后皆佚。严可均《全隋文》卷二〇收录其赞2篇。事迹见《隋书》卷五八、《北史》卷五〇。

辛彦之为隋礼部尚书，奉敕与秘书监牛弘等修撰《新礼》。时有吴兴硕儒沈重名于世，与彦之辩论，深为叹服。

按：《隋书·辛彦之传》曰："吴兴沈重，名为硕学。高祖尝令彦之与重论议，重不能抗，于是避席而谢曰：'辛君所谓金城汤池，无攻之势。'高祖大悦。"辛彦之以儒学名世，然又崇信佛道。后出为潞州刺史，于城内立浮图二所，高二层。从中亦可见当时儒士之特点。

又按：《隋书·牛弘传》载牛弘于是年奉敕修撰《五礼》。辛彦之当于是年预之。

江总正月壬寅转为陈散骑常侍，为吏部尚书（《资治通鉴·陈纪九》）。

陆琼除陈度支尚书，参掌诏诰（《陈书·陆琼传》）。

阮卓入为陈德教殿学士，寻兼通直散骑常侍，副王话聘隋（《陈书·阮卓传》）。

姚最为隋太子门大夫，丁父忧去职。

按：《周书·姚最传》载，姚最守丧期满，袭爵北绛郡公，仍守旧职。

杨尚希为隋河南道行台兵部尚书，以天下州郡过多，上表请裁并。隋文帝从之。寻拜瀛州刺史，未之官，奉诏巡省淮南（《隋书·杨尚希传》）。

释彦琮在长安，与儒、道学者讨论"老子化胡"事，又奉敕翻译新到之西域佛经。

按：参见是年"是年，隋文帝召集儒、佛、道三教学者，讨论'老子化胡'事"条。《续高僧传·隋东都上林园翻经馆沙门释彦琮传》曰："时琮预在此筵，当掌言务，试举大纲，未及指核，道士自伏陈其矫诈。"又曰："其年，西域经至，即敕翻译。"

释昙崇在长安，颇为隋文帝敬重。时唐公李渊以长安宅施之，文帝制曰清禅寺。

按：《续高僧传·隋京师清禅寺释昙崇传》曰："文帝礼接，自称师儿；献后延德，又称师女。及在于本寺，则敕令载驰，问以起居，无晨不至。"李渊施宅事，见宋释志磐《佛祖统纪》卷三九。北宋宋敏求《长安志》卷九曰："南门之东清禅寺，隋开皇三年文帝为沙门昙崇所立。"

释信行在相州光严寺，倡行三阶教，发愿为皇帝、诸师父母和一切众生施舍身命财物，建立礼佛、转经、众僧、众生、离恶、头陀、饮食、食器、衣服、房舍、床坐、灯烛、钟呗、香、柴炭、洗浴十六种无尽藏行。

按：信行系隋唐佛教三阶教始祖，是年前后始积极倡导无尽藏布施思想。见《续高僧传·隋京师真寂寺释信行传》、《信行遗文》。

释灌顶从智𫖮法师出居光宅寺，研习佛教经论。

按：灌顶系佛教天台宗高僧。事见《续高僧传·唐天台山国清寺释灌顶传》。

释明赡奉敕住长安大兴善寺，为知寺，参与佛经翻译。

按：《续高僧传·唐终南山智炬寺释明赡传》载，明赡于北周武帝毁佛时隐匿东郡，及隋初兴佛，出住相州法藏寺。至是移住长安大兴善寺，"众观德望可宗，举知寺任，辞而不免，便管之"。

释灵干入住洛州净土寺，释讲《华严经》。

按：《续高僧传·隋西京大禅定道场释灵干传》载，北周武帝毁佛时，灵干"居家奉戒,仪体无失"。隋文帝重倡佛教,"官给衣钵,少林置馆,虽蒙厚供,而形同俗侣"。至是,灵干移住净土寺,遂设坛弘法。

释慧暅受敕为隋京邑大僧都(《续高僧传·隋将表徐方中寺释慧暅传》)。

辛德源约是年于修国史务隙撰《集注春秋三传》30卷、扬子《法言》注23卷(《隋书·辛德源传》)。

薛道衡约是年作《人日思归》诗。

按:据《人日思归》诗意,此诗当作于薛道衡去国出使之时。《北史·薛道衡传》:"河间王弘北征突厥,召典军书。还,除内史舍人。其年,兼散骑常侍,聘陈使主。"《隋书·高祖纪》:"(开皇元年)五月戊子,封邘国公杨雄为广平王,永康郡公杨弘为河间王。"《隋书·河间王弘传》:"其年立弘为河间王,拜右卫大将军。岁余,进授柱国。时突厥屡为边患,以行军元帅,众数万,出灵州道,与虏相遇,战,大破之,斩数千级。"综上可知,河间王杨弘约于开皇二年北征突厥,薛道衡受招为军书,还京后兼散骑常侍,出使于陈。故《人日思归》约作于是年。人日即农历正月初七,相传是女娲娘娘造人之日,古时有些占卜活动,汉魏以后逐渐发展为包括庆祝、祭祀等活动内容的传统节日。薛道衡此诗结构精巧,对仗极工,体现出他较高的创作艺术。《北史·薛道衡传》:"江东雅好篇什,陈主犹爱雕虫,道衡每有所作,南人无不吟诵焉。"

陆德明撰《经典释文》30卷。

按:该书今存,有宋刊本、清卢氏抱经堂丛书本等。其序曰:"粤以癸卯之岁,承乏上庠,循省旧音,苦其太简。况微言久绝,大义愈乖,攻乎异端,竞生穿凿。不在其位,不谋其政,既职司其忧,宁可视成而已。遂因暇景,救其不逮,研精六籍,采撷九流,搜访异同,校之苍雅,辄撰集五典《孝经》、《论语》及《老》、《庄》、《尔雅》等音,合为三帙,三十卷,号曰《经典释文》。"陆德明的生平、著述及《经典释文》的书名、成书年代,王利器《经典释文考》有详细论述。王利器《经典释文考》、吴承仕《经典释文疏证》以为当在本年,孙玉成《经典释文成书年代新考则》以为该书非成于入隋之前。此从前者之说。另,清卢文弨撰有《经典释文考证》。

陆琼续撰其父《嘉瑞记》。

按:《陈书·陆琼传》曰:"至德元年,除度支尚书,参掌诏诰,并判廷尉、建康二狱事。初,琼父云公奉梁武帝敕撰《嘉瑞记》,琼述其旨而续焉,自永定讫于至德,勒成一家之言。"

释彦琮著《辩教论》,斥道教《老子化胡经》之妖妄。

按:《续高僧传·隋东都上林园翻经馆沙门释彦琮传》曰:"开皇三年,隋高祖幸道坛。见画老子化像,大生怪异。……时琮预在此筵当掌言务,试举大纲未及指核,道士自述陈其矫诈,因作《辩教论》。明道教妖妄者,有二十五条。词理援据,宰辅褒赏。其年西域经至,即敕翻译。"

又按:《老子化胡经》相传为东晋道士王浮所作,用以证明道教高于佛教。此经既出,佛、道两教争论甚为激烈。隋文帝欲调和之,遂有召集儒、佛、道三教学者讨论"老子化胡"之举。

北天竺僧那连提黎耶舍于长安大兴善寺译经,是年译成《牢固女经》1卷,《百佛名经》1卷,《大庄严法门经》2卷,《德护长者经》2卷(《历代三宝纪》卷三)。

姚僧垣卒(499—)。僧垣字法卫,吴兴武康人。姚最之父。北朝医学家。少好文史,商略古今,为学者所称。初仕后梁,为王府谘议。后北上仕周,累迁骠骑大将军、开府仪同三司。入隋,进爵北绛郡公。著有《集验方》12卷(一作10卷)、《行记》3卷,行于世。事迹见《周书》卷四七、《北史》卷九〇。

按:《北史》本传曰:"僧垣医术高妙,为当时所推。前后效验,不可胜纪。声誉既盛,远闻边服,至于诸蕃外域,咸请托之。"其所撰《集验方》,《周书》本传作"十二卷",《隋书·经籍志三》、《旧唐书·经籍志下》、《新唐书·艺文志四》皆作"十卷"。该书已佚,未详孰是。

沈重卒(500—)。重字子厚,吴兴武康人。北朝名儒。少好学,博览群书,尤专心儒学,精研《诗》、《左氏春秋》等。仕后梁,累迁都官尚书。受北周武帝召至长安,讨论五经,校定钟律,又讲论三教之义,朝士、儒生、桑门、道士至者二千余人,为诸儒推崇。授骠骑大将军、开府仪同三司、露门博士,为皇太子讲《论语》。复归后梁,拜散骑常侍、太常卿。大象二年,再至长安。卒赠使持节、上开府仪同三司、许州刺史。著述丰赡,有《周礼义》31卷、《仪礼义》35卷、《礼记义》30卷、《毛诗义》28卷、《丧服经义》5卷、《周礼音》1卷、《仪礼音》1卷、《礼记音》2卷、《毛诗音》2卷(一作2卷)等。后皆佚。严可均《全梁文》卷六八收录其奏议1篇。事迹见《周书》卷四五、《北史》卷八二。

按:《周书》本传曰:"重学业赅博,为当世儒宗。至于阴阳图纬、道经释典,靡不毕综。又多所撰述,咸得其指要。"

张羡卒(500—)。羡字不详,河间鄚人,张煚之父,北朝学者。少好学,博涉群书。仕魏累迁银青光禄大夫,北周时历从事中郎、司职大夫、雍州治中、雍州刺史、仪同三司,司成中大夫等职,赐爵虞乡县公。尝典国史,甚为当时所重。以年老致仕归家。隋文帝即位,奉召入京,礼遇甚隆。卒赠沧州刺史,谥曰"定"。释《老子》、《庄子》义,著为《道言》52篇。事迹见《隋书》卷四六。

按:张羡卒年,史未明载。考《隋书·张煚传》,羡奉隋文帝召入京,"会迁都龙首","俄而卒,时年八十四"。隋文帝迁都在本年三月,知羡卒当在此月后不久。

徐陵卒(507—)。陵字孝穆,东海郯人。梁时官东宫学士,陈时历任尚书左仆射、丹阳尹、中书监。徐陵少即崇信佛教,通晓佛教经义。尤善文学,其诗歌和骈文轻靡绮艳,为当时宫体诗派重要作者之一。著作颇丰,原有集,已散佚,后人辑有《徐孝穆集》,该集到唐初尚存30卷,今存6卷,其中残篇很多。清人吴兆宜注前5卷,徐文炳补注了第6卷,吴本是现行最通行的版本。另编有《玉台新咏》。事迹见《陈书》卷二六、《南史》卷六二。

按:徐陵早年在萧纲东宫,与其父徐摛、庾肩吾庾信父子是宫体诗的代表人物,时有"徐庾体"之号。后逢家国之变,多经坎坷,文风气度逐渐开阔。《陈书·徐陵传》曰:"为一代文宗,亦不以此矜物,未尝诋诃作者。其于后进之徒,接引无倦。世祖、高宗之世,国家有大手笔,皆陵草之。其文颇变旧体,缉裁巧密,多有新意。每一文出手，好事者已传写成诵，遂被之华夷，家藏其本。"《汉魏六朝百三名家集·徐仆射集题辞》曰："历观骈体，前有江任，后有庾徐，皆以生气见高，遂称俊物，他家学步寿陵，菁华先竭，犹责细腰以善舞，余窃忧其饿死也。玉台一序，与九锡并美，天上石麟，青睛慧相，亦何所不可哉。"

孔奂卒（514— ）。奂字休文，会稽山阴人。数岁而孤，为叔父所养。好学善属文，经史百家，莫不通涉。沛国刘显深相叹服，尽以藏书相付。州举秀才，射策高第。历镇西湘东王外兵参军、尚书仓部郎中、丹阳尹何敬容功曹史。入陈，任晋陵太守、吏部尚书。后主时，终弘范宫卫尉。据《陈书》本传，奂著有文集15卷、弹文4卷，并传于世。事迹见《陈书》卷二一、《南史》卷二七。

释慧勇卒（515— ）。俗姓桓，谯国龙亢人。初出家，住灵曜寺。后具戒，从静众寺峰律师游学。天嘉五年，陈文帝请讲于太极殿。至德元年五月二十日因疾卒，年六十九。其事迹见《续高僧传》卷七。

令狐德棻（ —666）生。

按：《旧唐书·令狐德棻传》曰："乾封元年，卒于家，年八十四。"依其卒年年岁推知生于是年。

陈至德二年　隋开皇四年　甲辰　584年

正月壬申，后梁帝朝于隋（《隋书·高祖纪》）。

壬辰，隋文帝诏颁新历。

按：隋文帝此次所颁历法，系张宾奉诏撰制。《隋书·律历志》曰："开皇四年，乃改用张宾历。"颁历时间，《律历志》谓二月，同书《高祖纪》谓正月。今从《高祖纪》。张宾撰历事，参见本年下文条。

四月己亥，隋文帝敕："总管、刺史父母及子年十五已上，不得将之官。"（《隋书·高祖纪》）

六月壬子，隋文帝诏开广通渠，自大兴城至潼关，以通漕运（《隋书·高祖纪》、《资治通鉴·陈纪十》）。

七月丙寅，陈遣使聘于隋（《隋书·高祖纪》）。

八月甲午，隋遣十使巡省天下（《隋书·高祖纪》）。

九月，隋文帝普诏天下，"公私文翰并宜实录"。

按：时文风浮华，体尚轻薄。文帝欲革此弊，故下此诏。泗州刺史司马幼之文表华艳，付所司治罪，事见《隋书·李谔传》、《资治通鉴·陈纪十》，《资治通鉴》系此事于本月。

十一月壬申，槃槃国贡献于陈。戊寅，百济国贡献于陈（《陈书·后主纪》）。

壬戌，薛道衡为兼散骑常侍，与通直散骑常侍豆卢寔使于陈（《隋书·高祖纪》）。

是年，陈后主起临春、结绮、望仙阁，以江总为仆射，选宫人为女学士。于后宫多作艳曲，诗风极其淫靡。

按：《陈书·后主张贵妃传》曰："至德二年，乃于光照殿前起临春、结绮、望仙三阁。……后主自居临春阁，张贵妃居结绮阁，龚、孔二贵嫔居望仙阁，并复道交相往来。又有王、李二美人、张、薛二淑媛、袁昭仪、何婕妤、江修容等七人，并有宠，递代以游其上。以宫人有文学者袁大舍等为女学士。后主每引宾客对贵妃等游宴，则使诸贵人及女学士与狎客共赋新诗，互相赠答，采其尤艳丽者以为曲词，被以新声，选宫女有容色者以千百数，令习而哥之，分部迭进，持以相乐。其曲有《玉树后庭花》、《临春乐》等，大指所归，皆美张贵妃、孔贵嫔之容色也。"故系于此。

隋敕天下凡北周已入官而未毁之佛像等，再行安置。又重建长安大兴善寺，广召高僧入住，翻译佛经，大事讲论。

按：大兴善寺初由陟岵寺改称，事见582年。唐释法琳《辩正论》卷三《十代奉佛篇》载，开皇四年，"京师造大兴善寺，大启灵塔，广置天宫。……召六大德及四海名僧，常有三百许人，四事供养"。开皇七年，召六大德入住大兴善寺。终隋一代，该寺一直是佛学研究和佛经翻译之重要中心。

苏威为隋刑部尚书，十二月转民部尚书（《隋书·高祖纪》、《隋书·苏威传》）。

杨尚希奉隋文帝敕巡省淮南还，四月拜兵部尚书（《隋书·高祖纪》、《隋书·杨尚希传》）。

李谔为隋治书侍御史，以文风浮华，上书请革此弊。文帝从之。

按：《隋书·李谔传》载，李谔"以属文之家，体尚轻薄，递相师效，流宕忘反"，上书曰："臣闻古先哲王之化民也，必变其视听，防其嗜欲，塞其邪放之心，示以淳和之路。五教、六行，为训民之本；《诗》、《书》、《礼》、《易》，为道义之门。故能家复孝慈，人知礼让。……降及后代，风教渐落。魏之三祖，更尚文词，忽君人之大道，好雕虫之小艺。下之从上，有同影响，竞骋文华，遂成风俗。江左齐、梁，其弊弥甚，贵贱贤愚，唯务吟咏。遂复遗理存异，寻虚逐微，竞一韵之奇，争一字之巧。连篇累牍，不出月露之形；积案盈箱，唯是风云之状。世俗以此相高，朝廷据兹擢士。禄利之路既开，爱尚之情愈笃。于是闾里童昏，贵游总卯，未窥六甲，先制五言。至如羲皇、舜、禹之典，伊、傅、周、孔之说，不复关心，何尝入耳。以傲诞为清虚，以缘情为勋绩；指儒素为古拙，用词赋为君子。故文笔日繁，其政日乱，良由弃大圣之轨模，构无用以为用也。……请勒诸司，普加搜访，有如此者，具状送台。"时李谔多次上书，力言各种风俗之弊。"见礼教凋敝，公卿薨亡，其爱妾侍婢，子孙辄嫁卖之，遂成风俗"，奏请禁止；又"以当官者好自矜伐"，奏请"明加罪黜，以惩风轨"。隋文帝将谔"前后所奏颁示天下，四海靡然向风，深革其弊"。事又见《资治通鉴·陈纪十》。

又按：李谔生卒年不详，字士恢，赵郡人。好学，解属文。性公方，明达世务，为时论所推。历仕北齐、北周、隋三朝，卒于通州刺史任。《文苑英华》卷六七九、六八八分别收录其《上隋祖革文华书》、《论妓妾改嫁书》；清严可均《全隋文》卷二〇收录其上书4篇。事迹见《隋书》卷六六、《北史》卷七七。

杨素为隋上柱国，是年拜御史大夫，寻坐事免（《隋书·杨素传》）。

卢思道、薛道衡、颜之推、魏澹、刘臻、李若、萧该、辛德源等聚会陆爽家，议论音韵。

按：此会在卢思道复出之后，薛道衡使陈之前。参见今人曹道衡《中古文学史论文续集·从切韵序推论隋代文人的几个问题》(台湾文津出版社 1994 年版)、黄典诚《切韵综合研究》(厦门大学出版社 1994 年版)。后陆爽子陆法言据以撰《切韵》。

薛道衡为隋内史舍人，十一月以兼散骑常侍衔，奉使陈朝(《隋书·薛道衡传》、《隋书·高祖纪》)。

江总五月由陈吏部尚书迁为尚书仆射，与蔡征知撰五礼事(《资治通鉴·陈纪十》、《陈书·蔡征传》)。

道士张宾等人在开皇初年所造新历撰成，奏于隋文帝。刘孝孙与刘焯言其历法之失六条(《隋书·律历志》)。

按：张宾所造历法乃是依何承天法，微加增损而已，不尽合理，《隋书·律历志》曰："张宾所创之历既行，刘孝孙与冀州秀才刘焯，并称其失，言学无师法，刻食不中，所驳凡有六条：其一云，何承天不知分闰之有失，而用十九年之七闰。其二云，宾等不解宿度之差改，而冬至之日守常度。其三云，连珠合璧，七曜须同，乃以五星别元。其四云，宾等唯知日气余分恰尽而为立元之法，不知日月不合，不成朔旦冬至。其五云，宾等但守立元定法，不须明有进退。其六云，宾等唯识转加大余二十九以为朔，不解取日月合会准以为定。"

释彦琮从隋文帝东巡，北上并州，应邀为晋王杨广讲经。

按：《续高僧传·隋东都上林园翻经馆沙门释彦琮传》曰："从驾东巡，寻途并部。时炀帝在蕃任总河北，承风请谒，延入高第。亲论往还，允惬愚仁。即令住内堂，讲《金光明》、《胜鬘》、《般若》等经。又奉别教，撰修文疏。契旨卓陈，足为称首。"考《隋书·高祖纪》，晋王杨广于开皇二年出为河北道行台尚书令，就蕃并州。本年九月，隋文帝"驾幸洛阳"。彦琮赴并州为杨广讲经，当在此次随驾东巡期间。

释灵藏与隋文帝有布衣之交，奉敕为大兴善寺主持，寻署昭玄都。颇为文帝敬重，称其为"道人天子"，听度人至数万。

按：宋释志磬《佛祖统纪》卷三九曰："灵藏律师始与帝为布衣交"，"建大兴善寺以居之，敕左右仆射两旦参问起居"。又曰："尝陪驾洛州，归之者众。帝手敕曰：'弟子是俗人天子，律师是道人天子。有欲离俗者，任师度之。'由是度人至数万。有疑之者，帝曰：'律师化人为善，朕禁人为恶，意则一也。'"

释昙延奉敕住延兴寺，与天竺僧那连提黎耶舍等翻译佛经(《续高僧传·隋京师延兴寺释昙延传》)。

按：延兴寺原名延众寺，隋文帝特为昙延下敕改名。

释慧暅转为隋京邑大僧正(《续高僧传·隋江表徐方中寺释慧暅传》)。

释智琳补为隋南徐州僧都(《续高僧传·隋丹阳仁孝道场释智琳传》)。

牛弘撰《开皇四年四部目录》(一作《开皇四年书目》)4 卷成。

按：初，牛弘奏请征求天下遗书，隋文帝从之。参见 583 年"牛弘为隋散骑常侍、秘书监。三月，以典籍遗逸，上表请开献书之路。寻拜礼部尚书，奏请依古制修立明堂"条。至是，书稍集，遂编次目录。《隋书·经籍志二》著录佚名《开皇四年四部书目》4 卷，《旧唐书·经籍志上》、《新唐书·艺文志二》皆著录牛弘撰《开皇四年书目》4卷。《隋书》与两《唐书》所录,应为同一书。《隋书·经籍志二》又著录《开皇八年四部书目录》4卷,当系于牛弘所撰书目基础上重加编次。

又按:四部书目之编纂始于魏晋,后世互相承袭。《隋书·经籍志一》曰:"魏氏代汉,采摭遗亡,藏在秘书、中、外三阁。魏秘书郎郑默始制《中经》,秘书监荀勖又因《中经》更著《新簿》,分为四部,总括群书。一曰甲部,纪六艺及小学等书;二曰乙部,有古诸子家、近世子家、兵书、兵家、术数;三曰丙部,有史记、旧事、皇览簿、杂事;四曰丁部,有诗赋、图赞、汲冢书。大凡四部,合二万九千九百四十五卷。……东晋之初,渐更鸠聚。著作郎李充以勖旧簿校之,其见存者但有三千一十四卷。充遂总没众篇之名,但以甲乙为次。自尔因循,无所变革。……宋元嘉八年,秘书监谢灵运造《四部目录》,大凡六万四千五百八十二卷。元徽元年,秘书丞王俭又造《目录》,大凡一万五千七百四卷。……齐永明中,秘书丞王亮监、谢朓又造《四部书目》,大凡一万八千一十卷。……梁有秘书监任昉、殷钧《四部目录》,又《文德殿目录》。其术数之书,更为一部。"

张宾奉隋文帝诏,撰《开皇甲子历》1卷成,奏上。

按:《隋书·律历志中》载,张宾奉诏修历,本年二月,"撰成,奏上"。又曰:"开皇四年,乃改用张宾历。"同书《经籍志三》录有《开皇甲子元历》1卷,未著撰者,应即张宾所撰。张宾生卒、字号、籍贯不详,道士,精研历法。开皇初颇为隋文帝亲重,授华州刺史。所撰除《开皇甲子历》外,尚有《历术》1卷、《曜历经》4卷。事迹散见《隋书》卷一七、卷三八、卷七八相关志、传。

卢思道作《劳生论》。

按:《隋书·卢思道传》曰:"思道自恃才地,多所陵轹,由是官途沦滞。既而又著《劳生论》,指切当时,其词曰:'《庄子》曰:"大块劳我以生。"诚哉斯言也!余年五十,羸老云至,追惟畴昔,勤矣厥生。乃著兹论,因言时云尔。……夫人之生也,皆未若无生。在余之生,劳亦勤止,纨绮之年,伏膺教义,规行矩步,从善而登。……真人御宇,斫雕为朴,人知荣辱,时反邕熙。风力上宰,内敷文教,方、邵重臣,外扬武节。被之大道,洽以淳风,举必以才,爵无滥授。禀斯首鼠,不预衣簪,阿党比周,扫地俱尽,轻薄之俦,灭影窜迹,砾石变成瑜瑾,莨莠化为芝兰。曩之扇俗搅时,骇耳秽目,今悉不闻不见,莫余敢侮。《易》曰:"圣人作而万物睹。"斯之谓乎!'"卢思道此文中有"余年五十"之语,按其生年计算,当为本年。其所言"五十"抑或为概数。此论以《庄子》《易》之玄义为旨归。

释志念撰《迦延杂心论疏》、《广钞》各9卷。

按:《续高僧传·隋渤海沙门释志念传》曰:"开皇四年……撰《迦延杂心论疏》及《广钞》各九卷,盛行于世。受学者数百人,如汲郡洪该、赵郡法懿、漳滨怀正、襄国道深、魏郡慧休、河间圆粲、俊仪善住、汝南慧凝、高城道照、洛寿明儒、海岱圆常、上谷慧藏,并兰菊齐芳,踵武传业,关河济洽二十余年。"

北天竺僧那连提黎耶舍于长安大兴善寺译经,是年译成《莲华面经》2卷、《大云轮请雨经》2卷、《力庄严三昧经》3卷(《历代三宝纪》卷三)。

萧圆肃卒(539—)。圆肃字明恭,梁武陵王纪子。封宜都郡王,除侍中、宁远将军。纪东下,副萧㧑守成都,兵败,与㧑俱降于魏。授侍中、骠骑大将军、开府仪同三司,封安化县公。入周,任畿伯中大夫、拜咸阳郡守、太子少傅、丰州刺史、上开府仪同大将军、司宗中大夫、洛州刺史、大将军。隋受禅，授贝州刺史。有《广堪》10卷、《淮海乱离志》4卷、《文海》40卷、文集10卷。事迹见《周书》卷四二、《北史》卷二九。

萧欣卒，生年不详。欣，萧秀孙。宣帝建号，袭封安成王。历侍中、中书令、尚书仆射、尚书令。是年卒，赠司空。幼聪颖，博综坟籍，善属文。有《梁史》100卷、文集30卷，遭乱亡佚。事迹见《周书》卷四八。

按：《周书·萧欣传》曰："欣与柳信言，当胤之世，俱为一时文宗。"

王通（　—617）约生。

按：王通之生年，历有不同说法。《全唐文》卷一三五杜淹《文中子世家》曰："开皇四年，文中子始生。"文中子即通。文中又曰："开皇九年，江东平……文中子侍侧，十岁矣，有忧色。"以此推，则通当生于北周大象元年。宋阮逸《元经》大业十三年注，谓通卒时"三十八岁"，即采此说。清傅山《霜红龛集》卷二七《历代名臣像赞》于此两说反复权衡，终不能判定。又，清钞本王绩《王无功集》卷一《游北山赋》自注曰："吾兄通，字仲淹……以大业十三年卒于乡馆，时年四十二。"以此推，通生于周武帝建德六年。然王绩《游北山赋》，诸本载录内容不一。《文苑英华》卷九七《游北山赋》自注曰："吾兄仲淹以大业十三年卒于乡，余时年三十三。"绩大业十三年三十三岁，当生于开皇五年，其兄通生年应在此前。今人尹协理、魏明《王通论》据此以为通生于大象二年，然亦未能明确肯定。今从《世家》开皇四年之说。

陈至德三年　　隋开皇五年　　乙巳　　585年

正月戊辰，隋文帝诏行新礼（《隋书·高祖纪》）。

按：隋文帝所颁新礼，即牛弘等奉敕所撰《五礼》。参见是年"牛弘等奉隋文帝敕，撰成《五礼》（一作《仪礼》）100卷"条。

三月，陈丰州刺史章大宝举兵攻建安，旋败死（《陈书·后主纪》《资治通鉴·陈纪十》）。

四月甲午，契丹主多弥遣使贡方物于隋（《隋书·高祖纪》）。

五月甲申，隋大索貌阅户口，又作输籍法，遍下诸州。

按：《资治通鉴》卷一七六载，隋承周制，男女十岁以下为小，六十以上为老。时民间多妄称老、小以免赋税，致户口不实，租调流失严重。文帝遂命各州县重检户口，凡隐匿不实者，里正、党长远配；大功以下，皆予析籍。尚书左仆射高颎又请为输籍法，文帝从之。

七月庚申，陈遣使聘于隋（《隋书·高祖纪》）。

是年，隋文帝于大兴殿受菩萨戒，大赦天下，敕是后每月延请经师、大德入内讲经。

按：唐释法琳《辩正论》卷三引文帝敕曰："朕是人尊，受佛付嘱，自今以后迄朕一世，每月常请二七僧随番上下，经师四人，大德三人，于大兴善殿读一切经，虽目览万机，而耳飡法味，每夜行道。"

隋发丁3万,于朔方、灵武筑长城,凡700里(《资治通鉴·陈纪十》)。

杨素尝数次向隋文帝进平陈之计,是年十月,拜信州总管(《隋书·杨素传》、《隋书·高祖纪》)。

刘焯与杨素、牛弘、苏威、元善、萧该、何妥、房晖远、崔宗德、崔赜等于国子学共论儒经古今滞义及前贤所不通者,每升座,论难锋起,皆不能屈,众人服其精博(《隋书·刘焯传》)。

按:刘焯因假还信都乡里,至是复还京入朝。

王頍仕隋,是年授著作佐郎,奉令于国子学讲授。会隋文帝亲临释奠,国子祭酒元善讲《孝经》,頍与善相论难,词义锋起,由是超拜国子博士。

按:王頍博学多才,为时人所称。《隋书·王頍传》谓其精研五经,"究其旨趣,大为儒者所称";又"好读诸子,偏记异书,当代称为博物"。

马光、张仲让、孔笼、窦士荣、张黑奴、刘祖仁等皆有学名,四月,应隋文帝征召,并授太学博士,时人号为"六儒"。

按:《隋书·高祖纪》载,是年四月乙巳,"诏征山东马荣伯等六儒"。同书《马光传》曰:"开皇初,高祖征山东义学之士,光与张仲让、孔笼、窦士荣、张黑奴、刘祖仁等俱至,并授太学博士,时人号为'六儒'。然皆鄙野,无仪范,朝廷不之贵也。士荣寻病死。仲让未几告归乡里,著书十卷,自云:'此书若奏,我必为宰相。'又数言玄象事。州县列上其状,竟坐诛。孔笼、张黑奴、刘祖仁未几亦被谴去,唯光独存。"又曰:"尝因释奠,帝亲幸国子学,王公以下毕集。光升坐讲《礼》,启发章门。已而诸儒生以次论难者十余人,皆当时硕学。光剖析疑滞,虽辞非俊辩,而理义弘赡,论者莫测其浅深,咸共推服,上嘉而劳焉。山东《三礼》学者,自熊安生后,唯宗光一人。"时南方经学北传,对北方经学冲击甚大。"六儒"虽应召入朝,却被视为"鄙野"之人而遭歧视,显示隋廷已有重南学而轻北学之倾向。及平陈之后,南学遂居上风。今人马宗霍《中国经学史》谓:"案六儒中,光、笼、黑奴、士荣皆出熊安生之门,类北方之学者,是此时北学犹盛也。然朝廷以诸人鄙野无仪范,不之贵,则已有轻北方学者之意。平陈已后,南学遂得以乘之,不兼通南北学,几不能胜博士之任。"

又按:马光生卒年不详,字荣伯,武安人。与孔笼、窦士荣、张黑奴皆为北周硕儒熊安生高足,光尤擅名。博览图书,精于《三礼》。尝讲学于瀛洲、博州间,门徒至千数。入朝数年,后丁母忧归乡里,遂不复出仕,以疾卒于家,享年七十三。事迹见《隋书》卷七五、《北史》卷八二。

颜之仪仕隋,拜集州刺史,"在州清静,夷夏悦之"(《周书·颜之仪传》)。

释慧远应邀由洛阳赴泽州,讲经弘法。

按:《续高僧传·隋京师净影寺释慧远传》曰:"开皇五年,为泽州刺史千金公请赴本乡。"慧远年十三时在泽州东山古贤谷寺剃度出家,故有"请赴本乡"之说。其至洛阳事,见581年"释慧远至洛阳,大弘法门,闻风而来者络绎不绝。隋文帝闻其名,敕授洛州沙门都"条。

释法常是年十九岁,始出家,师从昙延。

按:《续高僧传·唐京师普光寺释法常传》载,法常师从昙延,"不逾岁,即讲《涅槃》,道俗听者咸奇理趣"。

北天竺僧阇那崛多至洛阳,蒙隋文帝召见,奉敕翻译佛经。

按：阇那崛多于北周时来华,周武帝毁佛时西归,途中为突厥所留。隋文帝因释昙延等奏请,下敕追还,崛多由是东归。《续高僧传·隋西京大兴善寺北贤豆沙门阇那崛多传》曰："开皇五年,大兴善寺沙门昙延等三十余人,以躬当翻译,音义乖越,承崛多在北,乃奏请还。帝乃别敕追延。"又曰："寻敕译新至之梵本。众部弥多,或经或书,且内且外,诸有翻传,必以崛多为主念。以崛多言识异方,字晓俗殊,故得宣辩自运,不劳传度。理会义门,句圆词体,文意粗定,铨本便成。笔受之徒,不费其力。"后文帝又召天竺僧达摩笈多及居士高天奴、高和仁兄等同传梵语,以僧休、法粲、法经、慧藏、洪遵、慧远、法纂、僧晖、明穆、昙迁等为沙门"十大德",监掌翻译事。

天竺僧那连提黎耶舍在长安大兴善寺主持译场,至是冬译成佛经凡15部,80余卷。

按：参见582年"天竺僧那连提黎耶舍奉隋文帝召移居长安大兴善寺,草创译场,主持翻译"条。《续高僧传·隋西京大兴善寺北天竺沙门那连提黎耶舍传》曰："凡前后所译经论一十五部,八十余卷……沙门僧深、明芬、给事李道宝等度语笔受,昭玄统沙门昙延、昭玄都沙门灵藏等二十余僧监护始末。至五年冬,勘练俱了。"

牛弘等奉隋文帝敕,撰成《五礼》(一作《仪礼》)100卷。

按：所谓"五礼",即凶、吉、军、宾、嘉。牛弘等奉敕修撰《五礼》始于开皇三年,至是告成,奏上,诏颁天下。《隋书》本传曰："开皇三年,拜礼部尚书。奉敕修撰《五礼》,勒成百卷,行于当世。"同书《仪礼志一》曰："高祖命牛弘、辛彦之等采梁及北齐《仪注》,以为《五礼》。"《仪礼志三》曰："开皇初,高祖思定典礼。……弘因奏征学者,撰《仪礼》百卷。"《高祖纪》载,本年正月,"诏行新礼"。仁寿二年,牛弘等又奉敕重修《五礼》。

李德林奉敕整理隋文帝作相时受命所撰文翰,编为《霸朝杂集》5卷。

按：《隋书·李德林传》载,李德林"少有才名,重以贵显,凡制文章,动行于世"。北周末年,为丞相府从事内郎,"禅代之际,其相国总百揆、九锡殊礼,诏、策、笺、表、玺书,皆德林之辞也"。至是奉敕整理,编为5卷。书中宣扬"天命"、"冥符"等天人感应思想,隋文帝读后颇为赞赏,谓"自古帝王之兴,必有异人辅佐。我昨读《霸朝集》,方知感应之理"。该书已佚,《隋书》本传收录其《序》,又录其稍后所作之《天命论》,从中可见其思想特点,亦可窥当时部分学者之思想倾向。

北天竺僧那连提黎耶舍于长安大兴善寺译经,是年二月译成《大方等日藏经》15卷(《历代三宝纪》卷三)。

按：该经始译于开皇四年五月,至是译毕。

萧岿卒(542—　)。岿,即后梁明帝,萧詧第三子,是西梁的第二位君主。俊辩有才学,兼好内典,著有《孝经义记》、《周易义记》、《大小乘幽微》及文集10卷。事迹见《周书》卷四八、《隋书》卷七九。

杜如晦(　—630)生。

道士潘师正(　—682)生。

按：潘师正生年,历有歧说。一说为开皇四年,一说为开皇六年。考诸文献,皆谓其年九十八卒,《旧唐书》卷一九二本传、《历世真仙体道通鉴》卷二五、《茅山志》卷一一等谓其卒于唐永淳元年。以此逆推,当生于本年。

陈至德四年　隋开皇六年　丙午　586年

正月庚午,隋颁历于突厥(《隋书·高祖纪》)。

二月丙戌,隋制:"刺史上佐每岁暮更入朝,上考课。"(《隋书·高祖纪》)。

丁亥,隋发丁男11万修筑长城,二旬而罢(《隋书·高祖纪》)。

三月癸亥,突厥遣使献于隋(《隋书·高祖纪》)。

四月己亥,陈遣兼散骑常侍周磻、兼通直散骑常侍江椿聘于隋(《隋书·高祖纪》)。

八月,隋遣散骑常侍裴豪、兼通直散骑常侍刘颉聘于陈(《隋书·高祖纪》)。

九月丁未,百济献于陈(《陈书·后主纪》)。

苏威为隋民部尚书,正月奉敕巡省山东诸州(《隋书·高祖纪》、《苏威传》)。

牛弘为隋礼部尚书,是年转太常卿(《隋书·牛弘传》)。

何妥为隋国子博士,加通直散骑常侍,是年出为龙州刺史,负笈从游者颇多。

按:《隋书·何妥传》载,何妥出为龙州刺史,"时有负笈游学者,妥皆为讲说教授之"。又作《刺史箴》,勒于州门外。

杨尚希为隋兵部尚书,十月己酉,转礼部尚书,授上仪同(《隋书·高祖纪》、《隋书·杨尚希传》)。

江总加宣惠将军,量置佐史。寻授尚书令,给鼓吹一部(《陈书·江总传》)。

刘焯在长安,奉敕与刘炫等考定洛阳《石经》文字。

按:《隋书·刘焯传》曰:"(开皇)六年,运洛阳《石经》至京师,文字磨灭,莫能知者,奉敕与刘炫等考订。"后焯与刘炫因国子学释奠论义,"深挫诸儒",遂遭诸儒忌恨,"为飞章所谤,除名为民"。遂优游乡里,"专以教授著述为务,孜孜不倦。贾、马、王、郑所传章句,多所是非。《九章算术》、《周髀》、《七曜历书》十余部,推步日月之经,量度山海之术,莫不核其根本,穷其秘奥"。由是声名益著,"天下名儒后进,质疑受业,不远千里而至者,不可胜数。论者以为数百年已来,博学通儒无能出其右者"。时刘炫亦以"聪明博学"著称,"名亚于焯",时人并称"二刘"。

颜之仪为隋集州刺史,是年代还,遂优游不仕(《周书·颜之仪传》)。

释昙延住长安延兴寺,奉隋文帝诏,入大兴善殿,登御座,南面授法,为文帝及百官施八戒。寻敕为"平等沙门"。

陈至德四年　隋开皇六年　丙午　586年

按：《续高僧传·昙延传》载，昙延颇为隋文帝敬重，"拜为平等沙门，有犯刑网者，皆对之泣泪，令彼折伏从化，或投迹山林，不敢容世者"。

道士王延住长安玄都观，奉诏入大兴殿，为隋文帝施智慧大戒。

按：宋张君房《云笈七签》卷八五"王延"条曰："（开皇）六年丙午，诏以宝车迎延于大兴殿，帝洁斋请益，受智慧大戒。……诏以延为道门威仪之制，自延始也。"

刘焯是年后著《稽极》10卷、《历书》10卷及《五经述议》，并行于世。

按：《隋书·刘焯传》谓是年稍后刘焯除名为民，优游乡里，著成诸书，未详具体年份，姑系于此。焯所著诸书后皆佚，清马国翰《玉函山房辑佚书》辑有《尚书刘氏义疏》1卷。

薛道衡作《老氏碑》。

按：此碑表明隋初对道教的推扬态度。其文载于《文苑英华》卷八四八，末句曰："岁次敦牂，律中姑洗，大隋驭天下之六载也，乃诏下臣，建碑作颂。"可知此碑作于是年。

陈彭普信造《摩诃摩耶经》卷上题记。

按：纸质。全7行，行3—16字。墨书。敦煌藏经洞出品。文曰："陈至德四年十二月十五日，菩萨戒弟子彭普信敬造摩诃摩耶经两卷。为十方六道，三界四生，善恶怨亲，一相平等。又为七世久远，祖宗伯叔，是彭家迁逝，并承此善，直趣菩提。未为弟子普信，长得正信，无有退转。"

北天竺僧阇那崛多等奉隋文帝敕译经，是年译成《大集经》60卷、《希有校量功德经》1卷；又与达摩笈多等译成《文殊尸利行经》1卷，《善恭敬经》（一名《恭敬师经》）1卷，《大威灯光仙人问疑经》1卷，《八佛名号经》1卷（《历代三宝纪》卷三、唐释明佺《武周刊定众经目录》卷一及卷三）。

释灵藏卒（518—　）。灵藏俗姓王，新丰人。北朝高僧。精持戒律，博通群经。与隋文帝有布衣之交，及文帝即位后，建大兴善寺，命其为寺主。寻署昭玄都，听其任意度人，尊崇有加。事迹见《续高僧传》卷二一、《佛祖统纪》卷三九。

卢思道卒（535—　）。思道字子行，小字释奴，范阳人。北朝文学家。少闭门读书，师从"北朝三才"之一河间邢劭，数年之间，才学兼著，名闻于世。历仕北齐、北周，累迁武阳太守，颇不得志。入隋，官至散骑常侍，卒于长安。著有《知己集》1卷，集30卷（一作20卷），后皆散佚。明人张溥辑有《卢武阳集》1卷。清严可均《全隋文》卷一六收录其文12篇，今人逯钦立《先秦汉魏晋南北朝诗》收录其诗27首。今人祝尚书有《卢思道集校注》，刘曙光著有《瑟瑟秋风荡高志，泠泠易水涤悲心——卢思道研究》。事迹见《隋书》卷五七、《北史》卷三〇、《全唐文》卷二二七张说《齐黄门侍郎卢思道碑》。

按：卢思道生卒年，一说为开皇二年。然考《隋书》本传及张说《卢思道碑》，皆谓思道卒于本年。从之。卢思道于北朝末至隋初文坛具有较高地位。《北史》本传载，北齐文宣帝崩，"当朝文士各作挽歌十首，择其善者而用之。魏收、阳休之、祖孝徵等不过得一二首，唯思道独得八首，故时人称为'八米卢郎'"。其诗长于七言，善用典,对仗工整,气势充沛,语言流畅,开初唐七言歌行先声,代表作有《听鸣蝉篇》、《从军行》等。其文以《劳生论》最有名,被后世誉为北朝文压卷之作。又长于史论,所撰《北齐兴亡论》、《北周兴亡论》等,皆为时人称道。刘曙光《瑟瑟秋风荡高志,泠泠易水涤悲心——卢思道研究》评论说:"卢思道的诗文历史地位是一个不容忽略的问题,他不仅对前人的优秀成果有所借鉴,还影响了隋时的薛道衡、杨素等人,亦影响了初唐的四杰,甚至影响了盛唐的一些名家、大家,显示了其文学的个体魅力和风采,卢思道确实是北朝末年北方本土作家中的佼佼者。"

陆琼卒(536—)。琼字伯玉,吴郡吴人。琼幼聪惠有思理,六岁为五言诗,颇有词采。永定中,州举秀才。历任宁远始兴王法曹行参军、殿中郎、中书侍郎、给事黄门侍郎、太子中庶子、散骑常侍、度支尚书、吏部尚书等职。以母忧去职。著《嘉瑞记》,集20卷。事迹见《陈书》卷三〇。

按:《陈书·陆琼传》曰:"琼详练谱谍,雅鉴人伦。"

陈祯明元年　隋开皇七年　丁未　587年

正月乙未,隋制诸州每岁贡士3人(《隋书·高祖纪》)。

按:自魏晋以来,选举采用"九品中正制",又称"九品官人法",官吏选拔全凭家世出身,成为门阀士族制度之重要组成部分。隋文帝命诸州岁举贡士,实为废除九品中正制之始。后又增设科名举人,逐渐向科举制转变。

戊寅,陈改至德五年为祯明元年(《陈书·后主纪》)。

二月己巳,陈遣散骑常侍王亨、兼通直散骑常侍王眘聘隋(《隋书·高祖纪》)。

是月,隋发丁男10余万修筑长城,二旬而罢(《隋书·高祖纪》)。

四月庚戌,隋于扬州开山阳渎,以通运漕(《隋书·高祖纪》)。

八月庚申,梁主萧琮朝隋(《隋书·高祖纪》)。

九月乙酉,梁安平王萧岩掠于其国,以奔陈。后梁亡。梁主萧琮封莒国公(《隋书·高祖纪》)。

辛卯,隋废后梁(《隋书·高祖纪》、《资治通鉴·陈纪十》)。

按:后梁地处江陵,始于南朝梁敬帝绍泰元年。曾长期依附北周,及隋代周,又归附隋。本年七月,隋文帝征梁主入朝,又发兵入江陵。至是国亡,前后历3主、凡33年。

是年,陈后主造大皇寺,起七级浮图,未毕焚之(《资治通鉴·陈纪十》)。

隋文帝召沙门"六大德"入京,亲于大兴殿延见,命有司于大兴善寺安置供给。时王公宰辅,竞往参礼。

按:沙门"六大德",即洛阳慧远、魏郡慧藏、清河僧休、济阴宝镇、汲郡洪遵、太原昙迁。事见《续高僧传·隋西京禅定道场释昙迁传》、《续高僧传·隋京师净影寺释慧远传》、《续高僧传·隋西京空观道场释慧藏传》等。

陈祯明元年　隋开皇七年　丁未　587年

牛弘与辛彦之、何妥等奉诏议正乐，积年未定。隋文帝大怒，欲治弘等之罪。经治书侍御史李谔劝解，帝意稍解(《隋书·音乐志中》)。

刘焯因释奠，与刘炫二人论义，深挫诸儒，咸怀妒恨，遂为飞章所谤，除名为民。于是优游乡里，专以教授著述为务。

　　按：此事发生于开皇六年考定石经之后未远，姑系此。《北史·刘焯传》曰："贾、马、王、郑所传章句，多所是非。《九章算术》、《周髀》、《七曜历书》十余部，推步日月之经，量度山海之术，莫不覆其根本，穷其秘奥。著《稽极》十卷，《历书》十卷，《五经述议》，并行于世。"均佚失。清马国翰《玉函山房辑佚书》辑有《尚书刘氏义疏》1卷。

释慧远是春往定州，途中于上党停留，大开讲筵。寻奉隋文帝之召，携从学者200余人至长安，入宫讲筵。敕住大兴善寺，讲经弘法，从游者至700余人。

　　按：慧远系当时隋文帝所召沙门"六大德"之一。《续高僧传·隋京师净影寺释慧远传》曰："(开皇)七年春，往定州，途由上党，留连夏讲，遂阙东传。寻下玺书，殷勤重请，辞又不免，便达西京。于时敕召大德六人，远其一矣。仍与常随学士二百余人，创达帝室，亲临御筵，敷述圣化，通孚家国。上大悦，敕住兴善。劳问丰华，供事隆倍。"

释慧藏奉隋文帝之召至长安，敕住大兴善寺，宣讲经论(《续高僧传·隋西京空观道场释慧藏传》)。

　　按：慧藏系当时隋文帝所召沙门"六大德"之一。

释昙迁是秋奉隋文帝之召，率门人至长安，敕住大兴善寺，领昭玄大沙门统。敷讲《报宗论》，深受道俗尊崇。

　　按：昙迁系当时隋文帝所召沙门"六大德"之一。《续高僧传·隋西京禅定道场释昙迁传》曰："开皇七年秋……时洛阳慧远、魏郡慧藏、清河僧休、济阴宝镇、汲郡洪遵，各奉明诏，同集帝辇。迁乃率其门人，行途所资，皆出天府，与五大德谒帝于大兴殿，特蒙礼接，劳以优言。又敕所司并于大兴善寺安置供给。"宋释志磐《佛祖统纪》载，是年，"诏昙迁法师为昭玄大沙门统"。

释洪遵奉隋文帝之召，至长安讲筵，敕住大兴善寺。

　　按：洪遵系当时隋文帝所召沙门"六大德"之一。《续高僧传·隋西京大兴善寺释洪遵传》曰："开皇七年，下敕追诣京阙，与五大德同时奉见。特蒙劳引，令住兴善，并十弟子，四事供养。"

释道判为隋文帝敬重，是年下敕为其建龙池寺，四事供养(《续高僧传·隋终南山龙池道场释道判传》)。

释信行在相州倡行三阶教，是年寄书与相州知事，誓愿顿舍身命财物，从事无尽藏布施。请知事代为奏闻，达其志愿(《信行遗文》)。

释灵干受敕住兴善寺，为译经证义沙门(《续高僧传·隋西京大禅定寺道场释灵干传》)。

释辩相随释慧远回大兴，创建净影寺(《续高僧传·唐京师胜光寺辩相传》)。

释宝袭受诏入大兴住兴善寺(《续高僧传·唐京师大总持释宝袭传》)。

章华作《上后主书》。

按：此书可见陈代文士之直言不讳的精神。《南史·章华传》曰："祯明初，上书极谏，其大略曰：'陛下即位，于今五年，不思先帝之艰难，不知天命之可畏，溺于嬖宠，惑于酒色，祠七庙而不出，拜妃嫔而临轩，老臣宿将，弃之草莽，谄佞谗邪，升之朝廷。今疆场日蹙，隋军压境，陛下如不改弦易张，臣见麋鹿复游于姑苏台矣。'"

北天竺僧阇那崛多等奉隋文帝敕译经，是年译成《虚空孕经》（一名《虚空孕菩萨经》）2卷，《菩萨如来方便善巧咒经》1卷，《不空罥索观音心咒经》1卷，《金刚场陀罗尼经》1卷，《十二佛名神咒经》（又名《校量功德除障减罪经》）1卷（《历代三宝纪》卷三、唐释明佺《武周刊定众经目录》卷一）。

毛喜卒（516— ）。喜字伯武，荥阳阳武人。任梁中卫西昌侯行参军、记室参军、尚书功论侍郎。江陵之乱后入周，陈天嘉初南归，累官至吏部尚书、光禄大夫等职。有文集10卷。事迹见《陈书》卷二九、《南史》卷六八。

释慧布卒（518— ）。慧布俗姓郝，广陵人。佛教三论宗高僧。年二十一出家，初从建随寺琼法师学《成实论》，后从摄山止观寺僧诠学《三论》。游历北方，参访禅宗二祖慧可等。晚年居摄山栖霞寺，陈主奉之如佛。事迹见《续高僧传》卷七、《释氏稽古略》卷二。

陈祯明二年　隋开皇八年　戊申　588年

正月乙亥，陈遣散骑常侍袁雅、兼通直散骑常侍周止水聘于隋（《隋书·高祖纪》）。

三月甲戌，隋遣兼散骑常侍程尚贤、兼通直散骑常侍韦恽使于陈；戊寅，隋文帝下诏伐陈（《隋书·高祖纪》）。

六月戊戌，扶南献于陈（《陈书·后主纪》）。

十月甲子，隋以杨广、杨俊、杨素为行军元帅，兵分八路，大举伐陈（《隋书·高祖纪》）。

按：隋文帝于本年三月下诏伐陈，至是正式发兵南下。

苏威为隋吏部尚书，八月，奉敕赴河北诸州赈饥（《隋书·高祖纪》）。

许善心为南朝陈撰史学士，以通直散骑常侍衔聘于隋，十月辛酉至长安。时逢隋文帝发兵南下攻陈，遂留长安（《隋书·许善心传》、《隋书·高祖纪》）。

崔廓与李士谦为忘言之友，交游甚密，时称"崔李"。是年以士谦卒，为之作传，输于秘府。

按：崔廓生卒年不详，字士玄，博陵安平人。博览书籍，多所通涉，山东学者皆宗之。一生不仕，年八十卒。尝著论言刑名之理，其义甚精，文多不载。事迹见《隋书》卷七七、《北史》卷八八。

薛道衡为隋内史舍人，是年随高颎南下伐陈，授淮南道行台尚书吏部郎，兼掌文翰(《隋书·薛道衡传》)。

释普安隐居终南山，是年奉隋文帝之召，入京师长安，为太子门师，敕住静法寺。

按：《续高僧传·隋京师郊南逸僧释普安传》载，北周武帝毁佛时，普安入终南山避祸，与僧静渊等诸大德研讨玄理。隋文帝频召之，遂复出。

释法常是年二十二岁，始学《摄大乘论》。

按：《续高僧传·唐京师普安寺释法常传》载，时《摄论》初兴，"师学多途，封守旧章，鲜能迴觉"。法常"博听众锋，校其铦锐"，潜心研习五年，"钻核名理"，又博考《华严》、《成实》、《毗昙》、《地论》等经论之异同，然后开筵讲论。

释智首是年二十二岁，受具足戒，遂潜心研习佛学律部(《续高僧传·唐京师弘福寺释智首传》)。

按：智首后又师从僧道洪，同学者700余人，无出其右者。

道士焦子顺为隋文帝宠信，号"焦天师"。是年，文帝特为其于后宫附近建五通观。

按：《隋书·来和传》曰："道士张宾、焦子顺、雁门人董子华，此三人当高祖龙潜时，并私谓高祖曰：'公当为天子，善自爱。'及践阼，以张宾为华州刺史，子顺为开府，子华为上仪同。"宋王溥《唐会要》卷五〇载，隋文帝以焦子顺曾预告受命之符，又能役使鬼神，故即位后颇信用之。初授开府、柱国，辞不受，又拜永安公。唐韦述《两京新记》曰："东北隅五通观，隋开皇八年为道士焦子顺所立。"

女道士孟静素与仇岳等奉隋文帝召至长安，敕住至德观。公卿问道者成群，游者云集。

按：孟静素精于道术，名闻于世。《唐文粹》卷六五岑文本《京师至德观法主孟法师碑铭》谓其"玄化道枢之妙旨，三皇内文，九鼎丹法，莫不究其条贯"。隋文帝好道术，故征召之。又，《续高僧传·隋西京禅定道场释昙迁传》载，仇岳为魏郡道士，洞晓《老》、《庄》，亦为隋文帝亲重。

薛道衡作《吊延法师书》(《续高僧传·隋京师延兴寺释昙延传》、《广弘明集》卷二四)。

释僧猛四月四日卒(507—)。猛俗姓段，泾阳人。北朝高僧。少时出家，聪颖好学，幽思通远。躬事讲说，凡数十年。尝奉魏文帝、周明帝之召，入宫说法。隋文帝受禅，敕授隋国大统三藏法师，住长安大兴善寺。晚年在云花寺，勖徒课业不止。事迹见《续高僧传》卷二三。

释昙延八月十三日卒(516—)。昙延俗姓王，桑泉人。年十六出家，住太行山百梯寺，善论《涅槃经》，有"昙延菩萨"之称。北周武帝毁佛时，隐居太行山。隋文帝即位，奏请大兴佛法。住长安延兴寺，参与佛经翻译，敕为"平第沙门"。著有《涅槃义疏》15卷及《宝性论疏》、《胜鬘经疏》、《起信论义疏》、《仁王论疏》等，今多不传。门人有玄琬、道生、童真、法常等。事迹见《续高僧传》卷八、《山右石刻丛编》卷一八。

按：昙延系北周至隋初著名高僧，对隋文帝倡兴佛教影响颇大。其著述今仅存《涅槃义疏》片断和《起信论义疏》上卷。《广弘明集》卷二四录有薛道衡《吊延法师亡书》。

李士谦卒(522—)。士谦字子约，赵郡平棘人。博览群籍，精天文术数，善谈玄理。年十二辟为开府参军，丁母忧去职，遂不复出仕。尝论三教之优劣，以佛教为首，儒学为末。凡著述成，辄毁其本，不以示人，故皆不传。严可均《全隋文》卷九收录其文1篇。事迹见《隋书》卷七七、《北史》卷三三。

按：《隋书》本传载李士谦论三教曰："佛，日也；道，月也，儒，五星也。"魏晋以来，佛、道渐盛，有关三教之关系屡有争论。东晋葛洪《抱朴子内篇》卷一〇《明本》曰："道者，儒之本也；儒者，道之末也。"《续高僧传》卷三三载，北周武帝欲以儒学统一三教，曾召集儒、佛、道名流辩论，"以儒教为先，道教为次，佛教为后"。时司隶大夫甄鸾著《笑道论》，贬斥道教，被周武帝"于殿庭焚荡"。又有释道安作《二教论》，以为"儒、道九流为外教，释氏为内教"。士谦崇佛抑儒，从中可窥当时部分士人思想倾向之一二。《佛祖统纪》卷三九、《隆兴佛教编年通论》卷九等谓士谦论三教在开皇九年，恐误。

于志宁(—665)生。

陈祯明三年　隋开皇九年　己酉　589 年

正月丙子，隋军克建康，俘陈后主，陈朝亡(《隋书·高祖纪》、《陈书·后主纪》)。

按：陈朝自陈霸先称帝，历5主，凡33年而亡。

四月壬戌，隋文帝诏告天下，以南北一统，武事稍息，令毁民间甲仗，倡行偃武从文，学习儒典。

按：《隋书·高祖纪》载文帝诏曰："今率土大同，含生遂性，太平之法，方可流行。……禁卫九重之余，镇守四方之外，戎旅军器，皆宜停罢。伐路既夷，群方无事，武力之子，俱可学文。人间甲仗，悉皆除毁。有功之臣，降情文艺；家门子侄，各守一经。令海内翕然，高山仰止。京邑庠序，爰及州县，生徒受业，升进于朝。未有灼然明经高第，此则教训不笃，考课未精。明勒所由，隆兹儒训。"此诏既下，民间习儒之风渐盛。同书《儒林传》描述曰："负笈追师，不远千里；讲诵之声，道路不绝。"

十二月甲子，隋文帝诏更定雅乐。

按：《隋书·高祖纪》载隋文帝诏曰："百王衰敝之后，兆庶浇浮之日，圣人遗训，扫地俱尽，制礼作乐，今也其时。朕情存古乐，深思雅道。郑卫淫声，鱼龙杂戏，乐府之内，尽以除之。今欲更调律吕，改张琴瑟。且妙术精微，非因教习，工人代掌，止传糟粕，不足达神明之德，论天地之和。区域之间，奇才异艺，天知神授，何代无哉！盖晦迹于非时，俟昌言于所好，宜可搜访，速以奏闻，庶睹一艺之能，共就九成之业。"遂令太常牛弘、通直散骑常侍许善心、秘书丞姚察、通直郎虞世基等议定作乐。参见是年"牛弘以中国旧音多在江左,北魏及北周所用之乐杂有边裔之声,奏请重定雅乐。十二月,奉诏与姚察、许善心、何妥、虞世基等人共同参定"条。

是月,以平陈,获宋、齐旧乐,诏于太常寺设清商署进行管理;又征召陈太乐令蔡子元、于普明等人,皆复旧职(《隋书·音乐志下》)。

是年,隋迁江南士人名流至京师长安(《隋书·天文志下》)。

高颎为元帅长史,从晋王杨广伐陈。"三军谘禀,皆取断于颎"。及陈平北还,加授上柱国,进爵齐国公(《隋书·高颎传》)。

苏威由吏部尚书进拜尚书右仆射,以母忧去职。未几,奉诏复职视事(《隋书·苏威传》)。

杨素为信州总管,四月转荆州总管,六月迁纳言,进爵郢国公(《隋书·杨素传》)。

牛弘以中国旧音多在江左,北魏及北周所用之乐杂有边裔之声,奏请重定雅乐。十二月,奉诏与姚察、许善心、何妥、虞世基等人共同参定。

按:《隋书·音乐志中》载,隋初以来,围绕修乐之事,争论颇为激烈,"竞为异议,各立朋党,是非之理,纷然淆乱"。沛国公郑译由西域龟兹人苏祇婆得琵琶奏法,推演为十二均、八十四调,以校太乐,并于七音外更立一声,谓之"应声"。国子博士何妥等则力沮之,以为当用黄钟之调。众说纷纭,莫衷一是。本年,牛弘再请修乐,文帝遂下诏,命弘与姚察等商讨修定。参见《隋书·高祖纪》、《隋书·音乐志下》、《隋书·牛弘传》。

何妥为龙州刺史,以疾请还朝,仍为国子博士。寻奉诏参与修定雅乐,又上书言时政得失,指斥朝中朋党之风。

按:《隋书·何妥传》载,何妥于开皇六年出为龙州刺史,"在职三年,以疾请还"。有诏许之,"复知学事"。其奉诏修定乐事,见《隋书·音乐志中》。

许善心仕隋,拜通直散骑常侍,寻迁虞部侍郎(《隋书·许善心传》)。

按:许善心于去年奉陈主之命聘于隋,逢隋发兵伐陈,遂留居长安事。本年陈亡,转仕隋。

薛道衡随高颎南征陈,陈平还朝,迁吏部侍郎(《隋书·薛道衡传》)。

按:薛道衡后因用人不当除名,贬谪岭南。未几有诏征还,直内史省数年,迁内史侍郎,加上仪同三司。

裴矩以元帅记室随军伐陈,奉晋王杨广令,与高颎接受陈朝图籍(《隋书·裴矩传》)。

姚察为陈秘书监,领著作。陈亡入隋,授秘书丞,奉敕修撰梁、陈两代史。

按:姚察奉敕修梁、陈两代史,未终稿而卒。《旧唐书·经籍志上》、《新唐书·艺文志二》皆著录谢吴、姚察撰《梁书》34卷,当即为察所撰初稿。后其子姚思廉续父书,撰成《梁书》50卷、《陈书》30卷。事见《陈书·姚察传》、《旧唐书·姚思廉传》。

刘臻从高颎伐陈,典文翰。及还,进爵为伯,太子杨勇引为学士,甚亲昵之。

按:《隋书·刘臻传》载,刘臻入太子杨勇幕,"无吏干,又性恍惚,耽悦经史,终日覃思,至于世事多所遗亡"。

张讥为陈国子博士、东宫学士,陈亡入隋,北赴长安。

按：张讥生卒年不详,字直言,清河武城人。南朝经学家。少通《孝经》、《论语》,笃好玄言,后受学于汝南周弘正,为先辈推服。历仕梁、陈,性恬静,不求荣利,常慕闲逸。聚徒教授《周易》、《老子》、《庄子》,吴郡陆元朗、朱孟博、一乘寺僧法才、法云寺僧慧拔、至真观道士姚绥等,皆传其业。卒于长安,年七十六。著有《周易义》30卷、《尚书义》15卷、《毛诗义》20卷、《孝经义》8卷、《论语义》20卷、《老子义》11卷、《庄子内篇义》12卷、《庄子外篇义》20卷、《庄子杂篇义》10卷、《玄部通义》12卷、《游玄桂林》24卷。事迹见《陈书》卷三三、《南史》卷七一。

沈德威为陈尚书祠部郎,陈亡仕隋。

按：沈德威生卒年不详,字怀远。少有操行,以《礼》学名世。历仕梁、陈,聚徒讲授,道俗从学者率常数百人。入隋,官至秦王府主簿,年五十五卒。事迹见《陈史》卷三三、《南史》卷七一。

李文博熟读经史,尤精诸子。任羽骑尉,为吏部侍郎薛道衡所知,颇受信用。

按：《隋书·李文博传》曰："文博本为经学,后读史书,于诸子及论尤所该洽。性长议论,亦善属文。"又曰："开皇中,为羽骑尉,特为吏部侍郎薛道衡所知,恒令在听事帷中披检书史,并察己行事。若遇治政善事,即抄撰记录。如选用疏谬,即委之臧否。道衡每得其语,莫不欣然从之。"薛道衡本年始任吏部侍郎,其延文博入幕当在此后,姑系于此。李文博生卒年、字号不详,博陵人。后直秘书省典校坟籍,迁校书郎,出为县丞,曾与房玄龄等交游。性鲠直,守道居贫。逢隋末世乱,不知所终。著有《治道集》(一作《政道集》,又作《理道集》)10卷,大行于世。今不存。事迹见《隋书》卷五八、《北史》卷八三。

虞世南为陈西阳王友,是年陈亡,与兄世基同入长安。

按：《旧唐书·虞世南传》载,虞世南少勤学,与兄世基俱从大儒吴郡顾野王学儒经,历十余年,"精思不倦";又从越州僧智永习书法,"妙得其体",由是"声名籍甚"。陈亡,遂与兄至长安。兄弟俱有重名,晋王杨广和秦王杨俊皆召辟之,以母老辞。后杨广复召,世南乃应之。

孔绍安在陈有文名,是年陈亡,北迁关中,居京兆鄠县。遂闭门读书,诵古集数十万言。

按：《旧唐书·孔绍安传》载,孔绍安系陈吏部尚书孔奂之子,"少与兄绍新俱以文词知名"。与词人孙万寿为忘年交,时人称为"孙孔"。

杨异为宗正少卿,四月转工部尚书。

按：杨异为工部尚书事,《隋书·杨异传》未载,事见《隋书·高祖纪》。

庾季才出为均州刺史(《隋书·庾季才传》)。

何之元闭门著述,是年陈亡,移居常州晋陵县(《隋书·何之元传》)。

潘徽有学名,颇为陈尚书令江总敬重。及陈亡,为州博士。隋秦孝王杨俊闻其名,召为学士(《隋书·潘徽传》)。

宇文㢸为吏部侍郎,随杨素出征陈,持节为诸军节度,领行军总管。及还,擢拜刑部尚书,领太子虞候率(《隋书·宇文㢸传》)。

褚亮为陈尚书殿中侍郎,陈亡仕隋,为东宫学士。

陈祯明三年　隋开皇九年　己酉　589年

按：《旧唐书·褚亮传》载，褚亮少好学，博览群书，善属文。喜游名贤，尤善谈论。年十八时，尝诣陈仆射徐陵，商榷文章，颇为陵惊异。陈后主闻而召对，使作诗赋，为江总等文豪推服，由是入仕。隋炀帝大业中，授太常博士。

虞绰"博学，有俊才，尤工草、隶"。仕陈为东阳王记室，陈亡入隋，晋王杨广引为学士（《隋书·虞绰传》）。

王胄"少有逸才"，仕陈为东阳王文学。陈亡入隋，晋王杨广引为学士（《隋书·王胄传》）。

袁充为陈散骑常侍，陈亡入隋，授蒙州司马（《隋书·袁充传》）。

按：袁充后转郞州司马。

姚思廉随父姚察北上仕隋，为汉王府参军。

按：《旧唐书·姚思廉传》谓姚思廉"在陈为扬州主簿，入隋为汉王府参军"。思廉仕隋，当随其父姚察。

韦鼎为陈太府卿，陈亡仕隋，授上仪同三司。

按：《隋书·韦鼎传》曰："鼎少通脱，博涉经史，明阴阳逆剌，尤善相术。"文帝闻其名，召其赴朝，颇礼遇之。

袁朗为陈秘书丞，陈亡仕隋，为尚书仪曹郎（《隋书·袁朗传》）。

许智藏为陈散骑常侍，陈亡仕隋，授员外散骑常侍。

按：许智藏生卒年、字号不详，高阳人。出身医学世家，以医术高明名于世。后致仕，年八十卒于家。事迹见《隋书》卷七八、《北史》卷九〇。

释信行为高颎奏荐，奉召赴京。携弟子僧邕等由相州至长安，住真寂寺别院。

按：信行系佛教三阶教始祖。《续高僧传·隋京师真寂寺释信行传》载，信行至长安后，著书立说，置寺弘法，由是"前后望风，翕成其聚"，僧俗皈敬三阶教者日多。参见（日）矢吹庆辉《三阶教之研究》（日本东京岩波书局1927年出版）。

新罗僧圆光渡江北上，至长安。

按：《续高僧传·唐新罗国皇隆寺释圆光传》载，圆光于南朝陈时渡海来华，初在金陵从庄严寺僧旻门人学《成实》及《涅槃》，复入杭州虎丘山研习《阿含》。本年陈亡，遂北上。

颜之推约是年后著《颜氏家训》，凡30篇。

按：该书原为7卷，今存本为2卷。其著成时间，历有争议。《四库全书总目》卷一一七以"旧本题北齐黄门侍郎颜之推撰"，推断当作于北齐时，"旧本所题，盖据作书之时也"。今人余嘉锡《四库提要辨证》卷一四曰："《家训》实作于隋开皇九年平陈之后，《提要》以为作于北齐，盖未尝一检原书，姑以臆说之耳"。王利器《颜氏家训集解·叙录》亦谓："此书盖成于隋文帝平陈以后，隋炀帝即位之前。"冯契主编《哲学大辞典（中国哲学史卷）》以为成书于隋文帝仁寿年间。朱明勋《〈颜氏家训〉成书年代论析》（载《社会科学研究》2003年第4期）则以为，该书并非成于一时，系北齐至隋陆续撰成。今从余氏之说，姑系于此。

又按：颜之推所撰《颜氏家训》是一部系统完整的古代家庭教育教科书，内容广泛，涉及教子、治家、学习、修身等诸多方面，对后世影响甚大，被称为"家教规范"。宋陈振孙《直斋书录解题》卷一〇曰："古今家训，以此为祖。"宋晁公武《郡斋读书志》卷三上曰："之推本梁人，所著凡二十篇，述立身治家之法，辩正时俗之谬，以训诸子孙。"《四库全书总目》卷一一七曰:"今观其书,大抵于世故人情,深明利害,而能文之以经训,故《唐志》、《宋志》俱列之儒家。然其中《归心》等篇,深明'因果',不出当时好佛之习;又兼论字画音训,并考正典故,品第文艺,曼衍旁涉,不专为一家之言。"清周中孚《郑堂读书记》卷五二曰:"今观其书,惟《归心》一篇,深明佛法,非专以儒理立言。其全书皆本之于孝弟,推以事君上,处朋友乡党之间,其归要不悖于《六经》。故旧史皆入之儒家,终不以一眚掩也。"书中对佛、道皆有肯定,提出"儒佛一体"说,以为儒、佛"内外两教,本为一体,渐积为异,深浅不同"(卷下《归心篇十六》),反映出当时佛、道入儒、三教渐趋融合之势。又提出"文章原出五经"说,谓"诏命策檄生于《书》者也,序述论议生于《易》者也,歌咏赋诵生于《诗》者也,祭祀哀诔生于《礼》者也,奏议箴铭生于《春秋》者也"(卷上《文章篇九》)。清人赵曦明著《颜氏家训注》,今人王利器著《颜氏家训集解》。

隋秦孝王杨俊等撰《韵纂》30卷,潘徽为之序。

按:该书为隋代字典,已佚。《隋书·潘徽传》载徽序曰:"我秦王殿下,降灵霄极,禀秀天机,质润珪璋,文兼黼黻。……乃讨论群艺,商略众书,以为小学之家,尤多舛杂,虽复周礼汉律,务在贯通,而巧说邪辞,递生同异。且文讹篆隶,音谬楚夏。《三苍》、《急就》之流,微存章句;《说文》、《字林》之属,唯别体形。至于寻声推韵,良为疑混,酌古会今,未臻功要。末有李登《声类》、吕静《韵集》,始判清浊,才分宫羽,而全无引据,过伤浅局,诗赋所须,卒难为用。遂躬纡睿旨,摽摘是非,撮举宏纲,裁断篇部,总会旧辙,创立新意,声别相从,即随注释。详之诂训,证以经史,备包《骚》、《雅》,博牵子集,汗简云毕,题为《韵纂》,凡三十卷,勒成一家。"

释信行撰《对根起行杂录》、《三阶位别集录》。

按:两书系本年信行奉召至长安后所撰,为三阶教基本经典。《续高僧传·隋京师真寂寺释信行传》曰:"被召入京……乃撰《对根起行》、《三阶集录》及山东所制众事诸法,合四十余卷。"两书卷数,历有不同说法。隋费长房《历代三宝纪》卷一二谓《对根起行杂录》32卷,《三阶位别集录》3卷;唐释道世《法苑珠林》卷一一九谓《对根起行襟录集》36卷,《三阶位别录集》4卷;唐释道宣《大唐内典录》卷五下著录与《法苑珠林》同,卷一○上则谓《对根起行杂录集》35卷。两书原本早已散佚,未详孰是。现存信行《对根起行法》1卷,《三阶佛法》4卷,系近代日本佛教学者矢吹庆辉据敦煌文书中所发现的有关三阶教的几种写本,并参照日本古代所传三阶典籍加以校订而成。参见矢吹庆辉《三阶教之研究》。

北天竺僧那连提黎耶舍八月二十九日卒(490——　)。 那连提黎耶舍又作那连耶舍、那连提耶舍,略称耶舍,隋言尊称,姓释迦,北天竺乌场国人,为刹帝利种。佛学翻译家、高僧。年十七出家,北齐天保七年至邺京,住天平寺,翻译佛经50余卷。颇受齐帝敬重,授昭玄统。北周武帝毁佛时,遁隐田野,披俗服而不废法事。隋开皇初奉召至长安,草创大兴善寺译场,先后译佛经15部,计80余卷。后居广济寺,为外国僧主。事迹见《续高僧传》卷二、《法经录》卷一、《开元释教录》卷六。

按:《续高僧传》本传谓那连提黎耶舍于北齐文宣帝"天保七年届于京邺","时年四十"。以此推,其生当在魏孝明帝熙平二年。同传又谓耶舍卒于本年,"时满百岁"。以此推,其生当在魏孝文帝太和十四年。同文两说,前后矛盾,未详孰是。今姑从后说。耶舍所译佛经,今存《佛说德护长者经》2卷、《大庄严法门经》2卷、《佛说德护长者经》2卷、《大悲经》5卷、《月灯三昧经》(一名《大方等大集月灯经》)10卷(一本11卷)、《佛说施灯功德经》1卷、《佛说莲华面经》2卷、《菩萨见实会》16卷等。

释慧暅七月十日卒(515—　)。慧暅俗姓周,义兴阳羡人。南朝高僧。少时研习《六经》,略通大义。年十八从朱方竹林寺诩法师出家,住建康甘露寺。后又从静众峰法师受《十诵律》,听绰法师讲《成实论》,从龙光学士、大僧都舒法师精研《成实论》,由是声名渐显。梁末避乱于南徐州,陈时受邀回建康讲经弘法,颇受陈朝诸帝及王公贵族尊崇,学徒云集,先后为京邑大僧都、大僧正,圆寂于湘宫寺。弟子有智瑜等。事迹见《续高僧传》卷九。

王元规卒(516—　)。元规字正范,原籍太原晋阳,世居会稽。南朝经学家。幼孤,少受业于吴兴沈文阿,精通《春秋左氏》、《孝经》、《论语》、《丧服》。梁中大通元年策《春秋》,举高第,为当时名儒称赏。入陈,累官散骑侍郎。陈亡仕隋,为秦王府东阁祭酒,卒于广陵。著有《春秋发题辞》及《春秋义记》11卷、《续经典大义》14卷、《孝经义记》2卷、《左传音》3卷、《礼记音》2卷。后皆佚。清严可均《全隋文》卷一〇收录其奏议1篇。事迹见《陈书》卷三三、《南史》卷七一。

按：王元规系南朝中后期较有影响之经学家。《陈书》本传曰："自梁代诸儒相传为《左氏》学者,皆以贾逵、服虔之义难驳杜预,凡一百八十条。元规引证通析,无复疑滞。……四方学徒,不远千里来请道者,常数十百人。"

阮卓卒(531—　)。卓字号不详,陈留尉氏人。南朝诗人。笃志经籍,尤擅长五言诗。仕陈,官至德教殿学士,兼通直散骑常侍。以目疾退居里舍,招致宾友,以文酒自娱。陈亡入隋,行至江州卒。事迹见《陈书》卷三四、《南史》卷七二。

蔡凝卒(543—　)。凝字子居,济阳考城人。博涉经传,有文辞,尤工草、隶。仕陈,历晋安王谘议参军、黄门侍郎、王府长史等职,郁郁不得志,因作《小室赋》以见志,甚有辞理。陈亡入隋,道中病卒。事迹见《陈书》卷三四、《南史》卷二九。

何妥是年稍后卒,生年不详。妥字栖凤,本西域人,其父始入蜀,居郫县。北周时为太学博士,封襄城县伯。入隋,进爵为公,历国子博士、龙州刺史等职。卒于国子祭酒任上,谥曰"肃"。著述丰赡,有《周易讲疏》13卷(一作3卷)、《孝经义疏》3卷(一作2卷)、《庄子义疏》4卷、《封禅书》1卷、《乐要》1卷、《文集》10卷,另与沈重共撰《三十六科鬼神感应等大义》9卷,并行于世。后皆佚。清严可均《全隋文》卷一二收录其表奏5篇。事迹见《隋书》卷七五、《北史》卷八二。

按：何妥卒年,史无明载。《隋书》本传谓其于开皇六年出为龙州刺史,"在职三年,以疾请还",有诏还朝。"除伊州刺史,不行。寻为国子祭酒,卒于官"。知其卒当在本年稍后,姑系于此。妥系隋初名儒,于隋唐之际学术思想有一定影响。《旧唐书·儒学传上》载贞观十四年唐太宗诏曰："梁皇侃、褚仲都,周熊安生、沈重,陈沈文阿、周弘正、张讥,隋何妥、刘炫等,并前代名儒,经术可记,加以所在学徒多行其疏,宜加优异,以劝后生。"

征引及主要参考文献

古代文献

《八代诗史》	葛晓音著	陕西人民出版社1989年版
《八代诗选》	清·王闿运编	岳麓书社1996年版
《白孔六帖》	唐·白居易、孔传撰	上海古籍出版社1992年版
《百子全书》		浙江人民出版社1984年版
《鲍参军集注》	钱仲联增补集说校	上海古籍出版社1980年版
《鲍照年谱》	丁福林	上海古籍出版社,2004年版
《北齐书》		中华书局点校本1972年版
《北史》		中华书局点校本1983年版
《北堂书钞》	唐·虞世南编	中国书店1989年版
《采菽堂古诗选》	清·陈祚明	《续修四库全书》本,上海古籍出版社2003年版
《沧浪诗话校释》	宋·严羽著,郭绍虞校释	人民文学出版社1983年版
《册府元龟》	宋·王若钦等撰	中华书局1960年版
《陈代诗歌研究》	马海英著	上海世纪出版集团学林出版社2004版
《陈书》		中华书局点校本1972年版
《出三藏记集》	梁·释僧佑著	中华书局1995年版
《初学记》	宋·徐坚等编	中华书局1985年版
《带经堂诗话》	清·王士禛著	人民文学出版社1982年版
《道藏要籍选刊》	胡道静等选辑	上海古籍出版社1989年版
《道藏源流考》	陈国符著	中华书局1963年版
《东晋南北朝学术编年》	刘汝霖著	中华书局1987年版
《读史存稿·魏收年谱》	缪钺	三联书店,1963年版
《读史方舆纪要》	清·顾祖禹著	上海书店出版社1998年版
《二十五史补编》		中华书局1986年版
《二十五史三编》	张舜徽主编	岳麓书社1994年版
《法书要录》	张彦远编	人民美术出版社1986年版
《法显传校注·序》	章巽	上海古籍出版社1985年版
《法苑珠林》	唐·释道世著	上海古籍出版社1991年版

书名	作者	出版信息
《赋史》	马积高著	上海古籍出版社1987年版
《高僧传合集》	梁·释慧皎等著	上海古籍出版社1991年版
《宫体诗派研究》	石观海著	武汉出版社2003年版
《宫体诗研究》	胡大雷著	商务印书馆2004年版
《古诗笺》	清·王士禛选、闻人倓笺	上海古籍出版社1980年版
《古诗源》	清·沈德潜著	中华书局1984年版
《古史学论文集》	姜亮夫著	上海古籍出版社1996年版
《管锥编》	钱钟书著	中华书局1986年版
《广弘明集》	唐·释道宣著	上海古籍出版社1991年版
《汉晋学术编年》	刘汝霖著	中华书局1987年版
《汉书》		中华书局点校本1983年版
《汉唐文学的嬗变》	葛晓音著	北京大学出版社1990年版
《汉魏笔记小说》（历代笔记小说集成）		河北教育出版社1994年版
《汉魏古注十三经（附四书章句）》		中华书局影印本1998年版
《汉魏两晋南北朝佛教史》	汤用彤著	北京大学出版社1983年版
《汉魏六朝百三家集》	清·张溥编	上海古籍出版社1994年影印本
《汉魏六朝百三家集题辞注》	清·张溥著、殷孟伦注	人民文学出版社1981年版
《汉魏六朝乐府文学史》	萧涤非著	人民文学出版社1984年版
《汉魏六朝骚体文学研究》	郭建勋著	湖南教育出版社1997年版
《汉魏六朝诗论丛》	余冠英著	上海古典文学出版社1956年版
《汉魏六朝唐代文学论丛》	王运熙著	复旦大学出版社2004年版
《汉魏六朝文学论集》	逯钦立著	陕西人民出版社1984年版
《汉魏六朝文学论集》	詹福瑞著	河北大学出版社2001年版
《汉魏南北朝墓志汇编》	赵超	天津古籍出版社,1992年版
《汉语诗律学》	王力著	上海教育出版社1979年版
《汉字古音手册》	郭锡良著	北京大学出版社1986年版
《何逊集校注》	李伯齐校注	齐鲁书社1989年版
《何逊集注阴铿集注》	刘畅、刘国珺集注	天津古籍出版社1998年版
《弘明集》	梁·释僧佑著	上海古籍出版社1991年版
《后汉书》		中华书局点校本1973年版
《建康实录》	唐·许嵩著	中华书局1986年版
《江淹年谱》	丁福林	凤凰出版社,2007年版
《金楼子研究》	钟仕伦著	中华书局2004年版
《金明馆丛稿初编》	陈寅恪著	生活·读书·新知三联书店2001年版
《金明馆丛稿二编》	陈寅恪著	生活·读书·新知三联书店2001年版
《晋书》		中华书局点校本1974年版
《经典释文》	唐·陆德明著	中华书局1983年版
《经学历史》	清·皮锡瑞著	中华书局1955年版
《旧唐书》		中华书局点校本1986年版

书名	作者	出版信息
《郡斋读书志校证》	宋·晁公武撰、孙猛校证	上海古籍出版社1990年版
《科举前史——九品官人法研究》	宫崎市定著	中华书局,2008年版
《乐府诗集》	宋·郭茂倩编	中华书局1979年版
《乐府文学史》	罗根泽著	东方出版社1996年版
《历代诗话》	清·何文焕辑	中华书局1981年版
《历代诗话续编》	清·丁福保辑	中华书局1983年版
《梁书》		中华书局点校本1973年版
《六朝乐府与民歌》	王运熙著	中华书局上海编辑所1961年版
《六朝人生哲学》	卞敏著	南京出版社1992年版
《六朝事迹编类》	张敦颐著	商务印书馆丛书集成初编本
《六朝思想史》	孙述圻著	南京出版社,1992年版
《六朝文化》	许辉、邱敏著,胡阿祥主编	江苏古籍出版社2001年版
《六朝作家年谱辑要》	刘跃进、范子烨编	黑龙江教育出版社1999年版
《六臣注文选》	梁·萧统编、李善等注	中华书局1987年版
《六臣注文选》	萧统编、李善等注	中华书局1987年版
《明诗话全编》	吴文治主编	江苏古籍出版社1997年版
《明诗话全编》	吴文治主编	江苏古籍出版社1997年版
《南北朝隋诗文纪事》	周建江著	中州古籍出版社2001年版
《南北朝文学编年史》	曹道衡、刘跃进著	人民文学出版社2000年版
《南北朝文学史》	曹道衡、沈玉成著	人民文学出版社2006年版
《南北朝新语》	林茂桂撰、詹子忠评、高洪钧校注	天津古籍出版社2007年版
《南朝陈会要》	清·朱铭槃著	上海古籍出版社1986年版
《南朝宫体诗研究》	归青著	上海世纪出版股份有限公司上海古籍出版社2006年版
《南朝梁会要》	清·朱铭槃著	上海古籍出版社1984年版
《南朝梁萧氏家族全文编年考》	焦博著	硕士学位论文,西北大学2008年
《南朝齐会要》	清·朱铭槃著	上海古籍出版社1984年版
《南朝宋会要》	清·朱铭槃著	上海古籍出版社1984年版
《南朝文学与北朝文学研究》	曹道衡著	江苏古籍出版社1998年版
《南齐书》		中华书局点校本1987年版
《南史》		中华书局点校本1983年版
《廿二史考异》	清·钱大昕著	商务印书馆丛书集成初编本
《廿二史札记》	清·赵翼著	中华书局1984年版
《骈体文钞》	清·李兆洛著	上海古籍出版社2001年版
《骈文史论》	姜书阁著	人民文学出版社1986年版
《清诗话》	清·王夫之等撰	上海古籍出版社1999年版
《清诗话续编》	郭绍虞编	上海古籍出版社1983年版

书名	作者	出版信息
《全北齐文编年考》	魏宏利著	硕士学位论文,西北大学2004年
《全陈文编年补正》	苏健著	硕士学位论文,西北大学2004年
《全后魏文编年补正》	胡全银著	硕士学位论文,西北大学2008年
《全后周文编年考》	张鹏著	硕士学位论文,西北大学2004年
《全齐文编年考》	张卫宏著	硕士学位论文,西北大学2004年
《全上古三代秦汉三国六朝文》	清·严可均辑校	中华书局1958年版
《全宋文编年补正》	谷海林著	硕士学位论文,西北大学2008年
《全唐诗》		中华书局1960年校点本
《全唐文》		中华书局1983年影印本
《日本影弘仁本〈文馆词林〉残卷》	许敬宗编、罗国威整理	中华书局2001年版
《阮步兵咏怀诗注》	黄节注	人民文学出版社1984年版
《阮籍集校注》	陈伯君校注	中华书局1987年版
《三国志》		中华书局点校本1982年版
《沈氏四声谱》	清·纪昀编	中华书局丛书集成初编本1985新一版
《沈休文诗注》	郝立权注	民国石印本
《沈隐侯集》十六卷	阮元声评	明崇祯刻本
《沈约集校笺》	陈庆元校笺	浙江古籍出版社1995年版
《沈约研究》	林家骊著	杭州大学出版社1999年版
《诗论》	朱光潜著	三联书店1984年版
《诗品集注》	曹旭集注	上海古籍出版社1994年版
《诗文声律论稿》	启功著	中华书局1977年版
《诗源辨体》	许学夷著	人民文学出版社1981年版
《十七史商榷》	清·王鸣盛著	中国书店影印本1987年版
《十三经注疏》		中华书局影印本1980年版
《石头上的儒家文献——曲阜碑文录》	骆承烈著	齐鲁书社2001年版
《史记》		中华书局点校本1982年版
《世说新语笺疏》	南朝宋·刘义庆撰、余嘉锡笺疏	中华书局1995年版
《世说新语校笺》	南朝宋·刘义庆撰、徐震堮校笺	中华书局1987年版
《水经注疏》	北魏·郦道元著、杨守敬疏	扬州古籍出版社1989年版
《说文解字注》	东汉·许慎撰、清·段玉裁注	上海古籍出版社1981年版
《四库全书总目》		中华书局影印本1965年版
《宋诗话全编》	吴文治主编	江苏古籍出版社1998年版
《宋诗话全编》	吴文治主编	江苏古籍出版社1998年版
《宋史》		中华书局点校本1977年版
《宋书》		中华书局1974年版
《宋书乐志校注》	苏晋仁、萧炼子校注	齐鲁书社1986年版

《隋书》		中华书局点校本 1982 年版
《隋唐嘉话》	唐·刘𬩽撰	中华书局 1979 年版
《隋唐制度渊源略论稿》	陈寅恪著	中华书局 1963 年版
《太平广记》	宋·李昉等撰	中华书局 1986 年版
《太平寰宇纪》	宋·乐史著	清乾隆五十八年刻本
《太平御览》	宋·李昉等撰	中华书局 1985 年版
《谈艺录》	钱钟书著	中华书局 1984 年版
《唐前生命观和文学生命主题》	钱志熙著	东方出版社 1997 年版
《唐音癸签》	明·胡震亨著	古典文学出版社 1957 年版
《通典》	唐·杜佑著	中华书局点校本 1988 年版
《通鉴纪事本末》	宋·袁枢撰	上海古籍出版社 1994 年版
《通志》	宋·郑樵著	中华书局 1986 年版
《王力文集》	王力著	山东教育出版社 1987 年版
《魏晋南北朝敦煌文献编年》	王素、李方编	新文丰出版公司 1997 年版
《魏晋南北朝史》	王仲荦著	世纪出版集团上海人民出版社 2003 年版
《魏晋南北朝史讲演录》	陈寅恪著	黄山书社 1987 年版
《魏晋南北朝史论丛》	唐长孺著	生活·读书·新知三联书店 1983 年版
《魏晋南北朝史论集》	周一良著	北京大学出版社 1997 年版
《魏晋南北朝史论拾遗》	唐长孺著	北京大学出版社 1989 年版
《魏晋南北朝史札记》	周一良著	中华书局 1985 年版
《魏晋南北朝文化史》	万绳楠著	东方出版社 2004 年版
《魏晋南北朝文体学》	李士彪著	上海古籍出版社 2004 年版
《魏晋南北朝文学论丛》	周勋初著	江苏古籍出版社 1999 年版
《魏晋南北朝文学批评史》	王运熙、杨明著	上海古籍出版社 1989 年版
《魏晋南北朝文学史参考资料》	北京大学中国文学史教研室选注	中华书局 1962 年版
《魏晋南北朝文学史论》	管雄著	南京大学出版社 1998 年版
《魏晋南北朝文学思想史》	罗宗强著	中华书局 1996 年版
《魏晋南北朝哲学思想研究概论》	许抗生著	天津教育出版社 1991 年版
《魏晋清谈思想初论》	贺昌群著	商务印书馆 1999 年版
《魏晋玄学史》	许抗生等著	陕西师范大学出版社 1989 年版
《魏书》		中华书局点校本 1984 年版
《文镜秘府论校注》	（唐）遍照金刚著、王利器校注	中国社会科学出版社 1983 年版
《文献通考》	元·马端临著	中华书局 1986 年版
《文心雕龙探索》	王运熙著	上海古籍出版社 1986 年版
《文心雕龙校释》	梁·刘勰著，周振甫校释	人民出版社 1983 年版
《文心雕龙义证》	梁·刘勰著，詹锳义证	上海古籍出版社 1989 年版
《文心雕龙札记》	黄侃著	上海古籍出版社 2000 年版

《文心雕龙注》	范文澜著	人民文学出版社1958年版
《文选》	梁·萧统编、李善注	中华书局1981年版
《文选学》	骆鸿凯著	中华书局1989年版
《文苑英华》	宋·李昉等撰	中华书局1982年版
《先秦汉魏晋南北朝诗》	逯钦立编	中华书局1983年版
《先秦汉魏晋南北朝诗》	逯钦立编	中华书局1983年版
《湘绮楼说诗》	清·王闿运著	岳麓书社1996年版
《萧纲萧绎年谱》	吴光兴著	社会科学文献出版社2006年版
《萧纲萧绎年谱》	吴光兴著	社会科学文献出版社200年版
《萧统评传》	曹道衡、傅刚著	南京大学出版社2001年版
《谢灵运集校注》	顾绍柏	中州古籍出版社1987年版
《谢灵运论稿》	钟优民著	齐鲁书社1985年版
《谢宣城集校注》	曹融南校注	上海古籍出版社1991年版
《新唐书》		中华书局点校本1986年版
《徐仆射集》		商务印书馆1926年版四部丛刊本
《徐孝穆全集》		扬州艺古堂刊四部备要本
《续资治通鉴长编》	宋·李焘撰	中华书局1985年版
《玄学与魏晋士人心态》	罗宗强著	浙江人民出版社1991年版
《颜氏家训集释》	王利器集释	中华书局1993年版
《艺文类聚》	宋·欧阳询编	上海古籍出版社1985年版
《阴铿与近体诗》	赵以武著	黑龙江教育出版社1998年版
《永明文学研究》	刘跃进著	文津出版社1992年版
《酉阳杂俎》	唐·段成式著	中华书局1981年版
《舆地纪胜》	宋·王象之著	中华书局1992年版
《庾子山年谱》	倪璠编	北京图书馆藏珍本年谱丛刊本,北京图书馆出版社,1999年版
《玉函山房辑佚书》	清·马国翰编	江苏广陵古籍刻印社影印本1990年版
《玉台新咏笺注》	南朝梁、陈·徐陵编、吴兆宜注	中华书局1985年版
《元和郡县图志》	唐·李吉甫著	中华书局1983年版
《元和姓纂》	林宝著	中华书局1994年版
《元和姓纂》	唐·林宝著	中华书局1994年版
《增订四库简明目录标注》	清·邵懿辰撰、邵章续录	上海古籍出版社1979年版
《昭明太子集校注》	俞绍初校注	中州古籍出版社2001年版
《昭明太子年谱》	胡宗懋编	北京图书馆藏珍本年谱丛刊本,北京图书馆出版社,1999年版
《照隅室古典文学论集》	郭绍虞著	上海古籍出版社1983年版
《直斋书录解题》	宋·陈振孙著	上海古籍出版社1987年版
《中古文论要义十讲》	王运熙著	复旦大学出版社2004年版
《中古文学论稿》	陈庆元著	天津人民出版社1992年版
《中古文学史料丛考》	曹道衡、沈玉成著	中华书局2003年版
《中古文学史论集》	王瑶著	上海古籍出版社1982年版

书名	作者	出版信息
《中古文学史论文集》	曹道衡著	中华书局1986年版
《中国丛书综录》	上海图书馆编	上海古籍出版社1982年版
《中国大百科全书》(中国文学卷)		中国大百科全书出版社1986年版
《中国道教史》	卿希泰主编	四川人民出版社1988年版
《中国道教史》	任继愈主编	上海人民出版社1990年版
《中国佛教史》	任继愈主编	中国社会科学出版社1981年版
《中国古代科学技术史纲》	关增建、马芳	辽宁教育出版社，1999年3月
《中国经学史》	马宗霍著	商务印书馆1998年影印第一版
《中国历代著名文学家评传》(第一卷)		山东教育出版社1983年版
《中国历史地图集》	谭其骧著	地图出版社1982年版
《中国骈文史》	刘麟生著	商务印书馆1998年影印本
《中国骈文通史》	于景祥著	吉林人民出版社2002年版
《中国儒学》	庞朴著	东方出版中心1997年版
《中国儒学史》(魏晋南北朝卷)	刘振东著	广东教育出版社1998年版
《中国诗歌艺术研究》	袁行霈著	北京大学出版社1996年版
《中国诗史》	陆侃如、冯沅君著	山东大学出版社，2000年版
《中国思想史》	葛兆光著	复旦大学出版社2001年版
《中国文学编年史》(两晋南北朝卷)	陈文新主编，汪春泓著	湖南人民出版社2006年版
《中国文学家大辞典》(先秦汉魏晋南北朝卷)	曹道衡、沈玉成著	中华书局1996年版
《中国文学精神》	徐复观著	上海书店出版社2004年版
《中国文学批评史》	郭绍虞著	上海古籍出版社1979年版
《中国文学史》	章培恒、骆玉明主编	复旦大学出版社1996年版
《中国文学史大事年表》	吴文治著	黄山书社1993年版
《中国学术名著提要》(教育卷)	张瑞幡、金一鸣主编	复旦大学出版社1996年版
《中国学术名著提要》(经济卷)	叶世昌主编	复旦大学出版社1994年版
《中国学术名著提要》(科技卷)	徐余麟主编	复旦大学出版社1996年版
《中国学术名著提要》(历史卷)	姜义华主编	复旦大学出版社1994年版
《中国学术名著提要》(文学卷)	章培恒主编	复旦大学出版社1999年版
《中国学术名著提要》(艺术卷)	蒋孔阳、高若海主编	复旦大学出版社1996年版
《中国学术名著提要》(语言文字卷)	胡裕树主编	复旦大学出版社1992年版
《中国学术名著提要》(哲学卷)	潘富恩主编	复旦大学出版社1992年版

《中国学术名著提要》(政治法律卷)	叶孝信主编	复旦大学出版社1996年版
《中国学术名著提要》(宗教卷)	陈士强主编	复旦大学出版社1997年版
《中国学术史》	张国刚等著	东方出版中心2002年版
《中国学术思想编年》(魏晋南北朝卷)	张岂之主编,刘学智、徐兴海著	陕西师范大学出版社2006年版
《中国中古诗歌史》	王钟陵著	人民文学出版社2005年版
《中国中古文学史讲义》	刘师培著	人民文学出版社1959年版
《周书》		中华书局点校本1971年版
《周祖谟学术论著自选集》	周祖谟著	北京师范学院出版社1993年版
《诸子集成》		中华书局1986年版
《资治通鉴》		中华书局1956年版

近现代著作

《〈三国志·吴书·步骘传〉写本残卷辨伪》	刘涛	《收藏家》2002年第2期
《〈三国志·步骘传〉非伪考辨》	张涌泉、江学旺	《敦煌研究》2006年第1期
《从国史之狱看北魏时期民族融合中的文化冲突》	高照明	《扬州大学学报(人文社会科学版)》2001年第3期
《略论宋齐之际琅邪王俭之学术成就》	姚晓菲	《扬州大学学报(科学版)》2007年第1期
《北魏太武灭佛研究二题》	栾贵川	《北朝研究》1995年第1期
《"太武灭佛"新考》	韩府	《佛学研究》2003年
《近20年来崔浩之死研究概观》	刘国石	《中国史研究动态》1998年第9期
《魏晋南北朝经学述论》		《山东大学学报(社会科学版)》1997年第1期
《东晋南北朝时期南北经学、史学、艺术交流述略》		《四川师范大学学报(哲学社会科学版)》1997年第4期
《魏晋经学探略》		《徐州师范大学学报(哲学社会科学版)》2000年第3期
《魏晋经学的演变》		《苏州大学学报(哲学社会科学版)》2001年第2期
《论沈约陆厥的声律之争与沈氏家族文化的关系》	吴正岚	《福州大学学报》2002年第3期
《萧统论》	曹旭	《上海师范大学学报(社会科学版)》2000年第8期
《萧统的文学观和〈文选〉》	曹道衡	《文学遗产》2004年第4期
《论孔稚珪的隐逸观念和宗教信仰的关系——兼论〈北山移文〉的主旨》	吴正岚	《南京大学学报(哲学·人文科学·社会科学版)》2001年第6期
《萧统年谱》	穆克宏	《福建师范大学学报(哲学社会科学版)》1995年第4期
《〈玉台新咏〉为张丽华所"撰录"考》	章培恒	《文学评论》2004年第2期
《〈玉台新咏〉"撰录"真相考辨——兼与章培恒先生商榷》	樊荣	《中州学刊》2004年第6期
《〈玉台新咏〉张丽华撰录说献疑——向章培恒先生请教》	邬国平	《学术月刊》2004年第9期
《〈玉台新咏〉为梁元帝徐妃所"撰录"考》	胡大雷	《文学评论》2005年第2期
《再谈〈玉台新咏〉的撰录者问题》	章培恒	《上海师范大学学报》(哲学社会科学版)2006年第1期
《〈玉台新咏〉版本补考》	谈培芳	《上海师范大学学报》(哲学社会科学版)2006年第1期
《〈玉台新咏〉的编者与梁陈文学思想的实际》	章培恒	《复旦学报》(社会科学版)2007年第2期
《论六朝时期史学与文学的关系》	郝润华	《南京师大学报》(社会科学版)2004年6期
《玄中寺非昙鸾建寺考》	梁锦秀	《世界宗教研究》,1998年第2期

《试述梁武帝力促佛教僧制的中国化》	欧阳镇	《江西社会科学》1996年第11期
《天学史上的梁武帝》	江晓原、钮卫星	《中国文化》第15、16期
《经典释文成书年代新考》	孙玉文	《中国语文》1998年第4期
《关于书法品级论的创立——以虞龢〈论书表〉为中心》	（日）谷口铁雄	《新美术》1999年月第2期
《虞龢及其著作》	范景中	《新美术》1999年第2期
《南朝礼学学术文化与诗歌著作》	周唯一	《衡阳师范学院学报》2003年第5期
《南朝时期学术走向及其意义》		《中国社会科学院研究生院学报》2004年第4期
《陆修静与南朝道教》	汤其领	《江南大学学报》（人文社会科学版）2005年第5期
《试论陆修静对道教目录学的贡献及其历史地位》		《宗教学研究》2006年第2期
《六朝会稽虞氏家族述略》	吴建伟	《绍兴文理学院学报》2005年第1期
《竟陵王西邸学士及活动考略》	《文史》第45辑	中华书局，1998年第5期
《高允的史德与史识》	王圣宝	《史学史研究》1999年第3期
《论王俭与萧子良集团的对峙对齐梁文学发展之影响》	汪春泓	《文学遗产》2006年第3期
《南朝文化名士张融思想与创作的时代气息》	张卫宏	《长安大学学报（社会科学版）》2007年第1期
《南齐文运转关与谢朓诗风新变——兼论大小谢诗风的因革嬗变》	魏耕原、魏景波	《兰州大学学报（社会科学版）》2002年第2期
《永明体的产生与佛经转读关系再探讨》	吴相洲	《文艺研究》2005年第3期
《沈约声病说新探》	（日）井上一	《学海》2000年第2期
《沈约"声律论"再审视》	张泉	《山东师范大学学报（社会科学版）》2005年第3期
《六朝文化与〈文心雕龙〉之关系》	吴功正	《南京大学学报（哲学.人文科学.社会科学版）》,2002年第1期
《〈文心雕龙〉的艺术标准》	王运熙	《文学遗产》2005年第5期
《〈文心雕龙·史传篇〉辨读——刘勰对史传编修的理论贡献》	莫恒全	《晋阳学刊》2006年第4期
《论王俭与萧子良集团的对峙对齐梁文学发展之影响》	汪春泓	《文学遗产》,2006年第3期
《皇侃〈论语义疏〉的玄学主旨与汉学佛学影响》	张文修	《燕山大学学报)（哲学社会科学版）,2003年第4期
《"侯景之乱"论析》	徐辉	《南京师范专科学校学报》1999年第2期
《谢灵运〈十四音训叙〉的系谱》	（日）平天昌司	日本中国学会第41届年会论文
《梁武帝"皇帝菩萨"形成基础的理念及政策之形成基础》	颜尚文	《台湾师范大学历史学报》1989年第17期
《〈许长史旧馆坛碑〉略考》	李静	《宗教学研究》,2008年第9期
《颜之推〈观我生赋〉的史料价值释证》	杜志强	《中国典籍与文化》,2008年第4期
《〈经典释文〉的因袭来源问题》	王弘治	《上海师范大学学报》2008年第37卷第4期

《论陆德明〈经典释文〉的雅学文献价值》	窦秀艳	《东方论坛》2007年第3期
《略论宋齐之际琅邪王俭之学术成就》	姚晓菲	《扬州大学学报(人文社会科学版)》2007年第1期
《魏晋郊祀及祭祖礼考》	杨英	《北大史学》第9辑2003年1月
《邢卲考辨二则》	李建栋	《淮北煤炭师范学院学报(哲学社会科学版)》2004年第25卷 第3期
《南朝文化名士张融思想与创作的时代气息》	张卫宏	《长安大学学报(社会科学版)》2007年第01期)
《论沈约陆厥的声律之争与沈氏家族文化的关系》	吴正岚	《福州大学学报(哲学社会科学版)》2002年第3期)
《竟陵王西邸学士及活动考略》	林家骊	《文史》第45辑
《〈许长史旧馆坛碑〉略考》	李静	《宗教学研究》2008卷3期
《六朝会稽虞氏家族述略》	吴建伟	《绍兴文理学院学报(哲学社会科学版)》2005年25卷1期
《邢卲年谱》	李建栋	《大同职业技术学院学报》,2006年第3期
《论沈约陆厥的声律之争与沈氏家族文化的关系》	吴正岚	《福州大学学报(哲学社会科学版)》,2002年第3期
《考范缜发表〈神灭论〉在梁天监六年》	胡适	《文史周刊》之《大公报》,1946年8月13日
范缜〈神灭论〉发表的年代》	邱渊明	《四川大学学报》,1980年第1期
《范缜〈神灭论〉发表年代的考辨》	傅恩、马涛	《复旦学报(社会科学版)》,1995年第1期
《周颙卒年新探》	刘跃进	《辽宁大学学报》,1992年第3期
《南齐文运转关与谢朓诗风新变—兼论大小谢诗风的因革嬗变》	魏耕原、魏景波	《兰州大学学报》(社会科学版),2002年第2期
《祖率:古代数学的一座丰碑——纪念祖冲之逝世1500年》	张小礼	《北京大学学报》(哲学社会科学版),2000年第6期
《祖冲之家族的天文历算研究及其贡献》	张惠民	《陕西师范大学学报》(自然科学版),2002年第4期
《郦道元年谱考略》	张鹏飞	《湖北大学学报》(哲学社会科学版),2006年第4期
《北周麟趾学士的设置、学术活动及其意义》	宋燕鹏、张素格	(《河北科技大学学报》(哲学社会科学版),2008年第2期。

人物索引
（按笔画排）

一 画

乙浑 82,83,86

二 画

刁柔(字子温) 326,332
刁雍(字淑和) 81,129

三 画

乞伏无劳 331
乞伏炽盘 1,20
乞伏暮末 1,20,26
于忠 227,228
于景 93,168,180,252
于翼 336
千金公 402
士门可汗 319
马天安 223
马罕 23,31
马枢(字要理) 251,347,357,389
马显 374,382
马朗 22,23,31

四 画

丑奴(万俟丑奴) 209,258,264
予成 78
云法师 217,218
元卫 367
元叉 220,243
元子攸 264,270

元太荣 271,279
元圣威 342
元礼(一字德柔,小字养) 314
元贞 306,311
元宏(原名拓跋宏) 85,86,175
元钊 264
元宝炬 279,281
元怿(清河王怿) 243
元法英 298
元法僧 257,258,260,275
元英 184,185
元谌 219,227,230,246
元郎 271,272
元修 275,276
元恂(魏皇太子恂) 169,175
元恪(太子元恪) 170,175,178,203,212,219,227
元树 212,255
元荣(东阳王元荣) 271,273,276
元钦(西魏废帝元钦) 319,322,325
元顺(字子和) 136,139,266
元恭(魏节闵帝元恭) 271
元悦(汝南王悦) 263,270,339
元晔(长广王元晔) 269,270,271
元晖(济阴王元晖、字景袭) 82,145,180,181,234,242,308
元略(中山王元略) 286
元善(孝静帝元善) 279,381,402

元愉(京兆王愉) 209
元亶(清河王元亶) 279
元廓(恭帝元廓) 304,325
元雍(高阳王雍) 234,243
元勰(彭城王元勰) 196
元澄(任城王元澄) 176,191,228,237,259,266
元瑾 308
元禧(咸阳王元禧) 187
元颢(北海王元颢) 267,268
公孙阿六头 131
公孙崇 207,212
卞展 85
卞彬 103,108
孔子袪 170,305,306
孔宁子 15
孔休源(字庆绪) 90,190,195,276
孔延秀 16
孔伯恭 83
孔奂(字休文) 227,335,357,366,397,412
孔寿 201
孔绍安 371,412
孔英哲 353
孔贵嫔 398
孔乘 95
孔淳之 9
孔逭 166
孔惠宣 35

孔琳之（字彦琳） 10,45
孔稚珪（字德璋） 52,103,109,110,113,114,144,145,152,153,156,160,171,176,177,187
尹波 263
尹黄眸 181
文明太后 86,101,117,118,122,131,148
月首那 350
木杆可汗（突厥木杆可汗） 331,362
殳季真 104
比丘无觉 158
比丘尼法敬 126
比丘申宗 57
比丘安弘嵩 181
比丘庆仙 358
比丘建晖 214
比丘昙兴 181
比丘昙延 285
比丘昙远 297
比丘昙卿 361
比丘昙颜 181
比丘法定（法定） 250,353
比丘法修 254
比丘法威 181
比丘法救 61,129
比丘法渊 330
比丘法腾 182
比丘法慧 335
比丘洪珍 332,350,351
比丘洪琇 385
比丘善慈 181
比丘善慧 385
比丘惠生（释惠生） 236,237
比丘惠恺 278
比丘惠谛 235
比丘惠遵 290
比丘智真 181
比丘智辩 350
比丘道全 338
比丘道济 349
比丘道惠 181

比丘道舒 250
比丘僧济 354
比丘僧爱 182
比丘僧辩 265,266
比丘德念 182
比丘德贤 182,386
比丘德朗 182
毛喜（字伯武） 233,355,357,408
毛惠远 187
牛弘 304,325,372,378,379,391,392,393,394,399,400,401,402,403,404,407,411
王三典 86
王巾（一作王中、字简栖） 164,202,217
王元规（字正范） 233,415
王天生 102
王令猥 364
王劢 360
王弘（字休元） 6,8,12,16,19,20,23,29,32,70,236,395
王弘之 9,19,26
王玄谟 61,63,66,183
王训（字怀范） 219,278,286
王仲德 17,27
王伟 222,319,358
王华 5,15,41
王吉 285
王延秀 35
王羽 163
王亨 406
王克 325
王劭 327,380,393
王君瑞 382
王季高 349
王明 297,375
王昕（字符景） 339
王昙生 77
王昙首 26,41,62,121
王练 10
王罗云 50
王肃（字恭懿） 1,2,3,64,80,

124,125,138,143,159,160,175,176,180,187,224,237,299,309
王规（字威明） 161,227,257,274,286
王亮 124,137,205,400
王俭（字仲宝） 2,16,45,59,60,62,78,83,89,90,96,101,105,107,108,109,110,112,113,114,115,117,119,120,121,122,124,125,127,128,129,131,132,135,136,137,138,140,141,142,144,145,146,147,150,153,154,160,161,165,166,169,186,191,192,195,218,236,239,248,269,281,283,286,400
王恒之 113
王彧 65,66
王思远 109
王胄 335,413
王晏 119,135,140,142,144,145,148,149,152,156,159,163,178,286
王晞（字叔朗，小名沙弥） 219,387
王泰 163,189
王珪之 98,117,152,153
王眘 406
王素（字休业） 4,67,93,181,227,232,238,239,271,276,280,281,358,385,386
王莹 188,230,274
王逡之（字宣约） 98,109,110,114,117,124,152,153,163,168
王深 28,263
王清石 161
王渊之 50
王敬则 102,113,173,288
王景茂 82
王智深（字云才） 101,160,166
王植 145,153,189
王琛 324
王琰 133,145
王琳 326,334,335,337,390,391
王谦 376

王道隆　94,97,104
王微（字景玄）　31,46,56,61,62,70,202
王暕　171,219,274,286
王筠（字符礼）　118,168,172,206,225,227,249,257,268,270,274,292,298,314
王絃（字师罗）　364,368
王锡（字公嘏）　227,274,281
王颎　402
王僧达　11,42,56,58,59,60,65,66,67,69,70,161
王僧虔　19,26,45,49,60,68,73,83,90,97,98,101,102,105,106,108,111,113,114,116,119,121,122,127,133,139,141,147,175,187,314
王僧绰　11,33,51,54,58,60,62,147
王僧谦　61
王僧辩　319,322,323,326,327,329,330,334
王僧孺　55,82,89,91,104,137,138,140,142,159,171,190,194,207,211,218,232,236,251,266
王韶之（字休泰）　1,2,9,10,29,33,34,312
王慧兴　347
王蕴　103,288
王褒　180,289,318,320,323,324,325,326,336,340,344,346,350,353,357,362,388
王禧　203
王融（字元长）　86,129,132,137,143,153,157,159,160,161,177,235,268,276,283,292
王颢　98,152,153
王籍（字文海）　286,308
见理（皇太子见理）　309
车频　28,58,67
邓季彦　298
邓彦（瓜州刺史邓彦）　298,299
邓彦海　255,320
邓渊　56

邓颖　22
长乐公主　319
长孙观　95
长孙稚　278
韦孝宽　304,336,362,376
韦悻　408
韦道儒　352

五　画

丘尼净秀　158
丘巨源　74,79,81,96,97,99,130,166
丘仲孚（字公信）　217
丘灵鞠　81,92,109,114,119,128,154,211
丘迟（字希范）　80,92,184,190,197,198,200,203,211,264
丘崇　368
乐逊（字遵贤）　359,372,374,387
乐蔼　186
令狐广嗣　35
令狐世康　242
令狐礼太　223
令狐陀咒　202
令狐崇哲　218,222,223,224,226,227
令狐筭　51
令狐德棻　397
仪同尔　303
兰英　122,127
冉令贤　352
冯太后　82,85,100,116,130,133,151
冯弘　26,35,37
冯晋国　112
冯跋　24,204,249
卢广　179
卢玄　26,27
卢昌期　372
卢询祖　352
卢思道（字子行，小字释奴）　276,283,284,352,370,372,376,380,393,399,400,405,406

卢恺　365
卢昶　161,179,180,318
史良奴　35,36
司马幼之　353,397
司马休符　87
司马达　248
司马国璠　1
处罗可汗　78
尔朱世隆　255,270,275
尔朱兆　270
尔朱荣　264,266,267,307
尼元晖　181
尼天英　335
尼建晖　285
尼昙咏　385
尼贤玉　300,301
尼智王宝　358
尼道英　342
尼道晴　186
平恒（字继叔）　136
弘文（沙门弘文）　182,393
正法无尽藏　254
永世公主　188
永保（比丘永保）　112,355
玄觉　342
田益宗　184
田僧超　258
申坦北　183
示发　243
训华　385

六　画

任约　306
任孝恭（字孝恭）　193,311
任昉（字彦升，小字阿堆）　73,77,83,86,92,99,104,128,137,147,150,151,157,164,165,170,171,173,174,176,178,179,185,186,191,193,196,197,198,199,200,201,206,209,210,211,218,251,263,264,266,301,308,310,311,363,400
任胄　303
任悦　382

任暠 92
伊叶波罗 17,27
伊娄谦 367
伊馛 41
伏连筹 155,293
伏图(佗汗可汗) 203
伏挺(字士标，《南史》作士操) 130,149,185,244,288,311
伏曼容(字公仪) 7,124,127,192
伏跋可汗 243
伏暅 200
刑杲 264
刘义庆 3,12,22,26,27,28,29,33,39,40,41,42,46,47,48,56,61,70,75,84,150,265
刘义季 49,51,52
刘义宗 16
刘义宣 47,62,63,224,327
刘义恭 28,40,42,59,62,63,69,73,76,77,78,79,81,82,169
刘义真 11
刘义康 16,40,41,49,57,59,95,121
刘义符 7,8,11
刘义隆(宋文帝、小字车儿) 11,13,15,16,22,31,60,70,93,172
刘子业 55,62,72,78,79,80,93,172,263
刘子尚 68,74,76
刘子真 77,81
刘子顼 75,79
刘广周 222
刘之遴(字思贞) 104,151,190,223,230,231,232,260,276,298,300,301,305,310,315,337
刘友 97,106
刘令娴 256
刘休若 89
刘休范 96,97,98
刘休倩 63
刘休宾 87
刘光秀 215
刘师知 337,338,346

刘轨思 353
刘佑 382
刘删 347,357
刘孝仪(名潜) 203,231,257,275,282,283,287,289,290,302,307,318
刘孝威 253,318
刘孝标(名峻) 94,200,207,240,247
刘孝绰(名冉,小字阿士) 118,177,195,196,206,218,227,240,248,249,257,262,263,274,291,292,297,310,314,318
刘宏(字休度) 32,64,70,73
刘怀慰(本名闻慰,字彦泰) 52,107,110,111,154,243,266,269
刘没铎 368,370
刘秀之(字道宝) 79,80
刘芳(字伯文) 62,87,89,169,179,180,201,207,212,216,224,225,280,318
刘虬(字灵预,虬一作虯) 38,132,168
刘孟明 97
刘宜 382
刘承叔 156,158
刘杳(字士深) 139,206,230,231,244,254,262,266,269,283
刘环儁 360
刘秉 87,90,94,97,98,99,102,103
刘绍 46
刘苞(字孝尝,一字孟尝) 121,171,196,218,297,310
刘诞 54,63,64,71,78
刘举 264
刘俣 94,102
刘彧(宋明帝、字休炳、小字荣期) 40,79,80,87,92,93,101,112
刘思逸 308
刘昞(字延明) 5,29,39,41,42,133

刘昭 49,132,241
刘昱(字德融,小字慧震) 83,94,95,101,102
刘昶(字休道) 36,80,85,162,172
刘昼 227,342
刘显(字嗣芳,本名颐) 118,196,197,241,300,301,310,397
刘柳 7,55
刘炫 327,393,404,407,415
刘绘(字士章) 70,109,114,119,120,137,144,145,146,154,156,157,168,175,179,185,187,192,268
刘陟 268,304,338,339
刘峻(字孝标) 76,87,135,190,207,210,230,231,232,247
刘俊 192
刘晖 382
刘祥(字显征) 106,123,124,147,281,377
刘获 261
刘逊 259,341,348,355
刘骏(宋孝武帝、字休龙、小字道民,《南史》避唐讳作"道人") 60,62,70,71,78
刘勔 93,94,97,192
刘善明 111,243,281
刘善经 384
刘敬躬 297,298
刘斌 35
刘景素 89,97,101,166
刘湛 22,41,236
刘焯 237,302,380,399,402,404,405,407
刘裕(字德舆,小名寄奴) 1,4,5,6,7,10,14,15,18,19,21,45,46,48,52,60,73,81,129
刘道产 82
刘道怜 1
刘道规 1
刘献之 117
刘腾 243,252
刘韫 90

刘模 139
刘歆(字士光) 237,243,269
刘瑱(字士温) 187
刘霁(字士烜) 107,269
刘勰(法号慧地、字彦和) 86,137,144,149,157,158,159,164,168,170,172,174,186,191,193,197,200,206,210,214,218,232,236,238,241,246,251
刘潜(字孝仪) 130,203,287,302,318
刘遵(字孝陵) 203,282,283
刘璠(字宝义) 217,355,377
刘臻 264,379,399,411
刘融 113
刘孺(字孝稚) 126,196,297,310
刘燮 96,97,153,160,237
刘缵 122
刘蠡升 257,368
刘颛 404
刘瓛(字子珪,小字阿称) 32,72,107,108,117,134,145,146,149,150,175,177,273
刘敩 161
吉迦夜 94
吉翰 28
吐知勤明 364
吕吉年 32
吕道惠 214
多弥 401
夸吕 293,324
孙万寿 381,384,412
孙灵晖 366
孙奉伯 79
孙宗昌 35
孙惠蔚 179,216,218
孙游岳 104,128,129,156,285
孙复 88
宇文护 331,332,336,339,353,354,362
宇文纯 371
宇文招 345,362,371
宇文直 362

宇文宪 356,362,368,371,372,377
宇文恺 371,384
宇文神举 372
宇文冑 376
宇文觉 281,331,332,333,377
宇文泰 279,281,287,291,295,303,306,319,325,326,327,330,331,339,341,347,351,377
宇文逌 262,374,377
宇文邕 339,341,351,365,370,372
宇文深 361
宇文阐 373,374
宇文毓(小名统万突) 281,332,334,336,337,339
宇文赟 364,371,373,375
安法相 386
成祖 305
朱元旭 241
朱文畅 303
朱异(字彦和) 126,248,289,302,305,306,309,314,337
朱百年 67
朱膺之 37,38
权会 326
权昙腾 280
权景宣 280
毕众敬 83
江子一(字符贞,《梁书》作元贞,《南史》作元亮) 139,311
江子四 284
江从简 272,311,351
江式(字法安) 225,226,254
江秉之(字玄叔) 41
江修容 398
江总 243,287,288,298,309,316,317,320,326,343,394,398,399,404,412,413
江祏 176,177
江革(字休映) 137,185,283,351
江桩 404
江淹(字文通) 19,48,65,77,

79,81,83,85,86,87,89,90,91,92,95,96,97,99,102,103,108,114,115,119,120,123,126,127,128,129,132,135,144,154,159,163,171,172,179,185,187,190,202,266
江强 39
江智渊(唐人避讳又作智深、智泉) 54,78
江湛(字徽渊) 60,61,62
江蒨(字彦标) 100,264
江德藻 215,275,287,311,338,346,351
江纂 41
江敩(字叔文) 102,137,140,144,145,162,168
汤惠休 66,126
牟大 148
牟提 134
纥升盖可汗 22
纥豆陵步蕃 270
纪少喻 295
纪德真 129
羊玄保 33,34,95
羊侃(字祖忻) 169,287,311
羊欣(字敬元) 44,45,91,111
羊鸦仁 306
羊深(字文渊) 272
至泽 353
至德(僧志德) 73,92,172,208,212,229,244,270,289,358,369,391,392,395,397,398,401,404,405,406,409,415
许亨(字亨道) 235,309,355,359
许桑 9
许黄民 22,23
许善心 335,408,411
许懋(字昭哲) 80,189,272,273,276,359
贞懿 288,372
达摩 262,265,403,405
邢产 143
邢邵 170,280,296,308,309,333,

335,363
邢昕 280,293
邢峦 138,156,158,176,320
邢颖 26,27
邢臧 241
那连提黎耶舍（沙门那连耶舍） 331,390,395,399,400,403,414
那盖（其候伏代库者可汗） 155
阮佃夫 80,94,104
阮孝绪（字士宗） 10,27,113,147,254,266,286,308
阮卓 274,275,357,394,415
阮晦 208
阮韬 208
阳休之（字子烈） 215,275,282,296,307,337,346,348,349,352,359,360,364,366,391,405
阳固（字敬安） 86,203,204,254
阳羡公主 108,147
阴仲达 39
阴铿 347

七　画

严千斯 16
严龙 57
严植之（字孝源） 67,108,199,211,313
伯仲孙 150
何子朗（字世明） 201,251
何之元 287,326,335,337,369,390,412
何长瑜 9,21,39,46,47,71
何佟之（字士威） 55,168,189,195,196,216,220,257,258,313
何妥（字栖凤） 379,380,392,402,404,407,411,415
何尚之（字彦德） 29,33,34,35,39,53,58,59,61,69,72,73,76,88,129,146,201
何承天 2,7,8,17,24,31,33,34,39,44,45,46,48,50,51,52,53,70,71,77,79,100,137,183,206,215,216,305,399
何昌寓 123

何昙 35
何昙秀 113
何法冏 113
何思澄（字符静） 113,206,230,231,251,253,277,283
何点 51,92,108,176,218
何胤（字子季） 51,156,175,179,185,189,200,201,218,239,273
何逊（字仲言） 52,206,219,222,234,240,251,297
何偃（字仲弘） 61,62,65,69,70,73
何婕妤 398
何恢 50
何翌之 96
何敬容 272,287,288,291,296,305,311,397
何道敬 31
佗钵可汗 362,370
佛驮什 10,11
佛驮跋陀罗（佛驮跋陀） 3,6,23
佛陀扇多 218,244,245
吴迈远 98
吴均（字叔庠） 90,148,206,222,223,245
吴明彻（字通昭） 324,373,376
吴提 22
孝珩 368
宋子仙 312,343
宋云 236,237,307
宋弁 155,156
宋孝王 371
宋护 70,372
宋承 1
宋景业 316,369
寿寂之 80
岑之敬（字思礼） 243,253,280,284,287,307,324,326,357,375
庐承相 150
库提（可汗库提） 324,413
张干叙 382
张凤鸾 238

张双周 182
张正见 347,357
张永（字景云） 58,85,92,98,99,100,107,172,175
张仲瑀 240
张伟 26,27,39,69
张充 200,274
张孝秀 222
张彻 382
张求 116
张远游 309
张邵 9,13,43
张阿宜 246
张阿胜 226
张阿真 385
张奇 77
张始均（字子衡） 243
张宝护 201
张欣泰（字义亨） 187
张环 172
张瓮生 342
张彪 352
张显昌 223,224
张种 360
张贵妃 398
张宾 365,382,392,397,399,400,409
张宾生 174,400
张渊 19
张率（字士简） 100,169,176,196,209,211,213,218,227,263,264,274,297,310
张绪 120,136,144,226,263
张敬儿 97,99,113,126,150,288
张普惠 237
张湛（字子然，一字仲玄） 29,39,41,51,56,387
张缅（字符长） 151,227,273,274,315
张偬 346
张瑗 285
张僧繇 193,243
张演虎 86

张稷 184,185,274
张融（字思光） 48,75,85,88,98,99,105,123,128,143,149,154,156,171,172,173,175,239,301
张辩 64,263
张膺之 382
张彝 178,194,213,216,240,243
张缵（字伯绪） 178,213,227,243,260,262,265,267,274,281,284,285,287,288,291,298,300,307,308,310,313,315
志钦 52,151
忧生 278
攸公 175
李广 318,319
李丰 85
李双 305
李平 209,258,268,282
李归伯 228
李仲璇 296
李先（字容仁） 23
李冲 151,159,174
李百药 351
李约 315
李孝贞（字元操） 366,376,381
李灵 26,27
李玚 231
李纶 356
李季翼 221
李果之 104
李若 371,399
李若别 366
李奖 303
李彪（字道固） 48,120,122,127,131,137,138,141,146,151,155,156,168,169,174,176,178,186,187,228,255,320
李恂 1,4
李昶（小名那） 351
李洪范 174
李浑 299,307
李胤之 289
李贲 301

李除 361
李珪之 85,140
李素 322
李铉 304,305,316
李崇 234,252,253,255
李谐（字虔和） 170,268,282,287,302
李谔 378,381,397,398,407
李象 293
李谧 220,221
李道宝 390,403
李道胤 247
李歆 1,4
李骞（字希义） 212,282,295,307
李暠 5,41,204,249
李德林 274,275,360,361,362,364,366,370,375,378,379,403
李穆 356,376
李謇 318
杜之伟（字子大） 212,226,248,268,270,296,304,309,331,333,335,338,339
杜台卿 361,370,384
杜京产（字景齐） 149,156,177
杜杲 351,356,374
杜龛 345,352
杜弼（字辅玄） 154,290,302,303,309,312,317,338
杜超 48,139
杜道鞠 23
杜德灵 16
杨广 359,399,408,411,412,413
杨文弘 105
杨弘 379,395
杨玄 14
杨玉夫 102
杨后 375
杨坚 297,354,364,368,371,372,375,376,377
杨尚希 365,380,394,398,404
杨忠 322,354
杨法仲 181
杨勇 379,411

杨素 376,378,380,392,398,402,406,408,411,412
杨盛 14
杨衒之（阳衒之） 230,307
杨愔 294,326,333,340
杨雄 395
杨集始 134
杨飔 362
杨馥之 167
步离可汗 362
求那毗地 157,158,192
求那跋陀（沙门求那跋陀） 350
求那跋陀罗 33,34,47,48,59,88,256
求那跋摩 3,12,27
沈不害（字孝和） 240,376
沈文秀 85,87
沈文阿（字国卫） 272,273,329,330,333,337,338,340,347,415
沈众（字仲师） 293,309,334,335
沈庆之 59,71,72
沈约 1,43,53,55,61,62,71,72,74,80,85,86,89,94,96,99,100,103,109,114,115,117,118,119,120,123,124,128,132,134,135,137,138,140,141,145,146,148,149,151,153,154,156,157,159,160,161,162,163,164,167,171,172,173,174,176,177,178,179,180,184,188,189,190,191,192,194,195,196,198,200,203,204,205,206,207,209,210,211,213,214,216,220,221,223,224,227,231,235,236,245,251,256,257,258,260,263,266,268,269,271,274,277,282,283,288,297,301,308,310,314,318,335
沈怀文 54,72,76,81
沈攸之 85,93,94,97,103,106,118,288
沈昙庆 60,67
沈亮 49
沈勃 104
沈炯（字礼明） 325,332,335,

343
沈重(字子厚)　346,350,357,
　360,364,394,396,415
沈峻　199,347
沈泰　334
沈遐　305
沈演之(字台真)　35,51,55,75,
　104
沈璞(字道真)　62,206
沙弥法生　232
泛亥仁　385
灵藏(俗姓王)　231,390,399,
　403,405
穷奇　136,148
苏成　385
苏季连　148
苏宝生(亦名宝)　70,71,100,
　137,186
苏威　378,379,381,390,392,393,
　398,402,404,408,411
苏烈　102
苏绰(字令绰)　175,282,295,
　301,302,303,304,306
豆仑　131
豆卢子光　342
豆卢寔　398
辛彦之　379,394,403,407
辛雄　241
辛德源　348,376,393,395,399
进业　182
邵硕　96,97
闵堪　22
阿奴　232,233
阿伏至罗　136,148
阿华　385
阿那瑰　243,246,252,253,289,
　324
陆云公(字子龙)　219,241,287,
　296,302,307,308
陆杲(字明霞)　72,203,222,
　276,280,283
陆法言　399
陆玠(字润玉)　369
陆修静(字元德)　37,86,92,

103,104,129,172,329
陆彦师(字云房)　384
陆倕(字佐公)　91,135,137,
　176,196,197,206,207,209,211,
　218,226,227,241,249,257,260,
　261,262,263,274,292,310,314,
　343
陆爽　292,379,384,399
陆逸冲　197,200
陆厥(字韩卿)　95,153,159,
　163,178
陆琛　299
陆琰(字温玉)　294,352,357,
　365
陆琼(字伯玉)　289,298,302,
　307,309,357,365,394,395,406
陆程　354
陆瑜　357,369
陆腾　352
陆德明　395
陆慧晓(字叔明)　40,128,178,
　183,184,261
陆澄(字彦渊)　15,45,63,71,
　81,90,91,109,111,112,113,114,
　119,122,124,125,127,129,131,
　156,164,165,177,192,245
陆叡　136
陆徽(字休猷)　51
陆襄　197,248,249,260,307,310
陈元康　305
陈太后(宣帝太后)　359
陈仲儒　241
陈庆之　267,352
陈伯之　178,203,212
陈伯宗(陈废帝)　353
陈克　333
陈叔达　365
陈叔宝　324,357,360,389,391
陈显达　140
陈晏堆　278
陈益公　233
陈顼　349,356,368,389
陈道谭　351
陈暄　352,357

陈蒨(陈文帝)　336,347,351
陈雷子　229
陈霸先　322,329,331,332,333,
　334,336,345,346,347,373,410
鸠摩罗什　32,43,46,57,69

八　画

佼长生　91,183
净影　255,282,290,370,372,382,
　402,406,407
到沆(字茂瀣)　104,117,189,
　193,195,197,200,205
到彦之　17,24
到洽　104,163,173,190,193,196,
　203,209,211,216,227,234,249,
　257,262,264,274,292,310,314
到溉(字茂灌)　104,193,194,
　196,210,211,260,291,302,310
到㧑　128,205
叔慎　365
周子良　228,232
周止水　408
周弘正(字思行)　173,201,216,
　222,273,295,296,322,323,324,
　326,331,333,340,344,345,356,
　357,360,364,366,367,368,412,
　415
周弘让　344
周弘直(字思方)　184,368
周兴嗣(字思纂)　236,238,247,
　318
周舍(字升逸)　93,189,190,
　194,200,201,204,206,207,209,
　213,236,238,248,249,260,261,
　320
周朗(字义利)　15,61,73
周盘龙　102
周续之(字道祖)　4,5,10
周野王　50
周惠达　291
周超　16
周颙(字彦伦)　79,81,87,88,
　97,109,114,119,124,128,130,
　131,132,137,139,143,149,151,

154,160,168,172,177,187,195,
208,239,260,268,282,318,366
周磻 404
和士开 341,345,348,361
和常太 224
孟悉达 193
孟景翼 121,150,192
孟颛 24
宕昌 72,131,143,148,219,235,
294,295
宗士标 294
宗夬(字明敷) 66,137,152,
162,199
宗庆 217
宗尚之 132
宗测 132
宗炳(字少文) 5,14,33,34,46,
52,199
宗钦 29,41,56,57
宗爱 58
宗懔 325,337
定明 385
宝持 341
宝意 158,218
尚生 385
屈多 188
弥俄突 209
房玄龄 375,412
房亮 156
拓跋他 51
拓跋弘 80,82
拓跋余 58
拓跋宏 14,85,89,91,163,175
拓跋迪 346
拓跋恂 159
拓跋晃(太子晃) 28,43,48
拓跋浚 279
拓跋焘 7,9,11,36,58
拓跋提 51
拓跋嗣 9,10
拓跋廓 331
拓跋濬 40,58,59,80
拘那罗陀(释真谛) 305,309,

323,326,344,346,350,355,358
昌乐公主元 298,299
明山宾 189,199,201,216,220,
235,248,252,257,258,262,263,
313,314
明少遐 295
明克让 259,290,337,379
明芬 390,403
明勇 360
明僧绍 86,123,263
昙无谶(又作昙无忏、昙摩忏)
3,6,8,17,24,25,26,30,32,46
昙林(沙门昙林) 232,294,296,
298
昙度 176
昙标 68
昙济 88,154,163,256
昙朗 3,310
昙崈 359
昙温 38
昙静 344
昙摩蜜多 13,33,42,43,150
昙摩谶 18
昙纂 13,37
欧阳纥 356
沮渠兴国 18,26
沮渠安阳侯 64,65
沮渠安周 72
沮渠牧犍 29,31,36,38
法长 13
法达 68
法纲 8,32
法宝 32,93,229,280,321,383
法相 182,358,386
法勖 8
竺罗达 188
竺道生 8,25,32,146
苗允 68
英秀 323,332
苻升 324
范广渊 12,50
范云(字彦龙) 58,65,68,86,
103,106,108,114,123,128,137,

155,179,184,185,188,189,190,
193,195,197,227,283
范当根纯 151
范怀约 263
范抗 86,195
范享 22
范岫(字懋宾) 42,128,197,
203,227
范述曾(字子玄) 27,28,149,
214
范晔(字蔚宗) 12,16,21,24,
27,28,41,45,47,49,50,55,115,
121,241,245,384
范泰(字伯伦) 2,4,5,11,13,
14,16,17,21,32,48,49
范缜 137,144,145,146,165,194,
195,209,210,211,268
郏标 22
郑大护 354
郑元伟 369,382
郑天狗 182
郑伯猷 289,307
郑诩 360
郑述祖 320,341
郑道昭(字僖伯) 160,169,198,
201,233,320
郑鲜之(字道子) 1,2,5,16,19,
20
郑辩 261

九 画

侯安都(字成师) 329,331,337,
341,346,347,388
侯景 151,198,249,253,266,272,
289,303,306,307,308,309,310,
311,312,313,314,315,316,319,
320,321,322,323,324,325,327,
335,343,344,347,350,352,363,
388,389
侯粟相 382
侯亶 259
保该 211
侯匿伐 252
垣崇祖 116

姚方兴 171	荀伯玉 91	149,174,176,177
姚思廉 321,411,413	荀济 250,307	徐秀 35
姚察 224,279,333,411,413	荀隆伯 382	徐枢 352
姜小晖 233	荀雍 21,47,71	徐俭 266,344
姜斌 244	费文渊 82	徐勉（字修仁） 84,92,123,124,
娄太后 339	费愔（贺愔） 16	127,128,179,185,189,193,200,
宣景达 258	贺文发 358	206,207,213,216,220,230,231,
封轨 221	贺彻 357,391	248,249,256,257,258,262,274,
封孝琰 344	贺拔胜 277	277,283,339,349
度易侯 116	贺虏头 155	徐爰（字长玉） 71,74,100,115,
律师弘度 282	贺琛启 303	121,130,137,141,186
拾寅（吐谷浑王拾寅） 90,95,	贺遂礼 361	徐青 91
99,116	贺踪 190	徐陵（字孝穆） 208,226,236,
挺 85,149,171,193,311	赵文深 305	246,255,272,275,280,287,309,
政普 181	赵伯休 282	310,316,317,320,323,330,331,
柳元景 61,71,79,82	赵佺 361	335,337,338,343,344,345,349,
柳世隆 103,111,124,152,153,	赵保义 332	351,352,355,356,357,359,360,
208,235	赵清信 56	363,366,367,369,372,374,388,
柳达摩 329	赵静通 309	396,413
柳虬（字仲蟠） 187,293,309,	郝骞 190	徐悱（字敬业） 256
316,317,327	郦道元（字善长） 2,10,36,149,	徐湛之 49,177
柳恽（字文畅） 82,152,153,	152,156,163,168,174,185,193,	徐羡之 1,5,7,9,11,12,14,15,
185,189,206,208,235,276	207,209,213,228,246,253,255,	17,18,60
柳晖 322	258,260,262,263,307	徐嗣 268
柳惔（字文通） 76,208	钟嵘（字仲伟） 6,20,31,66,70,	徐嗣徽 329,331
段承根 39,41,57	72,82,84,100,132,147,191,202,	徐摛（字士秀） 93,203,213,
独孤永业 368	220,224,226,231,236,239,251	253,262,272,283,312,320,321,
皇侃 142,290,304,415	骆宰 86	388,396
祖冲之（字文远） 23,77,78,79,		徐辩 19
157,183,197,213,215,216,316	**十　画**	徐邈 14
祖孙登 347		晁继 22
祖英伯 372	唐丰国 74	晁崇 54
祖珽 300,305,320,340,341,355,	唐瑾 291,353	桓天生 140
360,362,364	夏生 278	桓玄 10,44,46,111
祖莹 278	奚斤 7	殷不害 291,323,325,341
祖鸿勋 275	奚康生 214,217	殷芸（字灌蔬） 93,196,197,
祖暅 78,197,200,201,213	峰律师 397	210,218,249,257,262,263,269,
胡太后 228,230,234,236,237,	徐子初 324	292,310,314
240,241,243,257,264	徐广（字野民） 14,38	殷明 50
胡竹某 386	徐份 315,360	殷绍 69
荀万秋 64	徐伯阳（字隐忍） 233,270,309,	殷钧 200,201,207,251,253,400
荀士逊 371	341,347,356,357,374,388	殷朗 5
荀子华 35	徐君房 303	殷淑仪 75,84,126
荀伯子 29,38,111	徐孝嗣（字始昌） 62,135,144,	殷淳（字粹远） 9,10,32

殷景仁 16,41
殷琰 68
浮陀跋摩 37,40
索元绪 1
索阿俊 34
索敞 29,39,40,68
聂僧奴 297
莫陈凯 364
袁聿修 219
袁昂（字千里） 44,74,185,248,253,254,262,267,277,294
袁枢 369
袁宪 298
袁彖（字伟才） 52,115,124,125,154,165
袁昭仪 398
袁炳（字叔明） 95
袁峻 185,206,207,209
袁淑（字阳源） 16,39,54,56,59,61,70,104,133
袁雅 408
袁照 65
袁粲（字景倩） 4,60,77,79,80,81,84,86,90,92,93,94,95,96,97,98,99,101,102,103,104,118,146,205,214,288
袁翻（字景翔） 101,179,196,221,246,266
袁颛（字景章） 4,84,294
诸葛颖 287,327
贾秀 83
贾思伯（字士林） 221,241,255,293
贾思勰 302
贾祯 159
贾渊（字希镜） 42,81,106,123,128,129,142,163,186
郭法姬 385
郭祖深 249,284
郭祚 143,193,216,226
郭翟 382
都统僧暹 231,232
都维那惠超 285
铁勒 319

陶弘景（字通明） 66,75,81,87,91,94,102,106,109,114,117,120,123,128,132,140,146,149,153,156,157,163,164,170,171,176,180,181,185,186,190,197,198,200,203,209,218,220,226,228,230,238,244,250,254,255,258,262,265,285,286,299,313
陶仲祖 24
陶贞宝 102
陶潜（字渊明） 20,327
顾长康 96
顾协 91,230,231,283,292,298,299,301
顾欢（字景怡） 4,86,104,110,121,123,125,126
顾迈 19
顾练 5
顾宪之（字士思） 36,127,129,145,214
顾觊之 68,79,85
顾野王（字希冯） 243,289,300,340,353,365,366,388,412
顾越（字思南，一作允南） 158,358
顾雅 50
高允（字伯恭） 25,26,27,35,38,39,40,48,53,56,57,68,69,74,83,86,88,89,92,94,106,110,124,136,138,139,187,255,320
高元海 368
高欢 270,272,275,276,279,282,287,303,304,305,306,338
高贞 371
高纬（北齐后主高纬） 349,359,364,367,370
高宝宁 370
高昌客道人 229
高明 36,171,413
高绍义 370
高俨 360,361
高恒 370
高洋 312,315,336,338
高闾 83,92,116,155,207

高殷 336,339
高羔子 140
高爽 218
高琁 76
高绰 366
高阁 68,69,70
高弼 342
高湛 341,348,349,355
高湝 370
高琳（字季珉） 175,363
高说 22
高道穆 270
高颎 378,379,390,409,411,413
高演 339,341,342
高肇 203,207,212,221,226
高德正 326
高澄 280,290,298,300,304,306,308,312,338,376
高聪 159

十一画

勒那三藏 347
婆多加 13
宿勤明达 258
寇俊 268,288,291
寇谦之（字辅真） 9,10,12,13,40,44,53
尉元 83,155
尉迟迥 338,362,376
尉瑾 303
崔子武 345
崔光（本名孝伯，字长仁） 58,120,138,143,155,156,170,176,180,190,204,216,218,223,227,228,231,234,236,237,246,254,255,259,273,318,320
崔延伯 258
崔季舒 312
崔祖思（字敬元） 102,109,111,116
崔浩（字伯渊） 7,8,9,10,12,13,22,25,26,39,40,41,43,44,47,50,51,53,54,56,57,72,89,138,139,187,255,320

崔偃 186
崔绰 26,27
崔象 363
崔鸿（字彦鸾） 42,107,170,180,190,198,204,242,248,249,255,259,320
崔景嵩 368
崔道固 85,87
崔猷 325
崔慧景 184,186
崔慰祖（字悦宗） 82,177
崔逞 319
崔赜 319,402
巢尚之 68,79,92
常景（字永昌） 168,180,230,253,258,308,318
庵罗辰 324
庶令 232,293
康那 88
庾于陵 152,162,189,200
庾仲容 225,258,320,321
庾季才 330,337,340,379,384,412
庾易 132,388
庾杲之（字景行） 43,86,125,153
庾泳 320
庾肩吾 133,203,237,253,272,283,291,308,312,320,321,388,396
庾诜（字彦宝） 65,276
庾信（字子山） 225,262,272,275,276,298,303,304,322,323,325,326,330,333,340,343,344,345,347,357,364,372,374,375,376,377,384,388,396
庾持（字允德，一字符德） 212,337,353,358
庾蔚之 37,38
庾澄之 146
庾徽之 69
庾邃之 50
斛律光 345,362
斛律孝卿 368,370

斛斯文略 355
斛斯椿 275,281
曹子元 224
曹天护 170
曹文皎 322
曹法寿 218,223,227
曹思文 174
曹某 366
曹景宗（字子震） 67,197,205,211
梁远 392
梁弥承 131
梁祚 68,142
梁睿 376
梅虫儿 179
章大宝 401
章华 407,408
章昭达 356
第五席达 93
绰法师 349,415
维那僧救 298
菩提流支 218,232,245,299
萧大心 294,319
萧大器 289,319
萧大圜 316,322,337,344,349,350
萧子云（字景乔） 139,220,221,222,231,238,253,260,262,265,284,307,309,314
萧子良（字云英） 73,106,108,109,110,111,114,117,119,122,123,124,128,129,130,135,137,138,143,144,145,146,149,150,151,152,156,158,159,161,162,164,163,164,165,166,168,175,177,183,195,199,214,222,224,235,251,256,263,269,273,276,282,283,313
萧子范（字景则） 139,273,313,318
萧子恪（字景冲） 107,189,265,269
萧子显（字景阳） 84,120,140,148,234,257,270,272,275,277,

278,280,288
萧子卿 153
萧子晖 238
萧子隆（字云兴） 98,135,152,162,166,177
萧子敬 144,154
萧介 93
萧元简 220,239
萧方智 324,329,334
萧方等 266
萧长懋（文惠太子、字云乔，小名白津） 70,84,107,108,109,114,115,119,121,123,131,132,136,150,151,158,159,160,161,174,178,276
萧正德 253,309,312
萧伟 206,222,223,239,275
萧庄 334,335,336
萧机（字智通） 178,251,266
萧纪（字世询，别字大智） 212,287,322,323,324,327
萧轨 331
萧宏 190,200,203,206,207,212,222,239,256,260
萧秀（字彦达） 100,114,206,209,231,240,247,266,365,401
萧纲（简文帝、字世缵，小字六通） 195,203,213,219,221,222,236,238,244,246,250,253,255,259,270,272,273,275,278,280,282,283,286,294,302,303,312,315,316,317,319,320,321,328,344,388,396
萧纶（字世调，小字六真） 75,209,218,220,226,228,230,284,286,288,309,316,321,322,327,389
萧赤斧 150
萧宝卷 162,173,175,184,186
萧宝夤 188,261,262,263,277
萧宝融 179,184,188
萧岩 406
萧岿 299,343,349,403
萧昂 244,253,270

萧欣 401
萧法 335
萧绎(字世诚,小字七符) 93,212,219,220,221,222,244,249,251,256,259,260,262,268,271,273,280,291,292,295,298,307,308,309,310,312,315,316,317,319,321,322,323,324,325,326,327,328,335,344
萧范 216,312
萧该 380,383,384,399,402
萧勃 309,320,324,326,388
萧思话 45,58,59,139
萧恢 185,197,260,301
萧昭业 158,159,161,165
萧栋 319
萧洽(字宏称) 93,258,259
萧统(昭明太子,字德施) 20,187,188,193,201,203,212,219,225,227,238,244,246,248,249,256,257,260,262,265,272,273,274,292,320,321,344
萧衍(字叔达,又字练儿) 80,137,173,179,184,185,186,187,188,189,190,191,192,195,197,198,201,209,210,211,213,214,221,224,238,244,250,253,258,260,270,273,275,277,287,288,298,305,307,308,311,313,314,321
萧圆肃(字明恭) 292,366,400
萧晃 123,147
萧铉 173
萧渊明 307,329,330,334
萧渊藻 257
萧绩 218
萧续 234,287
萧综(字世谦) 116,230,257,258,277
萧鸾(齐明帝) 148,159,161,162,166,171,173,174,186,205
萧惠开 79,87,97,129,154
萧琛(字彦瑜) 120,128,137,144,152,155,174,185,189,194,197,206,216,273

萧琮 406
萧道成(齐高帝、字绍伯,小讳斗将) 20,91,92,97,99,101,102,103,104,105,106,107,108,111,113,118,119,126,165,174,288,313,314
萧瑀 368
萧詧 243,272,315,322,324,325,326,327,329,343,344,349,403
萧遥光 171,175,176,177,178,183
萧鉴 71,128
萧颖胄 179,184,186
萧摹之 33,34
萧韶 312
萧德言 335
萧摩诃 347,372
萧褒 391
萧赜(齐武帝) 103,107,118,119,121,127,129,131,159,160,165,174
萧憺 71,248,249
萧嶷 107,108,109,114,119,122,130,157,166,168,192,314
萧懿 179
萧扔(字智遐) 229,336,337,353,360,362,365,400
黄回 35
黄法氍 350
黄辅 22
龚颖 51

十二画

傅大士 244,363
傅歧 309
傅迪 7
傅亮(字季友) 2,5,7,8,9,11,12,14,15,18,60
傅奕 330
傅映 120
傅昭 194,206
傅隆 21,36
傅琰 110,150
傅縡(字宜事) 266,359,390,391
塔寒 289
富阳公主 213,315
彭俊 319
彭普信 405
惠业 182,211
惠达(道人惠达) 181
惠明 77
惠俊 182
惠朗(沙门惠朗) 181,391
普惠 182,237
智空(僧智空) 211
智度 182,208,217,223,242,276,298,385
智炫 365
智胜 10
曾根 78
温子昇(字鹏举) 169,230,275,276,280,294,296,305,308
游明根 59,74,75,143,155,245
游雅(字伯度,小名黄头) 26,27,35,40,69,74,320
游肇(字伯始) 59,180,216,245
湛僧智 261
滑黑奴 292
程天祚 58
程尚贤 408
程骏(字骥驹) 29,98,101,117,118,133,136,320
葛荣 259,264
葛粲 104
董琬 36
董琳 382
蒋少游 151
蒋虔 16
谢几卿 257,258
谢元 39
谢世基 15,16,18
谢弘微(本名密,以字行) 19,30,84
谢庄(字希逸) 7,19,30,54,56,59,60,61,63,64,65,66,68,72,73,75,77,79,80,83,84,106,113,133,204

谢岐 338
谢灵运（小名"客儿"，世称谢客） 2,3,6,7,8,9,10,11,13,16,17,21,24,25,27,30,31,46,47,66,71,126,141,233,308,311,376,400
谢征（字玄度） 184,286
谢郁 305
谢举（字言扬） 113,179,220,222,227,274,287,300,310,311
谢朏（字敬冲） 43,56,83,87,97,102,105,106,109,113,123,124,126,137,144,162,163,164,171,179,185,189,193,197,203,204,205,310,400
谢览 310
谢朓 31,80,119,135,137,148,152,159,161,162,166,167,172,173,174,176,177,188,202,264,283,388
谢晦（字宣明） 5,6,7,12,14,15,16,17,18,60
谢混 6,29,70
谢惠连 9,13,16,21,24,25,30,31,71
谢谟 188
谢超宗 63,83,86,92,103,106,108,113,118,119,124,125,126,147,166
谢蔺（字希如） 217,308
谢赫 46
谢璟 137,163
谢瞻（字宣远，一名檐，字通远） 5,6,18,70
谢瀹 113,157,164,179
跋陀 23,48,55,167
道冲 13
道安 356,358
道明法师 64,214
道俊 13
道养 18
道泰 37
道祥（比丘僧道祥） 385
道通 153,182,378,403

道邕 58
道密 390
道登法师 167
道慈 32
道馨 50,199
释弘充 69
释弘宗 49,201
释弘明（俗姓嬴） 135
释玄畅（玄畅、俗姓赵、本名慧智、改名玄畅） 49,110,130
释玄高（俗姓魏，本名灵育） 48,82,130
释安廪 208,273,282,307,333
释志道（俗姓任） 129
释灵干 394,407
释灵裕 240,255,348
释宝云 6,19,30,55,59
释宝志 120,144,193,198,210,243,387
释宝林 32
释宝亮（俗姓徐） 48,64,214
释宝唱 135,201,204,210,214,216,226,228,229,232,280
释宝袭 407
释宝琼 337
释宝暹 367,383
释明彻 156,250
释明赡 394
释昙延 233,273,382,383,399,403,404,409
释昙迁（齐乌衣寺释昙迁） 121,299,326,344,369,382,406,407,409
释昙衍 195,244
释昙准 138
释昙鸾（昙鸾） 101,265,299
释昙斌（昙斌） 63,118,256
释昙斐（俗姓王） 239
释昙超（俗姓张） 158
释昙瑗 170
释昙曜 94
释法上（俗姓刘） 169,180,193,194,204,280,369,376
释法云（俗姓周） 86,110,171,

193,194,209,210,220,235,238,258,268
释法安（俗姓毕） 175
释法贞 246
释法迁 52,151
释法护（俗姓张） 40,58,208
释法秀 116,117,118
释法宠（俗姓冯，号为"上座法师"） 58,88,209,256
释法绍 183
释法亮 77
释法勇（法勇） 3
释法度 183
释法显（法显、僧法显、沙门法显） 11
释法朗（俗姓周） 77,265,335,387
释法泰 360
释法通（俗姓褚） 47,220,222
释法常（法常） 316,402,409
释法琳（俗姓乐） 169,361,392,398,401
释法超 258
释法意（法意、僧法意） 150
释法献（俗姓徐） 40,99,100,103,171
释法瑗（俗姓辛） 38,146
释法颖（法颖、俗姓索） 79,121,239
释法愿（俗姓钟，名武厉） 91,183
释法瑶（俗姓杨） 75
释法慧（俗姓夏侯氏） 168
释法镜（俗姓张） 183
释空海 318
释彦琮（道江） 334,352,355,359,362,371,372,382,384,392,394,395,399
释洪偃（俗姓谢） 199,349
释洪遵 407
释曹毗（曹毗） 360
释善惠 278
释普恒（俗姓郭） 112
释智文 295

释智严　19
释智周　383
释智昕　350
释智林　81,139
释智欣(俗姓潘)　51,205
释智恺(俗姓曹)　355
释智顺(俗姓徐)　208
释智称(俗姓裴)　183
释智猛　13,37,40
释智脱　297
释智琳　372,374,399
释智藏(俗姓顾氏,本名净藏)　70,179,210,214,226,234,251
释琼　288
释超辩(俗姓张)　157,158
释道安(姓姚氏)　347,356,366,410
释道成　338
释道欢　194
释道冏(俗姓马)　46
释道汪(俗姓潘)　82
释道周　211
释道林　374
释道朗　6
释道猛　54,100,118,256
释道盛　103
释道营　106
释道琳　242
释道猷　64,75
释道慧(俗姓张)　58,69,118
释道儒(俗姓石)　150
释献正　150
释僧业(俗姓王)　43
释僧佑(僧佑、俗姓俞)　213,223,229,239
释僧含　24
释僧彻(俗姓王)　59
释僧实(俗姓程)　347
释僧审(俗姓王)　150
释僧旻(俗姓孙)　86,110,120,156,176,204,207,210,229,232,253,263,268
释僧杲　350

释僧玮(僧玮)　362
释僧若　58,120,213,245
释僧范(俗姓李氏)　101,174,197,330
释僧询(俗姓明)　126,163,235
释僧侯(俗姓龚)　129
释僧柔(僧柔)　143,164
释僧钟(俗姓孙)　146
释僧饶　69
释僧朗　3,210
释僧密　31
释僧猛(僧猛)　376,383,409
释僧盛　198,199
释僧瑜　38,64
释僧韶(俗姓王)　52,77,199
释僧慧(俗姓皇甫)　136
释僧翼　3,57
释慧义(俗姓梁)　2,13,48
释慧龙　176
释慧次(俗姓尹)　32,52,58,143,151
释慧约(俗姓娄,字德素)　59,68,77,88,110,162,190,282,283
释慧观　8,12,25,46,146
释慧严(慧严、东安慧严、俗姓范)　25,33,34,46
释慧忍(俗姓黄)　166
释慧远　37,46,82,118,183,255,282,290,372,382,402,406,407
释慧命(俗姓郭)　274,275,356
释慧弥(俗姓杨)　239
释慧果　91
释慧询(俗姓赵)　69
释慧勇(俗姓桓)　229,348,397
释慧觉(慧觉、沙门慧觉)　341
释慧乘　359
释慧基(慧基)　16,229,239
释慧球(俗姓马氏)　27,50,75,199
释慧皎　26,29,242,327
释慧隆(俗姓成)　150
释慧弼　289,335,372
释慧湛(沙门慧湛)　369

释慧琳(慧琳)　11,32,34,172
释慧超(俗姓廉)　100,117,135,204,261
释慧集(俗姓钱)　229
释慧嵩　6
释慧暅　229,275,337,341,362,395,399,415
释慧简　67
释慧静　88,282
释慧韶(俗姓陈氏)　65,211
释慧聪(慧聪)　12
释慧豫(慧豫)　146
释慧叡　8
释慧藏　251,252,346,406,407
释辩相　407
释警韶　212,270,346
韩万德　48
韩轨　306
韩显宗(字茂亲)　163,178
鲁秀　58
鲁恭姬　354
鲁爽　58,63

十三画

像舒彭　159,175
摄图　362
源子恭　241
源怀　192
甄鸾　352,356,357,358,410
甄琛(字思伯)　212,217,256,272,338
畺良耶舍　13,29,42,44
窦应期　16
窦泰　287
蒙逊(沮渠蒙逊)　4,5,15,16,26,29,36,41,48,57,204,249
虞世南　250,335,343,412
虞和　91
虞炎　84,113,148,178
虞玩之　101
虞荔(字山披)　113,195,295,314,335,343,375
虞通之　74,113

虞寄（字次安） 217,375
虞悰 156
虞阐 194
虞舒 113
虞僧诞 113
虞愿（字士恭） 19,92,112,113
褚玠（字温理） 269,288,347,376,377
褚亮 335,412,413
褚洞 263
褚炫 94,102
褚渊 93,94,97,98,99,102,103,104,105,108,109,111,112,113,114,115,117,119,121,126,142,172,286
褚随 288
褚翔 202,286,311
褚蒙 288
雷次宗（字仲伦） 19,37,38,39,52,53,76,107,118,126,282
靖惠王 274
鲍泉 323
鲍照（字明远） 19,29,38,39,40,41,42,47,48,49,51,52,56,58,59,65,66,67,68,79,84,178,186,233,266,318
鲍僧叡 349

十四画

僧正释慧恭 350
僧欢释 341
僧伽达多 29,42
僧伽罗多哆 13,29
僧伽婆罗（梁言僧养，亦云僧铠） 203,204,238,256
僧伽斯 158,192
僧伽跋陀罗 146,158
僧伽跋摩 9,29,30,34,44
僧忍 346
僧灵寂 182
僧远（俗姓皇） 118,129,251
僧宗 32,110,261,346,356
僧宝象 211
僧建 214,246

僧昉 232
僧法准（法准） 346,356
僧象 387
僧律 3,383
僧渊 199
僧维 8
僧弼 8
僧智匠 355
僧琛 390
僧瑾 32
僧藏称 358
愿禅师 323
慕容绍宗 308
慕璝 26
熊安生 346,359,370,372,402,415
翟安德 250
臧质 59,62,63
臧荣绪（自号被褐先生） 115,142
蔡大宝（字敬位） 349
蔡兴宗（字行） 79,85,86,89,93,94,95,107,120
蔡约 119
蔡征 399
蔡法度 188,189,194
蔡景历（字茂世） 338,373
蔡廓（字子度） 15,95
蔡凝（字子居） 301,355,357,415
裴子烈 347
裴子野（字几原） 31,33,45,53,54,74,90,93,157,168,190,193,194,195,197,206,209,210,260,262,270,271,286,301
裴让之 285,310
裴庄伯（字孝夏） 259
裴伯茂 275,280,282,299
裴叔业 111,116
裴松之（字世期） 17,22,33,36,53,54,55,70,123,207,271
裴昭明 144,190
裴骃 14,271
裴敬宪（字孝虞） 259

裴景仁 67
裴景融（字孔明） 278
裴㦃之 359
谭胜 64
谯良颙 204
赫连定 20,26
赫连昌 12,13,14,19,20,31
赫连勃勃 14
阚伯周 72
鲜于康 266

十五画

慧光 38,175
慧观 6,12,25,30,64,70,106
慧骃 8
樊逊 326,327,331,332,333,335,341
樊深 353
潘渊文 197,200,226,238
颜子登 296,339
颜之仪 255,336,380,402,404
颜之推 323,326,364,369,376,390,399,413
颜幼明 143,144
颜协（字子和） 175,292
颜师古 389
颜师伯（字长渊） 77,82
颜延之（字延年，谥宪子） 2,4,5,9,11,13,16,17,19,30,32,33,34,41,42,45,46,59,60,63,65,66,71,73,88,113,125,147,318
颜测 50
颜晃（字符明） 217,309,345
颜竣（字士逊） 61,63,64,65,66,67,69,71,76
黎季明 305

十六画

穆泰 169
膳奴 312
薛安都 83,101
薛孤康 365
薛舒 374

薛道渊 102
薛道衡 276,294,359,370,376,379,384,395,398,399,405,406,409,410,411,412
薛寘 323
衡洪建 382

十七画

戴凯 19
戴明宝 68
戴法兴 68,77,79,82

戴僧静 102
檀超 113,114,115,120,165
檀道济 9,16,24,27,35
魏兰根 252
魏收（字伯起，小字佛助） 205,259,270,273,276,278,280,291,302,304,308,309,312,316,319,320,326,327,330,332,333,337,340,342,349,353,355,359,360,361,363,364,384,405
魏季景 280,301

魏徵 237,377
魏澹（字彦深） 327,359,377,379,384,399

二十画

蠕蠕公主 303

缺姓

□保宗 181
□晖 233,364

著作索引

(按拼音排)

A

《阿毗昙毗婆沙》 37
《阿毗昙心》 181,251
《阿育王经》 204
《哀江南赋》 333,343
《安成始兴二王为慈母服议》 209
《安成王集》 240

B

《八吉祥》 47
《八吉祥经》 59
《霸朝杂集》 403
《白珪论》 245
《白黑论》 33,34
《白鸠颂》 55
《白纻辞》 313
《百官谱》 283
《百家集谱》 147
《百家谱》（王俭、贾渊撰、王僧孺改定） 142,186,236,376
《百家谱集》 236,251
《百喻经》 157,158,192
《败冢赋》 251
《拜侍郎上疏》 52
《拜五经序论》 142
《般泥洹经》 37
《般若抄》 313
《宝亮法师制涅槃义疏序》 313
《报应问》 52
《鲍泉集》 323

《鲍照集》 84,178
《悲华》 6,30
《悲平城》 187
《悲人道》 18
《碑集》 84
《北都赋》 254
《北伐诗》 60
《北伐颂》 94
《北山移文》 187
《北使还与永丰侯书》 290
《北兖州刺史萧楷德政碑》 308
《北征道里记》 351
《北征记》 54
《被幽述志诗》 320
《本业》 23
《本志》 263
《比丘尼僧敬法师碑》 135
《辟雍颂》 374
《编略》 266
《辨命论》 231,232,247
《辨宗论》 7,8,30
《辨宗室录》 320
《辩戴法兴难新历》 77
《辩教论》 392,395
《辩圣论》 198
《表上封事七条》 141
《别赋》 202
《别记》 99,100
《别周尚书弘正》 344
《驳伏曼容车旗尚色议》 124
《驳李业兴甲子元历》 291
《驳檀超国史条例议》 115

《补阙子》 327
《不必定入定入印经翻译记》 298

C

《采荷调》 272,311
《采莲》 311
《采能书人名》 44
《蔡廓集》 15
《测狱刻数议》 357,358
《禅法要》 43
《禅经》 23
《禅秘要》 42
《禅要秘密治病经》 64
《忏悔文》 198
《长阿含经》 11
《长春义记》 272,273,321,347
《长歌行》 221
《朝堂讳榜表》 141
《朝堂讳训议》 110
《车服仪注》《车服杂注》、《车服注》） 14
《车旗议》 124
《陈时事表》 101
《陈政事启》 111
《谶诗》 198
《成实论》 88,156,167,175,199,205,215,218,222,226,235,256,268,337,408,415
《成实义疏》《成实论义疏》） 194
《承诺议兴学校表》 86

《乘舆副车议》 127
《赤鹦鹉赋》 59
《敕答萧子云请改郊庙歌辞》 260
《敕勒歌》 304
《敕太子进食》 260
《敕萧子云撰定郊庙歌辞》 260
《敕贞阳侯渊明》 307
《敕诸州月一讯狱诏》 194
《出三藏记集》 3,11,18,23,27,30,32,133,146,150,194,198,229,313
《出生无量门持》 23
《出要律仪》 258,313
《除赎罪科诏》 196
《楚辞草木疏》 266
《楚昭王二妃诗》 76
《褚玠集》 377
《春秋答问》 313
《春秋例苑》 149,166
《春秋前传》 52
《春秋前杂传》 52
《春秋三传》 186,379
《春秋图》（《左氏列国篇木图》） 84
《从冠军建平王登庐山香炉峰》 89
《崔祖思集》 116

D

《达性论》 33,34,52
《答褚渊难丧遇闰议》 117
《答顾宪之》 145
《答竟陵王启》 152,153
《答客喻》 256
《答刘之遴借〈类苑〉书》 230,231,232
《答刘之遴上春秋义诏》 305
《答陆澄书》 125
《答陆厥书》 153
《答齐竟陵王萧子良书》 168
《答沈驎士书》 141
《答释法云书难范缜神灭论》 210
《答昙鸾书》 265
《答陶隐居〈难均圣论〉》 198
《答王逡之问》 117
《答王卫军书》 32
《答王卫军问辨宗论书》 7,8
《答湘东王求文集及〈诗苑英华〉书》 265
《答萧领军书》 98
《答玄圃园讲颂启令》 238
《答宇文护书》 354
《答庾光禄书》 204
《答张融》 149
《答诏访古乐》 190,191
《答诸求官人书》 352
《答族人梁东海太守长孺书》 369
《大爱敬寺刹下铭》 250
《大般涅槃经讲疏》 313
《大般涅槃子注经》 313
《大比丘尼羯磨经》 358
《大比丘尼戒经》 182
《大慈如来告疏》 64
《大法颂》 278
《大方等大集经》 158,279
《大方等如来藏》 23
《大方等陀罗尼经》 182,226,232,246
《大诰》 303,306
《大驾南讨纪论》 154
《大觉寺碑文》 275
《大律》 346
《大明历》 77,183,213,215
《大涅槃经》（《大般涅槃经》） 6,18,25,215
《大涅槃义疏》 214
《大品》 133,209,211,222,239,268,296,313,330
《大品注解》 313
《大赦诏》 180
《大同十年十一月庚戌诗》 302
《大同十年十月戊寅诗》 302
《大象历》（《丙寅元历》） 374
《大小乘幽微》 403
《大育王经》 204,238,256
《大云》 6,30
《大泽集》 172
《大智度论》 182,217,223,276,385
《待诏赋》 263
《戴法兴集》 82
《丹砂可学赋》 96
《丹阳尹传》 327
《弹棋谱》 14
《当涂堰碑》 258
《刀铭》 365
《导引养生图》 286
《到大司马记室笺》 186
《道觉论》 389
《道行般若经》 182
《得一颂》 118,133
《登北顾楼诗》 302
《登大雷岸与妹书》 29
《登山望雷居士精舍同沈右卫过刘先生墓下诗序》 149
《登真隐决》 286
《嫡寝论》 142
《地持》 6,330
《地记》 211
《地理书》 164
《地理书抄》 164
《帝历》 276
《帝王年历》 285
《第一义五相略》 47
《典叙》 48
《典言》 371
《雕虫论》 271
《吊答仪》 127,147
《吊延法师书》 409
《丁贵妃哀册文》 260
《鼎录》 343
《定国寺碑》 305
《东都赋》 166
《东宫典记》 384
《东宫新记》（王僧孺、萧子云） 142,231,251,314

《东南谱集抄》 236,251
《东阳金华山栖志》 230,231,232
《东阳双林寺傅大士碑》 363
《董仲道赞》 18
《洞林》 327
《都邑师道兴造石像记并治疾》 367
《读山海经》 20
《笃学文》 256
《断句》 172
《断募部曲表》 111
《对根起行杂录》 414
《对信都芳驳新历》 291
《敦煌实录》 36,41,42

E

《迩说》 311
《二谛论》 32,139
《二教论》 356,358,410
《二经义疏》 254

F

《发般若经题论义并问答》 313
《法宝联璧》 229,280,321
《法鼓经》 88
《法华经》 132,168,171,218,340,355,356,358
《法华经疏》 235
《法华经注》 359
《法集》 229,313
《法论目录序》 81
《法身无色论》 32
《法胜毗昙》 390
《法事赞》 208
《法苑记》 239
《犯罪者父母祖父母勿坐诏》 305
《饭圣僧法》 232
《范广集》 50
《范泰集》 21
《范晔集》 49
《范云集》 195

《梵网经疏》 327
《方便心论》 94
《方等大集经》(《大集经》) 3
《方等泥洹经》 11
《方国伎图》 271
《方言》 42
《防奸》 221
《非宋景业〈天保历〉议》 369
《分别业报略》 34
《分明士制》 52
《分野枢要》 388
《奋迅王问经翻译记》 298
《封禅书》 56,113,273,415
《封李居士等诏》 180
《奉和阐弘二教应诏诗》 357
《奉和登北顾楼诗》 302
《佛本行赞经》 6,55
《佛国记》 11
《佛记》 194
《佛记序》 194,198
《佛母泥洹经》 65
《佛说辩意长者子所问经》 57
《佛说观佛三昧海经》 182
《佛说海龙王经》 182
《佛说欢普贤经》 126
《佛说首楞严三昧经》 35
《佛无净土论》 32
《佛性当有论》 32
《佛性论》 306
《佛影颂》 40
《佛知不异众生知义》 198
《服章议》 127,141
《符瑞图》 388
《付法藏因缘经》 94
《妇人集》 32
《妇人章表集》 283
《傅亮集》 18
《赋得荆轲诗》 368
《赋集》 57,274
《赙陆云公手诏》 307

G

《改元大宝大赦诏》 315

《甘露颂》 345
《感春赋》 81
《感物赋》 18
《感友赋》 286
《高僧传》 11,17,18,23,27,30,32,43,46,48,55,57,59,69,82,88,91,97,100,107,112,118,121,129,130,136,139,146,150,151,158,166,168,169,175,177,183,192,199,208,215,222,227,229,239,242,256,327,370
《高士传》 10,81,104,266
《高士赞》 103
《高松赋》(王俭、萧子良) 147,269
《高显碑铭》 318
《高隐传》 286
《高允集》 139
《革终论》 237,243
《公府长史朝服议》 101
《公馆燕酬南使徐陵诗》 310
《贡职图》 328
《苟蒋之胡之罪议》 125
《估客乐》(《商旅行》) 122
《孤鸿赋》 376,380
《古画品录》 46
《古今刀剑录》 244,285
《古今乐录》 122,133,219,220,221,355
《古今丧服集记》 110,147,169
《古今善言》 21,166
《古今书评》 44,253
《古今四部书目》 266
《古今同姓名录》 328
《古今文字》 225,226,254
《古今文字序》 243
《古今篆隶文体》 137
《谷梁音》 225
《顾欢集》 126
《顾氏谱传》 388
《关东风俗传》 371
《观法篇》 166
《观佛三昧经》 23
《观世音忏悔除罪咒经》 150

《观世音受记经》 3
《观我生赋》 376
《冠带录》 243
《冠婚仪》 245
《冠子祝文》 117
《灌顶拔除过罪生死得度经》 67
《灌顶经》(《药师琉璃光经》) 67,138
《光明符》 321
《光宅寺刹下铭》 207
《广博严净经》 19
《广钞》 400
《广绝交论》 210
《广堪》 401
《归魂赋》 332,343
《归去来兮辞》 20
《归园田居》 20
《贵俭传》 288
《衮服议》 209
《国讳不宜废学表》 174
《国记》 40,138,139
《国史纪传》 388
《国史条例议》 115
《国书》 22,56,138,186,187,254
《国统》 142
《国语音》 225
《果然诗》 6
《过故宅诗》 334
《过去现在因果》 47,88

H

《海岱志》 177,178
《海龙王》 6,30
《寒夜值宿赋》 286
《韩陵山寺碑》 275,276
《韩显宗集》 178
《汉书》(陆澄) 41,164,189,209,216,241,260,308,310,315,328,379,383
《汉书音义》 14,383
《汉书注》 164
《何长瑜集》 46

《何尚之集》 73
《何逊集》 240
《何偃集》 69
《劾蔡兴宗等表》 79
《和高丽国丞相王高德问法教始末叙略》 369
《和王卫军解讲诗》 132
《贺新乐表》 364
《恨赋》 202
《衡阳郡记》 214
《衡阳王义季集》 52
《弘法》 208
《弘明集》 33,34,145,152,153,172,210,239
《鸿宝》 315
《鸿庐赋》 288
《侯山祠堂碑文》 230,308
《后汉纪》 274
《后汉书》(范晔、萧子显) 28,48,49,241,245,274,286,288,384
《后汉书音》 225
《华林遍略》 231,252,277,283,300
《华林殿清暑赋》 73
《华林佛殿经目》 228
《华严经》 6,23,143,181,223,224,250,307,319,346,385,394
《华阳石颂》 157
《画汉武北伐图上疏》 160
《画山水序》 46
《怀旧诗》 292
《淮海乱离志》 401
《还旧乡诗》 302
《还园斋酬华阳先生诗》 207
《还园宅奉酬华阳先生诗》 207
《皇德记》 247
《皇德论》 154
《皇弟休倩殇服议》 63
《皇帝实录》 247
《皇典》 217
《皇诰》(冯太后、高允) 106,130

《皇诰宗制》 228
《皇后纪论》 49
《皇居新殿台赋》 333
《皇孙南郡王冠议》 138
《皇太子临辟雍颂》 374
《皇太子冕服议》 91
《黄门侍郎刘孝绰墓志铭》 291
《回诤》 232
《回诤论翻译记》 296,297
《会稽记》 112
《会林》 283
《会通缁素三论》 256
《豁情赋》 299
《豁情赋序》 299
《镬鱼赋》 219

J

《稽极》、《历书》 405,407
《吉书仪》 127,147
《即位改元大赦诏》 107
《急就章》 54
《疾笃启》 157
《集礼论》 305
《集林》 48,265
《集周公处连句》 344
《集注春秋三传》 394,395
《集注丧服经传》 54
《集注尚书》 305
《集注周易》 305
《籍田歌》 135
《籍田诗》(萧纲、萧衍) 225,262
《技录》 133
《祭达摩大师文》 265
《祭岱宗文》 88
《祭夫文》 256
《祭古冢文》 25,31
《祭恒岳文》 163
《祭梁王僧辩母贞敬魏太夫人文》 326
《祭屈原文》 13
《祭嵩高山文》 163
《祭外兄张长史文》 171

《祭颜光禄文》 65
《迦延杂心论疏》 400
《家海》 256
《嘉禾颂》 55
《嘉礼仪注》 207,220,237
《嘉瑞记》 395,406
《甲子元历》 215,216,291
《检括江子四等封事诏》 284
《见客谱》 129,186
《建崇寺造像记》 366
《建陵刹下铭》 311
《建平王庆明帝疾和礼上表》 92
《建平王谢赐石砚等启》 89
《饯临海太守刘孝仪蜀郡太守刘孝胜诗》 302
《荐龚颖表》 51
《荐沈驎士义行表》 141
《荐沈麟士表》 141
《荐疏诏》 234
《荐辛德源表》 348
《谏林》 96
《谏文成帝不厘改风俗》 68
《鉴诫》(王纮) 368
《江南弄》(沈约) 219,221,313
《江南上云乐》 219,221
《江夏王集别本》 81
《江玄叔集》 41
《江淹集》 202
《江湛集》 61
《江智深集》 78
《江州记》 328
《江左名士传》 48
《江左文章录序》 154
《江左遗典》 264
《姜纂造老君像铭》 350
《将卒上武帝表告辞》 250
《讲赋》 238
《郊居赋》 314
《郊庙乐议》 64
《郊坛疏》 201
《郊殷议》 110,127
《教戒比丘尼法》 198

《教诫》 129
《羯磨》 79,121,181,182
《解官表》 157
《解褐谢侍郎表》 29
《解脱道论》 204,238,256
《解脱戒本经序》 300
《戒本》 181
《戒江夏王义恭书》 22
《戒缘》 61
《戒子》 171
《诫当阳公大心书》 321
《诫诸子》 157
《诫子书》(王僧虔) 83,90,283
《诫子孙》 273
《金波集》 172
《金刚般若波罗蜜经》 172
《金刚般若忏文》 313
《金光明》 6,30,107,129,251,344,399
《金光明经》 93,112,142,297,323,334,355,361
《金楼子》 249,295,328
《金铬议》 209
《金色王经翻译记》 298
《进象经赋表》 357
《晋安王子懋集》 166
《晋抄》 274
《晋朝杂事》 276
《晋纪》 14,34,54,241,387
《晋江左文章志》 93
《晋律》 152
《晋史》 38,95,115,142
《晋书》(沈约、萧子云、臧荣绪) 14,16,20,30,89,103,115,142,221,224,241,249,259,274,299,314
《晋仙传》 292
《经典大义》 347
《经典释文》 395
《经典玄儒大义序录》 347
《经律异相》 232,313
《荆南志》 328
《景初历》 54,59

《净六波罗蜜》 23
《净名》(释法安) 136,171,175,193,239,251,268,313
《净名经义记》 313
《净业赋》 313
《净住子》 164,165
《竟陵王造释迦像记》 119
《竟陵王子良集》 165
《靖恭堂铭》 42
《究竟慈悲论》 198
《九章术义注》 183
《酒训》 106
《举才表》 28
《举秀才对策》 75
《俱舍论》 355,356
《决断大行侠御服议》 338
《均善论》 34
《均圣论》 34,198

K

《开皇甲子历》 400
《开皇四年四部目录》(一作《开皇四年书目》) 399
《考工记》 107,108,220
《科录》 242
《孔琳之集》 10
《孔宁子集》 15
《孔稚珪集》 187
《孔子正言章句》 298
《枯树赋》 275

L

《劳生论》 380,400,406
《老氏碑》 405
《老子讲疏》 313,327
《老子略注》 46
《老子疏》 366
《老子义》(萧衍) 183,314,325,412
《老子义疏》 358
《老子注》或名《道德经注》 192
《乐社义》 313
《雷次宗集》 53

《诔集》 84
《类苑》 210,230,231,232,240,247
《楞伽经》 88,382
《礼答问》(王俭、何胤、何佟之) 127,195,274
《礼记讲疏》 290,304
《礼记义疏》 290,304
《礼记音》 100,396,415
《礼记隐义》 274
《礼记中庸义》 314
《礼论》(范岫、何承天) 11,36,52,227
《礼论答问》 14
《礼论要钞》 127
《礼疑义》 261
《礼义答问》 127
《礼易讲疏》 314
《礼杂问答钞》 195
《李赋》 297
《李谐集》 302
《历代赋》 236,238,252
《历帝图》 213
《历术》 52,57,400
《立春在郊无烦迁日启》 124
《立神明成佛性义记》 313
《立学表》 180
《立学诏》(傅亮、江淹、萧衍) 8,120,208
《吏部》 314
《连句诗》(谢晦、谢世基) 16,18
《连山》 327
《连珠》(萧纲、萧衍) 211,320
《廉吏论》 110,111,154
《凉书》 36,41,42
《梁大壮大观舞歌》 190
《梁典》 339,355,377,390
《梁东宫四部目录》 283
《梁鼓吹曲》 190
《梁建安王造剡山石城寺石像碑》 232
《梁律》 188,189,194

《梁邵陵王纶集》 321
《梁史》(萧欣、许亨) 333,338,360,401
《梁天监六年四部书目录》 207
《梁选簿》 283
《梁元帝小集》 328
《梁贞阳侯重与王太尉书》 330
《梁中表》 321
《两台弹事》 251
《谅闇议》 120
《量代牲牢诏》 233
《列女传》(常景、庾仲容) 115,318,321
《列言秣陵县》 72
《林庭赋》 266
《临海》 314
《临海伏府君集序》 104
《临雍州革贪惰教》 253
《临雍州原减民间资教》 253
《临终敕诸子》 294
《临终上表》 153
《临终诗》(范晔、元子攸) 49,270
《临终遗表》 223
《灵宝经目序》 37
《灵丘竹赋应诏》 147
《刘苞集》 218
《刘怀慰集》 154
《刘绘集》 192
《刘虬碑》 168
《刘歊集》 243
《刘孝标集》 247
《刘孝绰集》 292
《刘孝仪集》 318
《刘之遴前集》 310
《刘瓛集》 146
《流别起居注》 283
《柳恽集》 208
《柳恽集》 235
《六经通数》 323
《龙吟十弄》 320
《漏刻经》 52
《卢记室诔》 352

《庐山招提寺释僧瑜赞》 64
《庐舍那佛像》 243
《陆玠集》 369
《陆厥集》 178
《陆云公集》 308
《鹿苑赋》(高允) 92
《律令》 155
《略记》 41
《略注丧服经传》 53
《论佛教表》 250
《论高允》 69
《论书》 45,133
《论疏杂集》 263
《论新礼表》 36
《论选举疏》 194
《论语补阙》 93
《论语疏》 366
《论语义》 192,412
《论语义疏》 304
《论杂解》 139
《洛阳伽蓝记》 168,230,236,258,270,276,296,307,318
《洛阳合邑诸人造像铭颂》 354

M

《马槊谱》 321
《芒山寺碑文》 305
《毛诗答问》 313
《毛诗风雅比兴义类》 276
《毛诗集解》 192
《毛诗集解叙义》 126
《毛诗笺音证》 225
《毛诗拾遗》 139
《毛诗释》 69
《毛诗序义》 53
《毛诗义疏》 358
《毛诗隐义》 274
《毛诗总集》 274
《门律自序》 149,172
《门下诏书》 318
《蒙逊记》 57
《梦赋》 360
《梦记》 164,285

《弥勒赞》 198
《弥沙塞律》 10,11
《弥陀佛铭》 198
《密奏庾炳之得失》 53
《妙德先生传》 81,104
《妙法莲华经》 78,150,181,202,250,278,323,338,385
《妙法莲华经提婆达多品第十二》 150
《庙祠有故迁日议》 71
《庙记》 245
《灭惑论》 172
《愍时赋》 326
《名僧传》 216,217,226
《名僧传并序目》 313
《名字论》 68
《明帝集》 93
《明佛论》 33,34,46
《明堂赋》 351
《明堂配飨议》 163
《明堂颂》 74
《明堂议》（贾思伯、袁翻作） 221
《明堂制度论》 220,221
《冥祥记》 133
《命笔回示向居士》 317
《命使者巡行诏》 197,198
《摩得勒伽经》 34
《摩诃般若波罗蜜经》 56,181,272
《摩诃般若忏文》 313
《摩诃僧祇律》 11,37
《沐浴经》 321
《暮春帖》 44
《穆生赞》 18
《穆太妃小祥南郡王应不相待议》 117

N

《内典博要》 327
《内典文会集》 384
《内典序》 145
《南北二都赋》 204

《南都赋》 254
《南宫故事》 217
《南郊明堂异日议》 129
《南郊颂》 253
《南郡王冠祝辞》 138
《南齐书》（萧子显） 95,99,106,107,111,112,116,117,119,120,126,130,131,132,133,136,141,142,146,147,148,149,153,154,161,163,164,165,166,168,169,172,173,176,177,178,183,184,186,187,192,195,288
《南狩赋》 278
《南巡颂》 74
《南越志》 81
《南征赋》 300,315
《难范缜神灭论》 145,146
《难何佟之南北郊牲色议》 168
《难王俭〈古今丧服集记〉》 110
《难王俭丧遇闰议》 117
《难镇军沈约〈均圣论〉》 198
《能书人名》 137,192
《拟古》（鲍照、陶潜） 20
《拟刘琨扶风歌十二首》 318
《拟扬雄官箴》 207
《念佛三昧经》 130
《念圣》 232
《涅槃经》 6,30,82,117,193,217,261,267,316,337,409
《涅槃序》 6
《涅槃义记》 6
《涅槃义疏》（释慧亮、释慧皎） 214,215,327,409,410

P

《俳谐文》 61
《裴氏家传》 54
《裴松之集》 54
《裴子野集》 271
《裴子野墓志铭》 270,271
《彭城会诗》 18
《彭先生歌》 232
《毗婆沙》 40
《毗昙大义疏》 229

《毗昙杂心记》 139
《毗邪娑问经翻译记》 298
《平等寺碑》 276
《菩萨地》 27
《菩萨见实》 390
《菩萨戒本》 6,30
《菩萨戒优婆塞戒坛文》 6
《菩萨善戒经》 27
《菩萨十住》 23
《普门重颂偈》 358
《普通北伐记》 275,288
《普贤观》 43
《普耀经》 19

Q

《七经论》 306
《七录》 200,254,266,286
《七聘》 263
《七贤论》 103
《七志》 96,147
《栖禅精舍铭并序》 99
《齐禅林寺尼净秀行状》 204
《齐春秋》 148,223,245
《齐典》 115
《齐纪》 120,224,381
《齐竟陵文宣王行状》 164,165
《齐敬皇后哀策文》 174
《齐律》 347
《齐民要术》 302
《齐明帝谥议》 174
《齐明皇帝谥策文》 174
《齐史》 120
《齐史十志》 202
《齐书》（何点、许亨） 108,288,360,361
《齐司空柳世隆行状》 153
《齐太尉王俭碑》 191
《齐武帝谥议》 160
《齐职仪》 98,152,153
《祈雨文》 283
《棋品》（柳恽、陆云公校定） 214,235,302,308,321
《棋品序》 213,214

《乞皇太子为刘显志铭启》 300
《起居注》 36,247,283
《憩郊园和约法师采药诗》 207
《千佛颂》 145
《千僧会愿文》 145
《千字文》(萧子范) 318
《千字文》(周兴嗣) 247
《迁都赋》 280,299
《迁祔设虞议》 120,121
《钱唐先贤传》 245
《遣皇子及王侯子弟入学诏》 215
《切韵》 399
《秦记》 67
《秦纪》(车频、裴景仁) 28,58,67
《清调论》 235
《请建国学表》 5
《请梁武帝释乾坤二系义表》 296
《请圣僧浴文》 34
《请修立宗室四门学表》 191
《请雨词》 228
《庆国颂》 118,133
《穷通论》 89,90,224
《丘巨源集》 130
《秋胡诗》 130
《秋羁赋》 104
《求荐士诏》 191
《求解选表》 145
《求解著作启》 335
《求言诏》 284
《求撰昭明太子集表》 273
《曲水诗序》 153
《全德志》 328
《劝发诸王要偈》 34
《劝进梁元帝表》 323
《劝农访民所疾苦诏》 164
《缺文》 164
《群鹤咏》 91

R

《让吏部尚书表》 285

《人名书》 186
《人日思归》 395
《人物志注》 42
《仁政传》 208
《任昉集》 211
《任孝恭集》 311
《日藏》 390
《日蚀废社议》 124
《日月灾异图》 292
《如意方》 321
《儒林传》 318,410
《汭颂》 258
《瑞石像铭并序》 145
《瑞应》 166
《瑞雨颂》 375

S

《萨婆多律抄》 11
《三藏记》 239
《三朝乐歌》 376
《三洞道经目录》 92,104
《三洞珠囊》 378
《三归》 27
《三国志注》 22,54,207
《三慧经讲疏》 313
《三阶位别集录》 414
《三具足经翻译记》 296,297
《三名论》 125,126
《三吴决录》 166
《三宗论》 81,139,154
《散骑常侍裴子野墓志铭》 271
《丧服发题》 347
《丧服集解》 192
《丧服经传义疏》(沈文阿) 347
《丧服经传义疏》 195
《丧服世行要记》 169
《丧服图》 127
《丧服文句义疏》 304
《丧服问答目》 304
《丧服要记》 68
《僧传》 175
《沙门传》 276
《沙汰沙门诏》 68

《山居赋》 10,376
《山栖志》 231,247
《山云舞》 352
《善见律毗婆沙》 158,282
《善住》 232
《善住意天子所问经翻译记》 294
《缮写三部一切经愿文》 342
《伤美人赋》 221
《伤心赋》 333,334
《上表陈事》 111
《上表立国史条例》 115
《上采诗表》 216
《上朝诗》 301
《上谠言表》 111
《上父珪之齐职仪启》 153
《上妇人文章录表》 231
《上后主书》 407
《上皇太子玄圃园讲颂启》 238
《上礼乐表》 81
《上明帝论书表》 91
《上钱随喜光宅寺启》 207
《上清握中决》 286
《上书理父冤》 186
《上书论政要》 234
《上书请改律令》 316
《上书请造平延大寺》 354
《上书劝伐河北》 21
《上书献谠言》 61
《上书宜帝请重兴佛法》 375
《上疏启自效》 160
《上疏请禁速敛》 249
《上疏求立学校》 88
《上疏献谠言》 116
《上宋书表》 141
《上萧骠骑启论检试僧事》 103
《上新定律注表》 152,153
《上新历表》 77
《上兴和历表》 291
《上宣武帝疏谏专心释典不事坟籍》 213
《上言军宫》 191
《上言立僧尼制》 214

《上言申季历治绩》 28
《上言图纬》 316
《上言宜禁绝户为沙门》 231
《上言宜校勘谱籍》 55,207
《上昭明太子文集别传等表》 273
《尚书大义》 313
《尚书具事杂仪》 217
《尚书义》 305,412
《尚书义疏》 349
《尚书音》 224
《尚书右仆射范云墓铭》 195
《芍药赋》 314
《少傅箴》 366
《舍道事佛疏文》 197
《舍身愿疏》 213
《社颂》 8
《赦诏》 302
《摄大乘》 346
《摄论》 355,360,409
《深密解脱经序》 278
《神不灭论》 145,146
《神龟历》 237
《神龟颂》 259
《神录》 310
《神灭论》 144,145,146,165,210,268
《神农本草经集注》 285
《神书》 40
《神仙玉芝瑞草图》 286
《神中录图新经》 10
《沈勃集》 104
《沈炯后集》 343
《沈炯前集》 343
《沈骥士集》 195
《沈氏述祖德碑》 195
《沈约集》 224
《慎言》 221
《胜鬘》 146,180,399
《胜鬘经》 34,88,93
《胜鬘义记》 199
《胜天王般若》 350
《胜天王般若经序》 350

《省录尚书表》 63
《诗品》 6,19,20,31,66,70,72,82,84,100,147,202,224,226,239,240
《诗谱决疑》 263
《十八州谱》 236,251
《十地经论》 218
《十地论》 247,387
《十地义疏》（释法安、比丘智辩）175,350
《十二门论》 139,274
《十二因缘》 192
《十二州记》 245
《十方千五百佛名》 363
《十六国春秋》 42,180,198,204,248,249,259,362
《十诵》 43,69,156,169,183,235,239
《十诵比丘尼波罗提木叉戒本》 181
《十诵戒本》 79,121
《十诵毗尼初诵》 182
《十诵义记》 183
《十杖龟经》 235
《石阙铭》 261
《史记音义》 14
《使内外官各陈损益诏》 215
《使州郡县进言诏》 290
《始兴公让仪同表》 71
《氏族要状》 186
《世界记》 239
《世谱》 337,338,339
《世说》（《世说新语》） 247
《世行》 110,169
《世祖诔》 80
《世祖武成皇帝颂》 361
《示徐州弟诗》 246
《式赞》 328
《侍皇太子释奠宴诗》 132
《释道两教对策》 327
《释奠会升阶议》 213
《释奠释菜议》 132
《释法献碑文》 171

《释洪偃集》 349
《释慧云碑》 357
《释迦谱》 239
《释迦文佛像赞》 198
《释论语》 183
《释情赋》 282
《释俗语》 269
《释孝经》 183
《筮经》 328
《筮论》 48
《受戒》 208
《授蔡法度廷尉制》 194
《授陆敬游十赉文》 176
《书品》 133,308
《书仪疏》 261
《述怀诗》 298
《述僧设会论》 145
《述僧中食论》 198
《述身赋》 268
《述先颂》 153
《述异志》 183
《述征记》 54
《述政论》 164
《水经注》 2,10,14,36,207,228,244,246,263,307
《舜典》 171
《司空何尚之墓志》 72
《司空未拜而甍掾属为吏敬议》 120,121
《司马相如赞》 180
《司徒谢朏墓铭》 205
《思归赋》 266
《四部目录》（任昉 殷钧 谢灵运） 27,30,124,201,400
《四部书目》（谢朏） 10,32,124,205,400
《四部要略》（萧子良、裴景融） 137,138,164,165,278
《四分羯磨》 27
《四声切韵》 154
《四声赞》 318
《四声指归》 263,384
《四时白纻歌》 190

《四天王经》 19
《四箱乐歌》 2
《四序堪舆》 69
《嗣君庙见议》 174
《嗣位郊祀议》 120
《宋春秋》 133
《宋纪》 90,160,166
《宋江夏王义恭集》 81
《宋临川王义庆集》 48
《宋略》 31,45,74,157,194,206,209,271
《宋买等造天宫石像碑》 354
《宋书》（何承天、刘祥、沈约、徐爰） 6,10,11,14,15,18,20,21,26,29,30,31,32,34,38,41,43,44,46,48,49,52,53,54,55,61,62,66,67,70,71,73,74,76,78,80,82,84,89,93,94,95,100,102,104,106,121,124,130,134,137,138,141,147,157,194,206,224,245,271
《宋文帝集》 60
《宋文章志》 224
《宋武帝集》 7
《宋孝武帝集》 78
《宋元嘉起居注》 54
《送育王像并上钱烛等启》 207
《送周尚书弘正二首》 344
《颂集》 62
《苏宝生集》 70
《随王入沔记》 76
《随王子隆集》 166
《索虏互市议》 60,84

T

《太伯庙碑》 308
《太常敬子任府君传》 211
《太常卿陆倕墓志铭》 260
《太常卿任昉墓铭》 211
《太府》 314
《太华殿赋》 74
《太庙祝文》 283
《太清纪》 312,313
《太学碑》 216
《太宰褚彦回碑文》 120,121
《太子妃丧遇闰议》 117
《昙无德羯磨》 27
《桃花源记》 20
《陶弘景注老子》 286
《陶先生小传》 157
《讨侯景檄》 323
《特进萧琛墓志铭》 273
《滕简王集》 377
《题壁自序》 320
《天和历》（《甲寅元历》） 352
《天监三年策秀才文》 198
《听鸣蝉篇》 406
《停将送老小诏》 219
《通史》 223,245,270,288
《通史要略》 388
《桐柏山金庭馆碑》 174
《铜表铭》 247
《铜剑赞》 126
《头陀寺碑文》 164,202
《图古今杂体六十四书》 137
《图雍州贤能刺史教》 253
《退居赋》 59

W

《王褒赞》 180
《王弼易二系注》 126
《王弘集》 29
《王俭书》 125
《王融集》 161
《王僧绰集》 62
《王僧达集》 70
《王僧谦集》 61
《王僧孺集》 251
《王僧祐集》 161
《王韶之集》 34
《王素集》 93
《王微集》 61
《王文宪集序》 83,104,147,150
《王锡集》 281
《王琰帖》 133
《往晋陵联句》 219

《微密持经》 146
《为范始兴作求立太宰碑表》 170
《为梁武帝集坟籍令》 191
《为梁贞阳侯答王僧辩书》 330
《为梁贞阳侯与王太尉僧辩书》 330
《为南郡王舍身疏》 114,115
《为南郡王侍皇太子释奠宴诗》 132
《为齐竟陵王发讲疏》 123
《为齐竟陵王解讲疏》 124
《为王俭让国子祭酒表》 129
《为王金紫谢齐武帝示皇太子律序启》 157
《为王仪同谢国姻启》 231
《为文惠太子解讲疏》 120
《为萧扬州荐士表》 171
《唯识》 232
《维摩诘经解》 181
《魏历》 40
《魏鲁郡太守张府君清颂碑》 249
《魏史》（《魏书》） 255,320,332,363,384
《魏兖州贾使君碑》 241
《温子昇集》 308
《文德殿目录》 201,400
《文德论》 294
《文海》 401
《文镜秘府论》 318
《文殊般若经》 244
《文殊师利发愿经》 3
《文心雕龙》 174,186,191,239,251
《文选》 13,18,19,25,31,45,49,74,100,121,135,148,149,150,153,160,164,170,171,174,186,198,202,206,207,231,252,265,274,355,383,387,403
《文议》 126
《文章》 211
《文章英华》 274
《文章缘起》 211

《文质论》 317,327
《握鉴方》 286
《握镜图》 286
《无量寿》 47,88
《无量义经序》 132,133,168
《无上秘要》 372
《无生灭论》 46
《无忧王》 47,88
《吴均集》 245
《吴郡石像铭》 278
《吴迈远集》 98
《吴太极左仙公葛公碑》 254
《芜城赋》 58
《五部目录》 200,201
《五分律》 10
《五经讲疏》 306
《五经论问》 112,113
《五经述议》 405,407
《五礼》 220,257,359,394,401,403
《五礼》张崖著 340
《五礼仪》 376
《五柳先生传》 20
《五行运气》 286
《五寅元历》 54,57
《武帝集序》（任孝恭） 213
《武陵王纪集》 324
《武丘法纲师诔》 32
《武宴诗》 311
《务本诏》 230
《务德》 221

X

《西征记》 54
《檄魏文》 247
《洗马》 314
《喜霁诗》 6
《下狱答辞》 160
《闲情赋》 20
《贤圣杂语》 111,112
《贤愚经》 49,201,298
《贤愚经记》 201
《现在佛名经》 47

《相和五引》 190
《相续解脱波罗蜜了义》 47
《湘州枳园寺刹下石记》 141
《飨神歌》 135
《象戏赋》 357
《象戏经序》 357
《萧仁祖集序》 353
《萧子云集》 314
《萧捴集》 365
《销声赞》 103
《小室赋》 415
《小说》（《殷芸小说》、《商芸小说》） 269
《小园赋》 333,334
《孝德传》 327
《孝经疏》 366
《孝经义记》 403,415
《孝经义疏》（周颙、顾越、皇侃） 290,304,358,415
《孝敬寺刹下铭》 294
《孝思赋》 238
《孝义寺碑》 345
《孝友传》 178
《孝子传赞》 34
《效阮公诗十五首》 99
《效验方》 180,181
《笑道论》 356,358,410
《谢赐新历表》 216
《谢朏集》 205
《谢弘微集》 30
《谢惠连集》 31
《谢客文泾渭》 321
《谢灵运集》 30
《谢齐竟陵王教撰高士传启》 138
《谢齐竟陵王使撰众书启》 138
《谢齐竟陵王示华严璎珞启》 138
《谢上降为开讲启》 303
《谢滕王集序启》 374
《谢朓集》 177
《谢西中郎谘议启》 263
《谢瞻集》 6

《谢庄集》 84
《新安寺释玄运法师诔》 172
《新出首楞严经》 69
《新殿赋》 286
《新礼》 394
《新漏刻铭》 206,207,261
《新阙铭》 209
《新微密持》 23
《新无量寿经》 6
《新仪》 323
《新注义苑》 338
《兴和三年李仲璇修孔子庙碑》 296
《兴衰要论》 383
《刑经圣制》 373
《刑书要制》 373
《形神论》 145,146
《形神影》 20
《姓族废兴》 256
《修理金石乐器表》 207
《修文殿御览》 283,362
《修心赋》 316,317
《秀林山铭并序》 317
《绣像赞并序》 135
《须达长者经》 192
《虚空藏观》 43
《徐广集》 14
《徐孝穆集》 396
《徐孝嗣集》 177
《徐爰集》 100
《徐州先贤传赞》 48
《许长史旧馆坛碑》 226,228,238,250
《叙画》 46,61,62
《叙录寒儒诏》 212
《绪制》 254
《续洞纪》 142
《续洞冥记》 388
《续法轮论》 229,313
《续裴氏家传》 271
《续齐谐记》 245
《续文释》 245
《续文章志》 18

《续伍端休江陵记》 276
《宣城王奉述》 308
《宣贵妃挽歌》 78
《宣验记》 48
《玄圃园讲赋》 238
《玄圃园讲颂》 238
《玄始历》 59
《玄象表》 388
《选品》 283
《学阮步兵体诗》 93
《雪赋》 31
《训诂》 228

Y

《严君平赞》 180
《颜竣集》 71
《颜氏家训》 413
《颜延之集》 66
《颜延之逸集》 66
《演慎论》 18
《演赜赋》 254
《燕志》 178
《央掘魔罗》 47
《扬雄赞》 180
《羊欣集》 44
《羊中散药方》 44
《阳固集》 254
《要雅》 266
《仪经》 314
《仪礼》（沈文阿） 314,323,347,401,403
《夷夏论》 86,126
《遗表》 186
《遗弟瀹书》 164
《遗令》 164,171
《遗令诸子书》 157
《遗释亡名书》 353,354
《疑礼启》 294
《以国子博士让裴子野表》 194,209
《以门律致书周颙等诸游生》 149
《乂记》 165

《乂林》 210,214,313
《乂略》 347
《议东宫礼绝傍亲会》 249
《议国史限断表》 71
《议何郑膏肓事》 139
《议祖冲之新历》 79
《邑义造丈八大像颂》 354
《易集解》 245
《易林》（庾诜、萧纲） 276,321
《易义》 183
《诣阙自理表》 24
《瘗鹤铭》 226
《因缘义》 198
《殷淳集》 32
《殷景仁集》 41
《饮酒》 20
《应皇太子令为刘显墓志铭》 300
《应验记》 18
《应有缘论》 32
《应诏进佛记序启》 198
《迎送神升歌》 135
《蝇赋》 266
《雍州平等寺金像碑文》 318
《永安记》 308
《永初三年七月十六日之郡初发都诗》 8
《永嘉郡教》 198
《永明九年策秀才文》 153
《永明起居注》 114,124,169
《永明十一年策秀才文》 160
《永宁寺碑》 318
《优婆塞二十二戒》 27
《优婆塞戒》 6,18,30
《优婆塞戒经》 17
《优婆塞五戒略论》 27
《幽逼诗》 326
《幽明录》 48
《幽州古今人物志》 391
《游庐山诗》 206,277
《游名山志》 30
《又陈庾炳之愆过》 53
《又答问庾炳之事》 53

《又上书》 186
《又为梁贞阳侯答王太尉书》 330
《又恤周舍诏》 260
《舆榇诣阙上封事》 249
《舆地志》 388
《与朝士书》 278
《与陈伯之书》 203
《与从兄书》 153
《与到溉书》 210
《与范述曾论竟陵王赋书》 149
《与顾记室书》 352
《与交友论隐书》 96
《与晋安王令》 262
《与孔中丞稚珪书》 152
《与李德林书论齐书起元事》 360
《与刘怀慰书》 111
《与刘孝仪令悼刘遵》 282
《与陆襄、陆晏子书》 307
《与尚书令袁粲书》 99
《与少傅沈约书》 268
《与太守萧缅笺论陆澄》 112
《与王僧辩书》 323
《与卫军王俭书论庾杲之》 125
《与湘东王书》 316,321
《与萧令王仆射书为袁象求谥》 165
《与邢邵议生灭论》 317
《与兄子俭书》 116
《与殷芸令》 262
《与袁粲褚渊刘秉书》 98
《与张缅弟缵书》 273
《与智顗书》 357
《与周弘让书》 344
《与周颙书》 81
《语辞》 157
《庾信集》 375,377,384
《玉海》（顾野王） 74,172,388
《玉海》（张融） 172,173,355
《玉海集》 172
《玉简》 321
《玉篇》 300

《玉台新咏》 280,396
《玉韬》 327
《玉烛宝典》 384
《狱中上陈后主书》 390
《狱中与诸甥侄书》 49
《狱中与诸甥侄书以自序》 49
《御讲波若经序》 296
《豫章记》 53
《元徽四部书目》 96,147
《元嘉历》 45,46,48,52,77,107,197,216
《元嘉起居注》 33
《元嘉新历》 45
《袁粲集》 104
《袁淑集》 61
《袁豹集》 165
《袁友人传》 95
《袁颉集》 84
《远佞》 221
《月藏》 390
《月赋》 31
《月仪》 86
《韵纂》 414

Z

《杂阿含经》 11,88
《杂阿毗昙心经》（《杂阿毗昙心》） 112
《杂阿毗昙心论》 27
《杂宝藏经》 94
《杂传》（陆澄、任昉） 164,211
《杂诗》 20
《杂文》 286
《杂言诗钞》 205
《杂仪》 227
《杂逸书》 100
《在齐尚书仆射杨遵彦书》 317
《在孙寺造像铭》 348
《赞集》 84
《灶经》 321
《造释迪像记》 340
《造释伽像碑》 340
《造释迦石像记》 129

《造像碑》 313
《造像记》 338,348,358,363
《择品》 17,27
《增一阿含经》（惠朗、惠达） 181
《赠李宝》 57
《赠李彪诗》 178
《赠裴子野诏》 270
《赠鄱阳王恢诏》 260
《赠任昉诗》 197
《赠谥顾协诏》 298
《赠谥临川王宏诏》 260
《赠周处士诗》 344
《赠周舍诏》 260
《斋日去庙二百步断哭诏》 196
《张令为太常领国子祭酒诏》 120
《张融集》 172
《张永集》 100
《昭皇后迁祔仪议》 120
《昭明太子传》 321
《昭明太子集》 249,274,292
《诏详定郊祀冕服》 209
《棹歌》 311
《磔四声》 256
《真诰》 77,285
《真灵位业图》 285
《真人水照》 286
《真隐传》 59,61
《枕中篇》 353
《征房亭饯王少傅》 50
《征士颂并序》 89
《正二教论》 86
《正法》 232
《正光历》 237,248,291
《正会乘舆议》 207
《正觉》 261
《正史削繁》 286
《正序》 252,274
《正一论》 121,150
《郑述祖夫子庙碑》 341
《郑文公碑》 233
《郑鲜之集》 20

《政论》 164
《职贡图序》 295,296
《至德颂》 92
《至南海郡求士教》 194
《志法师墓志铭》 226
《制旨大集经讲疏》 313
《制旨大涅槃经讲疏》 313
《制旨连珠》 321
《制旨孝经义》 313
《治纲》 110
《致沙门法献书》（齐武帝、萧子良） 129,130
《致书戒何敬容》 305
《中论》（释智林、□保宗） 139,181
《中书》 314
《中书令萧子显墓志》 288
《中庶子》 314
《中寺碑》 232
《中庸讲疏》 313
《中庸颂》 308
《忠臣传》 327
《终南山义谷铭》 344,345
《钟山解讲诗》 257
《钟山诗应西阳王教》 74
《仲尼十哲》 243
《众经忏悔灭罪方》 313
《众经饭供圣僧法》 313
《众经护国高神名录》 313
《众经目录注》 313
《众经要抄》 194,210,214
《众经诸佛名》 313
《众僧传》 271
《重别周尚书》 344
《重答朝臣书》 338
《重答刘秣陵诏书》 135
《重遗李德林书》 360
《重奏江夏王女服》 88
《周大将军怀德公吴明彻墓志铭》 376
《周官仪礼音》 224
《周官音》 224
《周弘正集》 366

著作索引

《周经藏愿文》 346
《周朗集》 73
《周上柱国齐王宪神道碑》 372
《周舍集》 261
《周易·两系》 195
《周易集解》 126,192
《周易讲疏》（萧衍） 313
《周易讲疏》（萧绎、周弘正） 327,366
《周易系辞注》 100
《周易义记》 403
《周易注》 112
《周颙集》 154
《肘后百一方》 180,181,285
《朱百年集》 67
《朱昙思等造像记》 348
《诛谢朓启》 176
《珠囊》 372
《诸官出行分道议》 35
《诸王传》 321
《竹赋》 294,335
《竺道生诔》 32
《注解大品经序》 313
《转法轮经翻译记》 296,297
《撰孔子正言章句竟述怀诗》 298
《庄子内篇训注》 195
《庄子疏》 366
《庄子义》（萧纲） 321
《庄子义》（祖冲之） 183
《庄子注》 192
《缀术》 183
《子抄》 321
《子夜四时歌》 313
《紫石英赞》 6
《字书音训》 227
《自理》 231
《宗夬集》 199
《宗景集》 46
《宗庙登歌》 1,2
《总抄》 276
《奏弹范缜》 211
《奏弹刘整》 198
《奏弹王源》 148,149
《奏弹颜竣》 69
《奏定朝直》 186
《奏劾博士顾雅等》 50
《奏劾蔡兴宗》 79
《奏劾江谧》 121
《奏劾孙夐》 88
《奏劾谢超宗》 125
《奏记晋安王》 273
《奏荐孔觊王彧为散骑常侍》 65
《奏请严章服》 63
《奏请至道坛受符》 44
《奏上撰定律章表》 145
《奏省流寓民户帖》 111,124
《奏停营明堂国学》 226
《奏邺都营构宜访询李业兴》 280
《祖冲之集》 183
《篆文》 52
《左丞弹事》 283
《左氏》 125,305,415
《左佐》 314
魏收（字伯起，小字佛助） 280, 321

后　记

自公元420年刘裕建立刘宋起,至公元589年隋朝灭陈为止的160多年内,我国处于南北分裂割剧的对峙局面中。当时,南方社会虽然较为稳定,但却历经宋、齐、梁、陈四朝频繁更迭,政局不稳、战事频起。北方承继五胡十六国,先后经历了北魏、东魏西魏对峙、北齐北周对峙三个时期,为胡汉融合的新兴朝代。少数民族的入主中原,使魏晋以来建立的传统礼教遭到一定的破坏,而皇权的削弱和胡汉分治南北的割据局面又进一步加剧了社会的混乱。反映在思想界,儒家名教对社会和个人思想的禁锢大大削弱,动荡格局和生死难保的现状促使人们、特别士大夫阶层重新认定个体的生存价值,开始怀疑传统,重审旧典,倡扬异说,思想得到彻底解放。伴随个体精神的极度张扬,是学术思想的异常活跃与学术成果的日益丰富,特别是汉代以来逐步东渐的佛学得到了滋长的契机,与本地的儒、道思想理论逐渐实现了互相采信、互相吸收的圆融共长,由原来单纯的释经活动发展为独立的本土化宗教。因此,与南北朝长期动荡混乱趋势相悖的是学术独立发展的繁荣局面与独创精神,在史学、纯文学、文学批评理论,以及音律、天文历法、医学等诸多领域均取得了令人瞩目的成就。

多年来,我一直从事先秦两汉魏晋南北朝文学与文化的研究工作,深知系统梳理南北朝学术盛衰的演变轨迹,全面考察南北区域文化发展的不平衡以及彼此之间的冲突、融合、交流、传播态势,深入探索南北对峙期各学术流派的兴盛和衰落规律,对于推动和深化南北朝特定时段的学术史研究具有十分重要的意义。适逢梅新林、俞樟华教授邀请我参加他们主持的《中国学术编年》中的《南北朝学术编年》,为促使我下决心整理这段学术演变规律提供了契机。于是,我欣然投入了搜集资料与学术考辨的工作,迄今已历十年。现经多方努力,终于可以付梓出版了。

本卷的编撰,已充分吸收、借鉴和参考了学术界诸多已有相关研究成果,具体参见卷中正文按语和文后主要参考文献。若有遗漏或引用不当之处,敬请谅解。我的博士研究生张兰花、陶琳、毛振华、孙宝、吕红光、陈春霞、黄燕平、杨健、郑国周、冯源,硕士研究生刘露芬、叶乾琦,博士后房瑞丽、李波等不仅帮助搜集整理资料,而且不厌其烦地参与了校对和核对工作。责任编辑悉心编校,提出了诸多宝贵意见和建议,使本书更臻完善。谨此一并表示衷心的感谢!

对书中出现的不当和错误之处,欢迎方家批评指正。

林家骊
2012年春

图书在版编目(CIP)数据

中国学术编年·南北朝卷/林家骊撰;梅新林,俞樟华主编.
——上海:华东师范大学出版社,2013.7
ISBN 978-7-5617-9588-0

I.①中⋯ II.①林⋯②梅⋯③俞⋯ III.①学术思想—思想史—中国—南北朝时代 IV.①B2

中国版本图书馆CIP数据核字(2012)第112282号

华东师范大学出版社六点分社
企划人 倪为国

本书著作权、版式和装帧设计受世界版权公约和中华人民共和国著作权法保护

中国学术编年·南北朝卷

撰　　者	林家骊
主　　编	梅新林　俞樟华
责任编辑	倪为国
封面设计	吴正亚
出版发行	华东师范大学出版社
社　　址	上海市中山北路3663号　邮编　200062
网　　址	www.ecnupress.com.cn
电　　话	021-60821666　　　　行政传真　021-62572105
客服电话	021-62865537
门市(邮购)电话	021-62869887
地　　址	上海市中山北路3663号华东师范大学校内先锋路口
网　　店	http://hdsdcbs.tmall.com
印 刷 者	上海印刷(集团)有限公司
开　　本	890×1240　1/16
插　　页	4
印　　张	32
字　　数	550千字
版　　次	2013年7月第1版
印　　次	2013年7月第1次
书　　号	ISBN 978-7-5617-9588-0/G·5637
定　　价	180.00元
出 版 人	朱杰人

(如发现本版图书有印订质量问题,请寄回本社客服中心调换或者电话021-62865537联系)